ACCESO GRATIS *a la Lectura en la Nube*

Para visualizar el libro electrónico en la nube de lectura envíe junto a su nombre y apellidos una fotografía del código de barras situado en la contraportada del libro y otra del ticket de compra a la dirección:

ebooktirant@tirant.com

En un máximo de 72 horas laborales le enviaremos el código de acceso con sus instrucciones.

DELITOS CONTRA LA SEGURIDAD VIAL Y ESTRATEGIAS DE PRUEBA: UN ENFOQUE INTEGRAL

DELITOS CONTRA LA SEGURIDAD VIAL Y ESTRATEGIAS DE PRUEBA: UN ENFOQUE INTEGRAL

Emilio J. Suárez Cobos

tirant lo blanch
Valencia, 2025

© TIRANT LO BLANCH
EDITA: TIRANT LO BLANCH
C/ Artes Gráficas, 14 - 46010 - Valencia
TELFS.: 96/361 00 48 - 50
FAX: 96/369 41 51
Email: tlb@tirant.com
www.tirant.com
Librería virtual: www.tirant.es
DEPÓSITO LEGAL: V-3610-2025
ISBN: 979-13-7010-746-8

Si tiene alguna queja o sugerencia, envíenos un mail a: *atencioncliente@tirant.com*. En caso de no ser atendida su sugerencia, por favor, lea en *www.tirant.net/index.php/empresa/politicas-de-empresa* nuestro procedimiento de quejas.

Responsabilidad Social Corporativa: http://www.tirant.net/Docs/RSCTirant.pdf

A mis hijos,
Alicia y Carlos.

Inicié este trabajo desde una posición conocida, pero con la intención de adentrarme en un terreno nuevo, más incierto y desafiante. Lo que vino después fue un proceso exigente, lleno de decisiones, dudas y pequeños logros que me empujaron a seguir adelante. Reconozco que hubo momentos en los que pensé que no llegaría al final, pero con el tiempo entendí que lo más valioso no era solo concluir el proyecto, sino todo lo aprendido durante el camino. Esta monografía no solo refleja un esfuerzo académico, sino también una elección personal: la de avanzar con convicción por una vía distinta y confiar en que valía la pena hacerlo.

Índice

PARTE I:
DELITOS CONTRA LA SEGURIDAD VIAL

PARTE II:
ESTRATEGIAS DE PRUEBA EN LOS DELITOS CONTRA LA SEGURIDAD VIAL

Abreviaturas

AAP	Auto Audiencia Provincial
AEPD	Agencia Española de Protección de Datos
Art.	Artículo
ATC	Auto Tribunal Constitucional
ATGC	Agrupación de Tráfico de la Guardia Civil
ATS	Auto Tribunal Supremo
CC	Código Civil
CDR	Crash Data Retrieval
CE	Constitución Española
CEM	Centro Español de Metrología
CP	Código Penal
DF	Disposición Final
DGT	Dirección General de Tráfico
DRAE	Diccionario de la Real Academia de la Lengua Española
EDR	Event Data Recorder
EMP	Error Máximo Permitido
FCS	Fuerzas y Cuerpos de Seguridad
FGE	Fiscalía General del Estado
JPT	Jefatura Provincial de Tráfico
LEC	Ley de Enjuiciamiento Civil

LECrim Ley de Enjuiciamiento Criminal

LGT Ley General de Telecomunicaciones

LO Ley Orgánica

LOFCS Ley de Fuerzas y Cuerpos de Seguridad del Estado

LOPC Ley Orgánica 1/1982, de 5 de mayo, de protección civil del derecho al honor, a la intimidad personal y familiar y a la propia imagen

LOPD Ley Orgánica 15/1999, de 13 de diciembre, de Protección de Datos de Carácter Personal

LOPDFD Ley Orgánica 7/2021, de 26 de mayo, de protección de datos personales tratados para fines de prevención, detección, investigación y enjuiciamiento de infracciones penales y de ejecución de sanciones penales

LOPDGDD Ley Orgánica 3/2018, de 5 de diciembre, de Protección de Datos Personales y garantía de los derechos digitales

LOPJ Ley Orgánica del Poder Judicial

LORPM Ley Orgánica de la Responsabilidad Penal de los Menores

LPI Ley de Propiedad Intelectual

LSV Real Decreto Legislativo 6/2015, por el que se aprueba el texto refundido de la Ley sobre Tráfico, Circulación de Vehículos a Motor y Seguridad Vial

OBD Sistema de Diagnóstico a Bordo

OMS	Organización Mundial de la Salud.
RD	Real Decreto
RDL	Real Decreto Legislativo
RGCir	Reglamento General de Circulación.
RGCond	Reglamento General de Conductores
RGPD	Reglamento General de Protección de Datos
RGVeh	Reglamento General de Vehículos
SAP	Sentencia Audiencia Provincial
SJCA	Sentencia Juzgado Contencioso Administrativo
SJP	Sentencia Juzgado de lo Penal
STC	Sentencia Tribunal Constitucional
STEDH	Sentencia del Tribunal Europeo de Derechos Humanos
STS	Sentencia Tribunal Supremo
STSJ	Sentencia Tribunal Superior de Justicia
TEDH	Tribunal Europeo de Derechos Humanos
TESTRA	Tablón Edictal de Sanciones de Tráfico
TJUE	Tribunal de Justicia de la Unión Europea
TS	Tribunal Supremo
UNODC	Oficina de las Naciones Unidas contra la Droga y el Delito
VMP	Vehículo de movilidad personal

Prólogo

Esta monografía, que trae causa de la tesis doctoral de Emilio José Suárez Cobos, es un ejemplo paradigmático de cómo la experiencia profesional y la formación académica rigurosa pueden dar lugar a una obra de gran valor jurídico y práctico. Para nosotros, como profesores de Derecho Procesal de la Universidad de Salamanca, constituye un motivo de enorme satisfacción comprobar cómo un miembro de la Guardia Civil, con una dilatada trayectoria en unidades de Tráfico, ha logrado desarrollar una investigación de esta magnitud. Su trabajo ofrece una visión integral, crítica y propositiva sobre un ámbito del sistema penal de creciente impacto social: los delitos contra la seguridad vial.

Es muy relevante que este estudio haya sido elaborado por un profesional de la seguridad pública. La mirada del jurista práctico, curtido en el terreno, es insustituible. Solo desde esa experiencia es posible identificar los problemas reales que surgen al aplicar la norma o valorar las evidencias recabadas. Frente a los análisis hechos únicamente desde los laboratorios académicos, muchas veces ajenos a las tensiones de la operativa diaria, este estudio incorpora una perspectiva única, la de quien ha vivido sobre el asfalto las implicaciones del *law in action*. En muchos pasajes, el lector comprobará, por una parte, que esta obra supera en enfoque, contenido y utilidad práctica a no pocos trabajos nacidos en ámbitos estrictamente académicos; y, por otra, mejora notablemente aquellos libros construidos por prácticos con base en la acumulación de experiencias y lecciones aprendidas, pero sin pararse a pensar en el porqué de las normas, y de los criterios y estándares a los que da lugar su aplicación técnica y profesional.

El Dr. Suárez es acreedor de un mérito doble: por un lado, su decisión de adentrarse con valentía y disciplina en el nivel más exigente de la formación académica; y, por otro, su capacidad para traducir su experiencia diaria en una reflexión jurídica rigurosa, clara y útil. Esta conjunción de experiencia y saber dota a este libro de un valor especial tanto para los académicos como para jueces, fiscales, abogados y cuerpos policiales.

La investigación está estructura en dos partes bien diferenciadas —y rotuladas—: en la primera se analizan los tipos penales vinculados a la seguridad vial, con atención a su evolución normativa y aplicación jurisprudencial; en la segunda se abordan las estrategias de prueba, con especial atención a medios tecnológicos como cinemómetros, etilómetros, EDR, videograbaciones, teléfonos móviles o redes sociales. También examina los conflictos que estos medios plantean en relación con los derechos fundamentales.

Uno de los aspectos más valiosos del trabajo es el tratamiento del EDR (Event Data Recorder), tecnología que ha sido poco abordada aún por la doctrina jurídica española. El enfoque técnico y jurídico del autor es pionero y abre una línea de investigación especialmente prometedora, lo que le permite un tratamiento profundo y riguroso, aderezado con un lenguaje claro y accesible que es consecuencia lógica de su dominio del marco normativo y de la práctica operativa.

Estamos, además, ante un trabajo que constituye una excelente base para organizar e impartir acciones formativas, a los que puedan tener acceso distintos colectivos de profesionales a partir de formatos variados (cursos de especialización, seminarios, talleres, etc.). Y también tiene que ser para su autor un preciado disparador de futuros trabajos de investigación en cuestiones cruciales como el estudio en detalle de las pruebas tecnológicas, la revisión de la jurisprudencia sobre proporcionalidad punitiva o la reflexión sobre el respeto a los derechos fundamentales. En esencia, que el Dr. Suárez ha identificado y marcado una senda de trabajo propio y que también otros investigadores pueden seguir explorando, desde el ámbito académico o el profesional, contribuyendo desde esta multifocalidad a alcanzar en esta materia una justicia penal más eficaz, más garantista y más conectada con la realidad.

Como directores de la tesis doctoral del Dr. Suárez, ha sido un placer acompañarle en su camino académico, en el que ha dado sobradas e intensas muestras de su tenacidad, su humildad intelectual, su entusiasmo por el estudio y su respeto profundo por el Derecho y por los profesionales que a diario lo analizan y aplican; particularmente, la Guardia Civil. La confianza que ha depositado en la Universidad de Salamanca, en el "Programa de Doctorado en Estado de Derecho y Gobernanza Global" y en nosotros es una de esas experiencias que dignifican la tarea docente y la orientación investigadora. Estamos convencidos de que Emilio José seguirá aportando, desde su doble condición de jurista y servidor público, mucho más al estudio y a la mejora de nuestro sistema jurídico-penal en clave de cohonestación lo más perfecta posible con las bases de un Estado de Derecho.

En Praia, Cabo Verde, a trece de mayo de dos mil veinticinco.

NICOLÁS RODRÍGUEZ-GARCÍA
(Catedrático de Derecho Procesal – USAL)
ANA CARRILLO DEL TESO
(Profesora Permanente Laboral de Derecho Procesal – USAL)

La seguridad vial es uno de los ámbitos en los que la responsabilidad institucional y el compromiso profesional inciden de forma más directa en la vida de los ciudadanos. Cada control, cada actuación preventiva o reactiva, se desarrolla en un marco normativo exigente, que demanda conocimiento técnico, criterio jurídico y un firme sentido del deber.

En este contexto, la presente monografía constituye una aportación relevante al análisis jurídico de los delitos contra la seguridad vial y de los medios probatorios empleados para su investigación. Su enfoque combina el estudio dogmático con una atención constante a los desafíos prácticos y técnicos que plantea la evolución normativa, el avance tecnológico y la complejidad del tráfico moderno.

Su autor, el capitán Emilio José Suárez Cobos, aporta a este trabajo la experiencia acumulada durante años de servicio en la Agrupación de Tráfico de la Guardia Civil, unida a una sólida formación académica como doctor en Derecho. Esa doble trayectoria le permite abordar esta materia con un enfoque integral, que conjuga el conocimiento operativo con el análisis jurídico.

Desde una perspectiva institucional, obras como esta contribuyen de manera efectiva a fortalecer el conocimiento técnico-jurídico de quienes trabajan cada día por la seguridad vial, ya sea desde los cuerpos operativos —como la propia Agrupación—, el ámbito judicial o la esfera académica.

Se trata, en definitiva, de un trabajo serio, útil y comprometido, que enriquece la reflexión jurídica en este campo y refuerza el conocimiento necesario para afrontar, con rigor y responsabilidad, los retos que plantea la seguridad vial en el ámbito penal.

TOMÁS GARCÍA GAZAPO

General de División

Jefe de la Agrupación de Tráfico de la Guardia Civil

Cuando me solicitan que elabore el prólogo de un libro me invade un vértigo especial, qué habré hecho yo para ser merecedor de este honor y privilegio. Intentaré estar a la altura. Antaño se decía que había tres cosas que toda persona había de hacer en la vida: tener un hijo, plantar un árbol y escribir un libro. Esta última creo que está al alcance de muy pocas, menos si se quiere hacer uno de interés general, novedoso y actual.

Cierto es que el autor, escogiendo esta materia, ha buscado un atajo, pues hablar de los delitos contra la seguridad vial interesa a todos los ciudadanos, conduzcan o no. Y no exclusivamente a los juristas, pues los siniestros viales están a la orden del día e influyen en la vida de todas las personas, ya por la posibilidad de cometer cualquiera de los ilícitos penales relacionados con la seguridad vial, como por ser víctima de un siniestro de tráfico. No se puede obviar que en España, en los dos últimos años, las condenas por delitos contra la seguridad vial rondan los 100.000, más de un tercio del total de las sentencias penales. Y con relación a las víctimas -según datos de la DGT-, que en 2024 se produjeron en vía interurbana 1154 fallecidos y 4634 hospitalizados, a las que hay que sumar miles de lesionados de menor entidad en los ámbitos urbano e interurbano. Efectivamente, el estudio de la seguridad vial es algo que afecta a toda la población, ya sea de manera directa o indirecta, por cometer un delito o por ser una víctima.

Todos nos desplazamos, y usamos el transporte como conductores o usuarios. La consecuencia penal de ser privados del derecho a conducir es una pesada losa para quien lo sufre, pues indefectiblemente cambia sus hábitos de vida. Trabajo, familia y ocio dependen del transporte. Y aquí toma notable interés la segunda parte del trabajo del capitán.

La primera es un clásico estudio de los delitos contra la seguridad vial, con el interés que supone su elaboración por alguien con reconocidos conocimientos prácticos derivados de su mando en un destacamento de tráfico, así como su paso por los departamentos de la Escuela de Tráfico de la Guardia Civil en Mérida como formador e investigador. Esto le da un plus al plantear problemas cotidianos a la hora de poner en claro los delitos y las causas del siniestro.

Y la segunda supone un reto, pues plantea e intenta resolver los problemas prácticos de la prueba a la hora de demostrar las infracciones criminales.

La movilidad es una materia viva, en constante evolución, nuevos medios de transporte como los vehículos de movilidad personal (VMP), bicicletas eléctricas coches autónomos, ayudas a la conducción (ADAs), registro de todos los parámetros de la conducción y un sinfín de etcéteras exigen una actualización constate en la búsqueda de soluciones para incógnitas que antes no eran siquiera imaginables.

Los nuevos medios técnicos, la prueba tecnológica -con su objetividad que no admite en la mayoría de los casos prueba en contrario-, hay que trasladarlos a un procedimiento penal que se ha quedado anticuado, y que, en demasiadas ocasiones, los juzgados y tribunales no disponen de medios adecuados para su correcta valoración. Presentar al operador jurídico un estudio de EDR (la mal llamada caja negra de los turismos), una reconstrucción en 3D, una nube de puntos, videograbaciones desde las cámaras de una bicicleta, los delitos que aparecen en redes sociales, con su posible manipulación o las de vigilancia de tráfico, son aspectos novedosos que hay que implementar en el proceso a través de formación y actualización. Incluso la comprensión del uso del tacógrafo tradicional, sin un informe pericial clarificador, resulta complejo al profano.

Además, los datos contenidos en un teléfono móvil, las grabaciones de una cámara, la recopilación de eventos por los sistemas de seguridad de los vehículos, pueden afectar a la intimidad, derecho fundamental de los ciudadanos del artículo 18 de la CE, cuando no se limitan a la investigación penal del delito. Su regulación debería estar perfectamente definida, y exclusivamente utilizarse si existe una infracción criminal, preservando la esfera privada que puede surgir de un volcado telefónico genérico, o de la captación de una matrícula por una cámara con la indefectible atribución de responsabilidad al titular del coche, desconociendo primigeniamente quien era el conductor.

Estos aspectos se abordan en la segunda parte del libro, que de manera abierta intenta darnos a conocer su existencia y los problemas jurídicos que se plantean con su uso forense. La evolución de la tecnología alcanza tal velocidad que cualquier trabajo corre el riesgo de quedar obsoleto en un breve espacio de tiempo, y el operador jurídico que no se haya subido a este avión nunca podrá alcanzar la velocidad de crucero necesario para ponerse al día. Obras de esta naturaleza contribuyen a la actualización de todos los sectores implicados en la investigación de los delitos y siniestros viales. Creo que el autor aborda con minuciosidad y rigor técnico problemas que empiezan a verse en los tribunales y para los que todavía no estamos preparados. La obra contribuye a entender los informes periciales, a que se garantice la protección de datos, aportando los mismos al procedimiento con todas las garantías, lo que representa una labor muy relevante para el que tenga interés en no quedar descabalgado de los modernos métodos de investigación.

Por mi parte únicamente resta, después del reconocimiento por su trabajo, desear éxito al autor con esta obra, derivada de una reconocida tesis doctoral, y pedirle que no ceje en su empeño de contribuir al mejor conocimiento de los delitos contra la seguridad vial y la lucha por las víctimas de tráfico, investigando a fondo todos los siniestros y depurando las responsabilidades penales en el caso de haberse producido. Enhorabuena Emilio.

DIEGO YEBRA ROVIRA

Fiscal autonomico delegado de seguridad vial en Extremadura

Presentación

Hay ámbitos del Derecho penal que, por su cotidianidad, corren el riesgo de pasar desapercibidos, y la seguridad vial es uno de ellos. Durante años fue considerada una cuestión menor en el ámbito penal, pero ha terminado por consolidarse como una materia de enorme trascendencia jurídica y social. El incremento constante de la circulación de vehículos, la complejidad del tráfico moderno y la evolución tecnológica han generado comportamientos cuya peligrosidad justifica su calificación como delitos. Pese a su escueta regulación —apenas siete artículos dentro del Título XVII del Libro II del Código Penal—, el impacto real de estos ilícitos es indiscutible: cerca de dos mil víctimas mortales y miles de lesionados de diversa gravedad cada año, sin contar los efectos colaterales sociales y económicos que generan los accidentes de tráfico.

La importancia penal de esta materia también se refleja en su peso estadístico. Según datos oficiales, los delitos contra la seguridad vial ocuparon el tercer puesto en el ranking de detenciones e investigaciones en 2022, y el quinto en 2023, lo que confirma su relevancia dentro de la práctica judicial cotidiana.

Esta monografía surge con el propósito de ofrecer una visión rigurosa, actualizada y práctica de este fenómeno, desde una doble perspectiva: la de quien lo estudia como jurista, y la de quien lo ha vivido sobre el terreno. La obra se estructura en dos grandes partes:

La Parte I analiza los distintos tipos penales vinculados a la seguridad vial: conducción bajo los efectos del alcohol o drogas, exceso de velocidad, conducción temeraria, negativa a someterse a pruebas, conducción sin permiso, abandono del lugar del accidente, y la alteración grave de la seguridad del tráfico. En cada uno se examina su evolución legislativa, configuración típica, elementos comunes, debates doctrinales y jurisprudenciales, y su aplicación práctica.

La Parte II se centra en los medios de prueba empleados para investigar y acreditar estos delitos: cinemómetros, etilómetros, test de drogas, EDR, videograbaciones, teléfonos móviles, redes sociales y prueba indiciaria. Se exploran sus fundamentos técnicos y jurídicos, su resolución en la práctica judicial y los desafíos procesales que plantean en relación con los derechos fundamentales. Especial atención merece el análisis del EDR (Event Data Recorder), una tecnología aún escasamente tratada en la doctrina jurídica española, que requiere una mirada interdisciplinar.

En ambas partes se aborda no solo el marco teórico o normativo, sino también su traslado al terreno, a ese asfalto donde el Derecho penal se hace operativo, escenario real donde estos delitos se investigan y prueban, con sus retos operativos, disyuntivas legales e implicaciones para la tutela de derechos.

A lo largo del trabajo, se abordan de forma transversal dos líneas de reflexión que sirven de hilo conductor para el análisis: por un lado, la claridad, coherencia y eficacia de la normativa penal sobre seguridad vial, así como las dificultades interpretativas y las disparidades jurisprudenciales que plantea; y por otro, el cumplimiento de la legalidad, fiabilidad y respeto a los derechos individuales en los medios de prueba utilizados para investigar estos delitos.

Lejos de ofrecer respuestas cerradas, la obra desarrolla estos temas con un enfoque crítico y práctico, aportando elementos suficientes para que el lector —a partir de los análisis doctrinales, jurisprudenciales y técnicos que se recogen en cada capítulo— pueda formar su propio criterio sobre estas cuestiones clave.

La orientación práctica de este trabajo se apoya en una trayectoria profesional estrechamente vinculada a la seguridad vial. En la actualidad, ostento el empleo de capitán de la Guardia Civil, con 25 años de servicio en el Cuerpo, de los cuales llevo 14 años destinado en la Agrupación de Tráfico, más de doce de ellos al mando de unidades operativas. Actualmente estoy destinado en la Escuela de Tráfico de la Guardia Civil, donde ejerzo como profesor y desempeño la función de director del Departamento de Estudios Universitarios.

Mi trayectoria profesional se complementa con la formación académica como doctor en Derecho por la Universidad de Salamanca, con la calificación de sobresaliente *cum laude* por unanimidad del tribunal. Esta confluencia entre experiencia profesional y base doctrinal rigurosa ha sido esencial para dotar a este estudio de un enfoque integral, donde se cruzan el conocimiento jurídico, la aplicación real y las exigencias garantistas del proceso penal; dos miradas que no se limitan a convivir, sino que dialogan constantemente a lo largo de todo el texto.

Esta monografía está dirigida a juristas que se enfrenten, desde distintas posiciones, a la materia: jueces, fiscales, abogados, académicos, estudiantes o agentes de la autoridad. Todos ellos encontrarán aquí un estudio serio, actualizado y orientado a la práctica. Desde la doble mirada del Derecho y la experiencia operativa, este trabajo pretende contribuir a una mejor comprensión —y, ojalá, a una mejor aplicación— de un sector penal tan cotidiano como complejo, tan normado como aún necesitado de reflexión crítica.

Cáceres, mayo de 2025

EMILIO JOSÉ SUÁREZ COBOS

Parte I:

Delitos contra la seguridad vial

1. INTRODUCCIÓN

La intervención del Derecho penal en el ámbito de la circulación ha crecido de forma silenciosa, pero constante, hasta ocupar un espacio propio dentro del sistema punitivo. Esa tendencia responde, en el fondo, a una lógica que ha acompañado al ser humano desde la antigüedad. El comportamiento del ser humano no siempre es todo lo deseable que el resto de la sociedad quiere. Tanto es así, que desde hace miles de años, nuestros ancestros crearon el primer conjunto de normas penales conocido con el nombre del Código de Hammurabi. Los comportamientos injustos varían con el paso de los años y se adaptan a la realidad existente en ese momento, de tal forma que aquellos que no merecían ningún reproche penal pasan a ser considerados reprochables y viceversa.

Así las cosas, en una reciente concepción del injusto, se consideró que el peligro que supone para las personas determinados comportamientos llevados a cabo conduciendo vehículos a motor debían ser tipificados como delito, pues no se trataba solo de proteger a la vida e integridad física de las personas, sino que también se trataba de responder a una demanda de la sociedad que requería de los Poderes del Estado una réplica en sincronía con la realidad y gravedad de la situación.

Por ello, nuestro CP ha ido introduciendo o modificando varios tipos penales que abarcan desde la conducción bajo la influencia del alcohol o las drogas, conducción temeraria, velocidad excesiva, negativa a someterse a las pruebas de alcohol o drogas, hasta las recientes figuras delictivas de conducir sin permiso de conducción o el abandono del lugar del accidente.

En esta primera parte se analizan de forma individualizada los delitos contra la seguridad vial previstos en los artículos 379 a 385 del CP. En cada caso se parte de su origen legislativo y evolución normativa, para después examinar su configuración típica, las principales interpretaciones doctrinales y jurisprudenciales, y las cuestiones prácticas que suelen plantearse en su aplicación cotidiana.

La criminalización de algunas de estas conductas no estuvo exenta de críticas, pues se le reprochaba castigar penalmente infracciones que deberían considerarse ilícitos administrativos, como la conducción de un vehículo sin permiso o a velocidad excesiva. Se argumentaba, además, que esta medida respondía más a una intención recaudatoria del Estado que a un propósito real de reducir víctimas, lesiones o siniestros viales[1]. Sea como fuere, el caso es que, aunque no es posible establecer una clara conexión causa-efecto entre el endurecimiento de las condiciones y requisitos en la conducción y la disminución del número de fallecidos en carretera, lo cierto es que es coinciden temporalmente, ya que 2004 marcó un punto de inflexión en la reducción de fallecidos[2].

---

1 Conforme a las estadísticas oficiales del Ministerio del Interior correspondientes al año 2022, el número de detenidos/investigados por delitos contra la seguridad es de 44.548, ocupando el tercer puesto tras el delito de malos tratos en ámbito familiar con 73.876 y delito de hurto con 74.111. Obtenido de https://estadisticasdecriminalidad.ses.mir.es/publico/portalestadistico/datos.html?type=pcaxis&path=/Datos3/&file=pcaxis. Fecha última consulta: 29 de octubre de 2024.

2 DGT (2010). Principales cifras de la siniestralidad vial 2010. Obtenido de https://www-pro.dgt.es/export/sites/web-DGT/.galleries/downloads/dgt-en-cifras/publicaciones/Principales_Cifras_

Aceptar la elevada siniestralidad vial como un hecho inevitable sería un grave error. Es imprescindible impulsar cambios legislativos que contribuyan a reducir estas cifras, estableciendo medidas tanto desde las instituciones del Estado como a nivel individual, fomentando la concienciación y el respeto a las normas de seguridad vial.

Por lo que respecta al delito de velocidad, la evolución tecnológica ha permitido que los vehículos alcancen velocidades antes inimaginables, mejorando la eficiencia del transporte, pero también introduciendo nuevos desafíos para la seguridad vial. A pesar de los avances en materiales y sistemas de seguridad, el aumento de la velocidad ha elevado los riesgos en carretera. Los datos estadísticos subrayan que la velocidad sigue siendo un factor crítico en muchos accidentes viales, con consecuencias que van desde lesiones graves hasta pérdidas de vidas humanas. La legislación española ha respondido con normativas específicas, como el art. 379.1 CP, que establece límites cuantitativos para la velocidad excesiva en vías urbanas e interurbanas. Sin embargo, persiste la duda sobre la efectividad de estas medidas y los desafíos en su aplicación práctica, especialmente en términos de balancear la necesidad de movilidad rápida con la seguridad pública.

El consumo de alcohol y drogas sigue siendo una de las principales causas de mortalidad en accidentes de tráfico en España[3]. La legislación ha establecido límites claros para el

---

Siniestralidad/Las-principales-cifras-de-la-siniestralidad-vial-2010.pdf. Pág. 8. Fecha última consulta: 31 de octubre de 2024.

3 DGT (2024) *Las principales cifras de la siniestralidad vial en España. Datos consolidados año 2023.* Observatorio Nacional de Seguridad Vial. Recuperado de https://www.dgt.es/export/sites/web-DGT/.galleries/downloads/dgt-en-cifras/publicaciones/Principales_Cifras_Siniestralidad/1-INF_ANUAL_2023_v11_final_web.pdf. Pág. 10. El informe muestra que, entre las personas fallecidas en acciden-

alcohol en sangre, mientras que, en el caso de las drogas, su impacto en la capacidad de conducción debe demostrarse de manera específica para su relevancia penal. La normativa ha evolucionado para incluir sistemas de detección más sofisticados y procedimientos robustos para identificar y sancionar conductas de riesgo relacionadas con sustancias psicoactivas. Sin embargo, la implementación efectiva y la concienciación pública siguen siendo áreas de mejora continua para reducir los incidentes causados por conductores bajo la influencia de sustancias.

A continuación, conviene detenerse en otro de los ejes fundamentales de la regulación penal en materia de tráfico: la conducción temeraria. Este delito, dispuesto en el art. 380 CP, se centra en la ejecución de actos extremadamente imprudentes que ponen en grave peligro la vida de otras personas. Este tipo penal requiere una evaluación precisa de la temeridad manifiesta, que se presume en casos específicos como la superación de límites de velocidad o tasas de alcohol permitidas. La interpretación jurídica y la aplicación de estas presunciones son cruciales para garantizar que los conductores que ponen en riesgo la seguridad vial sean debidamente responsabilizados. Además, el art. 381 del CP introduce la figura del "manifiesto desprecio por la vida de los demás", agravando las penas para casos donde el comportamiento imprudente es especialmente grave. Esta legislación busca proteger de manera más rigurosa a todos los usuarios de las vías públicas frente a conductas altamente irresponsables que amenazan la seguridad común.

---

tes de tráfico, el 28% y el 19% dieron resultado positivo en alcohol y drogas, respectivamente. Esto representa un 47% en total, es decir, casi la mitad de los fallecidos en accidentes de tráfico. Fecha de la última consulta: 31 de octubre de 2024.

Junto a las conductas de riesgo durante la conducción, el legislador ha considerado también relevantes las acciones posteriores al siniestro. La reintroducción del delito de abandono del lugar del accidente en el CP en 2019 fue una respuesta directa a demandas sociales provocadas por incidentes trágicos. Casos como el ocurrido en Toledo en 2013, donde un ciclista murió tras ser atropellado por un conductor que huyó, resonaron profundamente en la opinión pública y desencadenaron cambios legislativos significativos. Esta medida no solo busca sancionar la conducta de abandono, considerada inhumana y cobarde, sino también reforzar la responsabilidad y la solidaridad de los conductores en situaciones de accidente. A pesar de su objetivo de proteger a las víctimas y mejorar la seguridad vial, la vuelta del delito de abandono del lugar del accidente ha generado críticas en la doctrina jurídica. Se cuestiona la proporcionalidad de aplicar sanciones penales a conductas que podrían considerarse como infracciones administrativas menores. El debate que subyace se centra en la importancia de equilibrar la protección de las víctimas con los principios de intervención mínima del derecho penal, así como de evitar la criminalización excesiva de comportamientos que podrían tener diferentes niveles de gravedad.

Un ámbito especialmente sensible dentro de la seguridad vial es el de la negativa del conductor a someterse a las pruebas de detección de alcohol o drogas. Desde que esta conducta dejó de considerarse una mera infracción administrativa para pasar a tipificarse como delito, se percibe un intento claro de reforzar tanto la eficacia de los controles como la obtención de pruebas objetivas que permitan una respuesta penal más efectiva. Esta evolución refleja la necesidad de contar con mecanismos legales precisos y efectivos para asegurar la responsabilidad de los conductores y proteger la seguridad pública.

También ha sido objeto de atención penal la conducción sin la debida habilitación legal. En España, esta conducta ha pasado de considerarse una simple infracción administrativa a tipificarse como delito, lo que refleja una clara voluntad normativa de reforzar la responsabilidad individual en el uso de vehículos a motor. Este cambio normativo destaca la importancia de disponer de mecanismos legales efectivos para garantizar la seguridad en las carreteras y responsabilizar debidamente a quienes conducen vehículos sin permiso de conducir bien porque ha perdido la vigencia o porque nunca lo obtuvieron. La implementación del sistema de permiso por puntos ha desempeñado un papel muy importante al establecer un marco más riguroso para la gestión de la seguridad vial, fomentando una conducta responsable entre los conductores.

Finalmente, se analiza una figura menos habitual en la práctica, pero con importantes implicaciones para la seguridad colectiva: la alteración grave de las condiciones de seguridad en la vía pública, regulada en el art. 385 del CP. Este tipo delictivo abarca tanto conductas de acción (como colocar obstáculos en la vía) como de omisión (no restablecer las condiciones de seguridad después de un incidente), reflejando la preocupación legislativa por mantener la integridad de las infraestructuras viales y la seguridad de los usuarios. Aunque las penas asociadas son considerables, su aplicación práctica es limitada.

Con todo, pese al elevado número de sentencias por dictadas por conformidad[4], la jurisprudencia desempeña un papel

---

4 Ministerio Fiscal. Seguridad Vial. (2023). *Valoración de los datos provisionales sobre siniestralidad de 2023. La estadística de procedimientos judiciales de 2022.* :"… con un porcentaje estimado de sentencias de conformidad de aproximadamente el 90%, lo que refuerza, como viene siendo tradicional en los últimos años, la ejecución inmediata de las penas impuestas -con los beneficios que ello supone en orden a la prevención general y, muy particularmente, la especial del penado- que en el ejercicio 2022 se concretan en 66.231 penas de privación del derecho a conducir y 1.612 pérdidas judiciales de

fundamental al interpretar y aplicar estas normativas complejas, enfrentándose a preocupaciones constitucionales sobre la proporcionalidad de las sanciones, los derechos individuales y la protección de las víctimas en el contexto de la seguridad vial. La jurisprudencia no solo clarifica ambigüedades normativas, sino que también garantiza un equilibrio justo entre la aplicación de la ley y la protección de los derechos fundamentales de los ciudadanos.

2. ASPECTOS TIPOLÓGICOS COMUNES DE LOS DELITOS CONTRA LA SEGURIDAD VIAL

En el Capítulo IV del Título XVII del CP, conformado tan solo por diez artículos, se encuentran los delitos contra la Seguridad Vial, entre estos artículos, siete son los que tipifican las conductas prohibidas. Pese a la disparidad de acciones típicas, existen ciertos aspectos de estos delitos que son comunes a todos ellos, tales como la acción de "conducir", "vía pública" o los conceptos de "vehículo a motor o ciclomotor", circunstancias estas inseparables del resto del contenido y elementos esenciales del delito.

Podemos empezar por dilucidar qué se considera "conducir", pues aparte de ser la acción típica de todos los delitos contra la seguridad vial, salvo el del art. 385 CP, y aunque parezca algo muy obvio, la casuística puede ser de lo más variada y devenir en una acción que no sea considerada como tal. El Diccionario de la Real Academia de la Lengua Española (DRAE) enuncia en su acepción primera que conducir es: "transportar a alguien o algo de una parte a otra". A primera vista, esta defi-

---

vigencia del permiso del art. 47.3 CP, aproximadamente 76.000 penas estimadas de multa y 25.485 penas de trabajos en beneficio de la comunidad".

nición parece dejar claro el significado de la acción, pero si la aplicamos al contenido del artículo, nada dice sobre la distancia que se debe recorrer o en qué condiciones.

Entre otros autores, CARDENAL Montraveta[5] considera que conducir requiere tanto el control de los mecanismos de dirección del vehículo como que el motor esté en marcha y que este sea el que impulse el movimiento, pues "la idea de movimiento o desplazamiento está implícita en la noción de conducir" siendo atípico si no se dan estas circunstancias (STS de 15 de octubre de 1986). En cambio, CONDE PUMPIDO[6] se manifiesta en el sentido contrario, ya que considera que utilizar un vehículo de motor aprovechando la inercia o la fuerza gravitatoria y a motor parado aumenta la peligrosidad del medio al prescindirse del dominio del motor, pues el *telos* de la ley obliga a aplicar sus preceptos también en este caso. Asimismo, GUANES NICOLI[7] afirma que no es el efectivo uso de los mecanismos de propulsión ni de dirección los que determinarán la tipicidad de la conducta, sino la forma en la que el sujeto desarrolla su conducta.

La precitada sentencia de 1986 afirma que la conducción solo será típica cuando la longitud y el resto de las circunstancias del trayecto acrediten la presencia de un peligro para la

---

5 CARDENAL MONTRAVETA, S. (2019). Delitos contra la seguridad. En M. CORCOY BIDASOLO (Dtra), & J. C. HORTAL IBARRA (Coord.), *Manual de Derecho Penal. Parte Especial* (2ª ed., Vol. 1). Tirant lo Blanch. Pág. 590. En este mismo sentido GÓMEZ PAVÓN, P. (1998). *El delito de conducción bajo la influencia de bebidas alcohólicas, drogas tóxicas o estupefacientes* (3ª ed.). Barcelona: Bosch. Pág. 18.

6 CONDE-PUMPIDO FERREIRO, C. (1966). El ámbito objetivo y territorial de la ley de 24 de diciembre de 1962. *Revista Derecho de la Circulación.* Pág. 230.

7 GUANES NICOLI, M. (2012). *El delito de conducción temeraria. Análisis de la situación jurisprudencial.* Editorial Universitaria Ramón Areces. Pág. 56.

vida o salud de terceros. Esta afirmación también es secundada por Córdoba Roda, cuando manifiesta que no es punible cuando tan solo haya un desplazamiento de corto espacio y durante un tiempo menor[8].

A este respecto, el TS se pronunció en la STS 48/2020 de 11 de febrero[9], que enuncia que el ordenamiento penal no ofrece una definición de lo que debe entenderse por conducción de un vehículo a motor y, por ello, requiere el auxilio indagatorio de la normativa administrativa, concluyendo que, desde ese punto de vista, "conducir un vehículo a motor o un ciclomotor" es la conducta que se lleva a cabo por la persona que maneja el mecanismo de dirección o va al mando de un vehículo que se desplaza. Además, esa misma sentencia, también menciona que la conducción requiere "cierto desplazamiento, pero no una conducción durante determinado espacio de tiempo o recorriendo un mínimo de distancia"[10].

Entonces, si bien es cierto que la acción de conducir requiere "unas mínimas coordenadas espacio-temporales, un desplazamiento, el traslado de un punto geográfico a otro", debiendo existir movimiento para que haya conducción, las maniobras de estacionamiento, salida de un aparcamiento o desplazamientos mínimos del vehículo sí cumplen con esas exigencias, salvo en situaciones excepcionales y poco comunes, como cuando el vehículo no logra arrancar porque se cala al

---

8 CÓRDOBA RODA, J. (1978). *Comentarios al Código Penal III*. Barcelona. Pág.1245.

9 Entre otras, pues también se encuentran las SSTS 436/2017, de 15 de junio; 670/2018 (Pleno), de 19 de diciembre; 385/2019, de 23 de julio; 794/2017 (Pleno), de 11 de diciembre.

10 En el mismo sentido también la STS 436/2017, de 15 de junio, condenando por maniobras breves de desplazamiento en el tipo del art. 379.2 CP, en el que hubo una conducción de un vehículo a motor durante dos metros en presencia policial, pues se trata de un puro delito de peligro abstracto.

intentar encenderlo o cuando el movimiento es insignificante dentro de un garaje privado, casos que podrían quedar fuera del ámbito penal por distintas razones (STS 436/2017, 15 de Junio de 2017).

Sin embargo, un desplazamiento de corta distancia o de breve duración puede ser considerado delito. Esto se debe a que la relevancia de esta acción peligrosa no radica en el tiempo o la distancia recorrida, sino en el potencial riesgo que implica, independientemente de su extensión. Un ejemplo de ello es una persona que toma el control de un vehículo para realizar una maniobra de estacionamiento o un cambio de sentido en una carretera de doble sentido, asumiendo un riesgo innecesario e intolerable.

La posterior STS 893/2023, de 29 de noviembre ahonda más en la consideración de conducir. El supuesto sometido a juicio fue un conductor acusado de conducir un vehículo por la carretera "haciéndolo empujando el mismo, al tiempo que de pie, pero con medio cuerpo metido en la plaza del conductor manejaba con la mano el volante". Una vez detectado por los agentes de la autoridad estos observan signos externos compatibles con la ingesta de bebidas alcohólicas.

El caso es que, aunque el conductor se encontraba con las facultades psíquico físicas alteradas y puso en riesgo la seguridad de la vía, no se acredita que ese vehículo hubiera puesto en marcha el motor pese a que recorrió una distancia aproximada de un kilómetro y el conductor negó haberlo conducido, tan solo empujarlo, empujar no es conducir pues manejar el volante desde el exterior del vehículo no es un verdadero control de los mecanismos de conducción, sentencia el TS. Siguiendo el criterio interpretativo del TS, quedarían fuera del ámbito típico conductas que, aunque poco frecuentes, podrían llegar a producirse, como la de situarse a los mandos de un vehículo a motor o ciclomotor dejándolo descender por una pendiente sin que el motor esté arrancado.

Por analogía con el supuesto contemplado en la sentencia del TS, podría afirmarse que en tal situación existiría una disposición real para controlar los mecanismos del vehículo; sin embargo, al no estar el motor en funcionamiento, no concurriría uno de los elementos esenciales exigidos por el tipo penal, por lo que no cabría apreciar reproche penal alguno. No obstante, en este caso, el verdadero peligro puede residir en el propio vehículo, ya que, aun sin estar arrancado, podría desplazarse con velocidad significativa, lo cual exige pericia y conocimientos específicos para manejarlo con seguridad. Sin embargo, podría considerarse más bien como un instrumento del delito que como un vehículo de motor propiamente dicho, y más relacionado con delitos como el homicidio imprudente o las lesiones en caso de atropello, en lugar de un delito contra la seguridad vial. En este sentido, el mismo vehículo podría ser reemplazado por un remolque, carro, herramienta de labranza o cualquier artilugio de fabricación casera con apariencia de vehículo sin motor. Asimismo, la SAP de Lérida 73/2016, de 29 de febrero, dice que "subirse encima de la conductora y apretar el pedal del acelerador, no guarda analogía ni similitud con los comportamientos expresamente proscritos y vedados en el referido precepto".

Yendo al detalle de las definiciones que ofrece el Anexo I de la LSV dice que conductor es: "1. Conductor: Persona que, con las excepciones del párrafo segundo del punto 4 maneja el mecanismo de dirección o va al mando de un vehículo, o a cuyo cargo está un animal o animales. En vehículos que circulen en función de aprendizaje de la conducción, tiene la consideración de conductor la persona que está a cargo de los mandos adicionales". Así mismo, continuando con la definición de peatón dada en número cuatro, dice: "4. Peatón. Persona que, sin ser conductor, transita a pie por las vías o terrenos a que se refiere el art. 2. También tienen la consideración de peatones quienes empujan o arrastran un coche de niño o de una persona con discapacidad o cualquier otro vehículo sin motor de pequeñas dimensiones, los que conducen a pie un ciclo o ciclomotor de dos ruedas, y las personas con discapacidad que circulan al paso en una silla de ruedas, con o sin motor".

Dicho esto, observamos una curiosa consideración implícita de conductor, pues sí se considera peatón conducir a pie un ciclo o ciclomotor de dos ruedas, pero no conducir a pie una motocicleta de dos ruedas, cuya descripción se encuentra en la definición decimo cuarta del citado Anexo I, por lo que en este caso estaríamos ante un conductor y no un peatón.

Por lo que respecta a concepto de vía pública al que hace referencia el art. 2 LSV que estipula que "Los preceptos de esta ley son aplicables en todo el territorio nacional y obligan a los titulares y usuarios de las vías y terrenos públicos aptos para la circulación, tanto urbanos como interurbanos, a los de las vías y terrenos que, sin tener tal aptitud, sean de uso común y, en defecto de otras normas, a los titulares de las vías y terrenos privados que sean utilizados por una colectividad indeterminada de usuarios".

Siguiendo ese concepto, constituye vía pública a efectos de establecer el lugar de comisión de los delitos con la seguridad vial: autopistas, autovías y carreteras convencionales, áreas y zonas de descanso y de servicio, sitas y afectas a dichas vías, calzadas de servicio, paradas o estacionamiento de cualquier clase de vehículos, travesías, plazas, calles o vías urbanas, caminos de dominio público, pistas y terrenos públicos aptos para la circulación, caminos de servicio construidos como elementos auxiliares o complementarios de las actividades de sus titulares y a los construidos con inalidades análogas, siempre que estén abiertos al público.

En general, cualquier vía de uso común público o privado, o caminos y terrenos privados utilizados por un grupo no determinado de personas. Por el contrario, no será aplicable a caminos, terrenos, garajes, cocheras u otros locales de similar naturaleza, construidos dentro de fincas privadas, sustraídos al uso público y destinados al uso exclusivo de los propietarios y sus dependientes[11]. En la misma línea de opinión MUÑOZ CUESTA[12] al estimar que el lugar donde no puede cometerse el delito es en "los terrenos exclusivamente privados, sin circulación viaria que no sea la del titular de la finca, su familia o sus dependientes, porque en esta situación se excluye prácticamente de forma total el riesgo para terceros..., primando en la determinación del lugar más que si es de propiedad o uso público, el que no se manifieste riesgo para terceras personas".

Otro de los elementos comunes sería la consideración de vehículo a motor o ciclomotor. Tanto en las definiciones del Anexo I del RDL 6/2015, por el que se aprueba el texto refundido de la Ley sobre Tráfico, Circulación de Vehículos a Motor y Seguridad Vial (en adelante LSV), como en las definiciones del Anexo II del RD2822/1998, por el que se aprueba el Reglamento General de Vehículos (en adelante RGV), se define vehículo a motor como: "vehículo provisto de motor para su propulsión. Se excluyen de esta definición los ciclomotores, los tranvías y

---

11 En REQUEJO CONDE, C. (2013). *El delito de conducir sin permiso. Análisis jurisprudencial.* J.M. Bosch Editor. Págs. 53-55, se exponen multitud de ejemplos y situaciones susceptibles de generar controversia en su consideración o no de vía pública, como pueden ser vía pública un taller (no lo considera pública), una carretera en construcción cerrada al tráfico (no lo considera vía pública), un polígono industrial (sí lo considera vía pública), un descampado carente de carriles o señales (no lo considera vía pública), un vial interno de una urbanización, aun en obras y sin señalización (sí lo considera vía pública), una pista donde se celebran pruebas deportivas (sí lo considera vía pública), calzada la tierra destinada a siembra o campa (no lo considera vía pública), entre otros tantos ejemplos más.

12 MUÑOZ CUESTA, F. J. (2011). Conducción de vehículo motor o ciclomotor con privación total de puntos: aspectos prácticos. *Aranzadi Doctrinal*, Pág. 4.

los vehículos para personas de movilidad reducida, los ciclos de pedales con pedaleo asistido y los vehículos de movilidad personal". Así, la definición de ciclomotor también viene dada en ambos textos[13].

---

[13] LSV. Anexo I. Definiciones: 9. Ciclomotor: Tienen la condición de ciclomotores los vehículos que se definen a continuación:
a) Vehículo de dos ruedas, con una velocidad máxima por construcción no superior a 45 km/h y con un motor de cilindrada inferior o igual a 50 cm^3, si es de combustión interna, o bien con una potencia continua nominal máxima inferior o igual a 4 kW si es de motor eléctrico.
b) Vehículo de tres ruedas, con una velocidad máxima por construcción no superior a 45 km/h y con un motor cuya cilindrada sea inferior o igual a 50 cm^3 para los motores de encendido por chispa (positiva), o bien cuya potencia máxima neta sea inferior o igual a 4 kW para los demás motores de combustión interna, o bien cuya potencia continua nominal máxima sea inferior o igual a 4 kW para los motores eléctricos.
c) Vehículos de cuatro ruedas, cuya masa en vacío sea inferior o igual a 350 kilogramos no incluida la masa de baterías para los vehículos eléctricos, cuya velocidad máxima por construcción sea inferior o igual a 45 km/h, y cuya cilindrada del motor sea inferior o igual a 50 cm^3 para los motores de encendido por chispa (positiva), o cuya potencia máxima neta sea inferior o igual a 4 kW para los demás motores de combustión interna, o cuya potencia continua nominal máxima sea inferior o igual a 4 kW para los motores eléctricos.
RGVeh. Clasificación por construcción. 03. Ciclomotor: "Vehículo de dos o tres ruedas provisto de un motor de cilindrada no superior a 50 cm^3, si es de combustión interna, y con una velocidad máxima por construcción no superior a 45 km/h. Vehículo de cuatro ruedas con un máximo de dos plazas incluyendo la del conductor, cuya masa en orden de marcha sea inferior o igual a 425 kg, no incluida la masa de las baterías en el caso de los vehículos eléctricos, cuya velocidad máxima por construcción no sea superior a 45 km/h y con un motor de cilindrada inferior o igual a 50 cm^3 para los motores de explosión de encendido por chispa (positiva), o inferior o igual a 500 cm^3 para los demás motores de combustión interna. La potencia máxima será inferior o igual a 4 kW, o a 6 kW, depen-

A pesar de esta definición de vehículo a motor, MUÑOZ CONDE[14] considera que este anexo es tan técnico en sus definiciones que realmente no debe considerarse vinculante en la interpretación de vehículo a motor en los tipos legales, apostando por una interpretación fáctica que considere vehículo a motor todo vehículo destinado al transporte de personas o cosas no movido por energía humana o animal.

Otra definición parecida aparece en la Directiva 2006/126/CE del Parlamento Europeo y del Consejo de 20 de diciembre de 2006, sobre el permiso de conducción[15] que indica que "el término vehículo de motor designará todo vehículo autopropulsado que circule por carretera por sus propios medios, con excepción de los vehículos que se desplacen sobre raíles", y a mayor abundamiento la Directiva 2011/82, de 25 de octubre, por la que se facilita el Intercambio Transfronterizo de Información sobre Infracciones de Tráfico en Materia de Seguridad Vial, art. 3 aptd. a) que define vehículo como "todo vehículo de motor, incluidas las motocicletas, utilizado normalmente para el transporte de personas o bienes por carretera".

Sobre el concepto de "ciclomotor" y su aplicación en los delitos contra la seguridad vial, cabe reseñar que no sería hasta el año 1994 cuando se produjo una modificación del Código Penal (en adelante CP) para corregir una situación ilógica que existía al no estar incluidos los ciclomotores en los delitos con-

---

diendo de su categoría de homologación europea (Reglamento UE 168/2013)" (Modificada por Orden PJC/780/2025, de 21 de julio, por la que se modifican los anexos II, IX, X y XVIII del Reglamento General de Vehículos).

14 MUÑOZ CONDE, F. (2004). *Derecho Penal, Parte Especial.* (15ª ed.). Valencia: Tirant lo Blanch. Pág. 687.

15 Modificada por las Directivas 2009/113/CE de la Comisión, de 25 de agosto de 2009, y 2012/36/UE de la Comisión, de 19 de noviembre de 2012.

tra la seguridad del tráfico[16]. Esta modificación los añadió y los equiparó, a estos efectos, a los vehículos a motor y, además, también adaptó la equivalencia entre el permiso de conducción y licencia de conducción, ya que *sensu stricto* para conducir un ciclomotor no era necesario un permiso de conducción, sino una licencia de conducción, por lo que se añadió la licencia de conducción a las penas de privación que se hacía referencia al permiso de conducción.

La STS 893/2023, de 29 de noviembre, aporta mayor claridad sobre esta cuestión, afirmando que la acción típica consiste en conducir un "vehículo a motor", lo que implica que el vehículo debe estar propulsado por tracción motora; es decir, el motor debe estar en marcha y ser el encargado de generar el desplazamiento del vehículo.

Ligado a este concepto, aunque referido al seguro de responsabilidad civil derivada de la circulación de vehículos automóviles, la sentencia de la Sala quinta del TJUE en el asunto C286/22, de 12 de octubre de 2023, sobre el alcance del concepto de "vehículo" que figura en el art. 1, punto 1, de la Directiva 2009/103/CE, dice ""conforme al sentido habitual de estos términos en el lenguaje corriente este concepto se refiere necesariamente a un aparato diseñado para desplazarse sobre el suelo mediante una fuerza producida por una máquina, por oposición a una fuerza humana o animal, a excepción de los vehículos que se desplazan sobre raíles". Asimismo, continúa la sentencia que tradicionalmente se refiere a "las motocicletas, los coches y los camiones que, salvo en los casos en que estén

---

16 Ley Orgánica 17/1994, de 23 de diciembre, sobre modificación de diversos arts. del CP, con el fin de tipificar la conducción de un ciclomotor bajo la influencia de bebidas alcohólicas, drogas tóxicas, estupefacientes o sustancias psicotrópicas, o con temeridad o por imprudencia. (1994). B.O.E. Núm. 307.

al final de su vida útil, se desplazan exclusivamente por medio de una fuerza mecánica".

Actualmente, está en auge el uso de vehículos de movilidad personal (VMP) como los patinetes eléctricos como medio de desplazamiento y, aunque la normativa atinente actual adolece de una mayor redacción que aclare aspectos concretos sobre su circulación, inicialmente todo parecía indicar que no eran considerados vehículos a motor ni ciclomotor, por lo que su conductor en ningún caso estaría cometiendo un delito contra la seguridad vial enmarcado en el Capítulo IV del Título XII del CP, excepto el previsto en el art. 385 CP[17], sino que su responsabilidad penal se limitaría a los delitos de imprudencia (homicidio y lesiones).

Conforme va pasando el tiempo, la proliferación y uso de estos vehículos es cada vez más habitual, y aquella consideración está siendo objeto de cambio y dándosele un tratamiento asimilado al recogido en la catalogación para los ciclomotores de dos ruedas, dependiendo de las capacidades técnicas del VMP al que nos refiramos, en lo que a su tratamiento se refiere en el ámbito penal.

Este cambio ha tenido mucho que ver con la entrada en vigor el 1 de enero de 2016 del Reglamento (UE) nº 168/2013 del Parlamento Europeo y del Consejo, relativo a la homologación de los vehículos de dos o tres ruedas y los cuatriciclos, y la vigilancia del mercado de dichos vehículos, que distingue en

---

17 Art. 385 CP: "Será castigado con la pena de prisión de seis meses a dos años o a las de multa de doce a veinticuatro meses y trabajos en beneficio de la comunidad de diez a cuarenta días, el que originare un grave riesgo para la circulación de alguna de las siguientes formas: 1.ª Colocando en la vía obstáculos imprevisibles, derramando sustancias deslizantes o inflamables o mutando, sustrayendo o anulando la señalización o por cualquier otro medio. 2.ª No restableciendo la seguridad de la vía, cuando haya obligación de hacerlo".

su art. 4 dos subcategorías dentro de la categoría L1e: la L1e-A (ciclo de motor) y L1e-B (ciclomotor de dos ruedas)[18].

Así las cosas, tal y como interpretó la SAP de Cáceres 44/2020 de 7 de febrero, el precitado Reglamento (UE) nº 168/2013 se hizo una descripción de los vehículos L1e-A, a los que se les denomina "ciclo de motor", y que se integraron en el concepto "ciclo" que daba la LSV; mientras que los vehículos L1e-B, a los que denomina "ciclomotor de dos ruedas", se incluirían en el concepto de "ciclomotor" de la misma ley. Por lo tanto, dice la sentencia aplicada al caso en cuestión, si nos encontramos con un patinete de 1500 watios de potencia y con una velocidad máxima de 45 kilómetros por hora, nos hallaríamos ante un vehículo L1e-B, ciclomotor de dos ruedas, equiparado a ciclomotor en nuestro texto normativo, y, por lo tanto, le sería de aplicación la legislación penal de los delitos referentes a la seguridad vial[19].

Sin embargo, la clave está en diferenciar y definir qué es un VMP, pues las definiciones de L1e-A y L1e-B no son suficiente para ubicarlos en una clasificación u otra, pues si se

---

[18] L1e-A | Ciclo de motor: (9)ciclos diseñados para funcionar a pedal que cuentan con una propulsión auxiliar cuyo objetivo principal es ayudar al pedaleo y (10)la potencia de la propulsión auxiliar se interrumpe a una velocidad del vehículo ≤ 25 km/h y (11)potencia nominal o neta continua máxima (1) ≤ 1000 W y (12)los ciclos de motor de tres o cuatro ruedas que cumplan los criterios específicos de subclasificación adicionales 9 a 11 se clasifican como equivalentes técnicamente a los vehículos L1e-A de dos ruedas. |
L1e-B: Ciclomotor de dos ruedas. (9) cualquier otro vehículo de categoría L1e que no pueda clasificarse con arreglo a los criterios 9 a 12 de vehículos L1e-A.

[19] En el mismo criterio interpretativo se encuentran las SAP de Madrid 887/2018, de 12 de diciembre; sin embargo, en sentido opuesto, las SAP de Murcia 881/2020, de 24 de marzo, SAP de Pontevedra 228/2019, de 30 de diciembre.

aplicase cualquier vehículo de dos ruedas con motor y sin pedales, serían considerados ciclomotores, algo que, por supuesto, no es así.

El Real Decreto 970/2020, de 10 de noviembre, modifica el Reglamento General de Circulación (aprobado por RD 1428/2003, de 21 de noviembre) y el Reglamento General de Vehículos (aprobado por RD 2822/1998, de 23 de diciembre), introduciendo medidas urbanas de tráfico. Este decreto define el concepto de VMP y aclara el concepto de "vehículo de motor" que se recoge en el Anexo I, apartado 12 de la LSV, excluyendo a los VMP que requieren autorización administrativa, conforme al art. 1, apartado 1. Además, se incorporan nuevas categorías, como los vehículos de movilidad personal, el cuatriciclo ligero, el cuatriciclo pesado y el ciclo de motor, que, aunque hacen referencia al Anexo I del Reglamento Europeo, no están incluidos en la LSV, sino que se ubican dentro del RGVeh[20]. Por lo tanto, una vez que los VMP son una categoría autónoma de vehículos separada

---

20 Vehículo a motor: Vehículo provisto de motor para su propulsión. Se excluyen de esta definición los ciclomotores, los tranvías, los vehículos para personas de movilidad reducida, bicicletas de pedales con pedaleo asistido y los vehículos de movilidad personal.
Ciclomotor: Tienen la consideración de ciclomotores los vehículos que se definen a continuación:
Ciclomotor de dos ruedas: Vehículo de dos ruedas, provisto de un motor de cilindrada no superior a 50 cm3, si es de combustión interna, y con una velocidad máxima por construcción no superior a 45 km/h.
Ciclomotor de tres ruedas: Vehículo de tres ruedas, provisto de un motor de cilindrada no superior a 50 cm3, si es de combustión interna, y con una velocidad máxima por construcción no superior a 45 km/h.
Cuatriciclo ligero: Definido conforme a lo dispuesto en el anexo I del Reglamento (UE) n.º 168/2013 del Parlamento Europeo y del Consejo, de 15 de enero de 2013, para la categoría L6e.

de los vehículos a motor y ciclomotores, no es posible una incriminación penal del Capítulo IV del Título XVII CP, pues "no están incluidos en las correlativas fórmulas típicas" (STS 120/2022, de 10 de febrero).

Caso distinto sería el vehículo que tiene apariencia de VMP, pero que en realidad no lo es o que tiene modificaciones sustanciales (potencia, velocidad máxima, si cuenta o no con sillín o sistema de autoequilibrado, etc) que realmente le confieren características técnicas superiores a las que por definición le corresponden, y siendo estas ya propias de un ciclomotor o de un ciclo de motor[21], e incluso de una motocicleta, con el objeto de esquivar el control administrativo de la exigencia de

---

Cuatriciclo pesado: Definido conforme a lo dispuesto en el anexo I del Reglamento (UE) n.º 168/2013 del Parlamento Europeo y del Consejo, de 15 de enero de 2013, para la categoría L7e.
Ciclo de motor: Definido conforme a lo dispuesto en el anexo I del Reglamento (UE) n.º 168/2013 del Parlamento Europeo y del Consejo, de 15 de enero de 2013, para la categoría L1e-A.
Vehículo de movilidad personal: Vehículo de una o más ruedas dotado de una única plaza y propulsado exclusivamente por motores eléctricos que pueden proporcionar al vehículo una velocidad máxima por diseño comprendida entre 6 y 25 km/h. Sólo pueden estar equipados con un asiento o sillín si están dotados de sistema de autoequilibrado. Se excluyen de esta definición los Vehículos sin sistema de autoequilibrado y con sillín, los vehículos concebidos para competición, los vehículos para personas con movilidad reducida y los vehículos con una tensión de trabajo mayor a 100 VCC o 240 VAC, así como aquellos incluidos dentro del ámbito del Reglamento (UE) n.º 168/2013 del Parlamento Europeo y del Consejo, de 15 de enero de 2013.

21 La STS 851/2023, de 22 de noviembre, confirma la condena por el art. 384.2 CP a una persona que conducía un vehículo categoría L1e-B el cual aparece correctamente calificado como ciclomotor, habida cuenta de que en la relación de probados se describe que el mismo ofrecía una velocidad máxima limitada a los 45 kms/hora (no encontrándose, por diseño, exclusivamente comprendida entre

licencia que, ahora sí, daría lugar a responsabilidad penal, o la obligatoridad del uso de casco o seguro (STS 120/2022, de 10 de febrero).

La Instrucción 1/2021, de 23 de septiembre, del Fiscal Delegado de Seguridad Vial para Andalucía, Ceuta y Melilla, define qué vehículos se consideran a motor y ciclomotores a efectos penales, destacando los siguientes:

- Vehículos con velocidad máxima superior a 6 km/h, no autoequilibrados y con al menos un asiento cuya altura del punto R supere las especificaciones del art. 2.2.k) del Reglamento UE 168/2013. Estos vehículos pueden clasificarse dentro de las categorías L1e a L7e, como ciclomotores, motocicletas y triciclos motorizados, siempre que cumplan los requisitos de potencia y velocidad.
- Vehículos eléctricos de dos ruedas, con potencia máxima de entre 1000 W y 4000 W, y velocidad máxima de hasta 45 km/h, clasificados como ciclomotores L1e-B. Este criterio prevalece sobre la altura del asiento, considerando la definición legal de ciclomotor según la Ley de Seguridad Vial y los riesgos penales asociados a la seguridad vial.
- Vehículos susceptibles de incluirse en el ámbito penal: Se considera que ciertos vehículos deben ser clasificados como ciclomotores L1e-B, como aquellos cuya velocidad supera los 25 km/h o que, a pesar de estar diseñados para pedalear, la propulsión eléctrica no es auxiliar o no se interrumpe a 25 km/h, siempre que excedan los 1000W de potencia.

---

los 6 y los 25 kms/hora) y apartándose con ello de la catalogación como mero vehículo de movilidad personal.

- Vehículos modificados o artesanales: Cualquier vehículo modificado cuya potencia y/o velocidad lo clasifique dentro de los grupos definidos en el Reglamento puede considerarse un medio para cometer delitos de seguridad vial, según los artículos 379 a 384 del CP. Sin embargo, si el vehículo, tras modificaciones, queda fuera de las categorías aplicables (por ejemplo, un patinete eléctrico sin asiento), no será susceptible de ser penalizado, aunque podría estar sujeto a sanciones administrativas.

Esta Instrucción establece criterios detallados para la clasificación penal de vehículos, con especial atención a la potencia, velocidad y el cumplimiento de los requisitos técnicos, y destaca que, aunque algunos vehículos modificados puedan eludir la responsabilidad penal, podrían seguir siendo objeto de tratamiento administrativo.

En relación con las consecuencias accesorias en los delitos contra la seguridad vial, el comiso actúa como una sanción autónoma destinada a privar al infractor de los instrumentos utilizados o de los beneficios obtenidos, sin perseguir fines preventivos o resarcitorios. Su aplicación no es automática ni preceptiva, sino que debe ser solicitada y motivada adecuadamente, tal como establece la jurisprudencia consolidada (SSTS 77/2007, de 7 de febrero; 154/2008, de 8 de abril; 32/2009, de 7 de enero; y 499/13, de 11 de junio).

La STS 8/2025, de 16 de enero, analiza este régimen en el contexto de delitos contra la seguridad vial. En este caso, el Ministerio Fiscal solicitó el comiso del vehículo del acusado, basándose en su multirreincidencia, argumentando que la disponibilidad del vehículo facilitaba la comisión de nuevos delitos. Sin embargo, el tribunal subrayó que la reincidencia, por sí sola, no justifica el comiso, y que deben considerarse factores como la peligrosidad del vehículo y la gravedad de la infracción, aspectos que no fueron suficientemente acreditados en este caso. Además, se indicó que el riesgo de reincidencia cesaría si el acusado recuperaba su permiso de conducir, lo que llevó al tribunal a desestimar la solicitud.

3. VELOCIDAD. ART. 379.1 CP

3.1. Introducción

Los vehículos son máquinas complejas que nos facilitan el desplazamiento de un lugar a otro sin que nos suponga esfuerzo físico. La velocidad a la que se desplazan los vehículos ha ido en aumento debido, entre otros motivos, al avance de la tecnología e incorporación de nuevos materiales que han transformado a los vehículos en máquinas más ligeras y seguras. Aquellos coches que apenas circulaban a unos pocos kilómetros por hora forman parte del pasado y han evolucionado a potentes máquinas capaces de superar velocidades inimaginables en aquel entonces. Se cuenta que la primera multa de tráfico data del año 1896 siendo el motivo, precisamente, el exceso de velocidad[22].

El progresivo aumento de la velocidad que son capaces de alcanzar los vehículos que pudiera considerarse todo un avance sin objeciones, se ha tornado en un verdadero problema para la adecuada ordenación del tráfico, ocasionando multitud de siniestros viales donde la causa principal o concurrente del siniestro es la velocidad y todo ello, con terribles consecuencias que, en el peor de los casos, llegan a costar la vida.

---

22 LAGUNAS CLARET, T. (s.f.). *1896, primera multa de tráfico y primer fallecimiento por accidente.* Obtenido de Real Automóvil Club de Cataluña (RACC): http://blog.racc.es/coche/1896-primera-multa-de-trafico-y-primer-fallecimiento-por-accidente/

Conforme a las estadísticas del año 2018, el primer factor concurrente en los accidentes mortales fue la conducción distraída, siendo la velocidad el segundo factor con un 22% y después el alcohol[23]. Estos datos no hacen más que poner de manifiesto la peligrosidad que supone conducir a una velocidad excesiva o inadecuada. Siendo estos datos preocupantes, hay que decir que gracias a ese avance de la tecnología que ha conseguido que los vehículos puedan alcanzar altas velocidades, también se han desarrollado nuevos sistemas de protección y seguridad que han supuesto que, en caso de siniestro vial, el resultado lesivo personal se haya reducido considerablemente llegando incluso a anticiparse a él.

El análisis del delito de conducción a velocidad excesiva en España requiere una comprensión detallada de la evolución legal y normativa, así como de las interpretaciones jurisprudenciales que han influido en su configuración actual. La seguridad vial ha sido un ámbito de preocupación constante, y las reformas legislativas han buscado mitigar los riesgos asociados con la conducción temeraria.

Desde la reforma del CP en 2007, que introdujo la tipificación del delito de conducción a velocidad excesiva, se ha intentado cubrir una laguna penal que permitía la impunidad de conductas peligrosas tanto para los conductores como para los

---

[23] DGT. (2018). *Tablas estadísticas 2018.* Obtenido de http://www.dgt.es/es/seguridad-vial/estadisticas-e-indicadores/accidentes-30dias/tablas-estadisticas/2018/.
Cifra que se repite año tras año según indica el informe DGT. (2024). *Las principales cifras de la siniestralidad vial en España. Datos consolidados año 2023.* Observatorio Nacional de Seguridad Vial. Obtenido de https://www.dgt.es/export/sites/web-DGT/.galleries/downloads/dgt-en-cifras/publicaciones/Principales_Cifras_Siniestralidad/1-INF_ANUAL_2023_v11_final_web.pdf , "el factor concurrente con más presencia en los siniestros viales es la distracción con 12.475 casos, que suponen el 17% del total"

demás usuarios de la vía. Esta reforma se justificó por la necesidad de imponer sanciones más severas a comportamientos que representan un peligro significativo para la seguridad vial. No obstante, este cambio también ha suscitado debates entre los expertos legales sobre el riesgo de "administrativizar" el Derecho Penal, sugiriendo que ciertos aspectos de la seguridad vial deberían permanecer en el ámbito administrativo en lugar de ser tratados penalmente.

El art. 379.1 del CP define este delito y establece las condiciones bajo las cuales se considera que se ha cometido. Este art. se estructura como una norma penal en blanco, remitiendo a normas extrapenales, entre otras a la LSV y el RGCir., para precisar los conceptos de vías urbanas e interurbanas, elementos esenciales para la aplicación del delito. La ubicación y especificidad de la comisión del delito es un punto crítico. Según el art. 379.1 CP, el delito puede cometerse tanto en vías urbanas como interurbanas. La LSV y el RGCir. proporcionan las definiciones necesarias para interpretar adecuadamente estos términos, pero ciertas interpretaciones, como la consideración de las travesías, pueden generar confusión. La Fiscalía, en su Circular 10/2011, ha adoptado un criterio que, aunque restrictivo, intenta clarificar estas ambigüedades.

La velocidad es el elemento central en este delito. El legislador ha establecido umbrales específicos: superar en 60 km/h el límite en vías urbanas y en 80 km/h en vías interurbanas constituye un delito. Este criterio cuantitativo elimina la necesidad de demostrar un peligro concreto, adoptando una presunción "iuris et de iure" que no admite prueba en contrario. Esta presunción, aunque práctica, ha sido criticada por parte de la doctrina legal por su potencial para invertir la carga de la prueba en un ámbito tan delicado como el Derecho Penal.

Las normativas administrativas complementarias juegan un papel fundamental en la interpretación y aplicación de estos límites de velocidad. El RGCir establece las velocidades máximas permitidas según el tipo de carretera y vehículo, introduciendo además consideraciones específicas para circunstancias particulares. La derogación de ciertas excepciones, como la permitida por el antiguo art. 51 RGCir, y las restricciones adicionales para conductores y vehículos específicos, reflejan un enfoque cada vez más riguroso en la gestión de la velocidad en las vías públicas.

El delito de conducción a velocidad excesiva en España se encuentra en un punto de equilibrio entre la normativa penal y administrativa. La jurisprudencia ha buscado interpretar su aplicación de manera que garantice la seguridad vial sin vulnerar los principios esenciales del Derecho Penal. La evolución de estas normativas y su aplicación práctica reflejan los desafíos continuos en la regulación de la conducta vial y la protección de todos los usuarios de la carretera.

3.2. Evolución del tratamiento legal de la velocidad

A pesar de la baja velocidad de los vehículos en el pasado, ya se identificaban problemas de convivencia con los peatones debido a la falta de experiencia de los conductores o a la novedad de la situación. Antes de la primera matriculación en España en octubre de 1900[24], ya existía regulación, como el Reglamento para el Servicio de Coches Automóviles por Carreteras, que

---

24 García Rueda, M. I. (s.f.). *Primeros vehículos matriculados en España.* Obtenido de Dirección General de Tráfico: https://www.google.es/url?sa=t&rct=j&q=&esrc=s&source=web&cd=&cad=rja&uactFwww.dgt.es%2Fimages%2FPrimeros-Vehiculos-matriculados-en-Espana-1900-1964-Biblioteca-DGT-1008562.pdf&usg=AOvVaw.
El primer vehículo matriculado en España fue el 31 de octubre de 1900 en Palma de Mallorca, siendo un automóvil, marca Clement, tipo cuadriciclo.

fijaba un límite de 28 kilómetros por hora[25] para vehículos de servicio particular. Posteriormente, otras normativas como las normas de Policía de Carreteras de 1914[26], el Reglamento de Circulación de Vehículos de 1926[27], el Reglamento de Circulación Urbana e Interurbana de 1928[28], el Código de Circulación

---

25 Gaceta de Madrid. (20 de septiembre de 1900). Núm. 263. Reglamento para el servicio de coches automóviles por las carreteras. Capítulo III. "Art. 6: En ningún caso excederá la velocidad de 28 kilómetros por hora, aproximándose a ella solamente en terreno llano despoblado donde el tránsito sea limitado.
En las travesías de los pueblos se reducirá por regía general al máximo de 12 kilómetros por hora, pero en los sitios estrechos, en las curvas de pequeño radio, enfrente de las bocacalles y en el cruce con tranvías, se moderará la marcha lo necesario para evitar accidentes".
Posteriormente, la Gaceta de Madrid, Núm. 324 de 20 de noviembre de 1901 publicó la competencia de la Guardia Civil para controlar la velocidad y su capacidad para "exigir la presentación de las oportunas licencias a cuantos automóviles circulen por las mencionadas carreteras", disponiendo en su párrafo segundo: "También cuidará la Guardia civil de que la velocidad de automóviles aislados deservicio particular no exceda de 28 kilómetros por hora; la de los de servicio público de 25 kilómetros, y la de los que remolquen otros vehículos de 15 kilómetros, aproximándose a ellas solamente en terreno llano y despoblado, donde el tránsito sea limitado, cuyas velocidades se reducirán respectivamente a 12, 10 y 7'50 kilómetros por hora en las travesías de los pueblos, y para evitar accidentes se moderará la marcha, cuanto sea necesario, en los sitios estrechos, en las curvas de pequeño radio, enfrente de las bocacalles y en el cruce con tranvías".

26 Dirección General de Obras Públicas. Policía de Carreteras. Gaceta de Madrid. (2 de octubre de 1914). Núm. 275.

27 Reglamento para la Circulación de vehículos con motor mecánico por las vías públicas de España. Gaceta de Madrid. (19 de junio de 1926). Núm. 170.

28 Reglamento de Circulación Urbana e Interurbana. Gaceta de Madrid. (5 de agosto de 1928). Núm. 218.

de 1934[29] y la Ley del Automóvil de 1950[30] fueron delimitando velocidades según tipo de vía, vehículo y conductor, estableciendo sanciones específicas.

En 1949, con un parque móvil de solo 10.570 vehículos de motor mecánico[31], la velocidad ya era motivo de preocupación, evidenciado por la cantidad de normativas restrictivas existentes. Originalmente, las sanciones eran económicas, pero con la LSV, también incluyen la pérdida de puntos del permiso de conducir. La conducción con exceso de velocidad pasó a considerarse infracción grave o muy grave, con sanciones de 100 a 600 euros y una retirada de hasta seis puntos.

Un cambio significativo ocurrió en 2007 con la introducción de un precepto penal que consideraba delito superar ciertos límites de velocidad en condiciones específicas. Fue gracias a la L.O. 15/2007[32], cuyo Preámbulo justificó esta reforma al buscar controlar riesgos tolerables mediante la penalización de excesos peligrosos. Esto se tradujo en la modificación del art. 379 del CP[33], que sanciona la conducción a

29 Código de la Circulación. Gaceta de Madrid. (26 de septiembre de 1934). Núm. 269.

30 Ley sobre uso y circulación de vehículos de motor. (9 de mayo de 1950). B.O.E. Núm.130.

31 DGT. (s.f.). *Datos estadísticos sobre matriculaciones en España 1900-1960.* Obtenido de http://www.dgt.es/images/Datos-estadisticos-sobre-matriculaciones-en-Espana-1900-1960.pdf

32 LO 15/2007, de 30 de noviembre por la que se modifica la LO 10/1995, de 23 de noviembre, del CP en materia de seguridad vial. (1 de diciembre de 2007). B.O.E. Núm. 288.

33 Art. 379 CP. 1. El que condujere un vehículo de motor o un ciclomotor a velocidad superior en sesenta kilómetros por hora en vía urbana o en ochenta kilómetros por hora en vía interurbana a la permitida reglamentariamente, será castigado con la pena de prisión de tres a seis meses o a la de multa de seis a doce meses y trabajos en beneficio de la comunidad de treinta y uno a noventa

más de 60 km/h en vías urbanas o 80 km/h en interurbanas por encima del límite reglamentario.

3.3. Cómo afecta el exceso de velocidad a la conducción

Cuando pensamos en velocidad, solemos asociarla con rapidez y prontitud. Sin embargo, al hablar de conducir a alta velocidad, el contexto cambia. Conducir rápidamente implica asumir numerosos riesgos inherentes, lo que puede transformar drásticamente el resultado previsto. Lo que se esperaba ser un trayecto más rápido y una llegada anticipada puede convertirse en un viaje trágicamente interrumpido.

Conducir un vehículo a una velocidad adecuada es esencial para la seguridad vial. El ejercicio de la conducción es una actividad muy exigente que requiere una atención permanente y cautelosa no solo del propio vehículo, sino también de todas las circunstancias del entorno, bien sea la vía, comportamiento del resto de usuarios, circunstancias climatológicas, etc. Es por ello, por lo que conducir a altas velocidades exige una mayor atención del conductor. Cuanto mayor es la velocidad, mayor es también el riesgo de sufrir un accidente, y ese riesgo no aumenta de forma lineal, sino exponencial. Basta con un incremento de 10 km/h para que la probabilidad de un accidente mortal se multiplique por más del doble —hasta un 220% respecto al riesgo original—. Esta relación es especialmente crítica en los siniestros con resultado de muerte, donde el aumento del riesgo es significativamente mayor que en los accidentes que solo causan lesiones[34].

---

días, y, en cualquier caso, a la de privación del derecho a conducir vehículos a motor y ciclomotores por tiempo superior a uno y hasta cuatro años.

34 VAN DEN BERGHE, W., & PELSSERS, B. (2020). *Snelheid en te snel rijden.* Vias institute – Kenniscentrum Verkeersveiligheid. Págs.9 y

Con el objeto de acercar la percepción real de la velocidad, a modo de ejemplo matemático, expondré lo que supone circular a determinadas velocidades expresadas en kilómetros por hora, en otra magnitud expresada en metros por segundo que se adapta más a las situaciones ante las que hay que reaccionar. Por ejemplo, cuando un vehículo circula a 140 km/h recorre 38'8 metros por segundo; a 120 km/h recorre 33'3 metros por segundo; y a 100 km/h recorre 27'7 metros por segundo. Siguiendo en esta línea de conversión, conducir a 60 km/h, una velocidad que podríamos estimar baja, supone recorrer nada más y nada menos que 16'6 metros por segundo.

Además, continuando con el análisis de la velocidad desde un punto de vista matemático y la relación inversa entre la velocidad y el tiempo, podemos observar el impacto en el tiempo ahorrado. Si un vehículo circula a una velocidad de 60 km/h (la velocidad mínima permitida en una autovía o autopista), recorrerá 60 kilómetros en una hora, es decir, 1 kilómetro en un minuto (60 segundos). Si ese mismo vehículo incrementa su velocidad a 120 km/h (la velocidad máxima permitida en una autovía), tardará exactamente la mitad del tiempo, es decir, 30 segundos por kilómetro. Sin embargo, si el conductor aumenta la velocidad a 140 km/h, una velocidad no permitida en este tipo de vía, tardaría aproximadamente 25.7 segundos por kilómetro, solo 4'3 segundos menos por kilómetro en comparación con los 120 km/h. En conclusión, en términos de velocidad, tiempo y riesgo potencial, no vale la pena circular a una velocidad superior a la permitida. En un viaje de 100 kilómetros, circular a 140 km/h en lugar de 120 km/h solo ahorraría poco más de 7 minutos, un ahorro

10. Relación entre el cambio de velocidad y el riesgo de accidente, basada en los exponentes de Elvik et al. (2019)

insignificante considerando los riesgos asociados con el exceso de velocidad.

En cuanto a las distancias de detención según las distintas velocidades, es importante recordar que estas son proporcionales al cuadrado de la velocidad. Se pueden calcular de manera bastante precisa multiplicando por sí mismo el número de las decenas de la velocidad. Cabe señalar que esta fórmula se aplica en condiciones de circulación sobre una superficie plana y pavimento seco, por lo que las distancias aproximadas serían las siguientes[35]: A 30 km/h: 3x3=9 metros; 50 km/h:5x5=25 metros; 80 km/h:8x8=64 metros; 100 km/h:10x10=100 metros; 120 km/h:12x12=144 metros.

Un vehículo en movimiento acumula una energía cinética y esta aumenta en función del peso y la velocidad del vehículo. Por eso, en caso de siniestro vial, los daños físicos y materiales están muy relacionados con la cantidad de energía cinética que se haya acumulado. Según los cálculos de la DGT el impacto en una colisión contra un objeto rígido puede compararse a saltar con tu vehículo desde un determinado edificio. Por ejemplo, una colisión a 50 km/h equivale a caer desde un tercer piso; una colisión a 120 km/h equivale a caer desde el piso 14; y una colisión a 180 km/h equivale a caer desde el piso 36[36].

---

35 DGT. (2015). *Cuestiones de Seguridad Vial, Conducción Eficiente, Medio Ambiente y Contaminación.* Obtenido de http://www.dgt.es/Galerias/seguridad-vial/formacion-vial/cursos-para-profesores-y-directores-de-autoescuelas/XVIII-Curso-de-Profesores/Seguridad-Vial.pdf

36 DGT. (2014). *La Velocidad.* Obtenido de https://www.dgt.es/export/sites/web-DGT/.galleries/downloads/conoce_la_dgt/que-hacemos/educacion-vial/adultos/no-formal/velocidad.pdf

Así pues, los principales efectos de la velocidad en la conducción son los siguientes:

1) Aumento de la distancia de detención: A mayor velocidad, el vehículo requiere más tiempo y espacio para detenerse. Esta distancia total de detención se descompone en la distancia de reacción, que es la que se recorre desde que el cerebro ordena frenar hasta que el pie presiona el pedal del freno, y la distancia de frenado, que es la recorrida mientras se aplica el freno. Diversos factores afectan esta distancia, incluyendo el estado de la carretera (como un firme en mal estado), las condiciones meteorológicas (lluvia, nieve), el estado del vehículo (frenos y neumáticos), y el estado del conductor (fatiga, somnolencia, consumo de alcohol).

2) Percepción visual: A medida que aumenta la velocidad, el campo de visión se reduce, lo que disminuye la capacidad para percibir y analizar el entorno, incluyendo señales, peatones y otros vehículos. Estudios indican que al conducir entre 130 y 150 km/h, el campo de visión se reduce a un ángulo estrecho de 30 grados, conocido como efecto túnel. Comparativamente, a 35 km/h, el campo visual es de 104 grados, permitiendo detectar objetos fuera de los márgenes de la carretera sin dificultad. Sin embargo, a 100 km/h, el campo de visión se estrecha a 42 grados, limitando la percepción a objetos muy cercanos a la calzada.

3) Conducir durante mucho tiempo a una velocidad elevada acelera la aparición de la fatiga, aumentando así las probabilidades de sufrir una distracción.

4) Inestabilidad del vehículo: En las curvas los vehículos se someten a una serie de fuerzas que, si se desequilibran, pueden producir la salida de vía y aumentar la posibilidad de derrape.

3.4. Aspectos generales del delito comprendido en el art. 379.1 del Código Penal

Este delito se configura como un delito de mera actividad, doloso y de peligro abstracto[37], ya que la conducta castigada es la mera conducción con un exceso de velocidad determinado, sin necesidad de constatar que se haya puesto en concreto peligro la seguridad vial o los bienes jurídicos individuales de las personas que intervienen en el tráfico rodado[38].

La dificultad de probar el nexo de causalidad entre la acción y la lesión del bien jurídico ha hecho que prolifere este tipo de delitos de peligro abstracto[39]. Sirviendo de basamento el principio de precaución, se incluyen en ellos los supuestos de mera sospecha de la posibilidad de la producción de un daño grave e irreversible por la incertidumbre sobre el saber científico-causal[40].

Por lo que se refiere al sujeto activo, puede ser cualquiera, sin importar sí posee permiso de conducción, ya que esa circunstancia integrará otra infracción penal del art. 384 del CP, pero al tratarse de un delito que entraña la acción de conducir,

---

37 SUÁREZ-MIRA RODRÍGUEZ, C., JUDEL PRIETO, Á., & PIÑOL RODRÍGUEZ, J. R. (2018). *Manual de Derecho Penal. Tomo II. Parte Especial.* (7ª ed.). Aranzadi. Tema 47.

38 GUTIÉRREZ RODRÍGUEZ, M. (2013). Excesos de velocidad e intoxicaciones punibles. En M. GUTIÉRREZ RODRIGUEZ (Coord.), *Protección Penal de la Seguridad Vial (2ª ed.).* Valencia: Tirant lo Blanch. Pág. 59.

39 Cerezo Mir, J. (2002). Los delitos de peligro abstracto en el ámbito del Derecho Penal de riesgo. *Revista de Derecho Penal y Criminología.* (10), Págs. 47-72.

40 Romeo Casabona, C. M. (2001). Aportaciones del principio de precaución al derecho penal. *En Modernas tendencias en la ciencia del derecho penal y en la criminología.* Universidad Nacional Educación a Distancia. Pág. 93.

según QUERALT JIMÉNEZ[41] solo podrá cometerlo el conductor del vehículo. Ahondando un poco más, aunque la forma más ortodoxa en la catalogación de conductor sea la única persona que está a los mandos del vehículo, una excepción a esto la podríamos encontrar en los conductores de autoescuela durante la realización de las pruebas prácticas, ya que tal y como establece el Reglamento de las Escuelas Particulares de Conductores en su art. nueve, apartado c), es obligación de estos responsabilizarse de los alumnos en la prueba de control de aptitudes y comportamientos en circulación en vías abiertas al tráfico del doble mando del vehículo y de la seguridad de la circulación[42].

Según el Anexo I de la LSV, en los vehículos utilizados para la enseñanza de la conducción, el instructor que controla los mandos adicionales también se considera conductor. Esto podría implicar su responsabilidad penal en determinados supuestos. En lo tocante a la consideración de sujeto pasivo, debemos entenderlo como la colectividad de personas que puedan verse afectadas por esa conducción delictiva incluidos los acompañantes del conductor en el vehículo.

Igualmente, el contenido del art. se confiere como una norma penal en blanco, ya que remite a una norma extrapenal, concretamente, a la LSV, RGCir. y RGCond. para determinar, tanto para la catalogación de vía urbana e interurbana, como la velocidad máxima permitida, es decir, existe una remisión al elemento nuclear de la conducta prohibida, la velocidad. Así, será esta norma administrativa la que disponga el límite de velocidad que distinga entre el delito y la infracción administrativa.

---

41 QUERALT JIMÉNEZ, J. J. (2015). *Derecho Penal Español. Parte Especial.* (7ª ed.). Valencia: Tirant lo Blanch. Pág. 982.

42 Real Decreto 369/2010, de 26 de marzo, Reglamento de las Escuelas Particulares de Conductores. (2010). B.O.E. Núm. 75.

Asimismo, nos encontramos ante la consideración de un delito denominado de carácter permanente, es decir, que la consumación se prolonga mientras dure la conducción en esas circunstancias. No obstante, algunos autores consideran que para apreciar el delito sería razonable exigir que la conducción tenga una cierta duración, ya que sería desproporcionado el castigo penal por circular, tan solo un segundo, superando la velocidad prohibida[43].

3.5. Configuración y análisis del actual delito de conducción a velocidad excesiva

La reforma del CP en el año 2007 introdujo por primera vez la tipificación del delito de conducir a una velocidad excesiva[44] y, con ello, vino a cubrir la laguna penal de impunidad que suponía el hecho de conducir a velocidades excesivas que supusieran un peligro para el propio conductor y ocupantes, como para el resto de usuarios de la vía.

Sin embargo, no puede rehuirse el riesgo detectado por SILVA SÁNCHEZ[45] de "administrativizar" el Derecho Penal

---

[43] Orts Berenguer, E., González Cussac, J. A., Matallín Evangelio, Á., & Roig Torres, M. (2010). *Esquemas de Derecho Penal. Parte Especial. (2 ed.).* Valencia: Tirant lo Blanch. Pág. 284.

[44] Art. 379.1 CP: "El que condujere un vehículo de motor o un ciclomotor a velocidad superior en sesenta kilómetros por hora en vía urbana o en ochenta kilómetros por hora en vía interurbana a la permitida reglamentariamente, será castigado con la pena de prisión de tres a seis meses o con la de multa de seis a doce meses o con la de trabajos en beneficio de la comunidad de treinta y uno a noventa días, y, en cualquier caso, con la de privación del derecho a conducir vehículos a motor y ciclomotores por tiempo superior a uno y hasta cuatro años".

[45] SÁNCHEZ SILVA, J. M. (2001). *La expansión del Derecho penal. Aspectos de la política criminal en las sociedades postindustriales.* Madrid:

derivado de esta modificación, postura enunciada, aunque de un modo menos transigente, por QUINTANO RIPOLLÉS[46] en cuanto a este tipo de delitos cuyo bien jurídico es la seguridad del tráfico o vial, quién sostiene que habría que hacer un radical viraje al pasado próximo y devolver a lo administrativo lo que nunca debió de haber rebasado su campo.

Además de poseer el tipo los elementos propios comunes de los delitos contra la seguridad vial como la acción de conducir y utilización de vehículo a motor o ciclomotor, el art. 379.1 CP establece otras condiciones y supuestos fácticos de comisión, tales como: el lugar de comisión, velocidad y especificidad reglamentaria.

3.5.1. Lugar de comisión

El tenor del art. 379.1 del CP no deja abierta la posibilidad de que esa conducta criminal pueda desarrollarse en lugares diferentes a los que estipula, es decir, las vías urbanas o interurbanas, aunque, bien es cierto, resulta improbable que se pueda cometer o detectar un delito de estas características en vías diferentes a estas.

Como decíamos antes, este art. se constituye principalmente como una norma penal en blanco remitiéndose a una norma extrapenal que, en esta ocasión, la observamos al enviarnos a la LSV y RGCir. que nos especifica qué son vías urbanas e interurbanas. En las definiciones 72 y 73 contenidas en el Anexo I de la LSV, nos dice que; una vía urbana es la vía pública situada dentro de poblado, excepto las travesías; y vía interurbana, la vía pública situada fuera de poblado.

Dykinson. Pág. 131 y ss.

46 QUINTANO RIPOLLÉS, A. (1967). Tratado de la Parte Especial del Derecho Penal. *Revista de Derecho Privado.* Pág. 480.

Esta remisión que hace el CP a la normativa administrativa de tráfico para saber qué es una vía urbana e interurbana puede dar lugar a una solución exegética incompleta, ya que se podría pensar que solo podría cometerse este delito en aquellas vías que tienen el carácter de públicas y no en las privadas como, por ejemplo, las vías que se encuentren dentro de una urbanización privada.

La solución a esta errónea interpretación la encontramos en el ámbito de aplicación de la LSV comprendido en el art. 2 y 1 del RGCir. cuando nos dice que "los preceptos de esta ley son aplicables en todo el territorio nacional y obligan a los titulares y usuarios de las vías y terrenos públicos aptos para la circulación, tanto urbanos como interurbanos, a los de las vías y terrenos que, sin tener tal aptitud, sean de uso común y, en defecto de otras normas, a los titulares de las vías y terrenos privados que sean utilizados por una colectividad indeterminada de usuarios".

Para entender con claridad el ámbito de estas vías, estas definiciones nos llevan, irremediablemente, a otras tales como "travesía" y "poblado". Así pues, la misma LSV nos da la respuesta en las definiciones 71 y 70, respectivamente. Define "travesía" como: "tramo de carretera que discurre por poblado. No tendrán la consideración de travesías aquellos tramos que dispongan de una alternativa viaria o variante a la cual tiene acceso". Y define "poblado" como: "espacio que comprende edificios y en cuyas vías de entrada y de salida están colocadas, respectivamente, las señales de entrada a poblado y de salida de poblado".

Con esto vemos que el concepto que más complejidad suscita es el de "travesía", ya que la deja deambulando entre una especie de vía interurbana dentro de una vía urbana, pero esto no concuerda bien con lo definido para estas últimas, ya que la LSV y RGCir. la excluye explícitamente de tal consideración y, para más inri, tampoco las contempla la norma penal.

Aunque no resulte meridianamente clara la definición de travesía, el criterio seguido por la fiscalía conforme a la Circular 10/2011, de 17 de noviembre, sobre criterios para la unidad de actuación especializada del Ministerio Fiscal en materia de Seguridad Vial, es considerarlas vías interurbanas. No obstante, dice la precitada Circular que, excepcionalmente, pueden considerarse urbanas en casos de clara conflictividad viaria y peatonal, y se podría proponer la aplicación de los límites de velocidad de las vías urbanas.

Esta interpretación de la fiscalía es un tanto restrictiva y unidireccional, sin percatarse de que también puede suscitarse el caso contrario, es decir, una vía que por su configuración y ausencia de calles sea más propia de una vía interurbana que de urbana y, por ende, los límites de velocidad a aplicar serían los concernientes a las vía interurbanas, los cuales son más laxos (SAP Córdoba 664/2013, de 25 de octubre)[47].

3.5.2. Velocidad

La velocidad es un elemento fundamental en la perpetración del delito. En su redacción, el legislador ha utilizado la unidad de medida tradicional de kilómetros por hora por ser la utilizada en toda la legislación administrativa española referente a esta materia.

El tenor del art. dice que "será castigado conducir a una velocidad superior a sesenta kilómetros por hora en vía urbana y de ochenta kilómetros por hora en vía interurbana a la per-

---

[47] SAP Córdoba 664/2013, de 25 de octubre, FJ 2.º: El tribunal concluye que, aunque una vía esté administrativamente catalogada como urbana, si su configuración física se asemeja más a una autovía —por ejemplo, trazado recto, mediana, ausencia de edificios o calles adyacentes—, no corresponde aplicar los límites de velocidad propios de una vía urbana a efectos penales.

mitida reglamentariamente". El legislador fue consciente de la mayor peligrosidad inherente que conlleva conducir por vías urbanas a alta velocidad debido a la concurrencia de peatones o mayor número de obstáculos y decidió optar por reducir la velocidad respecto de la vía interurbana en 20 km/h.

Al igual que ocurre con el delito de conducción etílica superando unas determinadas tasas etilométricas, nos encontramos con una presunción *iuris et de iure*, que no admite prueba en contrario, al establecer como delito la superación en 60 km/h u 80 km/h la velocidad permitida reglamentariamente dependiendo si se trata de vía urbana o interurbana. De aquí, la acertada expresión de GARCÍA ALBERO[48] de sustitución de "jueces por radares".

Optar por el establecimiento de este tipo de presunción, supone dar certeza empírica a un hecho presumido que se desprende de otro hecho plenamente acreditado. Pese a ello, parte de la doctrina, como OLAIZONA NOGALES[49], es contraria a este tipo de prevención ya que considera que casan mal con el Derecho Penal y suponen una inversión de la carga de la prueba muy discutible en esta rama del Derecho.

Las presunciones legales son plenamente válidas y vienen recogidas en el art. 385.3 de la Ley de Enjuiciamiento Civil [50] (en adelante LEC), al describir que "las presunciones establecidas por la ley admitirán la prueba en contrario, salvo en los casos en que aquélla expresamente lo prohíba". Gracias a

---

48 GARCÍA ALBERO, R. (2007). La nueva política criminal de la seguridad vial. Reflexiones a propósito de la LO 15/2007, de 30 de noviembre, y del Proyecto de Reforma del Código Penal. *Revista Electrónica de Ciencia Penal y Criminología* (Núm. 09-11), Pág. 11.

49 OLAIZOLA NOGALES, I. (2011). La relación entre los delitos de peligro y la graduación de la imprudencia en los delitos contra la seguridad vial. *La Ley Digital*, Pág.7.

50 Ley 1/2000, de 7 de enero, de Enjuiciamiento Civil. (2000). B.O.E Núm. 7.

introducción de esta presunción en el delito que estamos analizando se evitan sentencias tan disparatadas como la SAP de Burgos 40/2007, donde el conductor de un vehículo que circulaba a 260 km/h, adelantando a otros vehículos y próximo a un vehículo de la Guardia Civil, fue absuelto de un delito de conducción temeraria al considerar que no se había puesto en concreto peligro a ningún usuario de la vía, requisito exigido del anterior art. 381 del CP, ahora 380[51].

Así las cosas, el criterio seguido para discriminar entre una infracción administrativa y un ilícito penal por conducir a una velocidad superior a la permitida, no se basa en un criterio cualitativo sino cuantitativo, pues no se exige ningún plus de antijuridicidad en la conducta más allá de la mera superación de los límites de velocidad en una determinada cuantía[52].

Después de haber explicado qué es una vía urbana e interurbana, el CP nos remite nuevamente a la normativa de tráfico

---

51 SAP de Burgos 40/2007, de 12 de marzo. FG CUARTO "Debemos coincidir con la Juez de instancia en cuanto considera que la actuación del acusado, conduciendo el vehículo a una velocidad de 260 Km./hora, constituye una conducta manifiestamente temeraria, al infringir gravemente las normas de circulación, y por ello crea un lógico sentimiento de rechazo y reproche en la mayoría de la sociedad. Por ello el Legislador considera que dichas actuaciones resultan susceptibles de sanción, tanto en el ámbito de la Jurisdicción Penal, como en el administrativo.
Sin embargo, para la aplicación del art. 381 del CP, la norma exige un segundo requisito: que la conducta temeraria ponga en peligro concreto la vida o integridad de las personas, y ello entendemos que no concurre en el supuesto enjuiciado, puesto que ninguna persona (el conductor o su acompañante), los agentes de la Guardia Civil, u otros usuarios de la vía, fueron sujetos pasivos de un peligro concreto."

52 GUTIÉRREZ RODRÍGUEZ, M. (2013). Excesos de velocidad e intoxicaciones punibles. En M. GUTIÉRREZ RODRIGUEZ (Coord.ª), *Protección Penal de la Seguridad Vial (2ª ed.)*. Valencia: Tirant. Pág. 60.

para discernir y clarificar la conducta delictiva. Si hacemos una lectura rápida sin fijarnos en los detalles, podríamos equivocarnos al pensar que se comete un ilícito penal por conducir a una velocidad superior a sesenta u ochenta kilómetros por hora, dependiendo del tipo de vía. Sin embargo, es importante notar el matiz final de la redacción penal, que se refiere a la velocidad "reglamentaria", remitiéndose así a la normativa administrativa de tráfico. Es decir, a modo de ejemplo, podríamos pensar que mientras no se circule por una autovía (vía interurbana), donde la velocidad máxima permitida genérica es de 120 kilómetros por hora, a una velocidad superior a 200 kilómetros por hora no se estaría cometiendo un delito, pero esta precoz afirmación podría ser errónea si no se ha tenido en consideración lo estipulado administrativamente, tal como dispone el tenor literal del art. 379.1 del CP.

A la hora de determinar la velocidad de referencia a partir de la cual la superación en 60 km/h u 80 km/h se estaría cometiendo delito, debemos atender a la diversa normativa administrativa que lo aclara y que afecta al tipo de carretera por la que se circula, vehículo utilizado y circunstancias del conductor. El tipo de carretera por la que se circula y la clase de vehículo utilizado son primordiales para establecer la velocidad permitida que sirve de referencia. La norma que nos la indica es el RGCir, así, el art. 48 establece como velocidad máxima permitida fuera de poblado las siguientes:

a) Conductores de turismos, motocicletas, autocaravanas de masa máxima autorizada igual o inferior a 3.500 kg y Pick-up; en autopista y autovía 120 km/h; en carretera convencional 90 km/h.

b) Camiones, tractocamiones, furgonetas, autocaravanas de masa máxima autorizada superior a 3.500 kg, vehículos articulados, automóviles con remolque y resto de vehículos; en autopista y autovía 90 km/h; en carretera convencional 80 km/h.

c) Autobuses, vehículos derivados de turismo y vehículos mixtos adaptables; en autopista y autovía 100 km/h; en carretera convencional 90 km/h.

Estas velocidades generales, también serán matizadas y corregidas en función de distintas circunstancias concurrentes en los vehículos[53]. A parte de estas matizaciones que en todos los casos tienen un carácter más restrictivo, hasta la entrada en

---

[53] RGCir. Art. 48: "1.º En carreteras convencionales con separación física de los dos sentidos de circulación, el titular de la vía podrá fijar un límite máximo de 100 km/h para turismos, motocicletas y autocaravanas con masa máxima autorizada igual o inferior a 3.500 kg.
2.º A los vehículos de tres ruedas asimilados a las motocicletas, se aplican los mismos límites de velocidad que se establecen para las motocicletas de dos ruedas.
b) Para los vehículos que realicen transporte escolar y de menores o que transporten mercancías peligrosas, se reducirá en 10 kilómetros por hora la velocidad máxima fijada en el párrafo a) en función del tipo de vehículo y de la vía por la que circula.
En el supuesto de que en un autobús viajen pasajeros de pie porque así esté autorizado o en caso de que el autobús no esté dotado de cinturón de seguridad, la velocidad máxima en vías convencionales será de 80 kilómetros por hora.
c) Para vehículos especiales y conjuntos de vehículos, también especiales, aunque sólo tenga tal naturaleza uno de los que integran el conjunto:
1.º Si carecen de señalización de frenado, llevan remolque o son motocultores: 25 kilómetros por hora.
2.º Los restantes vehículos especiales: 40 kilómetros por hora, salvo cuando puedan desarrollar una velocidad superior a los 60 kilómetros por hora en llano con arreglo a sus características, y cumplan las condiciones que se señalan en las normas reguladoras de los vehículos; en tal caso, la velocidad máxima será de 70 kilómetros por hora.
d) Para vehículos en régimen de transporte especial, la señalada en el anexo III de este reglamento.
e) Para ciclos, ciclomotores de dos y tres ruedas y cuadriciclos ligeros: 45 kilómetros por hora. No obstante, los conductores de bicicletas podrán superar dicha velocidad máxima en aquellos tramos

vigor de la Ley 18/2021, de 20 de diciembre, por la que se modifica el texto refundido de la Ley sobre Tráfico, Circulación de Vehículos a Motor y Seguridad Vial, aprobado por el RDL 6/2015, de 30 de octubre, en materia del permiso y licencia de conducción por puntos, que derogó expresamente el art. 51 RGCir en la Disposición Derogatoria Única, encontrábamos una excepción más permisiva respecto al aumento de la velocidad máxima permitida, se trataba de la que se hallaba en el art. 51 del RGCir. que autorizaba a rebasar la velocidad máxima permitida en las carreteras convencionales que no discurran por suelo urbano en 20 km/h, a los turismos y motocicletas cuando adelanten a otros vehículos que circulen a velocidad inferior a aquellas.

Por lo que respecta a la velocidad máxima en vías urbanas y travesías debemos atender a lo que dispone el art. 50 del RGCir[54]. A parte de todo lo anterior, el art. 52 del RGCir. estable-

---

en los que las circunstancias de la vía permitan desarrollar una velocidad superior.

f) En las vías sin pavimentar el límite de velocidad máximo será de 30 km/h.

g) Los vehículos a los que, por razones de ensayo o experimentación, les haya sido concedido un permiso especial para ensayos podrán rebasar las velocidades establecidas como máximas en 30 kilómetros por hora, pero sólo dentro del itinerario fijado y en ningún caso cuando circulen por vías urbanas, travesías o por tramos en los que exista señalización específica que limite la velocidad.

h) A los vehículos de tres ruedas y cuadriciclos en cualquier tipo de vía donde esté permitida su circulación se aplica el límite de 70 kilómetros por hora".

54 RGCir. Art. 50: "1. El límite genérico de velocidad en vías urbanas será de:

a) 20 km/h en vías que dispongan de plataforma única de calzada y acera.

b) 30 km/h en vías de un único carril por sentido de circulación.

c) 50 km/h en vías de dos o más carriles por sentido de circulación.

ce unas velocidades prevalentes sobre las velocidades máximas que se fijan a través de las correspondientes señales, a determinados conductores en razón a sus circunstancias personales y a determinados vehículos o conjuntos de vehículos por sus especiales características o por la naturaleza de su carga.

Si un conductor está sometido a una restricción comprendida en el Anexo I y IV del RGCond.[55] la velocidad máxima

---

A estos efectos, los carriles reservados para la circulación de determinados usuarios o uso exclusivo de transporte público no serán contabilizados.
2. Las velocidades genéricas establecidas podrán ser rebajadas previa señalización específica, por la Autoridad municipal.
3. Excepcionalmente, la Autoridad Municipal podrá aumentar la velocidad en vías de un único carril por sentido hasta una velocidad máxima de 50 km/h, previa señalización específica.
4. En las vías urbanas a las que se refiere el apartado 1 c) y en travesías, los vehículos que transporten mercancías peligrosas circularán como máximo a 40 km/h.
5. El límite genérico de velocidad en travesías es de 50 km/h para todo tipo de vehículos. Este límite podrá ser rebajado por acuerdo de la Autoridad Municipal con el titular de la vía, previa señalización especifica.
6. El límite genérico de velocidad en autopistas y autovías que transcurren dentro de poblado será de 80 km/h, no obstante, podrá ser ampliados por acuerdo de la Autoridad Municipal y el titular de la vía, previa señalización específica, sin rebasar en ningún caso los límites genéricos establecidos para dichas vías fuera de poblado.
7. Las autoridades municipales y titulares de la vía podrán adoptar las medidas necesarias para lograr el calmado del tráfico y facilitar la percepción de los límites de velocidad establecidos.
8. Las infracciones a las normas de este precepto tendrán la consideración de graves conforme se prevé en el artículo 76. a), salvo que tengan la consideración de muy graves, de conformidad con lo dispuesto en el artículo 77.a), ambos del texto refundido de la Ley sobre tráfico, circulación de vehículos a motor y seguridad vial".

[55] Real Decreto 818/2009, de 8 de mayo, por el que se aprueba el Reglamento General de Conductores. (2009). B.O.E. Núm. 138.

permitida será diferente a la general y se ajustará a lo especificado para el caso concreto, siendo anotada tal restricción mediante el correspondiente código y subcódigo en su permiso de conducir. Estas restricciones pueden ser debidas a alguna limitación o aspectos administrativos. Cabe mencionar que hasta el año 2011, los conductores noveles tenían una limitación de velocidad máxima de 80 km/h, pero la modificación del RGVeh.[56] la eliminó, autorizando a conducir a este tipo de conductores a la misma velocidad que al resto de conductores.

Los artículos 45 y 46 RGCir. preceptúan una adecuación o moderación de la velocidad en determinados casos: adecuación bien por la concurrencia de diversas circunstancias, tales como las características y estado de la vía, condiciones meteorológicas, ambientales o de circulación; moderación o incluso detención, por ejemplo cuando haya peatones o animales en la parte de la vía que se esté utilizando, fuera de poblado al acercarse a vehículos inmovilizados en la calzada y a ciclos que circulan por ella o por su arcén, en caso de deslumbramiento, etc.

Pero estos artículos no deben confundirnos en la separación del ámbito penal del administrativo, ya que se trata de unos conceptos aplicables al ámbito administrativo que, en la práctica, en nada influyen en la catalogación del delito de conducción a velocidad excesiva, ya que no marcan una velocidad concreta de referencia de circulación a la que aplicar la velocidad de superación que establece el 379.1 CP, aunque es cierto que son elementos a tener en cuenta por el tribunal juzgador con ocasión de otros delitos contra la seguridad vial, por tanto, deben reseñarse en el correspondiente atestado policial.

---

56 Orden PRE/629/2011, de 22 de marzo, por la que se modifican los Anexos XI y XII del Reglamento General de Vehículos. (2011). B.O.E. Núm. 72.

Si bien es cierto que el CP dice conducir a una velocidad superior "a la permitida reglamentariamente" y el RGCir. dice que hay que adecuar, moderar o incluso detenerse en determinados casos, la aplicación penal en estos casos, supondría unos inconvenientes que procurarían inseguridad jurídica debido a la vaga concreción de la velocidad específica permitida.

La señalización circunstancial o variable que fija limitaciones de velocidad con carácter temporal cuando las condiciones bajo las que se desarrolla la circulación así lo aconsejen, se menciona tanto el RGCir. en los artículos 47, 133,139 y 144, como la LSV en el art. 54, es otra forma reglamentaria concreta de determinación de la velocidad a la que se debe circular y, por lo tanto, susceptible de establecerse como referencia válida para la aplicación de aquellos 60 y 80 km/h que dispone el 379.1 CP.

Para finalizar, no podemos dejar pasar lo que enuncia el Anexo IV de la LSV sobre cuadro de sanciones y puntos por exceso de velocidad, cuando dispone "En los tramos de autovías y autopistas interurbanas de acceso a las ciudades en que se hayan establecido límites inferiores a 100 km/h, los excesos de velocidad se sancionarán con la multa económica correspondiente al cuadro de sanciones del Anexo IV. El resto de los efectos administrativos y penales sólo se producirá cuando superen los 100 km/h y en los términos establecidos para este límite".

Con esta redacción, puede considerarse que el legislador fue más allá del ámbito estrictamente administrativo que debía regular, al disponer no solo los efectos administrativos derivados de conducir en las circunstancias y a las velocidades descritas en el citado anexo, sino también al establecer el momento de inicio de los efectos penales. No solo es que la redacción supere su competencia por inmiscuirse en el terreno penal, es que también transgrede el principio de jerarquía normativa, ya que la LSV es un RDL y el CP es una ley orgánica. En todo caso, la redacción del Anexo IV LSV es, como mínimo discutible o controvertida. Por lo que respecta a las penas aplicables a este delito, podemos observar que son idénticas a las que corresponden al delito de conducir bajo la influencia del alcohol o drogas y superación de tasas de alcoholemia.

4. ALCOHOL Y DROGAS. ART. 379.2 CP

4.1. Introducción

La conducción de un vehículo a motor es una actividad altamente exigente e íntimamente relacionada con el estado físico y mental del conductor. El hecho de estar acostumbrado y llevarla a cabo de manera casi automática puede implicar un exceso de confianza y la creencia de control absoluto e invulnerabilidad. Si conducir en condiciones normales supone de antemano una puesta en peligro, tanto propio como ajeno, hacerlo con las condiciones físicas o mentales mermadas conlleva el aumento exponencial de ese riesgo, un riesgo no tolerable, al menos, por el resto de usuarios de la vía que deberían contar la certeza de la plena capacidad de los otros conductores que comparten la vía.

La influencia del alcohol y las drogas en la conducción están fuera de toda duda[57], por lo que el legislador debe tomar

---

[57] DGT. (2024, 26 de junio). *El alcohol y las drogas siguen siendo uno de los principales problemas para la seguridad vial en España* [Comunicado de prensa]. https://www.dgt.es/comunicacion/notas-de-prensa/20240626-grande-marlaska-el-alcohol-y-las-drogas-siguen-siendo-uno-de-los-principales-problemas-para-la-seguridad-vial-en-espana/. Se informa en este comunicado que "El alcohol es la segunda causa de los siniestros mortales, con el 29 por ciento, solo detrás de las distracciones con el 31 y por delante de la velocidad

buena nota de ello e introducir todas las reformas legales oportunas para erradicar este tipo de conducción influenciada para evitar que se produzca ese potencial peligro. El aumento de parque móvil de vehículos a motor por nuestras carreteras y la proliferación de lugares como en los llamados botellones, *afterhours,* fiestas privadas o simplemente en locales de ocio, bares o restaurantes donde el consumo de alcohol y drogas es frecuente, constituyen una situación propicia para la tragedia si deciden conducir un vehículo para su movilidad.

Consumir alcohol o drogas aumenta considerablemente el riesgo de sufrir un siniestro vial, por ello, la introducción en el CP de nuevos tipos criminalizando la conducción bajo la influencia de las bebidas alcohólicas o las drogas se han ido adaptando y estrechando estableciendo una presunción *iuris et de iure* que no admite prueba en contrario, de fijación de tasas etilométricas que determinan la influencia en la conducción.

La legislación española aborda estas situaciones de manera diferenciada según se trate de alcohol o drogas. En el caso del alcohol, se establecen tasas específicas que, al ser superadas, presumen automáticamente la comisión de un delito contra la seguridad vial, sin necesidad de demostrar otros elementos adicionales. Este enfoque contrasta con el tratamiento de las drogas, donde la presencia en el organismo no conlleva necesariamente la comisión del delito, sino que debe demostrarse que dicha presencia afectó la capacidad del conductor para conducir de manera segura.

Si bien en el caso de la conducción bajo la influencia de las drogas todavía queda mucho trabajo por hacer y muchas lagunas legales que llenar, poco a poco se va avanzando en ese propósito con la instauración de nuevos sistemas de detección

---

inadecuada, con el 23 por ciento". Fecha última consulta: 03 de febrero de 2025.

y medición de sustancias psicoactivas prohibidas y procedimientos fiables y garantistas que faciliten la revelación de tales conductas, en pos de la evitación de situaciones que alienten la conducción bajo la influencia de estas sustancias.

4.2. Origen histórico

Desde los inicios de la humanidad, el instinto de supervivencia ha impulsado al ser humano a buscar alimentos que le proporcionaran la energía necesaria para vivir y desempeñar sus tareas diarias. Inicialmente, esta búsqueda se centró en la recolección de frutos, la caza de animales y el aprovechamiento de la vegetación. Sin embargo, con el tiempo, la alimentación evolucionó hacia nuevas formas de consumo que no solo aportaban más energía, sino que también ofrecían sabores distintos y mayores beneficios nutricionales.

En este proceso de exploración, los seres humanos descubrieron la fermentación, un fenómeno que dio lugar a algunas de las primeras bebidas alcohólicas. Durante el Neolítico (aproximadamente 10.000 a.C.), en las llanuras de Siberia, los habitantes de la región comenzaron a producir intencionadamente una bebida fermentada a base de leche de yegua, conocida como kumis, la cual poseía efectos estimulantes y tuvo un papel importante en las culturas nómadas de Asia Central. Paralelamente, en el séptimo milenio a.C., en el sitio neolítico de Jiahu (China), se han encontrado evidencias de otra bebida fermentada elaborada a partir de arroz, miel y frutas (como el espino y la uva)[58].

---

[58] En Cornell University, Ithaca, New York. (1995). *Handbook of Indigenous Fermented Foods.* New York: Keith H. Steinkraus. Y MCGOVERN, P. E., ZHANG, J., TANG, J., ZHIQING, Z., HALL, G., & NÚÑEZ, A. (2004). Fermented beverages of pre- and proto-

Desde los tiempos antiguos hasta hoy, las bebidas alcohólicas han evolucionado enormemente, existiendo actualmente una amplia variedad obtenida por fermentación o destilación. Si bien en sus orígenes el alcohol se consideraba una fuente de alimentación, hoy su consumo se asocia principalmente con el ocio social y las celebraciones. Sin embargo, el abuso del alcohol puede transformarse en una adicción grave con consecuencias devastadoras.

Estas consecuencias no se limitan a la salud del consumidor, sino que afectan tanto a su esfera personal como a la sociedad en general. Además, el consumo de alcohol se ha extendido a edades cada vez más tempranas, comenzando alrededor de los trece años, lo que refleja una peligrosa banalización y falta de percepción de sus riesgos, incrementando el peligro asociado a su uso[59].

El término "drogas" abarca un amplio espectro de sustancias que pueden usarse con fines lícitos o ilícitos. De manera general, se definen como sustancias que provocan cambios en el organismo. Según LÓPEZ BETANCOURT, términos como narcótico, estupefaciente, psicotrópico o enervante están relacionados específicamente con el narcotráfico como mercado ilícito[60]. La palabra "psicotrópico" tiene raíces griegas: *psyke* ("alma o mente"), *tropos* ("vuelta o giro") y el sufijo -ico ("relativo a"), definiéndose como una sustancia capaz de producir

---

historic China. *PNAS, 101*(51), doi:https://doi.org/10.1073/pnas.040792110. Pág. 17593.

59 Ministerio de Sanidad, Política Social e Igualdad. (2011). Campaña: Alcohol en menores no es normal. ¿Sabías qué? "El 75,1% de los adolescentes de 14-18 años ha consumido alcohol alguna vez en su vida 6 de cada 10 adolescentes, se han emborrachado alguna vez en su vida y 1 de cada 3 lo ha hecho en los últimos 30 días"

60 LÓPEZ BETANCOURT, E. (2011). *Drogas: Entre el Derecho y el drama.* Editorial Universitaria Ramón Areces. Pág. 9.

cambios en la personalidad[61]. Dada esta amplitud conceptual, no es posible identificar cuál fue la primera droga utilizada por el hombre, ya que cualquier sustancia con capacidad para alterar la mente, sea de origen animal o vegetal, podría considerarse como tal.

4.3. Consideración de droga para los organismos internacionales. Naciones Unidas y Organización Mundial de la Salud

Pese a que como hemos dicho anteriormente, en sentido genérico, cualquier sustancia capaz de alterar la mente puede ser considerada droga, el 30 de marzo del año 1961 se firmó la Convención Única de Estupefacientes de las Naciones Unidas, que marcó una ruptura importante con los tratados de fiscalización de estupefacientes sobradamente aceptados hasta el momento, e incorporaba un enfoque más prohibicionista al uso no médico ni científico de ciertas sustancias.

En el acta de esta Convención se elaboraron cinco listas donde se enumeraban multitud de estupefacientes de diferentes tipos y medidas de fiscalización[62]. Las listas de los tratados de fiscalización internacional de drogas se crearon con el fin de clasificar unas medidas de fiscalización aplicables a nivel internacional que garantizaran la disponibilidad de determinadas sustancias con fines médicos y científicos, evitando al mismo tiempo que se desviaran a canales ilícitos[63].

61 Dicciomed USAL. (2020). Obtenido de Diccionmed Usal: https://dicciomed.usal.es/palabra/psicotropo. Radicación de la palabra psicotrópico. (2020). Obtenido de deChile: http://etimologias.dechile.net/?psicotro.pico

62 Naciones Unidas. (30 de marzo de 1961). Convención Única de Estupefacientes de las Naciones Unidas. Págs. 51-55.

63 Oficina de las Naciones Unidas contra la Droga y el Delito (UNODC). (2018). *Terminología e información sobre drogas.* Nueva York. Pág. 9.

Para ello, la Junta Internacional de Fiscalización de Estupefacientes elaboró la denominada “Lista Amarilla” que contiene los estupefacientes sujetos a fiscalización internacional e información adicional pertinente, con el fin de ayudar a los gobiernos a cumplimentar los informes estadísticos anuales sobre estupefacientes, las estadísticas trimestrales de importaciones y exportaciones de estupefacientes y las previsiones de necesidades anuales de estupefacientes[64].

Posteriormente, en el año 1988 tuvo lugar la Convención de las Naciones Unidas contra el tráfico ilícito de estupefacientes y sustancias psicotrópicas, cuyo propósito era promover la cooperación entre las partes para hacer frente con mayor eficacia a los aspectos del tráfico ilícito de estupefacientes y sustancias psicotrópicas que tengan una dimensión internacional[65]. Esta convención sirve de referencia a nuestro CP a la hora castigar por el delito de tráfico de drogas del art. 371[66].

---

64 Junta Internacional de Fiscalización de Estupefacientes. (agosto de 2019). Lista de estupefacientes sometidos a la fiscalización internacional. Viena. Pág. 58.

65 Naciones Unidas. (1988). *Convención de las Naciones Unidas contra el tráfico ilícito de estupefacientes y sustancias psicotrópicas.* Art.2.

66 Art. 371. “1. El que fabrique, transporte, distribuya, comercie o tenga en su poder equipos, materiales o sustancias enumeradas en el cuadro I y cuadro II de la Convención de Naciones Unidas, hecha en Viena el 20 de diciembre de 1988, sobre el tráfico ilícito de estupefacientes y sustancias psicotrópicas, y cualesquiera otros productos adicionados al mismo Convenio o que se incluyan en otros futuros Convenios de la misma naturaleza, ratificados por España, a sabiendas de que van a utilizarse en el cultivo, la producción o la fabricación ilícitas de drogas tóxicas, estupefacientes o sustancias psicotrópicas, o para estos fines, será castigado con la pena de prisión de tres a seis años y multa del tanto al triplo del valor de los géneros o efectos”.

Para la Organización Mundial de la Salud (OMS), droga es toda sustancia que introducida en un organismo vivo por cualquier vía (inhalación, ingestión, intramuscular, endovenosa) es capaz de actuar sobre el sistema nervioso central provocando una alteración física y/o psicológica, la experimentación de nuevas sensaciones o la modificación de un estado psíquico, es decir, capaz de cambiar el comportamiento de la persona y que posee la capacidad de generar dependencia y tolerancia en los consumidores.

El Glosario de Términos de Alcohol y Drogas de la OMS define el término "droga" con distintos significados según el contexto. En medicina, se refiere a cualquier sustancia con potencial para prevenir o tratar enfermedades o mejorar la salud física o mental. En farmacología, engloba cualquier sustancia química capaz de alterar los procesos fisiológicos y bioquímicos de los tejidos u organismos. Sin embargo, en el lenguaje coloquial, suele asociarse específicamente a las sustancias psicoactivas y, con mayor frecuencia, a las drogas ilegales. A su vez, una sustancia o droga psicoactiva es aquella que, al ser ingerida, influye en los procesos mentales, como la cognición o la afectividad[67].

Hoy en día, la evolución de las drogas ha supuesto que no solo se obtengan de fuentes naturales, ya sea animales o vegetales como en la antigüedad, por ejemplo; cannabis o la hoja de coca, sino que han surgido nuevas drogas creadas en laboratorios de origen sintético o semisintético con unos efectos todavía mayores y mucho más peligrosos como: el 3-4 metilendioximetanfetamina, también conocido como MDMA, éxtasis o cristal, o ácido gammahidroxibutírico, (éxtasis líquido), ketamina, triptaminas (hongo mágico) o pyrrolidinovalerofenona (alpha-PVP), conocida como *falkka.*

---

67 Organización Mundial de la Salud. (1994). *Lexicon of Alcohol and Drug Terms.* Pág. 33 y 58.

Un ejemplo de ello son las denominadas "drogas de diseño", un término acuñado en la década de 1980 para referirse a diversos opioides sintéticos, principalmente derivados del fentanilo[68]. El uso de estas sustancias se popularizó con la expansión del MDMA, primero en Estados Unidos y posteriormente en Europa y el resto del mundo. Tras la fiscalización del MDMA, comenzaron a surgir en los mercados nuevas sustancias químicamente relacionadas, denominadas drogas de diseño, ya que mantenían similitudes con el MDMA, pero no estaban sujetas al control legal de las drogas fiscalizadas[69].

El consumo de drogas está, peligrosamente, cada vez más generalizado y al igual que hemos comentado con el alcohol nos lleva a pensar que se minusvaloran sus terribles efectos nocivos directos e indirectos. Si ya por sí sola la ingesta de cualquiera de estas dos sustancias es peligrosa, cuando se mezclan entre sí se potencian sus efectos y, por ende, las peligrosas consecuencias inherentes a ellas, teniendo un nivel de riesgo relativo de sufrir lesiones graves o morir en un accidente entre 20 y 200[70].

---

68 United States Drugs Enforcement Administration (DEA). (2022). *Drugs Fact Sheet.* Obtenido de https://www.dea.gov/es/factsheets/fentanilo#:~:text=%C2%BFQu%C3%A9%20es%20el%20Fentanilo%3F,alivio%20del%20dolor)%20y%20anest%C3%A9sico.: "El fentanilo es un potente fármaco opiáceo sintético aprobado por la Administración de Alimentos y Medicamentos para uso como analgésico (alivio del dolor) y anestésico. Es aproximadamente 100 veces más potente que la morfina y 50 veces más potente que la heroína como analgésico". Fecha última consulta: 11 de noviembre de 2024.

69 Oficina de las Naciones Unidas contra la Droga y el Delito (UNODC). (2013). Informe Mundial sobre las Drogas. Pág. 104

70 Centro Europeo de Vigilancia de Drogas y Drogodependencias. Proyecto DRUID. (2012). *Driving under the influence of drugs, alcohol, and medicines in Europe.* Pág. 25.

4.4. Efectos del alcohol y las drogas en la conducción

El consumo de alcohol o drogas que, *a priori,* podría considerarse una actividad dentro del ámbito privado de consecuencias privadas y propias, podemos decir que se trata de una afirmación alejada totalmente de la realidad, pues el consumo de sustancias adictivas como el alcohol o las drogas inciden de lleno en otros ámbitos de la vida, concretamente, el que aquí nos interesa es el de la seguridad vial.

Según datos del Ministerio de Justicia, los siniestros viales relacionados con el consumo de alcohol y drogas presentan cifras alarmantes. El 43,4 % de los conductores fallecidos en carretera habían consumido algún tipo de sustancia, y lo más preocupante es el aumento de positivos por cannabis y cocaína entre los conductores implicados en estos accidentes[71].

---

[71] Instituto Nacional de Toxicología y Ciencias Forenses. (2018). Hallazgos toxicológicos en víctimas mortales de accidentes de tráfico. Los análisis toxicológicos realizados a 751 personas fallecidas en 2018 en accidente de tráfico (535 conductores, 143 peatones y 73 acompañantes). Destaca sobre todo el incremento en el consumo de cannabis y cocaína que se viene detectando en los últimos años. La memoria del 2023 que elabora el mismo instituto afirma que el porcentaje se sitúa en el 53.6%.
Si comparamos estos resultados con los del año 2022, publicados por el INSTITUTO NACIONAL DE TOXICOLOGÍA Y CIENCIAS FORENSES. (2022). *Hallazgos toxicológicos en víctimas mortales de accidentes de tráfico.*, se confirma el preocupante aumento paulatino de víctimas fallecidas (854 conductores, 221 peatones y 137 acompañantes), un 50'2% dieron positivo en el resultado toxicológico, es decir, habían consumido alcohol, drogas o psicofármacos, diferenciados por sexos: los hombres suponían el 81'9% de los casos.

4.4.1. Alcohol

Una vez que es ingerido el alcohol por la boca y llega al estómago, aunque en este órgano se absorbe una parte de ese alcohol la mayoría lo hace por las paredes del intestino delgado, se incorpora al torrente sanguíneo y, una vez aquí, se distribuye por todos los órganos del cuerpo afectándolos en mayor o menor medida dependiendo de la cantidad tomada. La metabolización del alcohol se realiza, principalmente, en el hígado (90%) y el resto (10%) se elimina directamente a través del aire espirado y la orina[72].

Cuando el alcohol alcanza el cerebro, empiezan a aparecer los síntomas característicos, causando diversas alteraciones que impactan la conducción. Estas alteraciones afectan la percepción, la psicomotricidad, la atención, el comportamiento y la toma de decisiones. Los efectos del alcohol son variados y provocan una depresión no selectiva del sistema nervioso central. Estos efectos se pueden clasificar en tres grupos[73].

1) Sobre la función y capacidad psicomotora. El consumo de alcohol provoca una disminución en el nivel de activación, lo que resulta en un aumento del tiempo de reacción. Además, se produce un deterioro en la coordinación motora, una alteración en el procesamiento de la información, una reducción de la atención y una menor resistencia a la monotonía, entre otros efectos.

2) Sobre la visión. El consumo de alcohol provoca deterioro en la acomodación ocular y en la capacidad de seguir objetos con la vista. Además, reduce el campo visual, perturbando la visión periférica, y altera la capacidad para distinguir sonidos.

---

[72] *Circuito del alcohol.* (s.f.). Obtenido de Fundación Alcohol y Sociedad.: http://www.alcoholysociedad.org/alcohol/circuito.aspx

[73] Álvarez, J. (septiembre de 2019). Alcohol: el enemigo nº 1. (DGT, Ed.) *Tráfico y Seguridad Vial.* Págs.62-63.

3) Sobre el comportamiento. genera una "sobrevaloración" de uno mismo, deteriora significativamente las funciones cognitivas y psicofísicas, y provoca sensaciones de euforia, agresividad y conductas temerarias.

La DGT, advierte de que los efectos que produce el alcohol en las personas dependerá del grado de intoxicación etílica que posea el individuo. Así, dependiendo del índice de alcoholemia que posea un conductor, tendría los siguientes efectos[74]:

1) Con un índice de alcoholemia de 0.15 miligramos/litro de aire espirado, disminución de reflejos, multiplicándose el riesgo por 1'2.

2) Con 0.2 miligramos/litro de aire espirado, error de apreciación de las distancias multiplicándose el riesgo por 1.5.

3) Con 0.3 miligramos/litro de aire excitación emocional, disminución de agudeza mental y capacidad de juicio, relajación y sensación de bienestar y deterioro ocular, multiplicándose el riesgo por 2.

4) Con 0.5 miligramos/litro de aire espirado, aumento del tiempo de reacción, inicio de perturbación motriz, euforia, distensión y falta de sensación de bienestar, multiplicándose el riesgo por 3.

5) Con 0.8 miligramos/litro de aire espirado, estado de embriaguez, reflejos muy perturbados y pérdida del control de los movimientos, multiplicándose el riesgo por 4.5.

6) Con 1'20 miligramos/litro de aire espirado, embriaguez muy importante, alteración de la coordinación y visión y disminución de la percepción del riesgo, multiplicándose el riesgo por 9.

---

74 *Alcohol: cuánto tomamos y cómo nos afecta al volante.* (septiembre de 2019). Obtenido de Tráfico y Seguridad Vial.

7) Con 1.50 miligramos/litro de aire espirado, embriaguez severa, notable confusión mental, agitación psicomotriz y psicosensorial, visión doble y actitud, multiplicándose el riesgo por 16.

La velocidad de absorción del alcohol dependerá mucho de la velocidad a la que se ingiera, y de si se trata de bebidas fermentadas o destiladas. Además, bebido junto con bebidas gaseosas o tomada caliente, favorece la rapidez de la aparición de la alcoholemia. Una de las particularidades que tiene el alcohol es que no les afecta a todas las personas por igual. Hay diversos factores que hacen que una misma cantidad de alcohol ingerida por dos personas diferentes produzcan efectos y tasas de alcoholemias dispares, más aún, en la misma persona puede variar la tasa de alcoholemia en diferentes días. Entre estas variables a tener en cuenta se encuentran las siguientes[75].

- Presencia de alimentos en el estómago: La velocidad de absorción del alcohol depende de la cantidad que llega al intestino delgado. Menos alimentos en el tubo digestivo resultan en una absorción más rápida y una mayor cantidad de alcohol en la sangre.
- Edad: Menores de edad y personas mayores de 65 años son más sensibles a los efectos del alcohol.
- Sexo: El alcohol se distribuye de manera diferente en hombres y mujeres.
- Peso corporal: La distribución y concentración del alcohol varía entre personas con diferente masa corporal. Las personas más delgadas pueden tener una mayor tasa

75 *El alcohol y la conducción.* (s.f.). Obtenido de DGT: http://www.dgt.es/PEVI/documentos/catalogo_recursos/didacticos/did_adultas/alcohol.pdf

de alcoholemia ingiriendo la misma cantidad de alcohol que personas más corpulentas.

- Hora del día: La eliminación del alcohol es más lenta durante las horas de sueño, por lo que, si se consume alcohol por la noche, es probable que aún esté presente en el organismo al despertar.
- Circunstancias personales: Factores como el estrés, la ansiedad, la somnolencia, la fatiga u otras enfermedades pueden influir en el nivel de alcoholemia y sus efectos.

4.4.2. Drogas

Por lo que respecta a la toma de drogas, produce unos efectos iguales o más letales que los del alcohol, tales como sufrir alucinaciones, alteraciones del sueño, percepción de la realidad, etc. Los efectos en la conducción serán diferentes dependiendo del tipo de droga que el conductor haya tomado, ya que unas drogas tendrán efectos estimulantes, otras serán depresoras, otras alucinógenas, etc. Analizando las drogas más frecuentes consumidas por los conductores, extraemos los siguientes efectos que ejercen sobre la conducción[76]:

- Cannabis: Relajación, hilaridad, somnolencia, falta percepción de espacio y tiempo, ebriedad, problemas para ver colores, reacciones lentas, falsa sensación de seguridad y distracción.
- Cocaína: Excitación, euforia, comportamiento impulsivo, sobrevaloración de las propias capacidades, agresivi-

---

76 *Así afectan las drogas a los conductores.* (2006). Obtenido de Revista DGT: http://revista.dgt.es/es/multimedia/infografia-animada/2006/0714-Asi-afectan-las-drogas-al-conductor.shtml#.Xyx5oygzbIX

dad, percepción alterada, menor concentración, falta de sensación de fatiga y sueño repentino.

- Anfetaminas: Falta de sensación de fatiga, euforia, excitación, sobrevaloración de las propias capacidades, movilidad limitada, retraso del sueño, agotamiento agudo y reacciones violentas e inexplicables.
- Éxtasis: Percepción alterada del espacio y tiempo, euforia, comportamiento impredecible, ilusiones ópticas, deslumbramientos y visión borrosa, falta de concentración y atención.
- Dietilamida de ácido lisérgico (LSD): Distorsión de la percepción, alucinaciones, reacciones agresivas ante el tráfico, ansiedad, pánico y reaparición imprevisible de los efectos.
- Heroína: Sedación, relajación, sock, sensaciones muy intensas, convulsiones, fuertes calambres, comportamientos más arriesgados y violentos y visión afectada.
- Benzodiacepinas: Sensación de relajación y bienestar, más sensibilidad a la somnolencia, dificultad de concentración, más tiempo para reaccionar, reflejos y movimientos más lentos, visión borrosa y fatiga ocular y dificultad al coordinar.

4.5. Evolución del marco normativo de la conducción derivada de la ingesta de bebidas alcohólicas, drogas tóxicas, estupefacientes o sustancias psicotrópicas

La preocupación por la seguridad vial ha crecido significativamente en los últimos años debido al aumento de vehículos, la mejora de las infraestructuras y los cambios sociales. Sin embargo, ya en 1950 se anticiparon los riesgos de conducir bajo los efectos del alcohol, entonces más accesible que las drogas, aunque también se reconoció el peligro de estas últimas, pese a su menor disponibilidad y conocimiento entre la población. Ese mismo año marcó el inicio de la regulación de estas conductas con la promulgación de la Ley del Automóvil, un hito en la normativa de seguridad vial[77].

VILLALBA CARRASQUILLA sostiene que esta primera regulación surgió en un contexto político, económico y social muy distinto al actual, pero evidenció la necesidad de un enfoque punitivo para afrontar este tipo de conductas[78]. La Ley del Automóvil estableció que las sanciones pecuniarias eran insuficientes para prevenir estos hechos, argumentando que la seguridad colectiva requería medidas proporcionales a su gravedad. Por ello, se introdujeron nuevas figuras delictivas, alineándose con la legislación de otros países del entorno.

El art. primero de la ley sancionaba la conducción bajo influencia de alcohol o drogas que generase un "estado de incapacidad" para conducir con seguridad[79], exigiendo la concurrencia de ambos elementos para tipificar el delito. Según CUELLO CALÓN, no era necesaria la presencia de embriaguez en sentido estricto, sino que bastaba con que la sustancia consumida afectara la capacidad del conductor, reduciendo sus

---

77 Ley sobre uso y circulación de vehículos de motor. (9 de mayo de 1950). B.O.E. Núm.130.

78 Villalba Carrasquilla, F. J. (2008). El endurecimiento de las penas de los delitos de tráfico como medida de mejora de la siniestralidad. En *Seguridad Vial y Derecho Penal*. Tirant lo Blanch. Pág. 331.

79 Ley sobre uso y circulación de vehículos de motor, 1950. "Art. primero. El que condujere un vehículo a motor bajo la influencia de bebidas alcohólicas, de drogas tóxicas o de estupefacientes que le coloquen en un estado de incapacidad para realizarlo con seguridad, será castigado con la pena de arresto mayor o de multa de mil a cincuenta mil pesetas".

reflejos y habilidades, y generando una situación de peligro[80]. En ausencia de instrumentos fiables para medir la intoxicación, las pruebas dependían de la sintomatología del conductor. Hoy, tras más de setenta años, esta evaluación sigue siendo clave para sancionar la conducción bajo influencia alcohólica.

En 1962, ante el aumento del tráfico y el uso de vehículos a motor, se aprobó la ley 122/1962, sobre el uso y circulación de vehículos de motor[81], modificando el delito de conducir bajo influencia de alcohol o drogas, reemplazando el concepto de "estado de incapacidad" por la influencia "manifiesta" de estas sustancias[82]. Siguiendo a CONDE-PUMPIDO FEREIRO[83], se conectó con el peligro generado por la conducción en esas condiciones. En la Exposición de Motivos, el gobierno destacó el grave perjuicio a la seguridad y la economía nacional que suponían estas conductas, diferenciando dos bienes jurídicos a proteger. Las penas se hicieron más específicas, con la priva-

80 Cuello Calón, E. (1950). *La ley Penal del Automóvil.* Barcelona. Págs. 28 y 29. "Por consiguiente incurre en este delito no sólo el que por haber ingerido bebidas alcohólicas en gran cantidad se halla en estado de embriaguez sino también el que, habiendo absorbido alcohol, aun en pequeñas dosis, a causa de esta absorción se encuentre en condiciones peligrosas para conducir por haber perdido la capacidad para dominar el vehículo que el conductor debe siempre poseer"

81 Ley 122/1962 sobre uso y circulación de vehículos de motor. (27 de diciembre de 1962). B.O.E. Núm.310

82 Ley 122/1962 sobre uso y circulación de vehículos de motor., 1962. "Art. quinto. El que condujere bajo la influencia manifiesta de bebidas alcohólicas, drogas tóxicas o estupefacientes será castigado con la privación del permiso de conducir por tiempo de uno a tres años y multa de cinco mil a veinticinco mil pesetas".

83 Conde-Pumpido Ferreiro, C. (1963). *La nueva ordenación de las responsabilidades penal y civil en la circulación (ley de 24 de diciembre de 1962).* Instituto Editorial Reus. Págs. 196 y siguientes.

ción del permiso de conducir, aumento del límite inferior de las multas y reducción del límite máximo.

En 1967, con la modificación sustancial del CP, se incorporaron los delitos cometidos durante el tránsito de automóviles, elevando la sanción y subiendo el rango de estas conductas en el elenco sancionador. Se eliminó el ordenamiento penal especial de la Ley de Uso y Circulación de Vehículos de Motor, insertándose el procedimiento especial para infracciones derivadas del uso de vehículos en la LECrim[84].

Aunque se introdujo esta conducta en el CP, quedó en el Libro II, Título V, Capítulo II, Sección I, sobre delitos contra la seguridad del tráfico. El art. 340 bis a) eliminó la palabra "manifiesta", por lo que para cometer el delito bastaba con acreditar la "influencia" en la conducción[85]. Esta eliminación allanó el camino hacia la objetivación del delito, presumiendo el legislador la peligrosidad de la situación, siguiendo a FERRANDIS CIPRIÁN[86].

Respecto a las penas, se redujo la privación del permiso de conducción en su límite inferior (de un año a tres meses y un día) y aumentó el límite superior (de tres a cinco años). La multa se mantuvo en 5.000 pesetas, pero el límite superior aumentó a 50.000 pesetas. También se introdujo una pena más severa por

---

84 Ley sobre modificación de determinados arts. del CP y de Ley de Enjuiciamiento Criminal. (8 de abril de 1967). B.O.E. (86)

85 Ley sobre modificación de determinados arts. del CP y de Ley de Enjuiciamiento Criminal., 1967. "Art. 340 bis a). Será castigado con las penas de multa de cinco mil a cincuenta mil pesetas y privación del permiso de conducción por tiempo de tres meses y un día a cinco años: Primero. El que condujere un vehículo de motor bajo la influencia de bebidas alcohólicas, drogas tóxicas o estupefacientes".

86 FERRANDIS CIPRIÁN, D. (2011). Art. 379.2. En E. ORTS BERENGER (Coord.), *Prevención y control de la siniestralidad vial. Un análisis jurídico y criminológico.* Valencia: Tirant lo Blanch. Pág. 267.

reiteración, con la privación definitiva del permiso en caso de ser condenado dos veces. La LO 3/1989, de 21 de junio añadió el término "sustancias psicotrópicas" en su art. 340bis a) en la descripción del delito. LÓPEZ-RIVADULLA LAMAS[87] discrepa de esta nomenclatura, considerándola más adecuada para un enfoque sociológico que jurídico y sugiere que sería más adecuado emplear el término "sustancias psicoactivas".

El RDL 339/1990 de 2 de marzo, marcó otro hito, prohibiendo circular con tasas superiores a las reglamentarias y mencionando sustancias estupefacientes, psicotrópicas y estimulantes[88]. Esta reforma fue clave para el delito de conducción etílica. Casi dos años después, el Real Decreto 13/1992[89] estableció tasas de alcoholemia, prohibiendo circular con más de 0,8 gramos de alcohol por 1.000 cm^3 de sangre[90]. También

---

87 LOPEZ-RIVADULLA LAMAS, M. (2025). *Presente y futuro de la detección de drogas en los conductores.* [Ponencia]. Máster de Tráfico y Seguridad Vial UC3M.

88 RDL 339/1990, de 2 de marzo, por el que se aprueba el texto articulado de la Ley sobre Tráfico, Circulación de Vehículos a Motor y Seguridad Vial., 1990. "Art. 12: No podrá circular por las vías objeto de esta Ley el conductor de vehículos con tasas superiores a las que reglamentariamente se establezcan de bebidas alcohólicas, estupefacientes, psicotrópicos, estimulantes u otras sustancias análogas"

89 Real Decreto 13/1992, de 17 de enero, por el que se aprueba el Reglamento General de Circulación, para la aplicación y desarrollo del texto articulado de la Ley sobre Tráfico, Circulación de Vehículos a Motor y Seguridad Vial. (17 de enero de 1992). B.O.E. núm. 27.

90 Real Decreto 13/1992, de 17 de enero, por el que se aprueba el Reglamento General de Circulación, para la aplicación y desarrollo del texto articulado de la Ley sobre Tráfico, Circulación de Vehículos a Motor y Seguridad Vial., 1992. "Art. 23: 1. Si el resultado de la prueba practicada diera un grado de impregnación superior a 0,8 gramos de alcohol por 1.000 centímetros cúbicos de sangre o al previsto para determinados conductores en el art. 20 del presente Reglamento..."

fijó tasas más bajas para ciertos conductores, como los de vehículos de más de 3.500 kg o de transporte público.

En 1994, el RD 1333/1994 estableció la equivalencia entre la tasa de alcohol en sangre y en aire espirado, disponiendo que 0,8 gramos/litro de alcohol en sangre correspondían a 0,4 mg/l en aire espirado[91]. Posteriormente, el RD 2282/1998 redujo dichos umbrales hasta los 0,50 gramos/litro de sangre y 0,25 mg/l en aire espirado, respectivamente[92]. En definitiva, la norma respondía a una creciente sensibilidad institucional respecto de los siniestros viales causados por conductores que superaban los límites legales de alcohol.

Durante el estudio de esta investigación se empezó a tramitar en el Congreso de los Diputados una modificación legal que afectaría a la modificación de las tasas de alcoholemia, pasando de 0'50 gramos de alcohol por libro de sangre o 0'25 miligramos por litro de aire espirado a 0'20 gramos de alcohol por libro de sangre o 0'10 miligramos por litro de aire espirado. Lo que supondría una infracción grave conforme al art. 76 LSV y la detracción de dos puntos del permiso de conducción para el conductor que arroje esa tasa de alcoholemia entre 0'1 y 0'25 miligramos por litro de aire espirado. La pretendida re-

91 Real Decreto 1333/1994, de 20 de junio, por el que se modifican determinados arts. relativos a las tasas de intoxicación alcohólica del Reglamento General de Circulación y del Reglamento Nacional de Transportes de Mercancías Peligrosas por Carretera., 1994. "Art. 20: 1. Ningún conductor de vehículo podrá circular por las vías objeto de la legislación sobre tráfico, circulación de vehículos a motor y seguridad vial, con una tasa de alcohol en sangre superior a 0,8 gramos por litro, o de alcohol en aire espirado superior a 0,4 miligramos por litro".

92 Real Decreto 2282/1998, de 23 de octubre, por el que se modifican los arts. 20 y 23 del Reglamento General de Circulación, aprobado por Real Decreto 13/1992, de 17 de enero. (23 de octubre de 1998). B.O.E. Núm. 266.

forma también modificaría otros aspectos tocantes a la seguridad vial tales como la difusión o o información relativa a la ubicación de controles policiales de alcohol y drogas, cuantías económicas de las infracciones, etc[93].

Para finalizar este recorrido sobre la evolución del delito de conducción bajo la influencia de alcohol, destacamos una modificación importante del CP en 2003 mediante la LO 15/2003, de 25 de noviembre, que modificó la LO 10/1995, de 23 de noviembre, del CP. En ella, se añadió un párrafo segundo al art. 381 CP, estableciendo que se considera temeraria y de "concreto peligro" la conducción con altas tasas de alcohol[94].

Esta modificación vinculaba el delito de conducción influenciada por el alcohol con otras figuras delictivas afines; sin embargo, su redacción no avanzaba hacia una tipificación objetiva, dejando un amplio margen de discrecionalidad al juzgador. Ello se debía a que, en ese momento, aún no se habían establecido legalmente las tasas de alcoholemia con relevancia penal, por lo que solo podían tomarse como referencia las tasas administrativas (0,25 mg/l en aire espirado). De este modo,

---

93 Proposición de Ley sobre la reducción de la tasa máxima de alcohol en la conducción y la prohibición de la difusión de la ubicación de controles en redes sociales (122/000139). Boletín Oficial de las Cortes Generales. Congreso de los Diputados (8 de noviembre de 2024). Núm. 157-1. Obtenido de 122/000139 Proposición de Ley sobre la reducción de la tasa máxima de alcohol en la conducción y la prohibición de la difusión de la ubicación de controles en redes sociales

94 LO 15/2003, de 25 de noviembre, por la que se modifica la LO 10/1995, de 23 de noviembre, del CP., 2003. "Centésimo trigésimo cuarto: En todo caso, se considerará que existe temeridad manifiesta y concreto peligro para la vida o la integridad de las personas en los casos de conducción bajo los efectos de bebidas alcohólicas con altas tasas de alcohol en sangre y con un exceso desproporcionado de velocidad respecto de los límites establecidos".

la voluntad de endurecer la respuesta penal frente a conductas temerarias asociadas al consumo de alcohol se veía limitada por la inseguridad jurídica derivada de dicha falta de concreción normativa.

4.6. Aspectos generales del delito comprendido en el art. 379.2 del Código Penal

MAQUEDA ABREU[95] sostiene que se trata de un delito de peligro abstracto, al entender que protege un bien jurídico autónomo de naturaleza colectiva, con independencia de que la conducción implique o no un riesgo concreto para bienes individuales, y que se agota en el desvalor de la acción. Por su parte, autores como RODRÍGUEZ FERNÁNDEZ[96] rechazan esta clasificación, al considerarla incompatible con las exigencias constitucionales, en tanto que podría vulnerar el derecho a la presunción de inocencia o el principio de proporcionalidad. De forma aún más tajante, QUERALT JIMÉNEZ[97] se refiere a estos supuestos como ilegítimos delitos formales.

A pesar de ello, el TS, en la STS 214/2010, de 12 de marzo, se ha pronunciado manteniendo que se trata de un delito de peligro abstracto y, de forma más explícita, en la STS 419/2017, de 8 de junio[98], en la que además se aborda la inexistencia de

---

95 MAQUEDA ABREU, M.L. (1994), La Idea de Peligro en el Derecho Penal Moderno. *Actualidad Penal.* Pág. 486.

96 Rodríguez Fernández, I. (2006). *La conducción bajo la influencia de bebidas alcohólicas, drogas tóxicas, estupefacientes y sustancias psicotrópicas.* Pág.21 y ss. y 101 y 102.

97 Queralt Jiménez, J. J. (2007). *Derecho Penal Español. Parte Especial.* (5ª ed.). Pág.919

98 STS 419/2017, de 8 de junio. "El delito previsto en el art. 379.2 del C. Penal es un delito de peligro abstracto. No se requiere, por tanto, la existencia de un resultado de peligro concreto ni tampo-

quebranto del principio *non bis in idem*[99]al sancionarse, en concurso real, los delitos de los arts. 379.2 y 383 CP[100]. En esta línea jurisprudencial se configura un delito de peligro abstracto que no requiere la producción de un riesgo concreto, considerándose la conducta en sí misma como peligrosa y merecedora de reproche penal.

---

co de lesión. Ello no quiere decir que pueda hablarse de delito de peligro presunto, pues ha de concurrir siempre un peligro real, aunque genérico o abstracto, caracterizado por la peligrosidad *ex ante* de la conducta, pero sin necesidad de que ese peligro se materialice en la afectación de bienes jurídicos singulares. De modo que se exige siempre la existencia de una acción peligrosa (desvalor real de la acción) que haga posible un contacto con el bien jurídico tutelado por la norma (desvalor potencial del resultado), si bien cuando este contacto llegue a darse estaremos ya ante un delito de peligro concreto".

99 Principio jurídico que supone la imposibilidad de ser castigado dos veces por los mismos hechos. La expresión "por los mismos hechos" ha sido clarificada de manera reiterada por el TC considerando que debe haber concurrencia de "identidad de sujeto, hecho y fundamento" (SSTC 2/1981 de 30 de enero, 154/1990 de 15 de octubre, 204/1996 de 16 de diciembre, 177/1999 de 11 de octubre, 2/2003 de 16 de enero, 180/2004 de 2 de noviembre, 1/2009 de 12 de enero y 77/2010 de 19 de octubre).

100 El TC dice que existe una disimilitud entre ambas conductas típicas, ya que la descrita en el art. 379 CP "consiste en conducir un vehículo a motor o un ciclomotor bajo la influencia de, entre otras, bebidas alcohólicas, mientras que el delito tipificado en el art. 380 CP sanciona la negativa a someterse a pruebas legalmente establecidas para la comprobación de que se conduce bajo la influencia de bebidas alcohólicas". En el mismo sentido la STS 419/2017, de 8 de junio, entre otras.
Se podría plantear la posibilidad de vulneración del principio de proporcionalidad de las penas vinculado con el principio *non bis in idem*, pero la STS 419/2017, de 8 de junio descarta esta supuesta desproporción punitiva.

Asimismo, se ha planteado la consideración de un delito de carácter permanente, en el sentido de que la consumación se prolonga mientras dure la conducción en esas circunstancias. También ha sido catalogado como un delito de mera actividad y de propia mano, dado que únicamente puede ser autor quien realiza materialmente la conducción. No obstante, esta última calificación ha sido cuestionada por SILVA SÁNCHEZ[101], al considerar que no se trata de una infracción penal basada en el incumplimiento de deberes altamente personales. No obstante, sí son perfectamente posibles otras formas de participación como la cooperación necesaria, complicidad e inducción. El sujeto activo es quién conduce el vehículo a motor bajo la influencia del alcohol o drogas tóxicas, estupefacientes o psicotrópicas. El sujeto pasivo es la colectividad[102].

En cuanto a la posible comisión del delito en grado de tentativa en los delitos de peligro abstracto, hay quienes defienden que no tendrían que sancionarse, ya que nos situaríamos en la posición de la tentativa de delitos lesivos de resultados imprudentes, pues el art. 379 CP castiga la fase anterior al peligro concreto del bien jurídico[103]. No obstante, desde el punto de vista según el cual el fundamento de la punición de la tentativa reside únicamente en la exposición del bien jurídico a un peligro relevante (teorías objetivas) tanto la doctrina como la jurisprudencia admiten la punibilidad de la tentativa inidónea no supersticiosa (STS 289/2007, de 4 de abril).

---

101 SILVA SÁNCHEZ, J. M. (1993). *Derecho Penal.* Pág. 166-167.

102 Serrano Gómez, A., & Serrano Maíllo, A. (2008). La reforma de los delitos contra la seguridad vial. *Revista de Derecho UNED* (3), Pág. 49.

103 BAGES SANTACANA, J. (2017). *La tentativa en los delitos de peligro abstracto.* [Tesis doctoral. Universidad de Barcelona. Facultad de Derecho]. Pág. 387; LUZÓN PEÑA, D.M (2016). *Lecciones de Derecho Penal. Parte General.* 3ª ed. Págs. 168 y ss.

Nos encontrarmos con criterios interpretativos, en un sentido y en su contrario. Así a favor de la posibilidad de aplicar la tentativa hallamos las SAP de Barcelona (Sección 2) 246/2019, de 9 de julio, o la SAP de Tenerife (Sección 2) 437/2010, de 25 de noviembre, y en contra, considerando la conducta atípica las SAP de Gerona 690/2014, de 5 de diciembre y SAP de Tarragona 324/2012, de 28 de junio.

Afirma CAMARA ARROYO[104] que en este tipo de delito no es posible la tentativa, y que las teorías sobre la autonomía de los bienes jurídicos supraindividuales no pueden llegar al extremo de permitir una tentativa de peligro abstracto cuando la conducta peligrosa para el valor supraindividual es inofensiva para el valor individual, nos encontraríamos ante un supuesto de una tentativa irreal debido a la ausencia de posibilidad de imputación objetiva.

Conforme a la STS 48/2020 de 11 de febrero, no puede considerarse tentativa del delito de conducción bajo los efectos del alcohol o drogas cuando no se ha realizado una acción concreta de conducción. Aunque el sujeto haya presentado una alta tasa de alcoholemia y haya llevado a cabo actos previos, como alquilar un vehículo, sacarlo del estacionamiento o colocarse el casco, estos son actos preparatorios impunes que no cumplen con el verbo típico "conducir". Por lo tanto, no es posible sancionar el mero riesgo potencial sin una acción efectiva de conducción, es decir, no cabe una punición del "riesgo del riesgo" por lo que esa conducta carecería de tipicidad[105].

---

104 CÁMARA ARROYO, S. (2021). *Jurisprudencia del TS* (Vol. VXXIV). Anuario de Derecho Penal y Ciencias Penales. Pág. 825.

105 STS 48/2020, de 11 de febrero. "En consecuencia, en el caso analizado, la conducta descrita en el relato fáctico es atípica, sin que quepa una punición del "riesgo del riesgo", entendemos que, supuestos como el analizado o similares, tales como entrar en un vehículo o subirse a un ciclomotor, sin llegar a accionarlo, sin llevar a cabo

4.7. Configuración y análisis del actual delito del art. 379.2 del CP, de conducción bajo la influencia de drogas tóxicas, estupefacientes, sustancias psicotrópicas o de bebidas alcohólicas

4.7.1. Aspectos comunes

Hoy en día, el delito de conducción influenciada por el alcohol o drogas ha devenido en una doble vertiente. Por un lado, la consabida conducción influenciada, la cual ha ido modulándose con el paso del tiempo desde la de producir un "estado de incapacidad", pasando por la "manifiesta", hasta la solitaria "influencia" actual. Y, por otro lado, la denominada conducción etílica, es decir, aquella que se produce por la superación de las tasas de impregnación alcohólica que reglamentariamente se determinan[106].

---

alguna conducta relativa al verbo típico "conducir", no puede considerarse como tentativa del delito de conducción bajo la influencia de bebidas alcohólicas, drogas tóxicas o estupefacientes, por muy alta que sea la tasa de alcoholemia en el sujeto, ya que lo decisivo sobre esta forma imperfecta es la realización de actos de conducción, no que el sujeto se encuentre bajo los efectos de estas sustancias. Los actos previos llevados a cabo por el acusado -alquilar desde su terminal móvil una motocicleta, sacar el ciclomotor del estacionamiento y ponerse el casco reglamentario-, sin conducir o circular con el mismo, son actos preparatorios impunes, ya que no se trata de actos que inciden directamente en la realización del verbo activo que rige la figura delictiva conducir".

106 LO 10/1995 del CP., 1995. "Art. 379.2: Con las mismas penas será castigado el que condujere un vehículo de motor o ciclomotor bajo la influencia de drogas tóxicas, estupefacientes, sustancias psicotrópicas o de bebidas alcohólicas. En todo caso será condenado con dichas penas el que condujere con una tasa de alcohol en aire espirado superior a 0'60 miligramos por litro o con una tasa de alcohol en sangre superior a 1,2 gramos por litro".

En lo referente a la consideración de drogas tóxicas, estupefacientes, sustancias psicotrópicas o bebidas alcohólicas, pese a que el legislador utiliza términos como droga o estupefacientes, no son de aplicación las listas de los Convenios de Viena donde se concretan las sustancias calificadas como drogas[107]. Desde una perspectiva funcional, se ha propuesto que la definición debe entenderse como referida a aquellas sustancias capaces de alterar la percepción de la mente, siempre que se trate de sustancias legalmente permitidas. No obstante, una interpretación estrictamente literal del precepto podría dar lugar a ciertas disquisiciones, como la posible exclusión de determinados fármacos —por ejemplo, ansiolíticos, relajantes musculares o antidepresivos—, que no quedarían comprendidos si se atendiera exclusivamente al tenor del artículo. Si esa hubiera sido la *voluntas legislatoris*, cabría haber empleado una redacción análoga a la prevista en el art. 27.1 del RGCir[108].

Este criterio puede extenderse más allá de la redacción literal del artículo, en la medida en que determinados medicamentos que afectan a la percepción mental o al estado físico pueden generar responsabilidad penal si la conducción se encuentra influenciada y se compromete la seguridad vial, incluso cuando su ingesta se haya producido bajo prescripción médica y con fines terapéuticos. Este supuesto, habitualmente denominado "consumo recetado", hace re-

---

107 Suárez-Mira Rodríguez, C., Judel Prieto, Á., & Piñol Rodríguez, J. R. (2011). *Manual de Derecho Penal. Tomo II. Parte Especial.* Tema 47.

108 RGCir. "Art. 27. Estupefacientes, psicotrópicos, estimulantes u otras sustancias análogas. 1. No podrán circular por las vías objeto de la legislación sobre tráfico, circulación de vehículos a motor y seguridad vial los conductores de vehículos o bicicletas que hayan ingerido o incorporado a su organismo psicotrópicos, estimulantes u otras sustancias análogas, entre las que se incluirán, en cualquier caso, los medicamentos u otras sustancias bajo cuyo efecto se altere el estado físico o mental apropiado para circular sin peligro".

ferencia a la administración de fármacos indicada por un facultativo, quien debe informar al paciente sobre la posible afectación de sus capacidades para la conducción en función de la dosis prescrita.

En este sentido, existe una clara diferenciación entre el tratamiento penal y el administrativo, como señala el ATC 174/2017, de 19 de diciembre –cuestión de inconstitucionalidad 6562-2016–, al establecer que "el diferente trato que el legislador otorga a quienes conducen con presencia de drogas en el organismo si esta sustancia no influye en su capacidad para conducir y ha sido prescrita por un médico no solo no es arbitrario, sino que, además, es proporcionado".

En lo que respecta a la responsabilidad penal, no se puede descartar la posibilidad de exoneración si se acredita que el sujeto desconocía los efectos del medicamento debido a una falta de información adecuada por parte del facultativo. Es decir, si el médico no advirtió correctamente sobre los efectos secundarios que podrían alterar las capacidades del conductor, podría existir una base para excluir la responsabilidad penal del paciente. No obstante, la responsabilidad administrativa sigue siendo una cuestión distinta, ya que, independientemente de la prescripción médica, la seguridad vial debe garantizarse, y la conducción bajo los efectos de medicamentos que alteren la percepción o las capacidades físicas y mentales sigue representando un riesgo.

4.7.2. Conducción influenciada

Partiendo de los elementos objetivos previamente analizados, puede afirmarse que incurre en responsabilidad penal quien conduzca un vehículo a motor o ciclomotor bajo la influencia de bebidas alcohólicas o de sustancias estupefacientes, psicotrópicas o similares. Esta influencia debe acreditarse desde una doble dimensión: por un lado, un dato objetivo de consumo de alcohol o drogas, y, por otro, una manifestación subjetiva de dicha influencia en la conducción. En consecuencia, no basta con la mera ingesta de estas sustancias, sino que resulta necesario que su efecto sea apreciable en el comportamiento del conductor, evidenciando una alteración de sus capacidades durante la conducción.

No obstante, el hecho de acreditar la influencia real en la conducción no es una cuestión pacífica, y ha sido objeto de diversas interpretaciones doctrinales y jurisprudenciales. Para comprender mejor esta controversia, resulta pertinente considerar determinados factores socioculturales que han condicionado históricamente la percepción del consumo de alcohol en contextos de conducción. En España, hasta fechas relativamente recientes, la ingesta de alcohol por parte de conductores de vehículos era una práctica socialmente aceptada e incluso normalizada, integrada en ciertas costumbres populares[109]. Esta percepción, extendida entre amplios sectores de la población, alcanzaba también, en muchos casos, a quienes debían aplicar y hacer cumplir las normas, generando un clima de permisividad, pese al incremento sostenido de la siniestralidad vial con resultado de fallecidos.

Este delito interpela al ciudadano no solo como posible víctima de un siniestro vial —en el que él, un familiar o un allegado puedan resultar fallecidos—, sino también como eventual autor, en la medida en que la tolerancia al riesgo de conducir bajo los efectos del alcohol o las drogas puede situarlo en la posición de sujeto activo. La percepción social sobre esta conducta ha comenzado a transformarse: lo que antes se aceptaba como una práctica socialmente extendida, hoy se reconoce

---

109 Navarro Botella, J., Sánchez Pardo, L., & Valderrama Zurián, J. (2004). *Estudio internacional sobre género, alcohol y cultura.* Sociedad Española de Toxicomanías. Págs. 62-68

como un riesgo real, con capacidad para comprometer la vida propia o la de terceros.

Hace ya más de treinta años que el TS manifestó en la STS de 22 de febrero de 1989 que "la conducción bajo la influencia de bebidas alcohólicas constituye un factor criminógeno de primer orden y así se comprueba en el ranking de los más graves accidentes circulatorios". Dicho lo cual, la disparidad de criterios interpretativos sobre qué se considera o cuándo hay influencia en la conducción es algo que está a la orden del día. Por ejemplo, el TS en la STS 214/2010, de 12 de marzo[110] señala que la influencia no tiene porqué manifestarse necesariamente en defectos en la conducción o infracción a la norma de circulación. Este mismo criterio había sido sostenido previamente por la Audiencia Provincial de Barcelona en las SAP de Barcelona 157/2007, de 24 de abril y 442/2007, de 25 de junio, aunque con un voto particular discrepante al considerar que debe manifestarse a través de una conducta anómala en el tráfico como consecuencia principal de los principios de intervención mínima y de ultima ratio de la normativa penal.

Cuando el CP emplea la expresión "bajo la influencia", se entiende que hace referencia a una conducción condicionada, dirigida o dominada por el alcohol o las drogas. Este sometimiento o dominio no debe interpretarse de manera rígida o limitada, sino como un concepto amplio que engloba todas las circunstancias que afectan la conducción en ese estado. Para

---

[110] STS 214/2010, de 12 de marzo. "Ahora bien, tal influencia no tiene por qué exteriorizarse en una flagrante infracción de las normas de tráfico visible e inmediata (delito de peligro concreto), apreciada por el agente actuante, o en la producción de un resultado lesivo (delito de resultado), sino que basta el delito de peligro «in abstracto», practicándose, en su caso, la correspondiente prueba de detección alcohólica, y apreciándose por los agentes los signos externos de donde puede deducirse después (mediante prueba indirecta) ese grado de influencia en la conducción".

determinar si una persona conduce bajo dicha influencia, es fundamental aplicar el criterio de la sana crítica, valorando cada caso en función de sus particularidades.

En el año 2001, con el objetivo de clarificar el concepto de influencia en la conducción, la STS 1133/2001, de 11 de junio, estableció que la tasa orientativa a partir de la cual puede apreciarse dicha influencia se sitúa en 0,60 mg/l de alcohol en aire espirado. Esta cuestión cobra especial relevancia en los casos en que la presencia de alcohol es detectada en controles policiales preventivos, ya que en tales supuestos puede resultar más complejo acreditar una verdadera afectación de la capacidad de conducción. La influencia puede manifestarse a través de múltiples signos o síntomas, que varían en función del tipo de sustancia —alcohol, drogas o combinación de ambas—, lo que exige adaptar los mecanismos de detección a la casuística concreta de cada situación.

En el año 2006, cuando todavía no se había tipificado expresamente el delito de conducción bajo la influencia de bebidas alcohólicas por mera superación de tasas, el Ministerio Fiscal emitió la Circular 3/2006, en la que se establecía el criterio de que, ante tasas comprendidas entre 0,40 y 0,60 mg/l de alcohol en aire espirado, procedía formular acusación por delito contra la seguridad del tráfico siempre que concurrieran determinadas circunstancias, tales como la existencia de síntomas de embriaguez en el conductor, la comisión de infracciones reglamentarias que revelaran una conducción peligrosa o descuidada, o la producción de un accidente de circulación[111]. En este sentido, la doctrina jurisprudencial ha confirmado dicha orientación en múltiples resoluciones, entre las que pueden ci-

---

111 FGE (3 de Julio de 2006). Circular 3/2006 Sobre criterios de actuación del Ministerio fiscal para una efectiva persecución de los ilícitos penales relacionados con la circulación de vehículos a motor.

tarse, a título de ejemplo, la SAP de Guadalajara 151/2012, de 12 de diciembre, y la SAP de Cáceres 140/2017, de 4 de mayo.

Además, se han dictado resoluciones condenatorias incluso en ausencia de prueba de alcoholemia, como la SAP de Cáceres núm. 92/2019, de 25 de abril, en la que se condena al acusado pese al tiempo transcurrido desde el siniestro y a no haberse practicado la prueba, basándose en su estado al ser localizado en su domicilio y en las manifestaciones de su esposa[112].

Asimismo, el Ministerio Fiscal ha considerado que una tasa superior a 0,60 mg/l de alcohol en aire espirado constituye, por sí misma, una evidencia suficiente de la merma de las facultades psicofísicas exigibles para una conducción segura. Este planteamiento se fundamenta en la práctica unanimidad entre los especialistas en toxicología, quienes sostienen que, a partir de dicho nivel de impregnación alcohólica, los reflejos y la capacidad de percepción se encuentran objetivamente alterados, aunque con ligeras variaciones según las características orgánicas del sujeto. En consecuencia, debía procederse a formular acusación cuando se superaba dicho umbral.

Con ello, se pretendía unificar el criterio acusador del Ministerio Fiscal en todo el territorio nacional, dado que, hasta ese momento, coexistían diversas posiciones. Algunas Fiscalías entendían que la influencia debía deducirse de la afectación psicofísica del conductor, a partir de signos externos; otras exi-

---

112 SAP de Cáceres 92/2019, de 25 de abril. "...La esposa del acusado, que se encontraba visiblemente enfadada y molesta, y que reconoció a los agentes que el acusado había estado de fiesta, que había llegado en estado de gran embriaguez, que le había reconocido haber tenido el accidente (concretamente, decía "ya pegué el golpe") y que se encontraba éste acostado sin que pudiera levantarle ella de la cama ante el estado de profunda somnolencia en que se encontraba. Precisamente en dichas circunstancias los agentes no pudieron practicar la prueba de alcoholemia al acusado.

gían, además, que dichos signos se manifestaran en una conducción anómala. Una tercera postura, más restrictiva, sostenía que, incluso en presencia de signos externos y conducción irregular, debía apreciarse afectación de funciones como la expresión verbal o la deambulación.

Pues bien, para poder determinar la influencia del alcohol o drogas en la conducción de una manera inmediata y no demorada, los agentes de la autoridad actuantes en una situación donde se ha detectado a un posible conductor bajo la influencia de bebidas alcohólicas o drogas, deberán dejar constancia en un acta de sintomatología externa los signos apreciados en el conductor. Signos externos referidos al alcohol tales como: Actitud y comportamiento, aspecto externo, constitución física, vestidos, aspecto de cara, habla, expresión verbal, halitosis alcohólica, coordinación y deambulación, aspecto de ojos y mirada, movimientos oculares, y otros de interés.

Por lo que se refiere a los signos externos referidos a la droga, el Fiscal de Sala Coordinador de Seguridad Vial VARGAS CABRERA[113], remitió un oficio a todas las policías de tráfico para unificar la denominada Acta de Signos que determinaría la influencia de las drogas en las capacidades de los conductores. Estos signos son: Actitud y comportamiento, aspecto externo, habla y expresión verbal, orientación temporal, espacial y personal, aspectos motóricos: coordinación y deambulación, capacidad de reacción, atención y concentración, percepción visual y auditiva, otros signos, observaciones y datos de interés.

---

113 Vargas Cabrera, B. (18 de Julio de 2019). Oficio del Fiscal de Sala Coordinador a las Policías Judiciales de tráfico con instrucciones para la elaboración de atestados por delitos de conducción bajo la influencia de drogas tóxicas, estupefacientes y sustancias psicotrópicas del art. 379.2 CP.

Una vez que concurran algunas combinaciones de signos externos o indicadores de afectación, se procederá a la remisión a la vía penal el correspondiente atestado policial. No obstante, según BOLDÓ I PRATS[114], si estos signos se diesen en el marco de un control preventivo de drogas solo estaríamos en el ámbito de las infracciones administrativas, ya que el criterio seguido por los agentes de la autoridad obedece a un criterio puramente aleatorio, en aras a la prevención y no a un criterio de riesgo puesto que no se ha producido ninguna conducción irregular. En este sentido se pronunció la Audiencia Provincial de Barcelona en la SAP de Barcelona 6540/2016, de 8 de julio[115].

MORILLAS FERNÁNDEZ[116] ha señalado que todos los signos externos observables en estos casos se basan en apreciaciones personales y subjetivas de los agentes actuantes, y que constituyen meros indicios que no pueden establecerse de forma unitaria, permitiendo únicamente emitir un juicio de valor sobre la incidencia directa del alcohol en la conducción. A partir de esta base, surgen diversas cuestiones relevantes en torno a la eficacia de la diligencia de sintomatología exter-

---

114 Boldó i Prats, G. (2017). Control preventivo en la conducción con drogas tóxicas, estupefacientes o psicotrópicas. *Revista de Derecho vLex* (154). Obtenido de http://vlex.com/vid/control-preventivo-conduccion-drogas-671362853

115 SAP de Barcelona 6540/2016, de 8 de julio. "Por otro lado, no cabe orillar que se trataba de un control preventivo en el que, de ordinario, el muestreo entre los conductores se lleva a cabo de forma aleatoria (como es el supuesto llegado a esta alzada) y en el que no indefectiblemente pero sí de forma frecuente, por ser independiente de aquel, no existe constatación previa de anómala circulación, como también sucede con los presentes hechos".

116 MORILLAS FERNÁNDEZ, D. L. (2007). La Influencia Directa del Alcohol como Elemento Integrante del Art. 379 del CP. En L. Morillas Cuevas, *Delincuencia en materia de tráfico y seguridad vial.* Pág. 191.

na: cuántos signos deben concurrir para que pueda apreciarse influencia, si determinados síntomas tienen mayor valor probatorio que otros, o si resulta necesaria una combinación específica de ellos. Parte de la doctrina ha cuestionado la eficacia de esta diligencia cuando se incorpora al atestado policial como único elemento probatorio de la influencia en la conducción[117].

La distinción entre la infracción administrativa y el delito varía si hablamos de alcohol o de drogas. Por un lado, la infracción administrativa de alcohol estriba de la delictiva en que la administrativa se basa en la no superación de una determinada tasa alcohólica, establecida en 0'60 mg por litro de aire espirado (con las excepciones dichas anteriormente entre 0'40 y 0'60 mg por litro de aire espirado), variando la cuantía de la multa dependiendo de los parámetros establecidos en el RGCir, yendo desde 500 euros y detracción de 4 puntos del permiso de conducir hasta 1000 euros y detracción de 6 puntos del permiso de conducir.

Pese a esto, y siguiendo a VARGAS CABRERA[118], en ocasiones no es fácil diferenciar el contenido del injusto penal con los ilícitos administrativos. Quizá haya algún enunciado de la norma que pueda confundir el ámbito jurídico en el que nos encontramos, por ejemplo, en su art. 77 de la LSV dice: "Son infracciones muy graves, cuando no sean constitutivas de deli-

---

117 GALLEGO SOLER, J. I. (2008). El nuevo delito de conducción bajo los efectos del alcohol y las drogas (Art. 379.2). En S. MIR PUIG, M. CORCOY BIDASOLO, & S. CARDENAL MONTRAVETA, *Seguridad vial y derecho penal: análisis de la LO 15/2007, que modifica el Código penal en materia de seguridad vial.* Tirant lo Blanch. Pág. 167.

118 VARGAS CABRERA, B. (2007). El Delito de Conducción Bajo la Influencia de Bebidas Alcohólicas y Drogas Tóxicas del Art. 379 C.P. En R. Vicente Martínez, R. (Dir), *Derecho Penal y Seguridad Vial.* (pág. 137). Madrid: Consejo General del Poder Judicial.

to, las conductas tipificadas en esta ley referidas a: c) Conducir con tasas de alcohol superiores a las que reglamentariamente se establezcan, o con presencia en el organismo de drogas". Este tipo de supuestos podría generar la impresión de que determinadas conductas, inicialmente valoradas en el ámbito penal, pueden derivarse al ámbito administrativo. Sin embargo, no se trata de un desplazamiento entre esferas competenciales, sino de la constatación de que, en algunos casos, no concurren todos los elementos exigidos para la tipificación penal. Así sucede, por ejemplo, con la conducción de una bicicleta bajo los efectos del alcohol: al no tratarse de un vehículo a motor, no resulta aplicable el art. 379.2 CP, por lo que no puede imputarse delito contra la seguridad vial. No obstante, esta conducta sí constituye una infracción muy grave conforme a la normativa administrativa de tráfico.

Por otro lado, la infracción administrativa por presencia de drogas se diferencia de la infracción penal en que, en el ámbito sancionador, basta con la detección de sustancias en el organismo del conductor, sin que exista, hasta la fecha, un umbral mínimo cuantitativo legalmente establecido. La mera presencia constituye infracción. En cambio, para que pueda apreciarse la existencia de un delito, no es suficiente la detección de drogas en el organismo, con independencia de la cantidad, sino que resulta imprescindible acreditar que dicha presencia ha influido de forma efectiva en la capacidad de conducción.

Hasta fechas relativamente recientes, las resoluciones condenatorias por conducción bajo la influencia de drogas eran escasas, lo que puede atribuirse, entre otras razones, a la limitada disponibilidad de medios técnicos para la detección de estas sustancias. No obstante, el paulatino incremento de aparatos analizadores y la progresiva clarificación de las instrucciones policiales al respecto han derivado en un aumento de sentencias condenatorias, como reflejan, entre otras, la SAP de Cáceres núm. 166/2017, de 25 de mayo, y la SAP de Madrid núm. 608/2022, de 28 de noviembre.

4.7.3. Conducción etílica

Asimismo, como se adelantaba al inicio del epígrafe, se configura como delito la conducción que supere una tasa de alcohol en aire espirado superior a 0,60 miligramos por litro o una tasa de alcohol en sangre superior a 1,2 gramos por litro. Esta formulación ha sido objeto de una doble interpretación doctrinal: por un lado, se ha señalado que podría suponer una vulneración del derecho a la presunción de inocencia; por otro, se ha defendido que contribuye a la seguridad jurídica, al establecer de forma objetiva y previsible el umbral de punibilidad. No obstante, esta presunción *iuris et de iure* no se ha proyectado sobre los supuestos de consumo de drogas tóxicas, estupefacientes o sustancias psicotrópicas.

La nueva formulación típica no suponía la despenalización de la conducción con tasas inferiores a 0'6 miligramos por litro, pues el tipo relativo a la conducción bajo la influencia de alcohol se mantuvo en el inciso primero del art. 379.2 CP, configurándose como cláusula de cierre para la protección penal frente a estas conductas[119]. Este subtipo fue introducido en el año 2007 en una importante modificación del CP plasmada en la LO 15/2007, de 30 de noviembre que afectó a los delitos contra la seguridad vial.

Se trata de una significativa novedad al considerar que la superación de una determinada tasa de alcoholemia supone, por sí sola, un potencial peligro para la seguridad colectiva, por lo

---

[119] FGE. Circular 10/2011, de 17 de noviembre, *Sobre criterios para la unidad de actuación especializada del Ministerio Fiscal en materia de Seguridad Vial.*

que, como ha indicado GALLEGO SOLER[120], no se requiere ningún otro elemento típico ni circunstancia adicional para su sanción, más allá del mero hecho de superar dicho umbral. Esta configuración permite calificarlo como un delito de peligro abstracto puro, en la medida en que no exige acreditar la influencia del alcohol en la conducción para su persecución penal, al operar una presunción que no admite prueba en contrario sobre la peligrosidad inherente a la superación del umbral fijado.

Esta inclusión es consecuencia de lo enunciado en el preámbulo de esa modificación legislativa al exponer, que se pretendía incrementar el control sobre el riesgo tolerable por la vía de la expresa previsión de excesos de velocidad que se han de tener por peligrosos, o de niveles de ingesta alcohólica que hayan de merecer la misma consideración. Se considera una presunción *iuris et de iure* que no admite prueba en contrario, al ser calificada esa conducción como potencialmente peligrosa al comprometer seriamente la seguridad vial que "no se exige una conducción anómala, irregular, ni que se haya producido un accidente de tráfico, ni la constatación de una infracción, ni la ejecución de una maniobra antirreglamentaria" existiendo siempre delito en estos supuestos (SAP de Barcelona Roj. 10435/2017, de 13 de septiembre). En todo caso, la interpretación judicial, especialmente en los primeros años tras la reforma del CP en la que se incluía este subtipo, no era unánime y se dictaban sentencias en sentido contrario, insistiendo en la necesaria influencia para poder castigar esa

---

120 GALLEGO SOLER, J. I. (2008). El nuevo delito de conducción bajo los efectos del alcohol y las drogas (Art. 379.2). En S. MIR PUIG, M. CORCOY BIDASOLO, & S. CARDENAL MONTRAVETA, *Seguridad vial y derecho penal: análisis de la LO 15/2007, que modifica el Código penal en materia de seguridad vial.* Tirant lo Blanch. Pág.170.

conducta (Sentencia Juzgado de lo Penal n.º 3 de Pamplona 418/2010, de 9 de diciembre)[121].

Al establecerse una tasa única para todos los conductores, sin distinción entre conductores noveles, profesionales o particulares, el ámbito penal se aleja del régimen administrativo, que sí contempla umbrales diferenciados en función del tipo de conductor. De este modo, se adopta una posición uniforme, sin atender a las circunstancias específicas del sujeto, lo que marca una clara diferencia respecto del criterio individualizado previsto en la normativa administrativa.

Algún autor como GALLEGO SOLER[122], estima que no es lícita esta presunción *iuris et de iure* desde la perspectiva constitucional, puesto que prohíbe la prueba en contrario de lo presumido, al desplazar la carga probatoria desde la acusación hacia la defensa e impedir al acusado la posibilidad de acreditar lo contrario, en caso de que optara por ejercer su derecho a probar su inocencia, lo que vulnera el derecho fundamental

---

121 Sentencia Juzgado de lo Penal n.º 3 de Pamplona 418/2010, de 9 de diciembre: "Ambas posibilidades, esto es, la valoración única de la prueba documental o el tamiz al que se somete a la prueba testifical valorando exclusivamente lo tendente a motivar una condena, pero eliminando elementos de la misma que cuestionarían dicho castigo, permiten plantear razonablemente la duda de si en este caso, sancionando penalmente por la superación de una tasa sin haber influencia etílica, se vulnera el principio *in dubio pro reo.* Atendiendo a las consideraciones reflejadas en ambos fundamentos, es por lo que procede dictar una sentencia absolutoria".

122 GALLEGO SOLER, J. I. (2008). El nuevo delito de conducción bajo los efectos del alcohol y las drogas (Art. 379.2). En S. MIR PUIG, M. CORCOY BIDASOLO, & S. CARDENAL MONTRAVETA, *Seguridad vial y derecho penal: análisis de la LO 15/2007, que modifica el Código penal en materia de seguridad vial.* Tirant lo Blanch. Pág.174.

a la presunción de inocencia[123]. En la misma dirección crítica se pronuncia OCTAVIO DE TOLEDO Y UBIETO[124] ya que considera que tal presunción atenta contra los principios más elementales del Derecho constitucionalmente acogidos.

Si bien la STC 111/1999, de 14 de junio[125], estableció que no resulta admisible en el ámbito penal una presunción *iuris et de iure* que afecte a los elementos constitutivos del delito, dicha resolución se dictó en un contexto normativo en el que el delito de conducción bajo los efectos del alcohol exigía acreditar la influencia del consumo en la conducción. En consecuencia, el TC rechazó que la mera constatación de una determinada tasa de alcoholemia pudiera sustituir la acreditación del resto de elementos del tipo penal, insistiendo en la necesidad de verificar cómo el alcohol afectaba concretamente a la capa-

---

123 STC 87/2001, de 2 de abril. "se deriva la interdicción de las presunciones *iuris tantum* e *iuris et de iure* respecto de los hechos. Es doctrina de este Tribunal que, con independencia del tipo de delito de que se trate, en ningún caso el derecho a la presunción de inocencia tolera que alguno de los elementos constitutivos del delito se presuma en contra del acusado, sea con una presunción *iuris tantum* sea con una presunción *iuris et de iure*"

124 OCTAVIO DE TOLEDO Y UBIETO, E. (1981). *Sobre el concepto del Derecho Penal.* Madrid: Universidad de Madrid, Facultad de Derecho. Pág. 165

125 STC 111/1999, de 14 de junio. "La presunción *iuris et de iure*, tampoco es lícita en el ámbito penal desde la perspectiva constitucional, puesto que prohíbe la prueba en contrario de lo presumido, con los efectos, por un lado, de descargar de la prueba a quien acusa y, por otro, de impedir probar la tesis opuesta a quien se defiende, si es que opta por la posibilidad de probar su inocencia, efectos ambos que vulneran el derecho fundamental a la presunción de inocencia. Ahora bien, como es lógico lo anterior no obsta a la legitimidad constitucional de la prueba de indicios, puesto que ésta versa sobre los hechos y no directamente sobre los elementos constitutivos del delito, y siempre que reúna los requisitos y condiciones que hemos exigido reiteradas veces (como más reciente, STC 220/1998)".

cidad del conductor. Sin embargo, tras la reforma del CP, el art. 379.2 introdujo una tasa objetiva de carácter delictivo. En este nuevo marco normativo, la SAP de Barcelona (ROJ: SAP B 10435/2017, de 13 de septiembre) ha señalado que "el artículo 379 del Código Penal introduce una presunción iuris et de iure de peligrosidad, de afectación de las facultades necesarias para conducir por ingesta de alcohol a partir de una cantidad fijada por el legislador en la norma penal".

Es fundamental subrayar que esta presunción *iuris et de iure* no puede entenderse como una presunción de culpabilidad, sino como una presunción de peligrosidad, en la medida en que no implica que se den por probados automáticamente elementos esenciales del delito en perjuicio del acusado. En realidad, no se presume un hecho, sino que el legislador ha definido un criterio normativo y objetivo de riesgo que integra directamente el tipo penal. En otras palabras, la superación del umbral de 0,60 mg/l en aire espirado o 1,2 g/l en sangre constituye por sí misma el ilícito penal, sin necesidad de acreditar su influencia concreta en la conducción.

Desde esta perspectiva, no parece que el art. 379.2 CP vulnere el derecho a la presunción de inocencia, en tanto no invierte la carga de la prueba ni impone al acusado la obligación de acreditar su no culpabilidad. El tipo parte de un estándar legal de peligrosidad inherente, lo que justifica su configuración como delito sin requerir una valoración individualizada del peligro en cada caso. No obstante, el acusado conserva íntegramente su derecho de defensa, pudiendo cuestionar la validez de las pruebas de alcoholemia o alegar circunstancias concretas que excluyan o neutralicen la imputación del delito, lo que evita cualquier inversión de la carga probatoria.

En cuanto a la no aplicación de una presunción *iuris et de iure* en el delito de conducción bajo la influencia de drogas tóxicas, estupefacientes o sustancias psicotrópicas, cabe señalar que la ausencia de medios técnicos igualmente precisos que permitan determinar con fiabilidad la presencia, la cantidad y la influencia efectiva de dichas sustancias sobre la capacidad de conducción constituye una razón suficiente para justificar este tratamiento diferenciado. A falta de un sistema análogo al etilómetro en cuanto a fiabilidad, objetividad y estandarización, resultaría jurídicamente cuestionable establecer un umbral automático con efectos penales similares[126].

En definitiva, la configuración del subtipo del art. 379.2 CP basado en la superación de una tasa objetiva responde a una opción legislativa orientada a reforzar la protección de la seguridad vial mediante un criterio de peligrosidad normativa, prescindiendo de valoraciones individualizadas. Si bien esta solución ha generado un debate doctrinal sobre su compatibilidad con la presunción de inocencia, lo cierto es que el sistema mantiene intactas las garantías procesales del acusado, al tiempo que introduce un estándar claro de punibilidad. La ausencia de un instrumento técnico equiparable en el ámbito de las drogas justifica, por el momento, la no extensión de esta presunción a otros supuestos, reforzando así la coherencia interna del modelo legal adoptado.

---

126 Como complemento, cabe señalar que, además de las consecuencias penales, esta conducta puede conllevar efectos colaterales, como la denegación de la nacionalidad española por haber conducido bajo la influencia de drogas, al considerarse un hecho que revela "la transcendencia que ello tiene en cuanto al desenvolvimiento del sujeto en la sociedad en la que vive, a la que pone en riesgo con la conducta penada" (ROJ: SAN 1645/2023, de 29 de marzo).

5. CONDUCCIÓN TEMERARIA. ARTS. 380 Y 381 CP

5.1. Introducción

En el ámbito de los delitos contra la seguridad vial, el delito de conducción temeraria representa un caso paradigmático donde la interpretación del bien jurídico protegido y la naturaleza del riesgo asumen una gran relevancia. Este apartado se adentra en la complejidad doctrinal y jurisprudencial que rodea al concepto de "peligro concreto", esencial para la adecuada comprensión y aplicación de este tipo penal.

Los delitos contra la seguridad vial, incluido el de conducción temeraria, suscitan debates acerca del bien jurídico protegido. Mientras algunos sectores doctrinales consideran que la seguridad vial es un instrumento para salvaguardar la vida e integridad física de las personas, otros argumentan su autonomía como bien jurídico fundamental.

El delito de conducción temeraria se caracteriza por hacer una mención expresa al "peligro concreto", concepto que no está exento de controversia. Algunos juristas sostienen que se trata de un delito de peligro común, argumentando que el riesgo afecta a una colectividad indeterminada de personas. En contraste, otros defienden que el peligro es concreto y específico para bienes jurídicos individuales.

El papel de los acompañantes del conductor también es objeto de debate. Según la FGE (Consulta 1/2006), los acompañantes pueden ser considerados sujetos pasivos del delito de conducción temeraria, a menos que participen como inductores o cooperadores necesarios. Sin embargo, persisten opiniones divergentes sobre la validez del consentimiento de los acompañantes frente al riesgo creado por el conductor.

La conducción temeraria, delineada en el art. 380 del CP, constituye un delito que se centra en la ejecución de actos extremadamente imprudentes al volante. Este texto explora en detalle los elementos clave de la temeridad manifiesta como requisito para su configuración delictiva, así como la interpretación jurídica y las implicaciones de las presunciones establecidas en la ley. El art. comienza analizando el significado y alcance de "temeridad manifiesta", un término que según el CP debe ser interpretado desde una perspectiva de riesgo concreto y evidente para la vida o la integridad física de las personas. Además, se examina cómo la jurisprudencia y la doctrina han abordado este concepto, considerando tanto la normativa administrativa como los principios generales de precaución en la seguridad vial.

Una parte importante del análisis se centra en la presunción establecida en el art. 380.2 del CP, que presume la temeridad manifiesta en ciertos casos específicos de conducción, como la superación de tasas de alcohol permitidas y límites de velocidad establecidos reglamentariamente. Esta presunción, aunque establece una carga probatoria particular, no excluye la evaluación de otras circunstancias que puedan indicar temeridad bajo un enfoque más amplio. Asimismo, se examina el concepto de "manifiesto desprecio por la vida de los demás", introducido en el art. 381 del CP como agravante del delito de conducción temeraria, enfatizando la intención legislativa de proteger de manera más severa los casos de comportamiento imprudente que ponen en grave peligro a terceros.

En este estudio se propone ofrecer una visión integral de los elementos esenciales que configuran el delito de conducción temeraria bajo la legislación española, analizando tanto su definición jurídica como sus implicaciones prácticas en la seguridad vial y la aplicación judicial. Los siguientes apartados explorarán detalladamente las diferentes interpretaciones del delito de conducción temeraria, proporcionando un análisis exhaustivo de las controversias doctrinales y las implicaciones prácticas que estas tienen en la aplicación judicial de este tipo penal.

5.2. *Naturaleza y evolución de la conducta*

El concepto de conducción temeraria ha evolucionado, adaptándose a la realidad social. En el art. 576 del CP de 1928[127], ya se castigaban conductas temerarias con vehículos, pero no se consideraron delito hasta 1950, mediante la Ley del Automóvil[128],, que mencionaba "modo peligroso para el público". Según DEL CASTILLO CODES[129], este tipo implicaba peligrosidad potencial, sin exigir resultado lesivo ni peligro concreto.

La ley de 1962 sobre uso y circulación de vehículos de motor[130], integró normativa, pero solo introdujo cambios menores respecto a la conducción temeraria[131]. El tipo penal concre-

---

127 Real Decreto Ley Núm. 1596. CP. (septiembre de 8 de 1928). Publicado en Gaceta de Madrid. 13 de septiembre de 1928, núm. 257. "Art. 576. Se considerarán delitos por imprevisión, imprudencia o impericias graves los ejecutados por medio de locomotoras, automóviles y demás vehículos y máquinas a que se refieren los arts. anteriores, aunque no concurran las circunstancias en ellos expresadas, siempre que concurran cualquiera de las siete circunstancias enumeradas en el art. 34, y, además, cuando el hecha se produjere:..."

128 Ley sobre uso y circulación de vehículos de motor. (9 de mayo de 1950). B.O.E. Núm.130. "Art. segundo: El qué condujere un vehículo de motor con velocidad excesiva o de otro modo peligroso para el público, dada la intensidad del tráfico, condiciones de la vía pública u otras circunstancias que aumenten el riesgo, será castigado con la pena de arresto mayor o multa de mil u cincuenta mil pesetas".

129 DEL CASTILLO CODES, E. (2008). La conducción temeraria: cuestiones de "lege lata" y "lege feranda" *Revista de Derecho Penal* (Núm. 23), Pág.74.

130 Ley 122/1962 sobre uso y circulación de vehículos de motor. (27 de diciembre de 1962). B.O.E. Núm.310

131 CONDE-PUMPIDO FERREIRO, C. (1979). El tratamiento penal de la conducción peligrosa en la legalidad vigente. *Revista de Derecho de la Circulación* (Núm.1), Págs. 3 y 4.

tó elementos clave: temeridad manifiesta y peligro inminente para la seguridad vial o la vida de las personas, con sanciones económicas y retirada del permiso. Tal y como enuncia QUINTANO RIPOLLÉS[132], esta reforma afectó principalmente a aspectos civiles y procesales, aunque introdujo modificaciones relevantes para la tipificación penal.

La reforma de la ley en 1967 estructuró el contenido de este tipo de delitos relativos al tráfico bajo la denominación de "Delitos contra la seguridad del tráfico", enmarcando el art. delito de conducción temeraria en el 340 bis, a). Además, introdujo cambios importantes en la conducta delictiva ya que suprimió dos aspectos relevantes de la anterior redacción; eliminó la calificación de "inminente" referido al peligro concreto ocasionado y, por otro lado, excluyó la ocasión de peligro de la "seguridad de la circulación"[133]. Según MORENO ALCÁZAR[134], la reforma eliminó la exigencia de "peligro inminente" y "seguridad de la circulación", centrando el tipo en una conducción peligrosa que generara riesgo. Además, se introdujo una regla concursal polémica que, según COBO DEL ROSAL[135], generó un "semillero de problemas". La jurisprudencia del TS enten-

---

132 QUINTANO RIPOLLÉS, A. (1967). Tratado de la Parte Especial del Derecho Penal (Vol. 4). Madrid: *Revista de Derecho Privado.* Pág. 454

133 Ley sobre modificación de determinados arts. del CP y de Ley de Enjuiciamiento Criminal. (8 de abril de 1967). B.O.E. Núm. 86. Art. 340bis, a) Segundo: "El que condujere un vehículo de motor con temeridad manifiesta y pusiera en concreto peligro la vida de las personas, su integridad o sus bienes".

134 MORENO ALCÁZAR, M. Á. (2003*). Los delitos de conducción temeraria (Criterios para la coordinación de los arts. 381 y 384 del Código penal).* Valencia: Tirant lo Blanch. Pág. 33.

135 COBO DEL ROSAL, M. (1975). Significación general del penúltimo párrafo del art. 340 bis. a) del CP para los "Delitos contra la seguridad del tráfico". En M. COBO DEL ROSAL (dir.), *Delitos contra la seguridad del tráfico y su prevención.* Valencia: Tirant lo Blanch. Pág. 173.

día que en estos casos estamos ante un concurso de normas para evitar excesiva punibilidad y así lo expresó en la sentencia del 30 de enero de 1971[136]. El soporte de este criterio puede ser debido bien a razones político-criminales de prevención al castigarse el hecho más gravemente penado para no elevar demasiado la punibilidad si se estimara el concurso de delitos, o bien, por entender que el peligro ha quedado suplantado por el delito de lesión cuando este tiene menor pena[137].

La reforma del CP de 1989[138] eliminó el peligro sobre bienes, limitándose a personas, según MORENO ALCÁZAR[139] buscando coherencia con la descriminalización de daños por imprudencia. El Preámbulo destacó la necesidad de sancionar a los llamados "conductores homicidas", diferenciándolos de los "suicidas", un término que generaba empatía indebida hacia estos infractores y desvirtuaba su conducta temeraria. Ade-

---

136 STS 30 de enero de 1971: "Si la infracción peligrosa deriva de un delito de lesión, se dará, entre ambas conductas, una relaci6n de subsidiariedad, sistema que sigue el código vigente, que en el art. 340 bis a, párrafo penúltimo, que, en puridad, es una aplicación específica de la general cláusula de alternatividad y mayor rango punitivo que proclame el art. 68 del CP, para resolver el concurso de normas recayentes sobre un mismo ente delictivo, lo cual quiere decir que el delito de peligro so1o recobrara su virtualidad sancionadora cuando esté más gravemente penado que el culposo que dio origen".

137 ESCRIVÁ GREGORI, J. M. (1974). Acerca del art. 340 bis A, nº 2 y la norma concursal del penúltimo párrafo del mismo. *Revista jurídica de Cataluña*, 73(3), Págs. 671-682.

138 LO 3/1989, de 21 de junio de actualización del CP. (1989). B.O.E. Núm. 148. Art. 340 bis a) "2º El que condujere un vehículo de motor con temeridad manifiesta y pusiera en concreto peligro la vida o la integridad de las personas."

139 MORENO ALCÁZAR, M. Á. (2003). *Los delitos de conducción temeraria (Criterios para la coordinación de los arts. 381 y 384 del Código penal).* Valencia: Tirant lo Blanch. Págs. 35 y 36.

más, incorporó una figura delictiva de conducción con "consciente desprecio por la vida", descrita en el art. 340 bis, d). Aunque LUZÓN PEÑA[140] consideró innecesaria esta figura, otra parte de la doctrina[141] no lo consideraba un desacierto porque muchos tribunales eran reticentes a la aplicación de dolo en este tipo de delitos viales considerados en aquel momento delitos menores[142].

El texto original del vigente CP publicado mediante la LO 10/1995, de 23 de noviembre, establecía en el art. 381 la tipificación de conducción temeraria disponiendo que "el que condujere un vehículo a motor o un ciclomotor con temeridad manifiesta y pusiera en concreto peligro la vida o la integridad de las personas, será castigado con las penas de prisión de seis meses a dos años y privación del derecho a conducir vehículos a motor y ciclomotores por tiempo superior a uno y hasta seis años.", consolidando la evolución normativa.

No sería hasta el año 2003 con la LO 15/2003, de 25 de noviembre cuando se añadió el párrafo segundo del art. 381 del CP que estipulaba en el art. único, centésimo trigésimo cuarto: "En todo caso, se considerará que existe temeridad manifiesta y concreto peligro para la vida o la integridad de las personas en los casos de conducción bajo los efectos de bebidas alcohólicas con

---

140 LUZÓN PEÑA, D. M. (1990). *Derecho penal de la circulación* (2ª ed.). PPU. Págs. 243 y ss.

141 BOIX REIG, J., ORTS BERENGUER, E., & VIVES ANTÓN, T. S. (1989). *La reforma penal de 1989.* Tirant lo Blanch. Pág. 64.

142 Actualmente, la doctrina del TS va en otra dirección, ya que la reciente STS 251/2020, de 27 de mayo afirma que: "El conocimiento del peligro propio de una acción que supera el límite de riesgo permitido es suficiente para acreditar el carácter doloso del comportamiento, al permitir admitir el dolo cuando el autor somete a la víctima a situaciones peligrosas que no tiene seguridad de controlar, aunque no persigue el resultado típico. (STS 778/2017, de 30 de noviembre, y 597/2017, de 24 de julio)".

altas tasas de alcohol en sangre y con un exceso desproporcionado de velocidad respecto de los límites establecidos". Esta redacción tan poco rigurosa y abierta con expresiones como "altas tasas de alcohol en sangre" o "con un exceso desproporcionado de velocidad" se ganó la crítica de la mayor parte de la doctrina, llegándose a cuestionar la constitucionalidad del precepto[143].

La LO 15/2007, de 30 de noviembre incluye una modificación de importancia del CP, sobre todo en los delitos contra la seguridad vial –así pasaron a llamarse en sustitución de los delitos contra la seguridad del tráfico-, el Preámbulo enuncia claramente el objeto de la modificación: "el objetivo de definir con mayor rigor todos los delitos contra la seguridad del tráfico y los relacionados con la seguridad vial, evitando que determinadas conductas calificadas como de violencia vial puedan quedar impunes.".

La modificación del art. 381 CP, que pasa a ser el art. 380 CP[144], introduce un segundo párrafo más específico que el anterior, manteniendo la exigencia de un peligro concreto. En este nuevo párrafo, se clarifica lo que previamente se expresaba de forma más genérica y ambigua, como "altas tasas de alcohol en sangre" o "un exceso desproporcionado de velocidad", remitiéndose al art. 379 CP para aportar mayor concisión y seguridad jurídica. Aunque esta modificación logra delimitar con mayor claridad las tasas de alcohol y la velocidad, omite un aspecto fundamental, como es la influencia del alcohol, drogas tóxicas, estupefacientes y sustancias psicotrópicas en la

---

143 RODRÍGUEZ FERNÁNDEZ, I. (2006). *La conducción bajo la influencia de bebidas alcohólicas, drogas tóxicas, estupefacientes y sustancias psicotrópicas.* Granada: Comares. Pág. 24.

144 Art. 380.2 CP: "2. A los efectos del presente precepto se reputará manifiestamente temeraria la conducción en la que concurrieren las circunstancias previstas en el apartado primero y en el inciso segundo del apartado segundo del art. anterior".

conducción. En lo tocante a las penas se aumenta la de prisión un año, tanto su límite inferior como superior, y dobla la de multa, sin embargo, permanece inalterada la pena de privación del derecho a conducir vehículos a motor o ciclomotor.

Asimismo, cambia también la palabra "consciente" por "manifiesto" desprecio por la vida de los demás, tornándose en un parámetro más objetivo, no teniendo que medirse por indeterminadas instancias subjetivas del autor, sino por un juicio de experiencia, de tal forma que "manifiesto" significa patente, evidente y grave, atendiendo a la experiencia general y no conforme a la representación del conductor[145]. El término "manifiesto" es más acorde con la moderna concepción del dolo eventual[146] y, sobre todo, con mejores posibilidades de prueba en la práctica[147].

En el año 2010 se modifican algunos aspectos penológicos de los delitos contra la seguridad vial y, por lo que respecta a los delitos de conducción temeraria, se suprime el apartado tercero del art. 381, pasando a encuadrarse en un nuevo art. 385bis[148] CP, por lo que se supera el sistema en el que pre-

---

145 GONZÁLEZ CUSSAC, J. L., & VIDALES RODRÍGUEZ, C. (2008). Los nuevos delitos contra la Seguridad Vial. En C. Vidales Rodríguez, & A. Mera Redondo (coords), *Seguridad Vial*. Tirant lo Blanch. Pág. 213.

146 STS 566/2017, de 13 de julio: "considerado como el conocimiento del elevado peligro concreto que la conducta desarrollada entraña para el bien jurídico, pese a lo cual el autor lleva a cabo la ejecución asumiendo o aceptando así el probable resultado que pretende evitar la norma penal"

147 CARBONELL MATEU, J. C. (2008). La ley orgánica de reforma del CP en materia de seguridad vial: Un comentario de urgencia. En I. F. BENÍTEZ ORTÚZAR (Coord.), Reforma del CP. Respuestas para una sociedad del siglo XXI. Dykinson. Pág. 192.

148 Art. 385bis CP: "El vehículo a motor o ciclomotor utilizado en los hechos previstos en este Capítulo se considerará instrumento del

veía solo para el art. 381 CP el vehículo a motor o ciclomotor como instrumento del delito a los efectos de los artículos 127 y 128 del CP.

5.3. El peligro concreto

Como es la tónica habitual en los delitos contra la seguridad vial, el bien jurídico protegido es objeto de controversia entre los diferentes sectores doctrinales, aunque bien es cierto que concretamente el delito de conducción temeraria hace una mención expresa a la vida o integridad física de las personas, por lo que disipa en mayor medida las dudas al respecto.

Por un lado, se encuentran los que consideran que la seguridad vial como el bien jurídico protegido autónomo con respecto a los bienes jurídicos vida e integridad física de las personas[149]. Sin embargo, TAMARIT SUMALLA[150] sostiene que la seguridad vial más que el verdadero bien jurídico se trata del instrumento para proteger la vida o integridad física de las personas. En el mismo sentido se pronuncia la FGE en la Circular 10/2011 de 17 de noviembre, donde dice que la seguridad vial debe abordarse como "el conjunto de condiciones de seguridad garantizadas normativamente y orientadas a la tutela anticipada de los bienes jurídicos fundamentales, vida e integridad física de los participantes en el tráfico viario de una parte y, de

---

delito a los efectos de los arts. 127 y 128". Nótese la STS 8/2025, de 16 de enero, sobre el posible comiso del vehículo como instrumento del delito y las circunstancias que deben tenerse en cuenta para ello

149 CORCOY BIDASOLO, M. (1999). *Delitos de peligro y protección de bienes jurídico-penales supraindividuales.* Tirant lo Blanch. Pág. 226 y ss.

150 TAMARIT SUMALLA, J. M. (2001). Delitos contra la seguridad en el tráfico. En G. QUINTERO OLIVARES, *Comentarios al nuevo Código Penal.* (2ª ed.), Aranzadi. Pág. 1761.

otra parte, a que ejerzan sus derechos fundamentales a la movilidad y libertad deambulatoria en un entorno seguro."

Este delito a diferencia del resto contra la seguridad vial menciona de manera explícita cómo ha de concebirse el tipo de peligro para la perfección: concreto. A pesar de esto, de una parte, están los que consideran que, aunque la redacción literal del delito diga "concreto peligro", se trata de un delito de peligro común o general ya que el peligro recae sobre una colectividad indeterminada de personas[151].

Siguiendo esta misma interpretación, el tenor literal del art. dice "...pusiere en concreto peligro la vida o la integridad de las *personas*", lo cual no quiere decir que tenga que haber una variedad de personas en peligro para que se cometa el delito, ya que es suficiente con que se haya puesto en peligro a una sola, no en el sentido de número singular del término, sino en cuanto a que esa persona representa al colectivo de usuarios del tráfico que ven reducida su seguridad en su conjunto debido al comportamiento del conductor temerario[152]. En definitiva, solo entrarían en esta catalogación de peligro cuando las personas puestas en peligro pudieran considerarse representantes de una colectividad. Esta afirmación se colige de la

---

151 MUÑOZ RUIZ, J. (2013). *El delito de conducción temeraria: análisis dogmático y jurisprudencial.* Dykinson. Pág. 37. La autora afirma que se trata de delitos de peligro común o general, ya que "afectan a una colectividad indeterminada de personas, y tienen por objeto la tutela de la seguridad del tráfico, parcela o dimensión de la genérica seguridad colectiva", pues el CP referencia de manera explícita términos amplios como "vida o integridad física", "de las personas", "consciente desprecio por la vida de los demás" y "grave riesgo para la circulación". En el mismo sentido GORDILLO ALVAREZ-VALDÉS, I. (2021). *De los delitos contra la seguridad vial.* En C. LAMARCA PÉREZ, Derecho Penal Parte Especial. Dykinson. Pág. 504.

152 RODRÍGUEZ MONTAÑÉS, T. (1994). *Delitos de peligro, dolo e imprudencia.* Rubinzal-Culzoni. Pág. 17.

incardinación de estos delitos en el Título XII "De los delitos contra la seguridad colectiva", y, específicamente, de la seguridad vial del Capítulo IV y referendo del TC[153].

En el mismo sentido ESCRIVA GREGORI dice que los delitos de peligro común generan un riesgo para un conjunto de personas o cosas indeterminadas, o que aun afectando a una sola persona o cosa sea parte de una generalidad determinada[154]. Sin embargo, esta catalogación de delito de peligro común no es sostenida por MUÑOZ CONDE, ya quc considera que el delito de conducción temeraria es un delito de peligro concreto para bienes jurídicos individuales[155].

Para CEREZO MIR en los delitos de peligro concreto el peligro del bien jurídico es un elemento del tipo, así pues, el delito queda sólo consumado cuando efectivamente se ha consumado el peligro del bien jurídico[156]. Según BACIGALUPO los delitos de peligro abstracto son los que según la forma de

---

153 STC 161/1997, de 2 de octubre. FG 10°. "Como se desprende de la rúbrica del capítulo en el que se inscribe -delitos contra la seguridad del tráfico-, de la caracterización como «conductor» de su sujeto activo y de la naturaleza de la conducta que las pruebas a las que se refiere trata de verificar –conducción de un vehículo a motor– no cabe duda de que la de protección de la seguridad en el tráfico rodado forma parte de las finalidades esenciales del art. 380 CP. La propia expresión de esta finalidad inmediata lleva a la constatación de otra mediata: el riesgo que se trata de evitar –la seguridad que se trata de proteger– lo es fundamentalmente para «la vida o la integridad de las personas» (art. 381), bienes que se integran así en el ámbito de protección de la norma".

154 ESCRIVA GREGORI, J. M. (1976). *La puesta en peligro de bienes jurídicos en Derecho penal.* Bosch. Pág. 67 y ss.

155 MUÑOZ CONDE, F. (2017). *Derecho Penal. Parte Especial* (21ª ed.). España: Tirant lo Blanch. Pág. 607.

156 CEREZO MIR, J. (2002). Los delitos de peligro abstracto en el ámbito del Derecho Penal de riesgo. *Revista de Derecho Penal y Criminología.* (10). Pág. 48.

realizarse y conforme a la experiencia general encarna en sí misma un peligro para el objeto protegido, por eso en los delitos de peligro abstracto es suficiente con la comprobación de la acción. Continúa el autor exponiendo que se trataría de peligro concreto cuando se requiere realmente la posibilidad de la lesión[157].

Conforme a lo expresado por FEIJOO SÁNCHEZ acerca del intento de un conductor de saltarse un control policial debiendo los agentes apartarse para evitar ser atropellados, habría que recurrir a otro tipo de figuras imperfectas de homicidio o lesiones, siempre y cuando haya dolo o imprudencia, ya que los agentes no representan a una colectividad del tráfico[158].

Esta consideración resulta plenamente válida al analizar casos concretos, en tanto que los agentes de la autoridad, en el ejercicio de sus funciones, son también usuarios de la vía y, como tales, deben ser objeto de protección conforme a la LSV. Además, desempeñan una función esencial en la protección de la seguridad vial, la cual se ve comprometida cuando son atacados debido a su rol de vigilancia y control del tráfico, sin perjuicio de que, si se materializa un resultado de riesgo, se actúe conforme al art. 382 CP. A este respecto, la STS 5/2024, de 10 de enero, ratificó la condena impuesta a un individuo por el delito del art. 380 CP, entre otros delitos, por haber huido de los agentes realizando una "brusca maniobra de evasión que golpeó la mano del agente, obligándolo a desplazarse para evitar ser atropellado".

El delito del art. 380 CP en su propia definición contiene como elemento del tipo la ocasión de un peligro concreto, re-

---

157 BACIGALUPO ZAPATER, E. (1999). *Derecho Penal. Parte General.* (2ª ed.). Editorial Hammurabi SRL. Pág. 239.

158 FEIJOO SÁNCHEZ, B. (1999). Seguridad del tráfico y resultado de peligro concreto. *La Ley*, Pág. 3.

quiriéndose desde una posición *ex post* la constatación de un peligro para los bienes protegidos, motivo por el cual parte de la doctrina los considera delitos de resultado de peligro diferenciándolos de los de mera conducta peligrosa[159], correspondiendo al juzgador el juicio de peligrosidad.

Existe cierta discrepancia doctrinal sobre el momento de consumación de los delitos de peligro concreto, sin embargo, hay otros puntos donde el consenso es mayor, por ejemplo, que se pongan en peligro bienes de un solo titular o existencia de un peligro real para persona distinta al sujeto activo del delito mostrando el accidente como inmediato. Es decisivo que se individualice ese peligro concreto, no siendo suficientes consideraciones generalistas de peligro, extremo este constatado en la STS 877/1999 de 2 de junio[160] que califica ese peligro concreto de causar la muerte o lesiones como "próximo y cierto".

Este peligro concreto, además de concurrir la ausencia de un control seguro sobre el riesgo, en tanto que la lesión queda al albur de un curso causal incontrolable[161], debe ser real y cierto no bastando con la mera suposición o en circunstancias

---

159 GARCÍA RIVAS, N. (1998). *Delito ecológico. Estructura y aplicación judicial.* Praxis. Pág. 50 y ss.

160 STS 877/1999, de 2 de junio (Roj: STS 3869/1999–ECLI:ES:TS:1999:3869). Ante el caso de un abuelo que paseando a su nieta en un cochecito tuvo que sacar apresuradamente a la niña del cochecito frente al inminente atropello por un coche que huía a gran velocidad. "Hubo un concreto peligro de causar la muerte o lesiones graves a la niña que iba en el cochecito luego atropellado, tan próximo y cierto que muy probablemente se hubiera producido uno u otro resultado si el abuelo que la guardaba no hubiera actuado con tanta diligencia".

161 SANZ-DIEZ DE ULZURRUM LLUCH, M. (2013). Conducción manifiestamente temeraria. En M. GUTIERREZ RODRÍGUEZ (Coord.), *Protección penal de la seguridad vial* (2ª ed.). Tirant lo Blanch. Págs. 172-173.

distintas a las que ocurren los hechos, sino que debe existir un peligro concreto para la vida o integridad física de las personas, ya que de no ser así se estaría convirtiendo en un delito de peligro abstracto y con ello no se estaría a lo dispuesto en lo preceptuado en los artículos 380 y 381 CP. Así pues, la STS 341/1998 de 5 de marzo es ciertamente confusa o, al menos, adolece de parquedad en su fundamentación jurídica al entender en el Fundamento Jurídico Tercero como conducción temeraria, aun sin poner en peligro concreto la vida o integridad física de las personas, haciendo un juicio hipotético para atribuir el resultado de peligro[162]. Al tratarse de un delito de peligro no es *conditio sine qua non* que el riesgo provocado llegue a producirse, ya sea en forma de lesión u homicidio, pues en caso de materializarse nos llevaría a un concurso de delitos entre el peligro y los de lesión u homicidio, resolviéndose conforme el art. 382 CP[163].

En una ejemplar sistematización, ALCÁCER GUIRAO[164] enumera las características esenciales del resultado de peligro concreto: 1) Existencia de una o varias personas que se hallen

---

162 STS 341/1998, de 5 de marzo. "Finalmente, la colisión fue con un vehículo parado y por ello los daños no fueron cuantiosos, pero podía haber ocurrido contra un motorista, ciclista o peatón. En todo caso, por tratarse de tan temeraria circulación en horas de fuerte densidad del tráfico, resulta evidente que se puso en peligro la vida o la integridad de los demás conductores o peatones."
Resulta conveniente remitirse a los antecedentes de hecho para obtener una visión completa de lo ocurrido y advertir que, en realidad, sí existió un peligro concreto para el conductor que se encontraba detenido con intención de reanudar la marcha y contra cuyo vehículo impactó el del acusado.

163 SANZ-DIEZ DE ULZURRUM LLUCH, M. (2013). Conducción manifiestamente temeraria. En M. GUTIERREZ RODRÍGUEZ, *Protección penal de la seguridad vial* (2ª ed.) Tirant lo Blanch. Pág. 170.

164 ALCÁCER GUIRAO, R. (2004). Embriaguez, temeridad y peligro para la seguridad del tráfico. *La Ley Digital* (10), Pág. 4.

en el ámbito de eficacia causal de la acción peligrosa; 2) que el agente ya no pueda ejercer un control seguro del riesgo en cuanto ha trascendido su esfera de dominio; 3) inminencia en la producción del resultado lesivo cuya ausencia sólo pueda explicarse por el azar, esto es, por causas *ex ante* imprevisibles. Muy resumidamente, el peligro concreto es el último peldaño del riesgo previo a la lesión.

En ocasiones puede darse el caso de que la evitación de peligro concreto de lesión o de muerte es consecuencia de la pericia, habilidad o alguna acción llevada a cabo por la víctima y, sin embargo, el delito se comete. Un ejemplo de ello es el que nos muestra la SAP de Barcelona sec. 5.ª1040/2015 de 14 de diciembre que considera acreditada la situación de peligro concreto cuando se puso en riesgo la integridad física de un agente ocupante del vehículo radar debiendo hacer una maniobra brusca, y la de un motorista que sin llegar a caer al suelo perdió el equilibrio, ambos como consecuencia de la temeraria conducción del acusado. En definitiva, se trata de que si el riesgo concreto exigido no llega a producirse o si el autor solo pone en peligro su propia vida no habría delito[165], ya que habría que reconducirlos al delito del art. 379 CP o al ámbito administrativo[166].

5.3.1. Acompañantes del conductor

Cuando nos referimos a que es solo el conductor el que pone en peligro su vida debemos tomar en consideración el papel que juegan los acompañantes para completar el tipo

---

165 ORTS BERENGUER, E. (2016). Delitos contra la seguridad colectiva (y III): Delitos contra la seguridad vial. En J. L. GONZÁLEZ CUSSAC, *Derecho Penal Especial* (6ª ed.) Tirant lo Blanch. Pág. 634.

166 LSV. Art. 77: "Son infracciones muy graves, cuando no sean constitutivas de delito, las conductas tipificadas en esta ley referidas a: e) Conducción temeraria".

penal respecto a la existencia de concreto peligro en la conducción. A este respecto la FGE se pronunció en la Consulta 1/2006, de 21 de abril, sobre la calificación jurídico-penal de la conducción de vehículos de motor a velocidad extremadamente elevada, extendiendo el peligro típico a los acompañantes considerándolos sujetos pasivos salvo que hubiesen tenido una participación en el delito como inductores o cooperadores necesarios. Ello lo argumenta en el dominio de la acción que tiene el conductor, apartándolo de razonamientos de eficacia supralegal del consentimiento y del principio de auto-puesta en peligro[167].

Aunque se trata de un tema controvertido en la doctrina, es fundamental distinguir entre las distintas situaciones para otorgarles el tratamiento jurídico adecuado:

1) Los que asumen o consienten esa situación de peligro para su vida o integridad física.

La FGE en respuesta a la Consulta 1/2006, de 21 de abril, sobre la calificación jurídico-penal de la conducción de vehículos de motor a velocidad extremadamente elevada –recordemos que así era la anterior redacción del tipo–, y algún sector de la doctrina entienden que en este caso nos encontramos

---

167 STS 1464/2005, de 17 de noviembre (Roj: STS 7590/2005–ECLI:ES:TS:2005:7590) "Según el *factum* el acusado no sólo produce el fallecimiento de su acompañante mediante una conducta indudablemente típica art. 384.1 C.P., sino que previamente había puesto en peligro la vida de otras personas mediante dicha conducción manifiestamente temeraria con consciente desprecio por la vida de las mismas. El hecho de que el fallecido asuma el peligro no significa que el total dominio de la acción deje de corresponder al acusado". Nótese que el tribunal hace referencia al art. 384.1 de aquel entonces y que se corresponde con el art. 381 CP actual.

ante una conducta atípica[168], bien en consideración a la eficacia supralegal del consentimiento o por el principio de la autopuesta en peligro como criterio de la imputación objetiva. En esta misma posición se encuentra FEIJOO SÁNCHEZ[169] ya que considera que no se le puede achacar esa puesta en peligro como elemento del tipo a la misma persona que ha decidido consentir el peligro, por lo que faltaría ese elemento para poder imputar y perfeccionar el tipo delictivo, pues el titular de los bienes jurídicos debe tener una competencia preferente con respecto a la protección de éstos, en definitiva, faltaría un elemento del tipo que no se le puede imputar al autor.

Otro sector doctrinal, entre los que se encuentra ORTS BERENGUER[170] estima que consentir el riesgo no exime al conductor del delito de homicidio imprudente si ocurriese un accidente que le costara la vida al acompañante. Esta tesis es sostenida en la precitada STS 1464/2005, de 17 de noviembre.

Aunque los acompañantes hubieran prestado su consentimiento, ya fuera de forma expresa o tácita, dicho consentimiento carecería de relevancia penal en el contexto del delito de conducción temeraria. Aceptar un riesgo cuando se tiene control directo sobre la situación constituye una circunstancia distinta de aquella en la que el peligro es generado por un tercero, confiando en su comportamiento. En este segundo caso, la asunción del riesgo carece de la misma entidad desde

---

168 TAMARIT SUMALLA, J. M. (2001). Delitos contra la seguridad en el tráfico. En G. QUINTERO OLIVARES, *Comentarios al nuevo Código Penal.* (2ª ed.). Aranzadi. Pág. 1458.

169 FEIJOO SÁNCHEZ, B. J. (mayo-agosto de 2000). Cuestiones básicas de los delitos de peligro abstracto y concreto en relación con el tránsito. *Revista Ibero-Americana de Ciencias Penais* (Núm. 0), Pág. 171.

170 ORTS BERENGUER, E. (2019). Delitos contra la seguridad colectiva (y III): Delitos contra la seguridad vial. En J. L. GONZÁLEZ CUSSAC, *Derecho Penal Especial* (6ª ed., pág. 634). Tirant lo Blanch.

el punto de vista jurídico. En este sentido, el conductor temerario podría interpretar el consentimiento como una especie de "licencia" para actuar de forma imprudente, lo que no puede hacer que la acción se considere atípica, sobre todo cuando está en juego la seguridad de otras personas. En la misma dirección de tipicidad opina MORILLAS CUEVA, por considerar irrelevante el consentimiento por entender que este delito protege un bien jurídico de naturaleza colectiva y, como tal, indisponible[171].

Salvando las distancias, se podría establecer una analogía con lo dispuesto en el art. 143 CP sobre el suicidio como ejemplo de indisposición de un bien jurídico como es la vida, ya que inducir o cooperar con actos necesarios para el suicidio de una persona, aunque esa persona preste su consentimiento de una manera "expresa, seria e inequívoca" para que le quiten la vida, está penado. En el caso de que sufriera un "padecimiento grave, crónico e imposibilitante o una enfermedad grave e incurable, con sufrimientos físicos o psíquicos constantes e insoportables" la pena sería inferior en uno o dos grados. Sin embargo, no incurriría en responsabilidad penal si actúa conforme a la LO reguladora de la eutanasia.

Trato similar ocurre en cuando hablamos del consentimiento en los casos de aborto del art. 145 CP, es decir, cuando hay un consentimiento válido se produce de una forma u otra una disminución de la pena. Todo ello sin perjuicio de la aplicación concursal del art. 382 CP. De igual modo es a efectos de la comisión de un delito de lesiones, ya que el propio art. 155 CP preceptúa que "si ha mediado el consentimiento válida, libre, espontánea y expresamente emitido del ofendido, se impondrá la pena inferior en uno o dos grados" salvo consentimiento dado por menores o con discapacidad.

---

[171] MORILLAS CUEVA, L. (2010). *Derecho Penal. Parte General. Fundamentos conceptuales y metodológicos.* Ley Penal. Pág. 207.

La SAP de Madrid 62/2011 de 15 de febrero se pronuncia considerando que existe peligro concreto aun cuando el acompañante se pone en una situación de peligro, aunque en este caso se trata de un acompañante poco ortodoxo, ya que es uno que se sitúa encima del capó del coche sujetándose con sus propias manos a la carrocería del vehículo[172].

La STS 690/2019, de 11 marzo[173] trata el asunto de la autopuesta en peligro –la víctima se pone a sí misma en la situación

---

172 SAP Madrid 62/2011, de 15 de febrero: "Teniendo en cuenta lo anterior, no deja de sorprender que no se advierta un peligro concreto y constatable para la vida o la integridad física de las personas cuando se ha conducido un vehículo llevando sobre el capó a una persona, pues por muy reducida que fuese la velocidad lo cierto es que tal actuación no sólo entraña un peligro concreto para la persona que va únicamente sujeta por sus manos sobre la carrocería de algo tan potencialmente peligroso como es un vehículo en circulación, sino que también constituye un peligro para el resto de los usuarios que circulan por la misma vía que un conductor que tiene una visibilidad absolutamente reducida al llevar sobre el capó de su vehículo el cuerpo de otra persona. Y la concreción del peligro en este caso materializado con unos resultados lesivos y de daños, no pudo ser más evidente cuando en esas condiciones se invadió el carril contrario y se provocó la caída de la persona que ocupaba tan irregular posición en un vehículo, con independencia de cual fuera el alcance de las lesiones o la entidad de los daños"

173 STS 690/2019, de 11 marzo: "Sectores doctrinales sostienen que tanto la cooperación a la autopuesta en peligro, como la heteropuesta en peligro consentida, excluyen la responsabilidad del tercero. Consideran que el resultado lesivo es plenamente atribuible al ámbito de responsabilidad de la víctima, no solo cuando un tercero facilita que aquella se autolesione, sino también cuando la lesión surge de una actividad de riesgo desarrollada por un tercero con el consentimiento de la víctima, siempre que: la actividad se organice con ella; la víctima sea autorresponsable; y el tercero no tenga un especial deber de protección respecto de los bienes de la víctima que resulten afectados".

de riesgo de la que deriva el resultado previsto por la norma–, y la heteropuesta en peligro –la víctima asume la situación de peligro creada por otro–, marcando una diferenciación entre una y otra, y decantándose por la penalización de la denominada heteropuesta en peligro, aunque sostiene que esta puede equivaler a la autopuesta en peligro, normalmente impune, siempre que concurran estas circunstancias que desligan la responsabilidad del autor con la del propio lesionado: "a) Que la víctima tenga un adecuado conocimiento del riesgo; b) Que consienta en la acción arriesgada causante del daño, sin venir tampoco impulsado por una marcada incitación del autor; c) Que el daño sea consecuencia del riesgo asumido, sin añadirse otros descuidos del ejecutante; y d) Que la víctima, hasta el momento del completo descontrol del riesgo, haya podido dominarlo de una manera equivalente al autor mismo"[174]. Añade una circunstancia más CADENA SERRANO al incluir la de que

"...por más que en aquellos la víctima preste su consentimiento a involucrarse en la actividad finalmente lesiva, es evidente que el lesionado no desencadena por sí mismo el proceso de riesgo que tendrá después un desarrollo imprevisible, ni en la mayor parte de las ocasiones podrá evaluar el riesgo en toda su dimensión, ni tampoco controlarlo o cancelarlo después, de modo que el individuo transfiere al tercero toda la capacidad para dominar o desistir de la situación. La persona que accede a viajar como acompañante en un automóvil que va a ser conducido por quien sabe que ha hecho una relevante ingesta de bebidas alcohólicas, ni alcanza el mismo grado de percepción sobre la afectación psicomotriz que tiene el piloto, ni en la mayor parte de las ocasiones puede poner término a la situación de riesgo o llegar a conocer la maniobra arriesgada que el conductor puede adoptar de manera súbita e inopinada, bien por abordar un adelantamiento sin visibilidad o con apurado espacio, bien por no rebajar la velocidad en el momento preciso en el que el conductor aborda una curva más pronunciada".

174 En el mismo sentido la STS 528/2011, de 6 junio.

el autor no posea la posición de garante respecto de la víctima, ya que en ese caso no quedaría excluida su responsabilidad[175].

2) Los que se oponen a esa situación de peligro que el conductor les está sometiendo.

Quizá este apartado sea es más obvio a la hora de decantarnos por la existencia del peligro concreto, y así lo sostienen tanto SERRANO GÓMEZ y SERRANO MAILLO[176] como ALCÁCER GUIRAO[177] al entender que el riesgo ocasionado también atañe a los acompañantes sin que haya razones para excluirlos, pues si se entiende la seguridad del tráfico como contexto social de ordenación del que emanan diversos y determinados riesgos para la vida y la integridad física de las personas, estarían amparados por el precepto.

Esa falta de consentimiento por parte de los acompañantes que piden al conductor que cese la conducción peligrosa que puede poner en riesgo su vida o integridad física y, sin embargo el conductor desatiende o rechaza, podría producir no solo la comisión de un delito de conducción temeraria, sino que entraría en concurso con otro tipo de delitos como el de coacciones o detención ilegal[178]. La SAP de Soria 65/2003 de 14 de noviembre, ratifica la condena por delito de conducción

---

175 CADENA SERRANO, F. Á. (2020). Heteropuesta en peligro consentida. *Diario La Ley*(13829/2020). Pág. 18.

176 SERRANO GÓMEZ, A., & SERRANO MAÍLLO, A. (2011). *Derecho Penal Parte Especial.* Dykinson. Pág. 749.

177 ALCÁCER GUIRAO, R. (2004). Embriaguez, temeridad y peligro para la seguridad del tráfico. *La Ley Digital* (10), Pág. 7.

178 LAMARCA PÉREZ, C. (2011). Delitos contra la seguridad vial. En C. LAMARCA PÉREZ (Coord.), *Derecho Penal Parte Especial.* Dykinson. Pág. 580; SERRANO GÓMEZ, A., & SERRANO MAÍLLO, A. (2011). Derecho Penal Parte Especial. Dykinson. Pág. 750.

temeraria en la que ha habido el consentimiento previo de los ocupantes del vehículo, pero que posteriormente lo retiran llegando incluso a rogar "histéricamente" al conductor que redujese la velocidad y que parase el vehículo[179].

c) Los acompañantes incitan al conductor a realizar la conducción temeraria.

Este sería un claro ejemplo de participación delictiva del art. 28 CP[180], por lo que nadie puede ser a un tiempo responsable por inducción y víctima de un mismo delito[181].

5.4. *Temeridad manifiesta*

El art. 380 CP preceptúa como uno de los elementos que constituyen el tipo que la conducción sea con "temeridad manifiesta". Para hacer una interpretación de estas palabras nada más lógico que acudir al significado que da el DRAE a cada

---

179 La SAP de Soria de 14 de noviembre de 2003. "Todos ellos manifestaron en el acto del juicio oral que el vehículo automóvil conducido por el acusado circulaba a una velocidad excesiva (muy superior a 50 kms/h), e incluso el ocupante del turismo relató como él mismo y la propia víctima mortal del accidente pidieron al acusado hasta en dos ocasiones que no condujera tan deprisa y que detuviera el vehículo, y como los dos estaban nerviosos por la forma de conducir del acusado y por la velocidad a la que circulaba el citado vehículo turismo".

180 Art. 28 CP: "Son autores quienes realizan el hecho por sí solos, conjuntamente o por medio de otro del que se sirven como instrumento. También serán considerados autores: a) Los que inducen directamente a otro u otros a ejecutarlo. b) Los que cooperan a su ejecución con un acto sin el cual no se habría efectuado".

181 GARCÍA ALBERO, R. (2007). La nueva política criminal de la seguridad vial. Reflexiones a propósito de la LO 15/2007, de 30 de noviembre, y del Proyecto de Reforma del Código Penal. *Revista Electrónica de Ciencia Penal y Criminología* (09-11), Págs. 11-14

una de esas palabras. Por un lado, define temeridad con tres acepciones: "1. Cualidad de temerario. 2. Acción temeraria. 3. Juicio temerario." Asimismo, temerario lo define como: "Dicho de una persona: Excesivamente imprudente arrostrando peligros." Por lo que respecta a la definición de "manifiesta" la define en la acepción primera como: "Descubierto, patente, claro." En palabras de COBOS GÓMEZ DE LINARES[182] los que tienen un comportamiento temerario ponen en peligro los intereses o bienes de los demás, aunque implique arriesgar su propia indemnidad.

Dicho esto, el problema puede radicar en cuál es el criterio se debe seguir para poder considerar que nos encontramos ante una conducción manifiestamente temeraria, es decir si nos debemos ceñir al significado literal de las palabras, tener como referencia la normativa administrativa reflejándose en el delito la conducta llevada al extremo administrativo o, por el contrario, considerar que se trata de una conducta totalmente independiente y ajena a la interpretación de la normativa administrativa que es castigada como infracción muy grave en el art. 77. e) de la LSV (Conducción temeraria).

Conforme a la STS 561/2002, de 1 de abril[183] conduce temerariamente el que infringe más gravemente las normas de

182 COBOS GÓMEZ DE LINARES, M. Á. (1999). *Derecho Penal. Parte Especial III.* Servicio de Publicaciones de la Facultad de Derecho de la Universidad Complutense de Madrid. Pág. 261.

183 STS 561/2002 de 1 de abril. "La conducción temeraria es, en principio, un ilícito administrativo que el art. 65.5.2.c) de la Ley de tráfico, circulación de vehículos a motor y seguridad vial tipifica como infracción muy grave. No obstante, cuando la temeridad es manifiesta, es decir, patente, clara y con ella se pone en concreto peligro la vida o la integridad de las personas, el ilícito se convierte en penal y da lugar al delito previsto en el art. 381 CP. Conduce temerariamente un vehículo de motor quien incurre en la más grave infracción de las normas de cuidado formalizadas en la Ley de tráfico, circulación

cuidado de la LSV, por lo que *a priori* la conducta que integra el delito e infracción administrativa es la misma, observando como diferencia entre ambas que la temeridad debe ser notoria o evidente para el ciudadano medio, generando un peligro concreto para la vida o integridad física de personas, distintas del conductor temerario.

Al tratarse de una definición subjetiva de un elemento fundamental del injusto, MUÑOZ CONDE[184] piensa que la infracción clara de las reglas de la LSV puede ser un indicio, aunque quizá no sea suficiente para calificar la conducción de manifiestamente temeraria. En la línea de interpretación del desvalor objetivo de la acción CONDE-PUMPIDO FERREIRO[185] dice que la temeridad solo puede ser apreciada por el juzgador, determinando delictiva la conducción que su experiencia admita como tal.

Le temeridad debe configurarse como un elemento objetivo del tipo, por lo que no es necesario hacer mención a la culpabilidad a efectos de aplicación siendo suficiente verificar si la conducta ha sido objetivamente temeraria por conculcar

---

de vehículos a motor y seguridad vial. Siendo así, la temeridad que integra la infracción administrativa es, en principio, la misma que la que integra el delito. La diferencia entre una y otro está en que en el delito la temeridad es notoria o evidente para el ciudadano medio y, además, crea un peligro efectivo, constatable, para la vida o la integridad física de personas identificadas o concretas, distintas del conductor temerario". Nótese que la referencia al ilícito administrativo se corresponde con el actual art. 77.e) LSV.

184 MUÑOZ CONDE, F. (2019). *Derecho Penal. Parte Especial.* (22ª ed.). Tirant lo Blanch. Pág. 636.

185 CONDE-PUMPIDO FERREIRO, C. (2004). *Contestaciones de Derecho Penal al programa de judicatura. Parte Especial.* Constitución y Leyes (Colex). Pág. 384.

las más elementales normas de cuidado, por este motivo no sería correcto unir el concepto temeridad con imprudencia[186].

No obstante, la STS 7784/2009 de 4 de diciembre, sí que asocia ambos conceptos, o más bien los entremezcla, ya que dice que temeridad significa "imprudencia en grado extremo, pero también osadía, atrevimiento, audacia, irreflexión, términos compatibles con el llamado dolo eventual[187]. Es lo contrario a la prudencia o la sensatez" Sirva como ejemplo esta sentencia la identificación de la temeridad con la imprudencia grave o temeraria acuñada en el CP de 1973[188], pero no se debe interpretar como un delito imprudente o culposo, ya

186 GUANES NICOLI, M. (2012). *El delito de conducción temeraria. Análisis de la situación jurisprudencial.* Editorial Universitaria Ramón Areces. Pág. 63.

187 En la STS 1019/2010 de 2 de noviembre, el tribunal afirma que el delito del art. 381 CP: ""es concebido en la doctrina como tentativa de homicidio con dolo eventual al estimarse que el "manifiesto desprecio" supone una objetivación del dolo basada en el alto nivel de riesgo que genera la conducta, de tal modo que no se puede alegar que se esperaba o se confiaba de forma racional en que no se produjera el resultado. el legislador ha optado por una solución tipificadora unitaria de todas aquellas conductas arriesgadas en el ámbito de la circulación de vehículos que pongan en concreto peligro la vida e integridad física de otro de tal forma que la totalidad de los riesgos generados, independientemente del número de personas que hayan sido expuestas a riesgo, encuentran una retribución penológica única a partir de las consecuencias sancionadoras previstas en el precepto penal indicado, el art. 381.1 del Código penal ...".

188 Decreto 3096/1973, de 14 de septiembre, por el que se publica el CP, texto refundido conforme a la Ley 44/1971, de 15 de noviembre. (1973). BOE Núm 297. Art. 565: "El que por imprudencia temeraria ejecutare un hecho que, si mediare malicia, constituiría delito, será castigado con la pena de prisión menor".

que es un delito doloso de peligro que no se confunde con los delitos imprudentes de lesión[189].

Por ello, el indicador con el que deben medirse las conductas de los conductores es conforme al conjunto de normas administrativas que regulan la seguridad vial, esto es, el deber de cuidado[190], así cuando se dice que constituye una conducción temeraria se habla del quebrantamiento de las normas más elementales de la *lex artis*[191]. Ello significa que no es suficiente la mera infracción administrativa, sino que tendrán que tenerse en cuenta todas las circunstancias externas que pueden constituir esa conducción temeraria, por ejemplo las atmosféricas, estado de la vía, presencia de peatones o de otros vehículos, etc[192]. Esta opinión es apoyada por la ATS 8698/2001 de 3 de mayo[193].

Como hemos dicho, una conducción con temeridad manifiesta requiere no solo la mera infracción a la LSV, sino que además habrá que atender al contexto o circunstancias exteriores en el que se produce la conducción, es más MARTÍNEZ ASEN-

---

189 SANZ-DIEZ DE ULZURRUM LLUCH, M. (2013). Conducción manifiestamente temeraria. En M. GUTIERREZ RODRÍGUEZ, *Protección penal de la seguridad vial* (2ª ed.). Tirant lo Blanch. Pág. 143.

190 MORILLAS CUEVA, L., & SUÁREZ LÓPEZ, J. M. (2007). Tratamiento penal de la conducción temeraria. En L. MORILLAS CUEVA (Coord.), *Delincuencia en materia de tráfico y seguridad vial: aspectos penales, civiles y procesales.* Dykinson. Pág. 308.

191 MORENO ALCÁZAR, M. Á. (2003). *Los delitos de conducción temeraria.* Tirant lo Blanch. Pág. 86.

192 TAMARIT SUMALLA, J. M. (2001). Delitos contra la seguridad en el tráfico. En G. QUINTERO OLIVARES, *Comentarios al nuevo Código Penal.* (2ª ed.) Aranzadi. Pág. 1769.

193 ATS 8698/2001. "Conforme criterio constante de esta Sala (STS 26 y 27/9/00) para juzgar una conducción como temeraria habrá que tener presente el comportamiento del autor en relación con el conjunto de factores externos; comportamiento que exige la presencia de un dolo de peligro concreto".

SIO reflexiona que tampoco puede confundirse con un error o puntual infracción administrativa, sino que requiere una cierta continuidad y perseverancia en la comisión de múltiples infracciones administrativas[194]. En el mismo sentido se pronuncia la Audiencia Provincial de Madrid en SAP 550/2010 de 13 de septiembre cuando absuelve del delito de conducción temeraria del art. 381 CP por traspasar un semáforo en rojo y ocasionar la muerte de una persona por considerar que se trata de "un dato y hecho puntual", sin embargo condena por el delito de homicidio imprudente al considerar ese mismo hecho puntual como vulnerador, por llevar a cabo una conducta claramente alteradora de las normas elementales de la circulación, plena conciencia y con gran velocidad[195].

La utilización del término "manifiesta" junto al de "temeridad" puede considerarse redundante e innecesaria. Es posible

---

194 MARTÍNEZ ASENSIO, G. (2010). El delito de conducción temeraria. Un análisis de la jurisprudencia reciente. En M. OLMEDO CARDENETE, & C. ARÁNGUEZ SÁNCHEZ (Coords), *Protección penal de la seguridad vial.* Editorial Alea Blanca. Pág. 79.

195 SAP 550/2010 de 13 de septiembre de 2010 (Roj: SAP M 14235/2010–ECLI:ES: APM:2010:14235): "Lo que se recoge en los hechos probados es un dato y hecho puntual y es que el conductor acusado traspasó el semáforo en rojo. El delito de conducción temeraria castiga a quien conduce un vehículo a motor o ciclomotor con temeridad manifiesta y pone en concreto peligro la vida de las personas. El concepto de temeridad manifiesta ha sido objeto de interpretación por la jurisprudencia y en general se asimila a una conducción absolutamente contraria a elementales normas del tráfico y en situaciones de cierta continuidad tales como conducir durante varios metros por la acera a gran velocidad, conducir haciendo zigzag entre los vehículos. En el presente caso lo único acreditado, y de donde no podemos movernos por imperio del criterio constitucional, es de una situación concreta de saltarse un semáforo en rojo, que difícilmente puede integrar el tipo penal del art. 381 del C. Penal conforme recuerdan Sentencias del TS de 3.3.98 ; de 27.9.00; de 29.11.01".

que con dicha redacción se pretendiera introducir un matiz de mayor peligrosidad con el fin de distinguir esta conducta del ámbito de la infracción administrativa por conducción temeraria. Sin embargo, resulta difícil justificar la existencia de una temeridad —ya sea administrativa o penal— que no sea manifiesta y que, por ello, pudiera quedar excluida de sanción. En sí misma, la temeridad ya implica un comportamiento excesivamente peligroso. Así, este exceso de formulación en los elementos objetivos del delito podría generar confusión o desviar la atención de los verdaderos componentes del tipo penal: la temeridad y el peligro concreto.

Tomando el ejemplo que nos pone MORENO ALCÁZAR[196] acerca de una conducción temeraria, puede afirmarse que, aunque se trate de un supuesto teórico de compleja acreditación probatoria, resulta ilustrativo para delimitar los conceptos de temeridad y manifiesta, así como su eventual calificación delictiva. El autor describe el caso de un vehículo que circula a 50 kilómetros por hora por una gran avenida con tráfico denso, numerosos cruces y pasos de peatones regulados por semáforos que el conductor respeta en fase verde. Si únicamente se valoraran estos elementos, nada indicaría la existencia de una conducta penalmente relevante. No obstante, el análisis cambia si se añade que el vehículo circulaba sin frenos y que su conductor era plenamente consciente de ello, supuesto en el que cabría afirmar, de forma generalizada, la existencia de una conducta típicamente temeraria.

Este ejemplo permite concluir que, si bien la conducción descrita respetaba todas las normas de circulación observables por los demás usuarios de la vía —es decir, era "manifiestamente" correcta desde una perspectiva externa—, concurría sin

---

196 MORENO ALCÁZAR, M. Á. (2003). *Los delitos de conducción temeraria (Criterios para la coordinación de los arts. 381 y 384 del Código penal).* Valencia: Tirant lo Blanch. Pág 89.

embargo una temeridad que, aunque no visible, implicaba por sí misma un elevado nivel de peligrosidad. En consecuencia, no resulta necesaria una infracción notoria o antirreglamentaria para apreciar la existencia de conducción temeraria en los términos exigidos por el tipo penal.

5.5. Presunción del art. 380.2 CP

A demás de todas las consideraciones anteriores que se deben tener en cuenta a la hora de encontrarnos ante un delito de conducción temeraria, el mismo art. 380 CP introdujo un apartado segundo que contiene una presunción *iuris et de iure* que no admite prueba en contrario, con la que automáticamente se considera que existe temeridad manifiesta cuando concurren las circunstancias del art. 379 CP[197].

A modo de recordatorio cabe mencionar que los tipos que contiene el art. 379 CP a los que hace referencia el art. 380.2 CP, son relativos a la conducción superando las tasas de alcohol previstas y ciertos límites de velocidad de los establecidos reglamentariamente. Resulta llamativo que en estas premisas de temeridad no se encuentre la incluida en el primer inciso del apartado segundo, es decir, la conducción bajo la influencia de drogas tóxicas, estupefacientes, sustancias psicotrópicas o de bebidas alcohólicas, aunque probablemente sea debido a que se ha querido conformar una especie de "superpresunción" *iuris et de iure* que concurriese tanto la presunción relativa a superación de la tasa de alcohol permitida como la presunción de superación de velocidad establecida reglamentariamente,

---

197 Art. 380.2 CP: "A los efectos del presente precepto se reputará manifiestamente temeraria la conducción en la que concurrieren las circunstancias previstas en el apartado primero y en el inciso segundo del apartado segundo del art. anterior".

presumiendo siempre en esta circunstancia una temeridad manifiesta al margen de cualquier otro contexto.

El Ministerio Fiscal en la Circular 10/2011, de 17 de noviembre, sobre criterios para la unidad de actuación especializada del Ministerio Fiscal en materia de Seguridad Vial, se aparta de este criterio y hace una propuesta de interpretación no acumulativa sino alternativa de la presunción relativa a superación de la tasa de alcohol y de la superación de velocidad establecida reglamentariamente, manteniendo que "tanto la conducción con tasa objetivada de alcohol como con exceso de velocidad aisladamente consideradas constituyen temeridad manifiesta", y prosigue sobre "las consecuencias *ad absurdum* de la interpretación contraria a la propuesta".

Asimismo, también se pronuncia sobre la no inclusión del inciso primero del apartado segundo del art. 379.2 CP (conducción influenciada) en el art. 380.2 CP como supuestos que reputarán manifiestamente temeraria la conducción realizada, confirmando que "solo hay temeridad si la influencia del alcohol se explicita en la tasa de 0'6 mg. Si el imputado se negara a las pruebas, presentara aparatosos signos de embriaguez y realizara maniobras irregulares incurriendo en el delito del art 379.2 inciso 2 no conduciría con temeridad manifiesta ni incidiría en el tipo del art 380.1 pese a crear peligro concreto para los usuarios de la vía". Cabe interpretar que se trata de una errata en la circular al aludir al inciso segundo, cuando en realidad parece referirse al inciso primero, ya que de otro modo se produciría una contradicción entre lo expresado al inicio del párrafo y lo que se afirma a continuación.

Un ejemplo claro de que realmente el legislador ha querido dejar fuera del tipo lo dispuesto en el inciso primero del art. 379.2 CP es el que describe el art. 142.1 o 152.1 CP sobre la consideración de imprudencia grave en caso de homicidio o lesiones respectivamente utilizando un vehículo a motor o ciclomotor, donde llega incluso a utilizar también la palabra "reputará" que aparece también en el art. 380.2 CP, para determinar que "A los efectos de este apartado, se reputará en todo caso como imprudencia grave la conducción en la que la concurrencia de alguna de las circunstancias previstas en el art. 379 determinara la producción del hecho". Aquí vemos con claridad y sin necesidad de escudriñar el contenido del art. que se refiere al art. 379 CP sin descender a apartados o incisos concretos y, además, preceptúa como "alguna de las circunstancias" dejando, nuevamente, claro que no es necesario que se den varias circunstancias.

A la luz de lo expuesto, no se trata de aplicar una interpretación distinta o extensiva de un caso a otro, sino de atender al hecho de que el legislador, cuando ha pretendido incluir todas las circunstancias previstas en un determinado artículo, así lo ha hecho expresamente, y cuando ha querido limitar su alcance a algunas de ellas, lo ha especificado con detalle.

La casuística al respecto es variada, abarcando casos donde la temeridad manifiesta no estaría dándose mediante lo dispuesto en el art. 380.2 CP, ya sea porque el conductor presente síntomas evidentes de encontrarse bajo la influencia de bebidas alcohólicas o drogas, o se negare a realizar las pruebas de alcoholemia reglamentariamente establecidas, por lo que no estaría determinada su tasa de alcohol y con ello no concurriendo el requisito del inciso segundo del apartado segundo; pero sí que cabría la consideración de temeridad manifiesta sin necesidad de estar a lo dispuesto de aquél art. ya que como dice la sentencia "ello no significa que no haya temeridad manifiesta y esta se deduce de los hechos de autos tal como se expresan en la sentencia recurrida", es decir, continúa la sentencia "Existe, pues temeridad manifiesta, aunque no por la vía presuntiva del art. 380.2, punto éste en el que hay que corregir la sentencia" (SAP de Sevilla 156/2018 de 26 de marzo)[198]

---

198 SAP de Sevilla 156/2018 de 26 de marzo (Roj: SAP SE 629/2018–ECLI:ES: APSE:2018:629): "En primer lugar, aunque no sepamos la

Probablemente, pueda existir la duda e incluso sentencias dispares sobre la aplicación de este apartado segundo, pues parece que pueda hacerse una interpretación alternativa al reputarse conducción con temeridad manifiesta en caso de conducir superando las tasas de alcoholemia establecidas, o dándose una conducción a velocidad excesiva. No parece jurídicamente admisible una interpretación extensiva del concepto de "temeridad manifiesta" basada en una presunción *iuris et de iure*. Ello no implica, sin embargo, que dicho concepto deba entenderse restringido únicamente a los dos supuestos tradicionalmente considerados, ya que el legislador no lo ha configurado como un numerus clausus dentro de las modalidades de conducción temeraria. (SAP de Albacete 48/2013 de 25 de enero)[199].

Una interpretación conforme a la literalidad del artículo implica una lectura acumulativa de ambas circunstancias, es decir, se requiere que concurran dos elementos: por un lado,

---

tasa de intoxicación etílica, el mero hecho de la misma, deducida de los síntomas externos que presentaba el acusado, y que incluían algunos tan conspicuos como el habla pastosa, comportamiento agresivo y/o irracional y la verticalidad corporal comprometida; es signo de temeridad. En segundo lugar, la velocidad inadecuada a las condiciones de la vía es también signo de temeridad y eso es lo que constatan los agentes: una velocidad excesiva. En tercer lugar, la conducción en dirección contraria (STS 1039/2001) ha sido siempre considerada como constitutiva de conducción temeraria al igual que saltarse semáforos en rojo."

199 SAP de Albacete 48/2013 de 25 de enero. "...el art. 380.2 CP no supone el establecimiento de "numerus clausus" en los supuestos de conducción temeraria. No quiere decir que solo hay temeridad manifiesta cuando concurran la conducción con los excesos de velocidad punible y con la tasa objetivada de alcohol a los que se refiere el art. 379. La intención del legislador es, desde esta perspectiva, aclarar que la conducción en la que concurre la conducta del art. 379.1 y la del art. 379.2 inciso 2 CP es ya, por su peligrosidad intrínseca, una conducción con temeridad manifiesta".

la conducción con una tasa de alcohol superior al límite delictivo, y por otro, la conducción a velocidad excesiva penalmente. En este sentido, el "y" en el texto debe entenderse en su valor copulativo, uniendo ambas circunstancias del precepto como una única condición[200].

Esta interpretación acumulativa de las circunstancias del art. 379 CP para perfeccionarse el art. 380.2 CP, puede quedar más aclarada si percibimos que el actual 380.2 CP procede del inciso segundo añadido el año 2003 del anterior art. 381 CP (ahora 380.2 CP) que establecía que "En todo caso, se considerará que existe temeridad manifiesta y concreto peligro para la vida o la integridad de las personas en los casos de conducción bajo los efectos de bebidas alcohólicas con altas tasas de alcohol en sangre y con un exceso desproporcionado de velocidad respecto de los límites establecidos". Como decía en el apartado sobre la evolución del delito, si bien esta redacción adolecía de inseguridad jurídica por lo indefinido del precepto, sí que dejaba más clara la intención del legislador a este respecto al arrostrar el artículo de manera directa y no a través de referencias.

No obstante, como muestra de la controversia existente, la SAP 1013/2019 de Cáceres de 19 de diciembre, cita el supuesto de aplicación del art. 380.2 considerando realizado el tipo con el solo cumplimiento del inciso segundo del apartado segundo del art. 379 CP[201]. Esta sentencia forma parte de una larga lista

---

200 Este criterio es el que ofrece la SAP de Barcelona 387/2009 de 22 de abril (Roj: SAP B 3954/2009;ECLI:ES:APB:2009:3954): "Limitándose el nº2 del citado art. a significar que siempre y en cualquier caso será temeraria la realizada a velocidad superior en sesenta kilómetros por hora en vía urbana o en ochenta kilómetros por hora en vía interurbana a la permitida reglamentariamente, y con una tasa de alcohol en aire espirado superior a 0'60 miligramos por litro o con una tasa de alcohol en sangre superior a 1,2 gramos por litro".

201 SAP de Cáceres 361/2019, de 19 de diciembre (Roj: SAP CC 1013/2019–ECLI:ES:APCC:2019:1013): "Téngase presente asimis-

cuya interpretación se basa en la alternancia y no acumulación de las circunstancias del artículo, en cuyo caso también se encuentran la SAP de Sevilla 156/2018 de 26 de marzo o SAP de Huesca 20/2018 de 30 de enero[202], lo que indica que muchos tribunales están haciendo una interpretación alejada de la que ha hizo el TS en el ATS 3161/2017 de 30 de marzo que requiere una concurrencia acumulativa del apartado primero y del inciso segundo del apartado segundo del art. 379 CP para aplicar el art. 380.2 CP[203].

---

mo a este respecto que el art. 380.2 del CP considera que habrá de reputarse como manifiestamente temeraria la conducción en la que concurren las circunstancias previstas en el apartado primero y en el inciso segundo del apartado segundo del art. anterior, esto es, la conducción bajo la influencia del alcohol, como aquí de hecho sucede, habida cuenta de la tasa obtenida en las pruebas realizadas y la sintomatología plasmada en el Atestado, ratificado por el agente que depuso en el juicio oral".

202 SAP de Sevilla 156/2018 de 26 de marzo (Roj: SAP SE 629/2018–ECLI:ES:APSE:2018:629). "El art. 380.2 no configura el tipo, sino que establece una presunción *iuris et de iure* a los efectos del tipo acerca de la apreciación de la temeridad manifiesta, primer elemento de este delito. Puede, por tanto, y es lo normal, haber delito, siempre que haya peligro concreto, sin que se conduzca en las condiciones de velocidad del art. 379.1 o con la tasa de alcoholemia del art. 379.2 en su inciso segundo".
SAP de Huesca 20/2018 de 30 de enero (Roj: SAP HU 31/2018–ECLI:ES:APHU:2018:31): "No desconocemos que, si bien el Código Penal presume que existe temeridad manifiesta cuando se rebasa el límite de velocidad previsto en el art. 379.1 (en este caso, ochenta kilómetros sobre la máxima en autovías), ello no excluye que pueda existir tal temeridad aun cuando no se llegue a dicho límite".

203 ATS 3161/2017 de 30 de marzo (Roj: ATS 3161/2017–ECLI:ES:TS:2017:3161ª): "No puede sostenerse la aplicación del art. 380.2 CP, pues no se especificaba que la velocidad superase los 60 kilómetros por hora en esa vía urbana, y por otra parte el grado de impregnación etílica de 0,62 miligramos de alcohol en sangre no llegaba al de 1,2 gramos por litro de sangre. Lo que no está

Adoptar una interpretación no acumulativa de las circunstancias aplicables —esto es, entender que, además del peligro concreto, basta con la superación de las tasas legalmente establecidas o de los límites de velocidad penalmente relevantes, considerados de forma aislada— implicaría extender la aplicación de este tipo penal a un elevado número de siniestros viales. Esto ocurriría, en particular, cuando el alcohol figura como causa principal del accidente y el conductor supera las tasas previstas, y, en menor medida, en aquellos casos menos frecuentes en los que la causa es una velocidad excesiva detectada por cinemómetros sometidos a control metrológico.

Por ejemplo, puede plantearse el caso de un conductor que arroja una tasa de alcohol de 0'90 mg/l en aire espirado y se ve implicado en un siniestro vial por colisión por alcance con otro vehículo; o bien aquel que, tras una salida de vía, causa lesiones a los ocupantes del vehículo que conduce; o, en otro supuesto, quien no respeta una señal de stop y colisiona con otro vehículo. Si este fuera el criterio a seguir no tendría lugar el delito del art. 379.2 CP inciso segundo en el caso de que se viera involucrado en un siniestro vial, ya que siempre se estaría a lo dispuesto en el art. 380.2 CP, mientras que la realidad nos demuestra que no es así,

Muestras de lo anterior que supusieron condena por el art. 379.2 CP serían las siguientes sentencias: la SAP de Madrid 541/2012, de 13 de diciembre, conductor que teniendo mermadas sus facultades psicofísicas a consecuencia de la previa ingestión de bebidas alcohólicas, arrojó como resultados 0'62 y 0'63 miligramos de alcohol por litro de aire espirado, circulando a gran velocidad y rebasando un semáforo en fase roja, chocó con

---

acreditado es la concurrencia del apartado primero ni del apartado segundo inciso segundo del art. 379 CP, que son los que deben acumulativamente concurrir para poder aplicar la presunción legal del art. 380.2 CP".

la parte frontal derecha de un taxi ocasionando lesiones a su conductor; SAP de Logroño 44/2015, de 4 de marzo, conductor que circulaba con una tasa de 0'62 y 0'65 mg/litro de aire espirado, colisionó por alcance con otro vehículo que se encontraba detenido en un semáforo en fase roja, causándole lesiones al conductor del mismo; SAP de Cáceres 466/2015, de 26 de octubre, conductor que tras haber ingerido bebidas alcohólicas, constatada por arrojar una tasa de alcohol de 1'09 miligramos de alcohol por litro de aire espirado, colisionó por alcance con otro vehículo que se hallaba debidamente parado en el semáforo existente en dicha zona y que se hallaba en fase roja.

El caso que se menciona en la STS 388/2024, de 9 de mayo, donde el conductor de ambulancia había ingerido sustancias estupefacientes y circulaba en zigzag invadiendo el sentido contrario, teniendo que salirse de la calzada para evitar la colisión los conductores que circulaban correctamente en dirección contraria, supuesto que constituye una palmaria temeridad manifiesta con concreto peligro incardinada en el art. 380.1 CP, dejando sin efecto la condena por el art. 379 CP. El conductor de la ambulancia fue condenado inicialmente tanto por el art. 379 (influencia drogas) como por el 380 (conducción temeraria), pero el TS estimó parcialmente el recurso de casación del conductor y fue condenado solo en virtud del art. 380 CP, debido a que el TS consideró que se trataba de un concurso de normas que debía resolverse por el principio de consunción en favor del art. 380 CP aduciendo que "el peligro *ex ante* previsto en el delito del art. 379, también concurre en el tipo del art. 380, de forma que entre estos dos delitos se produce una progresión en la puesta en peligro del bien jurídico, por lo que, de apreciar un concurso de delitos, se valoraría doblemente la influencia de las sustancias estupefacientes en la conducción, con infracción del principio *ne bis in idem*"

Todo indica que el art. 380.2 CP no describe con carácter exclusivo lo que debe entenderse por temeridad manifiesta, sino que en el apartado 1 se dice el requisito general de temeridad manifiesta en el que se subsumen los hechos que impliquen una conducta imprudente en grado extremo, y en el apartado 2 los que en todo caso tendrán tal consideración[204].

Asimismo, la precitada STS 388/2024, de 9 de mayo dirige su criterio en ese sentido y enuncia que el apartado segundo del art. 380 no pretende ser una interpretación auténtica y cerrada de la consideración de temeridad manifiesta[205], más bien concretar una situación que se presumirá siempre *iuris et de iure* independientemente de cualquier circunstancia, es decir, no es una definición "excluyente o totalizadora (cifr. STS 945/2021, de 12 de diciembre, con cita de la STS 744/2018, de 7 de febrero de 2019), doctrina jurisprudencial en la que abunda la STS 744/2018, de 7 de febrero de 2019".

Continúa explicando que la expresión "se reputará" sin más, sin otro acompañamiento unido a ella como podía haber sido "solo o únicamente se reputará o hay temeridad manifiesta…" no tiene la facultad de interpretar de manera auténtica y exclusiva el concepto del art. 380.1 CP, el cual, sigue intacto. Esto incluye una extensa gama de situaciones que se ajustan a una arraigada tradición histórico-legislativa y a la definición de conducción temeraria, caracterizada por el desprecio de las normas básicas de precaución, siendo gravemente irregular y contraria al ordenamiento jurídico del tráfico.

---

204 MUÑOZ RUIZ, J. (2013). *El delito de conducción temeraria: análisis dogmático y jurisprudencial.* Dykinson. Págs. 290-291.

205 Sin embargo, en GRIMA LIZANDRA, V. (2011). Los delitos contra la seguridad vial. Lectura desde los principios penales. En E. ORTS BERENGUER (Coord.), *Prevención y control de la siniestralidad vial. Un análisis jurídico y criminológico.* Tirant lo Blanch. Pág. 130, este apartado segundo contiene una interpretación auténtica parcial del término "temeridad manifiesta", no tratándose de una presunción de un elemento del tipo, sino la utilización de esta técnica legislativa de interpretación auténtica.

5.6. Manifiesto desprecio por la vida de los demás

Con la voluntad de hacer frente al acto temerario que quiere atajar el art. 381 CP del "conductor homicida", se pergeñó la condición del "manifiesto desprecio por la vida de los demás" como un añadido al desvalor de la acción temeraria. Podemos observar que el art. 381.1 CP contiene los mismos elementos del tipo que el art. 380 CP, pero con la diferencia que en el 381.1 CP se introduce la frase "con manifiesto desprecio por la vida de los demás", se añade un plus de peligrosidad[206]. Por ello, además de incluir la pena de multa, hay un aumento considerable de la pena de prisión y de la privación del derecho a conducir vehículos a motor y ciclomotores[207].

En el apartado segundo la forma de castigo es a través del peligro abstracto y no del peligro concreto que exige la conducción temeraria al eliminar la creación del peligro concreto para la vida o la integridad de las personas, sin embargo, respecto del art. 380 CP la pena de prisión es la misma en el límite superior, pero superior en su límite inferior, además añade la pena de multa y permanece la misma pena de privación del derecho a conducir vehículos a motor y ciclomotores prevista para el art. 381.1 CP (SAP de Alicante 118/2017, de 21 de marzo, conductor que circula por autopista conscientemente en

---

206 ORTS BERENGUER, E., & ROIG TORRES, M. (2011). Art. 381. En E. ORTS BERENGUER (Coord.), *Prevención y control de la siniestralidad vial: un an*álisis jurídico y criminológico. Tirant lo Blanch. Pág. 328.

207 Art. 381 CP.: 1. "Será castigado con las penas de prisión de dos a cinco años, multa de doce a veinticuatro meses y privación del derecho a conducir vehículos a motor y ciclomotores durante un período de seis a diez años el que, con manifiesto desprecio por la vida de los demás, realizare la conducta descrita en el art. anterior. 2. Cuando no se hubiere puesto en concreto peligro la vida o la integridad de las personas, las penas serán de prisión de uno a dos años, multa de seis a doce meses y privación del derecho a conducir vehículos a motor y ciclomotores por el tiempo previsto en el párrafo anterior".

sentido contrario al indicado para la circulación durante una distancia de unos 5 kilómetros, a sabiendas de que su conducta contravenía una elemental norma de circulación y de que con ello podía poner en peligro la vida de los demás; AAP de Ávila 36/2019, de 20 de marzo, que estima parcialmente el recurso de apelación por existir indicios racionales de criminalidad por ser constitutiva de un delito de conducción temeraria, aunque sin poner en peligro la vida o la integridad física de las personas, donde tras una persecución de la policía a un vehículo que circulaba a gran velocidad, no respetó un semáforo en rojo, llegando a hacer algún trompo y que al pasar por los badenes de seguridad llegó a tocar el pavimento saltando chispas, por ello, es evidente que esta conducta, aun cuando no se haya concretado una situación de peligro concreto para la vida o la integridad física de las personas que requieren los art. 380 y 381.1 CP, pudiera ser constitutiva de un delito de peligro abstracto del art. 381.2 CP).

A diferencia de lo que ocurre en el art. 380.2 CP con "temeridad manifiesta", el art. 381 CP es más parco en la descripción, ya que no menciona ninguna presunción sobre qué debemos entender por "manifiesto desprecio para la vida de los demás", lo que da lugar a una interpretación causal de esa descripción, es decir, como la que se da en el art. 380.1 CP. Igualmente, podemos apreciar que, aunque básicamente sea muy parecido al artículo anterior, en esta ocasión lo único que se menciona en el art. 381.1 CP es el desprecio por la vida de las personas y no por la integridad física, cosa que el apartado segundo del mismo artículo sí lo menciona, es decir, podría plantearse que solo cabría aplicar este artículo cuando se atente contra la vida y no contra la integridad física, aunque en la práctica sea difícil diferenciarlo y suela acusarse solo por el primer párrafo del 381 CP.

Conviene percatarse también de que en este art. 381 CP habla del manifiesto desprecio por la vida "de los demás", elemento que no aparece en el art. 380 CP, por lo que quizá sea a través de este artículo en el que tenga mejor encaje la protección a los acompañantes del conductor que hablábamos en el apartado anterior sobre "acompañantes del conductor", ya que los alude directamente y excluye al conductor.

Sin embargo, el hecho de crear un delito *ad hoc* para los conductores homicidas supone ciertos problemas de aplicación, ya que desde una perspectiva general puede resultar difícil discernirlo del art. 380 CP. Aunque la motivación principal de la creación de este artículo fuera la de perseguir a los conductores homicidas que conducen en sentido contrario por autovía o autopista, lo cierto es que es perfectamente aplicable a otras conductas que encajan en este tipo penal y que la FGE cita en sus diferentes Memorias Anuales, como por ejemplo: la irrupción en zonas peatonales creando situaciones de peligro; las carreras de velocidad ilegales, supuestos aislados o permanentes de hostigamiento y presión sobre la libertad de actuación y dignidad de la persona cuando el conductor temerario coloca su vehículo pegado al que circula por delante y con sujeción a las normas para que lo deje pasar. Conforme a la Circular 10/2011 de la FGE, el elemento diferenciador para acusar por el art. 380 o 381 CP, es optar por el primero de ellos en función de la menor peligrosidad objetiva de la conducción y cuando el dolo se proyecte sobre el peligro y no sobre el resultado.

Todo parece indicar que el art. 381 CP es una conducta agravada del artículo anterior, pero con una coletilla que no es nada fácil descifrar. Para MOLINA FERÁNDEZ[208] la diferencia principal entre ambos artículos se encuentra en el elemento subjetivo, ya que mientras que en la conducta del art. 380 CP concurre imprudencia grave, en el art. 381 CP se presupone un dolo eventual, basado en el alto nivel de riesgo que genera la conducta, de tal modo que no se puede alegar que se espe-

---

[208] MOLINA FERNÁNDEZ, F. (2010). Delitos contra la seguridad colectiva. En F. MOLINA FERNÁNDEZ (Coord.), *Memento Práctico Penal*. Ediciones Francis Lefebvre. Pág. 1355.

raba o se confiaba de forma racional en que no se produjera el resultado (STS 54/2015, de 11 de febrero; STS 890/2010, de 8 de octubre). Un dolo eventual vinculado con la tentativa de homicidio, de ahí que la pena de prisión resulte prácticamente la misma en caso de rebajarse en dos grados la pena prevista conforme al art. 62 CP[209], no obstante, en el caso de materializarse el resultado de muerte o lesión se debe abandonar la opción del delito de peligro para acudir al tipo doloso de resultado de homicidio o lesiones, según el caso[210].

---

209 Art. 62 CP: "A los autores de tentativa de delito se les impondrá la pena inferior en uno o dos grados a la señalada por la Ley para el delito consumado, en la extensión que se estime adecuada, atendiendo al peligro inherente al intento y al grado de ejecución alcanzado".

210 STS 717/2014, de 29 de enero (Roj: STS 818/2015–ECLI:ES:TS:2015:818), esta sentencia trata el asunto sobre un conductor que, tras enfadarse con sus acompañantes en el vehículo, al salir del parking del puerto, aceleró el vehículo dirigiéndose hacia el mar en lugar de ir hacía la salida del aparcamiento, precipitándose al mar y, aunque no provocó la muerte de ninguna de las personas que le acompañaban sí que le ocasionó lesiones.
El tribunal entiende que no se trata de un delito contra la seguridad vial sino de un delito de homicidio en grado de tentativa utilizando los siguientes argumentos: "En el caso de nuestra casación, el autor realiza una conducta respecto de la que conoce el peligro que para la vida de sus acompañantes produce, utilizando el vehículo como instrumento de agresión a los bienes jurídicos tutelados. Así, el relato fáctico refiere un supuesto de utilización del vehículo a motor como instrumento hábil para producir un resultado de muerte de los ocupantes del vehículo. Se declara probado que el acusado dirigió el vehículo, con un fuerte acelerón, hacia el mar, precipitándose, al tiempo que había abierto su ventana lo que propiciaba su escapatoria, de una parte, y la inmersión del vehículo, de otra. El autor realizó el tipo penal del delito de resultado, homicidio del art. 138 Cp . El actuar declarado probado no fue un acto de conducción, un acto de tráfico, pues no se realizaba un traslado por vía pública dispuesta para ello, sino que el vehículo es empleado como instrumento de agresión en la creación del peligro; el autor no pone en peli-

No obstante, distinguir en este tipo penal entre una imprudencia grave y un dolo eventual es una tarea muy complicada, pues el elemento de "manifiesto desprecio por la vida de los demás" requiere de un criterio no generalizado y caso a caso, debiendo recurrir al juicio de experiencia para clarificarlo y desde una perspectiva del ciudadano medio teniendo presente las circunstancias objetivas del caso concreto[211].

El dolo eventual consiste en el conocimiento de los elementos del tipo objetivo, es decir, en el conocimiento de que con la conducta que se va a ejecutar se crea un riesgo jurídicamente desaprobado para el bien jurídico protegido, así como de la existencia de una alta probabilidad de que dicho riesgo se concrete en un resultado lesivo para dicho bien[212]. En el mismo

---

gro la vida o integridad de personas indeterminadas, típico de un delito contra la seguridad del tráfico, sino de las concretas personas a las que quiere atentar; por último el autor se representa el peligro, lo conocía y aceptó en los términos que hemos dejado expuestos"

211 TRAPERO BARREALES, M. A. (2011). *Los delitos contra la seguridad vial: ¿una reforma de ida y vuelta?* Tirant lo Blanch. Págs. 200-201.

212 STS 71/2019, de 14 de enero: Conductor de un camión que, tras ingerir cierta cantidad de alcohol, se pone a los mandos de un camión y se introduce en la autovía en sentido contrario y, pese a ser advertido mediante luces, sonido de claxon y habiendo podido abandonar la autovía hasta por seis salidas, continúa la marcha y, finalmente, choca frontalmente con otro vehículo ocasionando la muerte de la conductora.
En el mismo sentido interpretativo la STS 103/2023, de 16 de febrero, confirmando la sentencia por homicidio doloso, sobre el conductor de un vehículo que conduce en sentido contrario en una autovía, el cual dio positivo en alcoholemia y, además, tenía sintomatología compatible con la influencia del alcohol en la conducción.

sentido, la STS 981/2016, de 11 de enero de 2017, dictamina que "se estima que obra con dolo quien, conociendo que genera un peligro concreto jurídicamente desaprobado, no obstante actúa y continúa realizando la conducta que somete a la víctima a riesgos sumamente relevantes que el agente no tiene seguridad alguna de poderlos controlar o neutralizar, sin que sea preciso que persiga directamente la causación del resultado homicida, ya que es suficiente con que conozca que hay un elevado índice de probabilidad de que su comportamiento lo produzca". En esta misma línea se pronuncia una reciente sentencia del TS, relativa a un caso de conducción temeraria bajo los efectos del alcohol y psicofármacos, con resultado de muerte (STS 1196/2024, de 12 de marzo de 2025)[213].

---

[213] STS 1196/2024, de 12 de marzo de 2025. La Sala Segunda del TS confirmó la condena por dos delitos de homicidio doloso en concurso con un delito del art. 381 CP, al apreciar dolo eventual en la conducta de la acusada. Conducía bajo los efectos de alcohol (1,37 g/l en sangre) y psicofármacos (alprazolam, oxazepam, nordiazepam), a gran velocidad y con reiteradas invasiones del carril contrario. El Tribunal concluyó que la acusada, pese a conocer el riesgo de causar un siniestro, continuó conduciendo en esas condiciones, aceptando el resultado lesivo como posible y probable. Además, no se apreció atenuante alguna por consumo de sustancias, al entenderse que no afectaban ni a su capacidad de comprender la ilicitud del hecho ni a su autodeterminación. La sentencia consolida el enfoque ecléctico del TS sobre el dolo eventual en la conducción de riesgo extremo.

6. ABANDONO DEL LUGAR DEL ACCIDENTE. ART. 382 BIS CP

6.1. Introducción

Por todos es sabido que el CP es una herramienta jurídica que contiene las conductas más reprochables que el legislador ha considerado que merecen un castigo. Ese tipo de conductas no son ni inmutables en el tiempo, ni un *numerus clausus* de acciones censurables. Así pues, la evolución legislativa penal ha ido recogiendo y descartando figuras delictivas para poder acomodarse a lo que la sociedad demanda para la mejor convivencia en un Estado democrático de Derecho, sin que ello suponga la quiebra o debilitamiento de los principios inspiradores que hicieron que se considerase punible un comportamiento que ahora ya no lo es o, en sentido inverso, que aquello que se considerase legal pase a formar parte del elenco de tipologías delictivas, bien sea por la evolución del pensamiento propio de la sociedad o, simplemente, por la innovación de acciones reprobables de hoy en día que eran impensables en el pasado.

Los comportamientos relativos a la seguridad vial son una muestra de ello, ya que la evolución de todos los elementos que intervienen en ella han sufrido un enorme cambio y evolución, desde la carretera por la que circulan los vehículos hasta las características de esos vehículos y, porque no decirlo, incluso de los propios conductores. Hay delitos en nuestro CP, como el adulterio o el amancebamiento, que desaparecieron para no volver[214], pero, excepcionalmente, nos encontramos con un delito que, tras haber sido eliminado, se ha reincorporado al

---

[214] Ley 22/1978, de 26 de mayo, sobre despenalización del adulterio y del amancebamiento. BOE Núm. 128 de 30 de mayo.

texto penal, como es el caso del delito de abandono del lugar del accidente, también llamado delito de fuga.

Una recuperación delictiva que no obedecía ni al el excesivo número ni al incremento de casos de fuga tras un accidente[215], sino para dar respuesta a una demanda de la sociedad ante los luctuosos siniestros en los que las víctimas eran, sobre todo, los colectivos más vulnerables de la circulación; los ciclistas y los peatones, donde tras haber sufrido un siniestro al ser atropellados por otro conductor de un vehículo a motor, estos se daban a la fuga dejando atrás, abandonando el cuerpo inerte en el asfalto como si de un objeto de nulo valor se tratara, y haciendo con ello un ejercicio de inhumanidad, cobardía, inmadurez o irresponsabilidad elevado al máximo exponente.

Según manifestó CUELLO CALÓN[216] hace más de seis décadas, se trata de uno de los delitos más graves de la legislación automovilística por tratarse de un delito intencional y malicioso. Estos siniestros propician un doble sentimiento en los ciudadanos; por un lado, el de pena, inherente al ser humano por la muerte de otra persona; y otro, el de impotencia y rabia, al ver que el autor de los hechos huye del lugar del accidente y se desentiende por completo de la muerte ocasionada.

---

215 Estadística que el Ministerio Fiscal presentó en Comisión de Justicia y que recoge el Dictamen del Fiscal de Sala 1/2021 sobre la reforma operada por la LO 2/2019: "la cifra estimada en 2016 de 174.679 conductores implicados en accidentes con víctimas, sólo se dieron a la fuga 1028, siendo un 0´6 %, produciéndose en esos accidentes 10 fallecidos de un total anual de 1822 y 72 heridos hospitalizados de un total de 9275. Todo ello en relación con los datos del Consorcio de Compensación de Seguros que en los últimos 10 años arrojaban un descenso del 50 % en el número de expedientes tramitados en accidentes originados por vehículos desconocidos (art 11.a) LRCSCVM)"

216 CUELLO CALÓN, E. (1955). La delincuencia automovilística y su represión. *Anuario de Derecho Penal y Ciencias Penales*. Pág. 281.

Entre los sucesos que desencadenaron esta modificación legislativa se encuentra el suceso que ocasionó la muerte de un ciclista en octubre de 2013 en la provincia de Toledo, cuando fue arrollado por un camión y abandonó el lugar del accidente. El juzgado de instrucción que inicialmente entendió del asunto, dictó un auto transformando las diligencias previas en un procedimiento por falta al entender que no existía delito de omisión del deber de socorro[217], por lo que, posteriormente, debido a la reforma del año 2015 del CP que despenalizaba las faltas, dio lugar al archivo de la causa, consumándose así la confrontación entre la ley y el desvalido de la víctima. Fue tal la alarma mediática que ocasionaron estos hechos que en el año 2019[218] se modificó el CP incluyendo esta "nueva" figura penal en el art. 382 bis CP.

Pero la reposición del delito de abandono del lugar del accidente no llegó exenta de críticas, ya que, como veremos posteriormente, gran parte de la doctrina se opone frontalmente a esta decisión, no solamente por considerar que estos hechos ya están lo suficientemente sancionados por la vía administrativa y atentar contra carácter fragmentario y de últi-

---

217 Conforme a la reiterada jurisprudencia del TS, si tras el accidente se produce muerte instantánea, no existe el desamparo ni peligro grave o manifiesto que requiere el delito de abandono del deber de socorro. (Sirva por todas la STS 420/2023, de 31 de mayo que dice "la muerte instantánea sufrida por la víctima y descrita como tal en el hecho probado, encierra una inidoneidad absoluta. No se puede socorrer a quien ya no es susceptible de ser socorrida. Y precisamente por ello no se puede castigar la omisión de una acción esperada cuando, de haberse realizado esa acción, en nada habría afectado a la del bien jurídico protegido, sea éste la seguridad de la vida e integridad física, sea la solidaridad")

218 LO 2/2019, de 1 de marzo, de modificación de la LO 10/1995, de 23 de noviembre, del CP, en materia de imprudencia en la conducción de vehículos a motor o ciclomotor y sanción del abandono del lugar del accidente. (2019). BOE Núm. 53, de 2 de marzo de 2019.

ma ratio del derecho penal, sino también por la deficiente redacción y técnica legislativa utilizada susceptible de diversas interpretaciones, confusión del bien jurídico protegido y desproporción punitiva.

Todo ello, quizá debido a la rapidez con la que se aprobó esta reforma, dejando muestra de ello la prontitud en que entró en vigor, ya que dejó en el olvido la tradicional figura de la *vacatio legis*, pues conforme a la Disposición Final Única entró en vigor al día siguiente de su publicación, es decir el 3 de marzo de 2019, sin dejar ningún margen temporal de conocimiento tanto al ciudadano como a los operadores del Derecho.

A pesar de las críticas por la posible criminalización de las infracciones administrativas relativas a la seguridad vial al derivarlas al CP, en palabras de LANZAROTE MARTÍNEZ[219], no dejan de ser situaciones "muy saludables para la salud colectiva" aunque generen comentarios discordantes, ya que se tutelan intereses dignos de protección, pues tan censurable es la "fácil huida al Derecho penal" como "la huida del Derecho penal", afirma el autor.

Así pues, el art. 382 bis del CP, introducido para penalizar el abandono del lugar del accidente por parte de conductores de vehículos a motor o ciclomotores, se configura como una norma de reciente implantación que suscita un notable interés tanto en la doctrina jurídica como en la jurisprudencia. Este precepto, que establece penas significativas para quienes, tras causar un accidente, abandonan el lugar de los hechos, ha generado múltiples interpretaciones y debates sobre su aplica-

---

219 LANZAROTE MARTÍNEZ, P. (15 de febrero de 2019). El nuevo delito de abandono del lugar del accidente y otras importantes novedades de la inminente reforma del Código Penal en materia de imprudencia. *Diario La Ley* (9359). Pág. 7.

bilidad, naturaleza jurídica y su encaje dentro del marco de los delitos contra la seguridad vial.

El texto legal establece claramente que el abandono del lugar del accidente por parte del conductor es punible, siempre y cuando el siniestro haya resultado en el fallecimiento de una o más personas o en lesiones graves tipificadas en los artículos 147.1, 149 y 150 del CP. La inclusión de este tipo penal responde a la necesidad de reforzar la protección de las víctimas de accidentes de tráfico y de asegurar la responsabilidad de los conductores en situaciones críticas. La configuración del art. 382 bis del CP como un delito de mera actividad, sin exigencia de resultado, y su exclusión de los delitos de peligro propios de la seguridad vial, lo sitúa en una categoría particular dentro del Derecho Penal.

En el ámbito de la doctrina, se debate sobre la legitimidad y proporcionalidad de este precepto penal, así como su impacto en principios fundamentales como el autoencubrimiento impune y *non bis in idem*. La cuestión del autoencubrimiento ha generado particular controversia, dado que la permanencia en el lugar del accidente puede implicar una autoincriminación involuntaria por parte del conductor, afectando su derecho a no incriminarse a sí mismo.

Finalmente, la reforma del año 2022, que clarificó algunos aspectos del art. 382 bis CP, especialmente en relación con las lesiones graves y su remisión a otros artículos del CP, ha intentado subsanar las ambigüedades iniciales del precepto. Sin embargo, la inclusión de este tipo penal sigue siendo vista por muchos como una conculcación del principio de intervención mínima y de última ratio del Derecho Penal, planteándose incluso su posible inconstitucionalidad.

En resumen, el art. 382 bis del CP representa una importante evolución en la legislación penal española en materia de seguridad vial, pero su interpretación y aplicación continúan siendo temas de profundo análisis y debate en la doctrina y la jurisprudencia, reflejando la complejidad de equilibrar la protección de las víctimas de accidentes de tráfico con los derechos fundamentales de los conductores.

6.2. Creación, supresión y reincorporación del delito de abandono del lugar del accidente en la legislación

Los antecedentes de esta conducta ilegal ya aparecían recogidos en CP de 1928[220], art. 537, que disponía: "El automovilista, motorista, conductor de un vehículo cualquiera, ciclista o jinete que deje en estado de abandono sin prestarle o facilitarle asistencia a persona a quien mató o lesionó por imprevisión, imprudencia o impericia, será castigado con la pena de dos meses y un día a seis meses de prisión y multa de 1.000 a 10,000 pesetas, sin perjuicio de las responsabilidades en que incurriere por el homicidio o por las lesiones causadas".

Con esto, queda patente la preocupación al respecto que existía en el legislador un siglo atrás, creando un delito de abandono del lugar del accidente en toda regla en concurso ideal con el delito de homicidio o lesiones, según el caso, aunque, merece la pena percatarse de que se sancionaba la imprevisión, imprudencia o impericia, no el caso fortuito. Pese a esto, ESCUDERO GARCÍA-CALDERÓN[221] considera que nunca ha existido el delito que castigase el simple abandono, sino que todo lo que se había castigado eran preceptos penales en su diferente modalidad de la omisión del deber de socorro.

---

220 Real Decreto Ley Núm. 1596. CP. (septiembre de 8 de 1928). Publicado en Gaceta de Madrid. 13 de septiembre de 1928, núm. 257

221 ESCUDERO GARCÍA-CALDERÓN, B. (2019). El nuevo delito de abandono del lugar del accidente en el espejo del delito de fuga alemán. *La Ley Digital* (10491). Pág. 5.

No obstante, al constituirse la Segunda República española este texto penal fue derogado por Decreto de 15 de abril de 1931[222], restituyéndose así la vigencia del CP de 1870, que en absoluto se refería a esta situación delictiva. Así las cosas, el posterior CP del año 1932[223] castigaba como falta, y no delito, en el art. 578.11 CP: "Los que no socorrieren o auxiliaren a una persona que encuentren en despoblado herida o en peligro de perecer, cuando pudieren hacerlo sin detrimento propio, a no ser que esta omisión constituya delito". Igual tipología y redacción utiliza en su art. 583.7 CP, la posterior reforma del CP del año 1944[224] que derogó aquel de 1932.

En año 1934, tenemos la primera referencia en el ámbito administrativo de este ilícito, concretamente, en el art. 49 del Código de la Circulación se recogía el castigo del conductor de un vehículo que ha causado un accidente "no se pare, escape o intente escapar para eludir la responsabilidad penal o civil en que pueda haber incurrido" y en caso de "accidente con desgracias, debe proceder a prestar auxilio a las personas que hubiesen resultado lesionadas,..."[225]. Asimismo, en el año 1950

---

222 Decreto de 15 de abril. (1931). Gaceta de Madrid Núm.106, de 16 de abril de 1931. Art. primero: "Queda anulado, sin ningún valor ni efecto, el titulado Código penal de 1928. Igual declaración de nulidad se extiende a todos los titulados decretos leyes de la Dictadura, que" establecieron o modificaron definición de delitos o fijación de Penas".

223 Ley autorizando al Ministro de este Departamento para publicar como Ley el Código Penal reformado, con arreglo a las Bases establecidas en la Ley de 8 de septiembre del corriente año. (1932). Gaceta de Madrid Núm. 310, de 5 de noviembre de 1932.

224 Decreto de 23 de diciembre de 1944 por el que se prueba y promulga el Código Penal, texto refundido de 1944, según la autorización otorgada por la Ley de 19 de julio de 1944. BOE Núm. 13, de 13 de enero de 1945.

225 Código de la Circulación. (1934). Gaceta de Madrid Núm. 269, de 26 de septiembre de 1934. Art. 49: "a) Todo conductor de un

la Ley sobre uso y circulación de vehículos de motor[226], en su art. 5 disponía: "El conductor de un vehículo de motor que no auxiliare a la víctima por él causada, será castigado con la pena de prisión menor y multa de mil a cien mil pesetas".

Con ello, observamos que durante un tiempo convivieron en paralelo; un CP del año 1944 que no contemplaba el delito de omisión del deber de socorro, sino que lo trataba como una falta; y una ley penal especial de 1950 conocida como "ley penal del automóvil" que tenía un sistema de penalidad alternativa de privación de libertad o multa que solo en caso de extrema gravedad llegaba a penas conjuntas.

Pero esta antinomia no duró mucho tiempo, ya que en el año 1951 se publicó una ley por la que se castigan determinadas omisiones punibles[227], disponiendo en su art. segundo la creación *ex novo* un Capítulo II bis en el Título XII del Libro II del CP de 1944, introduciendo el art. 489 bis que decía: "El que no socorriere a una persona que encontrare desamparada y en peligro manifiesto y grave, cuando pudiere hacerlo sin riesgo propio ni de tercero, será castigado pon la pena, de arresto ma-

---

vehículo cualquiera que, sabiendo que ha causado u ocasionado un accidente, no se pare, escape o intente escapar para eludir la responsabilidad penal o civil en que pueda haber incurrido, será castigado con 100 pesetas de multa, sin perjuicio de las demás responsabilidades que resulten de la aplicación de las leyes vigentes. b) En caso de accidente con desgracias, el conductor del vehículo que lo haya causado debe proceder a prestar auxilio a las personas que hubiesen resultado lesionadas, y si fuera preciso, conducirá a éstas en su propio carruaje al lugar más próximo en que puedan ser asistidas. Los infractores serán castigados con la multa de 500 pesetas, sin perjuicio de las demás responsabilidades en que pudieran incurrir".

226 Ley sobre uso y circulación de vehículos de motor. (9 de mayo de 1950). B.O.E. Núm.130.

227 Ley de 17 de julio de 1951 por la que se castigan determinadas omisiones punibles. (1951). BOE Núm. 20, de 19 de julio de 1951.

yor o multa de mil a cinco mil pesetas. En la misma pena incurrirá el que, impedido de prestar socorro, no demandare con urgencia auxilio ajeno". Asimismo, derogaba en su art. quinto el art. 583.7 del CP de 1944, así como cuantas disposiciones se opongan a lo que esa ley establecía.

Aquí vemos que, por un lado, se le otorgaba la catalogación de delito en lugar de falta y, como diferencia fundamental entre el ámbito administrativo y el penal, se introducía un elemento esencial que aún persiste en el artículo 195 del CP sobre la omisión del deber de socorro: la necesidad de que la persona se encuentre "desamparada y en peligro manifiesto y grave".

Pasados unos años, se publicó la Ley 122/1962, de 24 de diciembre[228], sobre uso y circulación de vehículos a motor, que en la Disposición Final Tercera derogaba la Ley sobre uso y circulación de vehículos de motor del año 1950. Esta ley en su art. séptimo castigaba la omisión del deber de socorro con más severidad que la ley derogada de 1950 y extendía la responsabilidad a más personas además del conductor y modificaba un pequeño matiz, ya que utilizaba la palabra "socorriese" en lugar de "auxiliare".

---

228 Ley 122/1962, de 24 de diciembre, sobre uso y circulación de vehículos de motor. (1962). BOE Núm. 310, de 27 de diciembre. Art. Séptimo: El conductor de un vehículo de motor que pudiendo hacerlo no socorriese a las víctimas causadas con ocasión de la circulación, o que siendo solicitado para ello no lo hiciere, será castigado con la pena de arresto mayor y multa de cinco mil a cincuenta mil pesetas.
Se aplicará al conductor la pena de prisión menor y privación del permiso de conducir de dos a diez años en caso de que se tratara de víctima causada por él.
Las mismas penas de privación de libertad se impondrán al dueño o usuario del vehículo que no ordenase al conductor que le está subordinado la prestación de aquel socorro.

Durante esos años de convivencia entre el delito circunscrito exclusivamente al tráfico de "omisión especial de socorro" con el de "omisión del deber de socorro" del CP[229], la jurisprudencia hizo una interpretación bastante flexible y amplia del delito de fuga[230], ya que incluso consideraba víctima a los que sufrían daños materiales[231], o en los que la víctima ya había fallecido, por lo que no existía ninguna necesidad de auxilio[232], y entendía que seguía siendo posible castigar a través de la legislación especial, ya que esta no exigía el desamparo y el peligro manifiesto y grave.

En el año 1967 hubo otra reforma penal plasmada en la Ley 3/1967, de 8 de abril, sobre modificación de determinados artículos del CP y de LECrim, modificando nuevamente el art. 489 bis, estableciendo: "El que no socorriere a una persona que se hallare desamparada y en peligro manifiesto y grave, cuando pudiere hacerlo sin riesgo propio ni de tercero, será castigado con la pena de arresto mayor o multa de cinco mil a diez mil pesetas. En la misma pena incurrirá el que, impedido de prestar socorro, no demandare con urgencia auxilio ajeno. Si la víctima lo fuere por accidente ocasionado por el que omitió el auxilio debido, la pena será de prisión menor".

Esta reforma legislativa derogaba los títulos primero y segundo de la Ley 122/1962, de 24 de diciembre, sobre uso y circulación de vehículos a motor, en los cuales se incardinaba el

---

229 TORÍO LÓPEZ, Á. (1967). Aspectos de la omisión especial de socorro (Art. 7, Ley 122-62). *Anuario de Derecho Penal y Ciencias Penales*, Págs. 581 y ss.

230 CONDE-PUMPIDO FERREIRO, C. (septiembre-octubre de 1968). La nueva estructura del delito de omisión del deber de socorro a las víctimas de accidentes de la circulación. *Revista de Derecho de la Circulación*, Pág. 426.

231 STS 18 de noviembre de 1966.

232 STS de 26 de diciembre de 1966.

art. 6º sobre la omisión de socorro, lo que supuso el fin de esa dualidad penal genérica-especial. Así, ya no solo se castigaban los comportamientos del ámbito vial, sino también como un delito del CP común, requiriendo una víctima "desamparada y en peligro grave y manifiesto"[233] y esas conductas especiales pasaron a configurarse en el nuevo párrafo tercero del delito común de omisión del deber de socorro[234].

El motivo de esta inclusión viene determinado en el apartado tercero del Preámbulo, dictando "La persistencia y continuidad con que se producen los delitos cometidos con ocasión del tránsito de automóviles y su indudable semejanza con otros previstos en el CP aconsejan la conveniencia de su inserción en el principal texto punitivo, aunque sea preciso, en muy limitados casos, trasplantar al mismo algunos tipos que, configurados en la Ley de Uso y Circulación de Vehículos de Motor, parece necesario conservar en razón a los bienes jurídicos que protegen".

En 1973, en cumplimiento de la Ley 44/1971, de 15 de noviembre, que ordenaba la publicación de un texto refundido del CP, entró en vigor el Decreto 3096/1973, de 14 de septiembre, mediante el cual se publicó dicho texto refundido, manteniendo sin alteraciones el contenido del artículo 489 bis. Asimismo, se reafirmó la consideración de que el tercer párrafo del artículo 489 bis del Código Penal de 1944 constituía un tipo agravado dependiente del tipo básico de la omisión del deber de socorro, exigiendo, por tanto, todos los elementos

---

233 CASTRO MORENO, A. (2019). Comentario crítico a la LO 2/2019, de 1 de marzo, de reforma del Código Penal, en materia de imprudencia en la conducción de vehículos a motor y ciclomotores: nuevo delito de abandono del lugar del accidente. *LA LEY* (8174), Pág. 24.

234 BENITEZ ORTUZAR, I. F. Primeras reflexiones a vuelapluma acerca del delito de abandono del lugar del accidente del art. 382 bis CP. El nuevo delito "de fuga". *R.E.D.S.* (13), Pág. 61.

esenciales de este, es decir, la existencia de una víctima desamparada y en peligro manifiesto y grave [235]

Finalmente, la vigente LO 10/1995, de 23 de noviembre, del CP, le dedicó en exclusiva el Título IX "De la omisión del deber de socorro" dividiéndolo en dos artículos, el 195 y 196[236], pasando el anterior art. 489 bis CP a formar parte del art. 195.3 CP. En el año 2003, hubo una modificación del apartado tercero del art. 195 CP[237], en el que lo único que se modificaron fueron las penas, estableciéndolas más severas.

---

235 BENÍTEZ ORTÚZAR, I. F. (2018). Primeras reflexiones a vuelapluma acerca del delito de abandono del lugar del accidente del art. 382 bis CP. El nuevo delito "de fuga". R.E.D.S. (13), Pág. 63.

236 LO 10/1995, de 23 de noviembre, del CP. (1995). Art. 195: "1. El que no socorriere a una persona que se halle desamparada y en peligro manifiesto y grave, cuando pudiere hacerlo sin riesgo propio ni de terceros, será castigado con la pena de multa de tres a doce meses. 2. En las mismas penas incurrirá el que, impedido de prestar socorro, no demande con urgencia auxilio ajeno. 3. Si la víctima lo fuere por accidente ocasionado fortuitamente por el que omitió el auxilio, la pena será de prisión de seis meses a un año y multa de seis a doce meses, y si el accidente se debiere a imprudencia, la de prisión de seis meses a dos años y multa de seis a veinticuatro meses". Art. 196: "El profesional que, estando obligado a ello, denegare asistencia sanitaria o abandonare los servicios sanitarios, cuando de la denegación o abandono se derive riesgo grave para la salud de las personas, será castigado con las penas del art. precedente en su mitad superior y con la de inhabilitación especial para empleo o cargo público, profesión u oficio, por tiempo de seis meses a tres años".

237 LO 15/2003, de 25 de noviembre, por la que se modifica la LO 10/1995, de 23 de noviembre, del CP. (1995). BOE Núm. 283, de 26 de noviembre de 2003. Art. 195.3: Si la víctima lo fuere por accidente ocasionado fortuitamente por el que omitió el auxilio, la pena será de prisión de seis meses a 18 meses, y si el accidente se debiere a imprudencia, la de prisión de seis meses a cuatro años.

En el año 2019[238] resurgió el delito de abandono del lugar del accidente con una redacción del tipo que dio lugar a multitud de críticas, modificándose en el año 2022 por la actual redacción vigente incardinándose en el art. 382 bis CP[239], aunque las críticas continúan suscitándose.

En definitiva, como señala MORELL ALDANA[240], la evolución del delito de fuga ha sido dual tanto en su regulación como en su naturaleza. Por un lado, ha coexistido simultáneamente en la legislación especial y en el CP; por otro, ha experimentado una transformación progresiva desde su configuración inicial en la ley de 1950 hasta convertirse en un puro delito de omisión de socorro.

6.3. Bien jurídico protegido

Como decíamos anteriormente, entre los elementos de controversia de este nuevo delito se encuentra la determinación del bien jurídico protegido. En el Preámbulo de la LO 2/2019, de 1 de marzo, de modificación de la LO 10/1995, de 23 de noviembre, del CP, nos ofrece una información en este sentido al indicarnos que lo que se quiere sancionar es la "falta de solidaridad con las víctimas". Con ello, parece que nos está señalando, al igual que en el delito de omisión del deber de socorro

---

238 LO 2/2019, de 1 de marzo, de modificación de la LO 10/1995, de 23 de noviembre, del CP, en materia de imprudencia en la conducción de vehículos a motor o ciclomotor y sanción del abandono del lugar del accidente. BOE Núm. 53.

239 LO 11/2022, de 13 de septiembre, de modificación del CP en materia de imprudencia en la conducción de vehículos a motor o ciclomotor. BOE Núm.221.

240 MORELL ALDANA, L. C. (2020). El delito de fuga: un «viejo» conocido de la dogmática penal. Visión doctrinal tras su reintroducción por la LO 2/2019. *Diario La Ley* (9687).

del 195 CP, que el bien jurídico que se trataría de proteger sería la solidaridad humana. En este sentido, MUÑOZ CUESTA[241] precisa que la falta de solidaridad humana inherente al delito de omisión del deber de socorro, entendida como un deber general dentro de un grupo social, en este caso se encuentra limitada al ámbito de la seguridad vial.

La STS 167/2022, de 24 de febrero, señala que lo que se castiga en estos casos es la indiferencia del omitente ante la situación de peligro de la víctima y su deber de auxiliarla, protegiendo así el derecho de toda persona a ser asistida cuando su vida o integridad física se encuentran en grave peligro[242]. En esta misma línea, y con el propósito de aclarar la Exposición de Motivos, la sentencia destaca que la razón de incriminación radica en la ruptura de los deberes de ciudadanía, especialmente en lo que respecta a los valores de solidaridad. Con ello, se pretende abarcar aquellos supuestos que difícilmente encajarían en el delito de omisión del deber de socorro, al faltar el elemento objetivo de una persona desamparada y en peligro grave y manifiesto, interpretación que también se recoge en la STS 761/2022, de 15 de septiembre.

---

241 MUÑOZ CUESTA, J. (2019). Modificación de la imprudencia en la circulación viaria y el abandono del lugar del accidente introducidos por LO 2/2019. *Revista Aranzadi Doctrinal*, Pág. 7.

242 Sentencia matizada por la STS 1/2023, de 18 de enero, en la que detalla que "En realidad, más exactamente, puede decirse que se castiga su indiferencia frente a la situación creada, incumpliendo los deberes que el art. 51 del RDL 6/2015... impone, entre otros, a los implicados en un accidente de tráfico, lo que incluye la consideración del peligro para la víctima, incluso para otros usuarios de la vía, así como el deber de identificarse como causante de aquella y de cooperar inmediatamente en resolverla.".

En opinión de LANZAROTE MARTÍNEZ[243] más bien se trataría de castigar al conductor causante de un accidente de tráfico que se marche del lugar y eluda o trate de eludir responsabilidades penales y civiles. Tanto es así, que en aquellas legislaciones que lo regulan entienden que atenta contra la Administración de Justicia (Título XX. Capítulo VII "De la obstrucción a la Justicia y la deslealtad profesional" del CP.), al dificultar la identificación del autor, la averiguación y esclarecimiento de los hechos, además de poner en peligro las pretensiones o intereses económicos de los involucrados en el accidente[244].

Pero el tenor literal de la ley no hace referencia a ninguna vinculación entre la prohibición de abandonar el lugar del suceso y la colaboración con las autoridades para la investigación de responsabilidades que se originen del siniestro vial; el tipo penal se limita a sancionar al conductor que abandone el lugar donde ha producido un accidente. La justificación esgrimida en el Preámbulo es muy frágil, sancionando la "maldad intrínseca en el abandono de quien sabe que deja atrás a alguien que pudiera estar lesionado o incluso fallecido" siendo este un motivo más de tipo moral que de otra clase. Por ello, es por lo que BENÍTEZ ORTÚZAR[245] afirma que esta tipificación delictiva se plantea como un reproche moral, acercando cada vez más el delito al pecado y atendiendo a criterios morales o éticos.

---

243 LANZAROTE MARTÍNEZ, P. (15 de febrero de 2019). El nuevo delito de abandono del lugar del accidente y otras importantes novedades de la inminente reforma del Código Penal en materia de imprudencia. *Diario La Ley* (9359). Pág. 7.

244 RODRÍGUEZ MOURULLO, G. (1973). El delito de omisión de auxilio a la víctima y el pensamiento de la injerencia. *Anuario de Derecho Penal y Ciencias Penales*, Pág. 518.

245 BENÍTEZ ORTÚZAR, I. F. (2018). Primeras reflexiones a vuelapluma acerca del delito de abandono del lugar del accidente del art. 382 bis CP. El nuevo delito "de fuga". *R.E.D.S. (*13), Pág. 69.

Asimismo, la ubicación en la que se encuentra encuadrado el delito en el capítulo IV del Título XVII no parece que sea la más correcta, ya que no es la propia seguridad vial la que se protege, ni la vida o integridad física de los usuarios de la vía, sino que hubiera tenido un mejor acomodo en el título IX dedicado al delito de omisión del deber de socorro vista la subsidiariedad que tiene con este delito, la cual es expresada por el legislador en el Preámbulo de la reforma. Ambos delitos están próximos desde el punto de vista de la protección de las legítimas expectativas de las víctimas de un accidente de tráfico; la omisión del deber de socorro, el interés en ser atendidas en caso de encontrarse desamparadas y en peligro manifiesto y grave; y el caso del abandono del lugar del accidente, esa protección a la víctima se fundamenta en la posibilidad de ser resarcidas de los perjuicios irrogados por el conductor fugado que elude la investigación. Así, el Título IX tendría la siguiente rúbrica: "De la omisión del deber de socorro y del abandono del lugar del accidente"[246].

A colación de lo anterior, ese refuerzo penal hacia la protección de las víctimas a ser resarcidas por el conductor fugado que elude la investigación que, por cierto, no se da en otros ámbitos que también pueden causar daños personales, quedaría cubierto en última instancia por sistema del Consorcio de Compensación de Seguros[247] conforme a la legislación

---

246 LANZAROTE MARTÍNEZ, P. (15 de febrero de 2019). El nuevo delito de abandono del lugar del accidente y otras importantes novedades de la inminente reforma del Código Penal en materia de imprudencia. *Diario La Ley* (9359). Pág. 8.

247 TRAPERO BARREALES, M. A. (11 de julio de 2019). Comentario urgente sobre la reforma penal vial y otros aspectos controvertidos. *Revista Electrónica de Ciencia Penal y Criminología* (21), Pág. 43. Obtenido de http://criminet.ugr.es/recpc/21/recpc21-11.pdf

que lo regula[248]. Por lo que quizá, esa justificación de protección para cubrir las pretensiones económicas de las víctimas quedaría desvanecida.

Según FRÍAS MARTÍNEZ el bien jurídico no es plenamente coincidente con el de la omisión del deber de socorro, va más allá, es decir, es un bien jurídico pluriofensivo, ya que junto con la solidaridad se tutela la seguridad vial, y por esta razón es por la que se establece la pena de privación del derecho a conducir vehículos a motor y ciclomotores[249]. Sin embargo, MORELL ALDANA está en desacuerdo con esta conclusión, ya que dice que lo único que está en conexión con la violencia viaria es la expresión "conductor" y la imposición de la pena de privación del derecho a conducir vehículos a motor y ciclomotor, sin que nada tenga que ver con la seguridad vial la fuga tras el accidente dado que el tráfico rodado no se está desarrollando cuando ya ha ocurrido el accidente. Concluye la autora que el bien jurídico protegido en este delito es una protección *ultra vires* de los intereses jurídico-procesales, civiles y penales, de las víctimas del accidente de tráfico, quienes considera que ya tienen una adecuada cobertura en el ámbito administrativo[250].

---

[248] RDL 8/2004, de 29 de octubre, por el que se aprueba el texto refundido de la Ley sobre responsabilidad civil y seguro en la circulación de vehículos a motor. (2004). BOE Núm. 267. "Art. 11 Funciones del Consorcio de Compensación de Seguros. 1.a) Indemnizar a quienes hubieran sufrido daños en sus personas, por siniestros ocurridos en España, en aquellos casos en que el vehículo causante sea desconocido".

[249] FRÍAS MARTÍNEZ, E. (2019). Novedades en el Código Penal, Ley Orgánica 2/19 de 1 de marzo. Imprudencia en la conducción de vehículos a motor o ciclomotores y sanción del abandono del lugar del accidente. *Diario La Ley* (4209), Pág. 12.

[250] MORELL ALDANA, L. C. (2020). El delito de fuga: un «viejo» conocido de la dogmática penal. Visión doctrinal tras su reintroducción por la LO 2/2019. *Diario La Ley* (9687). Pág. 10.

Esta cobertura sería conforme a la LSV, pues en su art. 51: Obligaciones en caso de accidente o avería, establece: "1. El usuario de la vía que se vea implicado en un accidente de tráfico, lo presencie o tenga conocimiento de él está obligado a auxiliar o solicitar auxilio para atender a las víctimas que pueda haber, prestar su colaboración, evitar mayores peligros o daños, restablecer, en la medida de lo posible, la seguridad de la circulación y esclarecer los hechos". Asimismo, se considera infracción grave conforme al art. 76. q) de la misma norma: "No facilitar al agente de la autoridad encargado de la vigilancia del tráfico en el ejercicio de las funciones que tenga encomendadas su identidad, ni los datos del vehículo solicitados por los afectados en un accidente de circulación, estando implicado en el mismo"[251]. Así pues, su ubicación no nos sirve de orientación, ya que poco tiene que ver con la protección de la seguridad vial y solo puede explicarse por el contexto en el que se ha de producir el abandono, es decir, el conductor de un vehículo a motor o ciclomotor involucrado en un siniestro.

Desde luego la redacción que hizo el legislador con la Exposición de los Motivos de justificación del delito de abandono del lugar del accidente no ayudan, desde un punto de vista técnico o teórico, a determinar con precisión y con pulcritud jurídica el bien jurídico protegido. Cuando en el Preámbulo se utiliza la expresión "maldad intrínseca" se comete una indefinición jurídica palmaria, ya que la maldad afecta al fuero interno de la persona, contradiciendo lo dispuesto en el aforismo romano *cogitationis poenam nemo patitur* (nadie debe ser castigado por sus pensamientos), lo que nos

---

251 Conforme la STS 1/2023, de 18 de enero, dice que de acuerdo con el art. 51 LSV mencionado se está "haciendo referencia a la solidaridad con las víctimas mediante la prestación de auxilio"

llevaría a atender a la finalidad de la norma y a las conductas que se pretenden sancionar[252].

Asimismo, continúa defendiendo MARÍN DE ESPINOSA CEBALLOS, este delito pretende que el causante del accidente no se aleje del lugar para que confiese los hechos cometidos y se facilite la persecución de los posibles delitos cometidos, al mismo tiempo que le obliga a asumir su posible responsabilidad civil, fundamento similar a la circunstancia atenuante de confesión del art. 21.4 CP., y por esta razón no se podrá atenuar la responsabilidad criminal. Así las cosas, si bien se alinea con el pensamiento mayoritario de la doctrina de negar la solidaridad humana como bien jurídico y de ubicar el delito de fuga en el Título XX, De la administración de Justicia, Capítulo VII "De la obstrucción a la Justicia y la deslealtad profesional", lo considera incompatible con el principio de intervención mínima del Derecho Penal por no alcanzar la gravedad suficiente[253].

Por su parte RODRÍGUEZ MORO[254] va un poco más allá en esa vuelta de tuerca en la búsqueda del bien jurídico protegido, escudriña que nos encontramos ante comportamientos indignos del que abandona a las personas como si fueran cosas sin valor, vivas o muertas, por lo que se podría hablar de la tute-

---

252 MARÍN DE ESPINOSA CEBALLOS, E.B. (diciembre de 2019). El delito de abandono del lugar del accidente (Art. 382 Bis): Una reforma inadecuada e innecesaria. *Cuadernos de Política Criminal* (129), Pág.19.

253 GARCÍA AMEZ, J. (2021). Algunas consideraciones sobre el delito de abandono del lugar del accidente. En A. ABADÍAS SELMA, & P. SIMÓN CASTELLANO, *Cuestiones penales a debate* (págs. 343-354). J.M. Bosch Editor. Pág. 353.

254 RODRÍGUEZ MORO, L. (2020). La última figura delictiva en materia de seguridad vial incorporada en el Código Penal por la Lay 2/2019, de 1 de marzo: aplicabilidad y valoración crítica del delito de abandono del lugar del accidente tras causarlo del art. 382 bis CP. *Revista Electrónica de Estudios Penales y de la Seguridad* (7), Pág. 20.

la de la dignidad de las personas, así el juicio de valor se aproxima ya a un valor en sí mismo. Aun así, él mismo considera que esa identificación no está exenta de dudas, ya que excluiría a otros sujetos activos como pueden ser los peatones o ciclistas al no ser conductores de vehículo a motor o ciclomotor que exige el tipo y, sin embargo, sí forman parte como sujetos activos usuarios de la vía implicados en un siniestro cuando su comportamiento de abandono también afectaría a la dignidad de las víctimas.

Además, se plantea un dilema ante caso de que en un mismo siniestro se ocasionen tanto muertos (art. 382 bis CP) como lesionados desamparados y en peligro manifiesto y grave (art. 195 CP). Aquí, establecer el bien jurídico es primordial, ya que, si se opta por que ambos tienen el mismo, es decir la solidaridad de las víctimas, debería resolverse por el concurso de normas conforme al 8.2 CP aplicando el precepto principal del art. 195 CP frente al subsidiario. Ello nos llevaría a desajustes penológicos, pues se estaría castigando por fallecidos conforme al art. 195 CP., algo que la jurisprudencia descarta. Sin embargo, si se opta por considerar que tienen un bien jurídico distinto, lo adecuado sería decantarse por el concurso ideal de delitos, evitándose además los desajustes penológicos antes dichos[255].

Siendo en general la doctrina bastante crítica con este delito poniendo en tela de juicio incluso la constitucionalidad del precepto[256], opinión compartida por BUSTOS RUBIO, consi-

---

[255] RODRÍGUEZ MORO, L. (2020). La última figura delictiva en materia de seguridad vial incorporada en el Código Penal por la Lay 2/2019, de 1 de marzo: aplicabilidad y valoración crítica del delito de abandono del lugar del accidente tras causarlo del art. 382 bis CP. *Revista Electrónica de Estudios Penales y de la Seguridad* (7), Pág. 16.

[256] BENÍTEZ ORTÚZAR, I. F. (2018). Primeras reflexiones a vuelapluma acerca del delito de abandono del lugar del accidente del art.

dera que no está dotado de legitimidad para introducirlo en el CP porque no protege ningún bien jurídico merecedor de tutela penal[257]. Además, desmonta el argumento mayoritario de la doctrina de atribuir el atentado contra la Administración de Justicia de dificultar la averiguación y esclarecimiento de los hechos y poner en peligro las pretensiones o intereses económicos de los involucrados en el accidente, y lo hace a través del denominado principio de auto encubrimiento impune. Respecto a la posibilidad de hallarnos ante la afectación del derecho a no declarar contra uno mismo, es importante tener en cuenta que la obligación de identificarse como parte involucrada en un accidente no implica reconocer culpabilidad ni proporcionar pruebas incriminatorias (STS 1/2023, de 18 de enero).

Por su parte, ESCUDERO GARCÍA-CALDERÓN, tras negar al legislador que la protección del bien jurídico sea la solidaridad, la vida o la integridad física, pues no se impone al conductor ningún deber de salvamento, afirma que el bien jurídico solo puede ser la legítima expectativa resarcitoria de las víctimas y sus familiares, tratándose, por tanto, de un delito de carácter patrimonial[258].

Finalmente, conviene decir que, durante la investigación del presunto autor del delito, pese a que se trata de un delito contra la seguridad vial en el que no es necesaria la presencia de abogado conforme al art. 520.8 LECrim, resulta

---

382 bis CP. El nuevo delito "de fuga". *R.E.D.S. (*13), Pág. 69.

257 BUSTOS RUBIO, M. (2019). Aproximación crítica al nuevo delito de abandono del lugar del accidente (art. 382 bis del Código Penal). *La Ley Penal* (138), Pág. 10.

258 ESCUDERO GARCÍA-CALDERÓN, B. (2020). La reforma operada por LO 2/2019, de 1 de marzo, en materia de seguridad vial: una involuntaria protección penal de la indemnización civil. En E. ORTEGA BURGOS (Dtor), *Derecho Penal 2020.* Tirant lo Blanch. Pág. 790.

oportuna la designación del mismo, pues aunque se trata de un delito donde enuncia que es de aplicación "fuera de los casos contemplados en el art. 195 CP", puede resultar que finalmente no sea considerado en sede judicial conforme al art. 382 bis CP, sino conforme al 195 CP que sí es obligatoria la presencia de abogado de acuerdo con el art. 520. 2.c) LECrim, lo que supondría una vulneración de derechos fundamentales con las consiguientes repercusiones de nulidad probatoria.

6.4. Conducta típica

Empecemos mostrando el contenido del art. 382 bis del CP:

> *1. El conductor de un vehículo a motor o de un ciclomotor que, fuera de los casos contemplados en el art. 195, voluntariamente y sin que concurra riesgo propio o de terceros, abandone el lugar de los hechos tras causar un accidente en el que fallecieren una o varias personas o en el que se les causare alguna de las lesiones a que se refieren los artículos 147.1, 149 y 150, será castigado como autor de un delito de abandono del lugar del accidente.*
>
> *2. Los hechos contemplados en este art. que tuvieran su origen en una acción imprudente del conductor, serán castigados con la pena de prisión de seis meses a cuatro años y privación del derecho a conducir vehículos a motor y ciclomotores de uno a cuatro años.*
>
> *3. Si el origen de los hechos que dan lugar al abandono fuera fortuito le corresponderá una pena de tres a seis meses de prisión y privación del derecho a conducir vehículos a motor y ciclomotores de seis meses a dos años.*

Estamos ante una infracción delictiva que solo puede cometerse de forma activa, sin que quepa la acción por omisión que requiere el cumplimiento de los elementos del tipo. Se configura como un delito de mera actividad sin exigirse un resultado y se excluye de los delitos de peligro propios de la seguridad vial[259]. No obstante, ESCUDERO GARCÍA-CALDERON tras su afirmación de tratarse de un delito de carácter patrimonial, lo considera un delito de peligro abstracto, puesto que no solo no requiere la lesión del patrimonio de la víctima, sino que ni siquiera su puesta en peligro efectiva[260].

En opinión de LANZAROTE MARTÍNEZ[261] caben formas imperfectas de ejecución; si una vez iniciada la huida es impedida o parada por circunstancias externas al autor; si realizado el alejamiento voluntario no se producen los resultados mortales o lesivos típicos; o si se desiste voluntariamente con los efectos del art. 16 CP regresando al lugar del siniestro de forma inmediata.

Sin embargo, MAGRO SERVET[262] en su estudio de la STS 1/2023, de 18 de enero, clarifica que la consumación del delito se producirá al momento de abandonar el lugar del accidente, incluso si en una situación concreta el individuo es per-

---

259 MARÍN DE ESPINOSA CEBALLOS, E. (diciembre de 2019). El delito de abandono del lugar del accidente (Art. 382 Bis): Una reforma inadecuada e innecesaria. *Cuadernos de Política Criminal (129).* Págs. 24-25, lo considera "un delito especial propio donde el sujeto activo es el conductor que ha causado el accidente, bien de manera fortuita o imprudente y cause resultados de muerte o de lesiones".

260 ESCUDERO GARCÍA-CALDERÓN, B. (2020). La reforma operada por LO2/2019, de 1 de marzo, en materia de seguridad vial: una involuntaria protección penal de la indemnización civil. En E. ORTEGA BURGOS (Dtor), *Derecho Penal 2020* (1ª ed.). Tirant lo Blanch. Pág. 790.

261 LANZAROTE MARTÍNEZ, P. (15 de febrero de 2019). El nuevo delito de abandono del lugar del accidente y otras importantes novedades de la inminente reforma del Código Penal en materia de imprudencia. *Diario La Ley Digital* (9359). Pág. 9

262 MAGRO SERVET, V. (2024). Praxis del delito de fuga del lugar del accidente art. 382 bis CP (LO 2/2019, de 1 de marzo y LO 11/2022, de 13 de septiembre). *Revista Logos. Guardia Civil.*, Pág. 67.

seguido y posteriormente alcanzado y detenido por agentes de la autoridad. Esto se debe a que el acto de abandonar el lugar donde ocurrió el accidente ya habría ocurrido, y no se podría considerar una tentativa del delito, es decir una forma imperfecta de ejecución. Esto es principalmente porque el delito se habría perfeccionado y consumado al afectar el bien jurídico protegido. Por lo tanto, al huir, el individuo habría violado un deber de solidaridad humana que se eleva al nivel de un deber jurídico, y este deber opera como el bien jurídico protegido.

Para empezar con los elementos del tipo, vemos que el artículo comienza de la forma habitual que el resto de delitos contra la seguridad vial, es decir, el sujeto activo es el conductor de un vehículo a motor o ciclomotor. Continúa con una expresa relación de subsidiariedad, ya anunciada en el Preámbulo de la ley de modificación, respecto al delito del art. 195 CP de la omisión del deber de socorro conforme al art. 8.2 del CP. Por ello, cuando sea de apreciación el art. 195 CP, necesariamente, será excluida la aplicación del art. 382 bis CP.

Prosigue enunciando el tenor del artículo algo que llama la atención por lo inusual de la palabra utilizada en la descripción de los tipos penales, se trata de la palabra "voluntariamente". Esta atípica descripción del elemento subjetivo no era necesaria, pues solo sería precisa en caso de que el legislador quiera tipificar el delito en su modalidad imprudente, conforme a lo mandado en el art. 12 CP sobre la incriminación específica y expresa del delito imprudente[263].

Con esta forma de redacción no se consigue más que afianzar el carácter doloso del injusto, bastando con el dolo eventual de acuerdo con la teoría de la probabilidad o de la re-

---

263 TRAPERO BARREALES, M. A. (11 de julio de 2019). Comentario urgente sobre la reforma penal vial y otros aspectos controvertidos. *Revista Electrónica de Ciencia Penal y Criminología* (21), Págs. 52 y 53.

presentación (STS 1218/2011, de 8 de noviembre de 2011)[264] siendo decisivo el grado de probabilidad del resultado advertido por el autor, no excluyéndose tal dolo "simplemente por la esperanza de que no se producirá el resultado o porque éste no haya sido deseado por el autor". Por lo tanto, será suficiente un conocimiento general o aproximado de las posibles consecuencias lesivas generadas el accidente a la vista de su gravedad representadas como altamente probables, no siendo requisito obligatorio que el conductor corrobore de manera directa y personal, antes de irse del lugar del siniestro, que se ha ocasionado el fallecimiento de alguna persona o de lesiones del alcance previstas en el tipo. No obstante, si no se producen es-

[264] STS 1218/2011, de 8 de noviembre (Roj: STS 7857/2011–ECLI:ES:TS:2011:7857): "El conocimiento de la posibilidad de que se produzca el resultado y la conciencia del alto grado de probabilidad de que realmente se produzca caracteriza la figura del dolo eventual desde el prisma de la doctrina de la probabilidad o representación, frente a la teoría del consentimiento que centra en el elemento volitivo-asentimiento, consentimiento, aceptación, conformidad, o en definitiva "querer" el resultado- el signo de distinción respecto la culpa consciente. Ambas constituyen las dos principales posiciones fundamentadoras del dolo eventual. Esta Sala, en su evolución, ofrece un punto evidente de inflexión en la sentencia de 23 de abril de 1992 (conocida como "caso de la colza"), en la que se afirma que "si el autor conocía el peligro concreto jurídicamente desaprobado y si, no obstante, ello, obró en la forma en que lo hizo, su decisión equivale a la ratificación del resultado que -con diversas intensidades- ha exigido la jurisprudencia para la configuración del dolo eventual. En la doctrina se ha demostrado convincentemente en los últimos tiempos que, a pesar de declaraciones programáticas que parecen acentuar las exigencias de la teoría del consentimiento, el TS desde hace tiempo, se acerca en sus pronunciamientos, de manera cada vez más notable, a las consecuencias de la teoría de la probabilidad. Ello no puede llamar la atención, pues esta evolución también se apercibe en la teoría del dolo eventual".

tos resultados, afirma LANZAROTE MARTÍNEZ[265], la fuga no tendrá repercusiones penales para el autor, salvo estimación de una ejecución imperfecta.

Sigue el mismo autor exponiendo que podría plantearse el caso en el que el conductor abandona el lugar de los hechos creyendo, firme pero erróneamente, que no se han producido víctimas mortales o lesionadas de gravedad, por lo que podría ser de aplicación el art. 14 CP sobre el error. Asimismo, también puede darse el caso contrario, es decir, que el conductor huye creyendo que ha dejado tras de sí alguna persona fallecida o lesionada de gravedad y, sin embargo, no existen tales, por lo que estaríamos ante un delito figurado o putativo o ante un delito imposible, y por lo tanto impune. Incluso, cabría apreciarse la tentativa inidónea encajable en el art. 16 CP, si el accidente era apto para producir los resultados lesivos típicos en atención a sus características y gravedad.

También tendría lugar la tentativa punible, aunque relativamente inidónea, el intento de abandonar el lugar de los hechos cuando es impedido por la acción de terceros, antes de que se produzca el alejamiento físico efectivo. Sin embargo, no se consideraría tentativa, sino delito consumado, cuando el sujeto se aleje del lugar o se oculte en sus cercanías de manera que se encuentre en una situación real de imposibilidad para cumplir con los deberes legalmente establecidos en protección de los bienes jurídicos afectados (STS 1/2023, de 18 de enero).

Igualmente, como ocurre en el delito de omisión del deber de socorro, ese abandono voluntario del lugar del accidente debe producirse "sin que concurra riesgo propio o de

---

265 LANZAROTE MARTÍNEZ, P. (15 de febrero de 2019). El nuevo delito de abandono del lugar del accidente y otras importantes novedades de la inminente reforma del Código Penal en materia de imprudencia. *Diario La Ley Digital* (9359). Pág. 12

terceros", ya que no se le puede exigir al omitente un acto de heroicidad o poner en peligro a alguien ajeno[266]. Esta cláusula está vinculada al principio de inexigibilidad, y según la interpretación de LUZÓN PEÑA[267], si la falta de exigibilidad se debe a circunstancias particulares de un individuo, estaríamos ante una causa de inculpabilidad o exculpación; en cambio, cuando la inexigibilidad es general, es decir, cuando en determinadas circunstancias no se puede, no se debe o no conviene exigir a nadie que se abstenga de realizar una conducta, ello supondría la exclusión de la antijuridicidad o, al menos, de la tipicidad penal.

Este presupuesto puede actuar tanto como causa de justificación o como causa de exculpación por no exigirse el deber de permanencia, aunque también podrá ser considerado como requisito que condiciona la propia tipicidad de la conducta[268]. En cualquier caso, su concurrencia provocará la ausencia de responsabilidad penal y tendrá que interpretarse conforme a la jurisprudencia del TS en torno al art. 195 CP en la que solo quedará exento de responsabilidad penal quien no pueda permanecer en el lugar porque con ello podría producirse un daño o perjuicio, propio o ajeno, de orden físico o material.

Dispone el TS en varias sentencias (entre otras, las STS 7137/1993 de 25 de octubre, STS 648/2015 de 22 de octubre) que "el impedimento u obstáculo ha de ser tal que por razo-

---

266 MUÑOZ CUESTA, J. (2019). Modificación de la imprudencia en la circulación viaria y el abandono del lugar del accidente introducidos por LO 2/2019. *Revista Aranzadi Doctrinal*, Pág. 8.

267 LUZÓN PEÑA, D. M. (2016). Exculpación por inexigibilidad penal individual. *Revista Justicia y Sistema Criminal* (14), Págs. 14 y 15.

268 LANZAROTE MARTÍNEZ, P. (15 de febrero de 2019). El nuevo delito de abandono del lugar del accidente y otras importantes novedades de la inminente reforma del Código Penal en materia de imprudencia. *Diario La Ley Digital* (9359). Pág. 11.

nes de orden físico, tangibles, perceptibles por los sentidos, no fuera posible prestar el auxilio, porque de hacerse así habría riesgo de producirse un daño o perjuicio de tales características, lo que no sucede cuando ese perjuicio consistiera en que por permanecer en el lugar y prestar el auxilio debido fuera identificado el autor de una infracción y pudiera ser sancionado como tal".

En opinión de MAGRO SERVET[269], al respecto del riesgo propio o de terceros, un ejemplo concreto de causa que eximiría de responsabilidad sería que para acceder al lugar en ayuda de la víctima suponga un grave peligro para el conductor, o cuando el abandono se produce por *vis absoluta* o para salvar otro bien jurídico igual o superior, lo que ocurrirá cuando el conductor traslada a la víctima al centro médico o cuando él mismo es trasladado[270].

Uno de los puntos clave en el estudio de la conducta típica, aunque descritos con términos demasiado generalistas, es cuando se refiere al "abandono del lugar de los hechos tras causar un accidente". No parece que el legislador haya utilizado la palabra más adecuada cuando dice "accidente" ya que adolece de tecnicidad, dándole un sentido vulgar o cotidiano a un hecho que nada tiene que ver con lo fortuito o involuntario, habiendo sido más adecuado el término "siniestro vial" para referirse a estos hechos[271], no obstante, cuando hablemos

---

269 MAGRO SERVERT, V. (28 de enero de 2019). El nuevo delito de fuga del art. 382 bis CP en la siniestralidad vial. *La Ley Digital* (9346), Pág. 2.

270 ESCUDERO GARCÍA-CALDERÓN, B. (2020). La reforma operada por LO2/2019, de 1 de marzo, en materia de seguridad vial: una involuntaria protección penal de la indemnización civil. En E. ORTEGA BURGOS (Dtor), *Derecho Penal 2020* (1ª ed., pág. 792). Tirant lo Blanch.

271 En COCAÑA ROSCO, J. F. (2020). *La imprudencia con resultado de muerte y lesiones en los sinestros viales: Aproximación jurídico-penal y cri-*

de los elementos de este artículo seguiremos utilizando el término accidente para no dar oportunidad a la confusión.

El conductor en algún momento deberá abandonar el lugar del accidente, entonces ¿cuánto tiempo tiene que estar allí? ¿hasta que lleguen los servicios sanitarios? ¿policía? ¿familiares del fallecido o lesionado? ¿cualquier otra persona que llegue al lugar? ¿hasta que comunique el accidente a los servicios de emergencia y proporcione su identidad? Lo normal será, aunque no lo diga el tipo, hasta que la autoridad que investigue el accidente allí presente se lo indique.

La conducta típica en el delito de abandono del lugar del accidente consiste en no permanecer físicamente en el lugar del siniestro. Sin embargo, el tipo penal no establece con precisión cuánto tiempo debe permanecer el conductor ni a qué distancia puede alejarse, ni impone otras obligaciones adicionales como auxiliar a la víctima o alertar a los servicios de emergencia. El único requisito es que no se abandone físicamente el lugar.

Por lo tanto, si el conductor causante del accidente se limitara a quedarse junto a la víctima adoptando una actitud

---

minalística. [Tesis doctoral. Universidad Nacional de Educación a Distancia]. Pág. 106, que sostiene que solo en los hechos fruto de la casualidad como son los supuestos de fuerza mayor tales como "corrimiento de tierras, riadas, caídas de piedras o árboles, sustancias deslizantes, fallo mecánico imprevisto, etc" podría hablarse de accidente de tráfico, en el resto de casos que nacen de una infracción del deber de cuidado, al menos, deben ser considerados como imprudentes.

También en BORREL VIVES, J., ALGABA GARCÍA, P., & MARTÍNEZ RAPOSO PIEDRAFITA, J. B. (1991). *La Investigación de accidentes de tráfico*. Ministerio de Interior. DGT. Pág. 39 se exponen otros ejemplos de accidentes de tráfico cuando "sobrevienen como consecuencia de la acción inesperada de la naturaleza" o "una intervención humana, de un tercero, de modo remoto o indirecto".

pasiva, sin realizar otras acciones como alertar o prestar ayuda, no estaría incurriendo en delito según este tipo penal. Aunque el incumplimiento de las obligaciones establecidas en el art. 51 LSV se considera, en principio, una infracción administrativa, puede servir como criterio interpretativo para evaluar la relevancia penal del abandono. En este sentido, si el conductor tiene la intención de situarse en una "imposibilidad real" de cumplir con los deberes legales de protección de los bienes jurídicos afectados, ya sea ocultándose o suprimiendo su presencia en el lugar o actuando de manera que eluda sus obligaciones, dicho comportamiento podría interpretarse como un incumplimiento del deber de permanencia en el lugar, lo que acarrearía responsabilidad penal. Adicionalmente, será punible el conductor que abandone el lugar del accidente, aunque otros puedan atender a las víctimas, restablecer la seguridad en la vía o identificar al autor del siniestro a través de otros medios, como cámaras de vigilancia o testigos[272]. Como señala ESCUDERO GARCÍA-CALDERÓN[273], también incurrirá en deli-

---

[272] STS 1/2023, de 18 de enero: "Desde el tipo objetivo, requiere, al menos, un alejamiento físico de dicho lugar. No puede establecerse con carácter general una distancia concreta, pero la ocultación o supresión de la presencia del causante del accidente en el lugar debería ser equivalente a no permanecer en el mismo en condiciones de cumplir los deberes impuestos por el citado art. 51 de la Ley de Seguridad vial; y desde el tipo subjetivo, es necesaria la voluntad de abandonarlo, y, por lo tanto, de incumplir, como consecuencia necesaria, aquellos deberes". "... si el sujeto abandona el lugar del accidente, aunque las posibles víctimas pudieran ser atendidas por otras personas; aunque la seguridad de la vía pudiera ser restablecida por terceros; y aunque el sujeto pudiera ser identificado claramente y de modo inmediato por otros medios, como, por ejemplo, la existencia de cámaras en el lugar o la presencia de testigos que pudieran hacerlo".

[273] ESCUDERO GARCÍA-CALDERÓN, B. (2020). La reforma operada por LO2/2019, de 1 de marzo, en materia de seguridad vial: una involuntaria protección penal de la indemnización civil. En E. OR-

to aquel que, tras causar un accidente con víctimas mortales, se dirija a una comisaría cercana a comunicar el hecho, aunque no haya causado daño directo al bien jurídico protegido.

De soslayo, también se hace alusión a esa indeterminación temporal y espacial en la SJP 32/2020, de Ávila de 20 de julio, pero condena por un delito del art. 382 bis CP de abandono del lugar del accidente y un delito 142.1 CP de homicidio por imprudencia grave a dos conductores de dos vehículos que tras atropellar a un peatón y causar su fallecimiento se dieron a la fuga[274].

Además, otra de las críticas más fuertes consiste en el supuesto quebranto del denominado autoencubrimiento impune, ya que no abandonar el lugar del accidente conlleva dejar variadas pruebas que autoinculpan al autor, como puede ser la

---

TEGA BURGOS (Dtor.), *Derecho Penal 2020.*1ª ed. Tirant lo Blanch. Pág. 791.

274 SJP 32/2020, de Ávila de 20 de julio. FD 23º. II: "En el caso de Dionisio, no debe olvidarse que el peatón, al impactar contra su vehículo, provocó la rotura del parabrisas y del espejo retrovisor. Atendido un criterio de normalidad y experiencia común, puede fácilmente colegirse que cualquier persona que sufra semejantes desperfectos en su vehículo tras atropellar a un peatón indudablemente se apercibe de la gravedad tan enorme de lo que ha sucedido, y de que el peatón al que acaba de atropellar probablemente haya quedado inerme en la calzada. Lo mismo puede afirmarse de la conducta de Doroteo, que no sólo arrolló al peatón, sino que lo arrastró durante varios metros, pudiendo apreciarse en las fotografías del atestado policial el estado en que quedó el cuerpo del fallecido; de hecho, el vehículo SEAT LEÓN se subió en la acera a consecuencia del atropello y recuperó el control de inmediato. Ninguno de los dos conductores detuvo la marcha. Ni siquiera accionaron los frenos de los vehículos. No sólo merece sancionarse la insolidaridad, patente, de los conductores que, tras provocar un accidente tan grave (por su burda inobservancia de las más elementales precauciones en la conducción) se dan a la fuga".

identificación del vehículo y la suya propia, sintomatología y pruebas de estar bajo la influencia del alcohol o drogas, etc[275]. En opinión de LANZAROTE MARTÍNEZ se trataría de hacer una excepción al principio de autoencubrimiento impune en aras de una mayor protección de los intereses de las víctimas y por el carácter no intencional del hecho[276].

No es exigible a quien acaba de cometer un hecho delictivo que permanezca en la escena del crimen a ser detenido y que no trate de procurarse su propia impunidad abandonando el lugar y haciendo desaparecer todo vestigio que pudiera incriminarle. Si se parte de que el autoencubrimiento, incluso en los delitos dolosos, es impune, el delito de fuga es un supuesto de autoencubrimiento elevado a categoría de delito independiente[277].

A su vez, BUSTOS RUBIO[278] afirma que nuestro Derecho penal no está legitimado para, bajo amenaza de sanción penal, obligar al conductor que ha causado un accidente, ya sea de forma imprudente o fortuita, a permanecer en el lugar en espera de su detención y posterior enjuiciamiento, ya que en la

---

275 RODRÍGUEZ MORO, L. (2020). La última figura delictiva en materia de seguridad vial incorporada en el Código Penal por la Lay 2/2019, de 1 de marzo: aplicabilidad y valoración crítica del delito de abandono del lugar del accidente tras causarlo del art. 382 bis CP. *Revista Electrónica de Estudios Penales y de la Seguridad* (7), Pág. 18.

276 LANZAROTE MARTÍNEZ, P. (15 de febrero de 2019). El nuevo delito de abandono del lugar del accidente y otras importantes novedades de la inminente reforma del Código Penal en materia de imprudencia. *Diario La Ley Digital* (9359). Pág. 6.

277 TORÍO LÓPEZ, Á. (1967). Aspectos de la omisión especial de socorro (Art. 7, Ley 122-62). *Anuario de Derecho Penal y Ciencias Penales*, Pág. 582.

278 BUSTOS RUBIO, M. (2019). Aproximación crítica al nuevo delito de abandono del lugar del accidente (art. 382 bis del Código Penal). *La Ley Penal* (138), Pág. 9.

espera no lesiona nuevos bienes jurídicos. Esto es así, porque ni la solidaridad, ni la seguridad vial, ni la vida ni la integridad física o salud de las personas, que ya han sido agredidos, vuelven a sufrir menoscabo alguno. Además, tampoco lo puede ser la Administración de Justicia, puesto que el deber de averiguación y enjuiciamiento debe recaer siempre sobre esta, de ser así sería una especie de inversión de la carga probatoria. Por todo esto, es por lo que el conductor tiene derecho a huir y autoencubrirse.

Para fundamentar autoencubrimiento impune GARCÍA SAN MARTÍN lo razona en orden a evitar la confrontación con otro principio fundamental del Derecho Penal: *non bis in idem*, es decir, "en aquellos casos en los que la conducta de favorecimiento o autoencubrimiento de un delito precedente, susceptible de subsumirse al tiempo y originariamente en otro tipo penal, forma parte de una única acción con relevancia penal, en concreto de la acción típica precedente, sirviendo necesariamente a la realización o consumación de aquel delito, no puede dicha conducta penarse doblemente, a pesar de afectar a dos o más bienes jurídicos protegidos diferentes, siendo de aplicación la solución del concurso de normas, si se quiere en este caso denominado autoencubrimiento impune, en orden a evitar la proscrita afectación del principio *non bis in idem*"[279].

A este respecto, existe reiterada jurisprudencia del TS que avala este principio de autoencubrimiento impune, salvo en el caso de que los actos practicados por el autoencubridor constituyan por sí mismos un nuevo delito (STS 854/2010, de 7 de

---

279 GARCÍA SAN MARTÍN, J. (21 de septiembre de 2015). Una aproximación a la impunidad del autoencubrimiento. *La Ley Digital* (8609), Pág. 8.

octubre; STS 62/2013, de 29 de enero; STS 497/2012, de 4 de junio; STS Roj 884/1990, de 5 de febrero)[280].

Explica MAGRO SERVET[281] que aunque en el fondo pueda haber un motivo por parte del autor de la infracción o una colisión fortuita de evitar el enfrentamiento con las autoridades policiales y judiciales al permanecer en la escena del accidente y demostrar su responsabilidad en caso de que la acción haya sido imprudente, o evitar en el caso de que sea accidental que puedan vincularlo con lo sucedido, aunquc esto pueda no deberse a su culpa, esta situación debe ser analizada en el proceso legal correspondiente y no asumirse de manera automática, ya que existen casos en los que se presentan denuncias de tráfico por imprudencia y los denunciados son absueltos al considerarse que fue un hecho fortuito o incluso debido a la culpa de la víctima y no del conductor. Al huir del lugar, el conductor evita este dilema, pero comete un acto delictivo al convertir lo que podría no ser ilegal en una acción de fuga que termina siéndolo.

Siguiendo con el estudio del delito, si interpretamos conforme al sentido gramatical de las palabras utilizadas, el tipo dice:

---

280 En el Dictamen FGE 1/2021 sobre la reforma operada por la LO 2/2019, Pág. 74, se dice sobre el autoencubrimiento impune que no opera "en los casos de homicidios y lesiones imprudentes en el ámbito del tráfico viario" apoyándolo en el paradigmático caso en EEUU (*People vs Rosenheimer*) en el que el fallo dijo "El uso de estos automotores ha creado serio peligro (...) para proteger a los heridos y para que aquellos que causan tales daños puedan ser individualizados ha hecho que sea el deber del causante del accidente de permanecer y notificar a la policía (...) ciertamente la humanidad impondría tal obligación y no puedo creer que una ley que la impone y hace cumplir violara la Constitución de este Estado (...)".

281 MAGRO SERVET, V. (2024). Praxis del delito de fuga del lugar del accidente art. 382 bis CP (LO 2/2019, de 1 de marzo y LO 11/2022, de 13 de septiembre). *Revista Logos. Guardia Civil.* Pág.70.

abandone el lugar de los hechos tras "causar" un accidente. Es por esto por lo que CASTRO MORENO[282] entiende que no todo conductor implicado en un accidente y que abandona el lugar cometería el ilícito, ya que solo lo haría el conductor causante de ese accidente. Consciente del desconcierto inicial y la necesidad de averiguación de las causas del accidente, desde el principio se deben buscar las causas y el responsable del siniestro para excluir de responsabilidad penal a los conductores no causantes afectados.

Se puede interpretar que, al hablar de "causar", se comprende tanto el primer como el segundo apartado del artículo 382 bis del CP, ya que en ambos casos se contempla la existencia de culpa por parte del conductor. Sin embargo, en el tercer apartado se hace referencia a un origen fortuito de los hechos, es decir, sin culpa. Por lo tanto, si se determina que el conductor ha causado el accidente por su propia culpa, le sería de aplicación el primer o el segundo apartado del artículo 382 bis CP; en cambio, si no existe culpa, correspondería la aplicación del tercer apartado. No obstante, en opinión de MUÑOZ CUESTA[283] el caso fortuito lo asimila a la imprudencia leve por no poder "traspasar una categoría administrativa a una norma penal".

El tenor del art. continúa diciendo "en el que fallecieren una o varias personas o en el que se les causare alguna de las lesiones..." Aunque la lógica racional haga que no ofrezca

---

282 CASTRO MORENO, A. (2019). Comentario crítico a la LO 2/2019, de 1 de marzo, de reforma del Código Penal, en materia de imprudencia en la conducción de vehículos a motor y ciclomotores: nuevo delito de abandono del lugar del accidente. *La Ley Digital* (8174), Pág. 27.

283 MUÑOZ CUESTA, J. (2019). Modificación de la imprudencia en la circulación viaria y el abandono del lugar del accidente introducidos por LO 2/2019. *Revista Aranzadi Doctrinal*, (6). Pág. 8.

dudas, lo cierto es que habla de fallecimiento de una o varias personas, es decir, abarca tanto en singular como en plural. Además, ese fallecimiento de una o varias personas o lesiones debe ser inmediato, ya que si no fuera así, se encontraría en desamparo y en peligro manifiesto y grave y, por lo tanto, sería de aplicación el delito de omisión del deber de socorro[284] y no el delito de fuga, conforme a la jurisprudencia asentada del TS (STS 1000/1999, de 21 de junio; STS 992/2000, de 2 de junio; STS 1339/2004, de 24 de noviembre; STS 861/2007, de 24 de octubre; STS 183/2013, de 12 de marzo y STS 284/2021, de 30 de marzo de 2021). Lo que está claro, es que tiene que haber una relación causal entre la acción del conductor y las lesiones o muertes ocasionadas.

Sin duda, el elemento que más polémica suscitó hasta su modificación en el año 2022[285], fue el concerniente a la remisión del art. 152.2 del CP referido a las lesiones que debían causarse. Remitidos al art. 152.2 del CP vemos que dispone: “El que por imprudencia menos grave causare alguna de las lesiones a que se refieren los artículos 147.1, 149 y 150, será castigado…”. Es decir, en lo que se refiere a la gravedad de las lesiones se castigan las graves, excluyéndose así las lesiones leves del art. 147.2 y 3 del CP.

Por su parte, en lo referido a la gravedad de la imprudencia, esta deficiente e indirecta redacción podía hacer creer que solo se castigases las lesiones que se produzcan por imprudencia menos grave, pero esa sería, según LANZAROTE MARTÍNEZ, una interpretación errónea si continuamos leyen-

---

284 MORELL ALDANA, L. C. (2020). El delito de fuga: un «viejo» conocido de la dogmática penal. Visión doctrinal tras su reintroducción por la LO 2/2019. *Diario La Ley Digital* (9687). Pág. 13.

285 LO 11/2022, de 13 de septiembre, de modificación del Código Penal en materia de imprudencia en la conducción de vehículos a motor o ciclomotor. (2022). *BOE Núm. 221.*

do los apartados siguientes en los que se castigan las acciones imprudentes, sin distinción en el grado de gravedad, e incluso las fortuitas. Desde luego, más lúcida, como así se hizo en la modificación del año 2022 precitada, hubiera sido la remisión directa a las lesiones de los artículos 147.1, 149 y 150 del CP y no de manera indirecta a través del art. 152.2 CP, porque enredó la comprensión[286]. Es más, si lo que se pretendía era dejar fuera del espectro punitivo las lesiones leves, hubiera sido tan sencillo como sustituir art. 152.2 por 152 CP, sin apuntar a apartados concretos.

Como se afirma en Dictamen 1/2023 del Fiscal de Sala Coordinador de Seguridad Vial[287] , aquella "perturbadora" remisión que se hacía al art. 152.2 CP y que dio lugar a alguna resolución judicial aislada procedente, generalmente, de algún Juzgado de lo Penal, fue solventada vía recurso de apelación (SAP de Valencia, Sección 3ª, 561/2022, de 21 de octubre), contra la desacertada interpretación de que la remisión a ese art. no se refería a los resultados lesivos, sino a la gravedad de la imprudencia.

En la misma línea de opinión se encuentra MAGRO SERVET[288] puesto que considera que lo que hacía el artículo era distinguir entre la conducta realizada por imprudencia, con independencia de que no sea delictiva como la leve, y fortuita

---

286 LANZAROTE MARTÍNEZ, P. (15 de febrero de 2019). El nuevo delito de abandono del lugar del accidente y otras importantes novedades de la inminente reforma del Código Penal en materia de imprudencia. Diario La Ley Digital (9359). Pág. 10.

287 DEL RÍO MONTESDEOCA, L. (2023). *Dictamen 1/2023 sobre la reforma operada por la ley orgánica 11/2022, de 13 de septiembre, de modificación del CP en materia de imprudencia en la conducción de vehículos a motor o ciclomotor.*

288 MAGRO SERVERT, V. (28 de enero de 2019). El nuevo delito de fuga del art. 382 bis CP en la siniestralidad vial. *La Ley Digital* (9346), Pág. 4.

a efectos de poner la pena, ya que puede ser por el apartado 2 (imprudencia) o 3 (fortuito) del art. 382 bis. Por el contrario, otros autores no tenían la misma opinión acerca del grado de imprudencia necesario, dado que consideraban que esa remisión expresa al art. 152.2 CP excluía la imprudencia grave, por lo que extender el reproche a la imprudencia grave sería una analogía prohibida *in malam partem* y una vulneración del art. 4.1 del CP que explicita: "Las leyes penales no se aplicarán a casos distintos de los comprendidos expresamente en ellas"[289].

Tras la modificación del año 2022, MORELL ALDANA[290] considera que esta reforma era innecesaria, aunque dice que con ella se pretende "intentar otorgar una mayor "claridad" a la clase de lesiones que surten como resultado de la causación del accidente y abandono del lugar del mismo, por si el aplica-

---

289 MORELL ALDANA, L. C. (2020). El delito de fuga: un «viejo» conocido de la dogmática penal. Visión doctrinal tras su reintroducción por la LO 2/2019. *Diario La Ley Digital* (9687). Pág. 13; MARÍN DE ESPINOSA CEBALLOS, E. (diciembre de 2019). El delito de abandono del lugar del accidente (Art. 382 Bis): Una reforma inadecuada e innecesaria. Cuadernos de Política Criminal (129), Pág. 30. "En definitiva, un defecto de técnica legislativa que perjudica al ciudadano atenta a la exigencia de *lex stricta*". CASTRO MORENO, A. (2019). Comentario crítico a la LO 2/2019, de 1 de marzo, de reforma del Código Penal, en materia de imprudencia en la conducción de vehículos a motor y ciclomotores: nuevo delito de abandono del lugar del accidente. *La Ley Digital* (8174), Pág. 30 "Esto es, se quiere limitar el ámbito de aplicación del art. 382 bis, cuando el resultado son únicamente lesiones, a su causación por imprudencia menos grave. Podría incluso decirse que se requiere imprudencia menos grave, como mínimo, aunque con ello ya entraríamos en la primera de las cuestiones arriba planteadas".

290 MORELL ALDANA, L. C. (2022). Ley Orgánica 11/2022: el enésimo retoque a los delitos contra la seguridad vial. *La Ley*(11179/2022). Pág. 4.

dor del derecho se "olvida" de que el art. 152.2 CP comprendía las lesiones básicas, las muy graves y las graves".

Esta controversia, finalmente atajada con la modificación del CP en el año 2022, desligó la conducta típica de la imprudencia en cualquiera de sus calificaciones gravosas, ya que la vinculó solo los efectos lesivos de la acción, permaneciendo la exclusión de las lesiones leves del art. 147.2 y 3 del CP.

En suma, la parte mayoritaria de la doctrina considera que la inclusión de este tipo penal es una conculcación del principio de intervención mínima y de última ratio del CP y, creen que no protege un bien jurídico con la suficiente entidad para ser acreedor de tal protección penal, llegando a plantearse con rotundidad la inconstitucionalidad del precepto penal.

7. NEGATIVA A SOMETERSE A LAS PRUEBAS DE DETECCIÓN DE ALCOHOL Y DROGAS. ART. 383 CP

7.1. Introducción

Establecido el delito de conducir bajo la influencia de drogas tóxicas, estupefacientes, sustancias psicotrópicas o de bebidas alcohólicas, se antoja lógico y necesario articular un mecanismo para perseguir ese delito y comprobar su comisión. De ahí que, tal y como hemos explicado en apartados anteriores referentes a la conducción bajo esas circunstancias en el art. 379.2 CP., se estipulase un procedimiento a través del cual se dispusiera la forma de realización de las pruebas etilométricas y de droga al objeto de medir tales sustancias en los conductores.

El tratamiento normativo dado al conductor que se negaba a someterse a la prueba del alcohol fue evolucionando y agravándose, de tal forma que pasó de ser considerada una infracción administrativa a un delito. El articulo inicial se incardinó en el art. 380 CP y, posteriormente sufrió una modificación, pasando a ser el art. 383 CP aún vigente.

Es cierto que los comienzos de los artículos novedosos que se incluyen en el CP están sometidos a continuas diatribas por parte de la doctrina científica y jurisprudencial y este no iba a ser una excepción, llegando a plantearse graves problemas de constitucionalidad. Sin embargo, el tipo resistió esos embates y superó el listón de la constitucionalidad.

Es lógico establecer un procedimiento obligatorio con igual repercusión y fuerza legal para determinar de manera precisa si se está cometiendo el delito de conducción bajo la influencia de bebidas alcohólicas. De lo contrario, el delito original de alcoholemia o drogas que se pretende perseguir quedaría prácticamente anulado, dejando la resolución judicial sujeta únicamente a la manifestación de los agentes de la autoridad u otros testigos directos que atestigüen los hechos, sin respaldo probatorio técnico y objetivo.

La obligación de someterse a las pruebas de detección de alcohol y drogas está regulada tanto por la LSV como por el RGCir., aunque existen discrepancias en cuanto a los supuestos específicos y la autoridad competente para requerir dichas pruebas. La jurisprudencia ha tratado casos donde se discute la legalidad y proporcionalidad de estos requerimientos, así como las consecuencias penales y administrativas derivadas de la negativa a someterse a ellas. Además, la necesidad de clarificar la competencia y la función específica del agente de la autoridad que realiza el requerimiento ha sido objeto de análisis crítico, especialmente en lo que respecta a la idoneidad y legitimidad del acto en contextos fuera del ejercicio directo de sus funciones o competencia.

Asimismo, se debate la aplicación del error de tipo como eximente de responsabilidad penal, enfatizando situaciones en las que el individuo desconoce la obligatoriedad de las pruebas o no comprende las solicitudes de las autoridades. Paralelamente, se analiza cómo el estado psicofísico del conductor, derivado del consumo de sustancias, puede influir en su imputabilidad. A ello se suma la complejidad jurídica que afrontan los conductores extranjeros que no dominan el idioma español, ya que podrían no comprender las implicaciones legales de las pruebas requeridas por la autoridad.

En el ámbito del derecho penal relacionado con la conducción bajo la influencia de sustancias, el delito de negativa a someterse a las pruebas de alcohol o drogas presenta una casuística diversa y compleja que requiere un análisis detallado. Si bien existen supuestos típicos que encajan claramente en la comisión del delito, también emergen situaciones más particulares que suscitan interrogantes sobre la consumación del tipo penal. Estas circunstancias peculiares generan no solo debates en el ámbito doctrinal, sino también divergencias significativas en la jurisprudencia.

El marco normativo establecido, especialmente delineado en el art. 23 del RGCir., regula de manera precisa el procedimiento para la realización de las pruebas de alcohol y drogas. En particular, el artículo detalla la obligatoriedad de una segunda prueba en situaciones donde la primera arroja resultados positivos o se observan síntomas evidentes de embriaguez. Esta disposición ha sido objeto de interpretaciones encontradas tanto en la doctrina como en la jurisprudencia, destacando la STS 210/2017, de 28 de marzo, que ha contribuido a aclarar ciertas ambigüedades y discrepancias interpretativas.

En este contexto, se exploran diversos escenarios que van desde la negativa a someterse a la segunda prueba de alcoholemia hasta situaciones donde se obstaculiza la correcta realización de las pruebas, ya sea mediante la insuflación insuficiente de aire o la solicitud directa de una prueba de extracción sanguínea. Es fundamental, por tanto, examinar la aplicación práctica y las implicaciones jurídicas de este delito, así como las garantías procesales y los derechos del ciudadano involucrado. Este análisis pretende arrojar luz sobre las complejidades normativas y las interpretaciones judiciales que rodean un aspecto relevante para la seguridad vial.

7.2. Antecedentes

La punición aparejada al delito de negarse a realizar las correspondientes pruebas de alcohol o drogas ha ido transitando por un camino que discurre desde la mera infracción administrativa hasta la catalogación de delito y, dentro de tal consideración, además de la pena de prisión de 6 a 12 meses, la añadidura de la pena de privación del derecho a conducir vehículos a motor y ciclomotores por tiempo superior a uno y hasta cuatro años.

La ley de tráfico del año 1990[291] disponía en el art. 12.2: "Todos los conductores de vehículos quedan obligados a someterse a las pruebas que se establezcan para la detección de las posibles intoxicaciones por alcohol. Igualmente quedan obligados los demás usuarios de la vía cuando se hallen implicados en algún accidente de circulación". De tal forma que un conductor que se negase a someterse a las pruebas de alcoholemia o droga era sancionado con 50.000 pesetas de multa y tres meses de retirada del permiso de conducir, con ello, constituía una equivalencia en la sanción con la de conducir con tasas superiores a las reglamentariamente establecidas de bebidas alcohólicas, estupefacientes, psicotrópicos, estimulantes u otras sustancias análogas.

---

291 RDL 339/1990, por el que se aprueba el texto articulado de la Ley sobre Tráfico, Circulación de Vehículos a Motor y Seguridad Vial. (2 de marzo de 1990). B.O.E. Núm. 63.

No sería hasta el año 1995 cuando esa conducta formase parte del elenco de delitos del CP, incluyéndose en el art. 380 CP que preceptuaba: "El conductor que, requerido por el agente de la autoridad, se negare a someterse a las pruebas legalmente establecidas para la comprobación de los hechos descritos en el art. anterior, será castigado como autor de un delito de desobediencia grave, previsto en el art. 556 de este Código".

La inclusión de este nuevo delito representó una auténtica novedad legislativa, al suponer un nuevo avance en la respuesta penal frente a la conducción bajo la influencia del alcohol y las drogas. No obstante, su incorporación al CP no estuvo exenta de críticas, probablemente vinculadas a la escasa educación vial y a la falta de concienciación social respecto de la magnitud del problema que representan los siniestros viales[292], en particular aquellos relacionados con el consumo de sustancias. En este contexto, una parte de la ciudadanía mostraba una tolerancia significativa hacia este tipo de conductas, pese a la gravedad de los datos objetivos sobre siniestralidad vial, y percibía las medidas penales adoptadas como una injerencia en la libertad de "divertirse" bebiendo alcohol y, posteriormente, conducir para regresar al domicilio o continuar la actividad recreativa en otro lugar.

Se atacó a este delito desde todos los flancos posibles, principalmente, por su posible inconstitucionalidad por conculcación de los derechos a no declarar, a no confesarse culpable, el

---

292 DGT. (1998). Tablas estadísticas 1998 (excluidas víctimas núcleo urbano). Obtenido de https://www.dgt.es/export/sites/web-DGT/.galleries/downloads/dgt-en-cifras/publicaciones/Tablas_estadisticas_Accidentes_30_dias/Grupo-1.-Tablas-Generales-1998.xls. Fecha última consulta: 14 noviembre de 2024. El número de muertos por accidentes en carretera en el año 1998 fue de 4.811, heridos graves 22.905 y el número de heridos leves fue 49.963. Primera causa de muerte en varones entre 15-29 años.

derecho a la defensa y el derecho a la presunción de inocencia contemplados en los arts. 17 y 24. 2 de la CE, quiebra del principio de ultima ratio del Derecho Penal, etc[293].

Sobre la posible vulneración del derecho a no declarar y no confesarse culpable, el TC se pronunció en la STC 103/1985, de 5 de octubre, al afirmar que "el deber de someterse al control de alcoholemia no puede considerarse contrario al derecho a no declarar, y declarar contra sí mismo y a confesarse culpable, pues no se obliga al detectado a emitir una declaración que exteriorice un contenido, admitiendo su culpabilidad, sino a tolerar que se le haga objeto de una especial modalidad de pericia, exigiéndole una colaboración no equiparable a la declaración comprendida en el ámbito de los derechos proclamados en los arts. 17.3 y 24.2 de la Constitución".

Tal decisión se complementó en la STC 107/1985, de 7 de octubre, al decir que la realización de la prueba de alcoholemia "no entraña exigencia alguna de declaración autoincriminatoria del afectado, y si sólo la verificación de una pericia técnica de resultado incierto y que no exorbita, en sí, las funciones propias de quienes tienen como deber la preservación de la seguridad del tránsito y, en su caso, en mérito de lo dispuesto en el art. 492.1 LECrim, la detención de quien intentare cometer un delito o lo estuviere cometiendo. En estos términos, la verificación de la prueba que se considera supone, para el afectado, un sometimiento, no ilegítimo desde la perspectiva constitucional, a las normas de policía, sometimiento al que, incluso, puede verse obligado sin la previa existencia

---

293 FERNÁNDEZ BAUTISTA, S. (2007). El delito de negativa a la realización de las pruebas de alcoholemia (art. 383 CP). *La Ley Digital* (6543/2007). Págs. 1 y 6: "Entre los años 1996 y 1997 pueden contabilizarse hasta veinte cuestiones de inconstitucionalidad de las cuales dos fueron inadmitidas por defectos de forma y las restantes fueron desestimadas".

de indicios de infracción, en el curso de controles preventivos realizados por los encargados de velar por la regularidad y seguridad del tránsito".

Una vez en vigor el art. 380 CP, el TC se pronunció en la STS 161/1997, de 2 de octubre, sobre este delito, consolidando los argumentos expuestos anteriormente y evidenciando que la sanción por desobediencia, al proteger el principio de autoridad, constituye un delito de desobediencia que, a su vez, salvaguarda la seguridad en el tráfico.

El art. 380 CP, antecedente del 383 CP vigente, estaba enfocado a "para la comprobación de los hechos descritos en el artículo anterior", es decir el art 379 CP, que sí exigía los síntomas de estar influenciado por el alcohol para su apreciación[294] (SAP de Salamanca 40/2001, de 19 de enero), dicho de otro modo, la relevancia penal de la negativa a la realización de las pruebas de alcoholemia dependía de la concurrencia de los requisitos típicos del delito que le precedía[295]. Consiste en una actuación conducente en recabar pruebas de un delito, y para ello resulta necesario que existan indicios racionales de su comisión[296]. Además, ligaba la negativa a someterse a las pruebas con el delito contra el orden público de desobediencia, remitiendo expresamente al art. 556 CP, sancionándose con la pena

---

294 MUÑOZ CUESTA, F. J. (2009). Delito de negativa a someterse a las pruebas de alcoholemia y detección de drogas: problemas que suscita la interpretación del art. 383 CP. *Aranzadi Doctrinal* (2/2009). Pág. 7.

295 FERNÁNDEZ BAUTISTA, S. (2007). El delito de negativa a la realización de las pruebas de alcoholemia (art. 383 CP). *La Ley Digital* (6543). Pág. 5

296 GARZENMULLER ROIG, C., ESCUDERO MORATALLA, J. F., & FRIGOLA VALLINA, J. (1997). Delitos contra la seguridad del tráfico. En especial, otras infracciones relacionadas con vehículos o con conducción o circulación. *Actualidad Penal* (43), Págs. 24-30.

en él prevista, no previendo la privación del derecho a conducir vehículos a motor o ciclomotores.

Dicho esto, nos situaríamos en un ámbito administrativo y, por tanto, atípico, cuando se requería aleatoriamente a un conductor para que se sometiese a la prueba de alcoholemia en un control policial rutinario sin que presentase síntomas evidentes de estar bajo la influencia de bebidas alcohólicas o drogas[297]. En ese contexto, únicamente se consideraría constitutiva de delito la conducta dirigida a afianzar los indicios de influencia en la conducción; en caso contrario, se trataría de una infracción administrativa, incluso si, posteriormente, se demostrara que el conductor venía operando bajo dicha influencia, circunstancia que, en tal supuesto, se sumaría a la infracción como otro delito[298].

Paradigmático fue el caso de un diputado del Congreso de los Diputados que fue requerido por un agente de la ATGC en un control de alcoholemia para ser sometido a un la prueba de alcoholemia y el diputado, sin síntomas de estar bajo la influencia del alcohol, se negó a realizarla. Gracias a tener la condición de diputado, poseía un fuero especial de enjuiciamiento en el TS, de tal forma que sirvió además de enjuiciar al aforado para conocer la interpretación del tipo al más alto nivel jurisdiccional. Así, en la STS 3/1999, de 9 de diciembre[299], se dictaminó que debido a que la parada del diputado

---

297 VARONA GÓMEZ, D. (2000). El delito de negativa a las pruebas de alcoholemia tras las sentencias 161/1997 y 243/1997 del TC y la sentencia del TS de 9 de diciembre de 1999. *La Ley*, Págs. 1585-1598.

298 SOLA RECHE, E. (2008). Los viejos problemas de los nuevos delitos contra la seguridad vial. *Revista General de Derecho Penal* (10), Pág. 24.

299 STS 3/1999, de 9 de diciembre (Roj: STS 7857/1999–ECLI:ES:TS:1999:7857): "La dependencia del art. 380 respecto del 379 del Código Penal permite establecer, en orden a fijar los límites entre la sanción penal y la administrativa, los siguientes criterios orientativos: a) la negativa a someterse al control de alcoholemia,

de realizó "en el curso de un control preventivo, de modo que la elección del mismo fue puramente aleatoria" y "no haber observado en él síntomas de embriaguez", absuelve al acusado al "no haber rebasado el ámbito del derecho administrativo sancionador"[300].

---

en cualquiera de los supuestos previstos en los números 1 y 2 del art. 21 del Reglamento General de Circulación, debe incardinarse dentro del tipo penal del art. 380 del Código Penal; y,b) dicha negativa, en los supuestos de los números 3 y 4 del mismo precepto del Reglamento de Circulación, precisa la siguiente distinción: b.1) si los agentes que pretendan llevar a cabo la prueba advierten en el requerido síntomas de estar conduciendo bajo los efectos de bebidas alcohólicas, y se lo hacen saber así al requerido, la negativa de éste debe incardinarse también en el delito de desobediencia del citado art. 380del Código Penal; y b.2) cuando no se adviertan tales síntomas, la negativa del requerido no rebasa los límites de la sanción administrativa (arts. 65.5.2.b) y 67.1 de la Ley sobre Tráfico, Circulación de Vehículos a motor y Seguridad Vial).
En el presente caso -de acuerdo con los anteriores principios- procede destacar: a) que la detención del vehículo conducido por el acusado para la práctica de la prueba de alcoholemia tuvo lugar en el curso de un control preventivo, de modo que la elección del mismo fue puramente aleatoria; y, b) que, tras la reiterada negativa del interesado a someterse a dicha prueba, el dirección002 de la patrulla de la Guardia Civil que se hallaba prestando dicho servicio, tras consultar el caso con el Juez de Instrucción de Guardia, advirtió al Sr. José Francisco que se le instruirían diligencias por presunto delito de desobediencia y le dejó continuar viaje, al no haber observado en él síntomas de embriaguez. Por tanto, de acuerdo con aquellos principios, debe considerarse que la conducta enjuiciada no ha rebasado el ámbito del derecho administrativo sancionador. Consiguientemente, procede la libre absolución del acusado y la remisión de los antecedentes precisos al Delegado del Gobierno en la Comunidad Autónoma de Andalucía, a los efectos legalmente procedentes...".

300 No obstante, CUESTA PASTOR, P. J. (2001). Comentario a la sentencia del TS 3/1999 de 10 de diciembre, acerca de la criminalización de la negativa a someterse al test de alcoholemia. Repercusiones en cuanto al principio de seguridad jurídica. *La Ley* (22364), el

Así mismo, también nos encontramos sentencias absolutorias cuando el propio conductor le informa a los agentes de la autoridad "que había bebido mucho y que iba a dar un resultado positivo", por lo que se niega a someterse a la prueba de alcoholemia (SAP de Barcelona 932/2000, de 8 de septiembre)[301]. En el mismo sentido, la SAP de Granada 529/2000, de 11 de septiembre, confirma la sentencia absolutoria de un acusado porque tras realizar la primera prueba de alcoholemia y arrojar un resultado de 1'21 miligramos de alcohol por litro de aire espirado, se niega a realizar la segunda prueba alegando que "iba a dar positivo" y en la declaración prestada días después ante el Juez Instructor reconoció ciertos los hechos imputados, ya que tuvo un accidente de circulación hallándose bajo los efectos de bebidas alcohólicas (14 o 15 cubalibres). En la vista oral reconoció igualmente los hechos, alegando su em-

---

autor sostiene que "Todo ello, nos conduce a sostener la impropiedad del razonamiento que el TS emplea para absolver al presunto autor del delito de negativa a someterse a la prueba de alcoholemia y para además diferenciar entre lo que tiene que ser tratado como delito de desobediencia y lo que ha de tratarse como simple ilícito administrativo. Y ello es debido a que tal razonamiento no tiene en cuenta que el tipo del art. 380 no se introdujo en el Código Penal para procesar por desobediencia al conductor que «de hecho» presenta síntomas de embriaguez. Sino, por absurdo que parezca, para castigar sin excepción a todos los conductores que se nieguen a someterse al test, aunque no muestren signos de intoxicación".

301 SAP de Barcelona 932/2000, de 8 de septiembre (Roj: SAP B 10725/2000–ECLI:ES:APB:2000:10725): "Siendo así que el acusado expresamente reconoce ante los Agentes el cumplimiento del presupuesto previo a la relevancia penal del hecho cristalizado en conducir un vehículo habiendo bebido alcohol en cantidad tal que objetivamente sobrepasaría los límites legales, dicha prueba no era ya necesaria para comprobar el hecho por lo que la negativa a practicarla no puede materialmente entenderse como un acto de menosprecio al principio de autoridad ante la que se admite el hecho para cuya comprobación".

briaguez, así como su reconocimiento expreso y documental de ser alcohólico.

En definitiva, el delito de negarse a someterse a las pruebas de detección de alcohol o drogas estaba íntimamente ligado al art. 379 CP de conducción bajo la influencia de bebidas alcohólicas o drogas, por lo que si existían indicios evidentes de su comisión, bien mediante unos signos externos claros de influencia en la conducción o, incluso, por la propia declaración autoinclulpatoria del conductor con reconocimiento expreso, no habría nada que comprobar con la realización de las pruebas etilométricas ya que estaba suficientemente probada la influencia en la conducción, por lo que la conducta sería atípica conforme al art. 380 CP. Igualmente, era un delito vinculado al delito del art. 556 CP haciendo una remisión expresa a él, por lo que había una clara correspondencia de este delito ubicado en los delitos contra la seguridad del tráfico que protegen la seguridad vial y los delitos contra el orden público que, en este caso, protege el principio de autoridad de los agentes.

7.3. Naturaleza del delito y bien jurídico

La concreción de la naturaleza jurídica es fundamental para determinar si es posible la aplicación de la agravante de reincidencia o concurso de delitos con otros tipos del mismo capítulo en el que se halla ubicado. Por un lado, podría tratarse de un delito contra el orden público de desobediencia al sancionarse el incumplimiento de un mandato de un agente de la autoridad al negarse a realizar las pruebas de alcohol o drogas, pero también podemos considerarlo un delito contra la seguridad vial debido al objetivo pretendido de eliminación del riesgo en la circulación viaria[302].

---

302 MUÑOZ CUESTA, F. J. (2009). Delito de negativa a someterse a las pruebas de alcoholemia y detección de drogas: problemas que

La LO 15/2007, de 30 de noviembre, por la que se modifica la LO 10/1995, de 23 de noviembre, del CP en materia de seguridad vial, altera el número cardinal del artículo pasando a constituirse en el art. 383 CP[303], anunciándose en el Preámbulo que "La negativa a someterse a las pruebas legalmente establecidas para detectar el grado de alcoholemia o de impregnación tóxica, en cambio, pierde su innecesario calificativo de delito de desobediencia y pasa a ser autónomamente castigada".

Nos encontramos que el artículo dice "se negare a someterse a las pruebas legalmente establecidas…". Como siempre, la precisión en la elección de las palabras es fundamental. Aunque el art. 383 CP mantiene la misma terminología que el modificado art. 380 CP, en esta ocasión no remite directamente –como consecuencia de la negativa al sometimiento– al delito de desobediencia previsto en el art. 556 CP. Por lo tanto, ni por definición expresa ni mediante remisión directa se contempla algo relacionado con la desobediencia penal, aunque es cierto que se intuye, pues "negarse", según la RAE es excusarse de hacer algo y "someterse" es hacer que alguien soporte cierta acción.

Con este anuncio, con la ubicación y la consiguiente eliminación a la referencia al art. 556 CP de desobediencia grave, teniendo con ello repercusiones en aspectos procesales, y con la introducción de la pena de privación del derecho a conducir vehículos a motor y ciclomotores, podría considerarse una de-

---

suscita la interpretación del art. 383 CP. *Aranzadi Doctrinal* (2/2009). Pág. 2.

303 Art. 383 CP: "El conductor que, requerido por un agente de la autoridad, se negare a someterse a las pruebas legalmente establecidas para la comprobación de las tasas de alcoholemia y la presencia de las drogas tóxicas, estupefacientes y sustancias psicotrópicas a que se refieren los arts. anteriores, será castigado con las penas de prisión de seis meses a un año y privación del derecho a conducir vehículos a motor y ciclomotores por tiempo superior a uno y hasta cuatro años".

claración de intenciones del legislador en cuanto al tratamiento que debe darse al delito, pero nada más lejos de la realidad porque en esencia el artículo permanecía inalterable y parte de la doctrina así lo entendía, es decir, seguía predominando el ilícito de desobediencia[304].

Sin embargo, otra parte de la doctrina se dividía en dos corrientes; los que afirmaban que solo se protegía la seguridad vial; y los que creían que se trataba de un delito de carácter pluriofensivo en el que se protege tanto la seguridad vial como el principio de autoridad[305]. Podemos encontrar sentencias judiciales en ambos sentidos; en el primero, la SAP de Barcelona 319/2016, de 29 de abril, SAP de Almería 69/2016, de 4 de febrero, SAP de Madrid 430/2015, de 27 de abril; y en el segundo, la SAP de Barcelona 404/2009, de 25 de mayo, SAP de Tarragona 385/2008, de 9 de octubre.

Ese carácter pluriofensivo permite entender la desproporción punitiva entre el delito de negativa y el de conducción bajo la influencia del alcohol o las drogas por cuanto el desvalor del primero procede de ese carácter pluriofensivo y no del exclusivo ataque a la seguridad del tráfico[306]. Téngase en cuen-

---

304 QUERALT JIMÉNEZ, J. J. (2010). *Derecho penal español Parte especial* (6ª ed.). Tirant lo Blanch. Pág. 994; FERNÁNDEZ BAUTISTA, S. (2007). El delito de negativa a la realización de las pruebas de alcoholemia (art. 383 CP). *La Ley Digital* (6543). Pág. 4.

305 GRIMA LIZANDRA, V. (2011). Los delitos contra la seguridad vial. Lectura desde los principios penales. En E. ORTS BERENGUER (Coord.), *Prevención y control de la siniestralidad vial. Un análisis jurídico y criminológico.* (págs. 125-136). Tirant lo Blanch. Pág. 132, no tiene dudas en que “el bien jurídico protegido en este delito es la seguridad del tráfico (de manera inmediata) y la vida o integridad de las personas (de manera mediata)”.

306 MARTÍN LORENZO, M. (2010). El delito de negativa a someterse a las pruebas de alcoholemia como delito contra la seguridad vial. Consecuencias para su aplicación. Diario *La Ley* (7451). Pág. 2. Aun-

ta que la pena que establece el art. 379.2 CP es: pena de prisión de tres a seis meses o con la de multa de seis a doce meses o con la de trabajos en beneficio de la comunidad de treinta y uno a noventa días, y, en cualquier caso, con la de privación del derecho a conducir vehículos a motor y ciclomotores por tiempo superior a uno y hasta cuatro años; y la del 383 CP es: pena de prisión de seis meses a un año y privación del derecho a conducir vehículos a motor y ciclomotores por tiempo superior a uno y hasta cuatro años, es decir, la pena de prisión es el doble en el caso del art. 383 CP.

La SAP de Almería 69/2016, de 4 de febrero citada antes, dice que "la vulneración del mismo bien jurídico en dos conductas diferentes es irrelevante en cuanto a la aplicación de las respectivas infracciones penales, como sucede por ejemplo con la conducción bajo la influencia del alcohol y la colocación de obstáculos en la calzada del art. 385.1ª del CP".

La FGE en la Circular 10/2011 de 17 de noviembre, sobre criterios para la unidad de actuación especializada del Ministerio Fiscal en materia de Seguridad Vial, también se posicio-

---

que la autora es reticente al carácter pluriofensivo "Para empezar, la pérdida de fuerza del argumento gramatical, las relativas a la dudosa presencia de una desobediencia grave en los casos prototípicos de negativa, así como sobre la concurrencia sin excepción de una desobediencia leve. Si se cambia el peso a la seguridad del tráfico, revive el escepticismo sobre la aptitud de la figura delictiva de la negativa para protegerla de algún modo. Si se admite la doble tutela, aunque sea a efectos discursivos, salen a la luz aporías penológicas que impiden salvar la proporcionalidad del precepto, como es el objetivo declarado de las tesis mixtas. Dado que, como parece ser la tónica dominante, se conceptúa el ataque al principio de autoridad como leve (a lo sumo una falta) y a la seguridad vial como mediato y alejado del efectivo menoscabo de intereses individuales (no punible en sí mismo), no se alcanza la razón de que la interacción de esos nimios desvalores los potencie hasta el punto de justificar la pena prevista en el art. 383"

naba en este sentido al "identificar un doble objeto de tutela. En primer lugar, el art. 383 CP protegería la seguridad vial, dado el emplazamiento sistemático y las finalidades que se persiguen con la incriminación de esta conducta. En segundo lugar, otorgaría tutela o protección al principio de autoridad inherente a las funciones de policía o supervisión del tráfico que corresponden a la Administración, para asegurar que discurra en condiciones de seguridad frente a las conducciones bajo la influencia de alcohol y drogas generadoras de graves riesgos". Para CARDENAL MONTRAVETA[307] el bien jurídico protegido es la eficacia de los requerimientos legítimos de los agentes de la autoridad, y los fines que persiguen, a los que aquí se alude expresamente.

Tal y como dijimos en el apartado anterior, el TS se pronunció en la STS 161/1997 de 2 de octubre acerca del delito 380 CP considerándolo un delito pluriofensivo afirmando que "se trataría de un delito de desobediencia a través del cual se protege, a su vez, la seguridad en el tráfico". En este sentido, el TS reafirmó su postura en la STS 2010/2017, de 28 de marzo, afirmando que "El bien jurídico directamente tutelado es el principio de autoridad, como en los delitos de desobediencia. De forma indirecta se protege la seguridad vial. El art. 383, por su especificidad, se ha emancipado definitivamente del genérico delito de desobediencia del art. 556, pero no dejar de ser una modalidad singularizada". Por lo que deja claro que es el

---

307 CARDENAL MONTRAVETA, S. (2015). Capítulo IV De los delitos contra la Seguridad Vial. En M. CORCOY BIDASOLO (Dtra.), S. MIR PUIG (Dtor.), & J. S. VERA SÁNCHEZ (Coord.), *Comentarios al Código Penal. Reforma LO 1/2015 y LO 2/2015*. (2ª ed.). Tirant lo Blanch. Pág. 1299. "La posibilidad de comprobar los hechos descritos en los arts. 379.2 y 380.2 es un presupuesto esencial de la eficacia preventiva de la norma que prohíbe su realización y de la pena con la que se castigan. Por ello, de forma mediata se protege la seguridad vial y, por lo tanto, la vida e integridad de las personas".

principio de autoridad el que está protegido y que el legislador, aunque tuviera en mente la protección de la seguridad vial por razones de política criminal, esta sería una protección muy mediata como lo sería, por ejemplo, la administración de justicia frente a una orden judicial.

Según MOLINA FERNÁNDEZ[308] nos encontramos ante un tipo de peligro abstracto que tiene por finalidad la evitación de otro peligro abstracto al que está subordinado, por lo que este tipo de peligro "superabstracto" supone una relación de riesgo remota con la seguridad del tráfico y, por ende, con la vida y la integridad de las personas. El significado del desvalor no radica en la incidencia causal lesiva de la negativa aisladamente respecto del bien jurídico de la seguridad vial, sino en dificultar la prevención de conducir bajo la influencia del alcohol o las drogas. Así, un delito sería de peligrosidad concreta y el otro un delito cumulativo[309].

Igualmente, FERNÁNDEZ BERMEJO[310] también lo considera un delito de peligro abstracto o de mera actividad, ya que, aunque no pone en peligro de forma inmediata el bien jurídico, se consuma por el simple incumplimiento de los requisitos legales, convirtiendo esta conducta en peligrosa, sin embargo

---

308 MOLINA FERNÁNDEZ, F. (1998). En M. BAJO FERNÁNDEZ (Dtor.), Compendio de Derecho penal: Parte especial (pág. 726). Centro de Estudios Ramón Areces. Pág. 726.

309 VON HIRSCH, A., & WOHLERS, W. (2007). Teoría del bien jurídico y estructura del delito. Sobre los criterios de una imputación justa. En R. HEFENDEHL (Coord.), *La Teoría del bien jurídico: ¿fundamento de legitimación del Derecho penal o juego de abalorios dogmático?* (págs. 288-290). Marcial Pons.

310 FERNÁNDEZ BERMEJO, D. (2016). *Algunas cuestiones relativas al delito de negativa a someterse a las pruebas.* Anuario Facultad de Derecho–Universidad de Alcalá IX. Pág. 122.

GOMEZ PAVÓN[311] lo considera un delito de omisión propia, ya que la consumación se produce en el último instante en que es posible cumplir con el deber que, en este caso, se da cuando el conductor se niega a realizar las pruebas obligatorias.

7.4. Elementos del delito

Al tratarse de un delito incardinado en el Título XVII De los delitos contra la seguridad colectiva, Capítulo IV De los delitos contra la Seguridad Vial, tiene el sujeto activo propio de estos delitos, es decir, el conductor. Conductor, así de lacónica y taxativa es la condición de sujeto activo que se ofrece en este artículo a diferencia de como lo hacen los artículos precedentes donde especifican que debe ser el conductor de un vehículo a motor o ciclomotor.

No se entiende muy bien el motivo de esa parquedad utilizada solo para este artículo entre los cometidos contra la seguridad vial, a excepción del art. 385 CP que el sujeto activo no es el conductor. Esta definición pudiera llevar a error o a duda, ya que si solamente se menciona la condición de "conductor" estaríamos ampliando la variedad de sujetos activos que pueden cometer el delito. Así, el término "conductor" que ofrece la LSV en el Anexo I es: "Persona que, con las excepciones del párrafo segundo del punto 4 maneja el mecanismo de dirección o va al mando de un vehículo, o a cuyo cargo está un animal o animales. En vehículos que circulen en función de aprendizaje de la conducción, tiene la consideración de conductor la persona que está a cargo de los mandos adicionales". Dicho esto, podría interpretarse que el conductor de un coche de caballos,

---

311 GÓMEZ PAVÓN, P. (2011). Delitos contra la seguridad del tráfico. En F. J. ÁLVAREZ GARCÍA (Dtor.), A. MANJÓN-CABEZA OLMEDA (Coord.), & A. VENTURA PÜSCHEL (Coord..), *Derecho Penal Español. Parte Especial (II)*. (págs. 1378-1442). Tirant lo Blanch. Pág. 1434.

un jinete e incluso el conductor de una bicicleta podrían estar incluidos entre los sujetos activos.

Sin embargo, estos supuestos planteados de conductores que no son de vehículos a motor o ciclomotores están sancionados por vía administrativa en la infracción muy grave recogida en el art. 77.d) LSV que dispone: "Incumplir la obligación de todos los conductores de vehículos, y de los demás usuarios de la vía cuando se hallen implicados en algún accidente de tráfico o hayan cometido una infracción, de someterse a las pruebas que se establezcan para la detección de alcohol o de la presencia de drogas en el organismo". En estos casos, la infracción está sancionada con 500 euros de multa, no procediendo, como es lógico, la retirada de 6 puntos del permiso de conducir.

No obstante, cabe señalar que pueden darse aplicaciones discutibles del precepto, como la recogida en la Sentencia del Juzgado de lo Penal núm. 1 de Gerona 44/2014, de 17 de marzo, en la que se condenó al conductor de una bicicleta por negarse a someterse a la prueba de alcoholemia como autor penalmente responsable de un delito de negativa a someterse a las pruebas de alcoholemia del art. 383 CP concurriendo la atenuante cualificada de embriaguez del art. 21.7 CP en relación con los arts. 21.1 y 20.2 CP a la pena de 4 meses de prisión, con la accesoria de inhabilitación especial para el derecho de sufragio pasivo durante el tiempo de la condena, y a la pena de privación del derecho a conducir vehículos a motor y ciclomotores por tiempo de 8 meses y dos días, así como al pago de las costas procesales [312].

---

[312] Sentencia Juzgado de lo Penal número 1 de Gerona 44/2014, de 17 de marzo: "Sobre las 02:50 horas del día 21 de marzo de 2013, el acusado X y con antecedentes penales no computables a efectos de reincidencia, se encontraba en la zona centro del municipio de Palafrugell cuando, tras observar la presencia policial, se subió en la bicicleta mountain-bike, marca Pro-Flex USA con números

No obstante, aunque la redacción del artículo podría mejorarse, la mesura de palabras inicial queda enmendada al disponer "a que se refieren los artículos anteriores", lo que se entiende como una referencia a los conductores de vehículos a motor o ciclomotores, tal y como se cita en los artículos precedentes. Asimismo, esta disposición podría interpretarse de manera similar en lo que respecta a las vías públicas como lugar de comisión del delito.

Para MUÑOZ CUESTA[313] resulta prácticamente imposible la participación delictiva por inducción o cooperación necesaria o cómplice, ya que la negativa es tan inmediata al requerimiento policial que hace que la intervención de terceros carezca de tiempo suficiente para participar en el delito. Ahora bien, en línea con lo sostenido por MARTÍN LORENZO[314],

---

BI- 2106 BI-C8772, que llevaba y condujo huyendo de los agentes, hasta que en las proximidades del carrer de Cervantes cayó al suelo, siendo detenido en este momento por los agentes, los cuales percibieron en el acusado síntomas de encontrarse bajo la influencia de bebidas alcohólicas, como halitosis alcohólica notoria a distancia, comportamiento agresivo, muy locuaz, insultante, excitado e irrespetuoso, habla pastosa y repetitiva e imprecisión en la coordinación de movimientos, por lo que le requirieron para la realización de las pruebas preceptivas para la comprobación de las tasas de alcohol y se apercibió al acusado de las consecuencias penales de su negativa a la práctica de las pruebas, a pesar de ello, el acusado se negó a su realización, lanzando la boquilla contra la cara del agente de la Policía Local que iba a practicarla, no llevando a cabo finalmente las pruebas".

313 MUÑOZ CUESTA, F. J. (2009). Delito de negativa a someterse a las pruebas de alcoholemia y detección de drogas: problemas que suscita la interpretación del art. 383 CP. *Aranzadi Doctrinal* (2/2009). Pág. 3.

314 MARTÍN LORENZO, M. (2013). Negativa a someterse a las pruebas de medición de alcohol o de detección de drogas. En M. GUTIÉRREZ RODRÍGUEZ (Coord.), *Protección penal de la seguridad vial.* (2ª ed.). Tirant lo Blanch. Pág. 414.

puede considerarse también la posibilidad de imputación por participación, concretamente en la modalidad de inducción, cuando una persona incita a otra a negarse a someterse a las pruebas legalmente exigidas. No obstante, las condenas por este tipo de conductas resultan prácticamente inexistentes en la práctica judicial.

Cuando el tipo continúa diciendo "requerido por un agente de la autoridad", nos está informado de quién es el que está facultado para requerir a ese conductor para que se someta a la prueba de alcohol o drogas. El agente de la autoridad debe hallarse en el ejercicio de sus funciones y perfectamente identificados para que el conductor pueda conocer el alcance de la obligación a que es requerido[315].

Para TRAPERO BARREALES[316], ese requerimiento debe reunir los requisitos propios del delito de desobediencia, que son[317]: 1) Mandato legal y expreso emanado de la autoridad o sus agentes en el ejercicio de sus funciones y dentro de sus competencias; 2) Que la orden o mandato revista todas las exigencias legales formales esenciales y competenciales; 3) Que la orden se haga conocer a sus destinatarios de forma expresa, terminante y clara[318]; 4) Que el requerido muestre una ac-

---

315 MUÑOZ CUESTA, F. J. (2009). Delito de negativa a someterse a las pruebas de alcoholemia y detección de drogas: problemas que suscita la interpretación del art. 383 CP. *Aranzadi Doctrinal* (2/2009). Pág. 4.

316 TRAPERO BARREALES, M. A. (2011). *Los delitos contra la seguridad vial: ¿una reforma de ida y vuelta?*. Tirant lo Blanch. Pág. 285.

317 QUINTERO OLIVARES, G. (2011). En G. QUINTERO OLIVARES (Dtor.), & F. MORALES PRATS (Coord.), *Comentarios a la Parte Especial del Derecho Penal* (9ª ed.). Aranzadi. Pág. 2171.

318 En este sentido, CARDENAL MONTRAVETA, S. (2015). Capítulo IV De los delitos contra la Seguridad Vial. En M. CORCOY BIDASOLO (Dtra.), S. MIR PUIG (Dtor.), & J. S. VERA SÁNCHEZ (Coord.), *Comentarios al Código Penal. Reforma LO 1/2015 y LO 2/2015*. (2ª ed.).

titud de abierta negativa a obedecerla y no mera renuencia; 5) Eventualmente, pues se trata de un elemento discutido, la concurrencia de un especial ánimo de desprestigio o deseo de menoscabar el principio de autoridad o la función pública desempeñada por el agente; 6) Que la desobediencia sea grave.

Dicho esto, nuevamente la brevedad en la redacción genera dudas. Me refiero a que el artículo dice requerido "por una agente de la autoridad", pero nada dice de que ese agente de la autoridad deba tener encomendada la competencia de la vigilancia y control de la seguridad vial, siendo así, solo la Policía Local en ámbito urbano, la Guardia Civil en interurbano y –dependiendo del caso también en urbano–, y la policía autonómica en el territorio de su respectiva comunidad autónoma, podrían requerir a un conductor para someterle a las pruebas de alcohol o drogas siempre que actúen en el ejercicio de sus funciones y dentro de los límites de su competencia. Siguiendo esta interpretación, por ejemplo, un agente del Cuerpo Nacional de Policía no estaría facultado para emitir este requerimiento con fuerza legal.

Si no se llevara a cabo esta interpretación y la aplicáramos en sentido amplio, cualquier agente de la autoridad en el ejercicio de sus funciones relacionadas con la protección de la seguridad y, en particular, en cumplimiento de sus funciones relativas a la prevención de hechos delictivos, podría realizar el requerimiento a un conductor[319]. También podríamos ir más allá y extenderlo, por el principio de dedicación profesional recogido en el art. quinto de la LO 2/1986, de 13 de marzo,

---

Tirant lo Blanch. Pág. 1303. "Al tratarse de una modalidad específica del delito de desobediencia, el art. 383 exige un requerimiento previo, directo y claro del agente, y que la negativa sea contumaz y reiterada".

319 TRAPERO BARREALES, M. A. (2011). *Los delitos contra la seguridad vial: ¿una reforma de ida y vuelta?* Tirant lo Blanch. Pág. 288.

de Fuerzas y Cuerpos de Seguridad, a supuestos en los que los agentes se encuentren fuera de servicio. Personalmente, me inclino por hacer una interpretación más restrictiva y limitar ese requerimiento legal a los agentes de la autoridad en el ejercicio de sus funciones con competencia y función específica para vigilar y controlar la seguridad vial.

En cambio, este criterio debe matizarse y tener en consideración lo dispuesto por la legislación respecto a las pruebas de drogas, ya que el art. 796.1.7ª. LECrim dice que: "La práctica de las pruebas de alcoholemia se ajustará a lo establecido en la legislación de seguridad vial. Las pruebas para detectar drogas tóxicas, estupefacientes y sustancias psicotrópicas en los conductores de vehículos a motor y ciclomotores serán realizadas por los agentes de la policía judicial de tráfico con formación específica y sujeción, asimismo, a lo previsto en las normas de seguridad vial". Por lo que, incluso teniendo la consideración de agente de la autoridad con competencia en la vigilancia y control de la seguridad vial, no sería suficiente para poder requerir formal y legalmente a un conductor para someterse a las pruebas de detección de drogas. En conclusión, es necesario tener la condición de agente de la autoridad, tener la competencia y función de vigilancia y control de la seguridad vial y, en el caso de la prueba de drogas, formación específica al respecto.

Entretanto, en la normativa que determina los criterios de obligatoriedad de sometimiento a las pruebas de alcohol y drogas existe una cierta antinomia, ya que, por un lado, el art. 21 RGCir. establece esa obligatoriedad a todos los conductores de vehículos y bicicletas –no se entiende muy bien esa diferenciación, pues una bicicleta es un vehículo tal y como lo describe el Anexo I de la LSV[320]– en los siguientes casos:

---

320 Anexo I. RGCir.: "7. Ciclo. Vehículo provisto de, al menos, dos ruedas y propulsado exclusiva o principalmente por la energía muscu-

a) A cualquier usuario de la vía o conductor de vehículo implicado directamente como posible responsable en un accidente de circulación.

b) A quienes conduzcan cualquier vehículo con síntomas evidentes, manifestaciones que denoten o hechos que permitan razonablemente presumir que lo hacen bajo la influencia de bebidas alcohólicas.

c) A los conductores que sean denunciados por la comisión de alguna de las infracciones a las normas contenidas en este reglamento.

d) A los que, con ocasión de conducir un vehículo, sean requeridos al efecto por la autoridad o sus agentes dentro de los programas de controles preventivos de alcoholemia ordenados por dicha autoridad.

Pero, por otro lado, el art. 14 la LSV del año 2015, para empezar, ya no discrimina entre conductor de vehículo y bicicleta, sino que solo menciona "al conductor de un vehículo" y, el punto más importante a destacar es que amplía el supuesto de aplicación del apartado a) del art. 21 RGCir., pues ya no está obligado solo el conductor de un vehículo implicado "directamente como posible responsable" de un accidente de circulación, sino que atañe también a los que "se hallen implicados en un accidente de tráfico".

De igual modo, el mismo artículo de la LSV también amplía la obligación de sometimiento descrita en el apartado c) del art. 21 RGCir., no limitándolo al conductor denunciado por alguna infracción a la norma contenida en "este reglamento", sino que lo amplía a la comisión de "una infracción conforme a lo tipificado en esta ley". A pesar de esta ampliación en los supuestos de aplicación, la LSV nada más dice acerca de los otros casos que sí menciona el RGCir. sobre la obligatoriedad de sometimiento a la prueba de alcohol y droga como son; el ha-

---

lar de la persona o personas que están sobre el vehículo, en particular por medio de pedales. Se incluyen en esta definición los ciclos de pedaleo asistido. 8. Bicicleta. Ciclo de dos ruedas".

llarse con síntomas evidentes manifestaciones que denoten o hechos que permitan razonablemente presumir que lo hacen bajo la influencia de bebidas alcohólicas; y sobre los conductores requeridos al efecto por la autoridad o sus agentes dentro de los programas de controles preventivos de alcoholemia ordenados por dicha autoridad.

En este caso, la aplicación de ambas normas debe entenderse en términos de complementariedad, sin que la falta de referencia expresa por parte de la LSV a determinados supuestos implique su derogación, ni que la normativa anterior prevalezca sobre la posterior en aquellos aspectos expresamente regulados por esta última.

Pongamos un ejemplo para entenderlo mejor: el conductor de un vehículo de alquiler al que le ha dado el alto un agente de la autoridad y comprueba que ha cometido una infracción a la LSV por no presentarse a la inspección técnica de vehículos (ITV) en el plazo debido y, una vez comprobada esta infracción, se le quiere someter a la realización de la prueba de alcoholemia, no tiene sintomatología alcohólica. En este caso, el conductor es responsable por las infracciones que él personalmente cometa y no de las que posea el vehículo que será el titular del mismo.

Entonces ¿estaría obligado a realizar la prueba de alcoholemia si no tiene síntomas de estar bajo la influencia? Se trata de un caso controvertido, ya que se podría entender que sí estaría obligado a ello, pues se trataría de una infracción originada de la LSV a través del Reglamento General de Vehículos art. 10, sin importar si el conductor es el responsable o no de la infracción, sino que es el denunciado tal como dice el art. 21 RGCir y, complementariamente, el art. 14 LSV, pero por otro lado también cabe la posibilidad de que no se le considere obligado a someterse a la prueba de alcoholemia o drogas, ya que se trataría de una infracción en la que el conductor no es ni el responsable de la misma ni tampoco esa infracción tiene una incidencia directa o causal del consumo de alcohol o drogas que pudiera inferirse o interferir en la conducción.

La SJCA de Vigo 133/2023, de 25 de mayo, resulta debatible en algunos de los aspectos que expresa, pero detalla los supuestos de aplicación de la obligatoriedad de sometimiento a las pruebas de alcohol o drogas, ya que dice con buen criterio que "No se puede ir por ahí sometiendo a los conductores a la práctica de pruebas alcoholimétricas o de detección de sustancias psicotrópicas en el organismo, de manera prospectiva, o con fundamento en meras sospechas, más o menos infundadas" "debe realizarse exclusivamente cuando reglamentariamente se prevé establecido, pero nunca de manera indiscriminada, o desde el pensamiento de a ver qué sale...."[321].

Algunos autores como DE VICENTE MARTINEZ[322] consideran este delito como de omisión pura. La negativa que debe exteriorizar el conductor al sometimiento de realización de las pruebas debe ser clara y expresa, además de injustificada, pu-

---

321 La sentencia trata sobre un conductor que es sometido a la prueba de detección de drogas sin que previamente, o así al menos argumenta la sentencia, se encontrara en ninguno de los supuestos de obligatoriedad. Afirma que en el apartado "observaciones" de la denuncia es donde deben hacerse constar las razones en base a la cuales se le requiere a realizar las pruebas.
El aspecto más discutible de la sentencia radica en la afirmación de que "Desde esta perspectiva legal, ni siquiera los supuestos de síntomas evidentes permitirían obligar a un conductor a someterse a la práctica de las pruebas destinadas a verificar el consumo o la presencia de tóxicos en su organismo, y por tanto, tampoco permitirían incurrir en la infracción de la negativa a su realización, como ha sido el caso del recurrente", remitiendo la posible sanción al art. 77.d) LSV. No obstante, esta infracción muy grave prevista en la LSV parece estar reservada para supuestos distintos, como el relativo a los conductores de bicicletas, ya abordado con anterioridad.

322 DE VICENTE MARTÍNEZ, R. (2012). *El delito a someterse a las pruebas de alcoholemia o de detección de drogas.* Bosch. Pág. 65.

diendo estarlo por causa de fuerza mayor como puede ser una insuficiencia respiratoria[323]. Ante esta negativa del conductor, el agente de la autoridad debe informarle de la obligación de someterse a las pruebas y de las consecuencias inherentes de la negativa, siendo este un elemento imprescindible de las garantías legales y la evitación de un posible error de prohibición en el conductor, aunque en opinión de CARDENAL MONTRAVETA este aspecto resulta discutible[324].

Por lo que se refiere a un posible error de tipo, MARTÍN LORENZO[325] afirma que ocurrirá, por ejemplo, cuando se acredite que el sospechoso ignoraba que la prueba era obligatoria o que ni siquiera llegó a entender para qué se le requería por parte de los agentes policiales. Así, sería impune penalmente ya sea error vencible o invencible, pues no se sanciona la modalidad imprudente que correspondería en caso de vencibilidad del error (art. 14.1 CP), planteándose entonces la responsabilidad administrativa por la acción de negarse. Asimismo, sigue planteando la autora este mismo error de tipo cuando el estado psicofísico del conductor debido a la ingesta de bebidas alcohólicas o sustancias estupefacientes puede incidir en la presencia de los elementos del dolo, aunque esta

---

323 MUÑOZ CUESTA, F. J. (2009). Delito de negativa a someterse a las pruebas de alcoholemia y detección de drogas: problemas que suscita la interpretación del art. 383 CP. *Aranzadi Doctrinal* (2/2009). Pág. 3.

324 CARDENAL MONTRAVETA, S. (2015). Capítulo IV De los delitos contra la Seguridad Vial. En M. CORCOY BIDASOLO (Dtra.), S. MIR PUIG (Dtor.), & J. S. VERA SÁNCHEZ (Coord.), *Comentarios al Código Penal. Reforma LO 1/2015 y LO 2/2015.* (2ª ed.). Tirant lo Blanch. Pág. 1303.

325 MARTÍN LORENZO, M. (2013). Negativa a someterse a las pruebas de medición de alcohol o de detección de drogas. En M. GUTIÉRREZ RODRÍGUEZ (Coord.), *Protección penal de la seguridad vial.* (2ª ed.) Tirant lo Blanch. Pág. 415.

incidencia suele articularse por la vía de las circunstancias modificativas, tanto eximentes como atenuantes, relacionadas con la inimputabilidad (SAP de Tarragona 385/2008, de 9 de octubre, apreciando la eximente incompleta por embriaguez).

En similar resolución estaríamos si el conductor fuera un extranjero que no conociese el idioma español y, por tanto, no entendiese la advertencia legal, la trascendencia penal o lo que realmente le están solicitando los agentes de la autoridad (SAP de Málaga 255/1999, de 29 de julio; SAP de Barcelona 72/2005, de 25 de enero; SAP de Guipúzcoa 2163/2003, 26 de septiembre).

Se trata un delito que lleva en nuestro CP casi treinta años y que el ciudadano debería de conocer no solo por esta circunstancia de temporalidad, sino porque es sobradamente conocida la obligación de realización de las pruebas en caso de ser requerido formalmente para ello. Así la sentencia SAP de Barcelona 782/2015, de 7 de octubre, sostiene esta tesis diciendo que esa información no resulta necesaria para perpetrar el delito del art. 383 al no ser un elemento del tipo, añadiendo que "es de público y general conocimiento que existe obligación de someterse a las precitadas pruebas y que caso de no hacerlo se podría incurrir en responsabilidad penal".

Nuevamente, nos hallamos ante una norma penal en blanco y nos remite a la normativa administrativa sobre tráfico para saber cuáles son esas pruebas. Tendríamos que dirigirnos al art. 14 de la LSV y a los artículos 23 y 28 del RGCir.

El art. 14 de la LSV dice:

3) Las pruebas para la detección de alcohol consistirán en la verificación del aire espirado mediante dispositivos autorizados, y para la detección de la presencia de drogas en el organismo, en una prueba salival mediante un dispositivo autorizado y en un posterior análisis de una muestra salival en cantidad suficiente. No obstante, cuando existan razones justificadas que impidan realizar estas pruebas, se po-

drá ordenar el reconocimiento médico del sujeto o la realización de los análisis clínicos que los facultativos del centro sanitario al que sea trasladado estimen más adecuados.

4) El procedimiento, las condiciones y los términos en que se realizarán las pruebas para la detección de alcohol o de drogas se determinarán reglamentariamente.

5) A efectos de contraste, a petición del interesado, se podrán repetir las pruebas para la detección de alcohol o de drogas, que consistirán preferentemente en análisis de sangre, salvo causas excepcionales debidamente justificadas. Cuando la prueba de contraste arroje un resultado positivo será abonada por el interesado".

Es eminentemente práctico el art. 23 del RGCir. y establece el procedimiento de realización de las pruebas de alcohol:

1. Si el resultado de la prueba practicada diera un grado de impregnación alcohólica superior a 0,5 gramos de alcohol por litro de sangre o a 0,25 miligramos de alcohol por litro de aire espirado, o al previsto para determinados conductores en el art. 20 o, aún sin alcanzar estos límites, presentara la persona examinada síntomas evidentes de encontrarse bajo la influencia de bebidas alcohólicas, el agente someterá al interesado, para una mayor garantía y a efecto de contraste, a la práctica de una segunda prueba de detección alcohólica por el aire espirado, mediante un procedimiento similar al que sirvió para efectuar la primera prueba, de lo que habrá de informarle previamente.

2. De la misma forma advertirá a la persona sometida a examen del derecho que tiene a controlar, por sí o por cualquiera de sus acompañantes o testigos presentes, que entre la realización de la primera y de la segunda prueba medie un tiempo mínimo de 10 minutos.

3. Igualmente, le informará del derecho que tiene a formular cuantas alegaciones u observaciones tenga por conveniente, por sí o por medio de su acompañante o defensor, si lo tuviese, las cuales se consignarán por diligencia, y a contrastar los resultados obtenidos mediante análisis de sangre, orina u otros análogos, que el personal facultativo del centro médico al que sea trasladado estime más adecuados.

4. En el caso de que el interesado decida la realización de dichos análisis, el agente de la autoridad adoptará las medidas más adecuadas para su traslado al centro sanitario más próximo al lugar de los hechos. Si el personal facultativo del centro apreciara que las pruebas solicitadas por el interesado son las adecuadas, adoptará las medidas tendentes a cumplir lo dispuesto en el art. 26.

El art. 28 del RGCir. establece la forma de realización de las pruebas de drogas:

a) Las pruebas consistirán normalmente en el reconocimiento médico de la persona obligada y en los análisis clínicos que el médico forense u otro titular experimentado, o personal facultativo del centro sanitario o instituto médico al que sea trasladada aquélla, estimen más adecuados.

A petición del interesado o por orden de la autoridad judicial, se podrán repetir las pruebas a efectos de contraste, que podrán consistir en análisis de sangre, orina u otros análogos (art. 12.2, párrafo segundo, in fine, del texto articulado).

b) Toda persona que se encuentre en una situación análoga a cualquiera de las enumeradas en el art. 21, respecto a la investigación de la alcoholemia, queda obligada a someterse a las pruebas señaladas en el párrafo anterior. En los casos de negativa a efectuar dichas pruebas, el agente podrá proceder a la inmediata inmovilización del vehículo en la forma prevista en el art. 25.

c) El agente de la autoridad encargado de la vigilancia del tráfico que advierta síntomas evidentes o manifestaciones que razonablemente denoten la presencia de cualquiera de las sustancias aludidas en el organismo de las personas a que se refiere el art. anterior se ajustará a lo establecido en la Ley de Enjuiciamiento Criminal y a cuanto ordene, en su caso, la autoridad judicial, y deberá ajustar su actuación, en cuanto sea posible, a lo dispuesto en este reglamento para las pruebas para la detección alcohólica.

d) La autoridad competente determinará los programas para llevar a efecto los controles preventivos para la comprobación de estupefacien-

tes, psicotrópicos, estimulantes u otras sustancias análogas en el organismo de cualquier conductor.

2. Las infracciones a este precepto relativas a la conducción bajo los efectos de estupefacientes, psicotrópicos, estimulantes u otras sustancias análogas, así como la infracción de la obligación de someterse a las pruebas para su detección, tendrán la consideración de infracciones muy graves, conforme se prevé en el art. 65.5.a) y b) del texto articulado.

Por lo que se refiere a este último artículo cabe mencionar que la forma vigente de realización de las pruebas de drogas no es como dispone este art. 28 del RGCir., sino como, posteriormente, estableció el art. 14 de la LSV, es decir, a través de una prueba salival mediante un dispositivo autorizado y un posterior análisis de una muestra salival en cantidad suficiente, esto es debido al avance de los medios técnicos que hacen posible la detección de este tipo de sustancias en el organismo, utilizando así un procedimiento menos invasivo y más rápido que un reconocimiento médico con análisis clínicos.

Sin duda, la diferencia más importante del vigente art. 383 CP respecto del derogado 380 CP trata sobre la presencia en el conductor de sintomatología coincidente de estar bajo la influencia de las bebidas alcohólicas o drogas. Actualmente, el art. 383 CP no requiere esa "comprobación de los hechos descritos en el art. anterior", es decir, para comprobar que existía una influencia del alcohol o drogas en la conducción que debía basarse en la sintomatología y signos externos del conductor que evidenciaran esa posible influencia.

Hoy en día, no se pretende comprobar los hechos de descritos en el artículo anterior, sino "las tasas de alcoholemia y la presencia de las drogas tóxicas, estupefacientes y sustancias psicotrópicas a que se refieren los artículos anteriores", es decir, no es posible medir y determinar una tasa de alcoholemia por sintomatología externa si no es con una herramienta técnica que sea capaz de hacerlo con las garantías legales de medición, denominada: etilómetro evidencial o de precisión con el que se llevan a cabo las pruebas de alcohol; o test salival de drogas con el que se llevan a cabo las pruebas de drogas, salvo, claro está, la realización de un análisis médico de laboratorio que también lo podrá determinar cuándo legalmente corresponda.

Sobre esto, la doctrina se posiciona en ambos sentidos. Algunos autores y sentencias (SAP de Badajoz 166/2012, de 21 de junio) afirman que pese a ser innecesaria la prueba de alcoholemia por presentar síntomas evidentes de intoxicación etílica, la negativa a realizar las pruebas sigue siendo típica porque, entre otras razones, el art. 21, apdo b) del RGCir. obliga a quienes conduzcan cualquier vehículo con síntomas evidentes, manifestaciones que denoten o hechos que permitan razonablemente presumir que lo hacen bajo la influencia de bebidas alcohólicas[326]. Siguiendo este criterio, al que me adhiero, por ejemplo, negarse a realizar la prueba de alcohol o drogas en un control preventivo aun sin tener síntomas sería una conducta típica. Es decir, este caso con esta nueva redacción del art. 383 CP tiene una resolución diferente a la que se le daría con el anterior art. 380 CP y aquel famoso caso expuesto anteriormente del diputado que, finalmente, el TS absolvió en la STS 3/1999, de 9 de diciembre.

En general, el criterio seguido por las autoridades judiciales es la aplicación del art. 383 CP aunque no existan síntomas, como es el caso de la SAP de Madrid 552/2008, 13 de noviembre que determina que aunque "los síntomas no resultaran suficientes para acreditar una influencia de ese alcohol en las facultades del acusado, dicho dato resulta actualmente irrelevante en orden a la obligación de todo conductor a someterse a las pruebas legalmente establecidas para la comprobación de las tasas de alcoholemia, por cuanto tras la reforma operada

---

[326] FERNÁNDEZ BERMEJO, D. (2016). *Algunas cuestiones relativas al delito de negativa a someterse a las pruebas.* Anuario Facultad de Derecho–Universidad de Alcalá IX. Pág. 140.

por la LO 15/2007"; la SAP de Gerona 58/2010, de 4 de febrero que dice "lo que el tipo sanciona ahora no es negarse a llevar a cabo unas pruebas destinadas a la comprobación de la preexistencia de un delito, sino la negativa pura y simple a someterse a dichas pruebas, con independencia de cuál sea el objeto de las mismas".

Además, por lo que respecta a la sintomatología por intoxicación por consumo de drogas, es difícil mantener que se exijan síntomas para determinar su tipicidad por este delito, ya que el objeto de comprobación del art. 383 CP es la presencia de drogas tóxicas, estupefacientes y sustancias psicotrópicas en el organismo del conductor y no la manifestación de su influencia. Al igual que ocurre con el alcohol, solo se pretende la comprobación de las tasas de alcoholemia, no su influencia. Recordemos el tener literal del art. 383 CP "El conductor que, requerido por un agente de la autoridad, se negare a someterse a las pruebas legalmente establecidas para la comprobación de las tasas de alcoholemia y la presencia de las drogas tóxicas…".

A pesar de esto, hay que hacer el siguiente planteamiento: estamos de acuerdo en que para cometer el delito del art. 383 CP no es determinante percibir la influencia de las drogas en la conducción, sino que basta con negarse para comprobar la presencia de drogas en el organismo, entonces, con ello, no se estaría intentando perseguir un delito, que sería solo por influencia de las drogas como determina el art. 379.2 CP, sino que lo que se intentaría prevenir serían infracciones administrativas por conducir con la presencia de drogas en el organismo porque esa presencia, actualmente, no se mide por ninguna unidad de medida de manera inmediata y no está sujeta a tasa como en caso del alcohol, solo detecta el tipo de sustancia (cocaína, THC, metanfetaminas, etc), pues los test de drogas de los agentes de la autoridad solo arrojan un resultado cualitativo (positivo o negativo), no cuantitativo.

Es decir, opina MARTÍN LORENZO[327] que estamos aplicando una coerción a un conductor sin signos externos a someterse a la prueba de drogas so pena de infracción penal con el fundamento de hallar una infracción administrativa y no un delito. En otras palabras, solo se deben tutelar las diligencias encaminadas en concreto al descubrimiento de una conducción con tasa objetivada o influenciada y, en su caso, temeraria u homicida, no las medidas preventivas generales.

Otros autores sí que consideran que tiene que haber una presencia de signos externos que revelen la presencia de ingestión de bebidas alcohólicas influyentes negativamente en la conducción y no haber motivo para apartarse de ese criterio seguido por el TS respecto del anterior art. 380 CP[328]. La Audiencia Provincial de Granada adoptó el mismo criterio, como se evidencia en la SAP 350/2012, de 21 de junio, basada en la misma sentencia del TS; sin embargo, no comparto este criterio, ya que el TS se pronunció respecto al art. 380 CP y no al art. 383 CP, el cual ha sido modificado sustancialmente para evitar este tipo de situaciones.

---

327 MARTÍN LORENZO, M. (2013). Negativa a someterse a las pruebas de medición de alcohol o de detección de drogas. En M. GUTIÉRREZ RODRÍGUEZ (Coord.), *Protección penal de la seguridad vial.* (2ª ed.). Tirant lo Blanch. Pág. 357.

328 SARRATO MARTÍNEZ, L. (2009). La negativa a someterse a las pruebas de alcoholemia: al límite entre la infracción penal y la infracción administrativa. *Diario La Ley*. Pág. 3; QUERALT JIMÉNEZ, J. J. (2015). *Derecho Penal Español. Parte Especial.* (1ª ed.). Valencia: Tirant lo Blanch. Págs. 995 y 996 "faltando el riesgo no es apreciable como típica la negativa, pues falta un elemento integrante del delito habilitador para que la injerencia de los agentes policiales sea válida y genere la situación que permita exigir bajo pena la obligación legal. De lo contrario estaríamos en presencia de una actuación pública inútil, generadora a su vez, por arbitrariedad, de delitos contra la integridad física y contra la libertad".

Siguiendo a MARTIN LORENZO[329], esa doctrina no se puede seguir extrayendo a partir del argumento gramatical de la dependencia del art. 383 respecto del art. 379.2, pero también del 380, 381 (conducción temeraria) y 382 bis CP (abandono del lugar del accidente) a los que hace referencia el art. 383 CP al decir "a que se refieren los artículos anteriores" Así, la prohibición penal sirve a la eficacia preventiva de tipos derivados de conducciones peligrosas relacionadas con el alcohol o las drogas bajo pena de una pericia apta para acreditar sus elementos objetivos principales: la ingesta de tales sustancias, sin embargo deben existir indicios de comisión de alguno de ellos.

7.5. Supuestos peculiares o dudosos

Una vez vistos los supuestos típicos de una ejecución normal de la comisión del delito de negativa a someterse a las pruebas de alcohol o drogas, nos podemos encontrar con casos que son un poco más peculiares o dudosos y que requieren un análisis pormenorizado, ya que la casuística inherente a este delito hace que sucedan situaciones que pongan en duda la consumación del tipo, habiendo, como no podía ser de otra manera, discrepancias tanto a nivel doctrinal como jurisprudencial. Veamos algunos ejemplos.

---

329 MARTÍN LORENZO, M. (2013). Negativa a someterse a las pruebas de medición de alcohol o de detección de drogas. En M. GUTIÉRREZ RODRÍGUEZ (Coord.), *Protección penal de la seguridad vial.* (2ª ed.). Tirant lo Blanch. Pág. 405. Sin embargo, la autora no es tajante a este respecto, ya que considera que esa posición se daría "cuando el requerimiento para someterse a las pruebas de detección se formule en un contexto de aparente delito en el que ha estado involucrado el consumo de alcohol o drogas. Esto es, sin duda, cuando los agentes aprecien en el conductor la sintomatología característica de las intoxicaciones por tales sustancias"

7.5.1. No someterse a la segunda prueba de alcoholemia

Como hemos visto anteriormente, el procedimiento establecido para la realización de las pruebas de alcohol y drogas viene determinado en el RGCir., concretamente, en el art. 23 se describe la forma en la que se practican dichas pruebas. Recordemos que consiste en la realización de una primera prueba y "si el resultado de esta diera un grado de impregnación alcohólica superior a 0'5 gramos de alcohol por litro de sangre o a 0'25 miligramos de alcohol por litro de aire espirado, o al previsto para determinados conductores en el art. 20 o, aún sin alcanzar estos límites, presentara la persona examinada síntomas evidentes de encontrarse bajo la influencia de bebidas alcohólicas, el agente someterá al interesado, para una mayor garantía y a efecto de contraste, a la práctica de una segunda prueba de detección alcohólica por el aire espirado, mediante un procedimiento similar al que sirvió para efectuar la primera prueba, de lo que habrá de informarle previamente".

La ausencia de doctrina jurisprudencial ha tenido mucho que ver en la coexistencia de interpretaciones opuestas sobre esta segunda prueba cuando el primer resultado es positivo o se aprecian síntomas de embriaguez. La STS 210/2017, de 28 de marzo, viene a aclarar todo lo referente a esta cuestión resolviendo el enredo doctrinal y jurisprudencial, aunque hay que decir que entre los mismos miembros del alto tribunal también generó discrepancias, no habiendo unanimidad en la sentencia al emitirse tres votos particulares[330].

La segunda prueba para "una mayor garantía y a efecto de contraste" es generadora de importantes controversias doctrinales y sentencias dispares en todos los niveles judiciales. Del

---

330 Votos particulares del Excmo. Sr. D. Miguel Colmenero Menéndez de Luarca, Excmo. Sr. D. D. Pablo Llarena Conde, y el Excmo. Sr. D. Juan Ramón Berdugo Gómez de la Torre.

contenido del artículo se desprende que esta segunda prueba es obligatoria, dada la forma imperativa con la que se expresa, por lo que la negativa supondría perpetrar el tipo penal al oponerse el conductor a las pruebas legalmente previstas, ya que esa segunda prueba forma parte de la remisión que se hace a la norma administrativa.

Además, si se estimase suficiente solo la primera prueba podría aparecer un fraude de ley, pues, sin duda, el conductor cuestionaría el resultado arrojado solo en una prueba sin la garantía habida en el precitado artículo del RGCir. de la posibilidad de contrastarlo, por lo que se concluiría tácitamente la no necesidad de esa segunda prueba y la consiguiente exención de responsabilidad penal del delito de negativa[331]. Esta tesis es avalada y sostenida en la STS 1/2002, de 22 de marzo[332].

Puede considerarse que la segunda prueba resulta necesaria para garantizar la eficacia probatoria de la primera. En cambio, hay parte de la doctrina y sentencias que discrepan de esta interpretación, distinguiéndose entre aquellas que consideraban

---

331 MUÑOZ CUESTA, F. J. (2009). Delito de negativa a someterse a las pruebas de alcoholemia y detección de drogas: problemas que suscita la interpretación del art. 383 CP. *Aranzadi Doctrinal* (2/2009). Pág. 5.

332 STS 1/2002, de 22 de marzo (Roj: STS 2095/2002– ECLI:ES:TS:2002:2095): "Es preciso poner de manifiesto la obligación que el conductor tiene de someterse a esta segunda diligencia, si concurren las circunstancias reglamentarias precisas para ello -como sucede en el presente caso-, y que su negativa hace que su conducta deba considerarse incluida en el tipo penal del art. 380 del Código Penal, pues entenderlo de otra forma, considerando que el conductor queda exento de responsabilidad penal sometiéndose únicamente a la primera diligencia, implicaría un verdadero fraude legal, por cuanto -dadas las características de los etilómetros con los que se practican las denominadas pruebas de muestreo- podría cuestionarse el resultado obtenido con ellos con lo que, en la práctica, devendría absolutamente ineficaz la norma legal".

preceptivas ambas pruebas prevista por el RGCir. frente aquellas otras que consideraban la posibilidad de renunciar a este derecho, ya sea de forma absoluta o relativa si había alguna causa que lo justificase, invocando el carácter voluntario de la segunda prueba por creer que constituye una garantía a la que puede renunciar el conductor (SAP de Barcelona 503/2006, de 28 de marzo)[333].

Entre los que rechazan la teoría de la obligatoriedad de la segunda prueba está AMADEO GADEA que opina que no se realiza a los efectos de comprobar la falta administrativa o el delito, sino para una mayor garantía y a efecto de contraste; es decir, para salvaguardar los derechos del conductor sometido a ella, para garantizar que la primera prueba que dio resultado positivo no fue en condiciones extrañas, ajenas a su persona. La primera prueba ya tuvo lugar, por lo que esta prueba posterior no es penalmente relevante, ya que se trata de la renuncia

---

333 Aunque se refiera al ya modificado art. 380 CP, en esta cuestión no varía del actual 383 CP: SAP de Barcelona 5793/2006, de 29 de marzo (Roj: SAP B 5793/2006–ECLI:ES:APB:2006:5793): "El art. 380 del Código penal alude a quien se negare a someterse a "las pruebas legalmente establecidas", lo que puede interpretarse en el sentido de que la negativa lo sea a la primera de las reglamentarias, la que haya de efectuarse con etilómetro evidencial, pues esa negativa excluye también por esencia la segunda de las pruebas que contempla el art. 23 del reglamento citado, pero caso de efectuarse la primera prueba, la segunda prueba sólo tiene el carácter de constituir una garantía, de modo que puede ser renunciada por el interesado sometido a las pruebas de alcoholemia, sin que por ello cometa el delito de desobediencia del art. 380 del Código Penal . Y así se ha sostenido por este Tribunal en numerosas ocasiones, bastando citar la sentencia de 3 de diciembre de 2004, número 1.170, recaída en el rollo de apelación nº 437 /2004 PA nº 92/2004 del Juzgado de lo penal nº 20".

a un derecho que le asiste como garantía de tales pruebas[334] (en el mismo sentido la SAP de Gerona 1581/2009, de 28 de julio)[335]. Según esta teoría, si el conductor acepta el resultado de la primera prueba positiva y no lo impugna, ni en el momento ni durante el procedimiento penal posterior, no sería sancionado, salvo por las penas que pudieran derivarse del delito de conducción etílica.

El art. 383 CP establece la obligación de someterse a "las pruebas" de alcoholemia "legalmente establecidas", utilizando el plural en su redacción. Esta formulación puede interpretarse de dos maneras distintas. Por un lado, se puede entender que el término en plural implica la obligación de realizar ambas pruebas, de modo que negarse a la segunda tras un resultado positivo en la primera supondría un incumplimiento penal, ya que ambas pruebas conforman un único procedimiento destinado a determinar la tasa de alcoholemia del conductor. En este sentido, la segunda prueba estaría irremediablemente vinculada a la primera cuando esta arroje un resultado positivo o cuando existan síntomas evidentes de embriaguez.

Por otro lado, algunas Audiencias Provinciales defendieron inicialmente la interpretación según la cual el delito solo se configuraba cuando el conductor se negaba a realizar ambas pruebas, es decir, cuando rechazaba someterse a cualquier

---

334 AMADEO GADEA, S. (2015). *Código Penal. Doctrina jurisprudencial* (1ª ed.). Factum Libri Ediciones. Pág. 589.

335 SAP de Gerona 1581/2009, de 28 de julio: "Desde este punto de vista, el negarse a practicar una segunda o ulterior prueba (previstas, como se ha dicho, como garantía del imputado) no puede suponer una conducta penalmente relevante, pues quien renuncia a su derecho a contrastar habrá de pasar, en todo caso, por los resultados negativos del primer examen. En este mismo sentido nos hemos pronunciado ya, entre otras, en SAP (Secc. 3ª) de 3/3/2008, a la vista de la actual redacción del Reglamento, en vigor desde el 22 de enero de 2004"

prueba de alcoholemia. Esta visión se basaba en la consideración de que la segunda prueba actuaba como "una mayor garantía y a efectos de contraste", lo que sugería una separación penal entre la primera y la segunda prueba. Así lo señalaron, entre otras, la SAP de Zaragoza 48/2008, de 31 de enero, y la SAP de Navarra 235/2012, de 28 de diciembre, concluyendo que la infracción penal solo se producía cuando el conductor se negaba a realizar ambas pruebas y no cuando únicamente rechazaba la segunda.

Sin embargo, esta interpretación fue definitivamente corregida por la STS 210/2017, de 28 de marzo, que aclaró que el procedimiento de alcoholemia constituye una única prueba que consta de dos mediciones sucesivas, ambas obligatorias, necesarias para garantizar su fiabilidad. En consecuencia, la negativa a realizar la segunda medición impide completar la prueba de forma reglamentaria y supone una infracción del art. 383 CP. La STS 210/2017 subraya que la segunda medición no es potestativa, sino un requisito esencial del procedimiento, ya que sin ella la prueba no alcanza los niveles de fiabilidad exigidos reglamentariamente.

En este contexto, parece más preciso referirse a ellas como "mediciones" en lugar de "pruebas", ya que se trataría de una única prueba que consta de dos mediciones sucesivas. No obstante, aclara la sentencia, desde un punto de vista gramatical, el plural empleado en el art. 383 CP parece estar pensado para referirse no a dos mediciones dentro de una misma prueba, sino a las diferentes pruebas existentes para la verificación de la presencia de alcohol o drogas en el organismo, como la alcoholemia, la extracción de sangre (cuando no sea posible la medición directa) o las pruebas de detección de drogas (STS 210/2017, de 28 de marzo) [336].

---

[336] STS 210/2017, de 28 de marzo (Roj: STS 1073/2017–ECLI:ES:TS:2017:1073): "En otro orden de cosas se ha sugerido

El caso enjuiciado por el TS que dio origen a la precitada sentencia se trataba de un conductor "al que se le invitó a realizar las pruebas legales para la comprobación de las tasas de alcoholemia con todas las garantías, el acusado accedió a soplar una sola vez y arrojó un resultado de 1'02 mg/I en prueba practicada a las 21:30 horas, pero se negó rotundamente a realizar la segunda prueba a pesar de que fue informado de las consecuencias de su negativa. El acusado presentaba, entre otros síntomas, habla pastosa y titubeante, incoherencias, repetición de frases o ideas, falta de conexión lógica en las expresiones, comportamiento agresivo, insultante, desinhibido y con una deambulación titubeante, incapaz de mantenerse erguido".

Para empezar, afirma el TS que "el sometimiento a una prueba de aproximación nunca exonera, en caso de que haya dado positivo, de las pruebas con alcoholímetro de precisión. La negativa será delictiva". Con esto viene a confirmar que las pruebas que hacen los agentes de la autoridad con etilómetros de aproximación o de muestreo no contabilizan a la hora de realizarlas posteriormente en uno de precisión, por lo que se colige que estas son las realmente obligatorias[337]. Refiere

---

que el plural que emplea el art. 383 CP (pruebas), impondría la interpretación más estricta: sería necesaria la negativa a las dos pruebas. Desde un punto de vista gramatical, sin embargo, parece más natural entender que ese plural no está pensando en dos pruebas sucesivas en concreto, sino en las diferentes pruebas existentes para esa verificación (alcoholemia, extracción de sangre que procederá cuando no sea posible aquellas, pruebas de detección de drogas...)".

337 SAP de Gerona 325/2014, de 28 de mayo (Roj: SAP GI 506/2014–ECLI:ES:APGI:2014:506): "Pero eso no quiere decir, en ningún caso, que ésa primera criba efectuada con el etilómetro portátil sea la prueba legalmente establecida a que hace referencia el Código penal, ya que se efectúa siempre con un aparato no homologado debidamente; lo que impide, además -y a la vista de la nueva redacción del art. 379

que no se trata solo de una garantía del afectado, sino también de una "garantía institucional y del sistema y por eso no indefectiblemente son renunciables", haciendo el tribunal una asimilación con la asistencia letrada o la disposición del art. 406 LECrim[338]. El procedimiento que se sigue en la realización de las pruebas consiste en hacer dos mediciones en un intervalo de tiempo de al menos diez minutos, constituyendo ambas una única prueba, ya que sin esas dos mediciones la prueba estaría incompleta reglamentariamente, por lo que el resultado no abarcaría la fiabilidad plena que debería al haber quedado interrumpida.

Otra discrepancia importante, sostenida como argumento en los votos particulares de la sentencia del TS es que el mandato del art. 23 del RGCir. es solo para el agente y no para el particular, pero sentencia el tribunal que es imperativo no solo para los agentes, sino también para el afectado, pues así se desprende de la dicción del art. 21 del RGCir.

Evidentemente, dice el TS, no puede tratarse igual a efectos penológicos a aquel conductor que se niega tajantemente a todas las pruebas o, mejor dicho, a ambas mediciones, que al conductor que solo se niega a la segunda medición, ya que la primera opción denota una mayor rebeldía y, por ende, requiere mayor castigo (STS 163/2018 de 6 de abril, SAP de Valencia 205/2020, de 23 de abril, SAP de Tenerife 455/2017, de 2 de noviembre).

A modo de reflexión, cabe cuestionarse si, en el caso de un conductor que arrojase una tasa muy superior al umbral penal-

---

CP, el dato es sumamente importante- que el resultado obtenido en ella tenga un valor legal, al no conocerse su margen de error".

338 LECrim art. 406: "La confesión del procesado no dispensará al Juez de instrucción de practicar todas las diligencias necesarias a fin de adquirir el convencimiento de la verdad de la confesión y de la existencia del delito".

mente permitido (0,60 mg/l en aire espirado), por ejemplo, superior a 1,0 mg/l, tendría sentido continuar con la segunda medición si, además, presenta síntomas evidentes de estar bajo la influencia del alcohol. En estos supuestos, los márgenes de error de los etilómetros de precisión hacen improbable que la segunda medición arroje un resultado inferior al umbral penalmente relevante, salvo en el caso excepcional del fenómeno conocido como "alcohol en boca", que puede producirse tras haber ingerido alcohol u otro producto con efectos similares justo antes de la prueba.

No obstante, esta posible alteración del resultado por la presencia de alcohol en boca ya está prevista y corregida por los propios dispositivos de medición, que cuentan con sistemas para detectarla. En el caso de que la ingesta de alguna sustancia alterase el resultado de la primera medición, en ese supuesto sí estaría justificada la segunda prueba, pues permitiría descartar la presencia de un falso positivo y garantizar la fiabilidad del resultado.

Desde una perspectiva *lege ferenda*, podría plantearse que, cuando la primera medición refleje una tasa extremadamente superior a la permitida (estableciendo un umbral concreto como presunción *iuris et de iure*) y concurran síntomas inequívocos de embriaguez, la segunda medición no sea obligatoria, evitando así que su negativa derive en el delito del art. 383 CP. Para ello, el conductor debería manifestar por escrito su renuncia expresa a la segunda prueba, y la consecuencia jurídica de esta renuncia sería la tramitación de la sanción por la vía administrativa como negativa a someterse a la prueba de alcoholemia, sin configurar ilícito penal.

Mutatis mutandis puede aplicarse este criterio a la segunda prueba de alcoholemia respecto a la negativa a aportar la saliva suficiente para realizar un análisis en el laboratorio, pues impone al conductor la obligación de someterse a una segunda prueba de detección de drogas en dos casos: cuando la primera prueba arroje un resultado positivo o cuando presente signos de consumo de tales drogas[339].

Este criterio ha sido amparado por la SAP Madrid 53/2023, de 27 enero que confirma la condena por el delito de negativa a practicar la prueba para detección de la presencia de drogas en el organismo en el caso en el que tras arrojar en el test indiciario un resultado positivo en cocaína los agentes de la policía local le comunicaron al conductor que debía introducirse un hisopo en la boca para recoger suficiente saliva. Aunque el conductor accedió inicialmente, de repente comenzó a mostrar agresividad, mordiendo con fuerza el dispositivo y quitándoselo de la boca repetidamente. Finalmente, escupió el hisopo y comenzó a gritar que no se sometería a ninguna prueba, rechazándose en múltiples ocasiones a cooperar con los agentes para realizar las pruebas de detección. Todo esto como soporte de la STS 2010/2017, de 28 de marzo sobre la obligatoriedad a someterse a la segunda prueba de alcoholemia.

La segunda prueba se realizará conforme el art. 796.1.7 de la LECrim[340]. en aras a aportar las garantías necesarias del proceso, pues considera la primera prueba como "test indiciario

---

339 GONZÁLEZ BARRIOS, I. (2021). Delitos contra la Seguridad Vial. En J. A. BADILLO ARIAS (Dtor.), *GPS Derecho de la Circulación* (5ª ed., págs. 909-961). Tirant lo Blanch. Pág. 947.

340 Art. 796.1.7 LECrim: "Las pruebas para detectar la presencia de drogas tóxicas, estupefacientes y sustancias psicotrópicas en los conductores de vehículos a motor y ciclomotores serán realizadas por agentes de la policía judicial de tráfico con formación específica y sujeción, asimismo, a lo previsto en las normas de seguridad vial. Cuando el test indiciario salival, al que obligatoriamente deberá someterse el conductor, arroje un resultado positivo o el conductor presente signos de haber consumido las sustancias referidas, estará obligado a facilitar saliva en cantidad suficiente, que será analizada en laboratorios homologados, garantizándose la cadena de custodia".

salival". Tal es así, que a diferencia de lo que dispone el art. 23 RGCir. para la segunda prueba de alcoholemia preceptuando que es "para una mayor garantía y a efecto de contraste", en el caso de esta segunda prueba de drogas el art. 14 de la LSV y el art. 796.1.7 LECrim no dan esa opción, disponiendo así su obligatoriedad en evitación de controversias y discusiones sobre su carácter imperativo, siendo la prueba de contraste la del análisis de sangre a petición del conductor[341].

7.5.2. No insuflar la cantidad de aire suficiente o aportar saliva suficiente

Otras de las situaciones peculiares que puede generar dudas acerca de la tipicidad es cuando un conductor es requerido para realizar la prueba de alcoholemia y no insufla la cantidad de aire suficiente en el etilómetro, realiza interrupciones voluntarias, finge tener cualquier dolencia que le impide soplar bien o cualquier otra circunstancia tendente a la evitación de obtener el resultado de la tasa que posee o, en el caso de la prueba de drogas no aporta la cantidad de saliva suficiente para poder ser analizada.

En estos casos, la doctrina es bastante unánime y se mantiene en la posición de considerarlo como delito (SAP de Cantabria 40/2010, de 11 de febrero, donde tras someter al conductor a la prueba "en el etilómetro manual no tuvo ningún

---

341 MARTÍN LORENZO, M. (2013). Negativa a someterse a las pruebas de medición de alcohol o de detección de drogas. En M. GUTIÉRREZ RODRÍGUEZ (Coord.), *Protección penal de la seguridad vial.* (2ª ed.) Tirant lo Blanch. Pág. 389. Aun así, la autora defiende que la negativa solo constituirá delito hay obligación de someterse a la prueba y si hay indicios de influencia de consumo de drogas, ya sea por el resultado positivo del test indiciario o por presentar sintomatología perceptible por los agentes.

problema ni dificultad y es después, al ver que el resultado no le favorecía, cuando tiene que soplar en el etilómetro de precisión es cuando se niega a hacerlo"). En definitiva, realizar las pruebas de forma fraudulenta con soplidos discontinuos o con menos intensidad o tiempo necesario, soplando hacía adentro, es decir, inspirando, merece el reproche penal de la negativa taxativa e infundada. Se trata de una conducta elusiva tendente a nulificar o hacer ineficaz el resultado de la prueba de detección alcohólica, en la que el conductor se posiciona en franca rebeldía al mandato del agente menospreciando la autoridad de este (SAP de Sevilla 118/1998, de 8 de junio, SAP de Granada 183/2011, de 31 de marzo).

En definitiva, sentenció el TS que la omisión al sometimiento de las pruebas se produce tanto cuando el sujeto activo no realiza la actividad requerida desde el principio, como cuando obstaculiza esa actividad de tal manera que hace imposible su cumplimiento. Esto incluye aquellas acciones que, sin negar completamente la realización de las pruebas de impregnación alcohólica legalmente requeridas, implican la realización consciente de una actividad que se sabe hará la prueba ineficaz e ilusoria. Por ejemplo, el acto de simular o engañar respecto al cumplimiento de una orden, sabiendo que se realiza de manera completamente inconsistente con el comportamiento requerido (STS 620/2023, de 17 de julio).

Caso distinto sería si el conductor tuviera una verdadera incapacidad para realizar la prueba y no pudiera insuflar la cantidad suficiente para que el etilómetro pueda hacer la medición, por lo que la conducta sería atípica (SAP de Madrid 6/2012, de 3 de enero, que afirma que conforme a la declaración del perito, la conductora es fumadora compulsiva, tiene trastornos de ansiedad, padece de una enfermedad pulmonar obstructiva crónica que limita severamente, y en especial en estados de estrés emocional, su capacidad de flujo aéreo respiratorio, enfermedad de la que es tratada por él desde 2007).

Esa incapacidad no tiene porqué ser de carácter médico, sino que puede darse porque sea tal la intoxicación etílica en la que se encuentra el conductor, en estado de casi inconsciencia que le impida realmente hacer la prueba (SAP de Madrid 374/2015, de 2 de junio "dado su alto estado de embriaguez, no era capaz de insuflar el aire suficiente para su práctica. El transcurso de los minutos reglamentariamente establecidos para la segunda prueba debe deducirse que no era suficiente para la recuperación necesaria, y las condiciones en las que se encontraba el acusado abundan en el predecible fracaso. Quiebra, por tanto, en opinión de esta Sala, el elemento volitivo exigible para la apreciación del delito".

El caso es que esta incapacidad no puede servir de salvoconducto incondicional para poder negarse a la realizar la prueba de alcoholemia, ya que eso supondría una impunidad inadmisible y una excusa para escapar del control de la justicia aun justificada. Así, el art. 14 LSV y el 22 del RGCir. disponen que cuando existan este tipo de razones justificadas que impidan hacer las pruebas, se podrá ordenar el reconocimiento médico del conductor o la realización de los análisis clínicos que los facultativos del centro sanitario al que sea trasladado estimen más adecuados (SAP de Ciudad Real 72/2018, de 24 de abril[342]).

342 SAP de Ciudad Real 72/2018, de 24 de abril: "En nuestro caso expresamente se ha declarado probado que el acusado solicitó que se le realizara una analítica de sangre para determinar su nivel de alcohol y ello sin contar con un previo resultado que contrastar al haber sido ineficaces los intentos de realizar la prueba mediante la espiración de aire, a cuya práctica nunca se negó, según los agentes actuantes porque el acusado impedía llevar tales pruebas a término pues no soplaba durante el tiempo suficiente, según el acusado porque no podía soplar más siendo un hecho documentado que padece una insuficiencia respiratoria, ciertamente leve, sin embargo lo cierto es que se practicó una prueba que fue el análisis

7.5.3. Solicitud directamente de la prueba de extracción sanguínea

Como hemos estado viendo durante todo este apartado, las pruebas que realizan los agentes de la autoridad para la detección de alcohol o drogas en los conductores son las que establece la LSV y la forma de ejecutarlas vienen descritas en el art. 23 del RGCir. que, recordemos, consiste en dos mediciones de aire espirado separadas al menos diez minutos entre sí. Asimismo, en el párrafo siguiente continúa diciendo que la persona sometida a la prueba tiene derecho a contrastar los resultados obtenidos mediante análisis de sangre, orina u otros análogos que el personal facultativo del centro médico al que sea trasladado estime más adecuados.

Así, el problema surge si un agente de la autoridad requiere a un conductor para realizarle la prueba de alcoholemia y este se niega a ello, pero solicita que se le haga, directamente, la prueba de extracción sanguínea para comprobar la tasa o la presencia de drogas en el organismo, es decir, saltándose las pruebas de expiración de aire.

Resulta evidente que lo que dispone el RGCir. y la LSV es el establecimiento normal de la prueba de alcoholemia y el procedimiento a seguir y, solo una vez cumplida esta forma de realización, es cuando el conductor puede solicitar "contrastar los resultados obtenidos" mediante la prueba de extracción sanguínea, por lo que negarse a la prueba primaria de detección

---

de sangre que arrojó un resultado revelador y determinante de su condena, por lo que entendemos que no se dan tampoco en este caso los presupuestos precisos para condenar también por el Art. 383 CP , tanto más cuanto que como hemos dicho el acusado no se negó a someterse a las pruebas, sin que podamos compartir su intención fuera evitar su resultado para lo cual no insufló el aire suficiente en cada ocasión pues ello se compadece mal con el hecho de que solicitara que se le realizara una analítica que arrojó el resultado positivo ya mencionado".

constituiría un incumplimiento del mandato realizado por el agente de la autoridad conforme al art. 383 CP, el cual no contempla la opción de solo someterse a la prueba de contraste de extracción de sangre[343].

La redacción normativa y el enfoque adoptado resultan claros, habida cuenta de que la prueba de extracción sanguínea solo es posible para "contrastar", y no para "realizar" en primera instancia u optativamente. Conforme al significado del término "contrastar", según la RAE, se trata de comprobar la exactitud o autenticidad de algo, lo que, aplicado al caso, implica verificar los resultados obtenidos en las pruebas de aire espirado. Por tanto, se establece un orden imperativo en la práctica de estas pruebas, cuya alteración sin causa justificada supondría la ilicitud de la conducta conforme al art. 383 CP.

Parece lógico pensar, y así lo dispone la LSV, que solo en caso de que exista una incapacidad justificada para realizar la prueba de aire espirado surja la opción de realización de este tipo de prueba de sangre al conductor, no como prueba de contraste, sino como prueba alternativa vistas las circunstancias particulares del sujeto, pero según FERNÁNDEZ BAUTISTA[344]

---

343 MUÑOZ CUESTA, F. J. (2009). Delito de negativa a someterse a las pruebas de alcoholemia y detección de drogas: problemas que suscita la interpretación del art. 383 CP. *Aranzadi Doctrinal* (2/2009). Pág. 6.

344 FERNÁNDEZ BAUTISTA, S. (2007). El delito de negativa a la realización de las pruebas de alcoholemia (art. 383 CP). *Diario La Ley* (6543). Pág. 9. En esa misma línea se encuentra también MARTÍN LORENZO, M. (2010). El delito de negativa a someterse a las pruebas de alcoholemia como delito contra la seguridad vial. Consecuencias para su aplicación (1). *Diario La Ley* (7451). Pág. 9, pues considera que "no se trata de una negativa lesiva de la viabilidad probatoria de las tasas de alcohol, sino de una conducta que asegura más allá de toda duda el índice de concentración de alcohol en el organismo del conductor".

no debería considerarse típica a efectos del articulo 383 CP, ya que es precisamente esta prueba la que ofrece un resultado de la tasa de alcohol sin margen de error que tiene la persona sometida a la prueba. En ese mismo criterio interpretativo encontramos la SAP de Madrid 661/2000, de 22 de mayo, que si bien afirma que reglamentariamente está establecida la prueba de sangre como prueba de contraste, opina que ofrecerse directamente a someterse a ella no representa una oposición tajante, todo lo contrario, supone una completa colaboración en la investigación y comprobación de la impregnación alcohólica que pudiera tener, es decir, no impide la labor de la policía ni menoscaba el principio de autoridad, ya que el conductor solo está haciendo uso de uno de los medios de comprobación posibles. Muy discutible esa afirmación.

A pesar de ello, la jurisprudencia mayoritaria se decanta por la tipificación de este supuesto porque estima que la prueba de contraste no es una opción ni pruebas alternativas a elegir por el conductor entre todas las posibles, sino que se convierte en un derecho solo una vez que se han realizado las de aire espirado a efectos de contrastar el resultado arrojado por estas, salvo situaciones de anormalidad como en el caso de que el conductor padezca alguna enfermedad o dolencia que le impida hacerlas (SAP de Burgos 155/2003, de 4 de noviembre, SAP de Gerona 794/2002, de 6 de noviembre).

8. PÉRDIDA DE AUTORIZACIÓN PARA CONDUCIR O SIN HABER OBTENIDO NUNCA PERMISO. ART. 384 CP

8.1. Introducción

La primera regla que debe imperar entre los conductores es realizar la conducción en las óptimas condiciones que aseguren la seguridad de todos los usuarios de la vía. Esa seguridad se consigue realizado múltiples comportamientos adecuados tendentes al mejor manejo del vehículo, conductor, etc. No solo basta con ser un conductor que, *a priori*, maneja bien el vehículo y tiene cierto control sobre él, sino que, además, tendrá que demostrar que posee un nivel adecuado de conocimientos teóricos y prácticos que deben ser acreditados oportunamente y que le habiliten con grado de oficialidad esa pericia y conocimientos.

Como veremos más adelante, la acreditación de estos conocimientos ha sido un requisito indispensable para conducir legalmente por las vías públicas desde hace muchos años, exigiéndose para ello la obtención de un permiso habilitante. No obstante, aunque siempre ha sido un requisito fundamental, su incumplimiento no siempre ha tenido la misma consideración en términos de gravedad, pues ha transitado desde la infracción administrativa hasta convertirse en delito, posteriormente fue derogado y, finalmente, ha recuperado su carácter penal en la actualidad conforme al art. 384 CP.

Podemos decir que esa tipología penal se desgaja en tres supuestos principales: el primero, basado en el permiso por puntos con la pérdida total del crédito de puntos; el segundo, tras haber sido privado cautelar o definitivamente del permiso o licencia por decisión judicial; y el tercero, por conducir sin haber obtenido nunca permiso o licencia de conducción.

El sistema de permiso por puntos, establecido por la Ley 17/2005 que regula el permiso y la licencia por puntos en España, ha marcado un antes y un después en la gestión de la seguridad vial en el país. Este sistema innovador asigna inicialmente una cantidad específica de puntos a los conductores, los cuales pueden aumentar o disminuir en función de las infracciones cometidas. Cuando un conductor pierde todos los puntos asignados, se desencadena un proceso que no solo conlleva la pérdida de vigencia del permiso de conducir, sino que también puede tener implicaciones penales. Además, es importante examinar cuestiones fundamentales como los requisitos para la notificación efectiva al conductor, los procedimientos de recuperación de puntos y las diversas interpretaciones judiciales sobre la aplicabilidad y ejecución de las sanciones asociadas.

Otro aspecto específico de este delito es la conducción tras haber sido privado cautelar o definitivamente del permiso o licencia por decisión judicial. Este segundo subtipo penal se diferencia del primero, donde la autoridad administrativa resuelve la pérdida de vigencia del permiso por puntos. Asimismo, se examinarán las diferencias entre la privación cautelar y definitiva del permiso, así como las consecuencias legales y administrativas que conllevan, proporcionando una visión integral.

Otra de las conductas analizadas es la conducción de vehículos a motor o ciclomotores sin haber obtenido nunca el permiso o licencia correspondiente, delito que se fundamenta en la grave amenaza que supone para la seguridad vial que personas sin la capacitación ni la autorización legal adecuada se pongan a los mandos de un vehículo. La interpretación jurídica de este tipo penal ha sido objeto de debate, especialmente en lo relativo a la definición del riesgo para la seguridad vial, aunque la jurisprudencia ha establecido que la peligrosidad se presume de manera abstracta cuando se conduce sin haber adquirido nunca un permiso, con independencia de la comisión de infracciones concretas o maniobras antirreglamentarias. Esta postura fue reafirmada por el TS en la STS 588/2017, de 20 de julio, donde se subrayó que la esencia del delito radica en la ausencia de habilitación administrativa, lo que representa un riesgo inherente para todos los usuarios de la vía pública.

Por otro lado, la figura del cooperador necesario, regulada en el artículo 28.b) del CP, ha generado un intenso debate en el ámbito judicial, especialmente en su aplicación a los delitos contra la seguridad vial, como el contemplado en el art. 384. Este tipo de participación delictiva implica una colaboración sin la cual el hecho punible principal no se habría consumado, aumentando significativamente el riesgo de ocurrencia del resultado jurídicamente desaprobado. La jurisprudencia ha adoptado distintas posturas en cuanto a la imputación como cooperador necesario en casos donde se cede un vehículo a una persona que carece de la autorización legal para conducir, ya sea por no haber obtenido nunca el permiso o por cualquier otra causa que lo inhabilite. Esta controversia se refleja en la disparidad de las decisiones judiciales, habiéndose pronunciado el TS en la STS 369/2017, de 22 de mayo para clarificar estos criterios divergentes.

En definitiva, se trata de un delito no exento de polémica debido a su similitud con la infracción administrativa y a la innovación de los preceptos penales que lo regulan, ampliando su alcance a supuestos novedosos que generan recelo entre quienes defienden el carácter fragmentario y de ultima ratio del Derecho Penal.

8.2. Antecedentes. Consideraciones generales

La exigencia de acreditar la aptitud para conducir surge en España con el Reglamento para el Servicio de Coches Automóviles por las Carreteras de 1900, que ya imponía la obligación de poseer permiso para vehículos de más de 150 kg. Posteriormente, el CP de 1928 tipificó como delito la conducción sin certificación de aptitud (art. 574), encuadrándolo en los delitos contra la seguridad colectiva. La STS de 17 de octubre de 1931 declaró que la falta de carné implicaba presunción de impericia.

Con la derogación del CP de 1928 y la entrada en vigor del CP de 1932, la conducción sin carné dejó de ser delito salvo que causara un resultado lesivo, reduciéndose a infracción administrativa[345]. Las infracciones antirreglamentarias que acom-

---

[345] REQUEJO CONDE, C. (2013). *El delito de conducir sin permiso. Análisis jurisprudencial.* J.M. Bosch Editor. Pág. 25.

pañaban a la imprudencia simple, por sí solas, no constituían delito. Así, un conductor que circulaba sin carné pero demostraba aptitud y diligencia en su conducción no incurría en responsabilidad penal si atropellaba a un transeúnte y le causaba la muerte, considerándose el hecho como fortuito[346]. Un ejemplo de esta doctrina se encuentra en la STS 1436/1932, de 23 de diciembre, que absolvió a un conductor sin carné tras concluir que había actuado con la debida diligencia y que el atropello fue un accidente inevitable.

En 1950, se recuperó el carácter penal de la conducta mediante la Ley sobre uso y circulación de vehículos de motor, cuyo art. 3 castigaba con arresto mayor o multa a quien condujera sin habilitación legal. Se configuró como delito de mera conducta, sin necesidad de resultado ni creación de peligro[347], criterio confirmado por la STS 1497/1956, de 1 de marzo. La Exposición de Motivos de la norma destacaba el peligro social del uso ilegítimo de vehículos y la insuficiencia de sanciones pecuniarias. Dicha ley se estructuró como norma penal en blanco, al remitirse al Código de la Circulación de 1934 para definir el hecho punible. CAMARGO HERNÁNDEZ[348] justificó esta técnica por su flexibilidad legislativa, aunque la consideró contradictoria con la estabilidad del Derecho Penal. La STS 1752/1953, de 2 de diciembre, ratificó su finalidad preventiva, estableciendo que el delito se consumaba por el solo hecho de conducir sin permiso, sin necesidad de daño efectivo.

---

346 SSTS de 17 de marzo y 30 de octubre de 1933, en CACERES RUIZ, L. (2013). *La responsabilidad por imprudencia en los accidentes de tráfico.* Tirant lo Blanch. Pág. 112.

347 CASABÓ RUIZ, J. R. (1975). El delito de conducción sin habilitación legal. En M. COBO DEL ROSAL (Dtor.), *Delitos contra la seguridad del tráfico y su prevención.* Artes Gráficas Soler. Pág. 47.

348 CAMARGO HERNÁNDEZ, C. (1962). *La Ley de 9 de mayo de 1950 sobre uso y circulación de vehículos de motor y algunos de sus principales problemas.* Anuario de Derecho Penal y Ciencias Penales. Pág. 32.

La Ley 122/1962, de 24 de diciembre, sustituyó la norma de 1950 y tipificó en su art. 6 la conducción sin el correspondiente permiso, sancionándola con multa de 5.000 a 15.000 pesetas. La Exposición de Motivos enfatizaba la necesidad de una respuesta penal ante el incumplimiento deliberado de las normas de tráfico. Posteriormente, la Ley 3/1967, de 8 de abril, incorporó al CP el art. 340 bis c), que agravó la sanción hasta 20.000 pesetas. Esta regulación exigía la correspondencia entre el permiso y el tipo de vehículo conducido, lo que se refleja en resoluciones como la Roj. STS 4131/1979, de 3 de noviembre, que condenó a un conductor de una Vespa de 74 cc que solo poseía licencia para ciclomotores, y la Roj. STS 4349/1980, de 13 de noviembre, que penalizó a quien transformó su ciclomotor de 50 cc en motocicleta sin obtener la habilitación correspondiente.

La despenalización de esta conducta se produjo en 1983 mediante la LO 8/1983, de 25 de junio, eliminándola del CP con una escueta justificación basada en su carácter meramente administrativo. Para FERNÁNDEZ BERMEJO[349], la reforma carecía de coherencia lógica y respondía exclusivamente a las críticas doctrinales y jurisprudenciales.

Actualmente, el art. 384 CP tipifica: "El que condujere un vehículo de motor o ciclomotor en los casos de pérdida de vigencia del permiso o licencia por pérdida total de los puntos asignados legalmente, será castigado con la pena de prisión de tres a seis meses o con la de multa de doce a veinticuatro meses o con la de trabajos en beneficio de la comunidad de treinta y uno a noventa días. La misma pena se impondrá al que realizare la conducción tras haber sido privado cautelar o definitivamente del permiso o licencia por decisión judicial y

---

349 FERNÁNDEZ BERMEJO, D. (2018). *Sobre el delito del art. 384 del Código Penal. De la sanción administrativa a la sanción penal.* Anuario de Derecho Penal y Ciencias Penales. Pág. 155.

al que condujere un vehículo de motor o ciclomotor sin haber obtenido nunca permiso o licencia de conducción".

8.3. Pérdida de vigencia del permiso por pérdida total de puntos asignados legalmente

Esta nueva tipología delictiva surge como consecuencia de la puesta en marcha del permiso por puntos creado por la Ley 17/2005, de 19 de julio que regula el permiso y licencia por puntos. Este tipo de permiso consiste, *grosso modo,* en asignar inicialmente una cantidad de puntos determinada a los conductores –doce puntos, excepcionalmente ocho puntos en determinados casos, con posibilidad de ir aumentándolos hasta un máximo de quince (Art. 63 LSV)–, pero ese crédito de puntos irá disminuyendo si el conductor comete alguna infracción de tráfico que conlleve la pérdida de puntos, pudiendo llegar a quedarse sin puntos (Art. 64 LSV), momento en el cual, una vez notificada formalmente al conductor esa resolución por la JPT, se abandonaría la vía sancionadora administrativa para adentrarse en la esfera del Derecho Penal. Esta pérdida de puntos deriva en la pérdida de vigencia del permiso de conducir (Art. 61 LSV). La norma también contempla la posibilidad de recuperar puntos si transcurren dos años sin haber sido sancionado en firme en vía administrativa por la comisión de infracciones que lleven aparejada la pérdida de puntos (Art. 65 LSV).

Algunos autores consideran que nos encontramos ante una modalidad específica de desobediencia[350], pero la STS

---

[350] MARÍN ESPINOSA CEBALLOS, E. B. (2018). Delitos contra la Seguridad Vial. En E. B. MARÍN ESPINOSA CEBALLOS (Dtra), & P. ESQUINAS VALVERDE (Coodra), *Lecciones de Derecho Penal Parte Especial.* (págs. 341-350). Tirant lo Blanch. Pág. 349. CARBONELL MATEU, J. C. (2008). La ley orgánica de reforma del código penal en materia de seguridad vial: Un comentario de urgencia. En I. F.

803/2013, de 31 de octubre dejó claro que aparte de considerar que el bien jurídico protegido es la seguridad vial y no el respeto a las resoluciones administrativas, afirmaba que "no estamos ante un delito de desobediencia o de rebeldía frente a una resolución administrativa, sino ante un delito contra la seguridad vial construido sobre la presunción de que quien ha sido privado de la licencia de conducir carece de aptitud para pilotar un vehículo de motor y por tanto su presencia en las carreteras a los mandos de un vehículo representa un peligro abstracto para la seguridad viaria que el legislador quiere erradicar mediante una norma penal. Por eso si con posterioridad se acredita que tal privación de puntos no se ajustaba a la legalidad pierde su sustento el delito".

Como hemos visto, una vez que el conductor ha perdido todos los puntos que tiene asignados es cuando entra en acción el CP, no obstante, tendríamos que matizar cuándo es exactamente el momento en el que se cometería el delito, ya que no suficiente con haber perdido todos los puntos, sino que es necesaria la resolución de la JPT que así lo resuelva y que el conductor tenga conocimiento de ello a través de una adecuada notificación personal, es decir, sin que sea admisible la notificación edictal en el ámbito penal.

En el caso de que los agentes de la autoridad detecten a un conductor con una notificación edictal no personal, no procederían a la investigación por la comisión de un delito, sino a la denuncia administrativa por infracción muy grave al art. 1.1 del RGCond, bajo el concepto de "Conducir careciendo de autorización administrativa correspondiente", debiendo indicar expresamente en el apartado "observaciones" que

---

BENÍTEZ ORTÚZAR (Coord.), *Reforma del Código Penal. Respuestas para una sociedad del siglo XXI* (págs. 179-200). Dykinson. Pág. 196. Considera el autor que el objeto de protección no sería otro que la eficacia del propio sistema del permiso por puntos.

consta declaración de pérdida de vigencia dictada por el jefe provincial de tráfico correspondiente que implica la prohibición de conducir y que mediante la denuncia se le informa también de ese hecho[351], constituyéndose ese acto de notificación de denuncia en la adecuada notificación personal válida, junto con la documentación pertinente de información al conductor de las consecuencias penales que derivarían tras ejercer la conducción a partir de ese momento, retirando, desde luego, el permiso o licencia de conducción al amparo del art. 37 del RGCond.

A colación de la retirada anterior, conviene especificar que es en este caso cuando sí procede la retirada física del permiso de conducir, ya sea mediante la entrega del propio interesado en la JPT o a través de los agentes de la autoridad. Caso distinto sería cuando es la autoridad judicial la que impone la pena de privación del derecho a conducir vehículos a motor y ciclomotores, pues aquí no procede tal retirada física del documento, aunque este tipo de restricción es más gravosa y tiene un espectro más amplio que la primera.

Para MUÑOZ CUESTA[352] dentro de los supuestos de infructuosa comunicación personal al interesado, se encuentran el de la comunicación a un pariente, amigo o vecino, o intentado, aunque además de ello se haya publicado en el tablón edictal de sanciones de tráfico (TESTRA) desconociendo el conductor la resolución firme, exime de responsabilidad penal al conductor al faltar el elemento subjetivo del delito. En esta línea, la STS 360/2025, de 10 de abril, acaba anulando la condena porque en el relato de hechos probados no se decía nada, ni directa ni

---

351 DGT. (2012). *Pérdida de vigencia por pérdida total de puntos asignados*. Instrucción Núm. 12/C-105. Pág. 4.

352 MUÑOZ CUESTA, F. J. (2011). Conducción de vehículo motor o ciclomotor con privación total de puntos: aspectos prácticos. *Aranzadi Doctrinal*, Pág. 7.

indirectamente, sobre si el acusado sabía o no que su permiso había perdido vigencia. El TS insiste en que "el hecho probado solo describe el elemento objetivo de la conducta, pero omite (...) toda mención al aspecto subjetivo reclamado por el tipo", y recuerda que "los fundamentos de derecho no son el lugar adecuado para completar o integrar el hecho probado y mucho menos para ampliarlo en perjuicio del acusado". En resumen: si no consta con claridad que el conductor sabía que ya no podía conducir, no hay delito posible.

A este respecto, la SAP de Tarragona 315/2012, de 21 de junio absuelve a un conductor que no había sido notificado personalmente, sino que la notificación había sido recogida por su madre en el domicilio donde hacía años que ya no vivía, viendo a sus padres solo de forma esporádica, por lo que no había constancia de que el acusado tuviera conocimiento de la retirada del permiso de conducir por perdida de los puntos. No obstante, debemos tener en cuenta lo dispuesto en el art. 90 de la LSV sobre la práctica de la notificación de las denuncias y Ley 39/2015[353], de 1 de octubre, del Procedimiento Administrativo

[353] Art. 90 LSV: 1. Las Administraciones con competencias sancionadoras en materia de tráfico notificarán las denuncias que no se entreguen en el acto y las demás notificaciones a que dé lugar el procedimiento sancionador en la Dirección Electrónica Vial (DEV).
En el caso de que el denunciado no la tuviese, la notificación se efectuará en el domicilio que expresamente hubiese indicado para el procedimiento, y en su defecto, en el domicilio que figure en los registros del organismo autónomo Jefatura Central de Tráfico.
2. La notificación en la Dirección Electrónica Vial (DEV) permitirá acreditar la fecha y hora en que se produzca la puesta a disposición del denunciado del acto objeto de notificación, así como el acceso a su contenido, momento a partir del cual la notificación se entenderá practicada a todos los efectos legales.
Si existiendo constancia de la recepción de la notificación en la Dirección Electrónica Vial (DEV), transcurrieran diez días naturales sin que se acceda a su contenido, se entenderá que aquélla ha sido

Común de las Administraciones Públicas sobre la notificación y su práctica.

Así pues, para el caso de que el conductor hubiera designado la dirección electrónica vial (DEV) como domicilio, se llevaría a efecto allí la notificación, pero la realidad nos dice que este caso no es el habitual, sino que lo usual es que la notificación se practique en el domicilio del conductor. Tenemos que diferenciar dos supuestos facticos: el primero, que la notificación se lleve a cabo al conductor, en cuyo caso conoce directamente la pérdida de vigencia del permiso, o que se le entregue a una persona que la recoja en su domicilio, o que reciba al agente judicial y la rechace, produciendo en estos casos los mismos efectos de conocimiento; y un segundo supuesto donde la notificación se lleve a efecto en el BOE o en el TESTRA,

---

rechazada, salvo que de oficio o a instancia del destinatario se compruebe la imposibilidad técnica o material del acceso. El rechazo se hará constar en el procedimiento sancionador, especificándose las circunstancias del intento de notificación, y se tendrá por efectuado el trámite, continuándose el procedimiento.
3. Cuando la notificación se practique en el domicilio del interesado, de no hallarse presente éste en el momento de entregarse, podrá hacerse cargo de la misma cualquier persona que se encuentre en el domicilio y haga constar su identidad.
Si nadie se hiciera cargo de la notificación, se dejará constancia de esta circunstancia en el procedimiento sancionador, junto con el día y la hora en que se intentó, y se practicará de nuevo dentro de los tres días siguientes. Si tampoco fuera posible la entrega, se dará por cumplido el trámite, procediéndose a la publicación en el Boletín Oficial del Estado.
Si estando el interesado en el domicilio rechazase la notificación, se hará constar en el procedimiento sancionador, especificándose las circunstancias del intento de notificación, teniéndose por efectuado el trámite y continuándose el procedimiento.

es decir, de manera edictal, en cuyo caso no hay notificación en domicilio en una de las formas previstas en el art. 90.3 LSV[354].

Debemos dejar claro y excluir de tipicidad los supuestos de pérdida de vigencia contemplados en el art. 70 LSV por desaparición de los requisitos para su otorgamiento cuando se acredite la desaparición de los requisitos sobre conocimientos, habilidades o aptitudes psicofísicas exigidas para su autorización. Estos supuestos de pérdida de vigencia nada tienen que ver con el sistema establecido del permiso por puntos, siendo constitutiva únicamente de infracción administrativa[355].

Puede darse el caso de un conductor que ha recurrido judicialmente una sanción que conlleva la pérdida de puntos la cual le ha supuesto la pérdida total del crédito que poseía y que, finalmente, la instancia judicial contencioso administrativo ha resuelto a favor del conductor retirando la sanción y revocando la pérdida de puntos como consecuencia de la nulidad de las actuaciones administrativas que le privaban de los puntos. Tal pronunciamiento judicial acredita la inexistencia del elemento fáctico necesario para la aplicación del art. 384 CP, por lo que conllevaría a la inocencia de aquel conductor que fue condenado (STS 322/2015, de 20 de mayo) desvirtuando el fundamento del fallo condenatorio del tribunal *a quo* al considerar este que se puso en peligro la seguridad vial como bien jurídico protegido[356] .

---

354 MAGRO SERVET, V. (2019). ¿Es siempre delito del art. 384 CP conducir sin puntos o se precisa una notificación personal de la sanción? *La Ley* (5089/2019). Pág. 12.

355 GARCÍA DEL BLANCO, V. (2010). La conducción sin permiso o licencia administrativos como delito. *Tráfico y Seguridad Vial* (141). Pág. 6.

356 GONZÁLEZ BARRIOS, I. (2021). Delitos contra la Seguridad Vial. En J. A. BADILLO ARIAS (Dtor.), *GPS Derecho de la Circulación* (5ª ed., págs. 909-961). Tirant lo Blanch. Pág. 953.

Por lo analizado hasta ahora parece estar claro que cuando un conductor pierde la totalidad de puntos asignados y la resolución de la JPT es comunicada personalmente al interesado, el conductor comete este delito contenido en el art. 384.1 CP durante el tiempo de pérdida de vigencia (por un tiempo de 6 meses, o 3 en caso de conductores profesionales; y, en caso de reincidencia, 12 o 6 meses, respectivamente, según el art. 71 LSV).

La duda podría surgir si una vez cumplido ese periodo de tiempo, el conductor es sorprendido conduciendo sin haber realizado y superado con aprovechamiento un curso de sensibilización y reeducación vial y posterior superación de las pruebas que reglamentariamente se determinen, tal como dispone el art. 71 LSV. Las sentencias judiciales se inclinan por entender que la conducción tras ese periodo no supone la rehabilitación del conductor ni la habilitación para conducir, pues solamente cuando se obtiene una nueva autorización decae la posibilidad de incurrir en el tipo penal, ya que el art. 384.1 CP no deja de ser una norma penal en blanco que remite a la normativa de tráfico, mandando que debe obtenerse un nuevo permiso o licencia de conducción de la misma clase de la que era titular, por lo que no debe entenderse esa pérdida de vigencia como algo temporal que se recupera automáticamente una vez cumplido el plazo (SAP de Córdoba 137/2011, de 11 de mayo).

En caso de que el infractor hubiera interpuesto recurso de alzada contra la resolución de la JPT sancionando con la pérdida de vigencia del permiso de conducir, nos tendríamos que dirigir a lo dispuesto en el art. 117 de la Ley 39/2015, de 1 de octubre, del Procedimiento Administrativo Común de las Administraciones Públicas. Así, la Circular 10/2011 de la FGE dice que "la conducción sólo es típica si la declaración de pérdida de vigencia ha ganado firmeza en vía administrativa" y "solo en el caso de que la jurisdicción contencioso-administrativa hubiera acordado como medida cautelar la suspensión del acto administrativo, se puede considerar atípica la conducción realizada a partir de la resolución correspondiente".

Según FERNÁNDEZ BERMEJO[357], la resolución por la que la Administración declara la pérdida de vigencia de la autorización para conducir por pérdida total de puntos no es sancionadora, sino meramente declarativa, ya que se limita a constatar un hecho y no impone una sanción en sí misma, aunque derive de sanciones previas. Esta postura, compartida por el AAP de Salamanca 55/2011, de 15 de febrero[358], implica que la resolución es ejecutiva de manera inmediata tras su notificación, conforme a los artículos 39 y 40 de la Ley 39/2015, de 1 de octubre, incluso si la notificación se realiza por edictos.

Sin embargo, la FGE sostiene que la pérdida de vigencia no es un mero acto declarativo, sino que tiene una naturaleza sancionadora, aun cuando formalmente el art. 63.6 LSV se ubique fuera del procedimiento sancionador regulado en los arts. 70 y siguientes de la misma ley. Para la FGE, la declaración de pérdida de vigencia incluye materialmente una sanción, ya que la privación del derecho a conducir junto con la obligación de

---

357 FERNÁNDEZ BERMEJO, D. (2018). *Sobre el delito del art. 384 del Código Penal. De la sanción administrativa a la sanción penal.* Anuario de Derecho Penal y Ciencias Penales. Pág. 184.

358 AAP de Salamanca 55/2011, de 15 de febrero (Roj: AAP SA 46/2011–ECLI:ES:APSA:2011:46ª): "Una cosa es la naturaleza sancionadora de cada uno de los expedientes particulares en virtud de los cuales, además de la multa, se ha privado de un determinado número de puntos al infractor, lo que supone que cada una de las resoluciones administrativas que se adopten al respecto deben ser firmes para que adquieran fuerza ejecutiva, y otra muy distinta el expediente en virtud del cual se declara la pérdida de vigencia de la autorización administrativa para conducir, que viene a ser una especie de compendio constatación de que se ha alcanzado el número máximo de puntos concedidos a crédito, perdiendo en ese momento su vigencia el permiso de conducir".

obtener un nuevo permiso constituye la medida más drástica dentro de la LSV[359], lo que justifica la necesidad de adoptar mayores garantías procesales en su aplicación.

Asimismo, también puede acontecer lo expuesto en la STS 574/2024, de 7 de junio, que un conductor fue condenado por sentencia de conformidad por el delito de conducir sin permiso habiendo perdido todos los puntos, donde el acusado aceptó los hechos y prestó su conformidad con la pena para acogerse a los beneficios penológicos, debido a la imposibilidad de acreditar el error en el registro de conductores de la DGT que debían constarle que en realidad poseía los quince puntos máximos. Tras la sentencia de conformidad, el individuo presentó un recurso de revisión y aportó un certificado de la DGT acreditativo de la posesión de esos quince puntos en el momento de la investigación, siendo estimado el dicho recurso.

8.4. Conducción tras haber sido privado cautelar o definitivamente del permiso o licencia por decisión judicial

Este segundo subtipo penal recogido en el art. 384 CP consiste en la privación cautelar o definitiva del permiso o licencia por decisión judicial, hecho diferenciador del anterior subtipo en el que era la autoridad administrativa la que resolvía la pérdida de vigencia. Hay que decir que esta conducta solo puede cometerse durante la ejecución de una condena en el ámbito penal, no en contencioso-administrativo[360].

---

359 FGE (2011). Circular 10/2011, de 17 de noviembre, sobre criterios para la unidad de actuación especializada del Ministerio Fiscal en materia de Seguridad Vial. Pág. 32.

360 GARCÍA DEL BLANCO, V. (2010). La conducción sin permiso o licencia administrativos como delito. *Tráfico y Seguridad Vial* (141). Pág. 11; GÓMEZ PAVÓN, P. (2019). La reforma de los delitos contra

Por lo que se refiere a la privación cautelar, tiene su fundamento en el art. 764.4 LECrim[361]. disponiendo la intervención del permiso de conducción en tanto subsista la medida, es decir, le da un carácter de temporalidad a esa intervención, ejecutándose el delito tras el dictado de la resolución judicial que ratifique la intervención policial y conminando expresamente al imputado de incurrir en este delito. El desenlace penal tras la adopción esta medida cautelar, afirma MONTANER FERNÁNDEZ[362], no está relacionado con la seguridad vial, pues la comisión de este delito es independiente de la razón que haya motivado la intervención cautelar del permiso o licencia.

La privación del derecho a conducir vehículos a motor o ciclomotores que refiere el artículo viene determinada en el art. 39.d) CP. como pena privativa de derechos, teniendo una duración de 3 meses a 10 años según el art. 40.2 CP[363]. Además,

---

la seguridad vial. *Revista Jurídica de la Universidad Autónoma de Madrid* (40). Pág. 139.

361 Art. 764.4 LECrim: "Se podrá acordar la intervención inmediata del vehículo y la retención del permiso de circulación del mismo, por el tiempo indispensable, cuando fuere necesario practicar alguna investigación en aquél o para asegurar las responsabilidades pecuniarias, en tanto no conste acreditada la solvencia del investigado o encausado o del tercero responsable civil.
También podrá acordarse la intervención del permiso de conducción requiriendo al investigado o encausado para que se abstenga de conducir vehículos de motor, en tanto subsista la medida, con la prevención de lo dispuesto en el art. 556 del Código Penal.
Las medidas anteriores, una vez adoptadas, llevarán consigo la retirada de los documentos respectivos y su comunicación a los organismos administrativos correspondientes".

362 MONTANER FENÁNDEZ, R. (2009). El nuevo delito de conducción sin permiso: ¿delito de peligro o mera desobediencia? *Diario La Ley* (7170). Pág. 4.

363 STS 914/2022, de 23 de noviembre: "Mientras no se esté en posesión del permiso de conducir por devolución del mismo en el úl-

conforme al párrafo tercero del art. 47 CP que fue añadido en virtud de la LO 15/2007, de 30 de noviembre, por la que se modifica la LO 10/1995, de 23 de noviembre, del CP en materia de seguridad vial, dispone: "Cuando la pena impuesta lo fuere por un tiempo superior a dos años comportará la pérdida de vigencia del permiso o licencia que habilite para la conducción o la tenencia y porte, respectivamente".

Quizá la redacción del tipo del art. 384 CP. sea imprecisa ya que la privación "definitiva" del derecho a conducir vehículos a motor o ciclomotores podría llevarnos a pensar que se trata de una prohibición total de tal derecho sin posibilidad de volver a obtenerlo nuevamente, pero veremos posteriormente que esa opción no es posible, es decir, estamos ante una pérdida vigencia en el supuesto de aplicación del art. 47 CP, pero con posibilidad de obtener nuevamente otro permiso plenamente válido una vez cumplido el tiempo que determine la sentencia.

Si interpretamos que el legislador quería diferenciar entre una pérdida de vigencia "cautelar" en el caso de que las autoridades intervengan al conductor de manera cautelar y temporal el permiso de conducción hasta su ratificación o no por la autoridad judicial, y de una pérdida de vigencia "definitiva" en el caso de ser condenado a un tiempo superior a dos años conforme lo dispuesto en el art. 47 CP, nos llevaría al disparatado desenlace de subsumir en el tipo del art 384 inciso segundo la conducción con privación cautelar del permiso y no por la privación del derecho de conducir dispuesta en la sentencia si fuera inferior a 2 años. La FGE en la Circular 10/2011, de 17 de noviembre, consciente de tal imprecisión considera que por privación definitiva habrá de entenderse

---

timo día de cumplimiento, -lo que en este caso no ocurrió- no se puede circular. Y menos si el quebrantamiento de la penase lleva a cabo el último día que está incluido en la liquidación".

la acordada en sentencia firme y la privación cautelar en sede de medidas cautelares[364].

Así las cosas, cuando un conductor es condenado a una pena inferior a dos años del derecho a conducir vehículos a motor o ciclomotores, es sorprendido por los agentes de la autoridad ejerciendo la conducción dentro del tiempo de condena, el conductor estaría cometiendo el delito contenido en el art. 384 CP. inciso segundo. Sin embargo, si el conductor es sorprendido conduciendo pasado el tiempo de condena sería atípico, ya que la condena se ha cumplido, procediendo la vía administrativa por una infracción muy grave recogida en art. 77.k) de la LSV "Conducir un vehículo careciendo del permiso o licencia de conducción correspondiente", por lo que para volver a recuperar el permiso necesita la realización y superación del curso de sensibilización y reeducación vial conforme a lo que dispone la Orden INT/2596/2005, de 28 de julio, por la que se regulan los cursos de sensibilización y reeducación vial para los titulares de un permiso o licencia de conducción.

La otra situación posible sería si la persona conduce un vehículo a motor habiendo sido condenado a una pena de privación del derecho a conducir vehículos a motor por un tiempo superior a dos años, por lo que en aplicación del art. 47 CP. supone la pérdida de vigencia del permiso. En este caso, tendremos que diferenciar si la conducción ha sido durante el tiempo de ejecución de la condena o ha sido una vez cumplida esta.

---

364 En el mismo sentido varios autores: CÁCERES RUIZ, L. (2017). El delito de conducción sin permiso o licencia. *Boletín Digital Penal AJFV*. (16), Pág. 15; MUÑOZ CUESTA, F. J. (2008). Interpretación del art. 384 CP, introducido por LO15/2007, relativo a la conducción sin permiso o licencia. *Repertorio de Jurisprudencia Aranzadi*. (9/2008). Pág. 3.

En el primero de los casos, y en aplicación del primer apartado del art. 8 CP, con base en la especialidad del precepto[365], la conducción durante el cumplimiento de la condena constituiría un delito del art. 384.2 CP, que configuraría una modalidad específica del delito de quebrantamiento de condena.

En cambio, en los primeros años de aplicación de este delito, se formularon acusaciones e incluso se dictaron condenas bajo el argumento de que, cuando la conducción tenía lugar una vez cumplida la condena, ya no se trataba de un delito contra la seguridad vial tipificado en el art. 384 CP, sino de una conducta encuadrada en el art. 468 CP, relativo al quebrantamiento de condena[366]. En estos casos, se consideraba que no era necesario un apercibimiento expreso al penado sobre la obligación de cumplir la pena no privativa de libertad, bastando con la notificación de la sentencia en la que se establecía la privación o prohibición aplicable[367]. Asimismo, podía entenderse que la pena impuesta en virtud del art. 47.3 CP tenía un carácter accesorio respecto a la pena principal de privación del derecho a conducir vehículos a motor o ciclomotores.

---

365 BERNAL MARTÍN, L. F. (2008). Comentario del art. 384 del Código Penal. *Actualidad Jurídica Aranzadi* (755/2008). Pág. 6; MUÑOZ CUESTA, F. J. (2008). *Interpretación del art. 384 CP, introducido por LO15/2007, relativo a la conducción sin permiso o licencia.* Repertorio de Jurisprudencia Aranzadi. (9/2008). Pág. 3.

366 Art. 468 CP: "Los que quebrantaren su condena, medida de seguridad, prisión, medida cautelar, conducción o custodia serán castigados con la pena de prisión de seis meses a un año si estuvieran privados de libertad, y con la pena de multa de doce a veinticuatro meses en los demás casos".

367 STS 914/2022, de 23 de noviembre: "No es preciso un requerimiento expreso de que debe cumplir la pena no privativa de libertad, bastando con la notificación de la sentencia con la privación o prohibición que en concreto se le aplica".

No obstante, la STS 510/2022, de 25 de mayo, aunque aborda esta cuestión de manera tangencial en el contexto de otros hechos principales, se inclina por una interpretación más alineada con el art. 384.2 CP, descartando la aplicación del art. 468 CP. En su razonamiento, el TS señala que una aplicación extensiva del delito de quebrantamiento de condena sería discutible, pues supondría incluir dentro de la pena de privación del permiso de conducir lo que en realidad constituye una consecuencia más de naturaleza administrativa que estrictamente penal. Es decir, la infracción no se produce por desobedecer una condena penal, sino por la ausencia de habilitación administrativa para conducir. En consecuencia, el TS revoca la sentencia del juzgado que había condenado al recurrente como autor de un delito de quebrantamiento de condena. Esta interpretación ya había sido defendida previamente por diversos autores[368], anticipándose al criterio finalmente adoptado por el TS.

8.5. Conducir sin haber obtenido nunca permiso o licencia de conducción

Esta tercera conducta delictiva descrita en el art. 384 CP lleva implícita la gravedad del que se pone a los mandos de un vehículo a motor o ciclomotor sin haber adquirido y acreditado nunca los conocimientos necesarios para conducir, poniendo así en peligro la seguridad vial, su propia vida e integridad física y la del resto de usuarios de la vía.

---

368 GONZÁLEZ BARRIOS, I. (2021). Delitos contra la Seguridad Vial. En J. A. BADILLO ARIAS (Dtor.), *GPS Derecho de la Circulación* (5ª ed., págs. 909-961). Tirant lo Blanch. Pág. 955. MUÑOZ CONDE, F. (2017). *Derecho Penal. Parte Especial* (21ª ed.). España: Tirant lo Blanch. Pág. 613.

El fundamento del delito es el mismo que el de la infracción administrativa descrita en el art. 77.k) de la LSV, es decir, la consideración de un riesgo intolerable para la vida e integridad física por carecer de los conocimientos y aptitudes correspondientes y de las condiciones psicofísicas para circular por las vías públicas, derivándolo al Derecho Penal debido a la menor fuerza disuasoria que tiene el derecho administrativo sancionador para proteger tales bienes esenciales como la vida o integridad físicas[369]. El tipo penal pretende dirigirse a ese infractor que de forma deliberada y contumaz decide mantenerse al margen del sistema y no obtiene el permiso de conducir habilitante, por lo que tampoco está sometido al control del permiso por puntos.

No se requiere la existencia de un peligro concreto para la seguridad vial, sino la generación de un peligro abstracto derivado de la conducción sin una comprobación previa de la capacidad física y psíquica del conductor. Esta verificación es fundamental para garantizar su aptitud e idoneidad con el menor riesgo posible, en consonancia con la Directiva 2006/126/CE, que establece requisitos más estrictos para la obtención de un permiso o licencia (STS 85/2025, de 5 de febrero). El permiso referido en el art. 384.2 CP "es el que se obtiene mediante la acreditación o demostración, a través de la superación de las pertinentes pruebas o exámenes establecidos por las Autoridades de un Estado, de los conocimientos teóricos y habilidades prácticas para la conducción de vehículos de motor y ciclomotores". (STS 507/2013 de 20 de junio, y 703/2021 de 16 de septiembre).

Sobre los permisos provisionales, la meritada STS 85/2025, de 5 de febrero, concluye que el BOE del 30 de marzo de 2023

---

369 MUÑOZ CUESTA, F. J. (2008). Interpretación del art. 384 CP, introducido por LO15/2007, relativo a la conducción sin permiso o licencia. *Repertorio de Jurisprudencia Aranzadi.* (9/2008). Pág. 4.

publicó un acuerdo entre España y el Reino Unido sobre el reconocimiento mutuo de permisos de conducir y el intercambio de información sobre infracciones de tráfico, estableciendo que solo los permisos nacionales válidos son reconocidos y excluyendo los permisos provisionales o de aprendizaje. En ese caso, el conductor solo poseía una licencia provisional no canjeable en España, por lo que se considera que carecía de la habilitación legal para conducir y, en consecuencia, se estima el recurso y se confirma la condena por el delito de conducción sin permiso conforme al art. 384.2 CP.

Existe una diferenciación, aunque no exenta de debate, entre el delito y la infracción en el caso del conductor al que se le ha caducado y no ha renovado el permiso de conducir, o al que conduce con un permiso que no le habilita para conducir un vehículo de otra categoría, o el que conduce con un permiso extranjero que no esté canjeado al español, en estos casos estaríamos ante una infracción administrativa y no ante un delito[370]. No obstante, todo delito en esta materia tiene su origen en una infracción administrativa, aunque no toda infracción administrativa deriva en un delito.

La Audiencia Provincial de Toledo, inicialmente reticente a la aplicación de este precepto penal, sostuvo que para su concurrencia debía apreciarse una especial peligrosidad en la conducción, considerando que el mero hecho de conducir sin haber obtenido nunca el permiso no era, por sí solo, suficiente

370 MARÍN ESPINOSA CEBALLOS, E. B. (2018). Delitos contra la Seguridad Vial. En E. B. MARÍN ESPINOSA CEBALLOS (Dtra), & P. ESQUINAS VALVERDE (Coodra), *Lecciones de Derecho Penal Parte Especial.* (págs. 341-350). Tirant lo Blanch. Págs. 349-350; FERNÁNDEZ LAGO, B. (2015). Delito de conducción sin haber obtenido nunca el permiso o licencia. Formas de participación en los delitos contra la seguridad vial. *Diario La Ley* (4288/2015). Pág. 3.

para incurrir en delito (SAP de Toledo 70/2013, de 1 de octubre, SAP de Toledo 61/2013, de 8 de julio)[371] .

El TS, tras el correspondiente recurso del Ministerio Fiscal, se pronunció en la STS 588/2017, de 20 de julio donde decía "no se desprende exigencia alguna de un peligro concreto para la seguridad vial, sino la realización exclusivamente de la conducción de un vehículo de motor sin la correspondiente habilitación administrativa, por no haberla ostentado nunca quien pilota tal vehículo de motor. El riesgo abstracto para el bien jurídico protegido resulta, por consiguiente, de la conducción sin poseer la habilitación teórica y práctica y sin haberse comprobado las capacidades física y psíquica en el conductor, lo cual incrementa, como es natural, el riesgo para los demás usuarios de la vía, por sí peligrosa y causante de una alta siniestralidad, cuya reducción pretende la norma". Continúa argumentando: "Bajo la consideración de que se trata de un delito abstracto, la conducta se consuma cuando se conduce careciendo de la oportuna habilitación administrativa (permiso o licencia), sin que tenga incidencia el haberse cometido infracción vial alguna, ni haberse realizado maniobra antirreglamentaria..."

De esta forma tan categórica el TS zanjó la interpretación de la Audiencia Provincial de Toledo e incorporó seguridad jurídica al conductor que podía verse inmiscuido en la paradójica situación de conducir sin permiso de conducir circulando por la autovía A-5 en su transcurso por la provincia de Toledo siendo tan solo considerado una infracción administrativa y,

---

371 SAP de Toledo 70/2013, de 1 de octubre (Roj: SAP TO 777/2013– ECLI:ES:APTO:2013:777): "En general, el conducir un vehículo de motor careciendo de permiso o licencia será infracción administrativa y sólo cuando se demuestre, por las circunstancias concretas de los hechos, que ese riesgo es superior al que trata de proteger la norma administrativa, podrá hablarse de delito".

sin embargo, a su entrada en la provincia de Cáceres esa conducción se tornaba a delictiva. Bien es cierto que la Audiencia Provincial de Toledo no iba del todo desencaminada, ya que el TS emitió el auto Roj. ATS 2851/2014 de 24 de marzo, anterior a la fecha de la precita sentencia, en el que habla del plus de peligrosidad para los demás usuarios de la vía que supone conducir un coche teniendo solo licencia para conducir ciclomotores y no han acreditado una mínima aptitud para su manejo.

Aquel auto decía: "Y es que el solicitante lo fue por haber conducido vehículo sin haber obtenido nunca el permiso de conducción, la alegación de que posee y acredita disponer de una licencia para conducir ciclomotores desde el 11/12/06, tres años antes que sucedieran los hechos (21/6/09), no es un hecho nuevo ni evidencia su inocencia, en tanto conoce que dispone de una licencia para conducir ciclomotores, no para conducir coches, y es que el tipo penal responde a la idea de preservar el bien jurídico protegido, la seguridad vial, de todos aquellos que se aventuran a conducir un vehículo de motor sin haber obtenido un permiso, precisamente por el plus de peligrosidad que entraña para el resto de los usuarios de las vías públicas la conducción de vehículos por quienes no hayan acreditado una mínima aptitud para su manejo. Se protege, así pues, no tanto el control por parte de la Administración Española de las habilitaciones para conducir, como el bien jurídico "seguridad vial" que solo se puede presumir puesto en peligro cuando quien pilota el vehículo de motor no ha demostrado nunca las capacidades mínimas para realizar tal actividad. Que disponga de una licencia de ciclomotor no excluye esa presunción legal de peligro".

Enlazando con el auto anteriormente mencionado, surge la polémica en torno a la atipicidad penal de conducir un vehículo de una categoría superior a la autorizada por el permiso que se posee. Un caso ilustrativo sería el de una persona que conduce un autobús escolar contando únicamente con el permiso AM, el cual solo habilita para conducir ciclomotores de hasta 50cc, de dos o tres ruedas y cuadriciclos ligeros. Desde un punto de vista estrictamente jurídico, esta discordancia entre la categoría del vehículo y el permiso habilitante queda fuera del ámbito penal[372], pues sostener lo contrario implicaría una interpretación extensiva incompatible con el principio de legalidad[373]. No obstante, algunas resoluciones judiciales han defendido su tipificación argumentando que resultaría ilógico que una discrepancia tan significativa entre el permiso y el vehículo no tuviera relevancia penal (SAP de Córdoba 158/2008, de 8 de julio) [374].

---

372 CÁCERES RUIZ, L. (2017). El delito de conducción sin permiso o licencia. *Boletín Digital Penal AJFV.* (16). Pág. 20.

373 DE VICENTE MARTÍNEZ, R. (2009). Seguridad vial y Derecho penal: los nuevos pronunciamientos jurisprudenciales sobre los viejos delitos contra la seguridad vial y los primeros pronunciamientos jurisprudenciales sobre los últimos delitos contra la seguridad vial. *Cuadernos Digitales de Formación CGPJ* (34). Pág. 47.

374 SAP de Córdoba 158/2008, de 8 de julio (Roj: SAP CO 1319/2008–ECLI:ES:APCO:2008:1319): "El presente recurso de apelación, interpuesto por el acusado José Ignacio con pretensión de quesea absuelto del delito de conducción de un vehículo a motor, en este caso una motocicleta, sin poseer el correspondiente permiso para hacerlo, tipificado en el art. 384 del Código Penal, aduciendo infracción de dicho precepto por aplicación indebida del mismo sobre la base de la tenencia de una licencia para conducir ciclomotores, no admite la interpretación que se expresa en el mismo. Y es que la norma es absolutamente clara y no deja lugar a interpretación alguna ni al juego de los principios de intervención mínima o última ratio del Derecho Penal. Si la licencia que posee el acusado apelante le habilita exclusivamente para conducir ciclomotores es evidente que el resto de vehículos a motor (camiones, turismos y motocicletas) no quedan amparados bajo el manto de aquella habilitación. No solo el espíritu, sino la propia literalidad de la norma no deja margen interpretativo alguno, insistimos. El art. 384, párrafo 2º, in fine cuando sanciona "(...) al que condujere un vehículo de motor o ciclomotor sin haber obtenido nunca permiso o licencia de conducción" está incluyendo en la esfera penal tanto al que conduce sin permiso un

Si bien esta interpretación mayoritaria—de la cual no me aparto por ajustarse a la literalidad del precepto—puede parecer controvertida, es necesario analizarla a la luz de la evolución normativa. Antes de la reforma introducida por el RD 818/2009, que convirtió las licencias en permisos, sí se distinguía jurídicamente entre quienes conducían un vehículo que requería únicamente licencia y aquellos que necesitaban un permiso, lo que permitía considerar la conducta como delictiva (SAP de Madrid 82/2009, de 12 de febrero; SAP de Barcelona 426/2010, de 7 de mayo).

Sin embargo, como señala REQUEJO CONDE[375], este cambio normativo obedeció más a una cuestión terminológica o *nomen* que a una modificación sustancial en los requisitos de formación y aptitud, que se mantuvieron idénticos a los establecidos en el RD 772/1997. En consecuencia, el permiso AM sigue siendo de menor entidad en comparación con otros permisos, dada la menor exigencia formativa y de habilidades, lo que implica un mayor riesgo cuando se utilizan vehículos que requieren una capacitación superior.

Desde esta perspectiva, considerando la protección del bien jurídico y los conocimientos necesarios para la conducción segura de cada tipo de vehículo, la gravedad del riesgo gene-

---

vehículo de motor, condición que tiene una motocicleta, como al que conduce sin licencia un ciclomotor. La doble disyuntiva "o", como dice la sentencia impugnada, fija con total precisión la igualmente doble determinación de tipos penales: por un lado, conducir vehículos de motor, entre los que se incluyen a las motocicletas, sin el debido permiso, y, por otro, conducir ciclomotores sin la preceptiva licencia.

La interpretación que sostiene el recurrente nos llevaría al absurdo de considerar atípica la conducta del que poseyendo sólo permiso para conducir coches (turismos) se pone al volante de un autobús".

375 REQUEJO CONDE, C. (2013). *El delito de conducir sin permiso. Análisis jurisprudencial.* J.M. Bosch Editor. Pág. 110.

rado debería analizarse en función de las características reales del vehículo en cuestión. Así, resulta evidente que la conducción de un ciclomotor sin permiso tiene un impacto menor en la seguridad vial que la conducción de un camión con solo el permiso AM. Sin embargo, esta conclusión plantea una paradoja difícil de justificar desde una óptica puramente lógica y de seguridad vial.

8.6. Cooperador necesario

La participación delictiva penalmente relevante recogida en el art. 28 CP "b) Los que cooperan a su ejecución con un acto sin el cual no se habría efectuado", ha sido una forma de participación controvertida y con diferente acogida entre las autoridades judiciales[376], consistiendo más en una autoría mediata que una cooperación necesaria (STS 314/2021, de 15 de abril). Esta forma de participación aplicada a los delitos contra la seguridad vial, especialmente al delito ahora estudiado del art. 384 CP, aunque también atribuible a los otros contra la seguridad vial recogidos en el Título XII, capítulo IV, es una conducta delictiva que no contaba con el apoyo jurisprudencial a la hora de dictar sentencias condenatorias en supuestos que podrían ser de aplicación, tales como: personas que prestan su vehículo a otra a sabiendas de que esta no posee permiso de conducir por no haberlo obtenido nunca, haber perdido la vigencia o privación cautelar o definitiva del mismo, bien sea para hacer esa especie de prácticas de conducción al margen de las legalmente recibidas por profesionales de las autoescue-

---

[376] En sentido condenatorio SAP Badajoz 3/2011, de 13 de enero; SAP Madrid 234/2011, de 7 de junio; en sentido absolutorio SAP Vigo 87/2014, de 24 de febrero.

las o bien fuera de las vías de comunicación de aplicación del ámbito de la LSV (STS 314/2021, de 15 de abril)[377].

La SAP Vigo 87/2014, de 24 de febrero sostiene que no es posible la condena como cooperador necesario del art. 384 CP del acusado que a sabiendas de que una persona carece de permiso de conducir y que "había ingerido bebidas alcohólicas en cantidad que mermaba considerablemente su capacidad de conducir" le estaba permitiendo conducir el vehículo de su propiedad. El tribunal considera que en esa conducta no concurre el elemento doloso para la tipificación penal, sino que se encuentra en el ámbito administrativo como infracción grave incardinada en el art. 76 apdo v) de la LSV "Incumplir la obligación de impedir que el vehículo sea conducido por quien nunca hubiere obtenido el permiso o la licencia de conducción correspondiente", cuando no sean constitutivas de delito"[378].

Con esto, el tribunal discrepa del criterio de la Fiscalía expresado en la Circular de 17 de noviembre de 2011 que considera que el ilícito administrativo es "un comportamiento omisivo "no impedir" referido no solo al momento inicial sino a momentos posteriores en que no se impide la ilícita conduc-

---

377 La STS 314/2021, de 15 de abril, ante un caso similar de un padre que permite conducir a su hijo menor de edad, se posiciona más bien en una posible autoría mediata como forma de autoría principal por ser más "predicable técnicamente" más que de cooperación necesaria, debido a la conducta desplegada por el padre "al poner todos los medios al alcance del menor para que conduzca".

378 No se alinea en esa misma línea jurisprudencial el TS, ya que en la STS 314/2021, 15 de abril de 2021 manifiesta que el hecho de que, igual que ocurre en otras infracciones administrativas graves o muy graves, también las infracciones administrativas pueden tener su reflejo típico en el texto penal, tales como las referentes a límites de velocidad, conducción negligente, circular en sentido contrario, conducir con tasas de alcohol superiores a las conducidas, etc.

ción, y el penal por el contrario a la actuación positiva de prestar o ceder el vehículo en el momento único de consumación de la acción del tipo de participación".

Esa discrepancia la argumenta exponiendo que "no vemos otra forma de incumplir dicha obligación por el titular del vehículo en el momento inicial, que la actuación positiva de prestar o ceder el uso del mismo, pues dado el mecanismo de conducción exigido por el tipo, mal podría impedir el titular que no haya prestado o cedido antes el vehículo, la conducción del mismo (pues si el titular va en el vehículo, la conducción no puede realizarse si no presta el mismo, y si no va en el vehículo y conduce ya otro, mal podría impedir la conducción, salvo que exijamos al titular una conducta arriesgada para su vida o un control permanente sobre el vehículo, realmente exagerado".

Recientemente, en cumplimiento de la función nomofiláctica del TS, se pronunció al respecto de un asunto de esta naturaleza que refleja la disparidad de criterios de los órganos juzgadores, ya que se refiere a un supuesto en el que el Juzgado de lo Penal de núm. 1 de Pamplona (Juicio Rápido 7/2021, de 1 de febrero) dicta sentencia condenatoria contra una persona por considerarla cooperador necesario al ceder su vehículo a una persona para que lo condujera, a sabiendas de que carecía de toda autorización para conducir por no haber dispuesto nunca de licencia. Sin embargo, en virtud del recurso de apelación contra la citada sentencia, la Audiencia Provincial dictó la SAP de Navarra 103/2021, de 3 de mayo estimando el recurso y absolviendo al inicialmente condenado. Esta sentencia absolutoria fue recurrida en casación por el Ministerio Fiscal por infracción de ley de conformidad con lo dispuesto en el art. 847.1 b) en relación con el art. 849.1 de la LECrim, ante la Sala 2ª del TS.

El TS afirma que esa acción cooperadora supone "una efectiva e insustituible aportación para la ejecución del hecho principal, elevando intolerablemente el riesgo de producción del resultado jurídicamente desaprobado". Asimismo, la STS 369/2017, de 22 de mayo, señala que el delito del art. 384 CP es un delito de peligro abstracto en el que se "trata de garantizar la aptitud de los conductores para manejar vehículos y la idoneidad de éstos para circular con el mínimo riesgo posible". Asimismo, se inadmitió conforme al ATC 67/2018, de 20 de junio, la cuestión de inconstitucionalidad del art. 384 CP planteada por el juzgado de lo Penal núm. 1 de Toledo.

Pues bien, el TS decide que el autor con su actuación desplazó a la infracción administrativa del art. 76.v) LSV al satisfacer los elementos del tipo introduciendo el riesgo jurídicamente desaprobado, ya que la infracción administrativa es aplicable en el caso de no encontrarse con conductas activas o debidas a la culpa o negligencia del obligado en la custodia del vehículo.

Una vez que se ha determinado la tipicidad de la acción hay que valorar si a efectos penológicos se encuentra situada al mismo nivel que si fuera autor si se identifica en el mismo nivel de antijuridicidad y condiciones de igualdad de la pena y, en el caso que nos ocupa el TS dijo que la conducta se sitúa "muy alejada de las decisiones de dominio del hecho y de los núcleos de prohibición sobre los que se funda la especialidad de la conducta típica", por lo que obliga a activar la cláusula de degradación punitiva del art. 65.3 CP (STS 896/2021, 18 de noviembre, STS 399/2023, de 24 de mayo).

Ahora bien, podría plantearse el caso de hallarse en el denominado error directo de prohibición al considerar que esa persona que actúa como cooperador necesario desconoce por completo que su actuación pudiera ser delictiva, alegando que si había condena era una infracción del art. 14.1 del CP. Pues bien, como sostiene la doctrina del TS el "error de prohibición consiste en la creencia de obrar lícitamente si el error se apoya y fundamenta en la verdadera significación antijurídica de la conducta" (STS 457/2003, de 14 de noviembre), en la creencia del error en la norma prohibitiva, provocando la exclusión de la responsabilidad criminal si es invencible[379] o, si fuera vencible, la imposición de pena inferior en uno o dos grados, según el art. 14.3 del CP.

La doctrina mayoritaria descarta el error de prohibición en los casos en los que "existe conciencia de que se está actuando mal", definición que, aplicada al caso supone "ceder o dejar las llaves para que conduzca quien a sabiendas se conoce que no puede hacerlo, lo que integra la posibilidad, incluso, de que por su falta de pericia presumible por la carencia de permiso pueda causar un daño grave a tercero" (STS 314/2021, de 15 de abril)[380].

---

379 No obstante, para que el error comporte la exención de la responsabilidad criminal es fundamental que sea probado por quien lo alega (STS 1171/97, de 29 de septiembre, STS 302/2003, de 27 de febrero). El análisis del error debe hacerse aplicado al caso concreto y sobre declaraciones del propio sujeto, sino que requiere de otros elementos de apoyo desde el punto de vista objetivo

380 Señala la STS 1067/2006, 17 de octubre: "La construcción de un error de prohibición en un mundo tan intercomunicado y permeable a la información, como el que vivimos, ofrece más dificultades que en otras épocas. No deja de ser una concepción teóricamente impecable, pero de complicado ajuste a la realidad. Hoy día el desconocimiento absoluto de la antijuricidad de un hecho de esta naturaleza es de difícil acreditación en el caso concreto".
La STS 399/2023, de 24 de mayo, dice respecto del error de prohibición que el sujeto no conozca el alcance concreto de la antijuridicidad de la conducta: "Es suficiente, para excluir el efecto exculpante, que conozca que el hecho es ilícito, que es contrario a derecho, aunque crea que no merece reproche penal".

9. ORIGINAR GRAVE RIESGO PARA LA CIRCULACIÓN. ART. 385 CP

9.1. Introducción

El delito contenido en el art. 385 CP probablemente sea el delito más atípico de los concernientes a la seguridad vial, no solo porque el sujeto activo puede ser una persona distinta del conductor, sino porque, en la mayoría de los casos, se produce una afectación grave a la vía por causas ajenas a la circulación. El propósito de este artículo es garantizar la seguridad en las vías públicas y prevenir accidentes causados por obstrucciones imprevistas o no restablecimiento de tales circunstancias a la normalidad cuando haya obligación de hacerlo. Se pretende promover un comportamiento responsable, cívico y proteger tanto la integridad de las personas como la infraestructura pública.

Tal es gravedad de las consecuencias que puede acarrear este delito que las penas son las mayores de los delitos incluidos en la seguridad vial, a excepción de las previstas para los delitos de conducción temeraria de los artículos 380 y 381 CP, siendo estas la de pena de prisión de seis meses a dos años o multa de doce a veinticuatro meses y trabajos en beneficio de la comunidad de diez a cuarenta días.

Es el delito contra la seguridad vial que recibe menos atención en términos de aplicación práctica. Aunque abarca una amplia variedad de situaciones, es el que menos frecuentemente llega a los tribunales, especialmente en los casos de naturaleza omisiva[381]. Como prueba de ello, la siguiente tabla muestra

---

[381] GUTIÉRREZ RODRÍGUEZ, M. (2009). Creación de un peligro grave para la circulación. En M. GUTIÉRREZ RODRÍGUEZ (Coord.), *Protección Penal para la Seguridad Vial* (págs. 525-559). Tirant lo Blanch. Pág. 526

las tasas de resolución positiva, calculadas al dividir el número de casos con sentencia condenatoria entre el total de procedimientos iniciados, junto con su evolución interanual.

DELITOS CSV	DP+DU 2022	Sentencias 2022	Tasa resolución 2022	Tasa resolución 2021
379.1 CP	1.111	569	0,51 (51%)	0,48
379.2 CP	77.133	59.461	0,77 (77%)	0,77
380 CP	3.539	2.120	0,59 (59%)	0,57
381 CP	267	114	0,42 (42%)	0,51
383 CP	3.261	3.967	1,21 (121%)	1,16
384 CP	51.431	38.383	0,74 (74%)	0,72
385 CP	664	46	0,06 (6%)	0,05
TOTAL	137.406	104.660	0,76 (76%)	0,75

Fuente: DEL RÍO MONTESDEOCA, L. (2024). Necesidad de una fiscalía especializada en seguridad vial. Revista Logos. Guardia Civil, Pág. 37.

Según TRAPERO BARREALES el hecho de que tenga una escasa aplicación judicial puede ir ligada a que las acciones mencionadas en este delito también son objeto de sanción en el ámbito administrativo, ya sea con la misma denominación o mediante la descripción de acciones que son esencialmente similares, plantea dificultades para distinguir entre ambos sistemas de sanciones, lo que puede llevarnos a cuestionar la necesidad de tipificar el delito de originar un grave riesgo para la circulación. Las infracciones que recoge la LSV son las dispuestas como graves en el art. 76 d) y n); y muy graves en el art. 77 n), castigadas con 200 euros de multa y 6 puntos de detracción del permiso de conducir[382].

---

382 Art. 76 d): "Parar o estacionar en el carril bus, en carriles o vías ciclistas, en curvas, cambios de rasante, zonas de estacionamiento para uso exclusivo de personas con discapacidad, túneles, pasos inferiores, intersecciones o en cualquier otro lugar peligroso o en el

El delito previsto en el art. 385 CP presenta una doble estructura, abarcando tanto conductas activas como omisivas, con el objetivo de proteger la seguridad vial. Por un lado, se configura por acciones que alteran gravemente las condiciones de seguridad en la vía, como la colocación de obstáculos, el derramamiento de sustancias peligrosas o la manipulación de la señalización. Por otro, también puede cometerse por omisión, cuando quien tiene la obligación legal de restablecer la seguridad tras una alteración grave no lo hace.

La aplicación de este precepto requiere valorar el riesgo generado en cada caso concreto, considerando tanto la conducta como sus consecuencias. En definitiva, este delito refleja la preocupación legislativa por la seguridad en la circulación, estableciendo un marco amplio para sancionar tanto acciones que generan peligro como la inacción ante situaciones de riesgo.

9.2. Antecedentes

Al hablar de la reprochable conducta de originar un grave riesgo para la circulación mediante diferentes procedimientos, puede parecer *prima facie* una de las principales acciones que debiera tener el legislador a la hora de incluirlas en la legislación correspondiente que las castigue, ya que cualquier persona puede cometerla con independencia de tener la condición de conductor o no, es decir, no está circunscrita al habitual sujeto activo de las infracciones o delitos de tráfico que es el

---

que se obstaculice gravemente la circulación o constituya un riesgo, especialmente para los peatones"
Art. 76 n): "Arrojar a la vía o en sus inmediaciones objetos que puedan obstaculizar la libre circulación".
Art. 77 n): "Realizar en la vía obras sin la autorización correspondiente, así como la retirada, ocultación, alteración o deterioro de la señalización permanente u ocasional"

conductor. Sin embargo, no sería hasta el año 1934 con la publicación de Código de la Circulación, cuando se recogiese en el art. 39 la prohibición de poner obstáculos que entorpeciese la libre circulación de los vehículos.

La evolución normativa sobre la alteración de la seguridad vial ha transitado desde una regulación especial y fragmentada hasta su integración en el CP. La Ley del Automóvil de 1950 tipificó expresamente en sus artículos sexto, séptimo y octavo, diversas conductas que afectaban la circulación, como la manipulación de señalización, la colocación de obstáculos o el lanzamiento de objetos contra vehículos en marcha, estableciendo penas de arresto y multa.

Con la Ley 122/1962 se produjo la incorporación de estas infracciones al CP, eliminando la especificidad de las conductas anteriormente descritas y configurando un tipo más genérico sobre la perturbación grave del tráfico. Esta indeterminación fue corregida parcialmente con la Ley 3/1967, que detalló nuevamente supuestos como la colocación de obstáculos, el derramamiento de sustancias peligrosas o la manipulación de la señalización. La reforma operada por la LO 3/1989 se limitó a modificar las cuantías de las multas.

Finalmente, con la LO 10/1995, el delito adoptó su redacción actual, manteniendo la tipificación previa, pero introduciendo la pena de prisión o multa y eliminando ciertas redundancias terminológicas. Reformas posteriores han mantenido la estructura esencial del tipo, incorporando únicamente la pena de trabajos en beneficio de la comunidad como alternativa y reubicando el precepto en el articulado, pasando del art. 382 al 385 CP.

9.3. Naturaleza jurídica: creación de un grave riesgo para la circulación

La caracterización de los delitos contra la seguridad vial como delitos de peligro abstracto ha sido sostenida mayoritariamente por la doctrina, con contadas excepciones. No obstante, a diferencia de otros ilícitos recogidos en el capítulo IV del Código Penal, como la conducción a velocidad superior a la permitida, la conducción bajo los efectos de sustancias tóxicas o sin la preceptiva autorización, el tipo penal en cuestión requiere expresamente la generación de un grave riesgo para la circulación. En este sentido, se sitúa en una posición intermedia entre los delitos de peligro abstracto y la conducción temeraria, que exige la concurrencia de un peligro concreto para la consumación del ilícito.

La jurisprudencia, en línea con la doctrina mayoritaria[383], ha sostenido su naturaleza como delito de peligro abstracto (SAP de Guipúzcoa 58/2005, de 6 de abril)[384]. No obstante, determinados autores defienden su consideración como delito de peligro concreto, al exigir una valoración *ex post* de circunstancias que permitan constatar la existencia de un sujeto dentro del radio de riesgo generado por la conducta[385]. En esta

---

383 MAGALDI PATERNOSTRO, M. J. (2004). En J. (Dtores.) CÓRDOBA RODA, & M. GARCÍA ARÁN, *Comentarios al Código Penal. Parte Especial.* Marcial Pons. Págs. 1721-1723.

384 SAP de Guipúzcoa 58/2005, 6 de abril (Roj: SAP SS 421/2005–ECLI:ES:APSS:2005:421): "el acusado arrojó a la calzada una moto que se encontraba aparcada, bolsas de basura y una silla de pupitre que se encontraba apilada junto a los contenedores... El tipo no requiere una concreta puesta en peligro. Sin embargo, la referencia a la gravedad del riesgo para la circulación impone la constatación de la idoneidad de la conducta desplegada para generar un riesgo relevante para la vida e integridad física de las personas, dado el carácter medial que los bienes jurídicos supraindividuales presentan respecto a los bienes jurídicos personales".

385 ORTS BERENGUER, E., & VIVES ANTÓN (Coord.) (1996). *Comentarios al Código Penal.* Tirant lo Blanch. Pág. 1719; BELTRÁN BALLESTER, E. (1975). *Las obstaculizaciones al tráfico. Examen del art. 340 bis b) del Código Penal Español.* Colección de Estudios. Instituto de Criminología y Departamento de Derecho Penal. Pág. 22.

interpretación, dice MIR PUIG[386], cabría excluir la antijuridicidad si, pese a haberse ejecutado la acción típica, se acreditase la ausencia de riesgo para bienes jurídicos individuales.

A diferencia del delito tipificado en el art. 380 CP, el precepto objeto de análisis no requiere la presencia de un peligro concreto, bastando la creación de un grave riesgo para la circulación en cualquiera de las formas previstas. No obstante, el peligro generado debe irradiarse de manera abstracta sobre bienes jurídicos individuales[387]. Esta tesis ha sido refrendada en la SAP de Ciudad Real 27/2016, de 14 de marzo, que establece: "la comisión de este delito no exige, a diferencia de otros tipos relacionados con la seguridad vial, la concurrencia de un "peligro concreto", sino que basta con la producción de un "grave riesgo". Es decir, la creación de un peligro de tal entidad, inmediatez y consistencia que haya requerido de una acción de alguna supuesta víctima, por mínima que fuera, para poder ser evitado. Acción que, sin duda, pondría en evidencia aquella "concreción", acreditando en primer lugar que existe un sujeto pasivo -esté o no identificado- y, en segundo lugar, que dicho sujeto se ha enfrentado a un riesgo cierto de sufrir

---

386 MIR PUIG, S. (2004). *Derecho Penal. Parte General* (7ª ed.). Reppertor. Pág. 234.

387 CORCOY BIDASOLO, M. (1999). *Delitos de peligro y protección de bienes jurídico-penales supraindividuales*. Tirant lo Blanch. Pág. 373, cuando afirma que "la delimitación entre delitos de peligro abstracto y concreto se fundamenta en que, en los primeros, únicamente se protege, de forma inmediata un bien jurídico-penal supraindividual, mientras que, en los delitos de peligro concreto, junto al bien jurídico-penal supraindividual, se protege, también de forma inmediata, un bien jurídico-penal individual, exigiéndose en ese caso un resultado de peligro para ese bien jurídico".

algún menoscabo, que ha sido evitado precisamente gracias a su determinación[388].

TEIJÓN ALCALÁ[389] considera que el art. 385 CP establece un delito de peligro concreto, equiparándolo a los arts. 380 y 381.1 CP, ya que exige la demostración del grave riesgo para la circulación en cada caso. ORTS BERENGUER y FERRANDIS CIPRIÁN[390] afirman que el tipo se integra cuando la conducta tiene una alta posibilidad de afectar el bien jurídico protegido y que el nivel máximo se alcanza con la materialización del peligro en bienes o personas, constituyendo así un peligro concreto[391].

---

388 La SAP de Ciudad Real 27/2016, de 14 de marzo, ratifica la sentencia impuesta por comisión de un delito previsto en el art. 385 CP donde, en al menos 35 ocasiones, los agentes de la autoridad intervinieron debido a la presencia de animales en la vía pública, solicitando al propietario que se hiciera cargo de ellos. A pesar de estos requerimientos, el propietario mantuvo una actitud pasiva, sin tomar medidas para evitar que los animales estuvieran sueltos y llegasen hasta la vía. Fue consciente del grave peligro que esto representaba para los vehículos que transitaba por la zona.

389 TEIJÓN ALCALÁ, M. (2023). Los delitos de peligro en el derecho penal contemporáneo. *Revista Electrónica de Ciencia Penal y Criminología* (25-29), Pág. 23. Obtenido de http://criminet.ugr.es/recpc/25/recpc25-29.pdf. Fecha última consulta: 30 de enero de 2025.

390 ORTS BERENGUER, E., & FERRANDIS CIPRIAN, D. (2010). Obstaculizaciones al tráfico en el Código Penal español. *Revista europea de Tráfico, Transporte y Seguridad Vial*(85/2010), doi:10.1007/s12615-011-9031-y. Pág. 89.

391 Alineados en esta opinión también se encuentran MONTANER FERNÁNDEZ, R. (2009). El nuevo Derecho penal de la seguridad vial. *Revista Derecho Penal y Criminología*(2), Pág. 227., desde la perspectiva del bien jurídico de la seguridad vial; MUÑOZ CONDE, F. (2009). *Derecho Penal. Parte Especial* (17 ed.). Tirant lo Blach. Pág. 654 también desde la perspectiva del bien jurídico colectivo seguridad vial.;

QUERALT JIMÉNEZ, J. J. (2015). *Derecho Penal Español. Parte Especial.* (7ª ed.). Tirant lo Blanch. Pág. 998 apoyada la conclusión en

Por su parte, la SAP de La Rioja 197/2010, de 9 de julio, sostiene que el tipo penal no requiere una situación de peligro específica, pero sí que la conducta genere un riesgo significativo para la vida, la integridad física o los bienes, dada la dimensión colectiva del bien jurídico protegido. Además, el tipo exige un elemento subjetivo: el autor debe ser consciente de la ilegalidad de su conducta y del riesgo creado[392]. Al ser un delito exclusivamente doloso, requiere al menos dolo eventual[393]. La conducta dolosa debe estar dirigida, de manera directa o eventual, a perjudicar la seguridad colectiva en la circulación de vehículos a motor, ya sea con la intención expresa de causar este efecto o al asumir la posibilidad de generar un riesgo abstracto y general para la circulación (AAP de Guadalajara 150/2023, de 30 de marzo)[394].

9.4. Conducta típica

Algo que es muy característico de este delito es que tiene una estructura bicéfala, es decir, tiene una conducta de comisión activa y otra de comisión omisiva. En su primera forma

---

que posee una pena algo más elevada que la del delito del art. 381.1 CP que sí requiere peligro concreto.

392 Afirma MORILLAS CUEVA (Coord.), L. (2007). *Delincuencia en materia de tráfico y seguridad vial.* Dykinson. Pág. 364 y ss. que desde la perspectiva de un delito de peligro abstracto no es necesario que el riesgo sea inminente.

393 AMADEO GADEA, S. (2015). *Código Penal. Doctrina jurisprudencial* (1ª ed.). Factum Libri Ediciones. Pág. 592.

394 De igual modo la SAP Burgos 692/2022, de 29 de septiembre: "Exige el tipo un plus en la situación de riesgo, "grave riesgo" dice el precepto, es decir, que se origine una situación de transcendencia importante y general, algo más que una situación momentánea y concreta, debiendo abarcar el sujeto activo ese fin de atentar contra la seguridad vial, por quererlo directamente o por dolo eventual, al ser previsible y abarcable ese riesgo abstracto y genérico a la circulación".

con una conducta eminentemente activa, según el art. 385 CP, párrafo 1, que busca penalizar la alteración de las condiciones de seguridad en la vía que conllevan un grave riesgo para la circulación requiriendo la colocación de obstáculos imprevisibles en la vía, derramando sustancias deslizantes o inflamables o mutando, sustrayendo o anulando la señalización o por cualquier otro medio. Como alternativa, existe una segunda modalidad típica de carácter omisivo, art. 385 CP, párrafo 2, en la que la responsabilidad penal se atribuye al individuo que, estando obligado a restaurar la seguridad de la vía incumple el deber de devolverla a su estado original. Con ello, se colige que el legislador decidió equiparar ambas modalidades[395]. Primeramente, debemos recordar que se trata del único delito contenido en este capítulo contra la Seguridad Vial en el que el sujeto activo no es necesariamente el conductor de un vehículo a motor o ciclomotor, sino que puede ser cualquier persona que haya creado un grave riesgo para la circulación por lo que, consecuentemente, el conductor de un vehículo puede ser el sujeto pasivo del delito, pero no solamente él, sino que también puede serlo un peatón como usuario de la vía, situación que podría plantearse en el caso de alteración de las señales semafóricas.

Por lo que respecta al sujeto activo la doctrina no es unánime, ya que parte de ella considera que es posible la comisión tanto por persona ajena al conductor como por el propio conductor de un vehículo[396]. Destacando los siguientes casos para-

---

[395] CARPIO BRIZ, D. (2008). Creación de grave riesgo para la seguridad en el tráfico (Art. 385 CP). En S. MIR PUIG, & M. CORCOY BIDASOLO (Dtores), *Seguridad Vial y Derecho Penal* (págs. 204-247). Tirant lo Blanch. Pág. 220.

[396] CARPIO BRIZ, D. (2008). Creación de grave riesgo para la seguridad en el tráfico (Art. 385 CP). En S. MIR PUIG, & M. CORCOY BIDASOLO (Dtores), *Seguridad Vial y Derecho Penal* (págs. 204-247). Tirant lo Blanch. Pág. 221.

digmáticos: el primer caso, cuando un individuo arroja piedras u otro objeto contundente desde el puente de una autovía a los vehículos que circulan por ella[397]; en el segundo caso, cuando el conductor de un vehículo utiliza el propio vehículo para constituirlo en sí mismo en un obstáculo para el resto de usuarios de la vía[398].

En este último caso, podemos encontrar sentencias con pronunciamientos diferentes: por un lado, la SAP de Guipúzcoa 389/2006, de 9 de noviembre que absuelve a un conductor que "detuvo su vehículo de forma súbita y brusca, de suerte que los vehículos que circulaban detrás de él tuvieron que frenar rápidamente para evitar que se produjera una colisión múltiple entre ellos", sin embargo, el tribunal no entra a valorar la posibilidad de comisión de un delito del art. 381 CP debido a los principios acusatorio y de la *reformatio in peius*. Por otro lado, tenemos la SAP de Murcia 91/2006, de 22 de diciembre, que condena por este tipo de delito a un conductor que "frenaba bruscamente, haciendo gestos con las manos, llegando en un momento de la conducción a interponerse en la trayectoria de otro vehículo, obligándola a desplazarse a la derecha para evitar colisionar contra el mismo".

Por el contrario, SPÍNOLA TÁRTALO, B. (1998). Conductas no consistentes en circular con vehículo de motor o ciclomotor creadoras de grave riesgo para la seguridad del tráfico: el art. 382 del Código penal. *CPC* (66), Págs. 695 y ss., defiende que solo es posible la comisión por conductas que no implique la conducción de vehículos a motor.

397 SAP de Castellón 134/2005, de 27 de abril (Roj: SAP CS 420/2005–ECLI:ES:APCS:2005:420). "El acusado lanzó un palo de un metro de longitud contra otro coche impactando en la parte frontal, produciendo daños en su vehículo, tanto en la parte delantera como en la parte trasera por ser alcanzado por el vehículo que le precedía".

398 CORCOY BIDASOLO (Dtra), M. (2004). *Manual práctico de Derecho Penal Parte Especial* (2ª ed.). Tirant lo Blanch. Págs. 885-901.

Las conductas que hemos dicho hasta ahora no serían delictivas si con ellas no se hubiera originado un grave riesgo para la circulación, elemento fundamental para la tipificación[399]. Esta técnica legislativa utilizada es ciertamente abierta, aunque es no exclusiva de este delito, ya que también ha sido empleada para otros tipos de delitos de peligro[400], pero en esta ocasión no es conminando directamente a la vida o integridad física de las personas, sino que ese grave riesgo es de manera indirecta a través de la "circulación". No todos los comportamientos riesgosos para la circulación pueden ser considerados delictivos, pues solo pueden serlo aquellos que tengan la categoría de graves. Se trata de un concepto jurídico realmente indeterminado entrando a valorar múltiples circunstancias que pudieran alcanzar esta categoría, pero está claro que debe implicar algo

---

399 En la SAP de Córdoba 123/2012, de 29 de marzo: "Así pues, esta infracción penal precisa, pues, para su realización, en línea con las exigencias del principio de lesividad, que la conducta que altera la seguridad del tráfico genere un riesgo para la circulación que se califica de grave".

400 Por ejemplo, lo dispuesto en los arts.: 196 CP "denegare asistencia sanitaria o abandonare los servicios sanitarios cuando de la denegación o abandono se derive riesgo grave para la salud de las personas"; 316 CP "Los que con infracción de las normas de prevención de riesgos laborales y estando legalmente obligados, no faciliten los medios necesarios para que los trabajadores desempeñen su actividad con las medidas de seguridad e higiene adecuadas, de forma que pongan así en peligro grave su vida, salud o integridad física"; 342 CP "perturbe el funcionamiento de una instalación nuclear o radiactiva, o altere el desarrollo de actividades en las que intervengan materiales o equipos productores de radiaciones ionizantes, creando una situación de grave peligro para la vida o la salud de las personas"; o el 356 CP "El que incendiare zonas de vegetación no forestales perjudicando gravemente el medio natural".

más que la mera infracción a la norma[401]. Debe originar un peligro real para la seguridad y no una simple incomodidad[402].

En este sentido, la SAP de Lérida 493/2000, de 8 de noviembre, la conducta enjuiciada no la considera subsumible en este delito, pues el obstaculizar el paso de una de las calles de aquel polígono industrial mediante la colocación de unas grandes piezas de hormigón primero y tiempo después mediante unos montículos de tierra se trataría más de "molestias generadas por el corte de la calle que el peligro que aquella acción pudiera entrañar para la circulación". El nivel mínimo requerido para constituir el tipo vendrá definido por la adecuación de la conducta para poner en peligro el bien jurídico protegido. Esta adecuación se mostrará cuando resulte en una alta probabilidad de daño a la vida y la integridad de las personas, considerando las circunstancias específicas en las que se lleve a cabo la conducta típica, así como otros factores que la rodeen[403], aunque no es necesario que exista una concreción del riesgo, siendo suficiente que supongan un riesgo potencial para la vida e integridad de las personas[404].

---

401 SPÍNOLA TÁRTALO, B. (1998). Conductas no consistentes en circular con vehículo de motor o ciclomotor creadoras de grave riesgo para la seguridad del tráfico: el art. 382 del Código penal. *CPC* (66), Pág. 703.

402 CARPIO BRIZ, D. (2008). Creación de grave riesgo para la seguridad en el tráfico (Art. 385 CP). En S. MIR PUIG, & M. CORCOY BIDASOLO (Dtores.), *Seguridad Vial y Derecho Penal* (págs. 204-247). Tirant lo Blanch. Pág. 214

403 ORTS BERENGUER, E., & FERRANDIS CIPRIAN, D. (2010). Obstaculizaciones al tráfico en el Código Penal español. *Revista europea de Tráfico, Transporte y Seguridad Vial* (85/2010), 85-108. doi:10.1007/s12615-011-9031- Pág. 89.

404 DÍAZ SASTRE, C. (2010). Tratamiento jurídico-penal de las conductas atentatorias contra la seguridad vial. *Actualidad Jurídica Aranzadi* (792). Pág. 11.

El riesgo creado debe ser evaluado como grave cuando pueda afirmarse, después de que se hayan modificado las condiciones de seguridad de la vía o no se hayan restablecido, que existe una alta probabilidad de que ocurra un accidente de tráfico con posibles lesiones para la vida o la integridad física de las personas, como resultado del estado en el que queda la vía después de llevar a cabo la conducta típica[405].

9.4.1. Comportamiento delictivo activo

Este comportamiento delictivo activo viene determinado en el apartado primero del art. 385 CP. que dice "Colocando en la vía obstáculos imprevisibles, derramando sustancias deslizantes o inflamables o mutando, sustrayendo o anulando la señalización o por cualquier otro medio". Podemos apreciar una serie de conductas tipo que el legislador ha señalado explícitamente como una posibilidad de alteración grave de la circulación a falta de que efectivamente así sea, bien siendo conductor o no.

La colocación de obstáculos imprevisibles puede entenderse como cualquier objeto físico dejado o colocado intencionalmente para obstaculizar el tráfico, causando estrechamiento o bloqueo de la vía[406], cuya presencia no puede ser anticipada

---

405 GUTIÉRREZ RODRÍGUEZ, M. (2009). Creación de un peligro grave para la circulación. En M. GUTIÉRREZ RODRÍGUEZ (Coord.), *Protección Penal para la Seguridad Vial* (págs. 525-559). Tirant lo Blanch. Pág. 529.

406 En CÓRDOBA RODA, J. (1978). *Comentarios al Código Penal* (Vol. III). Ariel. Págs. 1271-1272. Es indiferente que el obstáculo sea fijo o móvil o que afecte a totalidad o solo a parte de la vía.
Asimismo, la SAP La Coruña 14/2017, de 16 de enero, confirma íntegramente la sentencia condenatoria a un acusado que "se dedicó durante varios minutos a colocar de forma intencionada diversos objetos metálicos o con elementos punzantes (varias barras de aluminio, un rastrillo y dos tableros con puntas de hierro) en los dos

por un individuo medio, concretándose el obstáculo en un elemento que no sea esperado desde ninguna perspectiva[407], de tal forma que el conductor no tenga motivo para sospechar la presencia de esos objetos o sustancias y, por tanto, no esté en condiciones de evitarlos[408]. Sirva como ejemplo de caso inesperado el que se expone en la SAP de Barcelona 1427/2017, de 13 de febrero que relata los hechos donde la policía sorprendió al apelante cuando "colocó una cuerda a una altura de 130 metros que atravesaba la intersección de ambas vías atando un extremo de este acuerdo palo de una señal de tráfico y el otro extremo en el lado opuesto de forma perpendicular al sentido de la circulación al tronco de un árbol"

Es objeto de debate y controversia la colocación de obstáculos móviles y su posible cabida en el tipo penal de situaciones en las que se conduce un vehículo de motor o ciclomotor a una velocidad excesivamente baja, lo que puede obstaculizar el tráfico y dar lugar a una situación de riesgo grave requerida por la ley.

---

carriles de circulación…provocaron una situación de riesgo grave al resultar imprevisibles para los usuarios de la vía y producir unos efectos dañinos en los neumáticos de los vehículos que circulaban, es más, como se argumenta en la sentencia el acusado, que presenciaba el resultado de su acción procedía a colocar nuevamente los objetos cuando eran desplazados por los automóviles al pasar por el lugar, hasta que se persona una patrulla de la Guardia Civil que procede a retirarlos de la vía pública"

407 En CARPIO BRIZ, D. (2008). Creación de grave riesgo para la seguridad en el tráfico (Art. 385 CP). En S. MIR PUIG, & M. CORCOY BIDASOLO (Dtores.), *Seguridad Vial y Derecho Penal* (págs. 204-247). Tirant lo Blanch. Pág. 226. Es fundamental que el objeto sea imprevisible y desde ninguna perspectiva lógica esperable.

408 PIÑOL RODRÍGUEZ, J. R. (2005). *Manual de Derecho Penal. Tomo II. Parte Especial.* Civitas. Pág. 472.

Así las cosas, la SJP de Soria 239/2023 de 27 de octubre, aborda el caso de un tracto camión que circuló por una autovía durante varios kilómetros a una velocidad anormalmente reducida debido a una avería. Dicho tracto camión pudo haber abandonado la autovía por alguna salida previa, pero no lo hizo, lo que le constituyó en un "obstáculo inesperado en la circulación", de tal manera que no era previsible para el conductor del autobús que chocó con él. Continúa la sentencia diciendo que en la circulación de vehículos opera el llamado "principio de confianza en el tráfico"; esto implica que, en principio, todo conductor asume que los demás vehículos en la vía cumplirán con las normas de tráfico y circularán de manera segura y conforme a la ley.

Este nivel de confianza es fundamental para mantener un ambiente de conducción seguro y predecible, ya que permite que los conductores tomen decisiones basadas en la expectativa de que los demás usuarios de la vía seguirán las reglas y actuarán de manera predecible. Cuando esta confianza se ve socavada por conductas irresponsables o peligrosas de otros conductores, aumenta el riesgo de accidentes y conflictos en la carretera. Finalmente, la sentencia resuelve al respecto, no sobre si es de aplicación el art. 385 CP o no lo es, sino sobre la calificación del grado de imprudencia existente, considerándola "menos grave"[409].

---

409 No obstante, GUTIÉRREZ RODRÍGUEZ, M. (2009). Creación de un peligro grave para la circulación. En M. GUTIÉRREZ RODRÍGUEZ (Coord.), *Protección Penal para la Seguridad Vial.* Tirant lo Blanch. Pág. 534, entiende que, si se cumplen los demás requisitos típicos, estos comportamientos podrían ser considerados como conducción temeraria, siempre y cuando exista un peligro concreto para la vida o integridad física de las personas. En caso de que no haya dicho peligro concreto, estos actos podrían quedar fuera del ámbito del Derecho Penal.

Asimismo, el AAP de Sevilla 183/2023, de 15 de febrero, determina que "cruzar un peatón por lugar no habilitado para ello no parece pueda subsumirse en las conductas enumeradas en dicho precepto, que contempla la creación del grave riesgo para la circulación mediante la expresa colocación de obstáculos imprevisibles".

La SAP de Tarragona 261/2023, de 23 de junio ratifica la sentencia del Juzgado de lo Penal nº 4 de Tarragona por la concurrencia de los elementos del tipo del art. 385 CP en el caso del conductor de una bicicleta que "circulaba por la autopista AP 7, de madrugada, sin chaleco reflectante, refiriendo una circulación además zigzagueante, absolutamente irregular, llegando a ponerse de relieve que cruzó los carriles de la vía, circulando con su bicicleta por el tercer carril (de la izquierda) en sentido contrario, provocando que otros vehículos tuviesen que efectuar maniobras bruscas para evitar una colisión o accidente, siendo que además consideramos que dicha creación de riesgo tuvo lugar al menos por dolo eventual".

Por lo que se refiere a derramar sustancias deslizantes o inflamables estas han de ser de las capaces de producir el efecto de deslizamiento o inflamación de los vehículos o deslizamiento o incendios peligrosos para los vehículos que circulen por la vía. La SAP de Segovia 39/2005, de 23 de septiembre ratifica la condena a los acusados por no de hacer desaparecer la gran cantidad de barro arrojada sobre la calzada por los camiones, generando una capa deslizante que afectaba a la seguridad del tráfico, lo que provocó la ocurrencia de dos accidentes de tráfico[410].

---

410 Detalla la sentencia que "Sobre el particular extremo de no adoptar medida a su debido tiempo, resulta obvio que derramado el barro, no señalizarlo ni limpiarlo; y tras lo cual acontecer los accidentes, supone esa falta de adopción de medidas en tiempo hábil; la circunstancia de que no hubiera aviso de la autoridad para realizar la

Cuando el tipo indica "sustrayendo o anulando la señalización" hay que tener en cuenta una premisa fundamental, que es que esa sustracción o anulación de la señalización debe ser grave sobre la que influye en la seguridad vial, es decir, aquella cuya alteración en su funcionamiento conlleva un riesgo grave para la circulación. Por lo que no estarían dentro de las conductas típicas, por ejemplo, la afectación a señales de prohibición de aparcamiento, calle o calzada sin salida, fin de autovía o frenado de emergencia, etc[411].

En aplicación de esta modalidad típica, la SAP de Zaragoza n.º 259/2003, de 3 de septiembre, confirmó la condena por un delito contra la seguridad del tráfico de creación de grave riesgo para la circulación de quien retiró las vallas y los conos que señalizaban una obra, dejando al descubierto las zanjas allí abiertas, a pesar de la circulación abundante que normalmente transita por la vía donde ocurrieron los hechos.

También la SAP de Barcelona 169/2005, de 17 de febrero, confirmó la sentencia que condenó a varios individuos por derribar cuatro señales de tráfico en la vía: dos de dirección

---

limpieza, no integra un limbo horario, en el que no resulta necesario actuar con diligencia".

411 El AAP de Burgos 692/2022, de 29 de septiembre que no considera típica conforme al art. 385 CP "pintadas sobre el firme de la misma consistentes en varias señales limitativas de la velocidad a 20 km/h y dos pasos de cebra…no genera un grave riesgo para la circulación, en abstracto o en concreto, de los usuarios de la carretera indicada. Así la limitación de velocidad en el lugar a los 20 kms/h. ya se encontraba regulada por una señalización vertical reglamentaria (fotografía 2 del reportaje mencionado), por lo tanto, la pintada realizada por el acusado en el suelo de la carretera (fotografía nº. 1) nada nuevo aporta a las condiciones de la vía, ni ningún peligro crea para sus usuarios. La pintada de dos pasos de cebra o de peatones en el lugar tampoco es conducta idónea para generar el grave riesgo para la circulación que el delito exige".

obligatoria, una de dirección prohibida y otra de prohibido estacionar. Se hizo hincapié en el peligro que representa para los conductores la eliminación de la información proporcionada por las tres primeras señales.

La amplitud de la expresión "por cualquier otro medio" puede generar tensiones con la exigencia de *lex certa*, pero debe interpretarse como acciones de una gravedad comparable a las mencionadas en el mismo artículo, que también pueden representar un serio peligro para la seguridad vial (SAP de Tarragona 261/2023, de 23 de junio). Asimismo, "por cualquier otro medio" necesariamente debe vincularse con las formas de comisión descritas justo antes, puesto que el derecho penal prohíbe las interpretaciones extensivas de la norma. El tipo penal establece ciertas formas de ejecución al referirse a la colocación de objetos o al derramamiento de sustancias, limitando así su alcance. Sin embargo, también permite la consideración de otros métodos de comisión que sean similares o parecidos a los descritos anteriormente (SAP Lérida 73/2016, de 29 de febrero). Afirma TRAPERO BARREALES que cuando en la descripción del tipo se utiliza una cláusula de cierre por analogía como "o por cualquier otro medio" debemos considerar otras formas de acción que no necesariamente están relacionadas con una vía en particular. Expone el caso de acciones tales como como quemar rastrojos o causar un incendio forestal que resulte en que el humo invada las carreteras cercanas, lo que conlleva un riesgo para la circulación de vehículos debido a la reducción de la visibilidad[412].

---

412 En opinión de CARPIO BRIZ, D. (2008). Creación de grave riesgo para la seguridad en el tráfico (Art. 385 CP). En S. MIR PUIG, & M. CORCOY BIDASOLO (Dtores.), *Seguridad Vial y Derecho Penal*. Tirant lo Blanch. Pág. 230, esta habilitación residual no viola el principio de taxatividad debido a la orientación interpretativa ofrecida por las tres formas específicamente establecidas previamente, de tal forma que el legislador evita el efecto de la infrainclusión.

9.4.2. Comportamiento delictivo omisivo

Como dijimos al principio, este delito tiene una estructura bicéfala de comisión omisiva. La punibilidad de estos actos se fundamenta en el deber jurídico, que va más allá de un deber moral, de restablecer la seguridad del tráfico cuando esta se ha visto alterada. Ahora bien, si observamos y analizamos la descripción del art. 385 CP, respecto a la aplicación del segundo apartado, pueden surgir algunas dudas de interpretación e incluso de redundancia del tipo, veámoslo.

En el primer apartado dice: "Colocando en la vía obstáculos imprevisibles, derramando sustancias deslizantes…", y en el segundo apartado ahora analizado dice: "No restableciendo la seguridad de la vía, cuando haya obligación de hacerlo". Entonces se puede entender que si ese segundo apartado conmina a restablecer la seguridad de la vía debe de ser porque previamente ha sido alterada gravemente, por lo que si se ha alterado gravemente no es necesario que se pase al segundo apartado de "restablecimiento", ya que con el primero se estaría cometiendo el ilícito y la pena sigue siendo la misma en ambos supuestos. Ciertamente, sería diferente si el legislador hubiera enfocado la ley en el mantenimiento de la inseguridad en lugar de en el restablecimiento de la seguridad. Sin embargo, en este caso, el énfasis recae en restablecer la seguridad del tráfico, lo que implica que cualquier acción que perturbe esta seguridad pueda ser considerada punible[413].

Esta redacción lleva a pensar que existe una relación de subsidiariedad entre los párrafos primero y segundo, es decir, el que su realiza una conducta incluida en el párrafo primero

---

[413] ORTS BERENGUER, E., & FERRANDIS CIPRIAN, D. (2010). Obstaculizaciones al tráfico en el Código Penal español. *Revista europea de Tráfico, Transporte y Seguridad Vial*(85/2010), doi:10.1007/s12615-011-9031-y. Pág. 97.

(colocación de obstáculos imprevisibles, derramamiento de sustancias deslizantes o inflamables o mutando, sustrayendo o anulando la señalización o por cualquier otro medio) es el que no tiene la obligación de restablecimiento de la seguridad vial alterada por él[414]; y el que realiza la conducta incluida en el segundo párrafo es el que sin haber sido el que ha alterado la seguridad de la vía sí tiene la obligación de restablecerla. Recordemos la SAP de Segovia 39/2005, de 23 de septiembre que ratifica la condena a los acusados por considerar que sí tenían esa obligación de hacer desaparecer la gran cantidad de barro arrojada sobre la calzada por los camiones que habían generado una capa deslizante que afectaba a la seguridad del tráfico, lo que provocó la ocurrencia de dos accidentes de tráfico.

También puede ocurrir que sea la misma persona la que haya creado el obstáculo o derramado sustancias deslizantes y, a la vez, esté obligado a restituir la seguridad de la vía, pues hay que tener en cuenta lo que dispone el art. 10 LSV sobre la obligación de hacer desaparecer el obstáculo creado y prohibición de arrojar objeto a la vía que puedan entorpecer la circulación[415].

---

414 Como puede ser la rotura de un semáforo o de una señal de stop, al margen de señalizar el peligro.

415 Art. 10 LSV: "2. Se prohíbe arrojar, depositar o abandonar sobre la vía objetos o materias que puedan entorpecer la libre circulación, parada o estacionamiento, hacerlos peligrosos o deteriorar aquélla o sus instalaciones, o producir en la misma o en sus inmediaciones efectos que modifiquen las condiciones apropiadas para circular, parar o estacionar.
3. Quien haya creado sobre la vía algún obstáculo o peligro, debe hacerlo desaparecer lo antes posible, adoptando entretanto las medidas necesarias para que pueda ser advertido por los demás usuarios y para que no se dificulte la circulación.
4. Se prohíbe arrojar a la vía o en sus inmediaciones cualquier objeto que pueda dar lugar a la producción de incendios o, en general, poner en peligro la seguridad vial.

No obstante, aclara CARPIO BRIZ[416] que aquellas personas que, al modificar las condiciones de la vía, crean una situación de inseguridad o peligro grave, están particularmente vinculadas al peligro. Este acto previo puede ser resultado de imprudencia o incluso de forma fortuita, pero si existe intención dolosa en la creación del peligro, estarían sujetos a condena según el art. 385 párrafo 1° CP. Sin embargo, si el dolo recae en la omisión de restablecer la seguridad de la vía cuando existe obligación dc hacerlo, la conducta podría encuadrarse dentro del art. 385 párrafo 2° CP.

Finalmente, se sostiene que los funcionarios legalmente responsables de garantizar la seguridad en la vía también pueden incurrir en conducta delictiva si, de manera intencional, incumplen con dicha obligación. Esto es aplicable tanto cuando la alteración de las condiciones de la vía resulta del desgaste natural por el uso, como cuando es consecuencia de un evento natural o de la acción de un tercero.

---

5. Se prohíbe la emisión de perturbaciones electromagnéticas, ruidos, gases y otros contaminantes en las vías objeto de esta ley, en los términos que reglamentariamente se determine".

416 CARPIO BRIZ, D. (2008). Creación de grave riesgo para la seguridad en el tráfico (Art. 385 CP). En S. MIR PUIG, & M. CORCOY BIDASOLO (Dtores.), *Seguridad Vial y Derecho Penal*. Tirant lo Blanch. Pág. 240.

Parte II:

Estrategias de prueba en los delitos contra la seguridad vial

1. INTRODUCCIÓN

La prueba constituye el núcleo de cualquier proceso penal. En los delitos contra la seguridad vial, donde muchas veces no hay víctimas directas ni testigos presenciales, su obtención y tratamiento adquiere una relevancia decisiva.

Hoy vivimos una auténtica revolución tecnológica que ha transformado no solo nuestra vida cotidiana, sino también los medios a disposición del Estado para investigar y acreditar el delito. Lo que antes era inviable o difícil de probar hoy se apoya en dispositivos que permiten medir, registrar y almacenar datos con una precisión sin precedentes. Este progreso, sin embargo, exige que el sistema jurídico evolucione al mismo ritmo para evitar que la eficacia técnica se imponga sobre las garantías legales, pero ojo, ese avance técnico no puede devorarlas.

Esta segunda parte de la obra se dedica al análisis detallado de los principales medios de prueba utilizados en la investigación y enjuiciamiento de los delitos contra la seguridad vial. Se examinan sus fundamentos técnicos, su régimen normativo, su tratamiento jurisprudencial y los desafíos que plantean en cuanto a validez, autenticidad, integridad y respeto a los derechos fundamentales.

Los cinemómetros —radares capaces de medir con precisión la velocidad— y los etilómetros —que detectan la presencia de alcohol en el organismo— son dos de los instrumentos más utilizados. Su fiabilidad técnica está sometida a controles metrológicos exigentes, pero ello no excluye el debate sobre su manejo, su calibración y su valoración probatoria en juicio.

A ellos se suma la prueba indiciaria, históricamente considerada secundaria, pero que en muchas ocasiones cobra protagonismo cuando no es posible obtener pruebas directas. La jurisprudencia ha contribuido a fijar los criterios que deben cumplirse para su valoración con plenas garantías.

La evolución también ha incorporado herramientas como los EDR (mal llamadas "cajas negras"), que almacenan parámetros técnicos del vehículo antes y durante un incidente; la videovigilancia, tanto pública como privada; o el análisis de dispositivos móviles, que puede aportar datos de geolocalización, velocidad o incluso grabaciones. Todos estos elementos, si bien valiosos, deben ser tratados con especial cautela desde la perspectiva de la cadena de custodia, el derecho a la intimidad y la protección de datos personales.

Las redes sociales se han convertido, además, en fuentes inesperadas de prueba. Videos publicados espontáneamente pueden servir para documentar hechos, aunque plantean importantes cuestiones de veracidad, legalidad y protección de las personas involucradas.

En definitiva, esta parte examina cómo la incorporación de herramientas tecnológicas en la investigación penal de los delitos contra la seguridad vial puede contribuir a una mayor eficacia probatoria. Sin embargo, esa eficacia técnica es un tesoro... pero cuidado, no se traduce en una verdad automática: todo dato debe ser valorado jurídicamente, con el rigor y las garantías que exige el proceso penal.

2. LA PRUEBA TECNOLÓGICA

2.1. Introducción

A medida que la sociedad avanza, también lo hacen el conocimiento, la tecnología y el deseo de superación, transformando nuestras interacciones y comportamientos. Lo que antes parecía un escenario lejano e inalcanzable hoy es una realidad cotidiana, en un mundo cada vez más influenciado por los avances tecnológicos. Esta presencia abarca casi todos los ámbitos, impulsando constantes cambios en las normas y leyes que regulan la convivencia, aunque estas suelen quedar rezagadas frente al rápido progreso tecnológico.

La investigación del delito no es ajena a esta evolución y ha incorporado nuevos métodos que aprovechan la tecnología para esclarecer casos que, de otro modo, serían difíciles o imposibles de resolver. Así surge la prueba tecnológica o electrónica en diversas formas, como cinemómetros y etilómetros, utilizados como pruebaen investigaciones. Aunque estos métodos pueden percibirse como más fiables por su carácter técnico, requieren el respaldo de pruebas tradicionales para garantizar su validez[417].

Se ha avanzado significativamente en este ámbito, pero aún es necesario seguir adaptando la ley y los procedimientos a la

---

417 DE URBANO CASTRILLO, E. (2009). *La valoración de la prueba electrónica.* Tirant lo Blanch. Pág. 61, apoya esta opinión al decir que necesitan de otras pruebas concurrentes que complemente sus datos. También TARUFFO, M. (2005). *Conocimiento científico y estándares de prueba judicial.* Boletín Mexicano de Derecho Comparado(114), Págs. Pág. 1310, al decir que "raramente resultan decisivas y suficientes". En el mismo sentido LÓPEZ PICO, R. (2019). La prueba electrónica en el proceso penal: el correo electrónico y el whatsapp. *La Ley Penal*(140). Pág. 4.

evolución tecnológica para mejorar el tratamiento procesal Como señala PÉREZ ESTRADA [418], el uso de pruebas tecnoló gicas en la investigación de delitos requiere especial cuidado en su obtención, custodia y presentación en juicio. Dado que este tipo de pruebas son menos perceptibles para los sentidos requieren garantías específicas en su "obtención, preservación custodia y análisis" respecto a las pruebas más típicas[419]. Por lo tanto, existen varios requisitos que deben cumplirse para que se considere adecuado y oportuno el uso de la prueba tecnoló gica, como autenticidad, originalidad, fiabilidad e integridad ya que los jueces exigen un respaldo mayor que para otras pruebas tradicionales[420].

La evolución de la tecnología ha transformado profunda mente el ámbito jurídico, especialmente en lo que respecta a la admisibilidad y valoración de pruebas en los procesos judi ciales. Así, la prueba electrónica emerge como un campo que abarca desde documentos digitales hasta grabaciones multime dia, todos ellos destinados a esclarecer hechos controvertido ante los tribunales. El término "prueba electrónica" engloba cualquier tipo de información almacenada o transmitida a tra vés de medios electrónicos con potencial valor probatorio en procesos judiciales. Esta categoría abarca desde correos elec trónicos y registros digitales hasta grabaciones de vídeo y datos almacenados en dispositivos móviles, cada uno con su propio

418 PÉREZ ESTRADA, M. J. (2010). *La investigación del delito a través de las nuevas tecnologías. Nuevos medios de investigación en el proceso penal* Aranzadi. Pág.7.

419 VELASCO NÚÑEZ, E. (2013). Investigación procesal penal de re des, terminales, dispositivos informáticos, imágenes, GPS, balizas etc.: la prueba tecnológica. Diario La Ley (8183/2013), Pág.3.

420 INSA, F., & LÁZARO, C. (2007). La admisibilidad de las pruebas electrónicas en los tribunales (A.P.E.T.): Luchando contra los deli tos tecnológicos. *Diario La Ley* (6708/2007), Pág.7.

desafío y complejidad en cuanto a su admisión y evaluación como prueba documental.

En España, aunque la legislación no define expresamente la prueba electrónica, la doctrina y la jurisprudencia han establecido su relevancia en los procesos penales y civiles. Su incorporación ha supuesto un reto para el sistema judicial, que debe equilibrar su uso con garantías procesales como la presunción de inocencia y el derecho a la defensa. Las reformas en la LECrim y diversas resoluciones judiciales han marcado precedentes en su admisibilidad y valoración, mientras que tratados internacionales y directrices europeas han influido en su regulación, especialmente en la protección de datos y la integridad de la información digital. El juez tiene libertad para valorar estas pruebas con base en criterios racionales, reglas de lógica y conocimientos científicos, sin estar obligado a aceptar hechos sustentados en prueba digital. La jurisprudencia y la doctrina reflejan distintas posturas sobre la capacidad del sistema judicial para gestionar adecuadamente estos medios probatorios.

La incorporación de la tecnología en el proceso judicial no está exenta de desafíos. La posible manipulación de pruebas electrónicas y la dificultad para determinar la autenticidad e integridad de la información presentada destacan entre los principales problemas. La cadena de custodia y los procedimientos para preservar la integridad de la pruebason fundamentales para asegurar su admisibilidad y valoración en el juicio.

Los próximos apartados analizarán cómo, pese a avances como la reforma de la LECrim en 2015 y la ley de firma electrónica, la legislación española aún enfrenta desafíos en la regulación y aplicación de la prueba electrónica. También se abordará la necesidad de normativas específicas que garanticen su confiabilidad y validez en los procesos penales y civiles. Este análisis ofrecerá una visión crítica sobre la relevancia y los retos de la prueba electrónica en el sistema judicial español, examinando su evolución normativa, su impacto en la práctica judicial y las perspectivas para su desarrollo y aplicación efectiva.

2.2. Concepto y naturaleza

La palabra prueba proviene del latín "probus", que significa lo bueno, lo recto y lo honrado. Por lo tanto, lo que se evidencia como probado es considerado correcto, apropiado y fiel a la realidad[421]. Para comprender el alcance de la prueba tecnológica o electrónica—términos que utilizaremos aquí, aunque también se le conozca como prueba digital, científica, de soportes informáticos, de medios reproductivos, ePrueba, prueba documental electrónica o por documentos electrónicos—es fundamental analizar las definiciones propuestas por diversos expertos en la materia[422]. Este enfoque permite una visión más clara y precisa de su naturaleza y alcance dentro del contexto jurídico actual.

Por su naturaleza y características MARTÍNEZ GALINDO[423] las identifica como: intangibles, porque no es perceptible directamente por los sentidos; visualización mediata, no inmediata, a diferencia de la prueba documental o pericial. Esto significa que, para que el tribunal o las demás partes puedan conocerla, es necesario el uso combinado de hardware y software que permita su visualización; replicable, puede duplicarse o repro-

---

421 COPPOLA, F. (1911). Prova (materia civile). En *Il Digesto Italiano* (Vol. XIX). Utet. Págs. 872 y ss.

422 ABEL LLUCH, X. (2011). Las nuevas tecnologías y acceso al proceso, dentro de la obra La Prueba judicial. En X. ABEL LLUCH, J. PICÓ I JUNOY, M. RICHARD GONZÁLEZ, & (Dtores.), *Desafíos en las jurisdicciones civil, penal, laboral y contencioso administrativa.* La Ley. Pág. 345.

423 MARTÍNEZ GALINDO, G. (2022). Problemática jurídica de la prueba digital y sus implicaciones en los principios penales. *Revista Electrónica de Ciencia Penal y Criminología*(24-23). Págs. 7-11.

ducirse indefinidamente; volátil, es de corta duración; deleble, puede ser fácilmente eliminada, ya sea de manera accidental o deliberada; a veces, parcial, heterogénea por proceder de diferentes fuentes; a veces intrusiva por posible afectación a derechos fundamentales.

Aunque en la legislación española no existe una definición autónoma de prueba electrónica, son múltiples las interpretaciones al respecto. Así, DELGADO MARTÍN[424] la define como "toda información de valor probatorio contenida en un medio electrónico o transmitida por dicho medio". En esta misma línea, DE URBANO CASTRILLO[425] la describe como "un documento electrónico concebido por la voluntad humana", destacando su origen intencional como elemento probatorio.

De manera más concreta, cuando se refiere a soportes que contienen imágenes y sonidos, RIVERA MORALES[426] la califica como documento multimedia cuando su objeto es dejar constancia gráfica de unos hechos. Por su parte, SANCHÍS CRESPO[427] ofrece una definición más detallada, considerándola como la información guardada en un dispositivo electrónico que permite comprender un hecho controvertido, ya sea generando convicción psicológica o estableciendo dicho hecho como verdadero conforme a una norma legal. Otras interpretaciones, con un enfoque más científico, describen

---

424 DELGADO MARTIN, J. (2017). *La prueba digital. Concepto, clases y aportación al proceso.* Diario La Ley (6). Pág.1.

425 DE URBANO CASTRILLO, E. (2009). *La valoración de la prueba electrónica.* Tirant lo Blanch. Pág. 47.

426 RIVERA MORALES, R. A. (2011). *La prueba: Un análisis racional y práctico.* Marcial Pons. Pág. 211.

427 SANCHÍS CRESPO, C. (2012). La prueba en soporte electrónico. En E. GAMERO CASADO, J. VALERO TORRIJOS, & (Coord), *Las Tecnologías de la Información y de la Comunicación en la Administración de Justicia. Análisis sistemático de la Ley 18/2011, de 5 de julio.* Thomson Reuters Aranzadi. Pág. 713.

esta evidencia como cualquier archivo informático que incluye metadatos, es decir, datos ocultos sobre su contenido almacenados en forma de ceros y unos, los cuales deben transformarse en información legible[428].

En resumen, aunque existan diversas denominaciones y definiciones de la prueba electrónica, todas coinciden en un aspecto fundamental: es una prueba obtenida mediante medios o instrumentos técnicos que puede contribuir al esclarecimiento del hecho objeto de enjuiciamiento.

La CE, como la norma suprema de nuestro sistema jurídico, establece en el art. 24.3 CE el derecho de todas las personas a "utilizar los medios de prueba pertinentes para su defensa", considerado un "derecho de garantías" (STC 163/1989, de 16 de octubre). Esto subraya la importancia del derecho a la defensa, que es parte integral de la tutela judicial efectiva, y el uso de medios de prueba legales. Sin embargo, este derecho a la prueba no es "incondicional ni absoluto, sino modulado por la pertinencia y necesidad" (STS 190/1996, de 4 de marzo).

La LECrim de 1882, con casi ciento cincuenta años de antigüedad, es la ley que regula la prueba en el proceso penal en España. Sin embargo, presenta importantes vacíos en este ámbito, por lo que es necesario recurrir a la jurisprudencia y a la analogía para solventarlos[429]. La analogía se utiliza como una "técnica integrativa de las lagunas de la ley que opera a través de la interpretación"[430], siendo común en los sistemas

---

428 ARRABAL PLATERO, P. (2021). Licitud y práctica de la prueba tecnológica. *Arazadi Doctrinal.* Pág. 2.

429 PÉREZ ESTRADA, M. J. (2010). *La investigación del delito a través de las nuevas tecnologías. Nuevos medios de investigación en el proceso penal.* Aranzadi. Pág. 6.

430 ROCA I TRIAS, E. (1992). Comentario al art. 4 del Código Civil. En M. ALBADALEJO GARCÍA (Coord), *Comentarios al Código civil y compilaciones forales.* Edersa. Págs. 583-622.

de tradición latina, mientras que en los sistemas de tradición germánica prevalece el "principio de libertad de presentación y evaluación de la prueba"[431].

Debido la relevancia probatoria de prueba electrónica requiere dotarla de autonomía reguladora en los textos procesales sin necesidad de derivarla hacia otros medios tradicionales como el documental, ni de la aplicación supletoria o subsidiaria de la LEC. En el año 2015, se llevó a cabo una reforma de la LECrim en la que se incluyeron diferentes aspectos relacionados con la investigación tecnológica. Estos aspectos se tratan en el Capítulo V "La interceptación de las comunicaciones telefónicas y telemáticas", Capítulo VI "Captación y grabación de comunicaciones orales mediante la utilización de dispositivos electrónicos", Capítulo VII "Utilización de dispositivos técnicos de captación de la imagen, de seguimiento y de localización", Capítulo VIII "Registro de dispositivos de almacenamiento masivo de información", Capítulo IX "Registros remotos sobre equipos informáticos" y Capítulo X "Medidas de aseguramiento". Sin embargo, esta reforma no aborda el tratamiento de la prueba obtenida, sino aspectos como la preceptiva autorización judicial en ciertos casos, la duración de la misma, etc. Puesto que no es el objeto de mi estudio en este apartado, no analizaré estos aspectos.

La exposición de motivos de la LEC advierte sobre "la utilización de nuevos instrumentos probatorios, como soportes, hoy no convencionales, de datos, cifras y cuentas, a los que, en definitiva, haya de otorgárseles una consideración análoga a la de las pruebas documentales". Esto implica que los documentos electrónicos pueden ser tratados de manera análoga a los documentos tradicionales mediante la "doctrina analógica",

---

431 INSA MÉRIDA, F. (julio-agosto de 2006). Pruebas electrónicas ante los tribunales. *Iuris* (106).

donde el contenido es más relevante que el formato[432]. Sin embargo, esto no garantiza automáticamente su valoración, ya que su evaluación final depende del conjunto de pruebas presentadas. Es importante destacar que la prueba electrónica no tiene inherentemente una superioridad probatoria y suele requerir el respaldo de otras pruebas tradicionales[433].

El art. 26 del CP ofrece una definición de documento, considerándolo como "todo soporte material que exprese o incorpore datos, hechos o narraciones con eficacia probatoria o cualquier otro tipo de relevancia jurídica"[434]. En este sentido, es importante distinguir entre fuentes de prueba y medios de prueba. Una fuente de prueba se refiere a "cualquier elemento de la realidad extraprocesal que sirva al convencimiento sobre unos hechos"[435]. Estas fuentes de prueba no plantean problemas

---

432 JIJENA LEIVA, R. J. (1998). *Naturaleza jurídica y valor probatorio del documento electrónico.* Diario La Ley, 4.

433 DE URBANO CASTRILLO, E. (2009). *La valoración de la prueba electrónica.* Tirant lo Blanch. Págs. 53 y 54.

434 Tradicionalmente, las condiciones que se debían cumplir para la consideración de documento se circunscribían a la forma escrita y a la materialidad del soporte. Sin embargo, la Roj. STS 9770/1991, de 19 de abril, aclaró que podía haber otros soportes que también obtuviesen la consideración de documento: "El concepto de documento, actualmente, no puede reservarse y ceñirse con exclusividad al papel reflejo y receptor por escrito de una declaración humana, desde el momento que nuevas técnicas han multiplicado las ofertas de soportes físicos capaces de corporeizar y dotar de perpetuación al pensamiento y a la declaración de voluntad; una grabación de vídeo, o cinematográfica, un disco o una cinta magnetofónica, los disquetes informáticos, portadores de manifestaciones y acreditamientos, con vocación probatoria, pueden ser susceptibles de manipulación falsarias al igual que el documento escrito".

435 ORTELLS RAMOS, M. (2004). *Derecho Procesal Civil.* Aranzadi. Pág. 347. En la misma línea está RICHARD GONZÁLEZ, M. (2017). *Investigación y prueba mediante medidas de intervención de las comuni-*

de clasificación y pueden ser admitidas en el proceso judicial independientemente de su previsión explícita en la ley[436]. Por otro lado, un medio de prueba es "un concepto procesal, que se refiere a la actividad desplegada para introducir una fuente de prueba al proceso. Por ende, los medios de prueba son tasados y limitados *(numerus clausus)*,..."[437], lo que significa que solo aquellos que se practiquen de acuerdo con el procedimiento legalmente establecido tendrán el poder de enervar la presunción de inocencia[438].

El art. 299 LEC cita los medios de prueba que se pueden hacer uso en juicio, siendo, entre otros, los documentos públicos, los documentos privados o los medios de reproducción de la palabra, el sonido y la imagen. También admite, a modo de cláusula de cierre, "cuando cualquier otro medio no expresamente previsto en los apartados anteriores de este artículo pudiera obtenerse certeza sobre hechos relevantes, el tribunal, a instancia de parte, lo admitirá como prueba, adoptando las medidas que en cada caso resulten necesarias".

El art. 317 LEC considera documento público a efectos de prueba "5.º Los expedidos por funcionarios públicos legalmente facultados para dar fe en lo que se refiere al ejercicio de sus funciones. 6.º Los que, con referencia a archivos y registros de órganos del Estado, de las Administraciones públicas o de otras entidades de Derecho público, sean expedidos por funcionarios

---

caciones, dispositivos electrónicos y grabación de imagen y sonido. Wolters Kluwer. Págs. 52-55.

436 MONTERO AROCA, J. (2007), *La prueba en el proceso civil.* Civitas, Pág. 150.

437 VALDECANTOS FLORES, M. (2018). El derecho a la prueba y la prueba electrónica en el proceso civil. *Revista de Derecho Procesal Civil y Mercantil,*(130).

438 DURÁN SILVA C.M (2019) *La videovigilancia en el proceso penal: tratamiento procesal y eficacia probatoria.* Pág. 62

facultados para dar fe de disposiciones y actuaciones de aquellos órganos, Administraciones o entidades".

Así, en aplicación de lo anterior y dentro del ámbito de la seguridad vial que estamos estudiando, en este tipo de documento público estarían encuadrados los certificados emitidos por el CEM respecto de los cinemómetros o etilómetros de precisión. De tal forma que este documento aportado conforme al art. 267 LEC[439] según dispone el art. 318 LEC, tendrán la fuerza probatoria prevenida en el art. 319 LEC "harán prueba plena del hecho, acto o estado de cosas que documenten…".

Por otro lado, los documentos privados que, a efectos de prueba en el proceso, son aquellos que no se hallen en ninguno de los casos del art. 317 LEC, se presentarán conforme al art. 268 LEC[440] y tendrán la misma fuerza probatoria que los

---

439 Art. 267 LEC: "Cuando sean públicos los documentos que hayan de aportarse conforme a lo dispuesto en el art. 265, podrán presentarse por copia simple, ya sea en soporte papel o, en su caso, en soporte electrónico a través de imagen digitalizada conforme a la normativa técnica del Comité Técnico Estatal de la Administración Judicial Electrónica sobre imagen electrónica y, si se impugnara su autenticidad, podrá llevarse a los autos original, copia o certificación del documento con los requisitos necesarios para que surta sus efectos probatorios".

440 Art. 268 LEC: "1. Los documentos privados que hayan de aportarse se presentarán en original o mediante copia autenticada por el fedatario público competente y se unirán a los autos o se dejará testimonio de ellos, con devolución de los originales o copias fehacientes presentadas, si así lo solicitan los interesados. Estos documentos podrán ser también presentados mediante imágenes digitalizadas conforme a la normativa técnica del Comité Técnico Estatal de la Administración Judicial Electrónica sobre imagen electrónica y, si se impugnara su autenticidad, podrá llevarse a los autos original, copia o certificación del documento con los requisitos necesarios para que surta sus efectos probatorios".

documentos públicos "cuando su autenticidad no sea impugnada por la parte a quien perjudiquen" (art. 326 LEC)

Cabe señalar que la prueba electrónica ha ido ganando reconocimiento como una modalidad específica dentro de la prueba documental, en lugar de ser tratada como una categoría independiente conforme al art. 299 de la LEC[441]. Esto se debe a que las grabaciones videográficas, así como "los archivos digitales, ordenadores, teléfonos móviles, USB y otros dispositivos", han sido reconocidos por el TS como pruebas documentales[442]. En varias sentencias del alto tribunal como las STS 300/2015, de 19 de mayo[443] y STS 904/2016, de 19 de mayo, se establece claramente que estos elementos tienen el carácter de prueba documental y pueden constituirse como documentos probatorios en el proceso judicial[444].

Según BUENO DE MATA[445] la prueba electrónica tiene una serie de ventajas e inconvenientes. Resumidamente son:

---

441 AIGE MUT, M. B. (2011). Apunte sobre la valoración del documento electrónico: ¿Prueba libre o tasada? *Revista General de Derecho Procesal* (24). Pág. 8.

442 ARRABAL PLATERO, P. (2021). Licitud y práctica de la prueba tecnológica. *Aranzadi Doctrinal.* Pág. 13.

443 En esta sentencia se considera un "pantallazo" como un medio de prueba documental.

444 Sin embargo, en ÁLVAREZ BUJÁN, M. V. (2023). *Cuestiones jurídico-prácticas sobre la regulación, práctica y valoración de la prueba en el proceso civil y penal.* Tirant lo Blanch. Pág 286, la autora no se encuentra en la misma senda de opinión al afirmar que "la prueba digital supera los límites de la prueba documental; no se limita a encajarse en esta categoría, sino que va más allá de ella".

445 BUENO DE MATA, F. (2018). Prueba electrónica: problemas del presente y retos del futuro. En L.-M. BUJOSA VADELL (Dtor), & F. BUENO DE MATA (Coord), *La prueba en el proceso. Perspectivas nacionales.* Tirant lo Blanch. Págs.577-578

- Ventajas: 1) La integridad y fiabilidad de la prueba digital dependen de su manipulación y del estado técnico del material; de no ser alterado, ofrece información objetiva y precisa. 2) Tienen un valor probatorio excepcional en ciertos casos y se convierten en elementos claves para demostrar actividades tanto legales como ilícitas. 3) Se conserva fácilmente mediante dispositivos de almacenamiento, facilitando su manejo a lo largo del proceso judicial. 4) El almacenamiento de prueba digital en expedientes judiciales electrónicos es simplificado gracias a programas informáticos y servidores diseñados específicamente para este propósito. 5) Reduce los costos globales del proceso, agiliza los procedimientos judiciales y refuerza principios como la economía procesal y la publicidad de los actos.
- Inconvenientes: 1) La falta de regulación específica exige usar el material existente y aplicar interpretaciones analógicas hasta que se desarrolle un marco legal detallado. 2) Las contradicciones y vacíos en la legislación y jurisprudencia requieren una revisión para clarificar el manejo de pruebas electrónicas. 3) La diversidad en la regulación de pruebas electrónicas en la UE genera incertidumbre jurídica y dificulta su aplicación uniforme. 4) La brecha digital entre los profesionales jurídicos y la complejidad de las pruebas electrónicas subraya la necesidad de peritos especializados. 5) Es fundamental distinguir entre documentos con firma electrónica y sin ella para abordar problemas de autenticidad en la prueba electrónica. 6) La alta manipulabilidad de la prueba electrónica genera inseguridad jurídica. 7) La falta de tecnología adecuada en algunos tribunales limita la introducción efectiva de pruebas electrónicas.

2.3. Relevancia de la prueba electrónica en el proceso. Validez y valoración

El art. 299 de la LEC establece que: "2. También se admitirán, conforme a lo dispuesto en esta Ley, los medios de reproducción de la palabra, el sonido y la imagen, así como los instrumentos que permiten archivar y conocer o reproducir palabras, datos, cifras y operaciones matemáticas llevadas a cabo con fines contables o de otra clase, relevantes para el proceso. 2.3 Cuando por cualquier otro medio no expresamente previsto en los apartados anteriores de este artículo pudiera obtenerse certeza sobre hechos relevantes, el tribunal, a instancia de parte, lo admitirá como prueba, adoptando las medidas que en cada caso resulten necesarias".

De igual modo, el art. 382 y 384 de la LEC menciona y considera los dispositivos de filmación y grabación, así como otros similares, permitiendo a las partes proponer su uso como medio de prueba. Estas grabaciones pueden presentarse ante el tribunal en diferentes formatos electrónicos, y será la autoridad judicial la encargada de valorarlas conforme a los criterios de la sana crítica. En este sentido, no se les otorga el valor de prueba tasada como si fueran medios de prueba independientes; en resumen, la prueba electrónica se considera dentro de la categoría de prueba documental, pero queda sujeta a la evaluación discrecional de la autoridad judicial.

La libre valoración de la prueba implica varios aspectos: 1) El juez no está obligado a aceptar como probados los hechos que surgen de la prueba digital. 2) La ley no establece que la prueba electrónica solo sea válida si se cumplen ciertos requisitos legales; en principio, cualquier prueba digital puede ser considerada como válida. 3) La valoración del juez se realiza de acuerdo con criterios racionales, es decir, se basa en las reglas de la lógica, la experiencia y los conocimientos científicos. Además, se tiene en cuenta la posición procesal de las partes con respecto a la prueba electrónica, especialmente si ha habido objeciones por parte de la parte no proponente y los fundamentos de dichas objeciones. 4) La prueba digital en el proceso se evalúa en relación con el valor probatorio de otras pruebas presentadas (valoración conjunta de la prueba)[446].

Según ARRABAL PLATERO, el juez dispone de suficientes herramientas para evaluar la prueba tecnológica: la libre valoración judicial, la valoración conjunta de la prueba y la posibilidad de recurrir a expertos especializados en informática, de modo que "no es necesario exigir una mayor especialización judicial en conocimientos tecnológicos para llevar a cabo adecuadamente su labor interpretativa"[447]. Sin embargo, otros autores cuestionan esta afirmación, ya que consideran que la prueba científica proporciona al juez datos y conocimientos altamente especializados que este carece, y ofrece conclusiones muy próximas a la certeza. Por lo tanto, parece razonable pensar que el juez, en principio, "no está en condiciones de valorar libremente este tipo de pruebas"[448].

La cuestión de la libre valoración cobra especial relevancia en este contexto, pues, como dijimos anteriormente, mientras el art. 319 LEC otorga a los documentos públicos fuerza proba-

---

446 DELGADO MARTÍN, J. (2019). ¿Cómo afrontar la complejidad de la prueba digital?. Una visión práctica para los profesionales del derecho. *Derecho Digital e Innovación.*(2). Págs. 7 y 8.

447 ARRABAL PLATERO, P. (2020). *La prueba tecnológica: aportación, práctica y valoración.* Tirant lo Blanch. Pág. 385.

448 SÁNCHEZ RUBIO, A. (2019). *La prueba científica en la justicia penal.* Tirant lo Blanch. Pág. 311. En el mismo sentido en IGUARTÚA SALAVERRÍA, J. (2007). Prueba científica y decisión judicial. Unas anotaciones propedéuticas. *Diario La Ley.* Pág. 6, sostiene que "sería una paradoja que el juez valore ex post unos conocimientos técnico-científicos que no poseía ex ante –precisamente por eso nombró al perito–, surge la razonable pregunta de si es legítimo que el juez acepte sin discusión las conclusiones del perito que él ha nombrado, y mucho más si el nombramiento se efectúa al azar".

toria plena respecto a los hechos que reflejan, el art. 326 LEC establece que los documentos privados solo alcanzan el mismo valor si su autenticidad no es impugnada por la parte afectada. Así, cuando un documento tradicional se presenta en formato impreso y no es objeto de controversia, debe considerarse veraz por el tribunal. Sin embargo, si ese mismo documento se aporta en formato electrónico, su valoración podría quedar sujeta a la discrecionalidad judicial[449], lo que evidencia un posible trato diferenciado entre ambas formas documentales.

En cuanto a la evaluación de este tipo de pruebas, GARCÍA PAREDES sugiere que la valoración según la sana crítica debe ser vista como una "sana crítica especialísima que supone poner en liza no el mero sentido común o de la lógica del *homo sapiens* medio, sino un nivel más alto de percepción de las nuevas tecnologías"[450]. La sana crítica establece un método de evaluación de la prueba que guía al juez en la aplicación de "reglas para valorar la prueba", pero estas reglas se refieren al procedimiento más que al resultado, es decir, se basan en "criterios, principios y modos de razonar" que orientan al juez en la elaboración de sus conclusiones probatorias[451].

A su vez, el art. 230 de la LOPJ dice que: "1. Los juzgados y tribunales y las fiscalías están obligados a utilizar cualesquiera medios técnicos, electrónicos, informáticos y telemáticos, puestos a su disposición para el desarrollo de su actividad y ejercicio de sus funciones. 2. Los documentos emitidos por los medios anteriores, cualquiera que sea su soporte, gozarán de la

---

449 AIGE MUT, M. B. (2011). Apunte sobre la valoración del documento electrónico ¿prueba libre o tasada? *Revista General de Derecho Procesal*(24), Pág. 4.

450 GARCÍA PAREDES, A. (2005). La prueba en juicio: ¿y si es electrónica? *Revista de Contratación Electrónica,* 62.

451 SÁNCHEZ RUBIO, A. (2019). *La prueba científica en la justicia penal.* Tirant lo Blanch. Pág. 314.

validez y eficacia de un documento original siempre que quede garantizada su autenticidad e integridad y el cumplimiento de los requisitos exigidos por las leyes procesales". Y el art. 11.1 LOPJ "En todo tipo de procedimiento se respetarán las reglas de la buena fe. No surtirán efecto las pruebas obtenidas, directa o indirectamente, violentando los derechos o libertades fundamentales".

Con la entrada en vigor de la Ley 59/2003, de 19 de diciembre, de firma electrónica, la LEC quedó desfasada, ya que su art. 3.5 define el documento electrónico como cualquier información archivada en soporte electrónico, con un formato determinado y susceptible de identificación y tratamiento diferenciado. En la actualidad, cuando se pretende presentar prueba electrónica durante la fase de instrucción para el juicio oral, se debe recurrir a los medios de prueba tradicionales, dado que no existe una regulación independiente de la prueba electrónica que indique cómo y cuándo debe presentarse, así como los procedimientos de impugnación y la valoración judicial. Por lo tanto, además de las pruebas documentales, testimoniales y periciales, es necesario establecer un nuevo medio de prueba constituido por la prueba digital[452].

En cuanto a la validez de la prueba electrónica, es relevante mencionar la STS 1066/2009, de 4 de noviembre, donde se establece que el documento en formato papel ha sido superado por la tecnología[453], aportando ventajas al documento escrito tradicional, siempre y cuando cumpla con ciertos requisitos

---

452 MAGRO SERVET, V. (7 de abril de 2021). ¿Cómo aportar la prueba digital en el proceso penal? *Diario La Ley*(*9824*), Págs. 1-11.

453 En el mismo sentido LOZANO GAGO, M. D. (2013). La prueba virtual: Su admisibilidad en el orden jurisdiccional penal. *Revista de Derecho vLex*(113/2013), pág. 7.

y se garantice su autenticidad e integridad[454]. Los requisitos esenciales para la validez de la prueba son principalmente la autenticidad del documento, su originalidad, certeza y la ausencia de manipulación en su contenido. Sin estas características, será necesario recurrir a los medios de prueba convencionales[455], considerando que la validez del documento también está sujeta al posible cuestionamiento por parte de la contraparte sobre su autenticidad[456].

Según DE URBANO CASTRILLO, es necesario superar el "test de admisibilidad", el cual implica la verificación de la integridad del documento para garantizar que no ha sido manipulado; la autenticidad, asegurando la veracidad del sujeto y el contenido; y la licitud, que requiere que la obtención del documento se haya realizado respetando plenamente los derechos y libertades fundamentales [457].

En cuanto a la nulidad de la prueba como acto procesal, debemos regirnos por lo establecido en el art. 238 de la LOPJ, o si se ha violado algún derecho fundamental, según lo dispuesto

---

454 El tribunal continúa argumentando: "El documento electrónico imprime en las *neuronas tecnológicas*, de forma indeleble… El documento electrónico adquiere, según sus formas de materializarse, la posibilidad de adquirir las categorías tradicionales de documentos privados, oficiales o públicos, según los elementos técnicos que se incorporen para su uso y materialización. La Ley 34/2002, de 11 de julio, de servicios de la sociedad de la información consagra la validez del contacto electrónico lo que dota a los resortes informáticos de la misma validez que los soportes tradicionales".

455 PÉREZ ESTRADA, M. J. (2010). *La investigación del delito a través de las nuevas tecnologías. Nuevos medios de investigación en el proceso penal.* Aranzadi. Pág. 12.

456 INSA MÉRIDA, F. (julio-agosto de 2006). Pruebas electrónicas ante los tribunales. *Iuris*(106).

457 DE URBANO CASTRILLO, E. (2009). *La valoración de la prueba electrónica.* Tirant lo Blanch. Pág. 51.

en el art. 11.1 de la LOPJ. El momento procesal para impugnar la autenticidad o integridad será durante la audiencia previa o la vista. Cuando se impugna la certeza de un documento, ya sea en formato escrito o electrónico, lo que realmente se cuestiona es si su contenido refleja la realidad –en el caso de los delitos contra la seguridad vial pueden cuestionarse registros obtenidos a través de cinemómetros, etilómetros o sistemas de videovigilancia– Para resolver esta cuestión, el juez debe valorar todas las pruebas disponibles, contrastando el documento en cuestión con otros medios probatorios. En este proceso, y según lo dispuesto en el art. 433.2 LEC, la determinación de su eficacia probatoria corresponde a la fase de valoración de la prueba, donde se debe motivar la decisión siguiendo criterios de lógica y razonabilidad[458].

La valoración de la prueba realizada por el tribunal de instancia, considerando el *factum*, adquiere una importancia significativa. Aunque su valoración pueda ser errónea, esta no está sujeta a revisión ni siquiera por parte del TS, dado que se trata de una prueba de libre valoración y, por lo tanto, la valoración probatoria no puede ser sustituida por el TS. En consecuencia, la valoración realizada es inmutable, salvo en casos de errores manifiestamente arbitrarios, ilógicos o "tergiverse ostensiblemente las conclusiones periciales, o falsee de forma arbitraria sus dictados, o extraiga deducciones absurdas o ilógicas" (STS 869/2005, de 15 de noviembre Roj: STS 6954/2005–ECLI:ES:TS:2005:6954). En esta línea, el TS ha reiterado que su función en casación no es revisar la credibilidad de los medios probatorios ni revalorar la prueba practicada en instancia, sino verificar que esta exista, sea lícita, suficiente y haya sido razonadamente valorada (STS 216/2019, de 24 de abril).

---

458 ABEL LLUCH, X. (2019). La impugnación de la prueba electrónica. *Justicia*, Págs. 235 y 236.

Por tanto, la valoración de la prueba reviste una gran trascendencia, ya que debe evitarse cualquier indicio de arbitrariedad, respetando "el criterio de la lógica, máximas de la experiencia y conocimientos científicos aceptados"[459]. Es necesario que exista una conexión racional entre la prueba y el hecho probado para que los argumentos expuestos en la resolución judicial estén fundamentados en ella[460]. En última instancia, como señala NIEVA FENOLL, es posible que "gracias a la tecnología cambiemos por fin la fe por el ceremonial actual en beneficio de algo que solamente es realmente científico cuando el juez decide aplicarse valorando debidamente las pruebas con un enfoque epistémicamente válido, sin dejarse llevar –tanto– por las muchas variables que estudia la psicología cognitiva"[461].

2.4. Los principales problemas de la prueba electrónica

No es de extrañar que este tipo de prueba, relativamente novedosa, adquiera un papel cada vez más relevante en los procesos judiciales, lo que a su vez plantea desafíos en su adaptación e interpretación para garantizar su validez. Uno de los principales riesgos es la posible manipulación, lo que refuerza la necesidad de preservar la cadena de custodia. Su uso como elemento probatorio genera interrogantes sobre la autenticidad e integridad de la información, especialmente en lo que respecta a su custodia y tratamiento.

---

459 Entre otras, STS 532/2019, de 4 de noviembre.

460 LEC art. 741: "El Tribunal, apreciando según su conciencia las pruebas practicadas en el juicio, las razones expuestas por la acusación y la defensa y lo manifestado por los mismos procesados, dictará sentencia dentro del término fijado en esta Ley"

461 NIEVA FENOLL, J. (2022). El tránsito de la fe a la tecnología en el proceso penal. *Diario La Ley*(9986). Pág. 4.

Durante la fase investigativa, su papel resulta determinante para acreditar la comisión del delito, por lo que es esencial establecer procedimientos rigurosos para su obtención, conservación y presentación en juicio[462]. Por esta razón, parte de la doctrina muestra reservas hacia este tipo de prueba, ya que existe una desconfianza respecto a su integridad debido a su naturaleza volátil y la posibilidad de manipulación asociada a ello[463].

La eventualidad de manipulación y la complejidad de distinguir entre documentos originales y sus reproducciones requieren que el proceso se desarrolle siguiendo lo establecido en el art. 230.2 de la LOPJ, con el propósito de "asegurar la autenticidad y la integridad de la prueba electrónica sometida al proceso penal"[464]. Esta desconfianza puede derivar de la sentencia STS 300/2015, de 19 de mayo, mencionada anteriormente, que consideraba los "pantallazos" como prueba documental, pero expresaba preocupación por su fiabilidad debido al riesgo de manipulación. A pesar de esto, aunque destacaba la necesidad de realizar un informe pericial informático, ese "pantallazo" fue considerado como prueba de cargo sin que finalmente se realizara dicho informe pericial.

El valor probatorio de las fotocopias ha sido interpretado de manera diversa en la jurisprudencia. En una primera etapa, resoluciones como la STS 180/2008, de 24 de abril, reconocie-

---

462 PÉREZ ESTRADA, M. J. (2010). *La investigación del delito a través de las nuevas tecnologías. Nuevos medios de investigación en el proceso penal.* Aranzadi. Pág. 7.

463 PINTO PALACIOS, F., & PUJOL CAPILLA, P. (2017). *La prueba en la era digital.* Wolters Kluwer. Pág. 28. En ese sentido, también encontramos a ARRABAL PLATERO, P. (2021). Licitud y práctica de la prueba tecnológica. *Aranzadi Doctrinal.* Pág. 17, que considera que el problema puede hallarse con la posible alteración de la prueba tecnológica previamente al reconocimiento judicial.

464 LÓPEZ PICO, R. (2019). La prueba electrónica en el proceso penal: el correo electrónico y el whatsapp. *La Ley Penal*(140). Pág. 4.

ron que, si bien las fotocopias son documentos privados y no se les niega valor probatorio, su eficacia queda condicionada al cotejo con el original. Posteriormente, la STS 256/2020, de 28 de mayo, recordó que la jurisprudencia inicialmente se mostró reacia a concederles plena validez, exigiendo su autentificación o adveración para evitar el riesgo de manipulación[465]. No obstante, una postura más flexible ha terminado por consolidarse, reconociendo su carácter documental y admitiendo su valor probatorio en ausencia de impugnación.

Siguiendo esta última línea, la STS 339/2024, de 25 de abril, establece que la inexistencia del documento original no afecta a la licitud de la prueba conforme al art. 11.1 de la LOPJ, ya que su validez probatoria debe analizarse según los artículos 324 y siguientes de la LEC. En caso de impugnación de la autenticidad de un documento privado, deberá verificarse mediante cotejo pericial u otros medios probatorios pertinentes, conforme al art. 326 LEC. Si no se logra determinar su autenticidad o no se aporta prueba adicional, el tribunal deberá valorarlo conforme a las reglas de la sana crítica.

En la práctica de la prueba, la parte que pretende hacer valer un documento debe aportar todos los medios probatorios disponibles para reforzar su autenticidad. Si se cuestiona su exactitud, el art. 334.1 LEC establece que deberá cotejarse con el original cuando sea posible, y en caso contrario, su valor pro-

---

465 Línea restrictiva marcada, entre otras, por la STS 1453/2004, de 16 de diciembre "Es cierto que las simples fotocopias, sin acreditamiento de autenticidad alguna, no son documentos valorables por la vía del art. 726 en relación con el art. 741 LECrim precisamente porque son de muy fácil trucaje, manipulación o distorsión que puede realizarse por cualquiera, incluso por simples escolares" O la posterior STS 732/2009, de 7 de julio: "Respecto a las fotocopias desde siempre esta Sala ha desconfiado de las mismas porque son de muy fácil trucaje, manipulación o distorsión que puede realizarse por cualquiera..."

batorio se determinará conforme a las reglas de la sana crítica. Del mismo modo, el art. 326.2 LEC dispone que, si se impugna la autenticidad de un documento privado, su validez deberá acreditarse mediante los medios probatorios pertinentes, quedando en última instancia su valoración a criterio del tribunal.

En resumen, conforme a lo expuesto en la citada sentencia del TS, la impugnación de la autenticidad o integridad de un documento no implica su automática exclusión del procedimiento, sino que exige un análisis de las alegaciones que sustentan su rechazo, junto con la valoración de otros medios probatorios que permitan determinar su validez. Habitualmente, la prueba pericial es el mecanismo principal para verificar su autenticidad, aunque también puede corroborarse mediante otros elementos probatorios disponibles en el proceso.

Asimismo, la especial complejidad de esta prueba conlleva requerir de la pericia informática y todo lo que ello supone. A esto se le une la escasa o insuficiente legislación existente, teniendo que recurrir a "las reglas analógicas que proporcionan otras instituciones mejor reguladas o con un cuerpo de jurisprudencia ya existente y, de otro, manejar la legislación comparada a fin de extraer criterios útiles para ponderar y valorar las dificultades interpretativas que presentan"[466].

Los conocimientos tecnológicos de la sociedad en general no son lo suficientemente amplios como para respaldar afirmaciones basadas en el saber científico, lo que genera ciertas dudas sobre la fiabilidad de la prueba tecnológica. Mientras algunos miembros del poder judicial la consideran un medio probatorio sólido, preciso, veraz y objetivo, y por ende más confiable, otros cuestionan su autenticidad debido a su falta de competencia en tecnología, percibiéndola como menos fiable

---

466 DE URBANO CASTRILLO, E. (2009). *La valoración de la prueba electrónica*. Tirant lo Blanch. Págs. 48 y 49.

que las pruebas tradicionales[467]. A esto se suma la ausencia de una regulación específica, la escasa jurisprudencia en la materia y la dificultad para comprender el procedimiento técnico de obtención de la prueba, lo que complica aún más su aceptación y la correcta valoración de su validez jurídica.

Es evidente que una prueba que presente indicios de manipulación no debería ser válida en el proceso, pero este problema no es exclusivo de la prueba tecnológica, sino que afecta a todas las pruebas en general. No hay garantía de que un documento tradicional presentado como prueba no esté falsificado, o de que un perito no sea parcial, o de que un testigo no haya faltado a la verdad, entre otros posibles escenarios.

En un ejercicio de síntesis sobre la prueba electrónica, la STS 873/2023, de 24 de noviembre, destaca su volatilidad y facilidad de replicación, lo que la hace especialmente vulnerable a la manipulación. Por ello, garantizar su autenticidad y fiabilidad requiere procedimientos rigurosos. La cadena de custodia de los dispositivos intervenidos es clave para preservar su integridad, aunque la ausencia de documentación completa puede generar dudas. No obstante, la validez de la prueba no depende exclusivamente de los informes periciales, ya que otros elementos también pueden servir para corroborarla. Además, la presunción de veracidad de los agentes encargados de su manejo es un factor relevante y, mientras la trazabilidad de la prueba quede acreditada mediante testimonios y documentación, aspectos como la numeración de los precintos, aunque importantes, no resultan determinantes para su aceptación.

---

467 INSA, F., & LÁZARO, C. (8 de mayo de 2007). La admisibilidad de las pruebas electrónicas en los tribunales (A.P.E.T.): Luchando contra los delitos tecnológicos. *Diario La Ley*(6708/2007), Págs. 7 y 8.

3. LA PRUEBA BASADA EN INDICIOS COMO OPCIÓN DISTINTA A LA PRUEBA TECNOLÓGICA

3.1. Introducción

El principio de la presunción de inocencia, fundamental en el ámbito del Derecho, está consagrado tanto en el art. 24.2 de la CE como en diversas normativas internacionales, como la Declaración Universal de los Derechos Humanos de 1948 (art. 11.1), el Convenio Europeo de Derechos Humanos de 1950 (art. 6.2) y el Pacto Internacional de Derechos Civiles y Políticos de 1966 (art. 14.2). La refutación de esta presunción requiere de "una mínima actividad probatoria producida con todas las garantías y que pueda considerarse de cargo y de la que se pueda deducir, por tanto, la culpabilidad del procesado" (STC 31/1981, de 28 de julio).

Es importante reconocer que esta carga probatoria no siempre consistirá en pruebas directas que confirmen el delito, ya que en muchos casos esto no es factible. Por tanto, se recurre a presunciones e indicios basados en el entendimiento humano, ya que, sin ellos, muchos casos quedarían impunes. La prueba basada en indicios, en numerosas ocasiones, constituye el único medio para esclarecer un delito y determinar a sus responsables, según lo señalado en la STS 1980/2001, de 25 de enero. Esto implica un proceso de reconstrucción que debe realizarse de manera indirecta[468].

La desconfianza hacia la prueba indiciaria tiene una larga tradición. Aforismos como *plus valet quod in veritate est quam quod in opinione* (lo que es verdad vale más que lo que es opinión) o *probatio vincit praesumptionem* (la prueba vence a la

---

468 GIMÉNEZ GARCÍA, J. (2006). La prueba indiciaria en el proceso penal. *Jueces para la Democracia*, Pág. 75.

presunción) reflejan el temor histórico a fundamentar la verdad en una mera acumulación de indicios[469].

En la actualidad, hay una abundante jurisprudencia que respalda la llegada a conclusiones mediante el razonamiento lógico basado en indicios, destacando la STS 532/2019, del 4 de noviembre, que estableció las reglas que gobiernan la prueba basada en indicios. En palabras de ASENCIO MELLADO [470] "El indicio es un hecho relacionado indirectamente con el hecho delictivo que se pretende probar. Como tal no es capaz de probar el delito por sí mismo, pero unido a otros es elemento útil y suficiente para llegar a una conclusión de culpabilidad".

En el estudio que estamos llevando a cabo, no siempre es posible obtener pruebas directas que confirmen la comisión del delito. Por ello, en algunos casos será necesario recurrir a métodos alternativos e indirectos para esclarecer los delitos contra la seguridad vial. Entre ellos, se incluyen el examen del velocímetro del vehículo infractor o perseguidor, la identificación de huellas en el lugar del incidente, la revisión de videos captados por cámaras de seguridad o la observación de signos externos en el conductor que indiquen el consumo de alcohol o drogas. Todos estos medios serán valorados en función de su utilidad y fiabilidad en el proceso penal.

La prueba indiciaria, también conocida como prueba circunstancial o de inferencias, tiene un papel clave en el ámbito jurídico, ya que permite deducir la existencia de un hecho principal a partir de indicios o hechos indirectos. A diferencia de la prueba directa, que acredita un hecho de manera inmediata, este tipo de prueba se basa en la conexión lógica entre

---

469 Aforismos citados en la STS 815/2016, de 28 de octubre, sobre la prueba indiciaria.

470 ASENCIO MELLADO, J. M. (2019). *Derecho Procesal Penal.* Tirant lo Blanch. Pág. 407.

los indicios y el hecho que se pretende demostrar. Su solidez depende del uso de reglas de la lógica y la experiencia, elementos esenciales para garantizar que la inferencia sea razonable y no meramente especulativa.

GARCÍA PAZ[471] clasifica los indicios en distintas categorías, entre las que se encuentran los graves, varios, precisos, concordantes, anfibiológicos, de inocencia o contrapresunciones, y los concomitantes. En cuanto a la prueba indiciaria, sostiene que, siempre que se desarrolle con todas las garantías procesales y bajo la supervisión directa del tribunal, su finalidad es corregir situaciones evidentes de ilegalidad en las que no existen pruebas directas, evitando así posibles injusticias. Si bien la presunción de inocencia es un pilar fundamental del Derecho Penal, no puede entenderse como una justificación automática para eximir de responsabilidad cuando los hechos, la motivación y la evidencia apuntan en otra dirección. Para ello, es imprescindible que el juez valore los indicios conforme a los requisitos establecidos y realice un análisis prudente antes de adoptar una decisión.

La prueba indiciaria desempeña un papel fundamental en la resolución de casos donde no existen pruebas directas, permitiendo inferir determinados hechos a partir de indicios racionalmente valorados. Su admisibilidad y eficacia han sido ampliamente respaldadas tanto por la doctrina como por la jurisprudencia, que han establecido criterios precisos para su correcta aplicación. No obstante, su utilización requiere una motivación rigurosa y un razonamiento lógico estructurado que garantice su validez en el proceso penal. Comprender sus fundamentos resulta esencial para abordar su concepto y naturaleza, aspectos que serán analizados a continuación.

---

471 GARCÍA PAZ, D. (2014). La prueba indiciaria en el proceso penal. *La Ley*(8374). Págs. 5 y 8.

3.2. Concepto y naturaleza

En 1999, PAZ RUBIO[472] definió la prueba indiciaria como aquella que busca demostrar la certeza de ciertos hechos, llamados indicios, que no son en sí mismos constitutivos de un delito, pero que pueden llevar a inferir la existencia de este y la participación del acusado. Esto se logra mediante un razonamiento basado en el nexo causal y lógico entre los hechos probados y los que se intentan demostrar.

Para MÁRQUEZ CISNEROS[473], es "aquella que se dirige a demostrar la certeza de unos hechos (indicios) que no son constitutivos del delito objeto de acusación, pero de los que, a través de las reglas de la lógica y la experiencia, pueden inferirse los hechos delictivos y la participación del acusado, que ha de motivarse en función de un nexo causal coherente entre los hechos probados (indicios) y el que se trata de probar (delito)".

En términos generales, la prueba indiciaria en un proceso judicial busca establecer la certeza de ciertos hechos a través de otros relacionados, deduciendo argumentalmente la existencia de los primeros. En lugar de probar directamente los hechos en cuestión, se establece una conexión lógica entre los hechos probados (indicios) y los hechos que se intentan demostrar. A esta prueba también se le denomina "indirecta, mediata, circunstancial, de inferencias, de presunciones o de conjeturas"[474].

---

472 PAZ RUBIO, J. M. (1999). *La prueba en el proceso penal. Su práctica ante los Tribunales.* Colex. Pág. 283.

473 MARQUEZ CISNEROS, S. (2008). La prueba indiciaria en el nuevo código procesal penal. *Revista de Derecho,* Pág. 52.

474 MAGRO SERVET, V. (2001). La destrucción de la presunción de inocencia por la aplicación de la prueba indiciaria en el proceso penal. *Revista Aranzadi*(BIB 2001/746). Pág. 4. Asimismo, ALVARADO VELLOSO, A. (2006). *La prueba judicial. Reflexiones críticas sobre la confirmación procesal.* Tirant Lo Blanch. Pág. 53, también la deno-

Por su parte, RIVERA MORALES[475] considera que la prueba indiciaria es, en efecto, un medio de prueba. Argumenta que se trata de un hecho a través del cual se puede descubrir otro desconocido mediante inferencias. Cuando un indicio ha sido debidamente acreditado en el proceso judicial mediante otros medios probatorios, se convierte en parte del conjunto probatorio, lo que lo califica como un medio de prueba válido.

En cambio, MIRANDA ESTRAMPES[476], además de resaltar la falta de reglas de procedimiento, sostiene que la prueba indiciaria es más bien una prueba de presunción judicial y no un medio de prueba. La ubica como una "actividad intelectual del juzgador, presidida por las reglas de la lógica y de la experiencia, y tiene su apoyo en una afirmación base o indicio que debe estar totalmente acreditado".

Para ALVARADO VELLOSO[477], la prueba indiciaria constituye "un medio de confirmación indirecto que le permite al juez obtener el resultado de una presunción que, a su turno, es el juicio lógico que permite al juzgador tener como cierto o probable un hecho incierto después de razonar a partir de otro hecho cierto", estableciendo dos tipos de presunciones desde la perspectiva de su origen: las impuestas por el legislador *praesumptio legis* y la *praesumptio hominis*, "que el juzgador

---

mina prueba "presuncional". En general, mantiene una denominación más tradicional para los distintos tipos de prueba, empleando términos que en su momento eran de uso común. Así, se refiere al testimonio en lugar de prueba testifical, al reconocimiento en vez de prueba de inspección ocular y a los documentos como equivalente a la prueba documental. (Pág. 53).

475 RIVERA MORALES, R. (2009). *Las pruebas en el derecho venezolano.* Librería J. Rincón G. Págs. 365 y ss.

476 MIRANDA ESTRAMPES, M. (1997). *La mínima actividad probatoria en el proceso penal.* Bosch. Pág. 225.

477 ALVARADO VELLOSO, A. (2006). *La prueba judicial. Reflexiones críticas sobre la confirmación procesal.* Tirant Lo Blanch. Pág. 77-80.

establece a su voluntad después de trabajar con indicios en las condiciones que la ley los admite".

Asimismo, SERRA DOMÍNGUEZ[478] rechaza que se sitúe la prueba indiciaria dentro de los medios de prueba, ya que estos muestran al juez una realidad a través de ellos, mientras que las presunciones son deducciones que realiza el juzgador conforme a un raciocinio lógico del que obtiene conclusiones.

Más allá va GÓMEZ COLOMER[479], quien formula una denominación atípica al considerar que "el indicio de cargo forma parte de la presunción de culpabilidad, que es una verdadera presunción, es de cargo y es judicial", señalando que su valor probatorio es inferior al de la prueba directa. Sin embargo, le reconoce igualdad de efectividad, ya que desvirtúa la presunción de inocencia y permite condenar al tribunal. No obstante, la expresión "presunción" en el ámbito penal para referirse al indicio es inusual, utilizándose casi exclusivamente el término "indicio" en sus diferentes acepciones, como "prueba indiciaria" o "prueba de indicios"[480].

---

478 SERRA DOMINGUEZ, M. (1991). De la prueba de las obligaciones. En M. ALBADALEJO GARCÍA (Coord), *Comentarios al Código civil y compilaciones forales* (XVI ed., Vol. 2). Editorial Revista de Derecho Privado. Págs. 571-573. Asimismo, aclara el autor que los medios de prueba requieren normas de procedimiento para practicarse, sin embargo, las presunciones no exigen ninguna para hacerse; además, lo medios de prueba tienen que ser propuestos por las partes y las presunciones no, pudiendo servirse el juzgador de ellas sin necesidad de fijar tiempo o forma para proponerlas.

479 GÓMEZ COLOMER, J. L. (2021). *El indicio de cargo y la presunción judicial de culpabilidad en el proceso penal.* Tirant lo Blanch. Pág. 17.

480 MIRANDA VÁZQUEZ, C. (2018). Indicios y su relevancia probatoria. España. En L. M. BUJOSA VADELL (Dtor), & F. BUENO DE MATA (Coord), *La prueba en el Proceso. Perspectivas nacionales.* Tirant lo Blanch. Pág. 546

El mismo autor extrae varias conclusiones relevantes sobre la prueba de indicios[481]. Destaca que, aunque utilizada desde la antigüedad para resolver conflictos y descubrir la verdad, sigue siendo un elemento esencial en el derecho penal al permitir superar la ausencia de pruebas directas y evitar la impunidad. No obstante, insiste en que el indicio no es en sí mismo una prueba, sino parte de una presunción, por lo que su correcta aplicación en el proceso probatorio es crucial. En su opinión, no debe clasificarse como prueba directa ni emplearse términos como "prueba indiciaria", ya que considera estas denominaciones confusas e inexactas. Además, señala que la incorporación del indicio como presunción judicial implica, de manera implícita, un ajuste en la interpretación de la presunción de inocencia, permitiendo su aplicación efectiva sin que ello suponga una vulneración del derecho de defensa.

Por otro lado, afirma que el indicio tiene valor probatorio suficiente para fundamentar una condena, siempre que su utilización vaya acompañada de una motivación judicial rigurosa y detallada que garantice el respeto a la presunción de inocencia y el cumplimiento de los requisitos exigidos para formar una convicción sólida en el tribunal. Asimismo, resalta la importancia del control sobre la motivación en sentencias basadas en indicios, distinguiendo entre la revisión completa que permite la vía ordinaria y el enfoque de la vía constitucional, más orientado a garantizar la racionalidad y solidez de la inferencia probatoria. Finalmente, considera que la legislación vigente debería actualizarse para reconocer expresamente el indicio de cargo, incorporando sus requisitos y efectos al marco legal y a los recursos disponibles. La falta de una regulación clara en la nueva LECrim., según su criterio, afecta la precisión

---

481 GÓMEZ COLOMER, J. L. (2021). *El indicio de cargo y la presunción judicial de culpabilidad en el proceso penal.* Tirant lo Blanch. Págs.185-187.

y eficacia en la resolución de los casos en los que el indicio es determinante.

En definitiva, el indicio sigue siendo un elemento clave en el proceso penal, pero su correcta aplicación exige una regulación más precisa en la legislación vigente, un reconocimiento explícito de su valor probatorio y una motivación rigurosa en las sentencias. La revisión exhaustiva en las vías ordinaria y constitucional es esencial para garantizar justicia y salvaguardar la presunción de inocencia. Más que un medio de prueba en sentido estricto, la prueba indiciaria se concibe como una presunción judicial derivada de los diversos elementos que intervienen en el proceso intelectual del juez al emitir su fallo[482].

Pese a la falta de consenso doctrinal sobre su naturaleza—considerada por algunos como un medio de prueba y por otros como una inferencia basada en la lógica y la experiencia del juzgador—, la jurisprudencia ha consolidado su aplicación. Su evolución refleja la necesidad de equilibrio entre la seguridad jurídica y la lucha contra la impunidad, convirtiendo su adecuada regulación y aplicación en un desafío constante en el derecho penal contemporáneo

3.3. Elementos necesarios de la prueba indiciaria. STS 532/2019, de 4 de noviembre

La prueba indiciaria ha sido ampliamente analizada en la jurisprudencia y se ha consolidado como un recurso clave en la valoración probatoria cuando no existen pruebas directas. En 1985, el TC estableció la distinción entre lo que debe considerarse como prueba indiciaria y simples sospechas. Se indicó que la prueba indiciaria se compone de tres elementos:

---

482 COUTURE, E. J. (1993). *Fundamentos del Derecho procesal civil.* Depalma. Pág. 266.

1) una afirmación base o indicio; 2) una afirmación consecuencia; 3) un enlace lógico y racional entre ambos elementos (STC 174/1985, de 17 de diciembre; STC 175/1985, de 17 de diciembre).

El TS, en su sentencia de 1 de diciembre de 1989, estableció una diferencia clara entre sospecha, conjetura e indicio. La sospecha se basa en impresiones sin sustento probatorio firme; la conjetura supone una interpretación basada en ciertos indicios, aunque sin certeza plena, mientras que el indicio es una señal objetiva que permite inferir hechos ocultos con base en circunstancias verificables.

Las numerosas sentencias emitidas por el TS y el TC sobre la prueba indiciaria, relacionadas con su validez y los requisitos que debe cumplir[483], han servido de fundamento para la STC 532/2019, de 4 de noviembre, que enumera reglas, elementos y una veintena de requisitos para dictar una sentencia condenatoria. Son las siguientes:

- Hay que distinguir los indicios de las sospechas. La presunción de inocencia se enerva con indicios probados no meras probabilidades de ocurrencia del hecho.
- El juez no basará su fallo en su único convencimiento subjetivo[484]. No consiste en el que juez tenga en conven-

483 Entre otras: STS 548/2009, de 1 de junio (ROJ: 3656/2009); STS 456/2008, 8 de julio; STS 947/2007, 12 de noviembre; STS 391/2001, de 25 de enero; STS 593/2017, DE 21 DE JULIO (ROJ: 2970/2017); STC 111/2008, de 22 de septiembre; STC 109/2009, de 11 de mayo.

484 Para ELÍAS SEGURA, R. (2015). La prueba circunstancial. Limitaciones y alcances. En H. FIX FIERRO, & J. CÁRDENAS GRACIA (Coords), *La prueba y la argumentación de los hechos.* Tirant lo Blanch. Pág. 147: "Quizá el problema más severo para hacer un uso correcto de la prueba indiciaria radica en lo difícil que resulta evitar que se impregne y llene de subjetividad".

cimiento propio de que se cometió el hecho, sino que tiene que dar una explicación fundamentada de por qué el sumatorio de los indicios suponen la condena.

- El juez no puede basarse en una mera creencia sobre los hechos; debe alcanzar una convicción firme y razonada a partir del análisis de los indicios disponibles.
- Se exige al tribunal de una adecuada motivación de los indicios y su "relevancia probatoria", diciendo cuáles son y cómo se infiere la participación del acusado en el delito, de tal forma que un si un tribunal interviene posteriormente pueda comprender el juicio deducido de los indicios.

La sentencia establece una serie de requisitos que deben cumplirse. En primer lugar, se requiere una pluralidad de indicios, sin determinar exactamente el número necesario (STS de 22 de julio de 1987), lo que implica que un solo indicio no puede formar una presunción[485]. Además, los indicios deben estar respaldados por pruebas directas, ya que de lo contrario podría ser considerado "peligroso y arbitrario". Es fundamental que exista un enlace "preciso, concreto y directo" entre el indicio y el hecho que se pretende deducir. El corazón de la prueba de indicios radica en "el enlace lógico y racional entre el indicio o afirmación base y la afirmación consecuencia".

---

485 En MAGRO SERVET, V. (2001). La destrucción de la presunción de inocencia por la aplicación de la prueba indiciaria en el proceso penal. *Revista Aranzadi*(BIB 2001/746). Pág. 6, los indicios tienen que: "estar plenamente acreditados, tienen que ser plurales, o excepcionalmente, único, pero de una singular potencia acreditativa; concomitantes al hecho que se trata de probar; que estén interrelacionados, cuando sean varios, de modo que se refuercen entre sí".

Los indicios se refuerzan mutuamente en el proceso de condena, por lo que se requiere una justificación exhaustiva que informe al acusado. Esta "evocación ideal de la relación entre los hechos-indicio y *thema probandum*" es lo que permite inferir un término a partir de la confirmación del otro. En otras palabras, se trata del "Razonamiento inductivo propio de la prueba de indicios" (STS de 18 de enero de 1995).

La acumulación de indicios conduce a lo que se denomina "certeza subjetiva", y de esta certeza se deriva la "convicción judicial", la cual debe surgir de un "pensamiento lógico y racional, es decir, que no sea ni absurdo, ni caprichoso". Los indicios deben estar interrelacionados, formando el camino hacia la convicción. Se requiere una "probabilidad prevaleciente" respecto a otras posibles explicaciones que puedan surgir para los mismos indicios.

En cuanto a la motivación en la sentencia, debe reflejar el razonamiento que llevó a alcanzar "la certeza del hecho presunto", llegando a conclusiones mediante el uso de "máximas de la experiencia" (STS 1159/2005, de 10 de octubre[486]). Esta motivación debe ser más detallada y precisa que cuando se trata de motivar la prueba directa, dado que esta última es más clara. Por lo tanto, es necesario explicar, además de las conclusiones, los elementos de prueba que condujeron a ellas, con el fin de demostrar la "racionalidad y coherencia del proceso mental seguido y constatar que el Juez ha formado su convicción sobre una prueba de cargo capaz de desvirtuar la presunción de ino-

486 En MIRANDA VÁZQUEZ, C. (2018). Indicios y su relevancia probatoria. España. En L. M. BUJOSA VADELL (Dtor), & F. BUENO DE MATA (Coord), *La prueba en el Proceso. Perspectivas nacionales.* Tirant lo Blanch. Pág. 550: "La valoración de las pruebas –o, mejor, el juicio de fiabilidad– de las fuentes de prueba se efectúa siempre (aunque sea en última instancia y normalmente de primeras) a través de inferencias presuntivas".

cencia" (STS 506/2006, de 10 de mayo). El incumplimiento de este mandato constitucional de motivación impide acceder al "proceso de inferencia", lo que imposibilita determinar si el razonamiento es "arbitrario, absurdo o irracional".

En resumen, no se trata de una sentencia basada en simples sospechas, sino en convicciones derivadas de la acumulación de indicios. En caso de dudas, no procede la condena. El proceso consiste en partir de hechos mediatos constatados para concluir otros inmediatos. Es fundamental destacar "el juicio de inferencia como actividad intelectual que sirve de enlace a un hecho acreditado y su consecuencia lógica". Esta inferencia debe ser razonable y no "arbitraria, absurda o infundada", ajustándose a las "reglas de la lógica y la experiencia" humana[487]. Además, la conclusión inferida debe ser "cerrada, fuerte y determinada" (STS 151/2010, de 22 de febrero).

Es posible ejercer un control de razonabilidad por parte del TS mediante el recurso de casación y del TC a través de la demanda de amparo, conforme al art. 24.2 de la CE. Este control no implica una invasión en la inmediación en la prueba, sino que se centra en la racionalidad y lógica, observando si se aplicó correctamente "la teoría de la prueba de indicios"[488].

---

[487] Conforme al art. 741 LECrim: "El Tribunal, apreciando según su conciencia las pruebas practicadas en el juicio, las razones expuestas por la acusación y la defensa y lo manifestado por los mismos procesados, dictará sentencia dentro del término fijado en esta Ley. Siempre que el Tribunal haga uso del libre arbitrio que para la calificación del delito o para la imposición de la pena le otorga el Código Penal, deberá consignar si ha tomado en consideración los elementos de juicio que el precepto aplicable de aquél obligue a tener en cuenta".

[488] En PEÑA I NOFUENTES, D. (2014). La teoría de la prueba de indicios: de la certeza subjetiva a la convicción judicial. *La Ley*(111), Pág. 6. Debemos tener en cuenta que en la legislación española no existe una segunda instancia en el sentido propio del concepto si

El control de constitucionalidad respecto a la racionalidad y solidez de la inferencia se lleva a cabo evaluando tanto su lógica o coherencia como su suficiencia o calidad concluyente. Esto implica verificar que la inferencia realizada en el proceso judicial se ajuste a los estándares de racionalidad y que sea capaz de sostenerse adecuadamente como fundamento para la decisión judicial[489].

Pueden presentarse dos tipos de irracionalidad: 1) "La falta de lógica y la concurrencia de arbitrariedad o absurdo" (STS de 8 de marzo de 1994), excluyendo las inferencias "dudosas, vagas, contradictorias" (STS 151/2010, de 22 de febrero); 2) La falta de conclusividad, lo cual vulnera el principio de inocencia "cuando la inferencia sea ilógica o tan abierta que en su seno quepa tal pluralidad de conclusiones alternativas que ninguna de ellas pueda darse por probada" (STS 631/2007, de 4 de julio). Esta sentencia detalla de manera exhaustiva todos los aspectos cruciales que deben estar presentes en una prueba indiciaria para asegurar su validez y capacidad para sustentar una sentencia condenatoria.

En conclusión, la prueba indiciaria, cuando se aplica correctamente, es un instrumento eficaz en el proceso judicial,

---

entendemos por ella "un segundo juicio oral que revisa en esencia el primer juicio oral celebrado". El recurso de apelación está previsto en los arts. 790 y siguientes de la LECrim.

489 El recurso de amparo requiere acreditar la falta de racionalidad y constatar la especial trascendencia constitucional del asunto, requerido por el art. 49.1 y 50.1 de la LO 2/1979, de 3 de octubre, del TC. Al ser tan detallada la STS 532/2019, de 4 de noviembre, se antoja realmente difícil que se pueda atestiguar la "especial trascendencia constitucional" en RODRÍGUEZ MONSERRAT, M. (2020). La validez de la prueba indiciaria: Análisis de los requisitos para su amparo constitucional a la luz de la Sentencia 532/2019 de 4 de noviembre de 2019. *Diario La Ley*(9674). Pág. 8.

permitiendo reconstruir hechos a partir de indicios sólidos y racionalmente valorados. Su validez exige una observación rigurosa de los requisitos establecidos, asegurando que la inferencia judicial no se base en conjeturas o meras sospechas, sino en un razonamiento lógico y estructurado. La motivación de la sentencia adquiere aquí un papel fundamental, ya que debe justificar de manera clara y coherente la conexión entre los indicios y la conclusión alcanzada, garantizando así el respeto a la presunción de inocencia y evitando cualquier interpretación arbitraria o irracional. El control de racionalidad por parte del TS y del TC permite verificar la solidez y coherencia de estas inferencias, asegurando que la prueba indiciaria cumpla su función sin comprometer las garantías procesales del acusado.

4. EL CINEMÓMETRO

4.1. Introducción

En cualquier ámbito donde se establezcan normas de cumplimiento obligatorio, resulta imprescindible contar con mecanismos de supervisión adecuados para garantizar su efectiva implementación y control. Al fijar la normativa administrativa límites máximos de velocidad para los vehículos en las vías nacionales, el CP incorporó una presunción *iuris et de iure* que define la velocidad máxima considerada delictiva, tanto en vías urbanas como interurbanas, con diferentes valores para cada una. Esta situación llevó a GARCÍA ALBERO[490] a acuñar la expresión "sustitución de jueces por radares".

---

490 GARCÍA ALBERO, R. (2007). La nueva política criminal de la seguridad vial. Reflexiones a propósito de la LO 15/2007, de 30 de

La Ley Orgánica 2/1986, de 13 de marzo, de Fuerzas y Cuerpos de Seguridad, atribuye a distintas autoridades la vigilancia y el control del tráfico. En particular, el artículo 12.1.b) otorga a la Guardia Civil la competencia sobre la vigilancia del tráfico, tránsito y transporte en vías públicas interurbanas. Por su parte, el artículo 25 de la Ley 7/1985, de 2 de abril, Reguladora de las Bases del Régimen Local, reconoce estas competencias a los municipios. Asimismo, los cuerpos de policía autonómica asumen dichas funciones en aquellas comunidades donde se les ha asignado esta responsabilidad.

Para llevar a cabo el control de la velocidad, es indispensable utilizar dispositivos técnicos capaces de medir con precisión la velocidad de los vehículos. Estos dispositivos, conocidos como cinemómetros, han mejorado con el tiempo, permitiendo mediciones con una pequeña desviación de la velocidad real. Un cinemómetro es un aparato diseñado para medir la velocidad de circulación de los vehículos a motor, y es capaz de registrar y conservar los resultados obtenidos. Los cinemómetros, también conocidos como radares de tráfico, representan una herramienta tecnológica fundamental en la gestión de la seguridad vial y el control del tráfico en las vías públicas. Estos dispositivos están diseñados para medir con precisión la velocidad de los vehículos, permitiendo a las autoridades aplicar las normativas de tráfico y contribuir a la reducción de accidentes.

Los cinemómetros pueden clasificarse según diversos factores, como la tecnología empleada, la marca, el modelo o el lugar de instalación. Para garantizar su correcto funcionamiento, todos deben cumplir con la normativa de control metrológico establecida en la Orden ICT/155/2020, de 7 de febrero,

---

noviembre, y del Proyecto de Reforma del Código Penal. *Revista Electrónica de Ciencia Penal y Criminología*, Pág. 11.

que regula el control metrológico estatal de determinados instrumentos de medida

Desde su aparición, los cinemómetros han experimentado una notable evolución en tecnología y funcionalidad. Actualmente, emplean diversos métodos de medición, desde sistemas láser hasta tecnologías basadas en el efecto Doppler, permitiendo registrar velocidades con precisión en distintos escenarios de tráfico, tanto urbanos como interurbanos. Su capacidad para captar datos en tiempo real y aportar pruebas objetivas ha resultado clave en la imposición de sanciones por exceso de velocidad y en la detección de infracciones contra la seguridad vial. No obstante, su uso no está exento de polémica. Factores como los márgenes de error tolerados, la necesidad de una calibración rigurosa y el cumplimiento de los requisitos de certificación metrológica son determinantes para garantizar la fiabilidad de las mediciones y evitar posibles impugnaciones en el ámbito judicial.

En ausencia de cinemómetros, existen métodos alternativos para determinar la velocidad de los vehículos. Entre ellos se encuentran los procedimientos indiciarios, como la observación visual del velocímetro, así como el análisis forense de accidentes, que permite estimar la velocidad a partir de la reconstrucción de la escena y el estudio de daños o huellas dejadas por los vehículos implicados. Aunque menos precisas y sujetas a mayor interpretación, estas técnicas pueden servir como prueba complementaria en casos donde los cinemómetros no están disponibles o no pueden emplearse.

Los siguientes apartados examinarán en detalle tanto el funcionamiento y aplicación de los cinemómetros como las opciones alternativas de medición de velocidad. Se abordarán las normativas vigentes, la jurisprudencia relevante y las mejores prácticas para garantizar la integridad y validez de las pruebas recopiladas. En definitiva, este estudio pretende ofrecer una visión integral sobre los cinemómetros y las metodologías alternativas para la medición de velocidad, destacando su impacto en la seguridad vial y los desafíos y dilemas éticos asociados a su aplicación en el ámbito jurídico actual.

4.2. Propiedades técnicas y modo de funcionamiento

4.2.1. Terrestres

4.2.1.1. Autovelox 105 SE

El Autovelox 105SE[491] es un sistema informatizado para detectar exceso de velocidad, que transmite imágenes captadas por videocámaras a una patrulla policial situada a 150-200 metros mediante infrarrojos (IRDA) o radiofrecuencia (DECT). Funciona con el software IDI y puede instalarse en soportes móviles, vehículos o estructuras fijas. Sus dos videocámaras capturan la escena: una gran angular y otra en primer plano para la matrícula, orientándose automáticamente hacia el vehículo infractor. Las imágenes se almacenan en un disco duro y un CD WORM para garantizar su integridad. Mide la velocidad con rayos láser y un software que diferencia entre vehículos ligeros y pesados, aplica límites adecuados y ajusta el enfoque, agilizando el procesamiento de imágenes digitales.

---

491 SODI SCIENTIFICA. (2002). Manual de instrucciones. Autovelox 105SE.

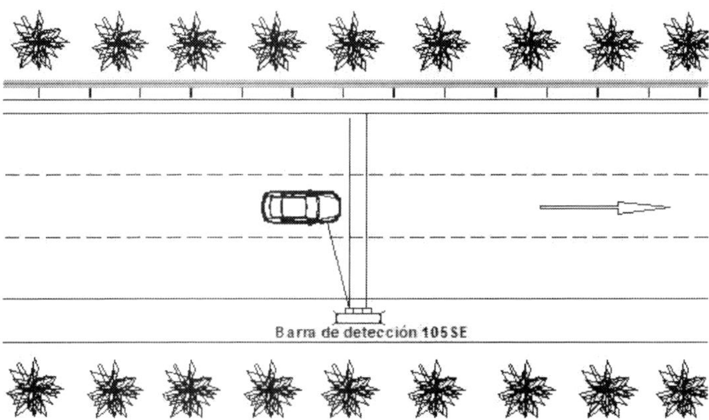

Fig. 1. Fuente: Elaboración propia

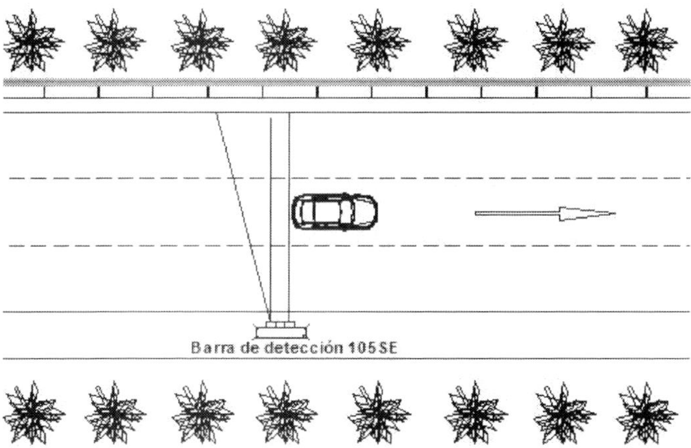

Fig. 2 Fuente: Elaboración propia

La velocidad del vehículo se determina cuando cruza de la primera a la segunda fotocélula (Fig. 1-2). Para garantizar la precisión, el dispositivo realiza un control automático comparando la velocidad registrada al interceptar los rayos láser (entrada) con la registrada al liberarlos (salida). Si ambas coinciden, la medición es válida; si difieren, se invalida. Estas discrepancias son más frecuentes en entornos urbanos debido a aceleraciones, frenadas o tráfico denso.

En casos como el adelantamiento de dos vehículos al pasar por el cinemómetro (Fig. 3), pueden producirse errores de medición. Por ejemplo, si el vehículo A cruza primero los rayos láser y el vehículo B los libera después, el dispositivo registrará velocidades de distintos vehículos en cada lectura, lo que anula la medición por falta de correspondencia entre la velocidad de entrada y salida.

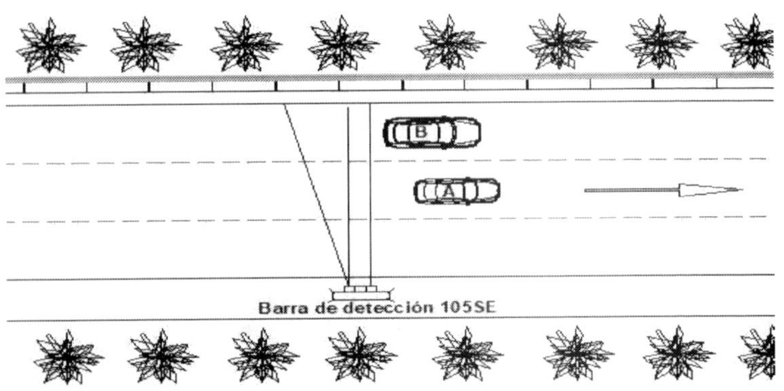

Fig. 3 Fuente: Elaboración propia

El sistema de doble medición evita que la velocidad de un vehículo se asigne erróneamente a otro cuando varios circulan por carriles distintos, especialmente si hay vehículos ligeros y pesados. Solo mide en una dirección para evitar interferencias de vehículos en sentido contrario o de otros elementos que puedan afectar las fotocélulas. La fotografía se toma con un retraso inversamente proporcional a la velocidad, garantizando que siempre se capture a la misma distancia.

Las videocámaras del cinemómetro emplean un sistema de rastreo dinámico para seguir al vehículo infractor según su velocidad y carril. La barra de detección mide la velocidad y la distancia lateral del vehículo, enviando los datos al procesador, que ajusta las cámaras para centrar al infractor en la "distancia de disparo".

Cada cámara tiene una función específica: una captura un primer plano de la matrícula y otra toma una vista panorámica del vehículo y su carril, con un rango de rotación de hasta 30°. Gracias a un sensor de posición, el sistema puede instalarse incluso en posición invertida sin afectar la orientación de las imágenes. Las fórmulas integradas calculan con precisión el movimiento de las cámaras para asegurar un enfoque nítido y centrado, incluso a velocidades de hasta 150 km/h en carreteras con límites inferiores a 100 km/h.

En situaciones como la circulación de dos vehículos en paralelo (Fig. 3), un sistema de enfoque único podría generar dudas sobre el infractor. Sin embargo, la segunda cámara elimina cualquier incertidumbre, garantizando la validez de la imagen como prueba.

Fuente: Elaboración propia

4.2.1.2. Autovelox 106

El sistema Autovelox 106[492] puede instalarse en ubicaciones fijas sin supervisión. Funciona con una barra láser que detecta el paso de los vehículos y calcula su velocidad mediante la fórmula V = e/t. Los datos se envían a una CPU, que determina si se ha cometido una infracción. Además, el sistema distingue entre vehículos ligeros y pesados, aplica los límites de velocidad correspondientes y localiza su posición en la vía.

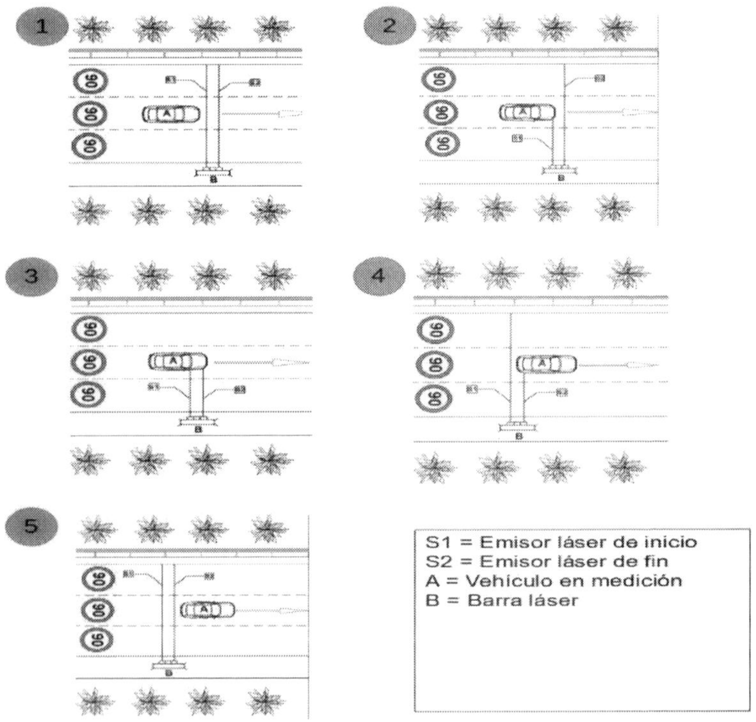

Fuente: Elaboración propia

492 SODI SCIENTIFICA. (2014). Manual de instrucciones. Autovelox 106.

La velocidad de un vehículo se determina por la interrupción secuencial de los emisores láser, siguiendo la secuencia del punto 1 al punto 5. La medición de la velocidad de entrada comienza al interrumpir el rayo láser del primer emisor y finaliza al liberarlo. De manera similar, la velocidad de salida se mide al interrumpir y liberar el rayo del segundo emisor. Para validar la medición, se realiza una doble lectura: si la velocidad de entrada coincide con la de salida, la medición se acepta; de lo contrario, se descarta.

4.2.1.3. Veloláser

El Veloláser[493] es un cinemómetro compacto diseñado para mediciones estáticas, con o sin operador. Funciona mediante un sensor láser LIDAR, una CPU con Windows y una cámara digital. Su sistema se basa en el principio "distancia-tiempo": emite pulsos de luz infrarroja que, al reflejarse en un vehículo, son detectados por diodos láser. Los circuitos ASIC miden el tiempo entre la emisión y la detección de los pulsos, permitiendo calcular la distancia y, con dos mediciones, la velocidad mediante el método de mínimos cuadrados.

El Veloláser puede medir velocidades de 10 km/h a 250 km/h con una precisión de 1 km/h, registrando la velocidad entre 20 y 30 milisegundos después del paso del vehículo. Puede controlar hasta dos carriles y distinguir entre vehículos ligeros (menos de 6 metros) y pesados (más de 6 metros). Su tecnología de "tiempo de vuelo" mide la distancia con la fórmula $d = c * t$, donde c es la velocidad de propagación de la luz.

La medición comienza cuando el vehículo entra en una ventana predeterminada y continúa hasta que sale, requiriendo un desplazamiento mínimo de 2,5 a 4 metros para obtener

---

493 INVIA SISTEMAS. (2017). Manual de usuario. Veloláser.

un resultado preciso. El sistema almacena las mediciones de distancia y aplica el método de mínimos cuadrados para calcular la velocidad. Se descartan los datos con baja correlación o inestables, priorizando los valores más fiables.

Si la velocidad registrada supera el límite según el tipo de vehículo, el sistema toma dos fotos consecutivas y las almacena junto con los datos de la infracción. Todas las infracciones pueden exportarse a una memoria SD para su análisis y tratamiento posterior.

4.2.1.4. Multanova 6F MR

El Multanova radar 6F-MR[494] es un cinemómetro que mejora la tecnología Doppler tradicional con una antena compacta que emite señales a 34,3 GHz y una longitud de onda de 8,75 mm. Esta tecnología de ondas milimétricas garantiza alta precisión y permite una integración discreta en vehículos.

El radar detecta las señales Doppler reflejadas por los vehículos y las envía a la unidad de control, donde se procesan para determinar la dirección del movimiento. Cuando un vehículo entra en el haz del radar, la antena emite una señal Doppler continua. La computadora digital confirma su detección y analiza las señales para iniciar la medición de velocidad.

El proceso de medición comienza cuando el vehículo recorre una distancia específica dentro del haz. Para garantizar precisión, el sistema verifica la estabilidad de la señal Doppler en un tramo de 25 cm. Si es constante, la velocidad se calcula con el método de promedios y se muestra en el dispositivo de control. Si está configurado para medir solo vehículos en alejamiento, solo procesará esas señales.

---

494 TRADESEGUR S.A. (2015). Manual de operador. Multanova 6F-MR

Para evitar errores, la medición solo se asigna si el vehículo detectado está solo en el haz del radar. Si otro vehículo ingresa inesperadamente, la cámara puede activarse antes de tiempo. Además, un montaje preciso es clave, ya que una leve desviación angular puede afectar la medición hasta en un 0,7%.

4.2.1.5. Multaradar C

El término "Radar" proviene de "Radio Detection And Ranging" (detección y medición de distancias por radio). Los radares funcionan mediante el efecto Doppler: una antena emite una señal de alta frecuencia (24,1 GHz) y recibe la señal reflejada[495]. En objetos estáticos, la frecuencia no varía, pero en vehículos en movimiento, cambia según su dirección: si se acercan, la frecuencia aumenta; si se alejan, disminuye. Esta variación (Δf) permite determinar tanto la dirección como la velocidad del vehículo.

El sensor radar se orienta hacia los vehículos mediante un ángulo de medición (α), que se corrige internamente en el dispositivo. En modalidad de medición en movimiento, el vehículo radar circula por el carril derecho a una velocidad inferior al límite, permitiendo que otros vehículos lo adelanten. El MultaRadar C mide la diferencia de velocidad entre ambos y calcula la velocidad absoluta restando la velocidad del radar a la diferencia detectada.

Si el vehículo supera el límite permitido, el sistema registra la infracción y toma una fotografía como prueba. El MultaRadar C tiene un rango de medición de 10 km/h a 300 km/h.

---

495 TRADESEGUR S.A. (2019). Manual de usuario. Multaradar C.

4.2.1.6. Trucam II

El TruCAM II[496] emplea tecnología LIDAR (detección y alcance de la luz) para medir la velocidad calculando la distancia a partir del tiempo que tarda un pulso láser en viajar hacia un objeto y regresar. Al realizar mediciones sucesivas en un intervalo de tiempo, determina la velocidad con precisión. Además de medir la velocidad, graba videos en alta definición y captura imágenes como prueba de infracciones. Su rango de medición abarca de 0 a 320 km/h.

El dispositivo integra tres lentes: la más pequeña corresponde a la cámara, la superior emite la señal LED y láser, y la inferior recibe la señal reflejada. Su sistema interno incluye un sensor láser, un temporizador y un procesador que analiza los datos y calcula la distancia con pulsos de luz infrarroja. Puede medir objetivos a distancias de hasta 1200 metros, dependiendo de las condiciones ambientales. Su diodo láser, al emitir en el espectro infrarrojo, es invisible al ojo humano, evitando distracciones. También cuenta con circuitos avanzados capaces de detectar inhibidores láser y garantizar mediciones precisas.

Para minimizar errores, en lugar de usar solo dos pulsos láser, el TruCAM II emplea hasta 64 pulsos y aplica un método de regresión cuadrática para calcular la velocidad con mayor precisión. Su diseño permite su uso sobre trípode, dentro de un vehículo, en barreras biondas o en cabinas postes, ofreciendo gran versatilidad en su instalación.

4.2.2. Aéreo: Pegasus

Los cinemómetros aéreos, como el Pegasus, calculan la velocidad de los vehículos mediante identificación y seguimiento

---

496 TRADESEGUR S.A. (2018). Manual de usuario. TruCam II.

desde helicópteros. Utilizan GPS para determinar la posición del helicóptero y un telémetro láser para localizar el vehículo. Este proceso se repite cada 3 segundos, registrando al menos 4 posiciones para calcular la velocidad final con tres velocidades intermedias. Sistemas como "autotracker" y "geotracking" permiten un seguimiento automático del objetivo, asegurando mediciones continuas y precisas.

El Pegasus estándar emplea cámaras PAL (50 Hz, 25 FPS) y tiene un error máximo certificado del 10%. En cambio, el Pegasus HD incorpora cámaras de alta definición (1920x1080, 25 FPS), reduciendo su margen de error al 5%. Ambos modelos utilizan tecnología de telémetro láser para garantizar la precisión de las mediciones.

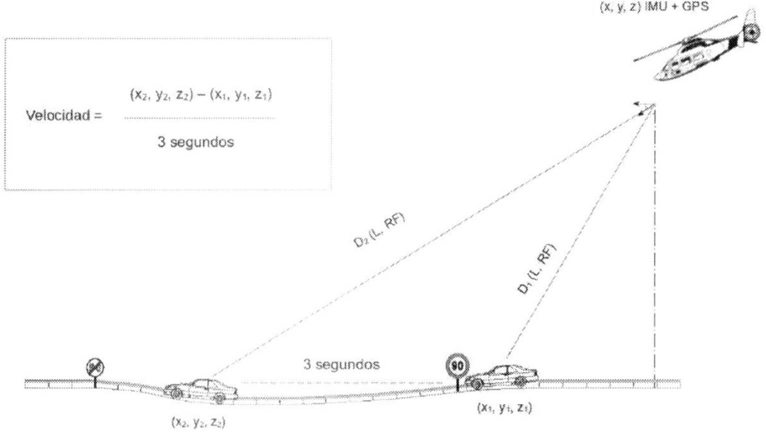

Fuente: Elaboración propia

4.3. El cinemómetro como dispositivo de fuente de prueba

Dicho de forma concisa, un cinemómetro es un dispositivo tecnológico avanzado diseñado para medir la velocidad de un objeto en movimiento, como un vehículo. El derecho europeo[497] reconoce los sistemas automatizados de control de velocidad como una herramienta efectiva para reducir los accidentes de tráfico, al tiempo que enfatiza la importancia de respetar los derechos fundamentales, como la presunción de inocencia y el derecho a un juicio justo, los cuales son perfectamente compatibles con el uso de estos dispositivos técnicos.

Los cinemómetros, ya sean utilizados por las fuerzas de seguridad o instalados de manera fija en diferentes soportes –pórtico, cabina, etc.–, representan la principal fuente de prueba en casos de presunto exceso de velocidad, tanto para delitos según el art. 379.1 del CP como para infracciones administrativas contempladas en la LSV como las contenidas en los artículos 76 LSV (infracción grave) y 77 LSV (infracción muy grave). Como prueba electrónica, deben cumplir con todos los requisitos de validez y estar libres de defectos para ser admitidas en el proceso y obtener el valor jurídico correspondiente según la ley.

La prueba tecnológica proporcionada por el cinemómetro se considera una prueba preconstituida, dado que cumple con todos los requisitos formales y materiales establecidos por la jurisprudencia y la legislación correspondiente[498] (STC 303/1993, de 25 de octubre; STC 209/2001, de 22 de octubre). En consecuencia, se le otorga el tratamiento procesal previsto en los artículos 730, 449 bis y 297 de la LECrim.

---

497 Entre los instrumentos normativos relevantes en esta materia se encuentran la Recomendación de la Comisión de 6 de abril de 2004 (DOE de 17 de abril de 2004) y la Directiva 2015/413/UE.

498 STC 303/1993, de 25 de octubre: "Requisitos materiales (su imposibilidad de reproducción en el momento del juicio oral: art. 730 LECrim); subjetivos (la necesaria intervención del Juez de Instrucción); objetivos (la posibilidad de contradicción, para lo cual se debe proveer de Abogado al imputado ...); y formales (la introducción en el juicio oral a través de la lectura de documentos requerida por el art. 730)".

Dado que el cinemómetro constituye la principal fuente de prueba para verificar los delitos e infracciones de velocidad, se requiere que funcione con la precisión suficiente para determinar con exactitud la medición de la velocidad realizada. El correcto funcionamiento de los cinemómetros, que emplean tecnologías de medición como el láser o las ondas Doppler, no es solo responsabilidad de las empresas fabricantes, obligadas a cumplir con los parámetros de metrología legalmente establecidos[499], sino también de la administración, que debe garantizar su adecuación mediante la emisión del correspondiente certificado[500].

La certificación metrológica de los cinemómetros es esencial para la validez de la prueba tecnológica, ya que cualquier prueba aportada al proceso debe ser auténtica y precisa, especialmente cuando la medición realizada por estos dispositivos goza de presunción de exactitud según lo establecido por la ley[501]. Por ello, el control de calidad y certificación debe ser riguroso tanto desde el punto de vista técnico como jurídico,

---

499 Real Decreto 244/2016, de 3 de junio, por el que se desarrolla la Ley 32/2014, de 22 de diciembre, de Metrología. Anexo II. Orden ICT/155/2020, de 7 de febrero, por la que se regula el control metrológico del Estado de determinados instrumentos de medida (BOE Núm. 47, de 24 de febrero.

500 LSV art. 83.2: "Los instrumentos, aparatos o medios y sistemas de medida que sean utilizados para la formulación de denuncias por infracciones a la normativa de tráfico, seguridad vial y circulación de vehículos a motor estarán sometidos a control metrológico en los términos establecidos por la normativa de metrología".
Orden ICT/155/2020, de 7 de febrero, por la que se regula el control metrológico del Estado de determinados instrumentos de medida. BOE Núm. 47, de 24 de febrero.

501 Ley 32/2014, de 22 de diciembre, de Metrología. BOE Núm. 309, 23 de diciembre: art. 8.6: "Gozarán de presunción de exactitud de medida, salvo prueba en contrario, las mediciones realizadas con instrumentos o sistemas de medida sometidos a control metrológico

garantizando así el derecho a la presunción de inocencia y el principio de culpabilidad[502].

A pesar de la presunción de exactitud otorgada por la ley a la medición realizada, los tribunales le asignan una presunción *iuris tantum* que permite la presentación de pruebas en contrario, como establece el ATC 193/2004, de 26 de mayo. Este dictamen afirma que las pruebas relacionadas con el funcionamiento de los cinemómetros tienen una presunción *iuris tantum* "siempre que dichos aparatos hayan sido fabricados y hayan superado los controles establecidos por la normativa técnica vigente en cada momento, y así resulte acreditado, además, mediante las correspondientes certificaciones de naturaleza técnica". El tribunal continúa expresando que esta presunción puede "ser destruida mediante la práctica de las pertinentes pruebas (como puede ser su verificación o control técnico por las entidades que en cada momento tengan encomendado el control metrológico de este tipo de aparatos)". Asimismo, el auto establece que para impugnar la prueba deben existir "unas dudas mínimamente razonables sobre la corrección de su funcionamiento, por, entre otros supuestos imaginables, resultar de manera evidente una manipulación externa del aparato".

Una vez que el cinemómetro detecta al vehículo infractor, genera un fotograma que incluye una serie de datos como la hora, el lugar, el tipo de cinemómetro, la velocidad, entre otros. Este registro se presenta inicialmente en formato electrónico y posteriormente se imprime, adjuntándose al atesta-

---

del Estado que hayan superado las fases de control metrológico que les sean de aplicación".

502 SÁNCHEZ FERNÁNDEZ, B. (2020). Cuestiones controvertidas en la jurisprudencia menor derivadas de la utilización de elementos automáticos en materia de sanciones de tráfico. *Revista Aranzadi Doctrinal*(2/2020), Pág. 7.

do policial. Según el art. 26 del CP, se considera documento "todo soporte material que exprese o incorpore datos, hechos o narraciones con eficacia probatoria o cualquier otro tipo de relevancia jurídica". En este sentido, la STS 1066/2009, de 4 de noviembre, establece que "el disco duro de un aparato informático es, en sí mismo, el documento original y su traslación a papel una fase técnica posterior que, mientras no se generalice la firma electrónica, será necesaria para insertar las firmas de todas las personas intervinientes en el juicio. Luego, la segunda reproducción obtenida en papel, mantiene la identidad y originalidad del disco duro que es el verdadero documento válido". Así, se resuelve el aspecto jurídico de la originalidad del documento.

Los certificados emitidos por el Centro Español de Metrología (CEM) para los cinemómetros se expiden conforme a la normativa vigente Orden ICT/155/2020, de 7 de febrero. Estos certificados, considerados documentos públicos, contienen información relevante sobre el cinemómetro verificado, incluyendo la fecha de validez del certificado y los errores máximos permitidos (EMP).

Estos datos son de suma importancia en términos de fiabilidad, precisión e integridad de la prueba tecnológica. Una medición realizada fuera del período de validez establecido en el certificado invalidaría la prueba, ya que comprometería la confiabilidad de la medición "no supera el estándar mínimo exigible para constituirse en prueba del elemento objetivo del delito" (SAP Madrid 22/2015 de 15 de febrero (ROJ: 69/2012). Por lo tanto, no se podría afirmar que dicha medición se ha realizado con los parámetros técnicamente certificados. En aplicación del principio *in dubio pro reo*[503], esta prueba no sería tenida en cuenta.

---

[503] Entre otras, la STS 171/2018, de 11 de abril (ROJ: 1320/2018), explica en que consiste el principio *in dubio pro reo* describiéndolo

El Error Máximo Permitido (EMP) está determinado por la Orden que regula el control metrológico, estableciendo el margen máximo de error que puede tener el cinemómetro certificado. Según SÁNCHEZ FERNÁNDEZ, este EMP representa un "requisito técnico de calidad del dispositivo"[504]. El propio autor sostiene que, aunque ni el RGC ni la LSV mencionan expresamente el EMP, en el ámbito administrativo suele asumirse que la velocidad medida coincide con la real, aplicándose el margen de error únicamente cuando es negativo, es decir, cuando la velocidad registrada es inferior a la real[505]. Sin embargo, en el ámbito penal, prevalece el principio *in dubio pro reo*, por el cual cualquier duda debe resolverse en favor del acusado.

La STS 184/2018, de 17 de abril, abordó dos aspectos relacionados con EMP: en primer lugar, su aplicación en el ámbito penal; y, en segundo lugar, la especificación del EMP aplicable

---

como: "una máxima dirigida al órgano decisor para que atempere la valoración de la prueba a criterios favorables al acusado cuando su contenido arroje alguna duda sobre su virtualidad inculpatoria; presupone ,por tanto, la existencia de actividad probatoria válida como signo incriminador, pero cuya consistencia ofrece resquicios que pueden ser decididos de forma favorable a la persona del acusado".

504 SÁNCHEZ FERNÁNDEZ, B. (2020). Cuestiones controvertidas en la jurisprudencia menor derivadas de la utilización de elementos automáticos en materia de sanciones de tráfico. *Revista Aranzadi Doctrinal*(2/2020),Pág. 9.

505 Podemos encontrar sentencias de juzgados de lo contencioso administrativo totalmente dispares, en las que unos consideran que hay que aplicar el EMP a la baja el índice máximo de error (SJCA Núm. 2 Vigo, de 13 de diciembre 2018, PA 353/2018); otros, solo los concernientes a "ensayos en tráfico real" (SJCA Núm. 1 Orense, de 21 de junio 2018, PA 65/2018); y otros, por el contrario, no aplican el EMP al no estimarlo necesario (SJCA Núm. 1 Lérida, de 20 de marzo 2018, PA 531/2017; SJCA Núm. 1 Cantabria, de 5 de diciembre 2017, PA 232/2017).

en casos de instalaciones fijas o móviles. Se estableció que, si el cinemómetro opera desde una ubicación estática, independientemente de si se trata de una instalación fija o móvil, el EMP es del 5%. En cambio, cuando el cinemómetro está en funcionamiento móvil, el EMP aumenta al 7%. La aceptación de una desviación de hasta ±7% en la medición de velocidad puede generar preocupación, ya que esta amplia horquilla de velocidad podría percibirse como inexacta e inconsistente, lo que podría socavar la confianza en la fiabilidad de la prueba.

Errores máximos permitidos		
Según tipo de instalación	**Para ensayos en laboratorio (por simulación de señales)**	**Para ensayos en carretera (tráfico real)**
Cinemómetro en instalación fija o estática	± 2 km/h, para *v* ≤ 200 km/h ± 3 km/h, para *v* > 200 km/h	± 5 km/h, para *v* ≤ 100 km/h ± 5 %, para *v* > 100 km/h
Cinemómetro en instalación móvil sobre vehículo		± 7 km/h, para *v* ≤ 100 km/h ± 7 %, para *v* > 100 km/h
Tiempo intervehicular (para distancia entre vehículos)	± 0,2 s	± 0,8 s

Orden ICT/155/2020, de 7 de febrero. Anexo XII. Apéndice I. Tabla 2. Errores máximos permitidos en la verificación periódica

A pesar de esto, hay autores como MUÑOZ TABERNERO que opinan que la medición que hace el cinemómetro ubicado en instalación móvil cuando se encuentra en modo estático afecta a la orientación "en relación a la oblicuidad de las ondas electromagnéticas en relación con la trayectoria del vehículo"[506]. En otras palabras, el autor defiende que un cinemómetro montado sobre un vehículo, como puede ser un Multanova o Multaradar, mientras se encuentra operando en modo "móvil", es decir, circulando, se encuentra en las condiciones adecuadas de medición, ya que sus parámetros

---

[506] MUÑOZ TABERNERO, Ó. A. (2016). Análisis jurídico penal y reflexión sobre la validez de la prueba preconstituida del cinemómetro en los delitos de exceso de velocidad. *Tráfico y Seguridad Vial*(208), Págs. 10 y ss.

de medición permanecen prácticamente inalterados, como la altura, el ángulo de inclinación, etc., sin embargo, cuando ese mismo vehículo se para y opera en modo "estático" cambian esas condiciones de medición, afectando a la misma, pues hay circunstancias que afectan a la precisión como "la verificación del trípode, resistencia a vibraciones y otras, la falta de validez del ensayo en carretera por cuanto las mediciones se realizan en diferentes puntos, carreteras, desniveles, etc.", y, en consecuencia, habría que aplicar el EMP determinado a las instalaciones móviles, es decir, el 7% y no el 5%.

Como hemos mencionado anteriormente, el TS se ha pronunciado sobre esta cuestión. No obstante, no debe pasarse por alto lo dispuesto en la Orden ICT/155/2020, que regula el control metrológico en relación con la orientación del cinemómetro. En este sentido, el Apéndice IV, "Procedimiento técnico de ensayos para la verificación periódica de cinemómetros", establece que, en el caso de cinemómetros fijos o estáticos, "se revisarán las cabinas que los alojan, utilizando métodos de medida distintos a los utilizados hasta entonces, a no ser que se detecten golpes o cambios en su orientación por causas accidentales o rotura de precintos, que exigiría una nueva verificación".

También habla más adelante sobre garantizar la orientación de las cámaras y, en el Apéndice I "Requisitos esenciales específicos para cinemómetros. 1.16 Requisitos para las cabinas que influyan en las características metrológicas del cinemómetro", haciendo referencia varias veces a la importancia de la "orientación", dispone expresamente en uno de sus párrafos que "Una cabina que disponga de los necesarios anclajes, conexiones de datos y de alimentación normalizados puede acoger diferentes cinemómetros del mismo modelo o incluso de diferentes modelos o marcas, siempre que se garantice la orientación correcta de los sensores de captación o antenas del cinemómetro".

Este aspecto subraya la importancia fundamental de la orientación para garantizar la precisión de las mediciones cuando el dispositivo opera en modo "estático o fijo". En este sentido, la postura de MUÑOZ TABERNERO parece sustentarse en argumentos sólidos y no puede considerarse meramente especulativa. La realidad es que, cuando un vehículo equipado con un cinemómetro permanece estacionado y efectúa mediciones en los márgenes de una carretera con pendiente, en una cuneta o en un terreno desnivelado, dichas condiciones influyen directamente en la orientación del dispositivo y, en consecuencia, en la exactitud de las mediciones.

Además, el autor hace referencia a un informe emitido por un ingeniero de caminos, canales y puertos, quien anteriormente había ocupado el cargo de jefe de área de Conservación de Carreteras. Este informe profundiza en la importancia de la orientación adecuada para lograr una medición precisa, argumentando que las diferentes posiciones del vehículo mientras opera no garantizan automáticamente una orientación correcta[507]. Esta postura también ha sido respaldada judicialmente en la SJCA Núm. 1 28/2019 Pontevedra, de 29 de enero, una sentencia detallada y crítica con el criterio previamente adoptado por el Juzgado Núm. 1 de Pontevedra hasta esa fecha[508], así como por la Audiencia Provincial de Zamora SAP de Zamora 46/2010, de 30 de diciembre[509], y por parte de la administración.

---

507 MUÑOZ TABERNERO, Ó. A. (2016). Análisis jurídico penal y reflexión sobre la validez de la prueba preconstituida del cinemómetro en los delitos de exceso de velocidad. *Tráfico y Seguridad Vial*(208), Págs. 17 y 18.

508 SJCA Núm.1 28/2019 Pontevedra, de 29 de enero: "No se va a realizar expresa imposición de costas, considerándose los precedentes contradictorios de este mismo Juzgado, anteriores a la referida sentencia matriz de 22 de enero de 2019"

509 La SAP de Zamora 46/2010, de 30 de diciembre (ROJ: 397/2010), estima el recurso de apelación de un conductor porque no consta

Dado que este aspecto se ha identificado como una cuestión controvertida que podría afectar la validez de la prueba, debido a las discrepancias entre la doctrina, el TS y los Juzgados de lo Contencioso-Administrativo, entre otros, se consideró oportuno recabar información directamente de las partes involucradas. Para ello, se estableció contacto con el CEM y con SAIMA, empresa fabricante de los cinemómetros Autovelox

Por el CEM, el entrevistado era Dr. SALUSTIANO RUIZ GONZÁLEZ, jefe de servicio de Magnitudes Dinámicas y de Conteo[510], el cual, ante la pregunta de cómo influye en la medición de la velocidad el grado de inclinación que tenga la antena del cinemómetro, respondió que "en los cinemómetros tipo Doppler, en los que la medida de la velocidad es inversamente proporcional al coseno del ángulo. Para una velocidad de 120 km/h una variación de ± 5 º produciría un cambio en velocidad en torno a 4 km/h. Para garantizar que esto no ocurre los soportes de las cabinas van precintados…".

Por lo que respecta a la empresa SAIMA[511], ante la pregunta sobre en qué manera puede influir en la medición de la velocidad el grado de inclinación que tenga el cinemómetro, su respuesta fue remitirse a lo dispuesto en el Capítulo VII del manual Veloláser, el cual dice "Al existir un ángulo entre el equipo de medición y el vehículo a medir, la velocidad medida difiere de la real, ya que el vehículo sigue una trayectoria dife-

---

"si se habían verificado las instalaciones de soporte o sobre la fecha de su primera instalación para poder conocer si deberían haber pasado alguna verificación, además, tampoco consta si el cinemómetro estaba instalado en alguno de los soportes o bastidores homologados que figuran en el certificado de verificación periódica".

510 RUIZ GONZÁLEZ, S. (marzo de 2022). Certificación y funcionamiento de cinemómetros. (E. J. Suárez Cobos, Entrevistador)

511 SAIMA. (marzo de 2022). Funcionamiento de los cinemómetros. (E. J. Suárez Cobos, Entrevistador)

rente con respecto al equipo de medición. Este fenómeno se conoce como efecto coseno ya que la velocidad se ve afectada por el coseno del ángulo. El Velolaser corrige el efecto coseno para un ángulo de 15° o lo que es lo mismo aplica un factor de corrección de cos 15°". Asimismo, se planteó la cuestión sobre la posible alteración o manipulación intencionada de la velocidad medida por el cinemómetro. Al respecto, se afirmó que "Por ley, el software de los cinemómetros debe cumplir la guía Welmec 7.2[512], por tanto, no se puede alterar o manipular, ya sea de forma intencionada o accidental, las medidas".

En conclusión, es posible que la orientación de los cinemómetros en modo estático influya en la precisión de las mediciones de velocidad, especialmente cuando se utilizan en terrenos con desniveles o inclinaciones no controladas. Los expertos señalan que factores como el efecto coseno y las variaciones en el ángulo de la antena pueden alterar los resultados; sin embargo, también indican que los sistemas actuales incorporan medidas para minimizar estas desviaciones. Esto podría reflejar la importancia de considerar dichas condiciones para asegurar la fiabilidad de las mediciones dentro de los límites del contexto de uso.

No obstante, más allá de los aspectos técnicos y metrológicos, en determinadas situaciones el valor probatorio del cinemómetro también plantea cuestiones relevantes desde el punto de vista procesal, especialmente en lo que respecta a la identificación del conductor. En los casos en los que el vehículo es captado a velocidad delictiva mediante un cinemómetro operado por agentes de la autoridad, si transcurre un lapso de

---

512 Es una guía orientada a los fabricantes y organismos responsables del control de la conformidad de los instrumentos de medida, relativa al software, recomendada para la creación, examen y validación del software de los instrumentos de medida sometidos a control metrológico.

tiempo entre la captación y la detención del vehículo, la atribución de la condición de conductor puede verse comprometida si se pierde el contacto visual razonable con el mismo. En tales supuestos, la declaración exculpatoria del investigado —alegando que otra persona conducía— no debería descartarse sin una mínima actividad probatoria que la contradiga. Sin embargo, si no se aporta ni un solo dato razonable y creíble que permita comprobar la existencia de ese supuesto conductor alternativo, su alegación puede ser valorada como una estrategia procesal orientada a eludir la responsabilidad penal.

En estos casos, corresponde valorar la verosimilitud de las versiones enfrentadas y determinar, a partir de los elementos probatorios disponibles, si puede concluirse con credibilidad que el acusado era efectivamente el conductor del vehículo. Como ha señalado el TS, "el hecho de que la Sala de instancia dé valor preferente a aquellas pruebas incriminatorias frente a la versión que pretende sostener el recurrente, no implica, en modo alguno, vulneración del derecho a la presunción de inocencia" (STS 366/2020, de 2 de julio).

El TS ha subrayado que la presunción de inocencia "abarca la demostración de la autoría del hecho delictivo y de la realidad material del acto que ha sido enjuiciado", y que "no cabe condenar a una persona sin que tanto el elemento objetivo como el elemento subjetivo del delito cuya comisión se le atribuye hayan quedado suficientemente probados". Asimismo, ha afirmado que "en ningún caso el derecho a la presunción de inocencia tolera que alguno de los elementos constitutivos del delito se presuma en contra del acusado, sea con una presunción *iuris tantum* o con una presunción *iuris et de iure*" (STS 366/2020, de 2 de julio)[513].

---

513 Este criterio se refleja también en la SAP Castellón, Sección 1.ª 93/2020, de 6 de marzo, que recuerda que las eximentes deben estar "tan acreditadas como el hecho delictivo ..., para las cuales no

Esta problemática se acentúa cuando se utilizan cinemómetros operando en modo estático o dinámico sin parada posterior del vehículo, siendo la imagen de la matrícula la única prueba disponible. En tales casos, la titularidad del vehículo no basta para fundamentar una imputación penal si no se acredita fehacientemente quién lo conducía. Así lo expresó el TC en la STC 219/1988, de 22 de noviembre, al afirmar que "la Jefatura de Tráfico impuso la sanción al titular como si del infractor fuera, sin tener otra prueba de ello que —se supone— la presunción de que un coche es ordinariamente conducido por su propietario. Esta presunción (...) no puede en ningún caso servir de apoyo a una resolución sancionatoria", añadiendo que "no puede inferirse que la titularidad del vehículo legitime para imponer directamente la sanción pecuniaria, sin proseguir las diligencias de prueba para conseguir la identificación del conductor"[514]. Esta exigencia, planteada en el ámbito administrativo, resulta aún

---

rige ni la presunción de inocencia ni el principio *in dubio pro reo*, de modo que la deficiencia de datos ... no debe resolverse en favor del reo, sino en favor de la plena responsabilidad penal".

Por su parte, la SAP Alicante, Sección 1.ª, núm. 21/2022, de 21 de enero, concluye que "la sentencia absuelve al acusado no por un defecto formal en la calificación, sino por falta suficiente de prueba de contenido incriminatorio que avale las hipótesis acusatorias formalizada en el Plenario".

514 En la STC 29/2014, el TC aclaró que cuando la persona identificada como conductora niega haber cometido la infracción, "no supone la automática declaración de responsabilidad del propietario por el incumplimiento de la identificación veraz del conductor", ya que solo tras "la tramitación del correspondiente procedimiento" y "a la vista, en cada caso, de las alegaciones realizadas y las pruebas en él practicadas", puede valorarse si realmente se ha incumplido el deber exigido. La Administración, por tanto, debe analizar individualmente cada caso, considerando si la identificación fue "veraz o verosímil", y evitar aplicar de forma automática una sanción sin esas garantías mínimas.

más necesaria en el penal, donde la presunción de inocencia exige una acreditación más rigurosa de la autoría.

En definitiva, el cinemómetro, como principal fuente de prueba en la determinación de delitos relacionados con la velocidad, debe cumplir rigurosamente con los requisitos técnicos y jurídicos establecidos por la normativa y la jurisprudencia. La orientación del dispositivo, especialmente en modo estático, es un factor determinante en la precisión de la medición, lo que ha generado debate tanto en el ámbito técnico como en el jurídico. Así, mientras las certificaciones metrológicas y los sistemas de corrección buscan minimizar desviaciones técnicas, también deben atenderse las exigencias del proceso penal, evitando que la eficacia técnica desplace el principio de culpabilidad.

A esta complejidad se suma otra cuestión clave: la fidedigna identificación del conductor, especialmente en aquellos casos en que no se produce una detención temporalmente inmediata o próxima. En tales supuestos, cuando la única prueba es la imagen de la matrícula, resulta imprescindible extremar las garantías para no trasladar al titular del vehículo una responsabilidad penal sin prueba suficiente sobre su autoría. Por ello, la controversia en torno al cinemómetro no puede abordarse solo desde una perspectiva técnica: exige un análisis integral que tenga en cuenta tanto la fiabilidad del dispositivo como su compatibilidad con los principios procesales y las garantías fundamentales de los afectados.

4.4. Situaciones de aplicación de la prueba indiciaria cuando no se dispone de cinemómetro

En la mayoría de los casos contemplados en el art. 379.1 del CP, el cinemómetro constituye la prueba determinante para acreditar el exceso de velocidad. No obstante, cuando su uso no es posible, pueden emplearse otros elementos indiciarios para evaluar la posible comisión del delito. A continuación, se analizarán de manera sucinta algunos de estos indicios, con el fin de determinar si, en ausencia de mediciones directas de velocidad, pueden alcanzar el umbral probatorio necesario para sustentar una condena.

El primer aspecto a considerar es la posibilidad de inferir el exceso de velocidad penalmente punible a partir de la lectura del velocímetro del vehículo implicado. Esta lectura no se limita únicamente al vehículo supuestamente conducido por el presunto infractor, sino que también puede extenderse a otros vehículos, como el de una patrulla policial en persecución. Un ejemplo de esta situación se presenta cuando el propio conductor registra en vídeo su velocidad mediante el velocímetro del vehículo, ya sea analógico o digital, y posteriormente difunde las imágenes en redes sociales.

En este sentido, es importante tener en cuenta que diversas publicaciones especializadas en el ámbito del motor han señalado que estos dispositivos están frecuentemente ajustados por los fabricantes para mostrar registros de velocidad superiores a los reales[515]. En Europa, la normativa de aplicación que se encarga de recoger esta problemática es la UN ECE/324 Regulation Nº 39, que en el Anexo III “Test of speedometer accuracy for conformity of production”[516], dice que la relación entre

---

515 YEBRA ROVIRA, D. (2022). Medios de investigación alternativos al cinemómetro en el delito de velocidad 379.1 CP (prueba indiciaria). (E. J. Suárez Cobos, Entrevistador)

516 Concerning the Adoption of Harmonized Technical United Nations Regulations for Wheeled Vehicles, Equipment and Parts which can be Fitted and/or be Used on Wheeled Vehicles and the Conditions for Reciprocal Recognition of Approvals Granted on the Basis of these United Nations Regulations (WP.29). Se puede ver que no es una norma propia de la Unión Europea, sino que es de Naciones Unidas, la cual está vinculada a ECE/TRANS/WP.29/2011/39 y ECE/TRANS/WP.29/2015/83 (Foro mundial

la velocidad indicada en la pantalla del velocímetro (V1) y la velocidad real (V2) es la siguiente:

En caso de vehículos de las categorías M y N: $0 \leq (V1 - V2) \leq 0.1\ V2 + 6$ km/h; en caso de vehículos de las categorías L3, L4 y L5: $0 \leq (V1 - V2) \leq 0.1\ V2 + 8$ km/h; y en caso de vehículos de las categorías L1 y L2: $0 \leq (V1 - V2) \leq 0.1\ V2 + 4$ km/h. A modo de ejemplo, en caso de un vehículo de la categoría M ("M1: vehículos de motor concebidos y fabricados principalmente para el transporte de personas y de sus equipajes, con un máximo de ocho plazas, excluida la del conductor"), la diferencia permitida entre la velocidad marcada y la real debe ser como máximo igual a la velocidad real multiplicada por 0'1 más 6 km/h. Así, si el límite de la vía es de 120 km/h y el vehículo circula exactamente a esa velocidad, el velocímetro podría marcar hasta 138 km/h (12 km/h adicionales más los 6 km/h permitidos).

En Japón y Estados Unidos, algunos fabricantes de vehículos aplican la norma SAE J1226, de agosto de 2011 (Electric Speedometer Specification–On Road) [517], la cual establece un

---

para la armonización de la reglamentación sobre vehículos). Este Reglamento se aplica a la homologación de vehículos de las categorías L, M y N.1 en Europa.

517 Sin embargo, en países como Estados Unidos, el procedimiento para garantizar el cumplimiento de los estándares de seguridad y emisiones, según lo establecido por la WP.29, se lleva a cabo a través de la Dirección Nacional de Seguridad del Tráfico Viario (*National Highway Traffic Safety Administration*, NHTSA). A diferencia de los organismos que supervisan el cumplimiento normativo mediante un sistema de homologación, la NHTSA no certifica vehículos ni componentes, ni concede aprobaciones a fabricantes o comercializadores.

En su lugar, la legislación exige que los propios fabricantes autocertifiquen que sus productos cumplen los estándares de seguridad establecidos por la NHTSA antes de ser comercializados. En este

margen de desviación máxima del 4% y es más estricta en comparación con otras regulaciones internacionales. Cabe señalar que esta variación en la velocidad indicada por el velocímetro no afecta al cuentakilómetros (odómetro) ni al cuentarrevoluciones (tacómetro), ya que estos dispositivos, en la mayoría de los casos, no están sujetos a dicho margen de error[518].

Por lo tanto, al elaborar el atestado correspondiente, sería recomendable incluir un análisis detallado que contenga fotogramas extraídos del vídeo, donde se pueda observar claramente la velocidad indicada en el velocímetro del vehículo. Además, es importante no pasar por alto las posibles limitaciones o restricciones, tanto de la vía como del conductor y del vehículo, y documentarlas adecuadamente en el atestado (SJP Núm. 1 Don Benito 209/2020, de 27 de noviembre) [519].

Como hemos dicho anteriormente, también se puede averiguar mediante la velocidad indicada en el velocímetro del vehículo policial que está siguiendo al vehículo que conduce el presunto delincuente. Esta tesis es la sostenida en la SAP de Burgos 15/2011, de 17 de enero, que condena al conductor de un vehículo seguido por un vehículo de policía, en el que constan varias limitaciones de velocidad, el vehículo policial tuvo que ponerse a la velocidad de 170 km/h, cuando estaba limitada a 90 km/h, sin poder darle alcance y, además, condu-

---

proceso, interviene la Sociedad de Ingenieros del Automóvil (*Society of Automotive Engineers*, SAE), que proporciona las directrices técnicas para la certificación.

518 YEBRA ROVIRA, D. (2022). Medios de investigación alternativos al cinemómetro en el delito de velocidad 379.1 CP (prueba indiciaria). (E. J. Suárez Cobos, Entrevistador)

519 En esta sentencia se condena por art. 379.1 al conductor que "en fecha no determinada, pero en los primeros meses de 2018" circulaba por una carretera de carácter autonómico durante 4 kilómetros, limitada a una velocidad de 90 km/h advertida con la señalización correspondiente, a una velocidad entre 235 y 240 kms/h.

cir durante un tramo de 2'2 kilómetros por vía urbana a 130 km/h, superando con creces la velocidad delictiva. A ello se une la mayor credibilidad e imparcialidad que le otorga el tribunal a la manifestación del agente de policía que la que ofrecen los amigos del conductor que estaban en el vehículo y, por tanto, eran testigos directos. Es por ello, por lo que el juzgador considera que no se enerva la presunción de inocencia "siendo bastantes las pruebas practicadas, y correctamente valoradas" por el tribunal *a quo*.

Como dice la FGE en la Circular 10/2011, de 17 de noviembre, "el tipo penal solo exige el exceso de velocidad, sin indicar el modo de constatación", aunque también es cierto que, en casi todos los procedimientos incoados, los cinemómetros son la fuente de prueba utilizada.

El análisis de las huellas dejadas por un vehículo en un accidente de tráfico es un método empleado para determinar la velocidad a la que circulaba en el momento del siniestro[520]. Esta evaluación requiere conocimientos especializados para realizar los cálculos necesarios con precisión. Existen diversas metodologías para este cálculo, entre ellas el método analítico y el uso del módulo de cálculo EDCRASH de HVE.

---

520 En CASTELO CORDERO, E. (2024). Programas informáticos de apoyo a la investigación y reconstrucción de siniestros viales. *Quorum*(31), Págs. 23-27. El autor cita los principales programas de apoyo utilizados tanto por las fuerzas de investigación de siniestros en España como por la NHTSA (National Highway Traffic Safety Administration) en Estados Unidos, entre ellos: los primeros, PC-Crash, V-SIM, HVE, Virtual Crash, EDSMAC4, ARAS 360; y los segundos, CIREN (Crash Injury Research and Engineering Network), NASS (National Automotive Sampling System), CRSS (Crash Report Sampling System), SCI (Special Crash Investigations), FARS (Fatality Analysis Reporting System).

A modo de ejemplo, consideremos el siguiente caso: un vehículo sufre un siniestro y, a una distancia de 185'5 metros desde el primer punto de impacto contra un muro, se identifican huellas de fricción lateral marcadas por los neumáticos[521]. Además, estos presentan indicios compatibles con dicho tipo de fricción, tales como laceraciones transversales en la banda de rodadura y los flancos, lo que indica un desplazamiento lateral del vehículo. En el neumático delantero derecho, se observan zonas oscurecidas en la banda de rodadura, un signo característico de exposición a altas temperaturas derivadas del rozamiento con el asfalto.

Uno de los factores clave en el cálculo de la velocidad a partir de huellas en la calzada es el coeficiente de rozamiento, el cual varía en función del tipo de superficie (seca, mojada, asfalto, hormigón, etc.). Para ello, se emplean coeficientes de fricción establecidos por instituciones como la Universidad Northwestern de Illinois u otras instituciones o universidades, ampliamente aceptados en reconstrucción de accidentes y que, en muchos casos, son inferiores a los obtenidos en ensayos empíricos[522].

Otros parámetros a considerar incluyen el tiempo de reacción del conductor, el tiempo de respuesta del sistema de frenado y la energía de deformación del vehículo. El tiempo de reacción, definido como el tiempo que una persona consume

---

521 Huellas de fricción por derrape son ocasionadas por los neumáticos cuando el vehículo sufre un movimiento combinado al estar sometido a un esfuerzo lateral (circulación en curva) y un esfuerzo longitudinal (circulación recta).

522 CAMPÓN DOMÍNGUEZ, J. A., SAN ROMÁN GARCÍA, J. L., RODRÍGUEZ LUQUE, P. A., DÍAZ LÓPEZ, V., COCAÑA ROSCO, J. F., GARCÍA-POZUELO RAMOS, D., . . . VIDAL BARRIENTOS, J. L. (2020). *Manual de reconstrucción de siniestros viales.* Centro Universitario Guardia Civil. Instituto de Seguridad de los Vehículos Automóviles. Págs. 66 y 67.

en reaccionar después de percibir una situación de riesgo o un peligro, oscila entre 0'4 y 2 segundos, dependiendo de factores como la edad, la fatiga o la influencia de sustancias como el alcohol. El tiempo de respuesta del sistema de frenado, es decir, el intervalo desde que el conductor acciona el pedal hasta que se activa el sistema de frenos, se sitúa entre 0'2 y 0'4 segundos. Asimismo, la energía de deformación permite estimar los ángulos de impacto y sirve de base para diversos métodos de cálculo que determinan la velocidad previa a la colisión.

Con estos elementos, es posible reconstruir la fase de preimpacto y determinar la velocidad del vehículo en el momento en que comenzaron las huellas de fricción lateral. Aplicando el método analítico y el Principio de Conservación de la Energía, se puede calcular la energía disipada desde el inicio de las huellas de derrape hasta el punto de impacto que concretamente fue de 185'5 metros. En este caso, el cálculo revela que, al inicio de las huellas de fricción lateral, el vehículo circulaba a una velocidad mínima de 199 km/h.

Otra forma de calcular la velocidad es mediante el módulo EDCRASH de la aplicación informática HVE que utiliza el método de McHenry para obtener la energía de deformación[523]. En el estudio informático se utiliza HVE, entorno que permite el estudio de las interacciones entre personas y vehículos, permitiendo efectuar la reconstrucción y simulación de accidentes de tráfico, basado en el intercambio instantáneo de acciones sucesivas, aplicándose para realizar simulaciones hacia atrás y hacia delante del movimiento del vehículo, así como

---

523 CAMPÓN DOMÍNGUEZ, J. A., SAN ROMÁN GARCÍA, J. L., RODRÍGUEZ LUQUE, P. A., DÍAZ LÓPEZ, V., COCAÑA ROSCO, J. F., GARCÍA-POZUELO RAMOS, D., . . . VIDAL BARRIENTOS, J. L. (2020). *Manual de reconstrucción de siniestros viales.* Centro Universitario Guardia Civil. Instituto de Seguridad de los Vehículos Automóviles. Págs. 149-152.

para el cálculo de ciertos parámetros; además permite la simulación del desarrollo del accidente a partir del momento crítico, comprendiendo las situaciones anterior y posterior al punto crítico, y la posición final del vehículo,

Según el módulo de cálculo EDCRASH de HVE, la velocidad inicial del vehículo en cuestión se estima en 199 km/h. El estudio de velocidad incluido en el atestado policial ha sido considerado como prueba válida y concluyente en numerosas resoluciones judiciales para determinar el exceso de velocidad o la velocidad inadecuada de un vehículo implicado en un siniestro vial (SAP Islas Baleares 142/2017, de 8 de mayo; SAP Murcia 225/2019, de 25 de junio; SAP Bilbao 90231/2017, de 22 de junio; STSJ Cataluña 398/2018, de 15 de junio).

Además del análisis de huellas y deformaciones, otro método indiciario empleado en la determinación de velocidad es el análisis de vídeos capturados por cámaras de seguridad, en los que se identifica el vehículo en cuestión.

El vídeo tiene una duración específica y está compuesto por 25 fotogramas por segundo, con un total de "X" frames. Para calcular la velocidad de circulación del vehículo, se emplea la formulación básica de la física que relaciona las variables espacio y tiempo. Para determinar la variable espacio, se establecen dos referencias visuales claras y objetivas por las que pasa el vehículo. Desde estos puntos, se trazan líneas imaginarias hasta la ubicación de la cámara de grabación, formando un triángulo cuyas dimensiones pueden medirse sobre el terreno. Conocida la distancia recorrida entre las referencias, se determina el tiempo invertido en el desplazamiento contabilizando el número de "frames" transcurridos en la grabación. Es fundamental que el número de fotogramas por segundo (FPS) se mantenga constante a lo largo del video, ya que cualquier variación afectaría la precisión del cálculo de la velocidad.

Finalmente, con los valores de espacio y tiempo, se aplica la ecuación $v = e / t$ para obtener la velocidad media del vehículo. Este método, basado en el análisis de grabaciones de vídeo, constituye una técnica indiciaria innovadora y de creciente aplicación en la pericia forense y la reconstrucción de accidentes.

En definitiva, en ausencia de cinemómetros, las pruebas indiciarias pueden constituir un medio válido para determinar la velocidad de un vehículo en el ámbito judicial. No obstante, su eficacia dependerá de la rigurosidad técnica con la que se apliquen y de su fundamentación en el proceso, garantizando que su fiabilidad sea suficiente para sostener una resolución judicial.

5. EL ETILÓMETRO Y TEST DE DROGAS

5.1. Introducción

Aunque pueda parecer que la averiguación del nivel de alcohol en el organismo es un avance de la técnica y del discurrir humano reciente, lo cierto es que ese descubrimiento tiene su origen a primeros del siglo XIX cuando en 1803 William Henry enunció que "a una temperatura constante, la cantidad de gas disuelta en un líquido es directamente proporcional a la presión parcial que ejerce ese gas sobre el líquido". Teniendo la siguiente formulación matemática $c=k \cdot p$ donde c es la concentración del gas; k es la constante de Henry, que depende de la naturaleza del gas, la temperatura y el líquido; y p es la presión parcial del gas.

Teniendo como basamento la citada Ley de Henry, en 1930 el equipo del farmacólogo Goran Liljestrand, concluyó que la cantidad de alcohol que se expelía por el aliento tenía una proporción de 2000:1 con el alcohol que contenía la sangre, siendo años más tarde precisada esa proporción por Harger,

Forney y Barnes en 2100:1[524]. A partir de la Ley de Henry, DUBOUWSKY[525] formuló la siguiente ecuación semiempírica[526]: C aire=C agua x 0'04145 x *e* 0'06538*t, donde C aire se expresa en mg/l, C agua se expresa en g/l, y t en Cº. En España se utiliza la proporción 2000:1, es decir, un poco más beneficiosa para la persona que realiza la prueba, sin embargo otros países han optado por correlaciones más perjudiciales para el conductor que realiza la prueba en aire espirado, yendo desde 2100:1 hasta 2300:1[527], con lo que al conductor que se le aplique la proporción 2300:1 tendrá un resultado en sangre más alto que si se le aplicara la proporción 2000:1.

---

524 LONDOÑO MUÑOZ, C., MONTOYA ARAMBURO, E., OCHOA BETANCUR, N., & SERNA ARBOLEDA, L. (2006). Generación de un proyecto empresarial a partir del desarrollo de un alcoholímetro para las campañas de consumo de alcohol. Pág. 120; Observatorio Vial Latinoamericano (OVILAM). (2014) ¿Cómo funcionan los controles de alcoholemia?

525 DOBOWSKI, K. (1963). Alcohol Determination Some Physiological and Metabolic Considerations. *Alcohol and Trafic Safety.*

526 DE PRADA PÉREZ DE AZPEITIA, F. I., & MARTÍNEZ PONS, J. A. (2003). Alcohol y etilómetros. Historia, fundamentos científicos y aplicación didáctica. *Anales de la Real Sociedad Española de Química. Segunda Época.* Pág.56: "Como muchas de estas correlaciones, no es dimensionalmente homogénea, sino que viene expresada, con la introducción de constantes dimensionales y no universales, para ser utilizada con las unidades en que habitualmente se mide y que en este caso no son coherentes dimensionalmente".

527 JONES, A. W. (2008). Biochemical and Physiological Research on the Disposition and Fate of Ethanol in the Body. En *Garriott's Medicolegal Aspects of Alcohol.* James Garriott PhD Lawyers & Judges Publishing Co. Pág. 117: Gran Bretaña y Holanda optaron por 2300:1, EE.UU. y Canadá respaldan una proporción de 2100:1, mientras que la mayoría de los demás países europeos aceptaron 2000:1. Ejemplo de proporción sobre una tasa de 0,5 mg/L en aire espirado: 2000:1 supone 1,0 g/L en sangre; 2300:1 supone 1,15 g/L en sangre.

El consumo de alcohol y drogas en la conducción supone un riesgo para la seguridad vial, por lo que se han desarrollado tecnologías de detección rápida y precisa. En los siguientes apartados, se analizarán los etilómetros y analizadores de drogas utilizados para identificar sustancias psicoactivas en conductores, abordando sus distintos tipos, funcionamiento, características técnicas y la normativa que regula su uso. Además, se explorará la evolución histórica de la legislación sobre estos dispositivos, destacando cómo han avanzado para adaptarse a los progresos científicos y a las necesidades operativas de las fuerzas de seguridad.

Además, se discutirá la importancia de estos dispositivos desde una perspectiva legal, considerando los derechos constitucionales de los individuos y las implicaciones de los resultados de estas pruebas en el ámbito administrativo y penal. Se analizarán también los desafíos y críticas que enfrentan estos métodos de detección, así como las mejoras y adaptaciones necesarias para garantizar su efectividad y precisión en el futuro.

La realización de la prueba de detección de drogas en el ámbito legal español comparte ciertas similitudes con la prueba de alcoholemia, pero también presenta diferencias significativas en su regulación, ejecución y tratamiento legal. Aunque la LECrim establece directrices generales para ambas, la prueba de drogas requiere un enfoque específico debido a su mayor complejidad técnica y a los requisitos adicionales que conlleva.

El art. 796.1. 7ª de la LECrim regula la realización de la prueba de drogas, estableciendo que debe ser practicada por agentes de la policía judicial de tráfico con formación específica. Esta designación, introducida por una modificación legislativa, engloba a distintas fuerzas del orden como la ATGC, Policías Autonómicas y Locales, quienes deben cumplir con requisitos formativos específicos para llevar a cabo esta tarea. A diferencia de la prueba de alcoholemia, cuya normativa se remite directamente a la LSV, la prueba de drogas no solo requiere la obtención de una muestra salival en dispositivos autorizados, sino también un análisis posterior en laboratorios homologados. Este análisis busca detectar la presencia de sustancias psicoactivas en el organismo del conductor, estableciendo un punto de corte específico para determinar un resultado positivo.

Además, la garantía de la cadena de custodia se erige como un aspecto fundamental durante todo el proceso. Desde la recogida inicial de la muestra hasta su análisis en laboratorio, se deben seguir protocolos estrictos para asegurar la autenticidad e integridad de la prueba, conforme a los estándares establecidos por la normativa vigente y las directrices jurisprudenciales.

También se tratará el asunto de la prueba indiciaria relativa a la influencia del alcohol o drogas en la conducción, abordando tanto la sintomatología o signos externos como otros supuestos relevantes en el ámbito jurídico. La configuración del delito de conducción bajo la influencia de bebidas alcohólicas puede basarse en la superación de la tasa legalmente establecida o en la presunción de influencia del alcohol en la conducción. Esta última presunción se fundamenta en una serie de indicios, parámetros o signos observables que denotan la merma de las condiciones y habilidades del conductor para conducir un vehículo de manera segura.

La doctrina y la jurisprudencia han establecido que los signos externos percibidos por los agentes de la autoridad desempeñan un papel crucial en la determinación de la influencia del alcohol o drogas en la conducción. Estos signos abarcan aspectos diversos como la actitud y comportamiento del conductor, su aspecto físico, vestimenta, expresión verbal, halitosis alcohólica, coordinación motriz, movimientos oculares, entre otros. La observación de estos signos, acompañada de otras circunstancias como la comisión de infracciones de tráfico o la implicación en siniestros viales, constituye una prueba concatenada suficiente para enervar la presunción de inocencia.

El consumo de drogas puede afectar las capacidades psicofísicas de los conductores y comprometer la seguridad vial. Para determinar su influencia, se emplean actas estandarizadas de signos clínicos, en las que se registran observaciones detalladas sobre el comportamiento, apariencia, coordinación motriz, percepción y otros indicadores relevantes. La valoración indiciaria de estos signos ha sido clave en múltiples resoluciones judiciales, donde se analiza si los indicios observados son suficientes para acreditar la afectación por alcohol o drogas en la conducción.

5.2. Tipos de etilómetros y analizadores de drogas. Funcionamiento general

El funcionamiento de los etilómetros, a grandes rasgos, podemos decir que los dos electrodos de las baterías que se encuentran introducidos en una solución salina, al sumergirse en ella la sustancia que se encuentra en uno de los polos se oxida y pierde electrones que se trasladas hasta el otro polo de la pila produciendo una corriente eléctrica.

Aplicando lo anterior a un alcoholímetro, al "pasarse una muestra de aire por él, el etanol se oxida en el ánodo, transformándose en ácido acético. Los electrones liberados pasan al oxígeno atmosférico, ubicado en el cátodo, generando una corriente eléctrica que será proporcional a la concentración de alcohol"[528].

Entre los diferentes tipos de etilómetros que hay podemos hacer una distinción general entre los de aproximación y evidenciales. Entre ellos hay una gran diferencia ya sea por su

528 MARTÍN, A. (2 de septiembre de 2019). *Hipertextual*. Obtenido de https://hipertextual.com/2019/09/asi-funciona-alcoholimetro. Fecha última consulta: 03 de febrero de 2025.

tamaño o por su nivel de precisión en la medición, pero fundamentalmente se diferencian en la certificación obtenida por el correspondiente control metrológico por parte de un organismo oficial de los etilómetros evidenciales y los que no han sido sometidos a tal control, como es el caso de los de aproximación.

Entre los etilómetros de aproximación nos encontramos con el Dräguer 6810 que posee un "sensor Dräger de 1/4" con una dinámica de gas mejorada realiza mediciones de alcohol de forma específica". Tiene unas dimensiones de 140mm x 70 mm x 30mm y un peso de 195 gramos pilas incluidas[529]. Otro etilómetro de aproximación es el Envitec 6020 Alcoquant, al más pesado que el anterior, 275 gramos de peso, también con un sensor electroquímico y con características similares. Ambos aparatos son utilizados por fuerzas de la ATGC.

Por otro lado, los etilómetros evidenciales están sujetos a controles metrológicos realizados por organismos oficiales, que certifican su correcto funcionamiento y verifican parámetros fundamentales, EMP y el periodo de validez del certificado. Además, deben cumplir con lo establecido en el Anexo XIII de la Orden ICT/155/2020, de 7 de febrero, que regula el control metrológico estatal de determinados instrumentos de medida. En particular, deben ajustarse a los requisitos esenciales comunes del Anexo II del Real Decreto 244/2016, de 3 de junio, así como a los requisitos específicos recogidos en el Apéndice I de dicho Anexo XIII. El resultado obtenido mediante estos dispositivos goza de presunción *iuris tantum*, lo que implica que se presume cierto salvo prueba en contrario[530].

---

529 Dräguer (2022). Obtenido de https://www.draeger.com/es_csa/Products/Alcotest-6810. Fecha última consulta: 03 de febrero de 2025.

530 ATC 193/2004, de 26 de mayo. Igual que ocurre con los cinemómetros el tribunal expresó en su sentencia que "siempre que dichos aparatos hayan sido fabricados y hayan superado los controles establecidos por la normativa técnica vigente en cada momento, y así

Entre estos etilómetro evidenciales tenemos el Alcotest 7110 MK III de la marca Dräguer que tiene integrada una impresora que documenta los valores de medición obtenidos. La forma de medición de este aparato es a través de un sensor de medida ayudado por una absorción de infrarrojos (IR), así "la atenuación de la radiación de infrarrojos por la muestra de aire espirado proporciona una indicación de la cantidad de alcohol contenida en la muestra. Adicionalmente, para detectar la presencia de sustancias de interferencia y para controlar el sistema IR, se integra en el instrumento un segundo sistema analítico (compuesto por un sensor electroquímico)"[531]. La medición debe realizarse en un entorno libre de vapores alcohólicos, aunque el dispositivo es capaz de detectarlos y lo indica en pantalla.

En la práctica, el procedimiento para medir el nivel de alcohol en un conductor sigue estos pasos: primero, el conductor debe soplar de forma continua hasta alcanzar el volumen requerido por el dispositivo. Una vez realizada la primera medición, el etilómetro ejecuta un proceso de autolimpieza antes de permitir un segundo soplido, que debe realizarse en las mismas condiciones. De esta forma, se obtiene el resultado de la primera medición, establecido conforme a la normativa de tráfico. Posteriormente, tras el tiempo legalmente establecido, se repite el procedimiento para obtener la segunda medición exigida.

---

resulte acreditado, además, mediante las correspondientes certificaciones de naturaleza técnica". Continúa diciendo el tribunal, que la citada presunción puede "ser destruida mediante la práctica de las pertinentes pruebas (como puede ser su verificación o control técnico por las entidades que en cada momento tengan encomendado el control metrológico de este tipo de aparatos).

531 Dräguer (Rev. 02). Manual de uso Alcotest 7110 MK III.

Asimismo, el Saf'ir Evolution es otro etilómetro evidencial que, conforme a su manual de instrucciones, para realizar la medición "utiliza tecnología infrarroja para medir la absorción de una luz monocromática por la molécula de etanol. El valor de la absorción es directamente proporcional a la concentración de alcohol, que se usa para calcular la concentración de alcohol en el aliento en la muestra de aliento proporcionada. Un sensor de la presión de flujo controla la presión de aire exhalado, deteniéndose una señal acústica emitida cuando se alcanza el volumen de aliento requerido"[532]. Este dispositivo detecta la presencia de alcohol en la boca de un conductor sometido a la prueba. El procedimiento de medición es el mismo que el del etilómetro anterior.

A diferencia de los etilómetros, los analizadores de drogas no se dividen en dispositivos de aproximación y evidenciales. Todos los analizadores utilizados proporcionan únicamente resultados indiciarios, que deben ser confirmados posteriormente mediante un análisis de la muestra en un laboratorio homologado. Tanto en estos dispositivos como en el análisis de laboratorio, la saliva se emplea como fluido de referencia, ya que este método es menos molesto, menos invasivo y más rápido que el análisis mediante orina o sangre.

Mencionaremos dos analizadores utilizados por los agentes de la ATGC: Dräger DrugTest 5000; y SoToxa Abbott. El primero, conforme al manual del aparato tiene unas dimensiones de 200 mm x 250 mm x 220 mm, un peso de 4.5 kilos incluida la batería y la temperatura de funcionamiento está entre 5 y 40 grados centígrados. Se trata de un analizador compuesto por el analizador en sí y los kits de análisis, detectando "de manera simultánea y cualitativa de sustancias o clases de sustancias en saliva humana para uso forense. Las sustancias detectables se

---

[532] Manual de instrucciones Saf'ir Evolution (2017)

definen mediante el kit de análisis DrugTest 5000 utilizado"[533]. El análisis consiste en detectar las sustancias buscadas o sus metabolitos sobre una concentración de valor límite en la saliva. Las sustancias o clases de sustancias que puede detectar son anfetaminas, benzodiacepinas, delta-9-tetrahidrocannabinol (THC, cannabis), cocaína, metanfetaminas, opiáceos, metadona y ketamina.

El dispositivo SoToxa Abbott, según su manual de usuario, pesa 680 gramos y mide 222 mm de largo por 88 de ancho; la temperatura de funcionamiento para realizar un análisis es de 5 °C a 35 °C. En cuanto a su capacidad de detección, identifica las siguientes sustancias con los siguientes umbrales de detección: anfetaminas (50 ng/ml), benzodiacepinas (20 ng/ml), cocaína (30 ng/ml), metanfetaminas (50 ng/ml), opiáceos (40 ng/ml) y cannabis (THC) (25 ng/ml)[534].

5.3. Amparo legal y requisitos

Como se expuso en la Parte 1, la regulación sobre alcohol y drogas en la conducción comenzó con la Ley sobre Uso y Circulación de Vehículos de Motor de 1950, que sancionaba a quienes condujeran bajo la influencia del alcohol o drogas, colocándose en un estado de incapacidad para realizarlo con seguridad, con pena de arresto mayor o multa. Desde entonces, la normativa ha evolucionado con la tipificación de nuevas conductas delictivas, la regulación de infracciones administrativas, la modificación de los límites de alcoholemia y la incorporación de procedimientos para la detección de alcohol y drogas.

---

533 Manual de instrucciones Dräger DrugTest 5000 (2021). Ed. 4ª.

534 Manual de usuario SoToxa Abbott (2020) Ed. 2ª.

Desde hace décadas, el TC ha abordado cuestiones fundamentales sobre la prueba de alcoholemia, algunas de las cuales se analizarán a continuación. Tras la publicación de la CE en 1978, surgieron numerosos casos que planteaban posibles inconstitucionalidades, entre ellos, varios relacionados con la prueba de alcoholemia. En este contexto, en 1985, el TC, mediante la STC 107/1985, de 7 de octubre, se pronunció sobre si la detención *sui generis* que experimenta un conductor al ser sometido a la prueba de alcoholemia vulneraba los derechos reconocidos en el art. 17.3 de la CE[535].

El TC dijo en su sentencia que los derechos del art. 17.3 CE corresponden al "detenido", entendiendo como tal, "a quien ha sido privado provisionalmente de su libertad por razón de la presunta comisión de un ilícito penal y para su puesta a disposición de la autoridad judicial...", es decir el que se halla privado de su libertad y se "encuentra ante la eventualidad de quedar sometido a un procedimiento penal, procurando así la norma constitucional que aquella situación de sujeción no devenga en ningún caso en productora de la indefensión del afectado", situación que no es comparable con la del conductor requerido para la verificación de una prueba orientativa de alcoholemia, ya que el así requerido no se encuentra detenido en "sentido constitucional", pues no supone para el afectado un sometimiento no ilegítimo, incluso "puede verse obligado sin la previa existencia de indicios de infracción, en el curso de controles preventivos realizados por los encargados de velar por la regularidad y seguridad del tránsito".

535 Art. 17.3 CE. 3: "Toda persona detenida debe ser informada de forma inmediata, y de modo que le sea comprensible, de sus derechos y de las razones de su detención, no pudiendo ser obligada a declarar. Se garantiza la asistencia de abogado al detenido en las diligencias policiales y judiciales, en los términos que la ley establezca".

Asimismo, otro aspecto sobre el que el TC se ha pronunciado es la posible vulneración del derecho de defensa, en particular, el derecho a no declarar contra sí mismo y a no confesarse culpable, reconocido en el art. 24.2 CE[536], así como el derecho a no declarar, previsto en el art. 17.3 CE, en su apartado de "no poder ser obligada a declarar". Se ha argumentado que la obligación de someterse a una prueba de alcoholemia, cuyo resultado podría incriminar al conductor, podría contradecir este principio al suponer una declaración involuntaria.

A este respecto, el TC se pronunció de manera categórica al afirmar que "no se obliga al detectado a emitir una declaración que exteriorice un contenido, admitiendo su culpabilidad, sino a tolerar que se le haga objeto de una especial modalidad de pericia, exigiéndole una colaboración no equiparable a la declaración comprendida en el ámbito de los derechos proclamados en los arts. 17.3 y 24.2 de la Constitución". Como dice CALAZA LÓPEZ, los medios alcoholímetros son neutros y sirven tanto para acreditar la existencia de alcohol como la no ingestión[537].

Por lo que se refiere al carácter de la prueba de alcoholemia, el TC señaló en la STC 100/1985, de 3 de octubre, que el test de alcoholemia no puede equipararse a los atestados y diligencias policiales, en los que se recogen declaraciones de

---

536 Art. 24.2 CE: "Asimismo, todos tienen derecho al Juez ordinario predeterminado por la ley, a la defensa y a la asistencia de letrado, a ser informados de la acusación formulada contra ellos, a un proceso público sin dilaciones indebidas y con todas las garantías, a utilizar los medios de prueba pertinentes para su defensa, a no declarar contra sí mismos, a no confesarse culpables y a la presunción de inocencia".

537 CALAZA LÓPEZ, S. (2021). La prueba anticipada y preconstituida. Los principios inspiradores de la actividad probatoria. En V. GIMENO SENDRA, M. DÍAZ MARTÍNEZ, & S. CALAZA LÓPEZ, *Derecho Procesal Penal* (págs. 327-347). Tirant lo Blach. Pág. 362

los implicados. Tampoco puede considerarse una simple denuncia para la posterior práctica de nuevas pruebas, sino que constituye una prueba preconstituida con carácter pericial, destacando su particularidad esencial: la imposibilidad de su repetición en el juicio[538].

En otro orden de cosas, actualmente, podemos distinguir entre el ámbito administrativo y el penal, aunque se trata de ámbitos jurídicos totalmente distintos se encuentran interconectados, pues la normativa administrativa establece las directrices, forma y procedimiento de realización de las pruebas de alcohol y drogas, fijando también las tasas administrativas y supuestos de obligación al sometimiento de la realización de tales pruebas.

Conforme a lo dispuesto en el RGC sobre las tasas de alcohol permitidas, el art. 20 dispone "No podrán circular por las vías objeto de la legislación sobre tráfico, circulación de vehículos a motor y seguridad vial los conductores de vehículos ni los conductores de bicicletas con una tasa de alcohol en sangre superior a 0,5 gramos por litro, o de alcohol en aire espirado superior a 0,25 miligramos por litro".

Asimismo, también establece una diferenciación de tasa dependiendo de otras consideraciones tales como "vehículos destinados al transporte de mercancías con una masa máxima autorizada superior a 3.500 kilogramos, vehículos destinados

---

538 STC 100/1985, de 3 de octubre: "El test de alcoholemia no puede equipararse a los simples atestados y a las diligencias policiales, en que se producen declaraciones de los inculpados, y que no es posible tampoco configurarlo como una simple denuncia para llevar a cabo después nuevas actividades probatorias, sino que, en las actividades practicadas al realizarlo se lleva a cabo, preconstituyéndola, una prueba, a la que puede asignarse, lato sensu, el carácter de prueba pericial en la que concurre la especial circunstancia de la imposibilidad de su repetición posterior en el juicio".

al transporte de viajeros de más de nueve plazas, o de servicio público, al transporte escolar y de menores, al de mercancías peligrosas o de servicio de urgencia o transportes especiales los conductores", que en este caso marca la tasa máxima de alcohol en sangre en 0,3 gramos por litro, o de alcohol en aire espirado en 0,15 miligramos por litro, al igual que los conductores de cualquier vehículo "durante los dos años siguientes a la obtención del permiso o licencia que les habilita para conducir".

Por otro lado, la LSV de 2015 complementa lo establecido en el RGC respecto a las tasas de alcohol, al prohibir expresamente "conducir con una tasa de alcohol en sangre superior a 0 gramos por litro o de alcohol en aire espirado superior a 0 miligramos por litro" a los conductores menores de edad. Esto implica una política de tolerancia cero para cualquier menor que conduzca, ya sea un vehículo a motor, ciclomotor, bicicleta o vehículo de movilidad personal.

En el ámbito administrativo, también se enfrenta la situación del conductor con presencia de drogas en su organismo, con excepción de aquellas sustancias que sean "bajo prescripción facultativa y con una finalidad terapéutica, siempre que se esté en condiciones de utilizar el vehículo conforme a la obligación de diligencia, precaución y no distracción establecida en el art. 10"[539]. En el ámbito penal, la tipicidad contempla dos supuestos: una tasa objetivada de alcohol en sangre o aire espirado superior a los límites establecidos y la influencia del alcohol o las drogas en la conducción.

---

539 El art. 10 LSV dispone la obligación de los conductores a no causar peligro y a utilizar el vehículo con "diligencia, precaución y atención necesarias para evitar todo daño, propio o ajeno, cuidando de no poner en peligro, tanto a sí mismo como a los demás ocupantes del vehículo y al resto de usuarios de la vía".

Tras este análisis, corresponde determinar quiénes están obligados a someterse a estas pruebas. A este respecto, el art. 21 RGC establece "Todos los conductores de vehículos y de bicicletas quedan obligados a someterse a las pruebas que se establezcan para la detección de las posibles intoxicaciones por alcohol". En caso de que el conductor esté obligado a hacerlo y se niegue a ello podría cometer, según el caso[540], el delito del art. 383 CP o una infracción comprendida en el art. 77 d) de la LSV[541] que además lleva aparejada la pérdida de 6 puntos del permiso de conducir. No obstante, esta sanción solo se aplica a conductores de vehículos a motor o ciclomotores, ya que la negativa de un jinete o un ciclista se consideraría únicamente una infracción administrativa, sin detracción de puntos.

Este apartado, también estaría afectado por la Proposición de Ley sobre la reducción de la tasa máxima de alcohol en la conducción y la prohibición de la difusión de la ubicación de controles en redes sociales, tramitada durante el estudio de esta investigación, de tal forma que se endurecen las sanciones por alcoholemia al imponer automáticamente una multa de 1.000 euros a quienes superen 0,5 mg/l en aire espirado

---

540 Si se trata de la negativa del conductor de un vehículo a motor o ciclomotor encajaría en el tipo delictivo del CP; si se trata, por ejemplo, de un conductor de bicicleta o jinete sería una infracción administrativa.
A este respecto, conviene recordar que ni el conductor de bicicleta ni el jinete ni un peatón implicado en un siniestro vial tienen una tasa asociada a su condición, por lo que resulta paradójico que puedan ser sancionados por negarse a someterse a las pruebas de alcohol o drogas y, sin embargo, no sea infracción penal ni administrativa dar una tasa elevada de alcohol o tener drogas en el organismo.

541 Art. 77. "D) Incumplir la obligación de todos los conductores de vehículos, y de los demás usuarios de la vía cuando se hallen implicados en algún accidente de tráfico o hayan cometido una infracción, de someterse a las pruebas que se establezcan para la detección de alcohol o de la presencia de drogas en el organismo".

o 1 g/l en sangre, eliminando la excepción por reincidencia o tasa elevada, y mantiene la misma sanción para quienes se nieguen a la prueba.

Podemos percatarnos de que en este art. 21 del RGC nada dice sobre la obligación de sometimiento a la prueba de drogas, aunque el art. 27 RGC sí prohíbe conducir con drogas en el organismo, describiéndolo así: "No podrán circular por las vías objeto de la legislación sobre tráfico, circulación de vehículos a motor y seguridad vial los conductores de vehículos o bicicletas que hayan ingerido o incorporado a su organismo psicotrópicos, estimulantes u otras sustancias análogas, entre las que se incluirán, en cualquier caso, los medicamentos u otras sustancias bajo cuyo efecto se altere el estado físico o mental apropiado para circular sin peligro".

Sin embargo, la LSV sí contempla esta otra modalidad en su art. 14.2, al establecer que "el conductor de un vehículo está obligado a someterse a las pruebas para la detección de alcohol o de la presencia de drogas en el organismo, que se practicarán por los agentes de la autoridad encargados de la vigilancia del tráfico en el ejercicio de las funciones que tienen encomendadas".

Lo cierto es que, hasta hace relativamente poco, los agentes de la autoridad carecían de medios adecuados para realizar pruebas de detección de drogas o, en el mejor de los casos, su aplicación era meramente testimonial. Por ello, el RGC no contemplaba la posibilidad de realizar estas pruebas *in situ*, sino que su art. 28 remite a un "reconocimiento médico de la persona obligada y en los análisis clínicos que el médico forense u otro titular experimentado, o personal facultativo del centro sanitario o instituto médico al que sea trasladada aquélla, estimen más adecuados". y que a efectos de contraste se podrán repetir las pruebas mediante "análisis de sangre, orina u otros análogos".

Continúa diciendo el art. 21 RGC que también están obligados "los demás usuarios de la vía cuando se hallen implicados en algún accidente de circulación", al igual que cuando sean requeridos por los agentes de la autoridad encargados de la vigilancia del tráfico: "a) A cualquier usuario de la vía o conductor de vehículo implicado directamente como posible responsable en un accidente de circulación. b) A quienes conduzcan cualquier vehículo con síntomas evidentes, manifestaciones que denoten o hechos que permitan razonablemente presumir que lo hacen bajo la influencia de bebidas alcohólicas. c) A los conductores que sean denunciados por la comisión de alguna de las infracciones a las normas contenidas en este reglamento. d) A los que, con ocasión de conducir un vehículo, sean requeridos al efecto por la autoridad o sus agentes dentro de los programas de controles preventivos de alcoholemia ordenados por dicha autoridad".

Nuevamente, la LSV complementa al RGC incluyendo no solo al conductor "implicado directamente como posible responsable" en un accidente de circulación o cometan una "infracción contenida en el RGC", sino que el art. 14.2 LSV extiende la obligación a "los demás usuarios de la vía cuando se hallen implicados en un accidente de tráfico o hayan cometido una infracción conforme a lo tipificado en esta ley". Entre la extensa casuística que nos podemos encontrar al respecto, normalmente, sale a colación el caso de jinete que circula por una vía objeto de aplicación de la LSV, entonces puede surgir la duda sobre si este "conductor" está obligado a realizar la prueba de alcohol o drogas.

Llegados a este punto hay que hacer una lectura minuciosa de la norma, pues dice el art.14 LSV están obligados a realizar la prueba de alcoholemia los implicados en un accidente de tráfico, por lo que si este jinete está implicado en un accidente sí procede hacerle la prueba de alcohol o drogas; el art. 21 RGC, apartado b), obliga a los que conduzcan cualquier "vehículo" con síntomas evidentes, luego, en este caso no procede hacérsela, ya que un caballo no es un vehículo salvo que se trate de un vehículo de tracción animal, por ejemplo una carroza o coche de caballos; en el mismo caso estaríamos en el apartado d) del RGC cuando vuelve a decir conductor de vehículos que se le requiere para hacer la prueba en un control de alcoholemia; finalmente, en el apartado c) a los denunciados por una infracción al RGC, (recordemos que el art. 14.2 LSV amplía el supuesto no solo a infracciones del RGC, sino también a infracciones de la LSV[542]), sí que procedería hacerle la prueba a aquel jinete en cuestión.

A modo de conclusión, solo está obligado a someterse a la prueba de alcohol o drogas el jinete que se ha visto involucrado en un accidente o que ha cometido una infracción de tráfico, por ejemplo, ir con el caballo de manera zigzagueante por la calzada, pero no procedería hacérsela a un jinete que tiene una gran sintomatología de estar bajo la influencia del alcohol o la drogas sin infringir ninguna norma de tráfico, ni tampoco si los agentes de la autoridad encargados de la vigilancia del tráfico le detienen en un control de alcohol y drogas ordenados por la autoridad.

Actualmente, el vehículo de movilidad personal (VMP) cada día está cobrando más protagonismo en las vías de comunicación, hecho que ha supuesto que se haya tenido que legislar o aclarar conceptos para hacer frente a esta nueva realidad de movilidad. Haciendo un importante ejercicio de síntesis al respecto, partiremos de que la DGT estimó que quien maneja un VMP debe de tener la consideración de conductor a los efectos de la normativa de tráfico y que los VMP deben

542 Sin esta ampliación de supuestos por parte de la LSV se podrían dar caso, por ejemplo, de la imposibilidad legal de realización de la prueba de alcoholemia a un conductor que carece de permiso de conducir, al tratarse de una infracción al RGCond. y no del RGC, eso sí, siempre y cuando no se halle en ningún otro supuesto de obligatoriedad.

tener la consideración de vehículo[543], consideración que posteriormente fue añadida al RGC[544] en las definiciones del Anexo II la de vehículo de movilidad personal, haciéndolo de esta manera: "Vehículo de una o más ruedas dotado de una única plaza y propulsado exclusivamente por motores eléctricos que pueden proporcionar al vehículo una velocidad máxima por diseño comprendida entre 6 y 25 km/h. Sólo pueden estar equipados con un asiento o sillín si están dotados de sistema de autoequilibrado. Se excluyen de esta definición los Vehículos sin sistema de autoequilibrado y con sillín, los vehículos concebidos para competición, los vehículos para personas con movilidad reducida y los vehículos con una tensión de trabajo mayor a 100 VCC o 240 VAC, así como aquellos incluidos dentro del ámbito del Reglamento (UE) n.º 168/2013 del Parlamento Europeo y del Consejo, de 15 de enero de 2013".

Conforme a la Instrucción de la DGT 2019/S-149 TV-108.- Aclaraciones técnicas y criterios para la formulación de denuncias de vehículos ligeros propulsados por motores eléctricos, los artilugios que no sobrepasan la velocidad de 6 km/h tienen la consideración de juguetes. Asimismo, los VMP están fuera del ámbito de aplicación del Reglamento (UE) nº 168/2013 del Parlamento Europeo y del Consejo, de 15 de enero de 2013, relativo a la homologación de los vehículos de dos o tres ruedas y los cuadriciclos, y a la vigilancia del mercado de dichos vehículos.

---

543 DGT. (3 de noviembre de 2016). Instrucción 16/V-124. Vehículos de movilidad personal (VMP).

544 Real Decreto 970/2020, de 10 de noviembre, por el que se modifican el Reglamento General de Circulación, aprobado por Real Decreto 1428/2003, de 21 de noviembre y el Reglamento General de Vehículos, aprobado por Real Decreto 2822/1998, de 23 de diciembre, (2020).

Continúa diciendo la precitada instrucción: "Si el vehículo desarrolla una velocidad superior a 25 km/h. no tiene la consideración de VMP, y podremos distinguir entre varios casos posibles: al vehículo le es de aplicación el Reglamento (UE) nº 168/2013 si el sillín del patinete se sitúa a una altura superior a 540 mm; en caso de que su potencia nominal sea igual o inferior a 4.000 w y desarrolle una velocidad máxima igual o inferior a 45 km/h se tratará un vehículo de la subcategoría L1e-B –"ciclomotor de dos ruedas"; si el vehículo supera alguna de las prestaciones de potencia o de velocidad anteriormente indicadas se tratará de un vehículo de la categoría L3e – "motocicleta de dos ruedas"". Por todo ello, concluye que los conductores de VMP o de vehículos similares están obligados a someterse a las pruebas de detección de tasas de alcohol y de presencia de drogas, tomando como referencia la tasa general de 0,25 miligramos de alcohol por litro de aire espirado.

5.4. Práctica de la prueba de alcohol

Como dice DELGADO SANCHO[545] la ley habilita a los agentes encargados de la vigilancia del tráfico para practicar los test de alcohol, ya que "no existe en la Constitución reserva absoluta en favor del juez para las inspecciones e intervenciones corporales, en cuanto puedan afectar a los derechos a la intimidad y a la integridad física".

El art. 796.1.7ª. LECrim dispone "La práctica de las pruebas de alcoholemia se ajustará a lo establecido en la legislación de seguridad vial", lo que nos remite al art. 14 LSV y arts. del 21 al 26 RGC. Ni la LSV ni el RGC establecen un lugar específico para la realización de la prueba, por lo que cabe deducir que esta puede practicarse tanto en el punto de detención del

---

[545] DELGADO SANCHO, C. D. (2021). Doctrina legal de los delitos contra la seguridad vial. *Tráfico y Seguridad Vial* (259), Pág. 2.

vehículo por parte de los agentes, lo que ocurre en la mayoría de los casos, como en dependencias policiales.[546].

Pero esta ilación tiene matices que merecen ser explicados. El hecho de que la normativa de tráfico no indique expresamente el lugar de realización de las pruebas no quiere decir que el obligado a realizarlas tenga el deber de soportar situaciones fácticas que le obliguen a desplazarse para hacerlas en lugar distinto del que se encuentra, por ejemplo, a las dependencias policiales que he mencionado anteriormente.

Entonces, si por los motivos que fuesen, ya sean técnicos, logísticos, etc, es decir, por motivos totalmente ajenos a la persona que se le quiere someter a la práctica de las pruebas etilométricas o de drogas, los agentes de la autoridad no pueden realizarlas *in situ* y el conductor requerido se negare y no quisiere desplazarse voluntariamente de una manera clara, decidida y no forzada, no se estaría cometiendo un ningún ilícito penal (delito de negativa incardinado art. 383 CP.).

Como dicen CÁMARA ARROYO y TEIJÓN ALCALÁ[547] "los agentes deben proporcionar los medios necesarios para que la realización de la prueba se realice *in situ*, a pie de calle, sin que

---

546 MORELL ALDANA, L. C. (2019). Estudio del delito contra la seguridad vial, en su modalidad de conducción bajo la influencia de bebidas alcohólicas y drogas tóxicas (art. 379.2 CP). *La Ley*, Pág. 49. La autora defiende que el hecho de tener que realizar la prueba en dependencias policiales no afecta a los derechos fundamentales, pues el individuo no se encuentra detenido, sino "colaborando con una pericia de incierto resultado".

547 CÁMARA ARROYO, S., & TEIJÓN ALCALÁ, S. (2022). *La negativa a someterse a las pruebas de alcohol y drogas. un análisis de las cuestiones más controvertidas.* (Vol. 75). Anuario de derecho penal y ciencias penales. Págs. 226-227.

el conductor tenga que abandonar su vehículo"[548]. Cabe plantearse si la afirmación anterior, según la cual ni siquiera es necesario abandonar el vehículo, resulta excesivamente restrictiva.

La STC 40/2024, de 11 de marzo aclara ciertos aspectos sobre la realización de la prueba en un lugar distinto al de la parada, y, además, coincide en que este lugar puede ser una dependencia oficial. En este sentido, analiza el caso de una conductora con signos evidentes de intoxicación etílica, quien acompaña a la Policía Nacional y es trasladada a las dependencias de la Policía Local para la realización de las pruebas etilométricas oportunas.

Inicialmente, la meritada sentencia alude a la STC 341/93 de 18 de noviembre para aclarar que no es una injerencia ilegítima en el derecho a la libertad personal (art. 17 CE) el hecho de que un individuo comparezca espontánea y por voluntad propia en dependencias policiales, ya que una restricción en la libertad personal debe tener una cobertura legal con finalidad constitucionalmente legítima y sin generar espacios de inseguridad (SSTC 169/2001, de 16 de julio, 145/2014, de 22 de septiembre, 217/2015, de 22 de octubre)[549].

Sin embargo, en el caso examinado, afirma la sentencia, el traslado fue "presionado por parte de un funcionario público,

---

548 DE VICENTE MARTÍNEZ, R. (2018). *Alcohol, drogas y delitos contra la seguridad vial.* Reus.Pág. 103, en la misma línea de opinión al aseverar que la situación quedaría sin consecuencias legales, dado que la realización de la prueba no sería factible debido a causas que se le puedan atribuir a la voluntad del conductor.

549 Recordemos la referencia a la STC 107/1985, de 7 de octubre que exponíamos en el apartado 4.3 de este trabajo acerca de la consideración de detención *sui generis* de la realización de la prueba de alcoholemia, ya que el conductor requerido no se encuentra detenido en "sentido constitucional", pues no supone para el afectado un sometimiento no ilegítimo.

de forma que no pueda hablarse de plena autodeterminación o de la prestación de un consentimiento libre e incondicionado (…) mediante una constante labor de persuasión a la acusada para que les acompañara voluntariamente a Comisaría a efectos de realización de la prueba, a la que estaba obligada a someterse". En otras palabras, la supuesta voluntariedad del traslado estaba condicionada por la insistencia de los agentes y la advertencia de que la negativa podría constituir un delito, lo que pone en cuestión el carácter realmente libre de su consentimiento.

En conclusión, si por cualquier motivo ajeno al conductor este debe trasladarse a dependencias policiales o a cualquier otro lugar para la realización de las pruebas de alcohol o drogas, dicha decisión debe ser totalmente voluntaria, indubitada y clara. No existe disposición legal que contemple un traslado obligatorio salvo en caso de detención, conforme a lo establecido en los arts. 490 y 492 LECrim, con las garantías que esta conlleva. De lo contrario, como en el caso analizado, se produciría una vulneración del derecho a la libertad (art. 17.1 CE), en relación con el art. 17.3 CE, así como del derecho reconocido en el art. 24.2 CE, al derivar en la consideración de la prueba de alcoholemia como prueba ilícita. Esto se debe a la existencia de un nexo causal entre la vulneración del derecho fundamental y la práctica de la prueba, lo que conllevaría su invalidez[550].

---

550 La citada STC 40/2024, de 11 de marzo tiene el voto particular de los magistrados don César Tolosa Tribiño y don Enrique Arnaldo Alcubilla. El sentido del voto particular alcanza dos vertientes: por un lado, referido a la existencia de conexión entre la detención y la prueba del etilómetro; por otro lado, sobre la devolución del procedimiento al Juzgado *a quo* para que dictara otra sentencia. En síntesis, en el primer caso consideran que debió tenerse en cuenta que el medio probatorio utilizado (resultado de la prueba) no conlleva una violación directa del derecho fundamental; en el segundo caso,

Si bien puede existir cierta controversia en torno a la conexión jurídica entre el derecho vulnerado y la prueba practicada, no ocurre lo mismo respecto a la devolución de la causa al juzgado. Una vez declarada la nulidad de la prueba de medición, subsistían otras pruebas válidamente practicadas, totalmente independientes de aquella —como la relativa a los signos externos—, que podían constituir indicios suficientes de una posible influencia del alcohol en la conducción[551]. Dichas pruebas no viciaban el resto del procedimiento, por lo que resultaría procedente volver a enjuiciar los hechos conforme al inciso primero del apartado segundo del art. 379.2 CP.

En otro orden de cosas, las pruebas de alcohol y drogas se realizan de manera muy diferente. Aunque ambas se efectúan de forma oral, los procedimientos, el manejo y las implicaciones legales de cada una varían significativamente. Por lo

---

que hay un incorrecto entendimiento del principio acusatorio y, por lo tanto, procede la retroacción al juzgado para que pueda juzgado por el art. 379.2 CP, primer inciso, ya que existían pruebas constatadas de hallarse en ese supuesto.

551 No obstante, dicha devolución al juzgado de origen únicamente tendría como efecto que volviese a enjuiciarse el asunto. Ahora bien, resultaría difícil obtener una sentencia condenatoria por el delito del art. 379.2, inciso primero CP (conducción influenciada), teniendo en cuenta que la conductora fue detenida en un control efectuado por la Policía Nacional en el marco de un operativo de seguridad ciudadana, ajeno tanto al ámbito específico del tráfico como a los programas preventivos de alcoholemia ordenados por la autoridad competente. A ello se suma que, si bien la conductora presentaba síntomas compatibles con la ingesta de alcohol —fuerte olor etílico, ojos enrojecidos, habla pastosa, rostro congestionado, somnolencia y deambulación anormal—, no consta que dichos signos se manifestaran en la conducción, ni que influyeran en la misma, al menos conforme a lo recogido en la sentencia. De ahí la relevancia de que el asunto fuese devuelto al juzgado de origen para su valoración conforme al tipo penal aplicable.

que se refiere a la prueba de alcohol tal y como he explicado antes, se puede hacer inicialmente con un etilómetro de aproximación o muestreo que como su propio nombre indica tan solo sirve para dar un resultado rápido y aproximado de la posible tasa de alcohol que tiene un conductor, pero al carecer de certificado oficial expedido por el CEM no garantiza la correcta medición.

Es crucial resaltar que, al evaluar la validez de la prueba obtenida mediante el etilómetro, el certificado oficial previamente mencionado desempeña un papel fundamental, ya que está directamente vinculado a su validez y fiabilidad (SAP Madrid 338/2008, 15 de abril)[552]. El CEM expide el certificado de verificación de los etilómetros evidenciales, asignándoles una numeración específica conforme a la Orden ICT/155/2020, de 7 de febrero. En dicho documento se identifican con precisión diversos datos clave del dispositivo sometido a revisión, incluyendo su número de serie, número de calibración, procedimiento técnico seguido, fecha de finalización de los ensayos, cumplimiento o no de los EMP, desviación típica de repetibilidad, condiciones ambientales y, el dato más relevante, la fecha de validez del certificado, que es de un año a partir de la fecha del ensayo.

Desde un punto de vista constitucional carece de relevancia el hecho de la caducidad del certificado de calibración, eso sí, sin perjuicio de que constituya una infracción de normas legales. Desde la perspectiva constitucional es "la garantía de información del derecho a un segundo examen alcoholímetro

---

552 Asimismo, en la SAP Almería 199/2014, 8 de julio: "No puede sostenerse, entonces, que la prueba es segura porque el resultado es el mismo: tiene que constar la verificación, sin que pueda ser excusa la manifestada por el agente de la Guardia Civil que depuso en el acto del juicio oral en el sentido de que al equipo de atestados se le olvidó aportar el certificado de verificación".

y a contrastar los resultados obtenidos mediante la práctica de un análisis de sangre u otro", adquiriendo solo relevancia constitucional en el seno del derecho a la presunción de inocencia cuando el resultado de la prueba no se haya incorporado al juicio oral mediante la declaración de los policías que lo realizaron, vulnerándose el derecho en los casos de inexistencia de dicha declaración (STC 188/2002, 14 de octubre)[553].

La prueba en este etilómetro de aproximación se realiza insertando previamente una boquilla que se encuentra en un envoltorio estéril individual que se le da al conductor para que una vez introducida en el aparato, sople de manera continua hasta que aparato indique, normalmente con el cese de la emisión de un pitido, el momento de corte que el aparato tiene marcada la cantidad de aire insuflada necesaria para analizar y dar un resultado aproximado.

Si ese resultado muestra una tasa de 0.0 mg/l de aire espirado o muy por debajo de la tasa legalmente prevista, el conductor reanudará la marcha sin más. Por el contrario, si el conductor arroja una tasa que está dentro de la marcada por la norma de tráfico como infracción, delito o próxima a ella, el conductor deberá ser sometido a la realización de la válida prueba de alcohol con etilómetro evidencial. La prueba con un etilómetro evidencial debe cumplir con todos los requisitos y formalismos previstos en el art. 23 RGC[554], pues no basta la prueba realizada

---

553 Citado entre otras en SAP Valencia 81/2018, 12 de febrero, SAP Barcelona 763/2016, 2 de noviembre, Roj: STS 4582/2006, Roj: STS 1782/2013.

554 Art. 23 RGC: "1. Si el resultado de la prueba practicada diera un grado de impregnación alcohólica superior a 0,5 gramos de alcohol por litro de sangre o a 0,25 miligramos de alcohol por litro de aire espirado, o al previsto para determinados conductores en el art. 20 o, aún sin alcanzar estos límites, presentara la persona examinada síntomas evidentes de encontrarse bajo la influencia de bebidas alcohólicas, el agente someterá al interesado, para una mayor ga-

con uno de muestreo como señala la STS 531/2017, de 11 de julio, amparada en el art. 14 LSV que dice "Las pruebas para la detección de alcohol consistirán en la verificación del aire espirado mediante dispositivos autorizados"[555].

---

rantía y a efecto de contraste, a la práctica de una segunda prueba de detección alcohólica por el aire espirado, mediante un procedimiento similar al que sirvió para efectuar la primera prueba, de lo que habrá de informarle previamente.
2. De la misma forma advertirá a la persona sometida a examen del derecho que tiene a controlar, por sí o por cualquiera de sus acompañantes o testigos presentes, que entre la realización de la primera y de la segunda prueba medie un tiempo mínimo de 10 minutos.
3. Igualmente, le informará del derecho que tiene a formular cuantas alegaciones u observaciones tenga por conveniente, por sí o por medio de su acompañante o defensor, si lo tuviese, las cuales se consignarán por diligencia, y a contrastar los resultados obtenidos mediante análisis de sangre, orina u otros análogos, que el personal facultativo del centro médico al que sea trasladado estime más adecuados.
4. En el caso de que el interesado decida la realización de dichos análisis, el agente de la autoridad adoptará las medidas más adecuadas para su traslado al centro sanitario más próximo al lugar de los hechos. Si el personal facultativo del centro apreciara que las pruebas solicitadas por el interesado son las adecuadas, adoptará las medidas tendentes a cumplir lo dispuesto en el art. 26.
El importe de dichos análisis deberá ser previamente depositado por el interesado y con él se atenderá al pago cuando el resultado de la prueba de contraste sea positivo; será a cargo de los órganos periféricos del organismo autónomo Jefatura Central de Tráfico o de las autoridades municipales o autonómicas competentes cuando sea negativo, devolviéndose el depósito en este último caso".

555 Asimismo, la SAP Valencia 354/2011, de 4 de mayo, también plasmó en su sentencia que "la prueba de alcoholemia realizada al acusado no ha sido obtenida mediante la utilización de etilómetro evidencial, sino a través de etilómetro digital cuyo indicativo es insuficiente para acreditar la impregnación alcohólica".
También podemos encontrar alguna sentencia contradictoria como la SAP Barcelona 64/2012, de 18 de abril, que dice "debe advertirse

Tomando como ejemplo los dos etilómetros evidenciale que hemos analizado en apartados anteriores, Dragüer Alcotest 7110 MK III y Saf'ir evolution, la forma en la que se realiz la prueba es prácticamente igual, con la sola varianza propi de la desigualdad específica de los aparatos. El conductor, también en este tipo de etilómetros evidenciales, deberá desenvolver una boquilla individual y estéril e introducirla en el luga correspondiente del etilómetro. Después tendrá que realiza un soplido continuo y algo más largo que en el etilómetro de muestreo, soplido que tras la autolimpieza que hace el etilómetro tendrá que repetir para así obtener el resultado de la primera prueba de las dos que establece el RGC.

Pasados, al menos, 10 minutos de haber obtenido el resultado de la primera prueba, periodo el cual dispone el art. 23 RGC que puede ser controlado por el propio conductor, sus acompañantes o testigos presentes, el conductor será sometido a la segunda prueba que realizará de la misma forma que la primera, obteniéndose el resultado de la segunda prueba legalmente prevista.

Del hecho de haber efectuado las dos pruebas de alcoholemia el etilómetro imprime dos tiques, uno por cada prueba realizada en el que constan todos los datos imprescindibles para la acreditación y validez de la prueba, tales como los datos identificativos del etilómetro utilizado con su numeración correspondiente, resultado medición de cada uno de los soplidos efectuados y la medida final de cada prueba, fecha, hora, lugar, nombre, fecha de nacimiento y dni del conductor, e

---

que la práctica de las pruebas con etilómetro oficial, en el presente caso, no deviene como imprescindible para verificarse la presencia del alcohol en aire espirado mediante el alcoholímetro oficial o de precisión, por haber aceptado el acusado el primero resultado con etilómetro no oficial, según queda acreditado y se desprende de las actuaciones".

identificación del agente que realiza la prueba estampando su firma al final del mismo.

Entre los derechos que posee el conductor sometido a la prueba de alcoholemia (Art. 23 RGC) se encuentran el de ser informado del derecho de "formular cuantas alegaciones u observaciones tenga por conveniente, por sí o por medio de su acompañante o defensor, si lo tuviese, las cuales se consignarán por diligencia, y a contrastar los resultados obtenidos mediante análisis de sangre, orina u otros análogos, que el personal facultativo del centro médico al que sea trasladado estime más adecuados". Como dice MORELL ALDANA[556], aunque la asistencia letrada no es obligatoria, en caso de hallarse presente parece que caben los alegatos de este. Además, si los agentes no informaran de ese derecho a contrastar los resultados mediante análisis de sangre la prueba devendría nula (STS 531/2017, de 11 de julio).

Continúa diciendo el RGC "En el caso de que el interesado decida la realización de dichos análisis, el agente de la autoridad adoptará las medidas más adecuadas para su traslado al centro sanitario más próximo al lugar de los hechos. Si el personal facultativo del centro apreciara que las pruebas solicitadas por el interesado son las adecuadas, adoptará las medidas tendentes a cumplir lo dispuesto en el art. 26".

Sin embargo, vemos nuevamente como la LSV (art. 14) introduce un matiz en la realización de la prueba de contraste, ya que, a diferencia de otras normativas, no menciona explícitamente la posibilidad de utilizar "orina u otros análogos". En su lugar, establece una preferencia por el análisis de sangre, al disponer que "consistirán preferentemente en análisis de

---

556 MORELL ALDANA, L. C. (2019). Estudio del delito contra la seguridad vial, en su modalidad de conducción bajo la influencia de bebidas alcohólicas y drogas tóxicas (art. 379.2 CP*). La Ley*, Pág. 49.

sangre, salvo causas excepcionales debidamente justificadas". Esto implica que, como norma general, debe emplearse este método, salvo que el personal facultativo determine, por circunstancias excepcionales, la necesidad de recurrir a una alternativa.

Cuando es el conductor el que solicita la prueba de contraste, recordemos que no se trata de una prueba alternativa a la espiración en el etilómetro, sino una prueba que se realiza una vez que el conductor arroja una tasa positiva en ambas pruebas preceptivas, no antes, al entender que el resultado que está ofreciendo el etilómetro es erróneo ya sea por no haber bebido, creer no haber bebido lo suficiente como para dar positivo u otras causas alegadas por el interesado, entonces consiste en una "garantía adicional o en un medio residual cuando la espiración no es posible"[557].

La normativa vigente no establece de forma expresa quién debe asumir el traslado del conductor al centro sanitario para la realización de la prueba de contraste, lo que genera un vacío legal que puede derivar en interpretaciones diversas y, en algunos casos, en situaciones que comprometan la validez de la prueba.

Ante esta situación, lo más adecuado es que la elección del método y condiciones del traslado sea siempre una decisión exclusiva de los agentes de la autoridad, quienes, aplicando un criterio de proporcionalidad y necesidad, valorarán la opción más adecuada en cada caso. Si la urgencia del caso lo requiere, los agentes podrán optar por realizar el traslado en un vehículo oficial, asegurando así un control absoluto del proceso. Sin embargo, en otras circunstancias, podrán gestionar medios alternativos como el taxi o VTC, siempre que se cumplan las

557 MORELL ALDANA, L. C. (2019). Estudio del delito contra la seguridad vial, en su modalidad de conducción bajo la influencia de bebidas alcohólicas y drogas tóxicas (art. 379.2 CP). *La Ley*, Pág. 49.

condiciones necesarias para garantizar que el interesado llegue al centro sanitario en un tiempo razonable y sin posibilidad de alterar los resultados de la prueba. En cualquier caso, será siempre responsabilidad de los agentes decidir qué medio es el más adecuado en función de la situación concreta.

Ahora bien, para evitar impugnaciones y reforzar la validez de la prueba de contraste, es imprescindible adoptar ciertas medidas de control que eviten posibles alegaciones del conductor en sede judicial. En este sentido, se hace necesario que los agentes informen expresamente al interesado de que tiene prohibido ingerir alcohol o drogas hasta la realización de la prueba, dejando constancia de ello mediante acta unida al atestado y, si es posible, con la firma de la persona que solicita el contraste.

Adicionalmente, para minimizar cualquier riesgo de manipulación del resultado, sería oportuno que, antes de iniciar el traslado, los agentes procedan a un registro de esta persona para asegurarse de que no porta alcohol ni drogas, así como a la inspección del vehículo que vaya a utilizarse, verificando que tampoco contiene sustancias que puedan comprometer la fiabilidad de la prueba. Finalmente, para garantizar que el proceso se desarrolla sin incidentes, el vehículo policial deberá acompañar el traslado, asegurando que no haya interrupciones, desvíos o accesos a elementos externos que puedan poner en cuestión la validez del resultado final.

En el que caso de que se trate de un conductor menor de edad el que solicite la prueba de contraste debemos tener en consideración varias leyes: la Ley 39/2015 de Procedimiento Administrativo Común de las Administraciones Públicas, art. 3, que trata sobre la capacidad de obrar de los menores de edad para el ejercicio y defensa de sus derechos si esa actuación está permitida por la normativa legal "sin la asistencia de la persona que ejerza la patria potestad, tutela o curatela"; la Ley 41/2002 de 14 de noviembre, reguladora de la autonomía del paciente y de derechos y obligaciones en materia de información y documentación clínica, que señala que en el caso los menores emancipados o con dieciséis años cumplidos no cabe prestar el consentimiento por representación, pero en el caso que exista un grave riesgo los padres tienen que ser informados y su opinión tenida en cuenta. En conclusión, si un menor solicita la prueba de contraste estaría ejerciendo la defensa de sus intereses del modo que ha estimado oportuno, no requiriendo de autorización judicial o permiso explícito de sus tutores en caso de no estar emancipado[558].

La SAP Madrid 777/2012, de 6 de junio, hizo una aportación sobre la prueba de contraste un tanto atrevida y con un rigor científico discutible. En aquella sentencia la audiencia afirmó que "la prueba de contraste está concebida como un derecho del conductor investigado a un mecanismo de contradicción de la practicada mediante los etilómetros oficiales, presuponiendo que los resultados de aquélla son más fiables que los de éstos. La medición por etilómetro es científicamente menos fiable que la hematológica", y que se constituye como un medio de defensa ante la prueba preconstituida dispuesta por los agentes. Como se dijo anteriormente, aunque científicamente la correlación entre aire y sangre es de 2100:1 o incluso mayor en otros países, en España se utiliza la correlación 2000:1, por lo que realmente es más beneficioso para el conductor el resultado de la tasa de alcoholemia mediante aire espirado.

Sobre la base de los mismos principios científicos que determinan la relación entre el grado de alcohol en sangre y su equivalencia en aire espirado mediante la aplicación de la Ley de Henry, la afirmación de que los resultados obtenidos en la prueba sanguínea son más creíbles y fiables no implica necesariamente que esta sea superior. Más bien, podría considerarse

---

558 Informe de la Unidad Técnica de Policía Judicial de la Guardia Civil. (2019). *Extracción de sangre a un menor conductor en prueba de contraste.*

más precisa en comparación con la prueba de aire espirado, dado que la sangre es considerada la muestra de referencia o "gold standard", según la terminología anglosajona.

Continúa argumentando la sentencia lo dispuesto en el párrafo segundo del art. 23.4 RGC: "El importe de dichos análisis deberá ser previamente depositado por el interesado y con él se atenderá al pago cuando el resultado de la prueba de contraste sea positivo; será a cargo de los órganos periféricos del organismo autónomo Jefatura Central de Tráfico o de las autoridades municipales o autonómicas competentes cuando sea negativo, devolviéndose el depósito en este último caso"

A juicio de la AP de Madrid el hecho de que el conductor que haya manifestado su intención de contrastar los resultados mediante la prueba de sangre y se le obligue a depositar previamente el importe de dichos análisis por una cantidad aproximada de 300 euros, según dice la sentencia, pone al interesado en una "posición de indefensión que ha de conducir a la imposibilidad de invocación de los resultados de la verificación mediante etilómetros.", pues si el investigado tiene que pagar con carácter previo esa importante cantidad de dinero para hacerse la prueba de contraste en sangre constituye un "muy eficaz instrumento de disuasión del pleno ejercicio del derecho de defensa"[559]. La realidad es que el coste de estos análisis suele ser más reducido o, en muchos casos, ni siquiera llega a abonarse o cobrarse.

---

559 Actualmente, en muchas comunidades autónomas, las cuales tienen la competencia en materia de salud, tienen el procedimiento inverso, es decir, el personal sanitario realiza la extracción sanguínea al conductor sin necesidad de depositar ninguna cantidad para ello y, en caso de que el resultado fuese positivo será cuando la administración le reclame esa cantidad por el servicio prestado, incluso que nunca llegue a reclamárselo.

A ello se suma otro factor relevante. Conforme transcurre el tiempo desde que el conductor se somete a la prueba con el etilómetro, su tasa de alcohol tiende a disminuir, tanto si se mide en aire espirado como en sangre. Es innegable que, desde el momento en que el conductor invoca su derecho a la prueba de contraste hasta que finalmente se le extrae la muestra sanguínea para su análisis, transcurre un tiempo significativo a su favor. Este proceso natural de eliminación del alcohol, que altera progresivamente el nivel de alcoholemia del individuo, se conoce como curva de alcoholemia o de Widmark[560].

El trabajo de ALBERTO FERRARI[561] sobre el análisis toxicológico del etanol en el ámbito forense subraya la importancia de una metodología rigurosa en la extracción de muestras biológicas para garantizar resultados fiables. La elección del

---

560 En CANALES MARTÍNEZ C.A. (2020). *Determinación de la variación de la concentración de alcohol etílico en el tiempo en varones vivos en el distrito de Lima Metropolitana utilizando el método de cromatografía de gases.* Lima. [Tesis doctoral. Universidad Nacional Mayor de San Marcos. Facultad de Farmacia y Bioquímica]. Págs. 5 y 6: "El primer estudio sobre análisis retrospectivo de alcohol en sangre (alcoholemia) corresponde al científico sueco Erick MP Widmark en el año 1932, determina en un estudio la velocidad de eliminación del alcohol etílico en la fase post absortiva de la curva de alcoholemia, concluyendo que para calcular la oxidación y difusión del alcohol en sangre se debe restar a la concentración inicial, el tiempo transcurrido multiplicado por el coeficiente de etiloxidación al que llamó por la letra griega "β", aplicando matemáticamente la fórmula: $Cf = (C0–\beta t)$, este trabajo de investigación lo realizó en treinta personas, veinte varones y diez mujeres. Determinó el valor llamado factor de Widmark o coeficiente de etiloxidación "β", en hombres se obtuvo los valores 0.0025 (± 0.00056) en varones y 0.0026 (± 0.00037) en mujeres".

561 ALBERTO FERRARI, L. (2008). Análisis toxicológico de etanol y su interpretación forense. Cálculos retrospectivos, pérdida o generación en tejidos humanos e indicadores biológicos de ingesta. Breve revisión. *Ciencia Forense Latinoamericana*, 2(1-2). Pág. 9-12.

fluido corporal depende del estado del individuo (vivo o fallecido) y de las circunstancias de la muerte, como en accidentes de tráfico, donde la dilución de la sangre con líquidos corporales puede alterar los resultados.

A partir de esta premisa, FERRARI identifica las principales zonas de extracción de muestras biológicas, las cuales incluyen sangre, orina, humor vítreo y tejidos viscerales como hígado, cerebro, riñones y testículos. En el caso de personas fallecidas, señala que la sangre debe extraerse de venas externas al tracto gastrointestinal, como la vena femoral, para evitar contaminación bacteriana del intestino al mesenterio[562]. En vivos, se emplean soluciones acuosas yodadas. La orina se obtiene por micción voluntaria o, en fallecidos, mediante punción vesical. El humor vítreo es particularmente útil en muertes traumáticas o cuando no hay muestras hemáticas disponibles, mientras que los tejidos viscerales son opciones secundarias si no se dispone de sangre, orina o humor vítreo, tomando las muestras de las partes más profundas para evitar contaminación. En el caso del fluido testicular, aunque no es una matriz convencional, puede considerarse en muertes traumáticas. El objetivo principal es garantizar la integridad de las muestras biológicas, maximizando la precisión del análisis toxicológico en diversos escenarios forenses.

---

562 Algunos autores sostuvieron que se podía extraer sangre intracardiaca (WINEK, T., WINED, C. L., & WAHBA, W. W. (1996). The effect of storage at various temperatures on blood alcohol concentration. Forensic *Science International*, 179-185.), pero otros estudiosos advirtieron la posible difusión del etanol desde el estómago a la sangre cardiaca, por lo que este lugar no lo hace adecuado (GIFFRD, H., & TURKEL, H. (1956). Diffusion of alcohol though stomach wall after death. *J. Am Med Assoc(161)*, 866-868); PLUECKHAHN, V., PATH, M., & BALLARD, B. (1967). Diffusion of stomach alcohol and hearth alcohol concentration at autopsy. *J. Forensic Sci.*(12), 463-470)

Volviendo a la curva de absorción-eliminación de etanol en sangre y forma de calcular la alcoholemia retrospectiva, Widmark calculó que la velocidad de metabolización era de 0'15 gr. de alcohol por litro de sangre y hora, formulando una ecuación muy utilizada en la ciencia forense para conocer el alcohol en sangre en un tiempo anterior a la muestra. Continúa el autor diciendo que hay algunos aspectos implicados directamente en la curva de absorción-eliminación, como es la ingesta simultánea o anterior de alimentos sólidos o el ayuno, pues el primero la retrasan y el segundo la acelera.

La eliminación del alcohol es progresiva dependiendo del "coeficiente de etiloxidación, que expresa la cantidad de alcohol eliminado por minuto y por kilogramo de peso en un sujeto dado, cualquiera sea su concentración". A este coeficiente se le llama "constante β de Widmark". Widmark calculó el valor del coeficiente de etiloxidación con una diferencia entre hombres y mujeres. Para los hombres 0'0025(± 0,00056), y para las mujeres 0'0026 (± 0,00037).

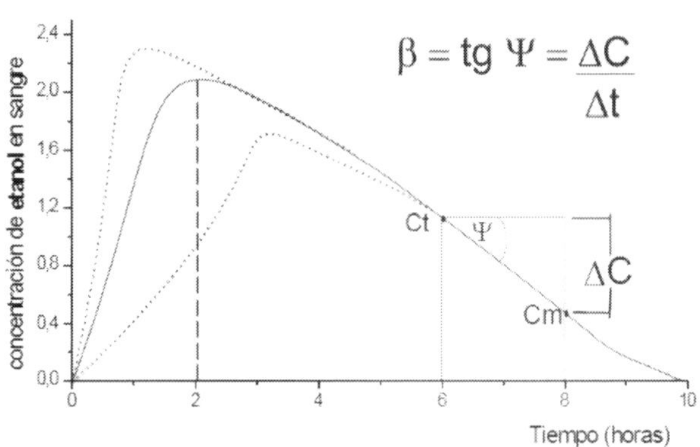

Curva absorción–eliminación de etanol en sangre.

Fuente: ALBERTO FERRARI, L. (2008). Análisis toxicológico de etanol y su interpretación forense. Cálculos retrospectivos, pérdida o generación en tejidos humanos e indicadores biológicos de ingesta. Breve revisión. Ciencia Forense Latinoamericana, 2(1-2). Pág.10.

La aplicación del cálculo retrospectivo de la alcoholemia, de acuerdo con el espíritu del Derecho de no perjudicar al acusado, se debe tomar el valor mínimo de β = 0'1 gr por mil, si esta expresado en horas; o bien 0'002, si esta expresado en minutos[563]. Es importante señalar que los cálculos en los que incluimos β son válidos solo en la fase de eliminación, es decir en la rama decreciente de la curva de absorción-eliminación. La eliminación no sigue completamente la cinética lineal de clase "0", sino solo a concentraciones de etanol en sangre superiores a aproximadamente 0'5 g/L, es decir a niveles bajos de alcohol en sangre, la cinética es un proceso exponencial o cinético de Michaelis- Menten[564].

Si nos fijamos en la curva de eliminación, podemos aplicar el concepto geométrico de la tangente del ángulo ψ (cateto opuesto / cateto adyacente) que es: $Ct = Cm + \beta \cdot t$, en el que Ct es la alcoholemia en el momento del hecho; Cm alcoholemia en el momento de la toma de muestra; y *t* el tiempo transcurrido desde el momento del hecho al de la toma de muestra (t2–t1). Respecto de la cantidad de alcohol "A" en el organismo al momento del hecho: $A= Ct \cdot p \cdot r$, en el que *p* es el peso del individuo; *r* la constante de Widmark que relaciona la concentración de etanol en el cuerpo/concentración en sangre. Por lo que al sustituir Ct en la ecuación puesta más arriba, quedaría así: $A= (Cm + \beta \cdot t) \cdot p \cdot r$.

A continuación, pondré un ejemplo práctico para que se entienda mejor. Se trata de una persona de unos 80 kilos de peso, de complexión atlética, que ha sufrido un siniestro vial en que él era el conductor del vehículo que ha atropellado a un peatón que atravesaba un paso de peatones, causándole la muerte. Como consecuencia del atropello el conductor perdió

---

563 Cálculo hecho por el profesor MANUEL REPETTO, citado por FERRARI, "Análisis toxicológico…", Pág.11.

564 REPETTO JIMÉNEZ, M. (1995). *Toxicología Avanzada.* Díaz de Santos.

el control del vehículo y chocó contra un muro, lo que le produjo heridas de diversa consideración y tuvo que ser evacuado al hospital.

Cuando los agentes acuden al lugar del accidente y, posteriormente, se desplazan al hospital para interesarse por el estado de salud del conductor y realizarle la correspondiente prueba de alcoholemia han trascurrido 2 horas y 45 minutos, los facultativos no ponen objeción médica para su realización y el conductor arroja una tasa de alcohol en etilómetro evidencial de 0’63 en la primera prueba y 0’59 miligramos por litro de aire espirado en la segunda prueba (1’26 gr/l sangre, 1’18 gr/l sangre, respectivamente), aplicado el EMP del etilómetro.

Aplicando la fórmula $Ct = Cm + \beta \cdot t$; obtenemos que Ct= 1.18 + 0’0025 · 165; 1’18+0’4125= 1’5925 gr/l de sangre, es decir, 0.7962 mgr/l aire espirado, aplicando la proporción 2000:1, resultado en el margen más favorable al conductor y, aplicando la misma fórmula anterior para el resultado más elevado daría 1’6725 gr/l de sangre o 0’8362 mgr/l aire espirado. Es decir, conforme a la aplicación de la fórmula de Widmark en el momento del siniestro el conductor tenía una tasa etilométrica que oscilaba entre 0’83 y 0’79 mgr/l aire espirado. Para que pueda hacerse este cálculo retrospectivo el individuo debe encontrarse en la etapa de eliminación de alcohol, por eso, afirman GULLBERG & JONES que sería conveniente hacer otra muestra pasada una hora para confirmar que el sujeto está en esa etapa[565].

Si aplicamos la fórmula para calcular la cantidad de alcohol en el organismo de una persona, a quien llamaremos “A”,

---

565 GULLBERG, R., & JONES, A. W. (1994). Guidelines for estimating the amount of alcohol consumed from a single measurement of blood alcohol concentration: re-evaluation of Widmark’s equation. *Forensic Sci. Int*(69), 119-130.

debemos considerar su peso y constitución. "A" pesa 80 kilos y tiene una complexión atlética ($r = 0'67$). Por lo tanto, $A = Ct \cdot p \cdot r$. Aplicando los valores, obtenemos A = 1'18 · 80 · 0'67, lo que da como resultado 63'24 gramos de alcohol etílico absoluto o 79'06 ml (convertido a ml usando la densidad del etanol, aproximadamente 0.8). Este dato es útil para estimar la cantidad de bebida que probablemente ha consumido. Esto equivale a aproximadamente 790 ml de vino con una graduación de 10° (dado que el vino tiene un 10 % de etanol por volumen), es decir, más de tres cuartos de litro.

Nos recuerda ALBERTO FERRARI que diversos autores han señalado que existen múltiples factores que pueden influir en el valor de β, lo que hace que los resultados obtenidos a partir de la aplicación de la fórmula no sean completamente precisos[566]. En consecuencia, algunos expertos consideran que este método debe aplicarse con cautela, especialmente en determinados rangos de alcoholemia[567]. En esta línea, GULLBERG & JONES, al recalcular la ecuación de Widmark, detectaron un margen de error de aproximadamente ±20 % en la estimación de la cantidad de alcohol ingerida. Para corregir esta imprecisión, aplicaron un método de propagación de errores que permite reducir la incertidumbre en comparación con la formulación original de Widmark. No obstante, cuando la concentración inicial de alcohol en sangre es superior a 1'5 g/L, estas variaciones generan menor controversia

---

566 DUBOWSKI, K. M. (1995). Absorption, distribution and elimination of alcohol: Highway safety aspects. *S. Stud. Alcohol. suppl*(10), Págs. 98-108; SIMPSON, G. (1992). Medico legal alcohol determination: Implication and consequences of irregularities in blood alcohol concentration VS time curves. *J. Anal. Toxicol*(16), Págs. 270-271.

567 JONES, A. W. (2008). Biochemical and Physiological Research on the Disposition and Fate of Ethanol in the Body. En *Garriott's Medicolegal Aspects of Alcohol*. James Garriott PhD Lawyers & Judges Publishing Co. Pág. 127.

en su interpretación. Por el contrario, en valores cercanos a 0'5 g/L, se recomienda un análisis más detallado, empleando datos y constantes más precisos a fin de minimizar posibles errores en el cálculo.

La aplicación de la fórmula de Widmark para calcular retrospectivamente la tasa de alcoholemia de una persona en el momento en que estaba conduciendo es aceptada por los tribunales para encuadrar el hecho en el tipo penal del art. 379.2 del CP. Sin embargo, se considera más un indicio que una prueba concluyente.

Para referirse a la curva de alcoholemia o de Widmark muchas sentencias hacen mención a la publicación de la DGT titulada "El alcohol y la conducción" (depósito legal: M-27387-2014)[568] (Entre otras: SAP León 421/2022, 1 de septiembre, SAP Murcia 137/2022, 5 de abril, SAP Girona 393/2021, 13 de septiembre, SAP Madrid 489/2021, 25 de octubre, SAP Girona 56/2021, 9 de febrero). En esa publicación se trata de una manera no muy formal algunos epígrafes tales como: Alcohol y conducción; Qué es la tasa de alcoholemia; De qué depende la tasa de alcoholemia-la curva de alcoholemia-; o Los mitos del alcohol.

Como ejemplo de lo anterior, tenemos la SAP de Valladolid 214/2017, de 4 de julio, que, aunque finalmente no aplica la fórmula de Widmark, no lo hace por considerarla no científica o inadmisible, sino debido a la falta de datos concretos sobre las variables del caso, como las características físicas del conductor y el momento exacto de la ingesta de alcohol, ya que la prueba de alcoholemia se realizó más de dos horas después del hecho.

---

568 DGT (Depósito legal M-55265-2008). (2008). *El alcohol y la conducción.* Obtenido de http://www.dgt.es/PEVI/documentos/catalogo_recursos/didacticos/did_adultas/alcohol.pdf

La SAP de Badajoz 212/2016, de 21 de diciembre, no se refiere al delito de alcoholemia basado en una tasa objetiva, sino a un nivel de influencia tradicional, determinado a partir de la curva de alcoholemia y otras evidencias recabadas hasta cuatro horas después del siniestro, incluso sin la aplicación de la fórmula de Widmark.[569]. Sin embargo, otros tribunales sí que tienen muy en cuenta la curva de alcoholemia (SAP Madrid 489/2021, 25 de octubre, SAP Burgos 159/2022, de 13 de marzo).

Como conclusión respecto al cálculo retrospectivo de la alcoholemia, podemos afirmar que, si bien puede servir como un indicio útil para aproximarse a la posible tasa de alcohol en sangre que tenía un conductor en el momento de un siniestro vial, no puede considerarse una prueba definitiva por sí sola para fundamentar una sentencia condenatoria. Esto se debe a que en la aplicación de la fórmula pueden concurrir diversas circunstancias determinantes que distorsionen el resultado, afectando su fiabilidad. Por ello, no es recomendable que el cálculo retrospectivo sea la única prueba en un proceso penal, sino que debe complementarse con otros elementos probatorios que refuercen su validez[570].

---

569 En el mismo sentido, la SAP Barcelona 256/2019, 12 de abril, SAP Valencia 583/2018, 3 de octubre, SAP Girona 444/2019, 15 de julio, SAP Sevilla 370/2014, 12 de agosto, SAP Castellón 179/2021, de 4 de junio.

570 Como indica en su estudio realizado con 40 personas, en el que se efectuó un primer análisis 90 minutos después y un segundo, tercero y cuarto con intervalos de una hora entre ellos, CANALES MARTÍNEZ C.A. (2020). *Determinación de la variación de la concentración…*, Pág. 43, concluyó que la eliminación del alcohol varía en cada individuo, sin seguir un patrón uniforme. En promedio, se estableció una disminución de 0,216 g/L tras las cuatro mediciones. Asimismo, se observaron cinco resultados anómalos que no mantenían una reducción lógica de la concentración de alcohol, lo que llevó a concluir que "las variaciones no son homogéneas, alcanzando en el tiempo valores variables".

Durante la práctica de la prueba de alcoholemia, puede darse la situación en la que, tras haber realizado ambas pruebas preceptivas, el conductor manifieste a los agentes su negativa a ejercer el derecho de contraste estipulado legalmente. Sin embargo, mientras los agentes se encuentran formulando la denuncia administrativa o instruyendo el atestado por un posible delito, el conductor cambia de opinión y decide que sí desea contrastar los resultados mediante análisis de sangre.

No existe impedimento normativo para que el conductor pueda cambiar de opinión respecto a la realización de la prueba de contraste. Es decir, puede inicialmente rechazarla y después solicitarla, o viceversa. Si el conductor primero acepta la prueba de contraste y luego se retracta, esta decisión no afectaría la validez de la prueba realizada inicialmente, pues la tasa etilométrica ya habría sido registrada conforme a los procedimientos reglamentarios. Sin embargo, en el caso contrario–cuando el conductor primero la rechaza y después la solicita– la situación cambia. Dependiendo del tiempo transcurrido entre ambas decisiones, la validez de la prueba podría verse comprometida. La razón es que el nivel de alcohol en sangre disminuye con el paso del tiempo, por lo que un cambio tardío de criterio podría responder a una estrategia dilatoria, con el objetivo de reducir artificialmente la tasa de alcoholemia y así evitar una sanción administrativa o una imputación penal.

Lo cierto es que ni la LSV ni el RGC regulan expresamente este cambio de opinión ni establecen un límite temporal para solicitar la prueba de contraste tras haberla rechazado inicialmente. Por ello, en caso de que el conductor modifique su decisión, los agentes deberán atenerse a lo estipulado en los arts. 23 y 24 del RGC, adoptando "las medidas más adecuadas para su traslado al centro sanitario más próximo al lugar de los hechos". Para garantizar la seguridad jurídica del procedimiento, será fundamental que los agentes detallen en el atestado o en la denuncia administrativa todas las circunstancias relacionadas con el cambio de opinión, haciendo especial mención al tiempo transcurrido entre ambas. Asimismo, los agentes que acompañen al conductor al centro sanitario deberán presenciar la extracción de la muestra a fin de garantizar la cadena de custodia y documentar adecuadamente todo el procedimiento para su posterior presentación en el proceso.

Sin embargo, cuando, por motivos distintos a la voluntad decidida del conductor a contrastar los resultados obtenidos mediante análisis de sangre, sea preciso para la investigación del presunto delito la obtención de una muestra de sangre del conductor, por ejemplo, cuando el conductor sufre un accidente y es trasladado al hospital sin que se le haya podido hacer la prueba de alcoholemia habitual de aire espirado o de drogas, sí que será imprescindible la autorización judicial para someter al conductor a esta forma de investigación del grado alcohólico o de drogas que posee, ya que supone una intromisión en la intimidad de la persona. La STC 206/2007, de 24 de septiembre es esclarecedora a la hora de determinar cuáles son los derechos que podrían estar afectados constitucionalmente y las condiciones que deben darse para que no se produzca la nulidad de la prueba.

Así, cuando a un conductor no se le ha podido practicar la prueba de alcoholemia por aire espirado porque ha sido trasladado a un centro médico, si los agentes de la autoridad consideran razonadamente que ese conductor ha podido ejercer una conducción bajo la influencia del alcohol o drogas, apreciada por la sintomatología externa que presenta el conductor compatible con la conducción en estado ebrio o bajo la influencia de las drogas (voz pastosa, halitosis alcohólica, ojos brillantes, pupilas, sudoración, etc), gravedad del siniestro, etc, los agentes de la autoridad podrán requerir a los facultativos médicos que realicen una analítica de las muestras de sangre extraídas para fines terapéuticos, con el fin de determinar la tasa de alcohol en sangre o de otras sustancias estupefacientes, psicotrópicas, estimulantes o análogas. Los derechos constitucionales directamente afectados son el derecho a la integridad física (art. 15 CE) y el derecho a la intimidad (art. 18.1 CE).

El derecho a la integridad física y moral protege la inviolabilidad de la persona, impidiendo cualquier intervención en su cuerpo sin su consentimiento, lo que se traduce en la denominada derecho a "incolumidad corporal". Cuando una persona presta su consentimiento para la extracción de sangre, se considera que está permitiendo una intervención corporal leve (STC 207/1996, de 16 de diciembre, FJ 2). En este sentido, si la extracción se realiza sin coacción y sin vulnerar su voluntad, no cabe hablar de una violación del derecho a la integridad física, incluso si el interesado no ha sido informado del tipo de prueba que se practicará en la muestra sanguínea (STC 234/1997, de 18 de diciembre; STC 25/2005, de 14 de febrero).

Por lo que respecta al derecho a la intimidad es una derivación del derecho a la dignidad de la persona (art. 10.1 CE) que supone la existencia de un espacio propio y reservado a la acción y conocimiento frente a los demás para mantener una "calidad mínima de la vida humana" (STC 98/2000, de 10 de abril, FJ 5; 156/2001, de 2 de julio, FJ 4; 70/2002, de 3 de abril, FJ 10; 27/2003, de 30 de junio, FJ 7; 196/2004, de 15 de noviembre, FJ 2, entre otras).

Las intervenciones corporales como actos de prueba en un proceso penal pueden implicar una intromisión en el derecho a la intimidad, ya que buscan obtener información sobre aspectos de la vida privada que el individuo podría no querer revelar, como el consumo de alcohol o drogas. No obstante, esta intromisión no constituye automáticamente una vulneración de dicho derecho constitucional, pues la intimidad no es un derecho absoluto. De acuerdo con la STC 196/2004, de 15 de noviembre (FJ 2), su limitación puede ser constitucionalmente legítima si se fundamenta "en una previsión legal que tenga justificación constitucional y que sea proporcionada o que exista un consentimiento eficaz que lo autorice", ya que "corresponde a cada persona acotar el ámbito de intimidad personal y familiar que reserva al conocimiento ajeno" (STC 83/2002, de 22 de abril, FJ 5). Por tanto, la vulneración del derecho a la intimidad se produce cuando la intervención corporal invade "el ámbito propio y personal del sujeto", no acorde a la ley, sin su consentimiento, o cuando, aun existiendo autorización, "subvierta los términos y el alcance para el que se otorgó el consentimiento".

A este respecto, un conductor que ha sido trasladado al hospital tras sufrir un accidente y muestra su consentimiento a la extracción de su sangre para su análisis sin ser informado de que la finalidad de ese análisis es determinar el grado de alcohol o drogas que posee, es decir, que la prueba es ajena a fines terapéuticos, en este caso, aunque el conductor haya prestado su consentimiento para la extracción de sangre, no ha habido "un consentimiento informado eficaz del afectado que legitime la medida" (STC 196/2004, de 15 de noviembre, FJ 9).

Distinto sería el caso que nos describe la STC 25/2005, de 14 de febrero de 2005, "Estas extracciones sanguíneas, y particularmente la primera, que arrojó el dato de la presencia de alcohol en sangre, fueron realizadas en el marco de una amplia batería de pruebas médicas, y resultaban imprescindibles, obviamente, a fin de determinar el ulterior tratamiento curativo a aplicar. Es decir, tenían una evidente finalidad terapéutica o instrumental desde la perspectiva médico-asistencial".

El TC, en la STC 207/1996, de 16 de diciembre (FJ 4), estableció que las intervenciones corporales como actos de investigación y prueba con justificación constitucional deben cumplir ciertos requisitos para justificar la intromisión en el derecho a la intimidad. En este sentido, se exige:

- La existencia de un fin constitucionalmente legítimo, entendido como "el interés público propio de la investigación de un delito, y, más en concreto, la determinació de hechos relevantes para el proceso penal".

- Una previsión legal específica que habilite la medida li mitativa del derecho, sin que pueda autorizarse única mente por vía reglamentaria (principio de legalidad).
- Una resolución judicial motivada, como regla general para su autorización. No obstante, dado que no existe re serva constitucional exclusiva a favor del Juez, la Ley pue de facultar a la Policía Judicial para disponer su práctic en situaciones de urgencia y necesidad, la práctica de ins pecciones, reconocimientos e incluso de intervencione corporales leves, siempre que se respeten los principio de proporcionalidad y razonabilidad.
- El estricto respeto del principio de proporcionalidad desglosado en tres juicios fundamentales:
  - Juicio de idoneidad: La medida debe ser adecuad para alcanzar el fin constitucionalmente legítimo per seguido.
  - Juicio de necesidad: No debe existir otra alternativ menos lesiva que pueda lograr el mismo objetivo si imponer un sacrificio innecesario a los derechos fun damentales.
  - Juicio de proporcionalidad en sentido estricto: Lo beneficios derivados de la aplicación de la medid deben superar los perjuicios que esta pueda causa sobre otros bienes o derechos en conflicto, garanti zando que el sacrificio impuesto no resulte desme dido en relación con la gravedad de los hechos y la sospechas existentes[571].

---

571 Acorde a esta doctrina, las SSTC 234/1997, de 18 de diciembre, F 9; 70/2002, de 3 de abril, FJ 10; y 25/2005, de 14 de febrero, FJ 6.

Respecto a la valoración de "urgencia y necesidad" y principios de "proporcionalidad y razonabilidad" de la intervención policial mencionada anteriormente, la STC 70/2002, de 3 de abril, FJ 10, "ha de realizarse *ex ante*, y es susceptible de control judicial *ex post*. La constatación *ex post* de la falta del presupuesto habilitante o del respeto al principio de proporcionalidad implicaría la vulneración del derecho fundamental y tendría efectos procesales en cuanto a la ilicitud de la prueba en su caso obtenida, por haberlo sido con vulneración de derechos fundamentales".

Es decir, si los agentes de la autoridad observan circunstancias de urgencia que hagan imprescindible ordenar una analítica de sangre para determinar el grado de alcohol o drogas en el conductor, deberán informar de manera inmediata a la autoridad judicial, comunicando que han dado dicha orden a los facultativos. En este caso, el resultado del análisis será remitido directamente por el centro médico al órgano judicial, ya que ninguna razón de urgencia permite a la Policía acceder a datos relacionados con la intimidad personal del conductor. Una vez informada, la autoridad judicial deberá decidir motivadamente, y no mediante una simple providencia[572], si la medida adoptada respeta el principio de proporcionalidad, dado que la ponderación de las circunstancias y la formulación del juicio de proporcionalidad son imprescindibles (STC 206/2007, de 24 de septiembre).

No podemos olvidarnos de un aspecto fundamental a la hora de determinar la tasa definitiva que encauzará la actuación a seguir ya sea infracción administrativa, delito o sin rele-

---

572 SOSPEDRA NAVAS, F. J. (2012). La investigación policial en los delitos contra la seguridad vial. *La Ley Penal. Tráfico y Seguridad Vial*(162). Pág. 9. En este sentido SAP Tarragona, Sección 2.ª, núm. 385/2010 de 16 septiembre; y SAP Islas Baleares, Sección 1.ª, núm. 130/2010 de 7 mayo.

vancia administrativa ni penal, se trata de los errores máximos permitidos (EMP) de los etilómetros. Igual que pasa con los cinemómetros vistos anteriormente, la norma que regula el control metrológico de los etilómetros es la Orden ICT/155/2020, de 7 de febrero, por la que se regula el control metrológico del Estado de determinados instrumentos de medida. El anexo XIII se encarga de reglar el aspecto metrológico de los etilómetros "como medio para la imposición de sanciones, realización de pruebas judiciales o aplicación de normas o reglamentaciones que obliguen a su uso".

La citada Orden ICT/155/2020 dice al respecto que "Los errores máximos tolerados son los establecidos en la Recomendación OIML R 126, en vigor, para instrumentos en servicio". La Recomendación OIML R 126 hace dos diferenciaciones a la hora de establecer el EMP[573]: Por un lado, los EMP para la aprobación de tipo y verificación inicial y verificación después de reparación, estableciéndose el error, "positivo o negativo, en 0,020 mg/l o 5% del valor de referencia de la concentración de masa, cualquiera que sea mayor. Si el límite superior del rango de medición es mayor a 2,00 mg/l, el error máximo permitido será: valor de referencia/2-0.9 mg/L para todas las concentraciones de masa mayores de 2 mg/L".

Por otro lado, EMP para alcoholímetros en operación "positivo o negativo, es 0,030 mg/l o 7,5% del valor de referencia de la concentración de masa, cualquiera que sea mayor. Si el límite superior del rango de medición es mayor a 2,00 mg/l, el error máximo permitido será: valor de referencia x (34)–1,35 mg/L para las concentraciones de masa mayores de 2 mg/L".

---

573 Organización Internacional de Metrología Legal. (Edición 2012 (E)). Recomendación OIML R – 126: Alcoholímetros probatorios. Pág. 11.

La aplicación del EMP a los supuestos penales no es más que una garantía en beneficio del investigado *in dubio pro reo* aplicada por las autoridades judiciales[574] y defendida por la doctrina[575], ya que se le aplica el error máximo permitido del etilómetro sobre la tasa que muestra el aparato, es decir, a modo de ejemplo, si un conductor realiza la prueba de alcoholemia y arroja una tasa de 0'63 mg/l en aire espirado, una vez aplicado el EMP de un etilómetro que no sea de verificación inicial o verificación después de reparación, tendría una desviación de ±7'5%, es decir, una tasa de 0'58 mg/l que, recordemos, no sería una tasa penalmente relevante por superación de tasas, pues es inferior a 0'60 mg/l, salvo que se haya puesto de manifiesto una influencia de esa ingesta de bebidas alcohólicas en la conducción.

El reciente pronunciamiento del TS acerca del llamado "margen de error" o EMP (SSTS 788/2023 y 789/2023, de 25 de octubre) que constituye jurisprudencia conforme al art. 1.6 CC, dictamina que hay que tener en cuenta el tercer dígito a la hora del redondeo en la operación matemática de restarle el 7'5% del EMP a la tasa de alcoholemia arrojada tomando la menor de las dos de ellas, de tal forma que, conforme al caso que se analiza en la sentencia, un conductor que arroja un resultado de 0'73 mg/l en la primera prueba y 0'65 mg/l en la segunda prueba, aplicando el margen de error del etilómetro establecido en un 7'5% la operación matemática sería la siguiente: 0'65-7'5%= 0.65-0.04875=0'60125, cifra que redondeada habitualmente en operaciones matemáticas ese 0'04875

574 Principio general del derecho aludido en la SJCA de Pontevedra 89/2021, de 31 de marzo, que rebaja la sanción a un conductor al que no se le aplicó el EMP.

575 BARQUÍN SANZ, J., & LUNA DEL CASTILLO, J. D. (2005). Ingesta moderada de alcohol y prueba del etilómetro. *Revista Electrónica de Ciencia Penal y Criminología* (7). Pág. 11.

quedaría en 0'5, por lo que 0'65-0'5= 0'60, por lo que no se considera ilícito penal al establecer el art. 379.2 CP "...una tasa de alcohol en aire espirado superior a 0'60 miligramos por litro" (STS 789/2023, de 25 de octubre)[576].

Así, en aplicación del principio *in dubio pro reo* y al no se una tasa "superior" a 0'60 sino igual, procedería la absolución del acusado, máxime teniendo en cuenta que el CP dicta do dígitos en la redacción del tipo, todo ello siempre que no co existan signos externos determinantes de alcoholemia y una conducción con sintomatología con influencia del alcohol.

Sin embargo, tal y como en la propia sentencia se alude, los EMP de los etilómetros vienen recogidos en la Orden ICT/155/2020 de 7 de febrero, por la que se regula el control metrológico de Estado de determinados instrumentos de medida. A su vez, esta Orden de 2020 en el Anexo XIII, Apéndice IV, apartado 4 Errore máximos permitidos y repetibilidad, dice "Los errores máximo

---

576 STS 789/2023, de 25 de octubre: "Hay que entender que el derecho del reo a no hacer valer más de dos decimales, como traslación de "in dubio pro reo", debe admitirse en caso de duda, y, sobre todo cuando el texto penal cifra dos decimales y que en los casos de cifras derivadas del margen de error que arrojen tres decimales debe acudirse al redondeo para situarlo hacia arriba o hacia abajo según la aproximación del tercer decimal que nos lleve a subir a 0,05 o a situarlo en 0,04 para, de ahí, aplicarlo a la tasa de 0,65 que en este caso resultó, que es con las aplicaciones de los márgenes de error donde surge la duda en los casos en que así se ha planteado, fijándose, en consecuencia, criterio en favor del reo. Todo ello, claro está salvo que se aprecien signos externos determinantes de la alcoholemia, ya que esta vía del art. 379.2 in fine CP siempre es subsidiaria de la percepción de la conducción con síntomas de conducir bajo la influencia del alcohol, y, por ello, creando el estado de riesgo en la circulación que es lo que configura el tipo penal, y en cuyo caso la condena vendría por la probanza de la afectación en la conducción del consumo de alcohol sin necesidad de aplicar el criterio objetivo del art. 379.2 *in fine* CP"

tolerados son los establecidos en la Recomendación OIML R 126, en vigor, para instrumentos en servicio".

La Recomendación OIML R-126 establece que, en el modo de medición, un valor medido a tres decimales debe redondearse hacia abajo a dos decimales, como se especifica en el apartado 5.3 de la Recomendación. En concreto, se señala que "Un valor medido a tres decimales será redondeado hacia abajo a dos decimales (es decir, un valor medido de 0,427 mg/L se redondea hacia abajo a 0,42 mg/L". Este ajuste asegura la coherencia en la medición dentro de los límites de precisión permitidos, siguiendo lo establecido por la Recomendación OIML R-126, adoptada en los países miembro de la OIML.

Por otro lado, el TS, en su sentencia, aplica un criterio de redondeo distinto para la operación matemática de aplicación del margen de error del 7,5%. En este caso, después de aplicar dicho margen, se redondea el resultado al tercer decimal hacia arriba (es decir, 0'04875 se redondea a 0'05 y no hacia abajo 0'04). Este enfoque o doble ajuste (medición redondeada hacia abajo y operación matemática redondeada hacia arriba) beneficia al acusado al mantener la tasa de alcoholemia de 0'60 y no de 0'61 mg/l., aunque aparentemente lógico en términos matemáticos, esta interpretación parece entrar en conflicto con la OIML, que no contempla una interpretación flexible del redondeo en el contexto de la medición y el margen de error

Es importante señalar que la Recomendación OIML establece que el error máximo permitido para alcoholímetros en operación es de 0,030 mg/L o el 7,5% del valor de referencia, lo cual se ajusta a los márgenes de error permisibles en la medición y aplica un intervalo de escala de al menos 0,01 mg/L en el modo de medición. El redondeo a tres decimales aplicado por el TS podría generar incoherencias con los estándares internacionales, aunque el TS ha optado por una interpretación que busca favorecer al acusado, la discrepancia con la Recomendación OIML plantea dudas sobre la coherencia técnica y jurídica de la aplicación del margen de error.

Para finalizar con este apartado no podemos dejar de mencionar un asunto que es de vital importancia al objeto de ilegitimidad de la actuación en caso de iniciarse diligencias penales, se trata de la excepción que contempla el art. 520.8 de la LECrim sobre la no obligatoriedad de asistencia letrada en caso de detención o investigación la persona por delitos exclusivamente tipificados contra la seguridad vial siempre que haya recibido información clara y suficiente en un lenguaje sencillo y comprensible sobre el contenido de dicho derecho y las consecuencias de la renuncia al mismo, pudiendo retirar su renuncia en cualquier momento[577].

El precitado artículo dice "exclusivamente", es decir, se podrá renunciar a la asistencia letrada si el conductor es investigado solo por delitos contra la seguridad, pues en el caso de que concurran otros delitos como el de lesiones u homicidio imprudente, no será de aplicación esta renuncia y el derecho a la asistencia letrada se volverá irrenunciable[578] y, por lo tanto, la ausencia de abogado en las diligencias de interrogatorio o

577 Un ejemplo de no obligatoriedad de asistencia letrada es la SAP Oviedo 240/2019, de 6 de junio, que desestima la pretensión de nulidad de lo actuado por haberse privado al apelante de su derecho a ser asistido por un abogado.

578 SIERRA MANZANARES, J. M. (2021). ¿Toma de declaración en calidad de "conductor" o "implicado"?". Obtenido de http://www.ijespol.es/: https://www.ijespol.es/toma-de-declaracion-en-calidad-de-conductor-o-implicado/. Fecha última consulta: 16 de noviembre de 2024; RAYO GARCÍA, M (2018). Asistencia letrada al detenido. Intervención en sede policial. [TFM]. Universidad de Alcalá. Pág. 32. https://ebuah.uah.es/dspace/handle/10017/33280. Fecha última consulta: 16 de noviembre de 2024.

reconocimiento que sea objeto serán nulas al vulnerarse derechos fundamentales del investigado[579].

Sin embargo, esta excepción puede tener alguna prerrogativa, convirtiéndose en obligatoria la asistencia letrada en caso de menores investigados o detenidos, aunque solo lo sean por hechos relativos a la seguridad vial. Esto se debe a que el carácter supletorio de la LECrim a la que remite la Disposición Final la de la LORPM, es una excepción en aquellas materias en las que la legislación relativa a los menores esté suficientemente regulada y las disposiciones especiales de la LECrim entren en conflicto con los principios informadores de la justicia juvenil, y en este caso concurren tanto uno como otro caso[580]. La detención de los menores está regulada en el art. 17 de la LORPM. La claridad de lo expresado en su apartado segundo, preceptuando que "Toda declaración del detenido, se llevará a cabo en presencia de su letrado y de aquéllos que ejerzan la patria potestad, tutela o guarda del menor…", lo deja perfectamente claro no da lugar a la excepción ni a la integración supletoria del precepto[581].

---

579 Esta excepción no abarca el momento posterior cuando el investigado comparece ante la autoridad judicial para declarar, situación en la que se aplica de pleno el art. 767 de la LECrim; "Desde la detención o desde que de las actuaciones resultare la imputación de un delito contra persona determinada será necesaria la asistencia letrada. La Policía Judicial, el Ministerio Fiscal o la autoridad judicial recabarán de inmediato del Colegio de Abogados la designación de un abogado de oficio, si no lo hubiere nombrado ya el interesado".

580 FGE. (2011). *Circular 9/2011, de 16 de noviembre, sobre criterios para la unidad de actuación especializada del Ministerio Fiscal en materia de reforma de menores*. Pág. 11.

581 LO 5/2000, de 12 de enero, reguladora de la responsabilidad penal de los menores. BOE Núm. 11. Art. 2: "Toda declaración del detenido, se llevará a cabo en presencia de su letrado y de aquéllos que ejerzan la patria potestad, tutela o guarda del menor -de hecho o de derecho-, salvo que, en este último caso, las circunstancias aconse-

Asimismo, en caso de extranjeros es más que aconsejable la asistencia letrada, ya que como prescribe el art. 520.2 LECrim. "Toda persona detenida o presa será informada por escrito, en un lenguaje sencillo y accesible, en una lengua que comprenda y de forma inmediata, de los hechos que se le atribuyan y las razones motivadoras de su privación de libertad, así como de los derechos que le asisten y especialmente de los siguientes…".

La información proporcionada por la policía al detenido debe incluir tanto los motivos fácticos como jurídicos de la detención, sin limitarse a la identificación y calificación provisional del delito. Es imprescindible que se establezca una conexión clara y fundamentada entre la conducta del sospechoso y los hechos objeto de investigación[582], garantizando así que el detenido comprenda las razones concretas de su privación de libertad.

En estos casos, aunque se le proporcione a la persona extranjera una lectura de derechos al investigado por escrito y en su propio idioma, probablemente no comprenda todos los extremos de su situación y los hechos que se le imputan, por lo que la prueba podría adolecer de defectos esenciales que garantizasen los derechos legales y constitucionales que le asisten, subsanándose esos defectos con la asistencia letrada.

---

jen lo contrario. En defecto de estos últimos la declaración se llevará a cabo en presencia del Ministerio Fiscal, representado por persona distinta del instructor del expediente"

582 IBERLEY. (2019). *La asistencia letrada al detenido como derecho fundamental.* Obtenido de https://www.iberley.es/temas/asistencia-letrada-detenido-63107. Fecha última consulta: 15 de noviembre de 2024.

5.5. Práctica de la prueba de drogas

La prueba de drogas presenta similitudes importantes con la de alcoholemia en cuanto a la normativa que las regula, aunque difieren en su procedimiento, requisitos y tratamiento jurídico. En este sentido, mientras que el art. 796.1 7ª de la LECrim menciona la prueba de alcoholemia de forma muy breve, remitiendo directamente a lo establecido en la Ley de Seguridad Vial, ese mismo artículo regula de manera algo más detallada la prueba de drogas[583].

Entre otros aspectos, establece una limitación fundamental respecto a quién puede practicarla, señalando expresamente que deberán ser realizadas "por agentes de la policía judicial de tráfico con formación específica...". La expresión "policía judicial de tráfico" no había sido empleada antes por el legislador, sino que fue introducida por primera vez mediante la DF 1ª. 4º de la LO 5/2010, de 22 de junio, que modificó la LO 10/1995, de 23 de noviembre, del CP.

Tal consideración no aparece recogida ni en la LECrim, arts. 262 y ss., ni en el RD769/1987, de 19 de junio, sobre regulación de la Policía Judicial, ni en la LOPJ, por lo que resultó ser novedosa a la par que llamativa esa nueva denominación que se le adjudicaba a los agentes encargados de la vigilancia del tráfico. La FGE, en su Circular 10/2011, de 17 de noviembre,

---

583 LECrim Art. 796.1. 7ª: "Las pruebas para detectar la presencia de drogas tóxicas, estupefacientes y sustancias psicotrópicas en los conductores de vehículos a motor y ciclomotores serán realizadas por agentes de la policía judicial de tráfico con formación específica y sujeción, asimismo, a lo previsto en las normas de seguridad vial. Cuando el test indiciario salival, al que obligatoriamente deberá someterse el conductor, arroje un resultado positivo o el conductor presente signos de haber consumido las sustancias referidas, estará obligado a facilitar saliva en cantidad suficiente, que será analizada en laboratorios homologados, garantizándose la cadena de custodia"

señala que la denominación "policía judicial de tráfico" posee la significación funcional prevista en los arts. 262 y siguientes de la LECrim, e incluye, conforme a lo dispuesto en la LOPJ, a la ATGC, las Policías Autonómicas y las Policías Locales.

Además, aquella modificación del CP añadió un nuevo requisito fundamental e indispensable para habilitar a dichos agentes para realizar esta prueba de drogas, el cual no es necesario para la prueba de alcohol, que es poseer una "formación específica", lo que implica la obligatoriedad de esta formación para todos los agentes encargados de efectuar la prueba de drogas. En este sentido, tal como afirma la Circular 10/2011, de 17 de noviembre de la Fiscalía, el Ministerio Fiscal velará por el cumplimiento de esta exigencia formativa[584].

Para RODRÍGUEZ LEÓN[585], la exigencia de formación específica de los funcionarios de la policía judicial de tráfico responde precisamente al fundamento mismo de la policía judicial: contar con agentes especializados en la investigación de delitos, conocedores no solo de técnicas policiales, sino también de Derecho penal y procesal, lo que garantiza una mayor eficacia para la Administración de Justicia.

En relación con dicha exigencia, continúa diciendo la LECrim que estas pruebas se realizarán con sujeción "a lo previsto

---

584 Conviene resaltar que, ni mucho menos, todos los agentes pertenecientes a un Cuerpo de seguridad, ya sea Guardia Civil, policía autonómica o local, con competencia en seguridad vial tienen la formación que se precisa, sino que solo la tienen aquellos componentes que están destinados en unidades que específicamente tienen asignados los cometidos de vigilancia del tráfico y seguridad vial, incluso algunos de estos miembros pueden también carecer de esa formación.

585 RODRÍGUEZ LEÓN, L. C. (2013). *Delito de conducción bajo los efectos de las drogas. Jornadas de Fiscales Delegados de Seguridad Vial.* Centro de Estudios Judiciales. Pág. 8.

en las normas de seguridad vial". Aunque la LSV menciona brevemente en su art. 14.3 que la prueba para detectar drogas consistirá en una prueba salival mediante un dispositivo autorizado y "en un posterior análisis de una muestra salival en cantidad suficiente", el RGC guarda silencio sobre este análisis específico de drogas, indicando únicamente que normalmente será un reconocimiento médico o un análisis que los facultativos estimen más adecuados. Esto refleja nuevamente el desfase existente en este aspecto en el RGC.

Asimismo, la LSV de 2015, posterior a la modificación de la LECrim de 2010, desaprovechó la oportunidad de incluir expresamente esa remisión a la norma penal en blanco que sí contempla la LECrim, omitiendo igualmente la obligación expresa de formación específica. Precisamente, la Memoria de la FGE de 2011 ya advirtió la necesidad de modificar la normativa sobre tráfico para regular "con detalle las cuestiones que no caen bajo el ámbito regulativo de la LECrim y modificarlas en lo que se le opongan"[586].

Según FERIA y GINER[587], podría interpretarse inicialmente que existe una doble regulación: una penal, que exige formación específica, y otra administrativa, que no la exige. Sin embargo, concluyen que realmente no se da una doble regulación, sino que la regulación fundamental se encuentra en la LECrim, debiendo la normativa administrativa complementar dicha regulación penal, pero nunca contradecirla.

La prueba de drogas mediante saliva –con mayor rigor científico, fluido oral–, obtenida del conductor, actualmente está configurada como una prueba indiciaria que sirve para detec-

586 Memoria de la FGE (2011). Pág. 1003.

587 FERIA RAMOS, E., & GINER ALEGRÍA, C. A. (2022). Deficiencias en la regulación normativa en materia de seguridad vial por consumo de drogas: un ensayo aplicado sobre formación a los cuerpos y fuerzas de seguridad. *Educación y Derecho*, Vol. 25, Pág. 12.

tar la presencia reciente[588] de drogas en el organismo sin determinación cuantitativa de la sustancia[589], sino que aporta un

---

588 La SJCA de Pontevedra 43/2021, de 3 de marzo, habla sobre la validez de un análisis de pelo para acreditar la presencia o ausencia de drogas en el organismo, concluyendo: "Para poder determinar el consumo esporádico e inmediato de sustancias psicotrópicas por el conductor de un vehículo las pruebas idóneas son las de análisis de saliva o sangre (sobre todo esta última). La prueba con pelo (cabello) tiene una utilidad diferente: Sirve para comprobar si una determinada persona es consumidora habitual de drogas. Pero no permite constatar un consumo puntual, en un día aislado y determinado, si el sujeto no es toxicómano. En conclusión los análisis de cabello permiten conocer las drogas consumidas a lo largo del tiempo decrecimiento del pelo, pero no en un día concreto. Por el contrario, el análisis de sangre es idóneo para identificarlos fármacos consumidos en las 48 horas inmediatas a la extracción de la muestra"

589 BRAITHWAITE, R. A., JARVIE, D. R., SB, M. P., & SIMPSON, D. W. (1995). *Screening for Drugs of Abuse. I: Opiates, Amphetamines and Cocaine.* Ann Clin Biochem. doi:10.1177/000456329503200203 "Las drogas se retienen por un periodo más corto en la saliva respecto a la orina y a menores concentraciones". Este aspecto temporal se concreta en DOLARN, K., ROUEN, D., & KIMBER, J. (2004). *An overview of the use of urine, hair, sweat and saliva to detect drug use.* Drug Alcohol Rev. doi:10.1080/09595230410001704208. "El análisis de orina ofrece una ventana intermedia de detección (1 a 3 días) mientras que el de cabello ofrece la mayor ventana de detección (7–100 o más días) y el de saliva puede ser útil para determinar el consumo de drogas muy reciente (1 a 36 horas)".
En el mismo sentido LANGEL, K., GJERDE, H., FAVRETTO, D. LILLSUNDE, P., & LEERE, E. (2014). *Comparison of drug concentrations between whole blood and oral fluid.* Drugs test Anal. doi:10.1002/dta.1532. Págs. 461-471.
Por el contrario, en AZORÍN ORTEGA, F., & BROTONS ALBERT H. (2021). Comentarios a las infracciones por presencia de drogas en carretera y argumentos para establecer tasas mínimas de detección en sangre. *Revista Española de Drogodependencias.*, 46, Pág. 101 podemos encontrar otros estudios contradictorios que afirman que

resultado cualitativo de la sustancia a detectar una vez alcanzado el punto de corte o *cutoff* determinado (concentración de la sustancia a partir de la cual una prueba diagnóstica se considera positiva), pues no existen unos valores universales y dependen de varios factores como el analito o la técnica diagnóstica.

Asimismo, tampoco es posible acreditar la influencia concreta de cada droga sobre las condiciones psicofísicas del conductor debido a razones toxicocinéticas específicas, ya que no existen datos fiables que correlacionen los resultados obtenidos en saliva con los niveles presentes en sangre[590]. Aunque es habitual utilizar la expresión "prueba indiciaria" para referirse a la primera prueba realizada, dicha denominación no resulta adecuada, dado que en ese momento inicial no puede considerarse propiamente una prueba, sino más bien una "muestra indiciaria" de la posible presencia de drogas en el organismo[591].

Para la muestra indiciaria, la DGT ha fijado el punto de corte tomando como referencia la evidencia científica publicada y los estándares proporcionados por el fabricante; y para la prueba evidencial realizada en laboratorio, ha establecido concentraciones límite que minimizan la aparición de falsos

---

"Existe suficiente evidencia científica para acreditar que las pruebas salivares para la detección de drogas en la carretera no ofrecen garantías de uso reciente".

De igual creencia es PÉREZ ABAD, M. T., & RODRIGÁÑEZ GARCÍA, M. E. (2015). La problemática que plantea la probabilidad del falso positivo en el art. 379 CP. *La Ley*(615). Pág. 6.

590 GARCÍA-REPETTO, R., PÉREZ TORRES, Á., & SORIA SÁNCHEZ, M. L. (2012). Conducción bajo los efectos de sustancias psicoactivas: correlación de las concentraciones en fluido oral y sangre. *Revista Española de Medicina*, 38(3), Págs. 91-99. doi: 10.1016/j.reml.2012.05.002

591 MENÉNDEZ ANDALUZ, J. M. (2018). Drogas: Tenemos un problema. *Tráfico y Seguridad Vial* (247), Pág. 24.

positivos, siguiendo las recomendaciones internacionales[592]. Así, en saliva, los valores quedan establecidos en ng/ml de la siguiente manera: 6-AM, 2; anfetamina 15; benzoilecgonína 8; cocaína 8; Codeína 5; ketamina 10; MDA 15, MDEA 15; MDMA 15, Metadona 10; Metanfetamina 15; Morfina 5; THC 2[593].

Cuando un conductor es requerido para la realización de la prueba de drogas, ya sea con cualquier analizador de drogas a los que hemos hecho referencia anteriormente de Dragüer o SoToxa, debe ser informado de que la prueba se compone de dos partes: la primera, se trata de una muestra con carácter indiciario que se hace *in situ* consistente en una obtención de saliva del conductor la cual se extrae mediante un recolector de saliva que debe colocar en la zona sublingual sin morder y sin chuparlo hasta que se vuelva de color azul, lo cual significa que ya tiene la cantidad suficiente de saliva para analizarse. Una vez hecho esto, el colector se introducirá en el analizador y, tras unos minutos, dará el resultado del análisis[594].

En caso de dar un resultado positivo, es decir, el aparato detecta la presencia en el organismo de alguna o algunas de las drogas detectables por el mismo, o aun en el caso de dar un resultado negativo el conductor presente signos de haber

---

592 Según un estudio de GJERDE HALLVARD, C., BRENNHOVD, G., ANDREASSEN, E., & FURUHAUGEN, H. (2018). Evaluation of Dräger DrugTest 5000 in a Naturalistic Setting. *Journal of Analytical Toxicology*, 42(4), Pág. 254., concluye que “El DDT5000 (Dräeger) no identificó de manera absolutamente correcta a los infractores de DUID (Drive underimpirement o conducción bajo los efectos) debido a proporciones bastante grandes de resultados falsos positivos o falsos negativos en comparación con las concentraciones de drogas en la sangre”.

593 DGT. (2021). *Revisión sistemática sobre drogas y conducción*. Pág. 22.

594 Los kits de drogas tienen una fecha de caducidad marcada en el envoltorio que deberá respetarse, ya que además de que el laboratorio no analizará la muestra su fiabilidad está comprometida.

consumido alguna droga no detectable por el aparato, conforme al art. 796.1.7ª LECrim "el conductor estará obligado a facilitar saliva en cantidad suficiente, que será analizada en laboratorios homologados, garantizándose la cadena de custodia" este laboratorio homologado procederá a su análisis, emitiendo un informe tanto cualitativo como cuantitativo de la sustancia analizada.

Cuando el art. 796.1. 7ª LECrim utiliza la palabra "homologado" para referirse al carácter del laboratorio que debe analizar la segunda muestra de saliva, la FGE en su Circular 10/2011, de 17 de noviembre, dice que dicho adjetivo hay que encaminarlo según lo prescrito en el art. 788.2 LECrim dónde se encuadrarán en este término "los laboratorios, públicos o privados, en los que se sigan, para la realización de las pruebas, los protocolos científicos aprobados por las correspondientes normas". A su vez se les exige un control de la administración

Respecto a ese control de la Administración, la Memoria de la FGE del año 2011 determina que hay que aplicar las normas que tratan sobre ese asunto, es decir, RD386/96 por el que se aprueba el Reglamento de los Institutos de Medicina legal, el RD862/98 de 8 de mayo por el que se aprueba el Reglamento del Instituto de Toxicología y al art. 480 LOPJ.

Esa función de control de la administración se consuma con la vigilancia del cumplimiento de la normativa UNE-EN ISO 15189:2013 sobre "Laboratorios clínicos. Requisitos particulares para la calidad y la competencia", o la UNE-EN ISO/IEC 17025:2017 sobre "Requisitos generales para la competencia de los laboratorios de ensayo y calibración". Continúa diciendo la FGE en su Memoria que en caso de que no se trate de un laboratorio oficial el informe se tendrá que reproducir en el plenario con comparecencia del perito.

La segunda prueba es muy similar a la primera, pero varía el colector salival utilizado. Una vez que el hisopo absorbente se vuelve de color azul porque tiene la cantidad de saliva necesaria, se introducirá en un tubo de recogida de la muestra precintándolo y etiquetándolo en presencia del conductor para asegurar la cadena de custodia, identidad y exactitud de la muestra que va a ser remitida al laboratorio. Es recomendable la utilización de bolsas de gel o neveras portátiles para la correcta conservación de la muestra[595].

595 GARCÍA RODRÍGUEZ, A. (2019). *Manual sobre alcohol y otras drogas para integrantes de la policía judicial de tráfico.* Eolas. Pág. 219 y 220. El autor expone que tras un ensayo clínico hecho en el año 2017 por la empresa Immunalysis Corporation con diferentes muestras y metabolitos de sustancias de abuso, unas de ellas conservadas a 23°C y otras a 4°C, se realizaron análisis el primer día, luego a los 1 y, finalmente, a los 30 días, obteniendo como resultado valores que demuestran que las muestras refrigeradas tienen un porcentaje de pérdida mucho menor que las que no lo estaban durante un periodo de tiempo largo.
Asimismo, la empresa fabricante de analizadores de droga ABOTT ofrece recomendaciones clave para garantizar la integridad de las muestras obtenidas con el dispositivo de recolección de fluido oral "Quantisal™", desde su almacenamiento hasta su análisis: los dispositivos de recolección no utilizados deben guardarse entre 15 °C y 30 °C, siendo estables hasta la fecha de caducidad indicada; las muestras pueden resistir exposiciones puntuales a temperaturas desde -20 °C hasta +40 °C, siempre que estas no superen las 24 horas. Por otra parte, las muestras recolectadas con el dispositivo "Quantisal™" se mantienen estables a temperatura ambiente (8 °C a 25 °C) hasta un máximo de 10 días, excepto en el caso de muestras de cocaína, cuya estabilidad se reduce a 5 días. Para almacenamiento prolongado, se recomienda conservar las muestras refrigeradas entre 2 °C y 8 °C, lo que extiende su estabilidad hasta 12 meses para la mayoría de los analitos analizados, salvo excepciones específicas: cocaína (1 mes) y THC (2 meses). Finalmente, no debe realizarse el análisis de las muestras hasta que hayan transcurrido al menos 4 horas desde su recolección, para asegurar una extracción adecuada de las sustancias desde el tampón hacia la solución de preservación. ABBOTT. (2024). *Storage and Transportation of Quantisal™ Oral Fluid Collection Device.*

Una diferencia muy importante respecto de la prueba de alcohol es que el aparato o analizador utilizado para detectar la presencia de drogas en el organismo, hasta la fecha, no está sometido a control metrológico como sí lo están tanto los cinemómetros como los etilómetros, por lo que, evidentemente, no poseen ningún certificado expedido por el CEM, de ahí que la primera prueba que se realiza tenga solo la consideración de indicio a falta de confirmación por el laboratorio homologado[596].

Un punto controvertido podría darse cuando el conductor ha dado positivo en unas determinadas sustancias en la primera muestra, por ejemplo, metanfetaminas y una vez remitida la segunda muestra al laboratorio para que la analice resulte que es negativo en metanfetaminas y positivo otras distintas, por ejemplo, cocaína y THC. Este caso es el tratado en la SJCA de Pontevedra 92/2020, de 3 de junio que anula la sanción administrativa a una conductora que recurrió la sanción alegando esa diferencia en los resultados, obteniendo una respuesta en un "formulario tipo genérico" sin ninguna concreción a su caso lo que supone una indefensión y contradicción no explicada por la administración, por lo que no es suficiente para destruir la presunción de inocencia y pone de manifiesto un posible error en la cadena de custodia.

Como señala la sentencia, es posible que se haya producido un error en la cadena de custodia. Sin embargo, también cabe la posibilidad de tratarse de un falso positivo, es decir, que la primera prueba arroje un resultado positivo para una determinada sustancia, mientras que el análisis posterior realizado en un laboratorio homologado dé negativo. Esto puede ocurrir,

---

596 SJCA de Pontevedra 43/2021, de 3 de marzo: "El aparato analizador de drogas no está sometido a control metrológico porque su función sólo es detectar la presencia de drogas en el organismo, no medir su ratio".

comenta LÓPEZ- RIVADULLA LAMA[597], porque el dispositivo de detección inicial tiene, por ejemplo, un punto de corte de 25 nanogramos, lo que puede generar un positivo, mientras que en la segunda prueba, al enviarse otra muestra al laboratorio, esta no contenga suficientes moléculas detectables de la sustancia inicialmente detectada, aunque el umbral de detección del laboratorio sea de solo 5 nanogramos.

De hecho, sigue comentando el mismo autor, al comparar los resultados del análisis en saliva con los obtenidos en sangre cuando el conductor solicita la prueba de contraste, la diferencia puede ser significativa. La saliva es capaz de detectar la presencia de cannabis hasta 48-72 horas después de su consumo y puede identificar concentraciones tan bajas como 0.04 nanogramos, mientras que un laboratorio que analice sangre no detecta niveles tan bajos. Además, si una muestra en saliva da positivo por THC, pero no se realiza la prueba en sangre en un plazo máximo de 6 horas, lo más probable es que el resultado en sangre sea negativo. En este sentido, la aparición de una sustancia diferente en el análisis de laboratorio podría explicarse por esta variabilidad en la detección y los distintos umbrales de corte en cada prueba, así como por el hecho de que la segunda muestra no contuviera moléculas de la sustancia inicialmente detectada. No obstante, si se alegara un problema en la cadena de custodia, dice el autor, es importante aclarar que una custodia defectuosa podría implicar la destrucción o alteración de la muestra, pero en ningún caso la creación de una sustancia psicoactiva que no estuviera presente desde el inicio.

Llegados a este punto, resulta de especial interés un elemento fundamental para la validez de la prueba, se trata de la cadena de custodia que debe tener esa segunda muestra

---

597 LOPEZ-RIVADULLA LAMAS, M. (2025). *Presente y futuro de la detección de drogas en los conductores.* [Ponencia] Máster Universitario de Tráfico y Seguridad Vial UC3M.

de saliva del conductor remitida al laboratorio oficial. Según la doctrina del TS la cadena de custodia "es conjunto de actos que tienen por objeto la recogida, el traslado y la conservación de los indicios o vestigios obtenidos en el curso de una investigación criminal, actos que deben cumplimentar una serie de requisitos con el fin de asegurar la autenticidad, inalterabilidad e indemnidad de las fuentes de prueba" (STS 147/2015, de 17 de marzo).

Siendo este un aspecto esencial de integridad de la muestra y garantía del procedimiento, paradójicamente, nos encontramos con que la legislación española apenas trata este aspecto, pues tan solo aparece expresamente una vez y es, precisamente, en el art. 796.1. 7ª que trata sobre el tema que nos ocupa y que escuetamente dice "Cuando el test indiciario salival, al que obligatoriamente deberá someterse el conductor, arroje un resultado positivo o el conductor presente signos de haber consumido las sustancias referidas, estará obligado a facilitar saliva en cantidad suficiente, que será analizada en laboratorios homologados garantizándose la cadena de custodia".

Es cierto que, aunque sin mención expresa, el art. 326 de la LECrim[598]. es de aplicación directa a la recogida, custodia

---

[598] Art. 326 LECrim: "Cuando el delito que se persiga haya dejado vestigios o pruebas materiales de su perpetración, el Juez instructor o el que haga sus veces ordenará que se recojan y conserven para el juicio oral si fuere posible, procediendo al efecto a la inspección ocular y a la descripción de todo aquello que pueda tener relación con la existencia y naturaleza del hecho.
A este fin, hará consignar en los autos la descripción del lugar del delito, el sitio y estado en que se hallen los objetos que en él se encuentren, los accidentes del terreno o situación de las habitaciones y todos los demás detalles que puedan utilizarse, tanto para la acusación como para la defensa.
Cuando se pusiera de manifiesto la existencia de huellas o vestigios cuyo análisis biológico pudiera contribuir al esclarecimiento del he-

y examen de muestras cuando pueda contribuir al esclareci miento del hecho investigado[599]. Asimismo, el art. 770.3 LE Crim asigna a la policía judicial la recogida y custodia de los "efectos, instrumentos o pruebas del delito de cuya desapari ción hubiere peligro, para ponerlos a disposición de la autori dad judicial".

Por su parte, el art. 338 LECrim otorgan al juez la función de "retención, conservación o envío al organismo adecuado para su depósito" de los instrumentos, armas y efectos que ten gan relación con el delito, y el art. 479 LECrim confiere a los peritos la necesidad de conservación de los objetos o parte de ellos poniéndolos a disposición del juez por si fuera necesario un nuevo análisis.

Una muestra de saliva obtenida para detectar la presencia de drogas puede atravesar dos fases dentro del proceso penal. Según MORENO CATENA[600], es innegable que las fuentes de investigación obtenidas durante la fase de instrucción pueden convertirse posteriormente en fuentes de prueba en el juicio oral, constituyendo así lo que se conoce como "prueba preconstituida"[601]. Por ello, puesto que las diligencias practica-

---

cho investigado, el Juez de Instrucción adoptará u ordenará a la Policía Judicial o al médico forense que adopte las medidas necesarias para que la recogida, custodia y examen de aquellas muestras se verifique en condiciones que garanticen su autenticidad, sin perjuicio de lo establecido en el art. 282".

599 LÓPEZ VALERA, M. (2020). *La cadena de custodia de las pruebas de ADN*. Dykinson. Pág. 36-37.

600 MORENO CATENA, V., & CORTÉS DOMÍNGUEZ, V. (2021). *Derecho procesal penal* (10ª ed.). Tirant lo Blanch. Págs. 450-455.

601 En términos similares se expresa HERNÁNDEZ GIL, F. (1993). La prueba preconstituida. En N. GONZÁLEZ-CUELLAR SERRANO, *La prueba en el proceso penal*. Ministerio de Justicia. Págs. 86-87. Este autor dice que los actos de investigación no sólo tratan de localizar las fuentes de prueba, sino que pretenden preconstituir algunas

das en la instrucción están encaminadas precisamente a preconstituir dichas fuentes probatorias, resulta esencial aplicar garantías rigurosas en la recogida y conservación de los elementos obtenidos, asegurando así la disponibilidad directa y fiable de la fuente (en este caso, la muestra de saliva) durante el juicio oral. El mismo autor señala que el objetivo primordial de la cadena de custodia es garantizar que la fuente probatoria no se haya contaminado en ningún momento, evitando posibles sustituciones o errores en la identificación de objetos, sustancias, documentos o cualquier otro elemento relacionado directa o indirectamente con el caso[602].

---

de ellas con el objeto de registrar ese dato o información y evitar su pérdida.

602 La STS 356/2016, de 26 abril, aborda el tema de la ruptura de la cadena de custodia, diciendo "Es a través de la cadena de custodia como se satisface la garantía de lo que se ha denominado 'la mismidad de la prueba' (STS 1190/2009, de 3 diciembre). A tal respecto, se ha dicho por la doctrina que la cadena de custodia es una figura tomada de la realidad a la que tiñe de valor jurídico con el fin de, en su caso, identificar el objeto intervenido, pues al tener que pasar por distintos lugares para que se verifiquen los correspondientes exámenes, es necesario tener la seguridad de que lo que se traslada y analiza es lo mismo en todo momento, desde que se recoge del lugar del delito hasta el momento final que se estudia, informa, y en su caso, se destruye.

En este punto, la STS 685/2010, de 7 julio, considera que la falta de ruptura de tal cadena queda acreditada por las declaraciones testificales y por el informe pericial de la toma de muestras, lo que no implicó desviación alguna en la cadena de custodia, evitándose en todo caso la contaminación.

También hemos dicho que no basta la sospecha sino la evidencia de tal ruptura de la cadena de custodia. La STS 709/2013, de 10 de octubre, declara que debe exigirse prueba de la manipulación de la cadena de custodia y no la mera posibilidad". En el mismo sentido la STS 160/2015, de 10 de marzo.

A esa "mismidad de la prueba" aludida por el TS, se refiere la LECrim en su art. 326 cuando dice que "la recogida, custodia y exa-

Como hemos dicho, esa laxitud de regulación procesal supone que deba ser complementada con otros protocolos o normas que impliquen la garantía en la conservación de la cadena de custodia, ya sea mediante manuales, protocolos o procedimientos internos de cada organismo implicado, bien policial o de cualquier otra índole directamente implicados muy especialmente la Orden del Ministerio de Justicia JUS/1291/2010, de 13 de mayo por la que se aprueban las normas para la preparación y remisión de muestras objeto de análisis por el Instituto Nacional de Toxicología y Ciencias Forenses[603].

En el proceso que transcurre desde que los agentes intervienen un efecto del delito, en este caso la obtención de la segunda muestra de saliva, pasando por el análisis hasta el juicio, debe garantizarse que en esa muestra recogida, analizada y expuesta en el juicio "no se han producido alteraciones, manipulaciones o sustituciones, intencionadas o descuidadas" (STS 491/2016, de 8 de junio).

Según la STS 1170/2024, de 19 de diciembre, la "cadena de custodia" ha de entenderse como un método que admite todos los mecanismos idóneos –no solo las "fórmulas documentales protocolizadas"– para que el tribunal llegue a la "razonable convicción" de la genuinidad e integridad de las pruebas. En consecuencia, cualquier irregularidad u omisión en la trazabilidad de la prueba no conduce por sí sola a su nulidad o in-

---

men de aquellas muestras se verifique en condiciones que garanticen su autenticidad"

603 STS 308/2013, de 14 de marzo: "Bajo el epígrafe "documentación" la Orden del Ministerio de Justicia JUS/1291/2010 propone como modelo el que figura incluido como anexo, en los distintos modelos de formularios, pudiendo ser válido cualquier otro documento, siempre que quede constancia firmada de todas las personas bajo cuya responsabilidad hayan estado las muestras". También la STS 339/2013, de 2 de mayo.

utilizabilidad, sino que solo puede repercutir en su valoración cuando genere dudas razonables que impidan confirmar que la evidencia no ha sido alterada o manipulada.

No obstante, pueden producirse irregularidades en la cadena de custodia con posibles efectos sobre la eficacia probatoria; sin embargo, el TS ha señalado reiteradamente que el cumplimiento estricto de protocolos reglamentarios, como la Orden del Ministerio de Justicia 1291/2010, no determina necesariamente la validez o nulidad de los actos procesales de prueba, puesto que una norma reglamentaria no puede condicionar por sí misma la decisión judicial sobre la integridad de dicha custodia. Además, ha precisado que las declaraciones testificales pueden ser suficientes para acreditar la ausencia de ruptura en la cadena, disipando cualquier duda razonable sobre la identidad de las muestras (STS 160/2015, de 10 de marzo).

Asimismo, el TS reconoce que estas irregularidades, aunque no impliquen necesariamente la nulidad de las pruebas, sí pueden afectar a su fiabilidad y autenticidad, teniendo un efecto innegable sobre las garantías judiciales y la presunción de inocencia, pues de lo contrario podría producirse una "más que visible quiebra de los principios que definen el derecho a un proceso justo" (STS 1029/2013, de 28 de diciembre; SSTS 884/2012, de 8 de noviembre y 744/2013, de 14 de octubre). No obstante, el Tribunal también ha afirmado que la irregularidad en la cadena de custodia no constituye, por sí misma, motivo suficiente para negar valor probatorio "al análisis practicado y sus resultados debidamente documentados" (STS 1349/2009, de 29 de diciembre; STS 530/2010, de 4 de abril)[604].

---

[604] GONZÁLEZ CANO, M. I., & ROMERO PRADAS, M. I. (2017). *La Prueba. La prueba en el proceso penal.* (Vol. II). Tirant lo Blanch. Pág. 697 y 698.

La cadena de custodia está estrechamente relacionada con las garantías de la prueba de cargo. En este sentido, la STS 491/2016, de 8 de junio, señala que a falta una regulación legal adecuada y moderna de la cadena de custodia y en aplicación de la doctrina jurisprudencial STS 308/2013, de 26 de marzo, una infracción menor en la cadena de custodia no decreta la exclusión de la prueba por lo que tiene que ser valorada como prueba de cargo eficaz para enervar la presunción de inocencia[605], sin perjuicio de que esa irregularidad pueda afectar a la convicción o fiabilidad. En cambio, una infracción mayor o muy notable de la cadena de custodia debe concluir con la invalidez de la prueba, pues su valoración chocaría de lleno con un proceso con las adecuadas garantías al no certificarse la autenticidad de la fuente de prueba[606]. En definitiva, la muestra recogida debe ser descrita, depositada y analizada con

605 La STS 147/2015, de 17 de marzo anula la sentencia del tribunal *a quo* por "arbitraria o falta de razonabilidad", al considerar el TS que no puede entenderse rota la cadena de custodia por "pequeños defectos formales en la cumplimentación de los formularios y documentación por parte de los agentes actuantes, sin atender a multitud de otros datos obrantes en las actuaciones que revelan la identidad de lo intervenido y lo analizado".

606 Jornadas de fiscales delegados de Seguridad Vial (2013). Pág. 21: "Lo esencial es garantizar que la muestra obtenida se conserva en condiciones óptimas para ser analizada con fiabilidad, y que es la misma que se obtuvo del sujeto sometido a análisis" Un error no invalidante podría consistir en la falta de reseña de algún dato no esencial de la hoja de toma de muestras, sin embargo, un error potencialmente invalidante podría ser la ruptura temporal del recorrido de la muestra o una omisión de los datos esenciales obrantes en el formulario de recogida de muestras.

las debidas garantías tal como señala el art. 338 LECrim[607] que garanticen su integridad[608].

Por lo que respecta a la prueba de contraste, se actuaría de igual manera *mutatis mutandis* que con la prueba de alcoholemia.

Por otra parte, no podemos ignorar el impacto que las nuevas tecnologías tienen actualmente sobre la investigación penal, incluido el ámbito de la seguridad vial. Precisamente en este contexto, en el año 2015 el legislador introdujo reformas en la LECrim relativas a la investigación tecnológica del delito, permitiendo así el uso de medios técnicos como fuente de prueba. En relación directa con lo anterior, en 2019 el Fiscal de Sala Coordinador de Seguridad Vial ofició un escrito dirigido a las policías judiciales de tráfico con instrucciones específicas para elaborar atestados por delitos del art. 379 CP sobre conducción bajo la influencia de drogas, estupefacientes y sustancias psicotrópicas.

En dicha instrucción, además de establecer criterios sobre la necesidad de instruir atestado y derivarlo a la vía penal basándose en signos externos o indicadores de afectación del conductor, se señala explícitamente la posibilidad de grabar imágenes del conductor investigado[609], en virtud del art. 588 quinquies de la LECrim, que dispone: "a) La Policía Judicial

---

607 Art. 338 LECrim: "Sin perjuicio de lo establecido en el Capítulo II bis del presente título, los instrumentos, armas y efectos a que se refiere el art. 334 se recogerán de tal forma que se garantice su integridad y el Juez acordará su retención, conservación o envío al organismo adecuado para su depósito"

608 GONZÁLEZ REYES, J. M. (2021). La prueba pericial digital y la cadena de custodia. *Anales de la Facultad de Derecho. Universidad de la Laguna.* (Núm. 38), Págs. 53-54.

609 Conforme a la STS 1285/1999, de 15 de septiembre las grabaciones de video están más cerca de la prueba directa que de la prueba indiciaria y, a menos que se cuestione su autenticidad, tienen mayor

podrá obtener y grabar por cualquier medio técnico imágenes de la persona investigada cuando se encuentre en un lugar o espacio público[610], si ello fuera necesario para facilitar su identificación, para localizar los instrumentos o efectos del delito u obtener datos relevantes para el esclarecimiento de los hechos. b.2. La medida podrá ser llevada a cabo aun cuando afecte a personas diferentes del investigado, siempre que de otro modo

valor probatorio que los testigos humanos porque eliminan la subjetividad, la falibilidad o la falsedad del testimonio personal.
Asimismo, la STS 433/2012, de 1 de junio, señala que el material videográfico obtenido en el ámbito público y sin intromisión indebida en la intimidad personal o familiar tiene un "valor probatorio innegable".

610 Es sólida la doctrina jurisprudencial del TS que considera legítima y no vulneradora de derechos fundamentales la grabación de hechos presuntamente delictivos que ocurren en espacios o vías públicas en el curso de una investigación criminal siempre que esa filmación sea fuera del inviolable domicilio o lugares concretos donde tiene lugar el ejercicio de la intimidad (SSTS. 968/98 de 17 julio, 188/99 de 15 febrero, 367/2001 de 13 marzo, 180/2012 de 14 marzo, 433/2012 de 1 de junio, 487/2013 de 5 junio, 67/2014 de 28 enero, 409/2014 de 21 de mayo).
Sin embargo, el TC en su sentencia 92/2023, de 11 de septiembre, sobre la instalación de videocámaras en un garaje comunitario privado sin autorización judicial ni permiso de la comunidad o comunicación a la autoridad competente, grabación que sirvió como prueba determinante para condenar a una persona por tráfico de drogas, concluyó que la Audiencia Provincial de Barcelona hizo una interpretación reductora del art. 18.1 CE deviniendo nula la prueba de cargo obtenida por ese medio, ya que, según dice la sentencia "ese espacio pertenece al ámbito de la intimidad protegida por el art. 18.1 CE, pues se trata de un lugar cerrado que es, además, una propiedad privada de acceso restringido (a los titulares de las plazas de aparcamiento y a terceros a los que aquellos permitan la entrada) y por tanto es patente que se trata de un lugar en el que el recurrente tenía una expectativa razonable de no ser escuchado u observado subrepticiamente por terceras personas".

se reduzca de forma relevante la utilidad de la vigilancia o existan indicios fundados de la relación de dichas personas con el investigado y los hechos objeto de la investigación".

Sin ser el uso de esa técnica algo novedoso, ya que la consolidada doctrina del TS así lo dispone (entre otras, STS 409/2014, de 21 de mayo, STS 200/2017, de 27 de marzo), el hecho de grabar abiertamente la actuación policial con el objeto de incluirla en el atestado policial para la acreditación videográfica de los síntomas que podrían delatar la influencia de las drogas en el conductor, sí que lo es. En aplicación de los principios de especialidad, idoneidad y necesidad[611] para esclarecer los hechos, recogidos en la Circular 4/2019, de 6 de marzo, de la FGE sobre la utilización de dispositivos técnicos de captación de imagen, seguimiento y localización, el referido escrito de la Fiscalía señala que "podrán obtenerse y grabarse imágenes del investigado reveladoras de los signos externos que presentaba a efectos de la consolidación del tipo delictivo, debiendo incorporarse al atestado en soporte adecuado la grabación obtenida", exigiéndose la aportación al proceso los soportes originales y contenido íntegro de la imágenes captadas.

Si bien esta medida no requiere de autorización judicial, sí que está sujeta a lo dispuesto en el art. 588 bis aptdo. a) a k) LECrim[612] y precisa de un control judicial[613], luego conforme a la STS 968/1998, de 17 julio, el control del juez en el caso de

---

611 Sobre estos principios de la investigación tecnológica habla FUENTES SORIANO, O. (2016). La intervención de las comunicaciones tecnológicas tras la reforma de 2015. En J. A. CUEVILLAS SAYROL, *El nuevo proceso penal tras las reformas de 2015* (págs. 264-268). Atelier.

612 ARRABAL PLATERO, P. (2020). Validez de la grabación policial al conductor a efectos de prueba en el delito de conducción bajo la influencia de las drogas del art. 379.2 CP. *La Ley*(4343). Pág.6.

613 BUENO DE MATA, F. (2019). *Las diligencias de investigación penal en la cuarta revolución industrial.* Aranzadi. Pág. 129.

las grabaciones videográficas en lugares públicos consiste en: 1º) Garantizar la legitimidad de la grabación, lo que supone que la autoridad judicial supervise que las imágenes filmadas no vulneran la intimidad personal ni la inviolabilidad domiciliaria, ya que en caso de que así fuese se tendría que negar incorporación de la filmación a los autos de acuerdo con el art. 11 LOPJ[614]; 2º) Poner cuanto antes en conocimiento y disposición judicial la grabación, en pro de su autenticidad y evitación de manipulación[615]; 3º) Aportación íntegra y en soporte original las imágenes captadas para que sea la autoridad judicial quien selecciones las relevantes para el asunto.

El concepto espacio o lugar público no debe entenderse atendiendo a la titularidad dominical del lugar, sino desde una visión de la privacidad y del derecho a la intimidad. Dice la Circular 4/2019, de 6 de marzo, de la FGE que "deberá interpretarse que incluye aquellos en los que el investigado no pueda ejercer su derecho a la intimidad, donde no pueda reservar al conocimiento de los demás lo que está sucediendo al no disponer de ningún derecho de exclusión sobre ese lugar".

Pues bien, cuando los agentes de la autoridad observen, conforme a los principios de proporcionalidad y necesidad, la posibilidad de grabar signos externos o indicadores de afectación en la conducción de un conductor que pudiera estar bajo la influencia de drogas, estupefacientes o sustancias psicotrópicas, procederán a dicha grabación con el objetivo de que el

614 Art. 11 LOPJ: "1. En todo tipo de procedimiento se respetarán las reglas de la buena fe. No surtirán efecto las pruebas obtenidas, directa o indirectamente, violentando los derechos o libertades fundamentales. 2. Los Juzgados y Tribunales rechazarán fundadamente las peticiones, incidentes y excepciones que se formulen con manifiesto abuso de derecho o entrañen fraude de ley o procesal".

615 La prontitud en la entrega es considera por la doctrina como una de las medidas más importantes (STS 200/2017, de 27 de marzo)

juez pueda valorar posteriormente si la ingesta o consumo de estas sustancias afectó realmente a su capacidad para conducir. Inicialmente, conforme a la Circular 4/2019, de 6 de marzo, de la FGE sobre la utilización de dispositivos técnicos de captación de imagen, seguimiento y localización, se señalaba expresamente que los agentes únicamente estaban facultados para obtener imágenes y no sonido, dado que este último sí requeriría una autorización judicial previa[616].

El hecho de grabar únicamente la imagen y no el sonido suponía un hándicap para el juzgador, ya que se privaba de elementos de juicio tan importantes como las expresiones verbales del conductor, tales como gritos, habla pastosa, repetición de frases o incoherencias verbales. No obstante, el registro visual sí permitía obtener información directa sobre otros aspectos relevantes y clarificadores de la sintomatología, tales como enrojecimiento ocular, adormilamiento, agresividad, temblores, cansancio, enrojecimiento facial, oscilación corporal o nistagmo. En este sentido, no puede ignorarse que los dispositivos habitualmente utilizados por las fuerzas policiales graban tanto imagen como sonido, y desvincular el sonido de la grabación podría afectar negativamente a la integridad probatoria y, en consecuencia, a la garantía de defensa del investigado.

Sin embargo, con posterioridad a dicha Circular de la Fiscalía, se publicó la LO 7/2021, de 26 de mayo, relativa a la protección de datos personales tratados para fines de prevención, detección, investigación y enjuiciamiento de infracciones penales y ejecución de sanciones penales, cuyo art. 15 establece claramente que la grabación del sonido efectuada en estas circunstancias no constituye una intromisión ilegítima en el derecho al honor, intimidad personal, familiar y a la propia imagen,

---

616 CONDE PUMPIDO, P. (2020). *Captación y grabación de comunicaciones orales mediante la utilización de dispositivos electrónicos.* Pág. 6

conforme a lo previsto en la citada ley[617]. De este modo, desde la entrada en vigor de esta norma, los agentes podrían captar no solo imágenes, sino también el sonido, sin necesidad de autorización judicial previa, superando así la limitación inicial contenida en la Circular de la Fiscalía.

En efecto, el párrafo segundo del mismo artículo menciona expresamente tanto la grabación de imágenes como de sonidos con el objetivo de detectar o investigar la comisión de infracciones penales, lo que parece evidenciar más bien un olvido del legislador, subsanado posteriormente por esta Ley Orgánica. La Disposición Derogatoria Única de esta ley establece que "quedan derogadas todas las normas de igual o inferior rango en lo que contradigan o se opongan a lo dispuesto en esta Ley Orgánica".

La aportación de la filmación al proceso podrá hacerse bien conforme al art. 299.2 LEC o como material del atestado

---

617 Ley 7/2021, de 26 de mayo. BOE Núm. 126. Art. 16: "1. La captación, reproducción y tratamiento de datos personales por las Fuerzas y Cuerpos de Seguridad en los términos previstos en esta Ley Orgánica, así como las actividades preparatorias, no se considerarán intromisiones ilegítimas en el derecho al honor, a la intimidad personal y familiar y a la propia imagen, a los efectos de lo establecido en el art. 2.2 de la LO 1/1982, de 5 de mayo, de protección civil del derecho al honor, a la intimidad personal y familiar y a la propia imagen.
2. En la instalación de sistemas de grabación de imágenes y sonidos se tendrán en cuenta, conforme al principio de proporcionalidad, los siguientes criterios: asegurar la protección de los edificios e instalaciones propias; asegurar la protección de edificios e instalaciones públicas y de sus accesos que estén bajo custodia; salvaguardar y proteger las instalaciones útiles para la seguridad nacional y prevenir, detectar o investigar la comisión de infracciones penales y la protección y prevención frente a las amenazas contra la seguridad pública".

policial[618] y teniendo en cuenta que la grabación está "indisolublemente unida" a la prueba personal de la declaración testifical prestada en el plenario del operador que hizo la grabación y fue testigo directo de la misma escena que grabó (STS 200/2017, de 27 de marzo, STS 990/2016, de 12 de enero), estando subordinada la eficacia probatoria a que se visualice la grabación en el juicio oral para que tengan lugar los principios de contradicción, igualdad, inmediación y publicidad (STS 990/2016, de 12 de enero de 2017, STS 299/2006, de 17 de marzo).

5.6. Prueba indiciaria. Sintomatología compatible con la influencia del alcohol o drogas en la conducción y otros supuestos

Como se ha expuesto en apartados anteriores, en relación con el delito de conducción bajo la influencia de bebidas alcohólicas, este puede cometerse tanto por la mera superación de la tasa legalmente establecida, como cuando, aun sin alcanzar dicha tasa, se presuma una influencia del alcohol en la conducción. Esta presunción debe sustentarse en una serie de indicios, parámetros o signos que así lo evidencien. En este sentido, la amplia experiencia acumulada en la valoración del influjo del alcohol en la conducción ha permitido establecer ciertos indicios apreciables en el comportamiento del conductor que constituyen una prueba indiciaria suficientemente sólida para afirmar que la ingesta de bebidas alcohólicas ha afectado negativamente a sus condiciones y habilidades para conducir.

Estos síntomas o signos apreciados por los agentes de la autoridad que detectan e interactúan con conductor abarcan una

---

618 ARRABAL PLATERO, P. (2020). Validez de la grabación policial al conductor a efectos de prueba en el delito de conducción bajo la influencia de las drogas del art. 379.2 CP. *La Ley*(4343). Pág.8.

cantidad de aspectos relevantes de muy diversa índole y consideración como son:

- Actitud y comportamiento: Nervioso, contento o eufórico, desafiante, agresivo, adormilado, educado, sin peculiaridad, desorientado, otras observaciones.
- Aspecto externo: Heridas, contusiones, temblores, agotamiento, cansancio, sopor, apatía, dinamismo, sin peculiaridad, otras observaciones.
- Constitución física: Corpulento, medio, menudo, estatura aproximada, peso aproximado, otras observaciones.
- Vestidos: Desarreglados, sucios, olor a alcohol, sin peculiaridad, otras observaciones.
- Aspecto de la cara: Sorbe constantemente, nariz roja, pálido, rostro muy enrojecido, sin peculiaridad, sudoroso, otras observaciones.
- Habla: Clara, pastosa, titubeante, tartamudea, sin peculiaridad, gritos o volumen elevado, otras observaciones.
- Expresión verbal: Respuestas lógicas, incoherencias, locuacidad, no para de hablar, repetición frases o ideas, sin peculiaridad, otras observaciones.
- Halitosis alcohólica: Inexistente, notorio a distancia, fuerte de cerca, suave, apenas perceptible de cerca, otras observaciones.
- Coordinación y deambulación: Correcta, oscilaciones verticalidad cuerpo, incapacidad mantenerse en pie, incapacidad caminar línea recta, se le caen objetos de la mano, otras observaciones.
- Aspecto de los ojos y mirada: Apagados con poco brillo, brillantes, conjuntiva ligeramente enrojecida, conjuntiva muy enrojecida o edema, pupilas dilatadas, pupilas poco o nada reactivas, otras observaciones.

- Movimientos oculares (Nistagmo): Brusquedad o espasmo en el seguimiento, nistagmo horizontal amplio, evidente y continuo, nistagmo horizontal en ángulo máximo, nistagmo horizontal a 45 grados, nistagmo vertical, otras observaciones.
- Otras observaciones de interés.

No solamente los signos apreciados en el conductor son la única muestra de la influencia del alcohol o drogas, ya que todos estos indicios en unión de otras posibles circunstancias del hecho como pueden ser la comisión de alguna infracción a la LSV (adelantamiento prohibido, conducción zigzagueante, no respetar una señal de STOP, etc) o estar implicado en un siniestro vial, constituyen una prueba de concatenación de indicios coherente para enervar la presunción de inocencia, aunque el elemento de mayor importancia sigue siendo la diligencia policial que reseña los signos externos del conductor (SAP de Vigo 209/2017, de 24 de mayo; SAP de Barcelona 140/2017, de 17 de marzo).

La STS 292/2020, de 10 de junio[619], deja meridianamente clara la importancia de la sintomatología o signos externos apre-

---

619 STS 292/2020, de 10 de junio "El art. 379.2 del CP impone al órgano sentenciador que estime, en todo caso, que el conductor de un vehículo de motor no se halla en condiciones de incorporarse a la conducción rodada si supera una tasa de alcohol de 0'60 miligramos por litro de aire expirado o una tasa de alcohol en sangre de 1,2 gramos por litro.
Con esta fórmula el legislador está valiéndose del censurado sistema de prueba tasada, en el que el desenlace valorativo de un determinado medio de prueba está ya predefinido. Esa solución, si bien se mira, implica que es el legislador quien define, de forma anticipada y taxativa, cuándo ha de entenderse generado un peligro abstracto para el bien jurídico protegido. Como tal, no es excepcional en el ámbito del derecho comparado. Algunos Estados próximos geográficamente al nuestro fijan, incluso, un índice sensiblemente inferior.

ciados por los agentes como prueba para que se produzca una sentencia condenatoria, aun si el etilómetro indica un resultado por debajo del límite establecido para considerarse un delito y considerado el margen de error inherente al dispositivo. Por tanto, es determinante respaldarse en las pruebas presentadas durante el juicio para persuadir al tribunal de la amenaza abstracta que constituye el factor determinante del delito[620].

Al respecto de la conducción bajo la influencia de las drogas, el TC en ATC 174/2017, de 19 de diciembre, se pronunció

Pero es incuestionable que, del mismo modo que un coeficiente que desborde esos parámetros determina la condena del acusado, la absolución no es obligada cuando existen otros elementos de juicio que avalan, de modo inequívoco, la conclusión de que el conductor ponía en riesgo la integridad de las personas o de los bienes como consecuencia de su estado de embriaguez.
Por consiguiente, aun cuando en el hecho probado se hubiera incorporado el resultado derivado de la aplicación del margen de error impuesto por la orden ITC3707/2006 y se hubiera degradado el índice arrojado por las dos pruebas a las que Jaime fue sometido, seguiría existiendo base fáctica para su condena. En efecto, el contacto del acusado con el alcohol es innegable. Así lo refleja la prueba a la que fue sometido, más allá de que el índice no arrojara el margen al que el legislador asocia como irremediable la condena. Pero además en el *factum* se sostiene que el acusado conducía el vehículo matrícula ...-YDW "...bajo la previa ingesta de bebidas alcohólicas que disminuían notablemente sus facultades psicofísicas en orden al debido manejo del vehículo, motivo por el que circulaba haciendo desplazamientos laterales hacia izquierda y derecha, así como con la línea longitudinal discontinua de separación de carriles bajo el eje longitudinal del vehículo". Así mismo, se añade que el acusado "...presentaba síntomas de ingesta alcohólica: olor a alcohol, ojos vidriosos, hablar lento".

620 MAGRO SERVET, V. (2020). Valoración de la prueba en la comisión del delito de conducción en estado de embriaguez (art. 379.2 CP) con índice inferior al 0'60 pero con signos externos de alcoholemia. *La Ley*(14837). Pág. 6.

diciendo que hay una "máxima de experiencia según la cual el consumo de estas sustancias, aunque sea mínimo, puede afectar a las capacidades psicofísicas de los conductores y, por este motivo, conlleva un peligro para la seguridad del tráfico". Visto así, LANZAROTE MARTÍNEZ se encauza en la misma senda de opinión, ya que considera que habría que abandonar la vetusta idea de exigir la presencia de signos de influencia para perfeccionarse el tipo, pues la simple presencia de drogas en el organismo traspasados los puntos de corte marcados debería ser delictiva, independientemente de manifestarse en unos determinados signos externos, en definitiva se trataría de transformar la infracción administrativa en delito[621].

Respecto a los signos externos del conductor, el Ministerio Fiscal con el fin de clarificar los supuestos que deberían trasladarse a la vía penal y aun siendo consciente de la dificultad que supone la creación de un acta estandarizada que contenga los signos externos que orientasen sobre la posible influencia de las drogas en la conducción, en el año 2019 el Fiscal de Sala Coordinador de Seguridad Vial, ofició un escrito dando instrucciones para la elaboración de atestados por delitos de conducción bajo la influencia de drogas, estupefacientes y sustancias psicotrópicas en el que se oficializaba y se le daba carta de naturaleza al acta de signos clínicos utilizada por la ATGC[622].

---

621 LANZAROTE MARTÍNEZ, P. (2019). La conducción tras la ingesta de drogas: la urgente e inaplazable necesidad de su reforma. *La Ley* (868). Págs. 8 y 9.
Otros autores también van en el mismo sentido como PÉREZ ABAD, M. T., & RODRIGÁÑEZ GARCÍA, M. E. (2015). La problemática que plantea la probabilidad del falso positivo en el art. 379 CP. *La Ley* (615). Pág. 6.

622 Esta acta aparecía en el Anexo I de la Instrucción 12/TV-73, de 30 de noviembre de 2012 de la DGT.

Esta acta, dividida en apartados de la "A" a la "H", se compone de multitud y variados signos externos que tratan sobre:

A) La actitud y comportamiento ante las preguntas y las pruebas que se le solicitan (dominio del idioma, agresividad verbal o física, euforia, colaboración, etc);

B) El aspecto externo, tal como el aspecto de la cara, vestido (presenta heridas, se rasca continuamente, sudoración inapropiada, olor a cannabis, etc);

C) Habla y expresión oral (pastosa, titubeante, incoherencias, repetición de frases o ideas, gritos, etc);

D) Orientación temporal, espacial y personal (si sabe qué hora o día de la semana es, dónde se encuentra, de dónde viene, qué edad tiene, etc); E) Aspectos motóricos: coordinación y deambulación (deambulación correcta, oscilaciones de la verticalidad, movimientos excesivamente rápidos, lentos o descoordinados, temblores, etc);

F) Capacidad de reacción, atención y concentración (dificultades para contar hasta veinte de dos en dos números y cuenta atrás);

G) Percepción visual y auditiva (el conductor hace referencia a que oye voces o ve cosas no visibles en ese momento, aparición de nistagmo, reacción pupilar, etc);

H) Otros signos, observaciones y datos de interés que los agentes consideren importantes reseñar.

Tras la descripción de esos signos los agentes tendrán que exponer su parecer respecto a la posible influencia y su conclusión final –recordemos, que tienen formación específica, tal como dispone la LECrim–, en la que digan si aprecian signos evidentes, algunos signos o ausencia de estos que dirijan su actuación hacía la vía penal o administrativa.

Así las cosas, una vez que se ha rellenado el acta de signos, el Fiscal de Sala Coordinador de Seguridad Vial dispone que, dependiendo de los signos en los que haya dado positivo el conductor y de su intensidad, se levantará un atestado por una posible influencia. Esta acta, junto con el resultado del laboratorio, constituyen prácticamente la única fuente para atestiguar la influencia en la conducción

La remisión a la vía penal se produciría en caso de obtener un resultado positivo en la prueba de drogas y ser responsable de un accidente, sin importar su gravedad, o haber conducido de manera manifiestamente irregular, lo cual se califica como una infracción grave o muy grave según la LSV. Esto aplicará siempre que existan signos evidentes según el acta, en particular los contenidos en los apartados D+E+F+G.

También se remitirán a la vía penal cuando sea detectado un conductor en un control preventivo cuando acumulen los signos de los apartados D+E+F+G, ya que indiciariamente hay una influencia máxima. Asimismo, cuando se acumulen los apartados E+F+G, por considerarse una influencia grave o muy grave. Y, por último, cuando se acumulen los signos de C+E, D+G, D+E, E+G, por estimar una influencia, como mínimo menos grave. También existe una estimación abierta de influencia en atención del número e intensidad de signos detectados por los agentes aun sin concurrencia de las combinaciones de signos mencionadas antes.

Las autoridades judiciales han sentenciado de muy diversa forma, atendiendo algunos jueces a la sintomatología apreciada por los agentes y otros sin necesidad de ella para dictar sentencia condenatoria. Así, nos encontramos con la SAP de Madrid 865/2016, de 13 de diciembre, que revoca una sentencia condenatoria, aunque el conductor hubiera cometido una conducción irregular y hubiera dado positivo en cocaína y hachís, por no acreditarse signos externos. En el mismo sentido, la SAP de Guipúzcoa 111/2016, de 30 de diciembre.

La SAP de Álava 68/2017, de 24 de febrero, confirma la sentencia basada en el análisis positivo en cocaína, anfetamina y THC y con signos observados en el conductor, pero sin necesidad de una conducción irregular. Sin embargo, la SAP de Ávila 123/2016, de 14 de diciembre confirma una condena con la analítica positiva en sangre de cocaína, cannabis y benzodiacepinas habiendo sufrido un siniestro vial sin que conste la diligencia de signos externos extendida por los agentes, pues el tribunal da por sentada la influencia en este caso.

No obstante, el TS vuelve a corregir la interpretación del tipo penal realizada por la SAP de Madrid (Sección 2.ª) en la sentencia 261/2021, de 23 de abril, ya que la STS 610/2023, de 13 de julio, reitera la imprescindible necesidad de que haya existido una influencia real de los "efectos estimulantes, deprimentes, narcóticos o alucinógenos de las sustancias detectadas..., alterando las capacidades psicofísicas" del conductor en la producción del accidente[623].

La SAP de Ourense 351/2016, de 30 de noviembre es la más tajante a la hora de determinar la importancia de los signos apreciados por los agentes, ya que fue detectado en un control preventivo, sin necesidad de haber hecho una conducción irregular e incluso sin haber dado positivo en el test de drogas por haberse negado a realizarlo siendo condenado también por ello, fue suficiente la testifical de los agentes que observaron los signos. En la reciente STS 292/2020, de 10 de junio, se enfatiza la relevancia de la sintomatología o signos externos observados por los agentes como elementos probatorios deci-

623 STS 610/2023, de 13 de julio: "A diferencia del alcohol, es una máxima de la experiencia técnico-científica que las drogas permanecen en el organismo más tiempo del que duran sus efectos. De tal modo, la simple detección de sustancias tóxicas constituye el indicador de un previo consumo, pero no la prueba suficiente de que sigan produciendo los efectos que les son propios".

sivos, incluso cuando el resultado del etilómetro sea inferior al límite establecido para considerarse delito.

6. VIDEOGRABACIONES

6.1. Introducción

Hoy en día vivimos en un mundo en el que, prácticamente, en cuanto salimos del umbral de nuestra vivienda alguna cámara de vigilancia captará nuestra imagen, incluso decenas o cientos de veces al día si vives en una gran ciudad, lo que convierte nuestra vida en lo que algunos llaman peyorativamente vivir en "Gran Hermano"[624]. En realidad, no se trata solamente de la videovigilancia que realizan las cámaras instaladas en lugares públicos por las autoridades competentes con el objeto de velar y mejorar la seguridad ciudadana, sino que también existen miles de cámaras instaladas en establecimientos privados que graban o captan nuestra imagen, pudiendo establecer en algunos casos una verdadera hoja de ruta de cierta persona durante el día o la noche[625].

---

624 Según un análisis hecho por CONTINOX basándose en "instalaciones dadas de alta en la AEPD (Agencia Española de Protección de Datos), ventas anuales de los principales fabricantes de video cámaras en España, parque instalado de cámaras de videovigilancia de las principales CRAs (Centrales Receptoras de Alarmas) e informes propios sobre el sector de la seguridad física", concluye que el total de cámaras instaladas en España supera las 900.000, es decir, una cámara cada 52 habitantes. Obtenido de https://www.continox.es/cuantas-camaras-de-videovigilancia-hay-en-espana/. Fecha última consulta: 15 de noviembre de 2024.

625 Según un análisis hecho por Comparitech las ciudades chinas lideran en vigilancia global. En promedio, cada 1.000 habitantes en las ciudades chinas están vigilados por aproximadamente

Aquí es donde entran en juego varios derechos fundamenta les que afectan a la intimidad personal y a la protección de dato personales, derechos que cada día adquieren mayor relevanci en una sociedad tan celosa de su vida privada. El derecho a l intimidad, aunque siempre ha sido inherente a la condición hu mana y ha merecido protección durante años, ha ganado un importancia creciente en tiempos recientes, convirtiéndose er uno de los más valorados y sensibles para las personas.

Podemos afirmar que lo mismo sucede con el derecho a la protección de datos personales. Aunque este derecho e relativamente nuevo, no es porque anteriormente no fuer importante y digno de protección, sino porque en el trans curso de una sociedad con intereses fluctuantes se ha conver tido en un derecho muy presente en nuestra vida diaria, cor una especial sensibilidad y protegido contra la intromisión de terceros. Dicho lo cual, no podemos negar la importanci que estas cámaras ofrecen a los investigadores cuando se en cuentran en la investigación de un crimen donde el hecho de poder contar con un recurso gráfico como el de la imagen o video favorecen sobremanera la identificación y localización de presunto autor de un hecho delictivo como puede ser con tra la seguridad vial.

No obstante, como es lógico, la utilización de este medio probatorio está sujeta a ciertos supuestos y condiciones, con e fin de no vulnerar los derechos fundamentales anteriormente mencionados. Y es que, si bien la identificación de los autores

---

373 cámaras. En la ciudad de Madrid, incluida en el estudio, hay aproximadamente 27.252 cámaras vigilando el espacio público lo que equivale a 4,1 por cada 1.000 personas. En BISCHOFF P. (2023). *Surveillance camera statistics: which are the most surveilled cities?* Obtenido de https://www.comparitech.com/vpn-privacy/the-worlds-most-surveilled-cities/#China_leads_the_world_in_CCTV_surveillance

de un delito contribuye al interés general y al mantenimiento del orden social, no puede hacerse al margen de las garantías que amparan la esfera más íntima de los ciudadanos. Cuando la investigación afecte directamente a estos derechos y suponga una intromisión real en la intimidad personal, será necesaria la intervención de la autoridad judicial, a fin de valorar su necesidad y proporcionalidad.

Las diversas cámaras instaladas en numerosas ubicaciones, de distintos tipos y finalidades, incluyendo aquellas gestionadas por autoridades y agentes del orden, así como por ciudadanos comunes bajo la ley de protección de datos vigente, están sujetas a condiciones específicas. Estas condiciones regulan su uso, acceso, tratamiento y su posible incorporación en procesos penales o administrativos.

Apuntan PAVONE y DEGLI-ESPOSTI[626] que la aceptación de la sociedad a este tipo de tecnología de vigilancia depende de la confianza que los ciudadanos tienen en los organismos de seguridad y en las instituciones públicas. Del mismo modo, la aceptación social tiende a disminuir cuando la medida incide sobre algún derecho fundamental, incluso si se adopta con base en un interés legítimo de carácter general. En cambio, esa aceptación suele aumentar cuando la finalidad se dirige a prevenir o reprimir conductas violentas. También influye el destinatario de los datos: suele tolerarse más si quien los recibe pertenece al sector público que si se trata de una entidad privada[627].

---

626 Public assessment of new surveillance-oriented security technologies: Beyond the trade-off between privacy and security. (2010). *Public Understanding of Science, Vol. 21*(Núm 5). Pág. 557.

627 VAN DEN BROEK, T., OOMS, M., FRIEDEWALD, M., VAN LIESHOUT, M., & RUNG, S. (2017). Privacy and security: Citizens' desires for an equal footing. En M. FRIEDEWALD, J. P. BURGESS, J.

La protección del derecho a la intimidad y la privacidad ha sido un tema central en el desarrollo del marco jurídico contemporáneo. En España, la CE en su art. 18, establece claramente estos derechos como fundamentales. Específicamente, el apartado 1 de dicho artículo garantiza el derecho al honor, a la intimidad personal y familiar y a la propia imagen, mientras que el apartado 4 limita el uso de la informática para asegurar estos derechos y el pleno ejercicio de los mismos. La STC 292/2000, de 30 de noviembre, subraya la autonomía e independencia de estos apartados, aunque se encuentran en el mismo artículo.

El ámbito penal también acoge la protección de estos derechos, bajo el Título X del CP, dedicado a los delitos contra la intimidad, el derecho a la propia imagen y la inviolabilidad del domicilio. En cumplimiento del art. 81.1 de la CE, se aprobó la Ley Orgánica 1/1982 (LOPC), que protege civilmente el derecho al honor, a la intimidad personal y familiar y a la propia imagen. Esta ley establece que estos derechos son irrenunciables, inalienables e imprescriptibles, y define las circunstancias en las que las intromisiones en la intimidad pueden ser consideradas legítimas.

El TC ha permitido intromisiones en el derecho a la intimidad cuando existe un interés público, especialmente en la investigación de delitos, como se establece, entre otras sentencias, en la STC 25/2005, de 14 de febrero. Estas intromisiones deben estar respaldadas por una habilitación legal clara, que detalle el alcance de la discrecionalidad conferida a las autoridades competentes, evitando interpretaciones analógicas.

En términos de videovigilancia, las leyes habilitadoras como la LECrim y la LOPDGDD proporcionan un marco para la captación de imágenes y sonidos en lugares públicos, con la condición de que se respeten los derechos constitucionales.

CAS, W. PEISSL, & R. BELLANOVA, *Surveillance, Privacy and Security: Citizens' Perspectives* (págs. 15-35). Taylor & Francis.

La STC 92/2023, de 11 de septiembre, por ejemplo, analiza la naturaleza pública o privada de ciertos espacios, determinando que los lugares privados requieren autorización judicial para la grabación de imágenes.

El derecho a la intimidad comprende igualmente la protección de la esfera privada de la persona, tanto en el ámbito individual como en el familiar, en estrecha relación con el respeto a la dignidad humana. No obstante, en materia de protección de datos, el desarrollo normativo ha sido progresivo. Desde la Ley Orgánica 5/1992, de 29 de octubre, hasta la más reciente LOPDGDD, se ha procurado armonizar la normativa española con los estándares europeos, en particular con el RGPD.

Por otro lado, en la actualidad se ha intensificado notablemente la proliferación de dispositivos capaces de realizar grabaciones de vídeo y sonido. Estos abarcan desde las videocámaras tradicionales hasta las cámaras integradas en teléfonos móviles inteligentes, relojes, vehículos e incluso cascos de ciclistas y motociclistas. La instalación de estos dispositivos en ubicaciones no convencionales ha facilitado la captación de distintos eventos, incluidos aquellos vinculados a la seguridad vial, como es el caso de las cámaras montadas en cascos.

La práctica de grabar actividades desde una perspectiva personal o doméstica, como lo hacen los ciclistas para documentar sus rutas o mejorar su técnica, está exenta de regulaciones estrictas bajo la LOPDGDD. Sin embargo, el uso posterior de estas grabaciones, especialmente cuando se utilizan como prueba de infracciones de tráfico o delitos, plantea cuestiones legales significativas. En estos casos, las grabaciones pueden ser utilizadas como pruebas, siempre y cuando se respeten los principios de integridad, autenticidad y los derechos fundamentales de las personas involucradas. El reconocimiento de estas grabaciones como pruebas válidas en procedimientos judiciales ha sido abordado por diversas sentencias del TS, que establecen criterios claros para su admisibilidad. Estos incluyen el control de legitimidad, integridad, autenticidad, y el respeto a los principios procesales de contradicción, igualdad e inmediación.

En otro orden de cosas, las cámaras con tecnología de Reconocimiento Óptico de Caracteres (OCR) representan una innovación particular en la captación de imágenes. Estas cámaras son capaces de leer y procesar matrículas de vehículos, lo que puede ser muy útil para el análisis de infracciones de tráfico y otros delitos.

La incorporación de estas grabaciones al proceso judicial requiere un cumplimiento estricto de la cadena de custodia y la observancia de los principios legales y procesales establecidos. La jurisprudencia y la legislación vigente, aunque en algunos aspectos aún presentan lagunas, proporcionan un marco para la utilización de estas pruebas en procedimientos legales, asegurando que se respeten tanto los derechos de los acusados como la integridad de las pruebas presentadas.

6.2. Derecho a la intimidad personal y a la propia imagen

A medida que la sociedad evoluciona, ciertos derechos fundamentales, como la intimidad y la propia imagen, exigen una protección cada vez más extensa, en consonancia con la creciente sensibilidad social hacia la privacidad. No obstante, desde comienzos del siglo XXI, y como reacción a los atentados terroristas de 2001 y 2004, el refuerzo de la seguridad ha dado lugar a medidas que, en ocasiones, inciden negativamente sobre estos derechos, al permitir una conservación más amplia y proactiva de información personal, con el consiguiente menoscabo, entre otros, del derecho a la intimidad y a la protección de datos personales[628]. Este equilibrio entre

628 VERVAELE, J. A. (2012). Medidas de investigación de carácter proactivo y uso de información de inteligencia en el Proceso Penal.

seguridad y privacidad ha sido objeto de regulación en diversos instrumentos internacionales, como la Declaración Universal de Derechos Humanos (art. 12), el Convenio Europeo de Derechos Humanos (art. 8) y el Pacto Internacional de Derechos Civiles y Políticos (art. 17), que garantizan la protección contra injerencias arbitrarias en la vida privada.

En el ámbito nacional, el art. 18 de la CE recoge estos derechos fundamentales, subrayando su relevancia y estableciendo límites al uso de la informática para garantizar su respeto y pleno ejercicio. La STC 292/2000, de 30 de noviembre diferenciaba estos dos apartados del art. 18 CE, expresando su autonomía e independencia entre ellos, pese a estar contenidos en el mismo artículo[629]. El Título X del Código Penal regula los delitos contra la intimidad, el derecho a la propia imagen y la inviolabilidad del domicilio. Conforme al art. 81.1 CE, estos derechos fundamentales deben ser desarrollados por Ley Orgánica, lo que dio lugar a la LO 1/1982, que protege los derechos al honor, la intimidad personal y familiar, y la propia imagen. La STC 70/2009, de 23 de marzo, establece su estrecha vinculación con la dignidad de la persona, recogida en el art. 10.1 CE. Estos derechos son irrenunciables, inalienables e

---

En J. PÉREZ GIL (Coord.), *El proceso penal en la sociedad de la información: las nuevas tecnologías para investigar probar el delito.* La Ley. Pág. 28.

629 STC 292/2000, de 30 de noviembre: "la función del derecho fundamental a la intimidad del art. 18.1 CE es la de proteger frente a cualquier invasión que pueda realizarse en aquel ámbito de la vida personal y familiar que la persona desea excluir del conocimiento ajeno y de las intromisiones de terceros en contra de su voluntad (por todas STC 144/1999, de 22 de julio, FJ 8). En cambio, el derecho fundamental a la protección de datos persigue garantizar a esa persona un poder de control sobre sus datos personales, sobre su uso y destino, con el propósito de impedir su tráfico ilícito y lesivo para la dignidad y derecho del afectado".

imprescriptibles, salvo las excepciones previstas en la ley, y no se consideran vulnerados cuando exista autorización legal o consentimiento expreso del titular.

Asimismo, conforme al art. 7 LOPC, se consideran intromisiones ilegítimas, en el ámbito de la protección civil del honor, la intimidad y la propia imagen, "el emplazamiento en cualquier lugar de aparatos de escucha, de filmación, de dispositivos ópticos o de cualquier otro medio apto para grabar o reproducir la vida íntima de las personas", así como "la captación, reproducción o publicación por fotografía, filme, o cualquier otro procedimiento, de la imagen de una persona en lugares o momentos de su vida privada o fuera de ellos, salvo los casos previstos en el artículo octavo, dos".

Pese a la legislación existente sobre el derecho a la intimidad, no se define de manera concreta su concepto, lo que ha obligado a la doctrina y la jurisprudencia a precisar tal concepto[630]. En este sentido, ha sido principalmente el TC quien ha delimitado el alcance del derecho a la intimidad, vinculándolo a la personalidad y la dignidad de la persona, tal y como lo establece el art. 10.1 CE (STC 231/1988, de 2 de diciembre, STC 202/1999, de 8 de noviembre; STC 150/2011, de 29 de septiembre)[631].

---

630 DURÁN SILVA, C. M. (2018). *La videovigilancia en el proceso penal: tratamiento procesal y eficacia probatoria.* Tirant lo Blanch. Pág. 23.

631 STC 150/2011, de 29 de septiembre (BOE núm. 258, de 26 de octubre de 2011): "Por su lado, el derecho a la intimidad personal y familiar (art. 18.1 CE) implica «la existencia de un ámbito propio y reservado frente a la acción y el conocimiento de los demás, necesario, según las pautas de nuestra cultura, para mantener una calidad mínima de la vida humana» (por todas, STC 186/2000, de 10 de julio, FJ 5) y que se halla estrictamente vinculado a la propia personalidad y deriva de la dignidad de la persona que el art. 10.1 CE reconoce".

El TC ha señalado que, aunque se trata de un derecho fundamental, el derecho a la intimidad no tiene carácter absoluto y debe ser ponderado con otros derechos y bienes constitucionales (STC 156/2001, de 2 de julio; STC 14/2003, de 28 de enero; STC 18/2015, de 16 de febrero). Conforme a la doctrina reiterada del propio TC (STC 25/2005, de 14 de febrero; STC 206/2007, de 24 de septiembre; STC 173/2011, de 7 de noviembre), resulta constitucionalmente admisible una intromisión en este derecho cuando concurre "el interés público propio de la investigación de un delito y, más en concreto, la determinación de hechos relevantes para el proceso penal".

Concreta el Tribunal que "reviste relevancia e interés público la información sobre los resultados positivos o negativos que alcanzan en sus investigaciones las fuerzas y cuerpos de seguridad, especialmente si los delitos cometidos entrañan una cierta gravedad o han causado un impacto considerable en la opinión pública, extendiéndose aquella relevancia o interés a cuantos datos o hechos novedosos puedan ir descubriéndose por las más diversas vías, en el curso de las investigaciones dirigidas al esclarecimiento de su autoría, causas y circunstancias del hecho delictivo" (STC 14/2003, de 28 de enero; STC 173/2011, de 7 de noviembre) [632].

En suma, el legislador ha de establecer una habilitación legal expresa a las FFCCSS, dotándolas de herramientas jurídicas adecuadas que, con pleno respeto a los valores constitucionales, les permitan llevar a cabo averiguaciones dirigidas a esclarecer la autoría, causas y circunstancias del hecho delictivo. Dicha ley habilitadora, cuando permita injerencias en derechos fundamentales, debe "indicar con claridad el alcance

---

632 Pese a lo dicho, se debe tener presente lo dicho en la STC 341/1993, de 18 de noviembre: "la eficacia en la persecución del delito, cuya legitimidad es incuestionable, no puede imponerse, sin embargo, a costa de los derechos y libertades fundamentales".

de la discrecionalidad conferida a las autoridades competentes, así como la manera de su ejercicio, no admitiéndose interpretaciones analógicas" (STC 49/1999, de 5 de abril; STC 169/2001, de 16 de julio; STC 233/2005, de 26 de septiembre; STC 145/2014, de 22 de septiembre; STC 99/2021, de 10 de mayo, entre otras).

Pues bien, esas normas habilitadoras a las que se ha hecho referencia en el párrafo anterior, en lo relativo a la captación de imágenes y sonidos, serían: la LECrim, conforme al art. 588 quinquies, apartado a), que dispone: "La Policía Judicial podrá obtener y grabar por cualquier medio técnico imágenes de la persona investigada cuando se encuentre en un lugar o espacio público, si ello fuera necesario para facilitar su identificación, para localizar los instrumentos o efectos del delito u obtener datos relevantes para el esclarecimiento de los hechos"; y la LOPDFD[633], art. 16, que establece: "En las vías o lugares públicos donde se instalen videocámaras fijas…".

Llegados a este punto, adquiere especial relevancia el concepto de "lugar y espacio público", ya que una apreciación errónea de esta condición, tanto por parte de la policía como, en su caso, de la autoridad judicial, puede dar lugar a consecuencias relevantes: en el primer supuesto, a la ilicitud de la prueba obtenida; en el segundo, a la nulidad de la actuación, si se ha incurrido en un exceso al solicitar o autorizar la medida, ya sea por tratarse de una investigación de carácter prospectivo, ya por no haberse agotado previamente otras vías de investigación antes de remitir el mandamiento a la autoridad judicial.

---

633 LO 7/2021, de 26 de mayo, de protección de datos personales tratados para fines de prevención, detección, investigación y enjuiciamiento de infracciones penales y de ejecución de sanciones penales. BOE núm. 126

Si finalmente procede la nulidad de la prueba, asiente MAGRO SERVET[634], también podrían derivarse "las consecuencias que de ello se deriven en cuanto a la apreciación de la conexión de antijuridicidad con otras pruebas que tampoco podrán ser tenidas en cuenta". Ello no implica, sin embargo, que deba acordarse automáticamente la absolución, sino únicamente que dicha prueba no podrá ser valorada, ni tampoco aquellas que guarden con ella una relación antijurídica conforme a lo revelado en las imágenes obtenidas en ese lugar. Este proceso de conexión antijurídica no corresponde al órgano que declara la ilicitud de la prueba, ni al TC, ni al TS, sino que la determinación de la cadena probatoria contaminada por dicha ilicitud es competencia del órgano judicial que dictó la sentencia en primera instancia

El art. 588 quinquies a) de la LECrim contempla la posibilidad de emplear la medida de grabación de imágenes incluso cuando afecte a personas distintas del investigado, siempre que existan indicios fundados de su vinculación con éste y con los hechos objeto de investigación, y se estime que la medida puede resultar útil.

La STC 92/2023, de 11 de septiembre, precisa que la referencia del art. 588 quinquies a) LECrim a "lugares o espacios públicos" debe entenderse referida a "aquellos en los que el investigado no puede ejercer su derecho a la intimidad, donde no le es posible reservar al conocimiento de los demás lo que está ocurriendo, al no disponer de ningún derecho de exclusión sobre dicho lugar". Este concepto se contrapone al de "lugares privados", definidos como aquellos "donde el individuo

---

634 MAGRO SERVET, V. (2023). Afectación del derecho a la intimidad personal por captación de imágenes en el interior de un garaje privado sin autorización judicial. (Análisis de la STC 92/2023 de 11 Sep. 2023). *Diario La Ley*(Núm. 10381). Pág. 4.

puede limitar el acceso de terceros, ejerciendo así ámbitos de privacidad excluidos del conocimiento ajeno".

Esta sentencia del TC realiza un análisis sobre el carácter público o privado de un espacio, en este caso un garaje comunitario[635], concluyendo que se trata de un lugar de naturaleza privada. En consecuencia, declara la vulneración del derecho fundamental a la intimidad personal del acusado, quien mantenía una legítima expectativa de privacidad, al tratarse de un recinto cerrado, de propiedad privada y acceso restringido, lo que implica una "expectativa razonable de no ser escuchado u observado subrepticiamente por terceras personas". En tal supuesto, habría sido necesaria la correspondiente autorización judicial, el consentimiento de la comunidad o la comunicación a la autoridad competente (en el marco de lo previsto en el art. 17.3 de la Ley 49/1960, de 21 de julio, sobre propiedad horizontal).

El derecho a la intimidad presenta un carácter bidireccional: por un lado, protege el ámbito propio o íntimo de la persona —sus creencias, principios o pensamientos—, como derecho negativo de exclusión[636]; y, por otro, reconoce la facultad del individuo para delimitar el alcance de su propio círculo de

---

[635] A modo de profundización sobre la naturaleza de un garaje común en edificio de propiedad horizontal, en casos de robo el garaje se considera una prolongación de la casa habitada cuando cumple unas determinadas características: contigüidad, cerramiento, comunicabilidad interior o interna entre la casa habitada y la presunta dependencia, unidad física. Admitiendo la sentencia que como dependencia de casa habitada "al constituir los garajes de autos una unidad física con las viviendas que se alzan sobre el mismo y a las que se puede acceder a través del ascensor comunitario" (STS 972/2016, de 21 de diciembre).

[636] SERRA URIBE, C. E. (2006). *Derecho a la intimidad y videovigilancia policial.* Del Laberinto, Ediciones. Págs. 27 y 28.

reserva frente a terceros, superando así una concepción meramente material o rutinaria del concepto de intimidad[637].

En palabras de FERNÁNDEZ TOJO[638] el derecho a la intimidad personal y familiar lo que protege es la esfera íntima y privada de la persona, debido a su conexión con el derecho a la dignidad, protegiendo el derecho de la persona a su privacidad y a realizar su vida en la más estricta intimidad y discreción del conocimiento público[639]. El mismo autor sostiene que el derecho a la propia imagen consiste en el derecho que tiene su titular a controlar la difusión pública de sus rasgos físicos identificables. Esto sucedería en la "potestad del titular para impedir la obtención, reproducción o publicación de su propia imagen sin autorización, independientemente de la fi-

---

637 SERRANO OLIVARES, R. (2001). El derecho a la intimidad como el derecho a la intimidad en el ámbito laboral. *Revista Española de Derecho del Trabajo*, Págs. 103-105.

638 FERNÁNDEZ TOJO, R. (2015). Los conflictos entre el derecho al honor, la intimidad personal y la propia imagen y las libertades de expresión e información ¿son derechos fundamentales irreconciliables? *La Ley* (4411/2015). Pág. 3.

639 A este respecto la STC 196/2004, de 15 de noviembre: "Este derecho confiere a la persona el poder jurídico de imponer a terceros, sean éstos poderes públicos o simples particulares el deber de abstenerse de toda intromisión en la esfera íntima y la prohibición de hacer uso de lo así conocido y de ello se deduce que el derecho fundamental a la intimidad personal otorga cuando menos una facultad negativa o de exclusión, que impone a terceros el deber de abstención de intromisiones salvo que estén fundadas en una previsión legal que tenga justificación constitucional y que sea proporcionada, o que exista un consentimiento eficaz que lo autorice, pues corresponde a cada persona acotar el ámbito de intimidad personal y familiar que reserva al conocimiento ajeno".

nalidad de quien capta o difunde dicha imagen (informativa, comercial, cultural, científica, etc...)"[640].

En definitiva, a pesar del esfuerzo normativo y jurisprudencial por delimitar el ámbito de actuación de las FFCCSS en contextos de videovigilancia, subsisten zonas de incertidumbre jurídica, especialmente respecto al concepto de "lugar público" y su eventual desnaturalización. Como ha señalado parte de la doctrina, el margen de discrecionalidad que se abre en estos casos podría derivar en una afectación progresiva de derechos fundamentales, como la intimidad y la protección de datos, bajo la invocación genérica del interés público.

En este contexto, resulta imprescindible que la habilitación legal para la captación de imágenes defina con claridad tanto los supuestos habilitantes como los límites del ejercicio de dicha potestad, evitando interpretaciones extensivas o analógicas. De lo contrario, se corre el riesgo de vaciar de contenido el núcleo esencial de la privacidad, cuya protección no puede quedar subordinada, sin más, a criterios de eficacia en la investigación penal.

---

640 STC 81/2001, de 26 de marzo: "Mediante la captación y publicación de la imagen de una persona se puede vulnerar tanto su derecho al honor como su derecho a la intimidad, sin embargo, lo específico del derecho a la propia imagen es la protección frente a las reproducciones de la misma que afectan a la esfera personal de su titular, sin lesionar su buen nombre y sin dar a conocer su vida íntima. El derecho a la propia imagen pretende salvaguardar así un ámbito propio y reservado, aunque no íntimo, frente a la acción y conocimiento de los demás".

6.3. Derecho a la protección de datos

Relacionado con el derecho a la intimidad se encuentra el derecho a la protección de datos de carácter personal. No obstante, ambos derechos no están encadenados inexorablemente el uno con el otro, pues, aunque tengan zonas en común "no todos los datos personales son íntimos" (STS Sala de lo Civil 483/2020, de 22 de septiembre)[641]. Nos encontramos en una sociedad de la información donde se manejan intensamente los datos personales, especialmente en investigaciones policiales que implican la consulta de ficheros, cruces de datos, intervenciones telefónicas, acceso a ordenadores y móviles, averiguación de direcciones IP, entre otros aspectos, solo "falta saber si el investigado tiene derecho procesal a la protección de sus datos personales"[642], así como si los investigadores y las víctimas también cuentan con derechos de protección de datos dentro del proceso penal.

Lo cierto es que cuando nos encontramos en el ámbito de aplicación del derecho penal, hablar del derecho a la protección de datos resulta contradictorio, ya que cuando se trata de

---

641 La STC 292/2000, de 30 de noviembre, marcó muy bien esas diferencias estableciendo que el derecho a la intimidad tiene la función de "proteger frente a cualquier invasión que pueda realizarse en aquel ámbito de la vida personal y familiar que la persona desea excluir del conocimiento ajeno y de las intromisiones de terceros en contra de su voluntad (por todas STC 144/1999, de22 de julio, FJ 8). En cambio, el derecho fundamental a la protección de datos persigue garantizar a esa persona un poder de control sobre sus datos personales, sobre su uso y destino, con el propósito de impedir su tráfico ilícito y lesivo para la dignidad y derecho del afectado".

642 GUTIERREZ ZARZA, M. Á. (2010). La protección de datos personales como derecho fundamental del imputado, ¿también en el ámbito del proceso penal? *La Ley Penal*(71), Pág. 5. La autora sostiene que, hasta la fecha, no había sentencias penales que anulase la prueba por la quiebra del derecho a la protección de datos personales.

un asunto penal el que se está investigando por parte de las autoridades competentes, la justicia penal llegará y rebasará los límites del derecho de protección de datos para el esclarecimiento de los hechos, llegando a conocer tantos datos e información como sean posibles[643].

Según MARCOS AYJÓN[644] no existe una delimitación clara del derecho procesal a la protección de datos por parte de la autoridad judicial, ya que resulta complicado distinguir entre varios derechos fundamentales involucrados, como el derecho a la intimidad, la inviolabilidad de las comunicaciones y la protección de datos. Esto conduce a la configuración de un "derecho constitucional de nueva generación, que es el derecho a la protección del propio entorno virtual o digital" (STS 432/2023, de 5 de junio)[645].

---

643 HAMM, R. (2006). Presente y futuro de la protección penal de los datos de carácter personal. En C. M. ROMEO CASABONA (Coord.), *El cibercrimen: nuevos retos jurídico-penales, nuevas respuestas político-criminales*. Comares. Pág. 191.

644 MARCOS AYJÓN, M. (2020). *La protección de datos de carácter personal en la justicia penal*. J.M. Bosch Editor. Pág. 387.

645 Entre las primeras sentencias que ya hablaban en esta terminología se encuentran la STS 342/2013, de 17 de abril: "...existe un derecho al propio entorno virtual. En él se integraría, sin perder su genuina sustantividad como manifestación de derechos constitucionales de *nomen iuris* propio, toda la información en formato electrónico que, a través del uso de las nuevas tecnologías, ya sea de forma consciente o inconsciente, con voluntariedad o sin ella, va generando el usuario, hasta el punto de dejar un rastro susceptible de seguimiento por los poderes públicos. Surge entonces la necesidad de dispensar una protección jurisdiccional frente a la necesidad del Estado de invadir, en las tareas de investigación y castigo de los delitos, ese entorno digital".
STS 587/2014, de 18 de julio: "La diferencia radica en que el contenido del ordenador está íntimamente ligado al derecho fundamental al entorno digital, que a su vez se descompone en los derechos

La regulación del derecho a la protección de datos en España se inicia con la LO 5/1992, de 29 de octubre, que estableció los parámetros básicos de protección, dando cumplimiento a lo dispuesto en el art. 18.4 CE. Su desarrollo se completó con el RD 1332/1994, de 20 de junio, que amplió la definición de dato personal, aunque limitó su aplicación a aquellos sometidos a tratamiento automatizado.

En el ámbito europeo, la Directiva 95/46/CE introdujo una definición más detallada de dato personal e incorporó expresamente los tratamientos manuales dentro de su ámbito de aplicación. En paralelo, la LO 4/1997, de 4 de agosto, reguló el uso de videocámaras por las FFCCSS en espacios públicos, estableciendo un régimen de garantías frente a posibles afectaciones a los derechos fundamentales. La LO 15/1999, de 13 de diciembre (LOPD) consolidó la normativa nacional sobre protección de datos, si bien parte de su contenido fue declarado inconstitucional por la STC 292/2000, de 30 de noviembre, que anuló diversos preceptos relativos a las excepciones al ejercicio de derechos por parte de los ciudadanos.

Con la entrada en vigor del RGPD (Reglamento [UE] 2016/679) y de la Directiva [UE] 2016/680, España aprobó el Real Decreto-ley 5/2018, de 27 de julio, y posteriormente la LO 3/2018, de 5 de diciembre (LOPDGDD), con la finalidad de adaptar el ordenamiento interno al nuevo marco europeo. Entre las principales novedades de la LOPDGDD destacan: la atribución de determinados derechos a personas vinculadas con personas fallecidas; la prohibición de procedimientos dirigidos a almacenar datos identificativos de categorías especialmente protegidas; la adopción del modelo de "información por capas" en materia de transparencia; el reconoci-

---

a la inviolabilidad de las comunicaciones, a la intimidad y a la protección de datos".

miento de supuestos de tratamiento legítimo sin necesidad de consentimiento previo; la implementación de un régimen sancionador con medidas correctivas, y la incorporación de un catálogo de derechos digitales, en cumplimiento con el mandato constitucional[646].

La Disposición Derogatoria Única derogó la anterior LOPD, si bien se mantuvo la vigencia de los arts. 23 y 24 en determinados supuestos conforme a lo previsto en la Disposición Adicional Decimocuarta y la Disposición Transitoria Cuarta. Finalmente, la transposición al ordenamiento español de la Directiva (UE) 2016/680 se materializó con la aprobación de la LO 7/2021, de 26 de mayo (LOPDFD), relativa al tratamiento de datos personales con fines de prevención, detección, investigación o enjuiciamiento de infracciones penales, así como para la ejecución de sanciones.

Así las cosas, podemos concluir que el régimen jurídico aplicable a la videovigilancia presenta una afectación normativa diferenciada según el sujeto activo que lleve a cabo el tratamiento de datos personales. Por un lado, hay una relegación de la LOPDGDD en favor de la LOPDFD[647], en atención al criterio de especificidad normativa, cuando el tratamiento es realizado por autoridades competentes con fines de prevención, detección, investigación o enjuiciamiento de infracciones penales, ejecución de sanciones penales, o protección y prevención

---

646 SÁNCHEZ, T. (2019). *¿Cuáles son las principales novedades de la nueva Ley de Protección de Datos?* (U. d. Barcelona, Ed.) Obtenido de https://www.il3.ub.edu/blog/novedades-nueva-ley-proteccion-datos/

647 ETXEBERRÍA GURIDI, J. F. (2011). ETXEBERRÍA GURIDI, JOSÉ FRANCISCO. En J. F. ETXEBERRÍA GURIDI, & I. ORDEÑANA GEZURAGA (Coords), *Videovigilancia. Ámbito de aplicación y derechos fundamentales afectados. En particular la protección de los datos personales* (págs. 187-267). Tirant lo Blanch. Pág. 226. El autor hace referencia a preminencia de la LOV sobre la LOPD, por lo que, por analogía normativa en vigor, sería LOPDGDD y LOPDFD, respectivamente.

frente a amenazas contra la seguridad pública. Por otro lado, la LOPDGDD conserva su aplicación general en todos aquellos supuestos que no se enmarcan en dicho ámbito específico.

6.4. Videovigilancia

Teniendo en cuenta la diferencia que hemos hecho en el último párrafo del apartado anterior, a los efectos de este estudio, podemos hacer una desemejanza entre la videovigilancia realizada por los sujetos comunes de aplicación de la LOPDGDD y las FFCCSS. En el marco de la videovigilancia contenida en la LOPDGDD, ya sea mediante la instalación de videocámaras fijas o móviles, las personas físicas o jurídicas, públicas o privadas pueden llevar a cabo el tratamiento de imágenes no solo para preservar la seguridad de las personas y bienes, sino también de sus instalaciones (art. 22. LOPDGDD)[648].

La captación de imágenes en la vía pública, con carácter general, solo podrá efectuarse por la FFCCSS, excepcionalmente, sí se podrán captar cuando sea imprescindible para cumplir con la finalidad descrita en el párrafo anterior y "cuando fuese necesario para garantizar la seguridad de bienes o instalaciones estratégicos o de infraestructuras vinculadas al transporte, sin que en ningún caso pueda suponer la captación de imágenes del interior de un domicilio privado"[649] (art. 22. LOPDGDD).

---

648 Además, la LOPDGDD no solo regula el uso de la videovigilancia para estos fines, sino que el art. 89 trata el tema del derecho a la intimidad frente al uso de dispositivos de videovigilancia y de grabación de sonidos en el lugar de trabajo, para el control de los trabajadores estableciendo unos requisitos imprescindibles que deberán cumplirse.

649 Hay multitud de lugares distintos del domicilio que, pese a ser públicos, se atisba privacidad en ellos, en ARZOZ SANTIESTEBAN, X. (2011). *Videovigilancia: ámbito de aplicación y derechos fundamenta-*

De acuerdo con el art. 42 de la Ley 5/2014, de 4 de abril, de Seguridad Privada (LSP), la instalación de videocámaras no requerirá autorización administrativa "si forman parte de las medidas de seguridad obligatorias o de sistemas de recepción, verificación y, en su caso, respuesta y transmisión de alarmas". Asimismo, si el objeto de los servicios es prevenir infracciones y prevenir daños a personas o bienes protegidos o impedir el acceso no autorizado, deben ser prestados necesariamente por vigilantes de seguridad o, en su caso, por guardas rurales, no considerándose servicio de videovigilancia cuando el objetivo principal sea "la comprobación del estado de instalaciones o bienes, el control de accesos a aparcamientos y garajes, o las actividades que se desarrollan desde los centros de control y otros puntos, zonas o áreas de las autopistas de peaje".

El art. 42.4 LSP establece que las grabaciones hechas por los sistemas de videovigilancia no deben utilizarse para fines distintos a los previstos[650]. Si las grabaciones estuvieran relacionadas con delitos o afectaran a la seguridad de los ciudadanos, serán trasladados de oficio o a petición de éstos a las fuerzas y cuerpos de seguridad competentes, según los criterios para

les afectados, en particular la protección de los datos personales. Tirant lo Blanch. Pág. 122.

650 Además, para comprobar el estado de las instalaciones o el control de sus accesos, las cámaras deben cumplir con las condiciones estipuladas de no enfoque a la vía pública más allá de lo permitido, pues si lo hiciesen "nos encontraremos ante un uso excesivo y no proporcional de la videovigilancia en la medida en que el nivel de seguridad solicitado puede obtenerse a través de medios menos intrusivos en la intimidad las personas" (SAN 1320/2011, de 11 de marzo).
Asimismo, afirma DURÁN SILVA, C. M. (2018). *La videovigilancia en el proceso penal: tratamiento procesal y eficacia probatoria.* Tirant lo Blanch. Pág. 100, que incluso si el sistema se ha instalado cumpliendo con la normativa, puede ser contrario a la ley por desproporcionado cuando graba unas imágenes que sobrepasan lo "idóneo, adecuado y proporcional".

su conservación y custodia para su correcta aportación como prueba en una investigación policial o judicial

Con carácter general, el acceso a las imágenes captadas por las cámaras de un establecimiento únicamente corresponde a la persona encargada del tratamiento, en atención al carácter personal de dichas imágenes. No obstante, la Disposición Adicional Décima de la LOPDGDD prevé que los responsables de los tratamientos de datos contemplados en el art. 77.1 puedan comunicar datos personales a sujetos de derecho privado, siempre que cuenten con el consentimiento de los afectados o exista un interés legítimo prevalente, conforme a lo dispuesto en el art. 6.1 f) del RGPD[651]. Este último supuesto no resulta aplicable cuando el tratamiento es realizado por autoridades públicas en el ejercicio de sus funciones.

Tal como prescribe el art. 22 LOPDGDD, las imágenes grabadas tendrán que ser suprimidas en el plazo máximo de un mes desde su captación, a menos que sea necesario conservarlas para acreditar actuaciones que atenten contra la integridad de personas, bienes o instalaciones. En este caso, las imágenes deberán ser puestas a disposición de la autoridad competente a más tardar 72 horas después de tener conocimiento de la existencia de la grabación.

En opinión de DURÁN SILVA[652] existe una diferencia entre lo que debe considerarse videovigilancia y toma videográfica. Según esta autora, estamos en el caso de videovigilancia si la

---

651 Art. 6.1 f) del Reglamento (UE) 2016/679: "f) El tratamiento es necesario para la satisfacción de intereses legítimos perseguidos por el responsable del tratamiento o por un tercero, siempre que sobre dichos intereses no prevalezcan los intereses o los derechos y libertades fundamentales del interesado que requieran la protección de datos personales, en particular cuando el interesado sea un niño".

652 DURÁN SILVA, C. M. (2018). *La videovigilancia en el proceso penal: tratamiento procesal y eficacia probatoria*. Tirant lo Blanch. Pág. 11.

instalación y uso de las cámaras tiene como fin la persecución de infracciones penales y, además del requisito de legalidad, esta tarea es ejercida por los funcionarios policiales en el ejercicio de las diligencias de investigación. El resto de actuaciones, ya sean realizadas por particulares o por personas autorizadas por el LSP al margen de las facultades que les asigna la citada ley, tienen la consideración de tomas videográficas, pero en ningún caso pueden calificarse de videovigilancia, porque estos sujetos no se encuentran habilitados ni por la LOPDFD, LSP, ni por la LECrim.

Siguiendo a SUBIJANA ZUNZUNEGUI[653] podemos distinguir varios tipos de videovigilancia: la preventiva o disuasoria que hacen los agentes de la autoridad para la investigación de delitos; la que se desarrolla en el ámbito de la seguridad privada a través de empresas o detectives privados; las grabaciones que hacen los particulares; y por último lugar, los periodistas en el ejercicio de su labor informativa[654].

En correspondencia con lo previsto en el art. 22.6 de la LOPDGDD, cuando el tratamiento de datos personales derive de imágenes o sonidos obtenidos mediante cámaras y videocámaras utilizadas por las Fuerzas y Cuerpos de Seguridad, o por

---

653 SUBIJANA ZUNZUNEGUI, I. J. (2011). La prueba videográfica en el proceso penal. En J. F. ETXEBERRÍA GURIDI, & I. ORDEÑANA GEZURAGA (Coords), *Videovigilancia. Ámbito de aplicación y derechos fundamentales afectados. En particular la protección de los datos personales.* Tirant lo Blanch. Pág. 33.

654 Otros autores como MARÍN MORALES, R. (2004). El derecho a la intimidad: grabaciones con videocámaras y microfonía oculta. *Diario La Ley*(6074), enfoca esa tipología hacia el lugar donde se produce la grabación, distinguiendo entre: "1. Videovigilancia en espacios públicos; 2. Videovigilancia en lugares privados, domiciliarios y no domiciliarios (una cochera, un almacén, etc.), y 3. Videovigilancia en espacios intermedios (comercios y demás lugares privados abiertos al público)".

los órganos competentes en materia penitenciaria o de control del tráfico, y dichos datos se empleen para fines de prevención, investigación, detección o enjuiciamiento de infracciones penales, o de ejecución de sanciones penales, incluidos los supuestos de protección frente a amenazas contra la seguridad pública, dicho tratamiento se regirá por la legislación que transpone la Directiva (UE) 2016/680, esto es, la LOPDFD.

Ahora bien, en aquellas actuaciones previas al proceso penal, cuando el tratamiento tiene un carácter predelictual, el sistema gira en torno a las obligaciones del responsable del tratamiento y las funciones atribuidas a la autoridad de control. En esta fase, los límites a la recogida, tratamiento o transmisión de datos personales se sitúan fuera del proceso penal, por lo que no es la autoridad judicial quien, *prima facie*, garantiza los derechos del ciudadano, sino la AEPD, conforme a lo previsto en el art. 47 LOPDGDD[655].

Se incluye un deber de colaboración con las autoridades competentes, según el cual, salvo que legalmente sea exigible una autorización judicial, las Administraciones Públicas o cualquier persona física o jurídica deberá proporcionar a las Autoridades Judiciales, al Ministerio Fiscal o a la Policía Judicial la información necesaria para la investigación o enjuiciamiento de infracciones penales o la ejecución de las penas y la información necesaria para la protección y prevención frente a un peligro real y grave para la seguridad pública. Todo ello, con la obligación de no informar al interesado de dichos tratamientos ulteriores. Esta última anotación es de capital importancia para evitar informar al interesado y que pueda ponerse en

---

655 GUTIÉRREZ ZARZA, Á. (2012). *Nuevas tecnologías, protección de datos personales y proceso penal.* La Ley. Pág. 320 y ss.

peligro el fin que, de acuerdo con la directiva y esta Ley Orgánica, justifican el tratamiento de los datos[656].

De acuerdo con el art. 4 LOPDFD, el tratamiento de datos personales es realizado por miembros de las Fuerzas y Cuerpos de Seguridad en el ejercicio de sus competencias. Por tanto, los agentes actuantes estarán cumpliendo con lo preceptuado en la LOFCS y la LECrim respecto a la investigación de un hecho supuestamente delictivo, correspondiendo a la policía judicial la averiguación de los presuntos responsables, circunstancias de los hechos delictivos y la detención de los primeros, dando cuenta seguidamente a la Autoridad Judicial y Fiscal, conforme a lo dispuesto en las leyes. (Art. 549.1 de la L.O. 6/85, del Poder Judicial).

La petición de datos personales por parte de la Policía Judicial estará motivada por la investigación de unos hechos que pudieran ser delictivos, debe ser concreta, determinando para qué se solicitan los datos; y específica, restringiendo la petición a los datos necesarios para la investigación y determinados en la LECrim[657]. En otras palabras, la Policía Judicial podrá dirigirse a cualquier persona jurídica, pública o privada, requiriendo, en el ámbito de una investigación por delito, la cesión de datos personales sin consentimiento de su titular, sin necesidad

---

656 Art. 7.4 LOPDFD "En los supuestos contemplados en los apartados anteriores, el interesado no será informado de la transmisión de sus datos a las autoridades competentes, ni de haber facilitado el acceso a los mismos por dichas autoridades de cualquier otra forma, a fin de garantizar la actividad investigadora".

657 YEBRA ROVIRA, D. (2021). La investigación de los delitos contra la seguridad vial difundidos a través de las redes sociales: Problemática en la investigación. *Curso sobre nuevas tecnologías en materia de seguridad vial y reconstrucción de accidentes.* Pág. 18.

de recurrir a la autoridad judicial, todo ello, amparándose en la LOPDFD[658].

La AEPD ya se pronunció sobre la cesión de datos solicitada por la Policía Judicial en su informe jurídico 133/2008, en el que, conforme a la normativa vigente en ese momento, concluía que dicha cesión era procedente tanto si la solicitud provenía del Ministerio Fiscal, de los Jueces o Tribunales, como si respondía a fines de prevención de un "peligro real para la seguridad pública" o a la represión de infracciones penales[659].

Si bien es cierto que el citado informe se fundamentaba en el marco normativo entonces vigente —la LOPD de 1999—, lo dispuesto actualmente en el art. 7 LOPDFD recoge, en lo esencial, los mismos criterios. Dicho precepto impone un "deber de colaboración" a las AAPP y a cualquier persona física o jurídica, obligándolas a facilitar a la autoridad judicial, al Ministerio Fiscal o a la Policía Judicial los "datos, informes, antecedentes y justificantes" que se les requieran y resulten necesarios para la investigación y enjuiciamiento de infracciones penales o para la ejecución de las penas, "frente a un peligro real y grave para la seguridad pública". En todo caso, la solicitud debe revestir carácter "concreto y específico" y contener una "motivación" suficiente que acredite su vinculación con los supuestos previstos legalmente.

En el ámbito de los posibles delitos relacionados con la seguridad vial, es habitual que la Policía Judicial solicite las grabaciones de las cámaras fijas instaladas bajo la LOPDGDD. Estas grabaciones se utilizan para verificar las circunstancias de un posible delito contra la seguridad vial, como comprobar la fil-

---

658 GARCÍA MARCOS, J. (2021). Cesión de datos e investigación de infracciones penales: la Ley Orgánica 7/2021 de 26 de mayo. *La Ley Digital.* Pág. 4.

659 El Informe jurídico 133/2008 AEPD habla de la legislación aplicable en aquel momento, es decir la LO 15/1999

mación de un siniestro vial que haya causado lesiones o muertes, y evaluar el comportamiento imprudente de los implicados.

Un ejemplo de lo anterior es el caso de una cámara fija instalada en una gasolinera que ha grabado un siniestro vial en la carretera de acceso a sus instalaciones. En la grabación, se observa cómo un turismo que se disponía a entrar en la gasolinera no respeta una señal de "stop" y colisiona de manera frontolateral con una motocicleta que circulaba correctamente por su carril. Como resultado, el conductor de la motocicleta fallece y el conductor del turismo huye del lugar del siniestro. Este incidente llevaría a investigar al conductor del turismo como supuesto autor de un presunto delito de homicidio imprudente y abandono del lugar del accidente.

Otro ejemplo es la captación por una videocámara fija de un supuesto delito de conducción temeraria, en el que se observa al conductor de un vehículo poniendo en peligro a los viandantes de una calle. Los peatones deben apartarse para evitar ser atropellados, o en el peor de los casos, son atropellados mientras el conductor realiza maniobras peligrosas, circula a gran velocidad, etc.

Asimismo, la Policía Judicial puede solicitar grabaciones que atestigüen el comportamiento inadecuado de un peatón implicado en un siniestro vial, o cualquier otro hecho o circunstancia que pudiera ayudar a detectar, investigar y esclarecer el delito. Por ejemplo, podrían solicitarse las grabaciones de las cámaras instaladas en un túnel donde se ha producido un siniestro vial con víctimas, y el conductor de uno de los vehículos causantes del siniestro ha abandonado el lugar del accidente. Es pertinente que la Policía Judicial advierta al encargado del tratamiento de las consecuencias de no facilitar los datos requeridos, pues podría incurrir en responsabilidad de ámbito administrativo o penal.

El régimen sancionador dispuesto en la LOPDFD prevé como infracción muy grave del art. 58 "j) La negativa a proporcionar a las autoridades competentes la información necesaria para la prevención, detección, investigación y enjuiciamiento de infracciones penales, para la ejecución de sanciones penales o para la protección y prevención frente a las amenazas contra la seguridad pública de acuerdo con lo previsto en el art. 7, así como a informar al interesado cuando se comuniquen sus datos en virtud del deber de colaboración establecido en dicho art."; y como falta grave prevista en el art. 59 "j) La falta de colaboración diligente con las autoridades competentes en el cumplimiento de las obligaciones establecidas en el art. 7, cuando no constituya una infracción muy grave". Asimismo, en el ámbito penal también se prescriben responsabilidades conforme a los arts. 412 y 550 CP por posibles conductas por desobediencia y denegación de auxilio[660].

No obstante, no olvidemos que existe la posibilidad de no atender un requerimiento policial si va más allá de lo exigible o soportable por el ciudadano. Ese sería el caso por el que conforme al art. 24.2 CE no tendrá el deber de colaboración si ese requerimiento va dirigido al propio investigado o encausado, o a aquellos que se encuentren dispensados de la obligación

---

[660] Art. 412 CP: "1. El funcionario público que, requerido por autoridad competente, no prestare el auxilio debido para la Administración de Justicia u otro servicio público, incurrirá en las penas de multa de tres a doce meses, y suspensión de empleo o cargo público por tiempo de seis meses a dos años.
Art. 556 CP: "1. Serán castigados con la pena de prisión de tres meses a un año o multa de seis a dieciocho meses, los que, sin estar comprendidos en el art. 550, resistieren o desobedecieren gravemente a la autoridad o sus agentes en el ejercicio de sus funciones, o al personal de seguridad privada, debidamente identificado, que desarrolle actividades de seguridad privada en cooperación y bajo el mando de las Fuerzas y Cuerpos de Seguridad".

de declarar contra el investigado de acuerdo con el art. 416.2 LECrim, o por secreto profesional[661].

La LOPDFD ampara la grabación de imágenes y sonido por parte de las FCS, conforme a su art. 15, que permite captar, reproducir y tratar datos, así como llevar a cabo las actividades preparatorias necesarias por parte de las FCS, teniendo en cuenta el principio de proporcionalidad atendiendo a los criterios de "asegurar la protección de los edificios e instalaciones propias; asegurar la protección de edificios e instalaciones públicas y de sus accesos que estén bajo custodia; salvaguardar y proteger las instalaciones útiles para la seguridad nacional y prevenir, detectar o investigar la comisión de infracciones penales y la protección y prevención frente a las amenazas contra la seguridad pública".

La grabación de imágenes y sonido puede realizarse mediante la instalación de sistemas fijos o dispositivos móviles. Los sistemas fijos se consideran aquellos que están anclados a un "soporte fijo o fachada", aunque la cámara pueda orientarse en cualquier dirección. Estas instalaciones no están sometidas a un control precautorio por parte de las entidades locales ni de las diferentes administraciones públicas, pero esto no exime del cumplimiento de los principios establecidos por la legislación vigente en cada ámbito de actuación administrativa. Existe la obligación de información de la autoridad responsable del tratamiento ante la que podrá ejercer sus derechos, y de anunciar de manera clara y permanente la presencia de videocámara fijas, aunque sin concretar su ubicación. Dicho lo cual, podríamos encontrarnos con la instalación de videocámaras fijas para los fines descritos en la LOPDFD, referidos al ámbito de la seguridad vial aquí estudiados, en los casos en los que se

---

661 MARCOS AYJÓN, M. (2020). *La protección de datos de carácter personal en la justicia penal.* Bosch. Pág. 448.

tenga conocimiento de que se estuvieran cometiendo carreras ilegales o conducciones temerarias.

En cuanto a la utilización de dispositivos móviles por parte de las FFCCSS para la captación de imágenes, su empleo responde a la finalidad de facilitar el cumplimiento de los objetivos previstos en la LOPDFD[662], especialmente en contextos de inmediatez o movilidad operativa. Ahora bien, conviene destacar que, a diferencia del art. 16 LOPDFD, que regula la instalación de sistemas fijos y acota expresamente su uso a "vías o lugares públicos", el art. 17, referido a los dispositivos móviles[663], no contiene una mención específica a dichos espacios. Esta omisión, ya advertida en la doctrina, pone de relieve una laguna normativa que debería ser objeto de clarificación en futuras reformas legislativas[664].

La forma de grabación ha de ser de manera conjunta de imagen y sonido y subordinada a la existencia de un peligro o evento concreto, debiendo estar autorizado su uso por la Dele-

---

662 Observamos que el art. 17 LOPDFD aparece el vocablo "dispositivo", por lo que, como dice FERNÁNDEZ SÁNCHEZ, P. (2019). *El uso policial de las bodycam y su propuesta de mejora*. Reus. Pág. 16, no solo se incluye las videocámaras, sino también otros elementos tecnológicos como, por ejemplo: "PDAs, teléfonos móviles, smartphones u otros elementos más recientes como el uso de cámaras móviles personales tipo *bodycam* o uso de drones", de tal forma que pueden instalarse en coches patrulla, helicópteros, etc.

663 Art. 16 LOPDFD: "1. En las vías o lugares públicos donde se instalen videocámaras fijas, el responsable del tratamiento…".
Art. 17 LOPDFD: "1. Podrán utilizarse dispositivos de toma de imágenes y sonido de carácter móvil para el mejor cumplimiento de los fines previstos en esta Ley Orgánica, conforme…"

664 CEBRIÁN BELTRÁN, S. (2022). Nuevos desafíos en el ámbito de la videovigilancia por las Fuerzas y Cuerpos de Seguridad desde la perspectiva de la Ley Orgánica 7/2021. El dificil equilibrio entre la seguridad y la protección de datos. *Revista de Derecho Público. Estudios de Deusto*. Pág. 231. doi:https://doi.org/10.18543/ed.2501

gación o Subdelegación del Gobierno, no autorizándose nunca con carácter indefinido o permanente por lo que el plazo de autorización será "adecuado a la naturaleza y las circunstancias derivadas del peligro o evento concreto, por un periodo máximo de un mes prorrogable por otro" (art. 17 LOPDFD)[665]. La excepción a esta autorización la encontramos en los supuestos de urgencia o necesidad inaplazable, debiendo comunicarse a la mayor brevedad posible por el responsable del operativo de las FFCCSS al Delegado o Subdelegado del Gobierno o autoridad competente de las comunidades autónomas, en todo caso en el plazo máximo de 24 horas (art. 17 LOPDFD).

Ahora bien, las previsiones contenidas en la ley, cuando se trasladan al ámbito de la seguridad vial, presentan serias dificultades de aplicación en situaciones genéricas. No parece razonable pensar que pueda exigirse una autorización previa del Delegado o Subdelegado del Gobierno, o de la autoridad competente de la comunidad autónoma, en escenarios como los que implican delitos flagrantes contra la seguridad vial, ante los cuales los agentes han de actuar con inmediatez. En este contexto, cabe recordar que en ciertos operativos, como los ocurridos en Cataluña el 1 de octubre de 2017, ya se emplearon dispositivos móviles —como cámaras tipo GoPro— para documentar las actuaciones policiales en tiempo real, lo que revela la funcionalidad de estos medios en situaciones que requieren intervención urgente. En consecuencia, la aplicación práctica de estas medidas conduce con frecuencia a los supuestos excepcionales contemplados en el art. 17.3 LOPDFD, esto es, actuaciones fundadas en razones de urgencia o necesidad inaplazable.

Por ello, debe considerarse que las autoridades de carácter estrictamente administrativo mencionadas en la ley —el De-

665 Por el contrario, en la instalación de fijas la ley no marca ningún límite temporal, entonces se podrán instalar de forma permanente.

legado y el Subdelegado del Gobierno— actúan en el ámbito de sus competencias administrativas, sin que les corresponda participación alguna en decisiones relativas a los supuestos que la propia norma califica como "fines de prevención, detección, investigación y enjuiciamiento de infracciones penales y de ejecución de sanciones penales". La intervención de estas autoridades podría tener cabida únicamente en aquellos supuestos en los que la instalación o el uso del dispositivo de captación de imágenes se oriente a la vigilancia de situaciones susceptibles de generar infracciones administrativas, y solo de manera eventual se capte algún ilícito penal. En tales casos, el procedimiento se ajustaría a lo dispuesto en los párrafos posteriores de la norma.

En consecuencia, puede concluirse que, en el plano estrictamente administrativo, la participación de estas autoridades puede resultar procedente o incluso preceptiva. No obstante, cuando se trata de actuaciones orientadas a la prevención, detección o investigación de ilícitos penales, dicha intervención carece de cobertura procedimental y legal[666]. Baste como ejemplo el supuesto de un registro domiciliario autorizado judicialmente en el que uno de los agentes tiene encomendada la grabación del desarrollo del mismo para documentar el hallazgo de efectos

---

[666] Siguiendo a CEBRIÁN BELTRÁN, S. (2022). Nuevos desafíos en el ámbito de la videovigilancia por las Fuerzas y Cuerpos de Seguridad desde la perspectiva de la LO 7/2021. El difícil equilibrio entre la seguridad y la protección de datos. *Revista de Derecho Público. Estudios de Deusto*, teniendo en cuenta lo que hemos dicho acerca de la no mención expresa en el art. 17 LOPDFD los dispositivos móviles de "En las vías o lugares públicos" ¿qué pasaría si un agente en desarrollo del servicio y, previamente autorizado por el delegado o subdelegado del gobierno para portar esa cámara, debiera entrar en un lugar cerrado, incluso en un domicilio? ¿tendrían validez? La autora concluye que no, ya que requeriría "autorización judicial, el consentimiento del titular y, en última instancia, la flagrancia delictiva".

o instrumentos relacionados con el delito. En tal situación, no puede exigirse una autorización previa por parte de autoridades administrativas para el uso del dispositivo de grabación.

Referido a supuestos relacionados con la seguridad vial, podríamos poner el ejemplo de los agentes que hacen una grabación con algún dispositivo oficial de un conductor que está circulando temerariamente en sentido contrario por la autovía, o la dicha en apartados anteriores sobre la grabación de signos externos de la persona que su conducción pudiera estar influenciada por el alcohol o las drogas, tampoco precisaría de esa autorización. El TS avala en su STS 649/2019, de 20 de diciembre, que "las grabaciones videográficas de imágenes captadas en espacios públicos, a condición de que sean auténticas y de que no estén manipuladas, constituyen un medio de prueba legítimo y válido en el proceso penal…".

En definitiva, como afirma SUÁREZ-QUIÑONES Y FERNÁNDEZ[667] la videograbación hecha por un particular no deja de ser la constancia documental de lo que esa persona observó siendo un testigo de los hechos con un plus de credibilidad de su testimonio, ya que lo que vio se grabó en ese soporte documental, constituyéndose esa grabación en una prueba más a valorarse por la autoridad judicial, pues su régimen jurídico no difiere de una prueba testifical.

De acuerdo con el art. 18 LOPDFD, si la grabación filmase la comisión de hechos presuntamente delictivos, las FFCCSS podrán a disposición judicial en el plazo más breve posible ese soporte o cinta original con el contenido íntegro, y nunca más tarde de 72 horas desde su grabación. Si por alguna razón justificada no se pudiera hacer el correspondiente atestado en

---

667 SUÁREZ-QUIÑONES Y FERNÁNDEZ, J. C. (2006). *Las video-grabaciones como prueba en el proceso penal.* Boletín del Ministerio de Justicia. Núm. 2024. Pág. 4534.

ese periodo, se hará una narración verbal de lo acontecido a la autoridad judicial o Ministerio Fiscal, en unión de la grabación. Si los hechos grabados fueran constitutivos de infracción administrativa se dará traslado al órgano competente, al objeto de que se incoe el correspondiente procedimiento sancionador. Por el contrario, si la grabación no captase ningún ilícito penal, administrativo grave o muy grave en materia de seguridad pública o hechos relacionados por una investigación policial en curso o con un procedimiento judicial o administrativo abierto, tendrá que ser destruida en el plazo máximo de tres meses desde su grabación.

Puede plantearse un dilema respecto de qué tipo de cámaras son consideradas aptas para poder realizar una filmación con todas las garantías de integridad y ausencia de riesgos en la protección de esas imágenes y sonidos. El informe de la AEPD 2014-0423 sobre una consulta planteada sobre la forma de diligenciar y formalizar que la Policía Local en casos excepcionales de máxima urgencia, capte imágenes por cualquier medio a su alcance (videocámaras domésticas y teléfonos móviles) y dé cuenta en el plazo previsto a la autoridad competente.

El informe dice que habría que examinar si ese dispositivo utilizado garantiza la seguridad de los datos almacenados en él, de forma que no se produzcan pérdidas o alteraciones de esos datos, especialmente en dispositivos inteligentes, ya que se pueden producir comunicaciones de datos a terceros de manera inadvertida producida por la instalación de aplicaciones que requieren el acceso al almacenamiento de imágenes, con el hándicap de la falta de transparencia de los desarrolladores de esas aplicaciones. Concluye el informe que las cámaras o móviles personales de los agentes no garantizan la seguridad de los datos[668], sin embargo, los dispositivos oficialmente entregados

---

[668] AEPD. (2014). *Informe 2014-0423*. "Teniendo en cuenta los riesgos señalados debe considerarse que el uso de cámaras o móviles perso-

a las FFCCSS para un fin policial sí son válidos siempre que se guarden las medidas de seguridad adecuadas para evitar el acceso accesos indebidos.

Frente a la conclusión del informe de la AEPD, cabe cuestionar el fundamento por el cual se presume que un dispositivo móvil de uso personal por parte de un agente puede implicar un mayor riesgo en términos de seguridad o transparencia —por ejemplo, debido a la presencia de aplicaciones poco fiables o con acceso al almacenamiento—, mientras que se otorga una presunción favorable a los dispositivos oficiales, siempre que "se adopten todas las precauciones para impedir accesos indebidos". Desde una perspectiva estrictamente técnica y de garantía del tratamiento, lo relevante no es tanto la titularidad del dispositivo como el cumplimiento efectivo de las medidas de seguridad necesarias para evitar accesos no autorizados, alteraciones o pérdidas de datos. En consecuencia, la evaluación de idoneidad debería centrarse en los niveles de protección implementados, y no únicamente en el origen o la naturaleza del equipo utilizado.

6.5. Uso de cámaras instaladas en diversas ubicaciones y cámaras OCR

Los dispositivos susceptibles de realizar grabaciones de vídeo y sonido cada vez son más numerosos y de muy diversa

---

nales de los agentes no garantiza la seguridad de los datos, en tanto que los usos privados que cada agente pueda realizar con sus propios dispositivos no resultan compatibles con las medidas de seguridad que para el ejercicio de las funciones de policía judicial deben adoptarse por los responsables del fichero policial del que formarán parte tales grabaciones.

Asimismo, en el caso de que se utilizasen dispositivos inteligentes que se hayan entregado con carácter oficial para su uso con fines policiales, éstos deberán adoptarse todas las precauciones para impedir accesos indebidos a los datos que con ellos se capten".

catalogación, pasando de las tradicionales videocámaras para la grabación de eventos puramente familiares o privados a una gran cantidad de dispositivos utilizados hoy en día por cualquier ciudadano que pueden hacer una toma videográfica de excelente calidad a través de un teléfono móvil inteligente, reloj, cámara instaladas en el frontal de un vehículo o portada por el propio usuario en el casco de una bicicleta o motocicleta cuando se encuentra circulando. Estos ejemplos citados son solo una muestra de posibles ubicaciones donde se pueden hallar distintas a las tradicionales y que pueden tener una implicación directa en el mejor entendimiento y averiguación de sucesos relacionados con la seguridad vial.

Probablemente, entre las distintas ubicaciones posibles para la instalación de cámaras, su colocación en bicicletas —habitualmente sobre el casco del conductor— constituye uno de los supuestos de mayor exposición al riesgo. Tanto ciclistas como motoristas son considerados por la normativa como usuarios especialmente vulnerables, dada su escasa protección física frente al resto de vehículos. En el caso de los ciclistas, esta vulnerabilidad se acentúa por su menor estabilidad y velocidad, así como por la ausencia de protección estructural, lo que explica que el uso de cámaras por este colectivo haya sido ampliamente respaldado como medio para documentar las frecuentes situaciones de peligro a las que se enfrentan en la vía, tanto frente a turismos como, especialmente, ante vehículos pesados, donde la diferencia de masa y dimensiones incrementa su grado de indefensión.[669].

---

669 Fundación Línea Directa. (2018). *La muerte silenciosa. Los accidentes de tráfico en los usuarios vulnerables: peatones, ciclista y motoristas (2007-2016)*. Según este estudio en colaboración con el Centro Zaragoza, desde el 2007 al 2016 se han producido cerca de 10000 muertes de usuarios vulnerables (motoristas: 4.900 en 298.596 accidentes; peatones: 4.253 en 115.935 accidentes; ciclistas: 668 en 50.007 accidentes), aumentando un 6% la mortalidad en este colectivo.

En principio, la grabación realizada por un ciclista, motorista o cualquier otro conductor que lleve instalada una cámara en el frontal del vehículo —en adelante, cámara "a bordo"— durante el desarrollo de una actividad deportiva, de ocio o recreativa, se enmarca en el ámbito personal o doméstico. Se trata, en estos casos, de captaciones efectuadas sin otra finalidad que la de registrar videográficamente la ruta recorrida, perfeccionar la técnica o, en general, con fines meramente privados. Cuestión distinta es el uso posterior que pueda darse a ese material grabado.

No obstante, tal como se ha señalado anteriormente, debe tenerse en cuenta la cada vez más extendida práctica de emplear estas grabaciones con la finalidad de documentar situaciones de riesgo, peligrosidad o conductas indebidas por parte de otros vehículos. En tales casos, las imágenes captadas pueden llegar a ser utilizadas como prueba en procedimientos vinculados a accidentes de tráfico, infracciones administrativas o incluso a la determinación de responsabilidades derivadas de hechos sobrevenidos, en los que el conductor o cualquier otro usuario de la vía se haya visto implicado y la cámara haya podido registrar lo sucedido[670].

La LOPDGDD establece en su art. 2.2. aptdo. a) como ámbito excluido de la aplicación de ley, los propiamente excluidos en el "Reglamento general de protección de datos por su art. 2.2, sin perjuicio de lo dispuesto en los apartados 3 y 4 de este art.", el cual dicta en ese art. 2.2 aptdo. c) "efectuado por una persona física en el ejercicio de actividades exclusivamente personales o domésticas". Dicho lo cual, la legalidad de esta práctica está fuera de toda duda.

---

670 AEPD. (2023). Guía sobre el uso de videocámaras para seguridad y otras finalidades. Pág. 46.

Una vez clarificado que el uso doméstico de una grabación queda excluido del ámbito de aplicación de la normativa de protección de datos —conforme al art. 2.2 c) del RGPD y el art. 2.2 de la LOPDGDD—, salvo en aquellos casos en que dicha captación se realice de forma deliberada con la intención de denunciar o difundir públicamente conductas contrarias a la normativa de tráfico, procede analizar las implicaciones jurídicas que pueden derivarse cuando, en el transcurso de esa grabación, se capta un hecho constitutivo de infracción administrativa o delito.

A partir de ahí, pueden identificarse tres situaciones distintas[671]:

Primera, el usuario se limita a conservar la grabación en su esfera privada, sin realizar ningún tipo de difusión ni tratamiento ulterior. En este caso, la actuación permanece bajo el ámbito doméstico y, por tanto, excluida de la normativa de protección de datos.

Segunda, la grabación es difundida públicamente a través de redes sociales o plataformas digitales. Esta acción implica un tratamiento de datos personales, al incluir imágenes de personas identificadas o identificables[672], por lo que estaría

---

671 YEBRA ROVIRA, D. (2021). La investigación de los delitos contra la seguridad vial difundidos a través de las redes sociales: Problemática en la investigación. *Curso sobre nuevas tecnologías en materia de seguridad vial y reconstrucción de accidentes.*

672 En relación al tratamiento del denominado ·exención de las actividades de tratamiento de carácter doméstico", el Tribunal de Justicia Europeo, asunto C-101/01, Bodil Lindqvist, 6 de noviembre de 2003, apartado 47, dice que: "debe interpretarse en el sentido de que contempla únicamente las actividades que se inscriben en el marco de la vida privada o familiar de los particulares; evidentemente, no es este el caso de un tratamiento de datos personales consistente en la difusión de dichos datos por internet de modo que resulten accesibles a un grupo indeterminado de personas"

plenamente sujeta a la normativa vigente. En consecuencia, el material debería ser editado de forma que se preservase la identidad de las personas involucradas —ya fueran infractores, testigos o terceros— mediante técnicas de anonimización como el difuminado de rostros o matrículas.

Tercera, en caso de que el contenido de la grabación documente un hecho que el propio usuario desee denunciar ante la autoridad competente —ya sea una infracción de tráfico o un posible delito—, la grabación deberá ser remitida íntegra, sin alteraciones, a fin de garantizar su autenticidad y evitar cualquier sospecha de manipulación[673]. En estos supuestos, la entrega del material a las FFCCSS, Fiscalía o autoridad judicial constituiría un canal legítimo y ajustado a Derecho.

Se trataría de actuar en el seno del derecho constitucional a la tutela judicial efectiva[674] consagrado en el art. 24 CE "a utilizar

---

673 Recordemos la STS 968/1998, de 17 julio que disponía la aportación íntegra y en soporte original las imágenes captadas para que sea la autoridad judicial quien selecciones las relevantes para el asunto. Asimismo, la LECrim art. 844 quinquies c) "2. La Policía Judicial entregará al juez los soportes originales o copias electrónicas auténticas que contengan la información recogida cuando éste se lo solicite y, en todo caso, cuando terminen las investigaciones".

674 El derecho a la tutela judicial en relación con la prueba fue abordado, entre otras sentencias, por la STC 88/2014, de 28 de mayo, que decía: "las íntimas relaciones del derecho a la prueba con otros derechos garantizados en el art. 24 CE. Concretamente, en nuestra doctrina constitucional hemos hecho hincapié en la conexión de este específico derecho constitucional con el derecho a la tutela judicial efectiva (art. 24.1 CE), cuyo alcance incluye las cuestiones relativas a la prueba (SSTC 89/1986, de 1 de julio, FJ 2; 50/1988, de 22 de marzo, FJ 3; 110/1995, de 4 de julio, FJ 4; 189/1996, de 25 de noviembre, FJ 3; y 221/1998, de 24 de noviembre, FJ 3), y con el derecho de defensa (art. 24.2 CE), del que es inseparable (SSTC 131/1995, de 11 de septiembre, FJ 2; 1/1996, de 15 de enero, FJ 2;

los medios de prueba pertinentes para su defensa"[675], por invocación de un interés legítimo dispuesto en la Disposición adicional décima de la LOPDGDD[676]. La correspondencia entre el derecho a la tutela judicial y el derecho a la protección de datos personales fue examinada por la AEPD en el informe 469/2011, de 30 de diciembre, en el que concluyó que existe una habilitación legal para el tratamiento de datos con cobertura por el propio art. 24 CE cuando se invoca un interés legítimo para ello[677],

---

y 26/2000, de 31 de enero, FJ 2)" (STC 19/2001, de 29 de enero, FJ 4; y, en el mismo sentido, STC 133/2003, de 30 de junio, FJ 3)»

675 STC 208/2007, de 24 de septiembre: "el contenido esencial del derecho a utilizar los medios de prueba pertinentes se integra por la capacidad jurídica que se reconoce a quien interviene como litigante en un proceso de provocar la actividad procesal necesaria para lograr la convicción del órgano judicial sobre la existencia o inexistencia de los hechos relevantes parala decisión del conflicto objeto del proceso (por todas, SSTC 37/2000, de 14 de febrero, FJ 3; 19/2001, de 29 de enero, FJ 4; 77/2007, de 16 de abril, FJ 2)",

676 Disposición adicional décima de la LOPDGDD: "Los responsables enumerados en el art. 77.1 de esta ley orgánica podrán comunicar los datos personales que les sean solicitados por sujetos de derecho privado cuando cuenten con el consentimiento de los afectados o aprecien que concurre en los solicitantes un interés legítimo que prevalezca sobre los derechos e intereses de los afectados conforme a lo establecido en el art. 6.1 f) del Reglamento (UE) 2016/679".

677 AEPD Informe 469/2011 de 30 de diciembre: "En este punto, deber recordarse que esta Agencia ya ha tenido la ocasión de analizar la posible concurrencia en un determinado supuesto de tratamiento de datos de los derechos fundamentales a la protección de datos de carácter personal y a la tutela judicial efectiva del responsable del tratamiento. Así, se ha considerado por ejemplo que el tratamiento por un abogado de los datos de la parte contraria de su cliente encuentra su amparo en el reconocimiento a éste último por el art. 24.1 de la Constitución de su derecho a la tutela judicial efectiva, lo que implica, según el apartado 2, la defensa letrada y el uso de los medios de prueba pertinentes para la defensa de su

pudiendo ser usadas las grabaciones "en caso de accidente, para el seguro o incluso en vía jurisdiccional"[678].

El Considerando 47 del RGPD reconoce que el interés legítimo del responsable del tratamiento, o de un tercero, puede constituir una base jurídica válida para el tratamiento de datos personales, siempre que no prevalezcan los intereses o los derechos y libertades del interesado, teniendo en cuenta sus expectativas razonables en función de la relación existen-

---

derecho. En este sentido, el informe de 21 de febrero de 2001 se señalaba lo siguiente:

En este caso, como se dijo, el tratamiento por los abogados y procuradores de los datos referidos a la contraparte de sus clientes en los litigios en que aquéllos ejerzan la postulación procesal trae su causa, directamente, del derecho de todos los ciudadanos a la asistencia letrada, consagrado por el art. 24.2 del Texto Constitucional.

En efecto, la exigibilidad del consentimiento del oponente para el tratamiento de sus datos por el abogado o procurador supondría dejar a disposición de aquél el almacenamiento de la información necesaria para que su cliente pueda ejercer, en plenitud, su derecho a la tutela judicial efectiva.

Así, la falta de estos datos puede implicar, lógicamente, una merma en citado derecho a la tutela efectiva y coartándose la posibilidad de obtener el pleno desenvolvimiento de este derecho.

Por todo ello, si bien ninguna disposición con rango de Ley establece expresamente la posibilidad del tratamiento por abogados y procuradores de los datos referidos al oponente de su cliente en el seno de un determinado proceso judicial, es evidente que dicha posibilidad trae causa directa de una norma de rango constitucional, reguladora además de uno de los derechos fundamentales y libertades públicas consagrados por la Constitución, y desarrollado por las leyes reguladoras de cada uno de los Órdenes Jurisdiccionales, en los preceptos referidos a la representación y defensa de las partes".

678 SEMPERE SAMANIEGO, J. (2021). Las resoluciones sancionadoras más destacables en 2020. *La Ley Digital* (952/2021), Pág. 5.

te con el responsable del tratamiento[679]. Los intereses legítimos perseguidos por un responsable del tratamiento o por un tercero pueden tener naturaleza jurídica[680], económica o incluso moral[681], siempre que se trate de un interés real,

---

679 Considerando 47 Reglamento (UE) 2016/679: "El interés legítimo de un responsable del tratamiento, incluso el de un responsable al que se puedan comunicar datos personales, o de un tercero, puede constituir una base jurídica para el tratamiento, siempre que no prevalezcan los intereses o los derechos y libertades del interesado, teniendo en cuenta las expectativas razonables de los interesados basadas en su relación con el responsable. Tal interés legítimo podría darse, por ejemplo, cuando existe una relación pertinente y apropiada entre el interesado y el responsable, como en situaciones en las que el interesado es cliente o está al servicio del responsable. En cualquier caso, la existencia de un interés legítimo requeriría una evaluación meticulosa, inclusive si un interesado puede prever de forma razonable, en el momento y en el contexto de la recogida de datos personales, que pueda producirse el tratamiento con tal fin. En particular, los intereses y los derechos fundamentales del interesado podrían prevalecer sobre los intereses del responsable del tratamiento cuando se proceda al tratamiento de los datos personales en circunstancias en las que el interesado no espere razonablemente que se realice un tratamiento ulterior. Dado que corresponde al legislador establecer por ley la base jurídica para el tratamiento de datos personales por parte de las autoridades públicas, esta base jurídica no debe aplicarse al tratamiento efectuado por las autoridades públicas en el ejercicio de sus funciones.
El tratamiento de datos de carácter personal estrictamente necesario para la prevención del fraude constituye también un interés legítimo del responsable del tratamiento de que se trate. El tratamiento de datos personales con fines de mercadotecnia directa puede considerarse realizado por interés legítimo".

680 Tribunal de Justicia Europeo, asunto C-13/16, Rīgas satiksme, 4 de mayo de 2017.

681 Véase WP217, Grupo de Trabajo del Art. 29.

actual y no meramente especulativo o ficticio[682]. El tratamiento fundado en esta base debe, en todo caso, observar los principios rectores establecidos en el art. 5 del RGPD, entre los que se incluyen: la limitación de la finalidad, la minimización de datos, la exactitud, la limitación del plazo de conservación, la integridad y confidencialidad, así como el principio de responsabilidad proactiva.

Un tipo de cámaras particularmente distintas de las anteriores son las cámaras con tecnología de Reconocimiento Óptico de Caracteres (OCR, Optical Character Recognition)[683]. La cámara OCR envía los datos de las matrículas capturadas a un software específico, donde se realizarán el análisis de las imágenes capturadas, bien en textos manuscritos, mecanografiados o integrados en imágenes.

---

682 Véase WP217, Grupo de Trabajo del Art. 29., p. 24 y ss. Véase también TJE, asunto C-708/18, p. 44.

683 SÁNCHEZ FERNÁNDEZ, C. J., & SANDONÍS CONSUEGRA, V. (2015). *Reconocimiento Óptico de Caracteres (OCR)*. Universidad Carlos III. Pág. 1: "La tecnología de reconocimiento de caracteres, OCR (Optical Character Recognition) engloba a un conjunto de técnicas basadas en estadísticas, en las formas de los caracteres, transformadas y en comparaciones, que complementándose entre sí, se emplean para distinguir de forma automática entre los diferentes caracteres alfanuméricos existentes. En realidad, no se reconocen exactamente los caracteres de un determinado alfabeto, sino que es posible distinguir entre cualquier conjunto de formas o símbolos".

Reconocimiento del carácter

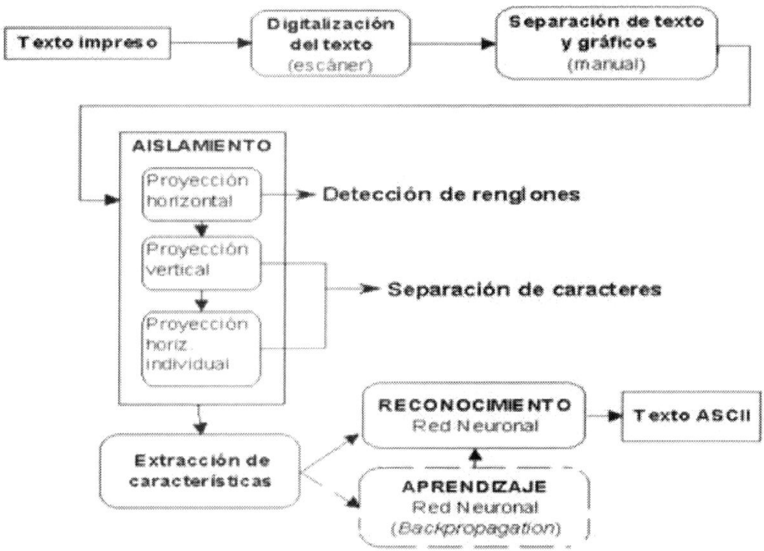

Fuente: SÁNCHEZ FERNÁNDEZ, C. J., & SANDONÍS CONSUEGRA, V. (2015). Reconocimiento Óptico de Caracteres (OCR). Universidad Carlos III. Pág. 5

Estas cámaras las podemos encontrar instaladas en muy diversos lugares y con diferentes funcionalidades, ya sea en el acceso a un parking de un supermercado o gran superficie, comunidades, clubs de socios, control de accesos, tráfico y contaminación, velocidad media entre un punto de acceso y otro, etc. Las cámaras equipadas con tecnología OCR integrada en un software de Reconocimiento Automático de Matrículas (Automatic Licence Plate Recognition ALPR) están diseñadas específicamente para el reconocimiento automático de matrículas, ya sea cuando el vehículo está detenido o en movimiento. Estas cámaras funcionan con una velocidad de obturación del orden de 1/10.000, lo que les permite operar efectivamente incluso de noche, en condiciones de niebla, lluvia, etc[684].

Este tipo de dispositivos resulta especialmente útil para las FFCCSS en aquellos supuestos en los que sea necesario identificar, a través de la matrícula del vehículo, a los posibles responsables de delitos como el abandono del lugar del accidente previsto en el art. 382 bis CP, o la conducción temeraria en los que el conductor ha huido del lugar sin ser identificado. En estos casos, el tratamiento de las imágenes captadas debe ajustarse estrictamente a lo dispuesto en la LOPDFD, especialmente en lo relativo a los principios de licitud, lealtad, finalidad, exactitud, limitación del plazo de conservación y seguridad, conforme al art. 6, a fin de evitar eventuales responsabilidades administrativas, disciplinarias o penales derivadas de un uso indebido o desproporcionado de los datos personales tratados.

No debe perderse de vista que el contexto aquí analizado es el de la averiguación de delitos por parte de las FFCCSS, es decir, la utilización de medios y técnicas adecuados para la investigación penal. En este sentido, no es equiparable una posible vulneración de la normativa de protección de datos en un entorno ajeno a la investigación del delito con aquella que se produce en el marco de una actuación penal, regulada por normas específicas y sujeta a interpretación judicial, siempre dentro del respeto a los derechos fundamentales reconocidos en la CE, como el derecho a la intimidad. En efecto, podría darse el caso de que una grabación recogiese un hecho delictivo que, de comprobarse, tendría relevancia penal. No obstante, si se considerara que dicha grabación ha sido obtenida de forma ilícita, "la prueba no tendría valor alguno, lo que no quiere decir que no pudieran aportarse y valorarse otras

---

684 NAVACERRADA SANTIAGO, J. F. (2023). Integración de los sensores OCR para la prevención e investigación de la delincuencia. *Revista Científica del Centro Universitario de la Guardia Civil*, Pág. 355.

que pudiera dar lugar a la condena, ya que si puede existir desconexión y ruptura causal entre la grabación y otras pruebas, estas últimas no tienen por qué arrastrar la nulidad de la videograbación" [685].

La LOPDFD no enuncia nada sobre el valor procesal de una grabación en caso de captarse hechos antijurídicos[686]. Sin embargo, la doctrina jurisprudencial del TS ha reconocido su eficacia como prueba de cargo siempre que concurran las siguientes exigencias: "a) el primer condicionamiento está integrado por la supervisión judicial de las condiciones de la captación de imágenes, que en todo caso han de ser respetuosas con el derecho a la intimidad personal y a la inviolabilidad domiciliaria. b) comunicación o puesta a disposición judicial del material videográfico grabado en evitación de manipulaciones. c) aportación de los soportes originales en los que se incorporan las imágenes captadas. d) aportación íntegra de lo filmado (lógicamente que tenga relación con la investigación del delito), a fin de posibilitar la selección judicial de las imágenes relevantes para la causa" (STS 299/2006, de 17 de marzo). Sirva como ejemplo la utilización de grabaciones procedentes de cámaras de seguridad en establecimientos comerciales como fundamento de condena (STS 649/2019, de 20 de diciembre; STS 909/2021, de 24 de noviembre)[687].

---

685 MAGRO SERVET, V. (2018). Sobre el valor probatorio de las cámaras de vigilancia en el proceso penal. *Diario La Ley*(9114). Pág. 2.

686 PAJARES MONTOLÍO, E. (2006). Videovigilancia y Constitución. *Cuadernos de Derecho Público*, Pág. 176.

687 STS 649/2019, de 20 de diciembre: "la doctrina jurisprudencial entiende, con carácter general, que las grabaciones videográficas de imágenes captadas en espacios públicos, a condición de que sean auténticas y de que no estén manipuladas, constituyen un medio de prueba legítimo y válido en el proceso penal -previsto ahora expresamente en el art. 382 Lec y aplicable de forma supletoria conforme a lo dispuesto en el art. 4 Lec, sin que se requiera para su captación

En conclusión, el uso de dispositivos de grabación instalados en ubicaciones no tradicionales —como bicicletas, motocicletas, vehículos o sistemas con tecnología OCR— se ha consolidado como una herramienta útil en el ámbito de la seguridad vial, tanto para la protección de colectivos vulnerables como para la identificación de posibles infractores. Aunque las grabaciones efectuadas con fines personales pueden quedar excluidas del ámbito de aplicación del RGPD, su posterior utilización con fines probatorios activa las exigencias normativas en materia de protección de datos. En el ámbito penal, la admisión de estas grabaciones como prueba de cargo dependerá del cumplimiento de garantías procesales que aseguren su licitud, integridad y autenticidad, conforme a la doctrina jurisprudencial del TS.

6.6. Tratamiento e incorporación de la grabación en el proceso y juicio oral

Una vez analizadas las distintas formas de captación videográfica y las condiciones que deben cumplirse, el siguiente paso es su incorporación al proceso judicial. Para ello, debe acudirse a la jurisprudencia, dado que la legislación no contempla expresamente este supuesto (STS 299/2006, de 17 de marzo). No obstante, como se ha señalado en apartados anteriores,

---

la previa autorización judicial. En efecto, nos encontramos con la posibilidad del uso de la prueba documental tecnológica del proceso civil aplicable al proceso penal, como en estos casos se realiza cuando las Fuerzas y Cuerpos de Seguridad del Estado recaban del comercio la observación de las imágenes en uso de las facultades investigadoras que se les confiere".

En la misma línea la STS 241/2024, de 13 de marzo (sobre grabaciones difundidas por los medios de comunicación de un incidente ocurrido en la vía pública).

el procedimiento regulado en la LEC puede constituir un instrumento válido y adecuado para dicha incorporación.

Tal y como se expuso en el apartado 2 de la Parte 2, sobre la relevancia y aportación de la prueba electrónica, esta se encuentra equiparada con la prueba documental, criterio que el TS ya viene sosteniendo desde hace más de dos décadas (STS 1449/2000, de 26 de septiembre)[688]. La jurisprudencia ha establecido una serie de requisitos para la incorporación de grabaciones videográficas al proceso, articulados en torno al control posterior del órgano judicial[689].

En primer lugar, se exige un control de legitimidad, que garantice que no se han vulnerado derechos fundamentales como la intimidad o la inviolabilidad domiciliaria, de conformidad con el art. 24 CE y el art. 11.1 LOPJ. En segundo lugar, un control de integridad, que requiere la aportación completa de la grabación, permitiendo al juez seleccionar lo relevante para la causa[690]. En tercer lugar, un control de autenticidad,

---

688 STS 1449/2000 de 26 de septiembre: "las grabaciones videográficas, constituyen incuestionablemente un documento ya que estamos ante 'un soporte gráfico que incorpora hechos, impresionados en cinta incorporada a la cámara que grabó las incidencias del suceso que se imputa al recurrente', refiriendo además que 'una reiterada jurisprudencia de esta Sala las equipara, en su consideración de documento, no solo a los escritos tradicionales, sino también a cualquier otra representación gráfica del pensamiento o de la realidad, que, a través de su examen o visionado, se pueda conocer o comprobar".

689 SUÁREZ-QUIÑONES Y FERNÁNDEZ, J. C. (2006). *Las video-grabaciones como prueba en el proceso penal.* Boletín del Ministerio de Justicia. Núm. 2024. Pág. 4542.

690 STS 1154/2010, de 12 de enero de 2011: "Especialmente, se exige cuando se trate de grabaciones efectuadas por la Policía en su investigación que, es claro, debe ser comunicada en su totalidad al Juez. Sin embargo, no se trata de una exigencia meramente formal, sino que se justifica en el sentido de garantizar a la defensa la posi-

mediante la entrega del soporte original, sin alteraciones, incluso si proviene de particulares[691]. Por último, debe respetarse el principio de contradicción, igualdad e inmediación, lo que implica que la prueba sea reproducida en el juicio oral en condiciones que permitan su adecuada contradicción[692].

En este sentido, la STS 80/2017, de 12 de enero subraya que la eficacia probatoria de la videograbación está supeditada a su visualización en juicio oral, con plena garantía de los principios procesales. En la misma línea, MAGRO SERVET[693] insiste en la necesidad de su reproducción en sala para que el tribunal pueda valorarla y las partes alegar sobre su contenido, por ejemplo, respecto de la claridad de la imagen o la identificación del acusado.

Un aspecto fundamental de la incorporación de la prueba es la inquebrantable cadena de custodia que debe seguir la grabación o toma de imágenes por la posible ilicitud de la prueba. La LOPDFD prevé en su art. 18 que "las imágenes y sonidos pondrán a disposición judicial a la mayor brevedad posible y, en todo caso, en el plazo máximo de setenta y dos horas desde su grabación". Sin embargo, sigue manteniéndose ese vacío o laxitud legislativa acerca de un verdadero procedimiento de

---

bilidad de utilizar todo el contenido de la grabación para sostener una interpretación y valoración distinta de lo grabado, lo cual debe ponerse en relación con aquellos aspectos respecto de los cuales la grabación puede ser tenida en cuenta como elemento probatorio".

691 RODRÍGUEZ LAINZ, J. L. (2012). Las grabaciones de videocámaras de seguridad como fuente probatoria en el proceso penal. *Diario La Ley*(7921). Pág. 7.

692 En el mismo sentido DURÁN ALONSO, S., & ARANDA SERNA, J. F. (2021). Videovigilancia en lugares públicos: su utilización como prueba en el proceso penal español. *Estudios en Seguridad y Defensa*(16), Pág.130.

693 MAGRO SERVET, V. (2018). Sobre el valor probatorio de las cámaras de vigilancia en el proceso penal. *Diario La Ley* (9114). Pág. 4.

transmisión determinado jurídicamente que especifique la forma de aportación que salvaguarde la integridad y autenticidad de las imágenes obtenidas. Para ello se deben cumplir los requisitos citados anteriormente de las SSTS 299/2006, de 17 de marzo, 506/2012 de 11 de junio, 767/2012 de 11 de diciembre, 308/2013 de 26 de marzo, 511/2014 de 18 de junio, 308/2013 de 26 de marzo, 657/2021, 28 de julio, 86/2022, 31 de enero.

Así pues, una vez que la cámara ha captado el supuesto hecho delictivo, la grabación será tipificada y observada por la autoridad judicial tal como indica el art. 384.1 LEC: "Los instrumentos que permitan archivar, conocer o reproducir palabras, datos, cifras y operaciones matemáticas llevadas a cabo con fines contables o de otra clase, que, por ser relevantes para el proceso, hayan sido admitidos como prueba, serán examinados por el tribunal por los medios que la parte proponente aporte o que el tribunal disponga utilizar y de modo que las demás partes del proceso puedan, con idéntico conocimiento que el tribunal, alegar y proponer lo que a su derecho convenga" y serán tenidos en cuenta en la forma de prueba documental.

Conforme a la doctrina del TS, en la STS 409/2014, de 21 de mayo, el procedimiento de incorporación de una grabación dependerá de si ha existido o no intervención humana en su captación. Cuando ha sido una persona quien ha realizado la grabación, en el acto del juicio oral deberá intervenir el agente que presenció los hechos y efectuó la filmación, o bien aquel que visualizó las imágenes captadas, con el fin de reconocer su validez y garantizar su autenticidad (SSTS 1154/2010, de 12 de enero; 485/2013, de 5 de junio; 433/2012, de 1 de junio). Por el contrario, si no hubo operador humano, dicha declaración no será exigible (SSTS 67/2014, de 28 de enero; 124/2014, de 3 de febrero). En todo caso, resultará imprescindible la reproducción de las imágenes en el acto del juicio oral, observando las debidas garantías procesales y los principios de "contradicción, igualdad, inmediación y publicidad".

Asimismo, tal como indica MAGRO SERVET[694], la reproducción de la grabación en juicio no constituye la única vía de incorporación de las imágenes al proceso. También puede efectuarse mediante informe pericial, en los casos en que se requiera la aclaración de determinados aspectos del contenido grabado, o a través de declaraciones testificales de quienes presenciaron directamente los hechos registrados.

Como se ha observado a lo largo del presente apartado, la captación y uso de grabaciones videográficas en el ámbito de la seguridad vial plantea una interacción compleja entre eficacia investigadora y salvaguarda de derechos fundamentales. La jurisprudencia ha perfilado criterios para su tratamiento procesal, pero subsisten zonas grises normativas que exigen mayor claridad y sistematización. A la espera de un marco legislativo más definido, la doctrina y los órganos judiciales siguen siendo clave para garantizar un uso legítimo y proporcional de estas herramientas en el proceso penal. Una problemática similar se plantea con el uso de dispositivos como el Event Data Recorder (EDR), al que se dedica el siguiente apartado.

7. SISTEMA EDR (EVENT DATA RECORDER)

7.1. Introducción

La investigación de accidentes de tráfico ha evolucionado significativamente gracias al desarrollo de herramientas tecnológicas cada vez más precisas. La adaptación de dispositivos provenientes de otros sectores, como el aeronáutico, ha permitido incorporar medios capaces de registrar datos objetivos en

---

694 MAGRO SERVET, V. (2018). Sobre el valor probatorio de las cámaras de vigilancia en el proceso penal. *Diario La Ley*(9114). Pág. 9.

tiempo real, facilitando así un análisis técnico más riguroso e independiente. Uno de estos dispositivos es el registrador de eventos o Event Data Recorder (EDR), comúnmente —aunque de forma imprecisa— denominado "caja negra" del vehículo. A diferencia de las utilizadas en aviación, el EDR no recoge datos sobre la localización del vehículo, ni identifica personas o graba conversaciones, sino que se limita a registrar parámetros técnicos vinculados al funcionamiento del automóvil antes, durante y después de un siniestro vial.

Su introducción se produjo inicialmente en Estados Unidos, trasladándose posteriormente a Europa, donde se ha ido desarrollando una normativa específica para su implementación en vehículos fabricados en el continente. Aunque representa un punto de inflexión en la investigación de siniestros viales y delitos relacionados con la seguridad vial, la legislación aplicable sigue siendo insuficiente. Pese al avance que supone su uso como fuente probatoria objetiva, aún persisten vacíos normativos en cuanto a su regulación, funcionamiento y garantías de seguridad.

Esta tecnología, todavía reciente, está regulada principalmente por el Reglamento (UE) 2019/2144 del Parlamento Europeo y del Consejo, que derogó los Reglamentos (CE) núms. 78/2009, 79/2009 y 661/2009. Este marco europeo surge como respuesta a la preocupación por la seguridad vial, con el objetivo declarado de reducir la mortalidad en accidentes de carretera dentro de la Unión.

El Reglamento establece la incorporación obligatoria de registradores de datos de incidencias, con requisitos precisos sobre la recogida, almacenamiento y acceso a información crítica antes, durante e inmediatamente después de un accidente. Estos dispositivos deben grabar datos con fiabilidad y precisión, sin comprometer la privacidad del titular del vehículo. La gestión de la información se realiza mediante un sistema de bucle cerrado, destinado exclusivamente a la investigación de accidentes, en cumplimiento de la normativa de protección de datos de la Unión Europea, en particular el RGPD.

También se abordarán diversas apreciaciones jurídicas y resoluciones judiciales de interés relativas al uso del EDR en vehículos. Este sistema, diseñado para registrar información crítica sobre el comportamiento del vehículo en caso de siniestro, ha suscitado un debate relevante en torno a su utilidad probatoria, su encaje en el proceso penal y los límites que impone el derecho a la intimidad. Aunque el EDR no recoge datos personales ni elementos identificativos como matrícula, nombre del conductor o ubicación geográfica, su capacidad para documentar el comportamiento mecánico del vehículo —especialmente cuando intervienen sistemas de asistencia a la conducción (ADAS)— plantea nuevas preguntas jurídicas.

El propio Reglamento (UE) 2019/2144 permite el uso de estos datos por parte de las autoridades nacionales para la investigación de accidentes sin necesidad de autorización judicial previa, al no considerarse que vulneren derechos fundamentales. No obstante, esta posibilidad genera dudas sobre la titularidad de los datos y su eventual colisión con la legislación vigente en materia de privacidad.

El análisis prestará atención asimismo a la jurisprudencia que ha ido perfilando los contornos del uso del EDR como medio de prueba en el proceso penal. Diversas resoluciones, tanto en España como en Estados Unidos, destacan su valor en la reconstrucción de accidentes, pero también advierten sobre las condiciones para su utilización legítima. Finalmente, se examinará la cuestión relativa a la titularidad de los datos, los derechos del propietario del vehículo y las obligaciones del fabricante en relación con el acceso y tratamiento de esta información, conforme a las normas sobre protección de datos y a los desarrollos normativos más recientes.

A día de hoy, existen publicaciones técnicas sobre el EDR, pero la bibliografía jurídica continúa siendo muy escasa. Esta circunstancia obliga a afrontar este apartado con especial cautela, recurriendo a enfoques generalistas, aunque procurando descender al caso concreto cuando resulte posible. Se trata de un ámbito todavía desconocido para muchos de los operadores jurídicos que intervienen en el proceso penal, y aquellos que cuentan con una formación especializada en la materia están aún en fase de consolidación de criterios, a medida que se avanza en el conocimiento técnico, normativo y jurisprudencial del sistema.

7.2. Marco normativo de referencia

La tecnología EDR es relativamente reciente, y con ella lo es también su regulación, actualmente limitada a normativa de carácter europeo con rango de reglamento. Partimos del Reglamento (UE) 2019/2144 del Parlamento Europeo y del Consejo, de 27 de noviembre de 2019, que deroga los Reglamentos (CE) n.º 78/2009, 79/2009 y 661/2009[695]. Este reglamento europeo refleja la preocupación vigente en la Unión Europea acerca de las víctimas mortales en accidentes de tráfico, destacando la alarmante cifra de 25.300 personas fallecidas en las carreteras de la Unión. Esta cifra, aunque alta, mostraba una tendencia a la baja hasta el año 2020 inclusive; sin embargo, 2021 marcó un punto de inflexión al revertirse dicha tendencia, con un aumento en el número de víctimas mortales[696].

---

695 Reglamento (UE) 2019/2144 del Parlamento Europeo y del Consejo, de 27 de noviembre de 2019, relativo a los requisitos de homologación de tipo de los vehículos de motor y de sus remolques, en lo que respecta a su seguridad general y a la protección de los ocupantes y de los usuarios vulnerables de la vía pública. DOUE L 325, de 16 de diciembre de 2019.

696 Datos de la Oficina Europea de Estadística –Eurostat- (2011-2021): Año 2011: 28.730; Año 2012: 26.487; Año 2013: 24.213; Año 2014: 24.132; Año 2015: 24.358; Año 2016: 23.808; Año 2017: 23.392; Año

El considerando 13 del Reglamento prevé la incorporación de registradores de datos de incidencias, estableciendo de forma general requisitos relativos al intervalo, precisión, resolución, recogida, almacenamiento y recuperabilidad de los datos registrados inmediatamente antes, durante e inmediatamente después de una colisión. Su finalidad es permitir que los Estados miembros puedan mejorar el análisis de la seguridad vial a partir de datos objetivos, sin que sea posible identificar al titular o poseedor del vehículo a partir de la información almacenada. Por su parte, el considerando 14 insiste en que estos dispositivos deben operar mediante un sistema de bucle cerrado, de forma que los datos se sobrescriban automáticamente y no permitan identificar ni al vehículo ni a su propietario.

En lo relativo al tratamiento de datos personales, el reglamento recuerda que cualquier información vinculada al estado del conductor —como somnolencia, falta de atención o distracción— deberá recogerse conforme al Derecho de la Unión en materia de protección de datos, en particular el RGPD. Además, se prohíbe expresamente "registrar ni conservar de manera continuada ningún dato que no sea necesario para los fines para los que los datos fueron recogidos, o tratados de otro modo, dentro del sistema de bucle cerrado"

El art. 6.1 del Reglamento (UE) 2019/2144 establece que determinados vehículos a motor deberán estar equipados con un registrador de datos de incidencias. Esta exigencia se aplica, conforme al art. 2 del propio reglamento, a los vehículos pertenecientes a las categorías M, N y O, tal y como se definen en el art. 4 del Reglamento (UE) 2018/858.

2018: 23.328; Año 2019: 22.756; Año 2020: 18.835; finalmente en el año 2021: 19.917.

El dispositivo debe reunir una serie de características técnicas mínimas, que aseguren su funcionalidad en caso de colisión. Entre ellas:

a) Deberá ser capaz de captar y conservar información esencial del comportamiento del vehículo inmediatamente antes, durante y tras un impacto. Esto incluye variables relacionadas con la dinámica del vehículo, la activación de sus sistemas de seguridad y otros elementos determinantes para la reconstrucción del siniestro.

b) Su funcionamiento será continuo y no podrá ser interrumpido por intervención del usuario.

c) El sistema deberá operar bajo una lógica de almacenamiento en ciclo, garantizando el anonimato, la protección frente a manipulaciones y la compatibilidad con los procedimientos de análisis por parte de las autoridades competentes. Los datos registrados podrán ser consultados por dichas autoridades, conforme al Derecho de la Unión o nacional, y únicamente con fines vinculados a la investigación y análisis de accidentes de tráfico. Además, deberá facilitar la identificación técnica del vehículo sin revelar elementos que permitan individualizarlo.

d) En ningún caso podrá registrar información que identifique directa o indirectamente al titular del vehículo, ni códigos que permitan asociarlo a un número de identificación vehicular completo.

El Reglamento prevé su entrada en vigor el 6 de julio de 2022. No obstante, una parte de sus disposiciones —entre ellas, determinados artículos relacionados con obligaciones técnicas, procedimientos de homologación y disposiciones transitorias— son aplicables desde el 5 de enero de 2020. La responsabilidad de asegurar el cumplimiento de estos requisitos recae sobre los fabricantes, quienes deben garantizar la funcionalidad técnica del EDR, su protección frente a manipulaciones y la compatibilidad con sistemas estandarizados de acceso, conforme a lo previsto en el Reglamento núm. 155 de las Naciones Unidas.

Por otro lado, el Reglamento nº 160 de las Naciones Unidas. Prescripciones uniformes relativas a la homologación de los vehículos de motor en lo que respecta al registrador de datos de eventos[697], tiene como objeto el establecimiento de las prescripciones uniformes de recogida, el almacenamiento y supervivencia mínimos de los datos de los accidentes de tráfico respecto al EDR. Cualquier vehículo equipado con EDR tendrá que registrar los elementos obligatorios, o los requeridos en condiciones mínimas conforme a lo dispuesto en el Anexo 4, cuadro 1 del reglamento, el cual consta de 41 elementos de datos y condiciones de requisito.

Afecta a la homologación de los vehículos de motor de las categorías M1 (vehículos para el transporte de personas que cuentan con nueve plazas, incluida la del conductor) y N1 (vehículos para el transporte de mercancías con una masa máxima que no supere las 3,5 toneladas). El reglamento se aplica sin perjuicio de la normativa nacional sobre protección y tratamiento de datos de carácter personal, excluyendo del ámbito de aplicación los datos referidos a: NIV, detalles del vehículo asociados, datos de localización y posicionamiento, información sobre el conductor y fecha y hora del evento.

Los datos registrados por el EDR deberán permanecer en el vehículo al menos hasta que sean recuperados conforme a la normativa aplicable en el ámbito nacional. En ausencia de una memoria no volátil vacía de registros anteriores, el sistema podrá sobrescribir información existente con los datos del nuevo

---

697 Reglamento nº 160 de las Naciones Unidas. Prescripciones uniformes relativas a la homologación de los vehículos de motor en lo que respecta al registrador de datos de eventos. DOUE núm. 221, de 21 de junio de 2021, págs. 15-33.

evento, ya sea comenzando por los registros más antiguos o siguiendo otros criterios definidos por el fabricante, siempre que estos estén documentados y accesibles para las autoridades competentes. La unidad de memoria deberá ser capaz de conservar, como mínimo, los datos correspondientes a dos eventos distintos, y garantizar su integridad incluso en caso de interrupción del suministro eléctrico.

El art. 5.3.1 del Reglamento núm. 160 de las Naciones Unidas prevé que el EDR se activará si el vehículo experimenta una variación de velocidad longitudinal superior a 8 km/h en un intervalo de 150 ms o menos; si esa misma variación se produce en sentido lateral en ese mismo tiempo; o si se activa un sistema de retención de ocupantes no reversible o un sistema de seguridad secundaria destinado a usuarios vulnerables de la vía.

A partir de ese momento, conforme al art. 5.3.2, el sistema bloquea la memoria del evento, impidiendo que pueda sobrescribirse con datos de una colisión posterior. Esta medida se aplica, entre otros supuestos, cuando se despliega un sistema de retención irreversible o, en caso de colisión frontal sin dicho sistema, si la variación longitudinal de la velocidad del vehículo supera los 25 km/h en un periodo de 150 ms. También procede el bloqueo en caso de activación de sistemas de protección para usuarios vulnerables.

El reglamento introduce además la noción de "momento cero", definido como la referencia temporal de los sellos de tiempo asignados a los datos del EDR durante un evento. Este momento inicial se determina, en los sistemas con control de airbag en espera, por la activación del algoritmo de retención. En cambio, en aquellos de funcionamiento continuo, se produce cuando se alcanza un Delta-V longitudinal acumulado superior a 0,8 km/h en un intervalo de 20 ms, o, si se registra Delta-V lateral, cuando este supera los 0,8 km/h en apenas 5 ms.

Finalmente, debe mencionarse el Reglamento Delegado (UE) 2022/545 de la Comisión, de 26 de enero de 2022, que desarrolla el Reglamento (UE) 2019/2144 del Parlamento Europeo y del Consejo[698]. Este reglamento delegado introduce precisiones técnicas adicionales, completando algunos aspectos tanto del citado reglamento europeo como del Reglamento núm. 160 de las Naciones Unidas[699]. El art. 3 establece que los datos registrados y almacenados por el EDR deberán contar con mecanismos de protección frente a manipulaciones, en línea con los requisitos técnicos aplicables y con las disposiciones transitorias previstas en el Reglamento núm. 155 de las Naciones Unidas.

En síntesis, este reglamento se centra en la seguridad, conservación y recuperación de los datos, especialmente en el marco de las inspecciones periódicas y de los procedimientos de homologación vinculados a los dispositivos EDR regulados por la normativa internacional. A pesar del carácter directamente aplicable del Reglamento (UE) 2019/2144, la falta de desarrollo normativo en algunos Estados miembros en materia de acceso, conservación y utilización procesal de los datos del EDR plantea incertidumbres jurídicas que no han sido aún plenamente resueltas.

---

698 Reglamento Delegado (UE) 2022/545 de la Comisión, de 26 de enero de 2022, por el que se completa el Reglamento (UE) 2019/2144 del Parlamento Europeo y del Consejo mediante el establecimiento de normas pormenorizadas sobre los procedimientos de ensayo y los requisitos técnicos específicos para la homologación de tipo de los vehículos de motor en lo que respecta a su registrador de datos de incidencias y para la homologación de tipo de tales sistemas como unidades técnicas independientes, y por el que se modifica el anexo II de dicho Reglamento. DOUEL 6 abril 2022. Págs. 18-23.

699 Reglamento núm.155 de la Comisión Económica para Europa (CEPE) de las Naciones Unidas. Disposiciones uniformes relativas a la homologación de los vehículos de motor en lo que respecta a la ciberseguridad y al sistema de gestión de esta [2021/387] (DO L 82 de 9.3.2021, pág. 30).

Esta situación también se evidencia en el caso español, donde actualmente no existe una norma con rango legal o reglamentario que regule de forma específica el acceso a los datos del EDR, su incorporación a procedimientos judiciales, la designación de peritos habilitados para la extracción o las garantías formales para preservar su valor probatorio. En la práctica, las actuaciones policiales y periciales se desarrollan sobre la base de criterios técnicos no uniformes y apoyándose en normativa general, lo que deja zonas grises que podrían generar controversias procesales o problemas de admisibilidad de la prueba.

7.3. Extracción de los datos del EDR

La disponibilidad de un dispositivo que registra datos técnicos del vehículo después de un accidente marca un avance significativo en la investigación de las causas y circunstancias objetivas del siniestro. Una vez disponible esta tecnología, resulta fundamental determinar su ubicación dentro del vehículo y establecer el procedimiento adecuado para la extracción de los datos almacenados.

En los turismos la función EDR se encuentra dentro de varias Unidades de Control Electrónico (ECU, por sus siglas en inglés), como el ACM (módulo de control del air bag); ROS (sensores de vuelco); PCM (módulo de control de transmisión); o PPM (módulo de protección de peatones), etc. El algoritmo que activa la función EDR depende de cada marca, por lo que los umbrales de activación varían "rondando un valor de desaceleración de 1g 2g o de un valor de desaceleración de ese orden durante un determinado tiempo"[700].

---

700 Crash Data Group. (2021). EDR/CDR en Europa y en España El uso de los datos del EDR en la reconstrucción de accidentes de tráfico. Págs. 6-7.

La manera de acceder a estos datos es mediante el conector de Sistema de Diagnóstico a Bordo (OBD), en su versión actual OBD2. Se trata de un conector estándar utilizado en los automóviles para proporcionar acceso a la información del sistema de control del motor y otros sistemas relacionados, en definitiva, para realizar diagnósticos de vehículos y monitorear su rendimiento. El puerto OBD por el que se accede a los datos fue concebido originalmente en la década de los 80 en el estado de California (EEUU), ya que se identificó a los vehículos, principalmente en entornos urbanos, como una de las principales fuentes de contaminación debido a la emisión de monóxido de carbono sin la presencia de convertidores catalíticos. Por este motivo, dice VILLAMAR AGUIRRE[701], se promovieron medidas legislativas y avances tecnológicos destinados a crear un sistema que pudiera medir y supervisar las fallas asociadas con las emisiones contaminantes de los automóviles.

El autor continúa señalando que, con el objetivo de alcanzar esta meta, se implementó en 1988 la primera regulación del OBD. Este sistema de diagnóstico está integrado en la gestión del motor del vehículo y supervisa constantemente los elementos relacionados con las emisiones de escape, como la sonda lambda y el sistema EGR.

En 1989, se iniciaron investigaciones para desarrollar una normativa más amplia y estandarizada, conocida como OBD II, que representa la segunda generación de sistemas de gestión de motores con capacidad de diagnóstico. Esta normativa se implementó inicialmente en California en 1994. A partir de 1996, se adoptó a nivel nacional en los Estados Unidos, obligando a que todos los vehículos fabricados e importados cumplan con los requisitos establecidos por OBD II. En Europa, la

---

701 VILLAMAR AGUIRRE, I. D. (2008). *Estudio y Análisis de los Sistemas de Diagnóstico en los automóviles modernos, Sistemas OBD*. Ecuador. [Tesis. Universidad de Azuay. Facultad de Ciencia y Tecnología]. Pág. 2.

normativa sobre este tema comenzó con la Directiva 98/69/EG, continuó con la Directiva 2007/46/CE y culminó en el actual Reglamento (UE) 2018/858[702].

El puerto OBD2 suele encontrarse en las proximidades del puesto de conducción, habitualmente en zonas como los reposapiés, la consola central, la guantera, debajo del volante o bajo el asiento del acompañante. No obstante, en ciertos casos —por ejemplo, cuando el vehículo ha sufrido daños relevantes o no se dispone de la llave— puede resultar imposible acceder al conector OBD2. En tales situaciones, la lectura de los datos debe realizarse directamente a través del Módulo de Control del Airbag (ACM), que suele estar ubicado bajo el túnel central, en la parte inferior de la palanca del freno de mano. Esta alternativa presenta una doble dificultad: por un lado, la variabilidad en la localización del módulo según la marca o el modelo; y, por otro, la necesidad de utilizar cableado específico —a menudo de alto coste— adaptado a cada fabricante[703].

Una vez identificado el punto de acceso al EDR, es necesario contar con un equipo específico que permita extraer los datos almacenados. Este proceso requiere tanto un *hardware* como un *software* especializados. La herramienta de referencia en este ámbito es el sistema Crash Data Retrieval (CDR), desa-

---

702 Reglamento (UE) 2018/858 del Parlamento Europeo y del Consejo, de 30 de mayo de 2018, sobre la homologación y la vigilancia del mercado de los vehículos de motor y sus remolques y de los sistemas, los componentes y las unidades técnicas independientes destinados a dichos vehículos, por el que se modifican los Reglamentos (CE) nº 715/2007 y (CE) nº 595/2009 y por el que se deroga la Directiva 2007/46/CE. DOUE Núm. 151, de 14 de junio.

703 GARCÍA RODRÍGUEZ, A. (2021). *El análisis del registrador de datos de eventos de los vehículos como herramienta en la reconstrucción de siniestros viales por los integrantes de la policía judicial de tráfico.* [Trabajo Fin de Máster. Universidad Carlos III-Centro Universitario Guardia Civil]. Págs. 35-37.

rrollado por Bosch. Su versión más reciente, el modelo CDR 900, permite obtener datos directamente del vehículo o, en su caso, desde la unidad electrónica que los registra, habitualmente el módulo de control del sistema de airbags.

Otra herramienta para la obtención de datos del EDR es CrashScan, que permite la extracción remota de datos del EDR. A través de una aplicación instalada en un dispositivo móvil, conectada a un lector OBD en el vehículo, los datos se transmiten a un servidor centralizado para su análisis, generándose posteriormente un informe que el usuario recibe por correo electrónico.

Por su parte, Bosch ha desarrollado una solución de diagnóstico remoto conocida como ReDi, que combina dos funcionalidades: por un lado, genera un informe con los datos registrados por el EDR, similar al que se obtiene mediante el sistema CDR; por otro, permite acceder al diagnóstico oficial de la marca del vehículo, lo que resulta especialmente útil cuando la lectura directa no es viable.

Además de estos sistemas remotos, algunos fabricantes ofrecen plataformas en línea vinculadas a sus dispositivos de extracción, que permiten analizar los archivos descargados previamente mediante hardware y software específicos[704]. A través de este acceso remoto a la central de Bosch, es posible

---

704 Por ejemplo, PassThru para el grupo VW, AUDI, SEAT, ŠKODA. En OLMEDO LLERA, J. M. (2022). *Centralitas y registradores de eventos de vehículos. Uso en investigación.* [Trabajo Fin de Máster. Universidad Autónoma de Madrid]. Pág. 24, Passthru se refiere a un dispositivo físico que se enchufa al puerto OBDII del vehículo para extraer su información, basándose estos dispositivos el estardar SAE J2534. Además del dispositivo hardware se necesita un solfware específico de cada marca. El solfware solo realiza la descarga de los datos, que posteriormente son analizados en las plataformas de servicios web que para esa función tienen las marcas.

obtener un diagnóstico de fabricante sin intervención física sobre el dispositivo[705].

El conjunto de soluciones técnicas disponibles para la extracción y análisis de los datos del EDR, si bien representa un avance notable en el ámbito de la reconstrucción de siniestros, abre al mismo tiempo una serie de cuestiones jurídicas que afectan a su validez probatoria, a los derechos de acceso y a las garantías procesales que deben observarse en su utilización. Estas cuestiones serán objeto de examen en el siguiente apartado.

7.4. Apreciaciones jurídicas de aplicación. Algunas sentencias de interés

Recordemos que el EDR no graba el nombre del conductor ni de pasajeros, ni matrícula, no registra audio o video de la colisión, localización lugares por donde ha circulado el vehículo, o cualquier información sin que exista un evento físico como una colisión o similar. En otras palabras, se trata de un elemento del vehículo destinado a registrar el comportamiento del vehículo, no el del conductor.

Aunque pueda parecer que el comportamiento del vehículo queda necesariamente vinculado a la acción del conductor, no es exactamente así. En caso de siniestro, el EDR registrará una serie de parámetros relacionados con la dinámica del vehículo, pero no siempre de forma directa con las maniobras del conductor. Ello se debe a que pueden haber intervenido sistemas de asistencia a la conducción (ADAS), los cuales modifican de forma automática ciertas respuestas del vehículo. Pensemos, por ejemplo, en el control de estabilidad, el sistema

705 CISNEROS LÓPEZ, Ó. (2023). Lectura telemática de EDR para la investigación de accidentes. *Revista Técnica del Centro Zaragoza* (Núm. 97), Págs. 36-40.

antibloqueo de frenos (ABS) o el asistente de frenada de emergencia, que pueden alterar o complementar la acción humana e influir decisivamente en los datos registrados.

Pensemos en los supuestos que plantea LOWDON[706], quien advierte sobre los vacíos todavía existentes en torno a determinadas funciones autónomas del vehículo. En muchos casos resulta complejo determinar si, en el momento del accidente, tales funciones estaban activas y, de ser así, quién ejercía realmente el control: el conductor o el propio sistema automatizado. Un ejemplo ilustrativo es el del aparcamiento autónomo, en el que un peatón podría resultar atropellado durante la maniobra. En esa situación, será esencial esclarecer si dicha función estaba activa y si la maniobra se ejecutaba de forma automatizada o bajo el control directo del conductor. A ello se suma una dificultad técnica adicional: los datos vinculados a estas funciones no están disponibles en todos los modelos y, aun cuando lo están, no siempre son accesibles para terceros.

Conviene no perder de vista un aspecto esencial recogido en el Reglamento (UE) 2019/2144, concretamente en la definición número 13 del art. 3, donde se establece que el registrador de datos de incidencias es "un sistema diseñado exclusivamente para registrar y almacenar parámetros e información críticos relacionados con una colisión, poco antes, en el transcurso e inmediatamente después de esta". También dice el art. 6 d) "los datos registrados por ellos podrán ponerse a disposición de las autoridades nacionales, sobre la base del Derecho de la Unión o nacional, únicamente para la investigación y el análisis de accidentes".

En conclusión, el EDR es un sistema concebido "exclusivamente" para registrar información técnica sobre el funciona-

---

[706] LOWDON, N. (14 de enero de 2025). Análisis forense de sistemas de vehículos en 2025. *EVU Spain*, Pág. 2.

miento del vehículo en caso de accidente. Tal como recoge el Reglamento (UE) 2019/2144, los datos registrados "pueden" ponerse a disposición de las autoridades para la investigación del siniestro, pero esta no constituye su finalidad principal. Su propósito esencial es permitir al fabricante evaluar cómo ha reaccionado el vehículo ante una colisión, identificar posibles fallos o mejoras, y valorar el rendimiento de los sistemas de seguridad instalados. De manera complementaria, esta información puede resultar útil para las autoridades en el análisis del accidente, aunque el sistema no fue diseñado específicamente con ese fin. Como dice GARCÍA RODRÍGUEZ[707], el EDR "no sirve para dirimir la culpabilidad en un accidente, pero sí para analizar las causas e incentivar a mejorar la conducción".

Como hemos dicho anteriormente, según dispone el art. 6.4 d) del Reglamento (UE) 2019/2144, los datos podrán ser compartidos con las autoridades nacionales para la investigación y el análisis de accidentes, lo que supone que una intervención y la extracción de datos del EDR por parte de la policía judicial de tráfico no vulnera la ley, por lo tanto, en opinión de LÓPEZ RIERA[708], no precisa de autorización judicial para

---

707 GARCÍA RODRÍGUEZ, A. (2021). *El análisis del registrador de datos de eventos de los vehículos como herramienta en la reconstrucción de siniestros viales por los integrantes de la policía judicial de tráfico.* [Trabajo Fin de Máster. Universidad Carlos III-Centro Universitario Guardia Civil]. Pág. 27.

708 LÓPEZ RIERA, I. (2020). *Las nuevas tecnologías en la investigación de accidentes de tráfico: la reconstrucción de accidentes a través del Event Data Recorder (Las denominadas "cajas negras") del vehículo* [Conferencia. Presentación en papel]. Curso aspectos penales de la delincuencia vial, con especial tratamiento de la reforma de la LO 2/2019 en materia de imprudencia vial y abandono del lugar del accidente. Págs. 8-10.
La autora soporta su afirmación en diferentes fuentes jurídicas: Circulares de FGE 2/2019, 4/2019, 5/2019, Titulo VIII LECrim, TEDH, Sec. 3.ª, 30/5/17, STS 158/2018, de 5 de abril, STS 400/2017, 1

poder llevarla a cabo, ya que no existe afectación a "ningún derecho fundamental, ni el derecho al secreto en las comunicaciones, ni sobre el derecho a la intimidad, ni privacidad, ni sobre el derecho a la defensa, ni a cualesquiera de los derechos a los que se refiere el art. 520 LECrim".

Desde esta perspectiva, resulta razonable compartir la opinión de la autora según la cual, por un lado, el EDR no registra datos de localización, comunicación, identificación personal ni hábitos de conducción, lo que lo aleja de cualquier forma de vigilancia o intromisión en derechos fundamentales. Por otro, su naturaleza objetiva y preexistente permite asimilarlo a otras fuentes de prueba técnicas, como el tacógrafo o las grabaciones de cámaras en espacios públicos, cuyo acceso no requiere autorización judicial. Además, el propio Reglamento (UE) 2019/2144 contempla expresamente que los datos del EDR podrán ponerse a disposición de las autoridades nacionales para el análisis de accidentes, sin subordinar ese acceso a resolución judicial alguna.

También aporta soporte jurídico a la actuación de intervención lo dispuesto en el art. 282 LECrim[709] como forma de apoderamiento de cualquier pieza de convicción o indicio para la averiguación del delito, principalmente cuando lo dispuesto en el art. 770 LECrim describe las diligencias que debe practicar la policía judicial en el lugar de los hechos, destacando la

---

de junio, STS 723/2018, 23 de enero de 2019, 426/2016, de 19 de mayo, STC nº 170/2013, de 7 de octubre.

709 Art. 282 LECrim: "La Policía Judicial tiene por objeto y será obligación de todos los que la componen, averiguar los delitos públicos que se cometieren en su territorio o demarcación; practicar, según sus atribuciones, las diligencias necesarias para comprobarlos y descubrir a los delincuentes, y recoger todos los efectos, instrumentos o pruebas del delito de cuya desaparición hubiere peligro, poniéndolos a disposición de la autoridad judicial".

que aparece recogida en el apartado 3º "Recogerá y custodiará en todo caso los efectos, instrumentos o pruebas del delito de cuya desaparición hubiere peligro, para ponerlos a disposición de la autoridad judicial", y en el apartado 6º que dicta "Intervendrá, de resultar procedente, el vehículo y retendrá el permiso de circulación del mismo y el permiso de conducir de la persona a la que se impute el hecho". RODRÍGUEZ LAINZ[710] sostiene que, conforme al art. 334 de la LECrim, el EDR puede adquirir la condición de evidencia y ser objeto de examen por parte de la Policía Judicial en el ejercicio de sus funciones. Asimismo, mientras el art. 7.1 de la LO 7/2021 puede servir como fundamento para el tratamiento de los datos registrados, el art. 336 de la LECrim complementa dicha base al ofrecer cobertura legal para su análisis pericial en el marco del proceso penal.

También podría plantearse la objeción de que la intervención sobre el EDR vulneraría el derecho a no declarar contra uno mismo o a no autoincriminarse, protegido en los arts. 17.3 y 24.2 CE. Sin embargo, al igual que ocurre con otras pruebas técnicas como la alcoholemia, la jurisprudencia constitucional ha sostenido que no existe tal vulneración cuando no se exige al investigado manifestación alguna de voluntad, sino que se le somete a un examen técnico que no requiere su cooperación activa. Así lo ha afirmado el TC en múltiples pronunciamientos —entre ellos, SSTC 103/1985, 107/1985, 76/1990, 197/1995 y 161/1997— al señalar que "no se obliga al detectado a emitir una declaración que exteriorice un contenido admitiendo su culpabilidad, sino a tolerar que se le haga objeto de una especial modalidad de pericia".

---

710 RODRÍGUEZ LAINZ, J. L. (2024). Límites al uso de nuevas tecnologías en la investigación de delitos relacionados con la seguridad vial. *La Ley Penal*(167). Pág. 10.

Como fuente de prueba el EDR supone para los investigadores una herramienta útil para poder llegar a conclusiones basadas en datos objetivos proporcionados por la tecnología y puestos disposición de la autoridad judicial. La SAP de Gerona 285/2022, de 27 de junio considera un "hecho acreditado de gran relevancia" el informe elaborado por los agentes de la autoridad en relación con el EDR, en el cual se determina que el conductor del vehículo no reaccionó a tiempo y "no estaba accionando el pedal del acelerador al menos 4,5 segundos antes del siniestro" y "no accionaría el pedal del freno hasta 1 o 1,5 segundos después, empleando tan solo un 16% de la capacidad de frenado del vehículo durante los dos primeros segundos".

Otro ejemplo es el del PA 534/2018 del Juzgado de lo Penal núm. 27 de Barcelona, que mediante el informe del EDR se obtiene la velocidad a la que circulaba un vehículo, lo que hizo cambiar a la fiscalía su informe de conclusiones y la condena del acusado[711]. El Juzgado de lo Penal Núm. 5 de Barcelona dictó la sentencia 194/2024, con fecha del 14 de mayo, destacándose por su particularidad: la autoridad judicial condenó al acusado por el art. 379.1 del CP (exceso de velocidad) basándose exclusivamente en el EDR, velocidad que fue corroborada por las declaraciones presentadas durante el juicio.

En la sentencia de 30 de abril de 2025 dictada por la AP de Barcelona (Sección Décima, rollo de apelación 42/2025), se

---

[711] Conclusión ratificada en la SAP de Barcelona 560/2021, de 19 de noviembre, en la que pese a que la aseguradora cuestiona la cadena de custodia del EDR el tribunal no considera la nulidad de la prueba, ya que "no solo la prueba pericial de referencia, sino la concurrencia de múltiples pruebas practicadas en el acto de juicio oral que abocan directamente a sostener que el acusado circulaba a 137 km/h en una vía que está fijada a 50 km/h".

mantuvo la condena a un conductor por circular a una velocidad muy superior a la permitida y causar un accidente con lesiones. Uno de los elementos que más peso tuvo en el juicio fue el informe extraído del EDR del vehículo, que permitió calcular que, justo antes del impacto, la velocidad oscilaba entre los 177 y los 181 km/h. Esta información técnica, combinada con los testimonios presentados y otras pruebas recogidas durante el proceso, se consideró suficiente para confirmar la resolución inicial.

En Estados Unidos de América donde la utilización del EDR para la investigación de siniestro viales y la experiencia al respecto es superior a Europa, la Corte Superior de Estado de Delawere dictó sentencia número 1604019011 el día 1 de mayo de 2018 afirmando que el EDR es un sistema suficientemente fiable para admitirlo.

Por otro lado, uno de los aspectos colaterales vinculados a los datos contenidos en el EDR es la cuestión de su titularidad y las condiciones en las que pueden ser tratados o cedidos. En términos generales, los datos personales registrados por un vehículo suelen vincularse al propietario de este, aunque su gestión puede estar condicionada por acuerdos contractuales entre dicho titular y el fabricante o proveedor del sistema EDR. En este ámbito, resulta esencial atender a las disposiciones sobre protección de datos personales, de conformidad con la normativa vigente en España y la Unión Europea. A título comparativo, en algunos ordenamientos como el estadounidense, la propiedad de los datos puede estar compartida entre el fabricante y el usuario, y su acceso se encuentra sujeto a ciertos requisitos legales específicos.

En el marco europeo, la titularidad de los datos registrados en el EDR parece corresponder al propietario del vehículo, excluyéndose la posibilidad de que pertenezcan inicialmente al fabricante. Este planteamiento se apoya en el art. 4.1 del RGPD, que define los datos personales como "toda información sobre una persona física identificada o identificable", entendiendo como tal aquella cuya identidad pueda determinarse directa o indirectamente mediante identificadores concretos, incluidos los de localización o los asociados al uso de dispositivos electrónicos.

De ello se desprende que solo una persona física puede ostentar la condición de titular de los datos personales, lo que excluye a las personas jurídicas, como los fabricantes de vehículos, de esa condición. No obstante, esta conclusión puede requerir ciertas matizaciones, tanto en lo relativo a la titularidad de los datos como al consentimiento para su tratamiento, ya que este puede resultar lícito si concurre alguna de las bases legales previstas en el art. 6.1 del RGPD[712].

Por lo que respecta a la titularidad de los datos, el Reglamento (UE) 2023/2854 sobre acceso justo a los datos y su

---

712 Art. 6.1 RGPD: "a) el interesado dio su consentimiento para el tratamiento de sus datos personales para uno o varios fines específicos; b) el tratamiento es necesario para la ejecución de un contrato en el que el interesado es parte o para la aplicación a petición de este de medidas precontractuales; c)el tratamiento es necesario para el cumplimiento de una obligación legal aplicable al responsable del tratamiento; d)el tratamiento es necesario para proteger intereses vitales del interesado o de otra persona física; e) el tratamiento es necesario para el cumplimiento de una misión realizada en interés público o en el ejercicio de poderes públicos conferidos al responsable del tratamiento;
f) el tratamiento es necesario para la satisfacción de intereses legítimos perseguidos por el responsable del tratamiento o por un tercero, siempre que sobre dichos intereses no prevalezcan los intereses o los derechos y libertades fundamentales del interesado que requieran la protección de datos personales, en particular cuando el interesado sea un niño.
Lo dispuesto en la letra f) del párrafo primero no será de aplicación al tratamiento realizado por las autoridades públicas en el ejercicio de sus funciones".

utilización[713], según DE MIGUEL ASENSIO[714], es "un instrumento que pretende establecer un marco para facilitar una asignación óptima de los datos en beneficio de la sociedad, garantizando a los usuarios de un producto conectado o servicio relacionado la posibilidad de acceder a los datos generados por su uso y de utilizarlos, incluso compartiéndolos con terceros". Este reglamento aborda específicamente el acceso permitido y la reutilización de los datos generados por los usuarios de dispositivos conectados, como los vehículos (recogido en su considerando 14).

Asimismo, en su considerando 15, el Reglamento (UE) 2023/2854 menciona que "Los datos representan la digitalización de las acciones del usuario o de eventos y, en consecuencia, deben ser accesibles para el usuario". Sin embargo, también establece excepciones a este acceso en casos donde existan "inversiones adicionales en la asignación de valores o conocimientos que aportan los datos, en particular, mediante algoritmos complejos de propiedad exclusiva", como los derivados de múltiples sensores utilizando algoritmos complejos que podrían estar protegidos por propiedad intelectual.

En esta parte entra en juego el denominado derecho *sui generis* recogido en la Directiva 96/9/CE del Parlamento Europeo y del Consejo[715] (Considerando 18, 19, 40, 41, 47, 49, 58 y

---

713 Reglamento (UE) 2023/2854 del Parlamento Europeo y del Consejo, de 13 de diciembre de 2023, sobre normas armonizadas para un acceso justo a los datos y su utilización, y por el que se modifican el Reglamento (UE) 2017/2394 y la Directiva (UE) 2020/1828 (Reglamento de Datos). DOUE núm. 2854, de 22 de diciembre, páginas 1 a 71.

714 DE MIGUEL ASENSIO, P. A. (2024). El nuevo Reglamento (UE) 2023/2854 de Datos. *La Ley. Unión Europea*(121), Pág. 1.

715 Directiva 96/9/CE del Parlamento Europeo y del Consejo, de 11 de marzo de 1996, sobre la protección jurídica de las bases de datos. DOCE núm. 77, de 27 de marzo de 1996, páginas 20 a 28.

capítulo III arts.. del 7 al 11) traspuesta a la normativa nacional en el RDL 1/1996, de 12 de abril, por el que se aprueba el texto refundido de la Ley de Propiedad Intelectual, regularizando, aclarando y armonizando las disposiciones legales vigentes sobre la materia (en adelante LPI)[716].

Conforme al art. 12.2 LPI se consideran bases de datos "las colecciones de obras, de datos, o de otros elementos independientes dispuestos de manera sistemática o metódica y accesibles individualmente por medios electrónicos o de otra forma". Asimismo, el art. 133.1 de la misma ley el fabricante de una base de datos "puede prohibir la extracción y/o reutilización de la totalidad o de una parte sustancial del contenido de ésta, evaluada cualitativa o cuantitativamente, siempre que la obtención, la verificación o la presentación de dicho contenido representen una inversión sustancial desde el punto de vista cuantitativo o cualitativo. Este derecho podrá transferirse, cederse o darse en licencia contractual".

Sin embargo, el artículo continúa indicando que no estará autorizada la extracción y/o reutilización repetida o sistemática de porciones insignificantes del contenido de una base de datos, si tales actividades podrían considerarse contrarias a una explotación ordinaria de dicha base o causar un daño injustificado a los intereses legítimos del fabricante de la base de datos.

Dice VIVAS TESÓN[717] que LPI crea *ex novo* un derecho de propiedad intelectual de origen escandinavo, al que denomina derecho "sui generis", y que protege, según lo establecido

---

716 Cabe destacar que la LPI en lo que se refiere al fabricante de las bases de datos, no habla de propiedad intelectual, sino de derecho *sui generis* diferenciando así de los reconocidos a los autores, creando lo que podíamos llamar una variante del más amplio derecho a la propiedad intelectual.

717 TESÓN VIVAS, I. (2016). *Cuestiones de actualidad en el ámbito de la propiedad intelectual.* Dykinson. Pág. 152.

en el art. 133 de la LPI "la inversión sustancial, evaluada cualitativa o cuantitativamente, que realiza su fabricante ya sea de medios financieros, empleo de tiempo, esfuerzo, energía u otros de similar naturaleza, para la obtención, verificación o presentación de su contenido", reconociendo así a los fabricantes de bases de datos un derecho no ligado a la originalidad, sino a la inversión.

No obstante, el art. 135.1.c) LPI sobre las excepciones al derecho *sui generis* dispone que cualquier usuario legítimo[718] de una base de datos, independientemente de cómo esta haya sido accesible al público, tiene el derecho de extraer y/o reutilizar una parte significativa del contenido de la base sin necesidad de obtener autorización del fabricante de la misma "Cuando se trate de una extracción y/o reutilización para fines de seguridad pública o a efectos de un procedimiento administrativo o judicial", pero que esta regla no deben ser interpretadas de tal manera que permitan su aplicación de manera que ocasione un daño injustificado a los intereses legítimos del titular del derecho o que perjudique la explotación normal del objeto protegido.

En resumen, aunque el titular de una base de datos —como podría considerarse la contenida en el EDR de un vehículo— goza de la protección conferida por el derecho *sui generis*, existen supuestos excepcionales que permiten la extracción o reutilización de datos sin necesidad de autorización, siempre que se trate de fines de seguridad pública o dentro de un procedimiento administrativo o judicial, conforme al art. 135.1.c) LPI.

---

718 Según PAJUELO MACÍAS, A. (2000). La protección jurídica de los fabricantes de bases de datos en el Derecho comunitario y en el Derecho español. *Revista Española de Documentación Científica*(23), Pág. 62., es usuario legítimo "el que puede extraer o reutilizar partes no sustanciales, siempre que con ello no impida la normal explotación de la base de datos, con algunas excepciones".

Ahora bien, esta posibilidad no es absoluta: dicha actuación no puede suponer un perjuicio injustificado a los intereses legítimos del titular ni afectar negativamente a la explotación normal del objeto protegido.

Por otro lado, en relación con el consentimiento para el tratamiento de datos personales, los arts. 7.2 y 7.4 del RGPD establecen requisitos estrictos sobre su forma y validez. El primero dispone que, "si el consentimiento del interesado se da en el contexto de una declaración escrita que también se refiera a otros asuntos, la solicitud de consentimiento se presentará de tal forma que se distinga claramente de los demás asuntos, de forma inteligible y de fácil acceso y utilizando un lenguaje claro y sencillo. No será vinculante ninguna parte de la declaración que constituya infracción del presente Reglamento". El segundo establece que, "al evaluar si el consentimiento se ha dado libremente, se tendrá en cuenta en la mayor medida posible el hecho de si, entre otras cosas, la ejecución de un contrato, incluida la prestación de un servicio, se supedita al consentimiento al tratamiento de datos personales que no son necesarios para la ejecución de dicho contrato".

En este contexto, el consentimiento expreso para el tratamiento de determinados datos del vehículo —incluidos, en su caso, los registrados en el EDR— podría obtenerse en el momento de la compra de un vehículo con conectividad integrada o en otros supuestos, como el uso de vehículos compartidos (*carsharing*). No obstante, dicho consentimiento deberá cumplir con los requisitos materiales y formales del RGPD, especialmente si se pretende acceder a categorías especiales de datos personales conforme al art. 9, lo cual exigiría una base jurídica adicional y garantías reforzadas.

Cada vez es más común ver cómo servicios como el *carsharing* o el *motosharing* se extienden por las grandes ciudades, y con ellos vienen algunas ventajas claras, sobre todo en cuanto a movilidad más sostenible y accesible. Pero al mismo tiempo, estos sistemas también plantean ciertos problemas que no siempre se tienen en cuenta: por ejemplo, ¿de quién es el vehículo realmente cuando hay un incidente?, ¿cómo se identifica con certeza a la persona que lo usaba en un momento determinado?, ¿qué pasa con todos los datos que se recogen durante el trayecto? Son cuestiones que están ahí y que, aunque no siempre están bien resueltas, merecen una mirada más cuidadosa desde el punto de vista legal y práctico.

Como expone GARCÍA-ALFONSO GONZÁLEZ[719], en referencia a un caso que considera "criticable, aunque más o menos aceptable", el tratamiento de datos en el marco del *carsharing* puede resultar legítimo si se respetan los principios del RGPD.. Se trata de una empresa de *carsharing* como WiBLE[720], que en su política de privacidad de datos remite a la política de privacidad de otra empresa, DriveSmart, enunciando que "para monitorizar la conducción del usuario como la velocidad o geolocalización [...] Respecto de estos datos de monitorización que son necesarios para la elaboración del perfil de conducción...". DriveSmart analiza "Los resultados de velocidad, frenada, aceleración, giros y anticipación al tráfico".

Caso contrario, continúa el autor, es el caso de vehículos en propiedad, forman parte de un acuerdo de *renting* o *leasing* o tienen titularidad de empresa, pero habitualmente conducidos por empleados. A este respecto, la STSJ de Galicia 3031/2014, de 6 de junio dictaminó, sobre un despido de un trabajador a

---

719 GARCÍA-ALFONSO GONZÁLEZ, J. M. (2020). *Legalidad de la recopilación, uso y cesión de datos que llevan a cabo los automóviles inteligentes.* [Trabajo Fin de Grado. Universidad Pontificia Comillas. Facultad de Derecho]. Pág. 35.

720 La página web de WiBLE describe en su apartado FAQ que "WiBLE es una empresa de *carsharing* que permite al usuario reservar, abrir y conducir cualquier vehículo disponible, devolviéndolo mediante el aparcamiento en cualquier lugar dentro de la zona WiBLE".

causa de los datos obtenidos del localizador GPS de un vehículo de la empresa utilizado por el empleado el cual "se dedicaba a dormir o a descansar durante parte de su ronda de vigilancia, algo que venía repitiéndose durante las últimas semanas", tras una serie de fundamentos jurídicos relativos a la intimidad que pese a haber una lesión de los derechos fundamentales recogidos en el art. 18 CE, la intrusión se encuentra justificada por ser el vehículo propiedad de la empresa, la confirmación de las sospechas previas de falta de diligencia por parte del empleado para realizar correctamente la tarea asignada y, por último, que se trata de un vehículo destinado a una actividad laboral lo que supone durante la jornada laboral sí es admisible la localización del coche vía GPS para facilitar el control, incluso en beneficio de la propia seguridad de los trabajadores.

Finalmente, en el caso de un vehículo inteligente como puede ser el popular de la marca Tesla, en su política de privacidad advierte que, aunque Tesla "no vincula su ubicación con su cuenta o identidad, ni almacena un historial de ubicaciones" y tampoco asocia los datos del vehículo a la cuenta o VIN, estos últimos "se almacenan en un formato no descifrable por Tesla, o permanecen inaccesibles hasta que se produce un evento específico" y todo ello de manera remota, incluso podrá compartir la información con "nuestros proveedores de servicios, socios comerciales y afiliados; terceros autorizados por usted; otros terceros en caso de ser requerido por la ley"[721].

---

[721] TESLA. (enero de 2024). *Aviso de privacidad de clientes.* Obtenido de https://www.tesla.com/es_es/legal/privacy#sharing-your-information: "Los datos generados por su vehículo Tesla se dividen en cuatro categorías: datos del vehículo, datos de diagnóstico, datos del sistema de infoentretenimiento y datos del Piloto automático. Datos del vehículo: Con el fin de mejorar el rendimiento, el mantenimiento predictivo, la funcionalidad y la experiencia de su vehículo Tesla, este recopila y procesa los datos del vehículo relacionados con el uso, el funcionamiento y el estado del mismo. Esta información se

Los dos últimos supuestos resultan comprensibles desde una perspectiva jurídica: tanto el consentimiento expreso del usuario como el cumplimiento de una obligación legal son bases legítimas de tratamiento conforme al RGPD. En cambio, el primero de ellos —referido a la cesión de datos a "proveedores de servicios, socios comerciales y afiliados"— plantea dudas desde el punto de vista del principio de transparencia y del consentimiento específico, en la medida en que no se detalla de forma clara ni quiénes son los destinatarios ni con qué finalidad concreta se comparte la información.

No obstante, decíamos anteriormente que los datos contenidos en el EDR son datos que corresponden al vehículo y que por sí solos no identifican a una persona, ni directa ni indirectamente, salvo que puedan relacionarse o asociarse con una persona concreta. Entonces un tercero, como puede ser un fabricante de vehículos, que quiera conocer el comportamiento de un vehículo en un siniestro, podría acceder a esos datos con el objeto de comprenderlo y mejorarlo, siempre que no puedan asociarlos y se respete el derecho a la intimidad y protección de datos.

---

utiliza para clasificar y solucionar posibles problemas, y para la mejora continua del vehículo y de los servicios prestados. Para proteger su privacidad, estos datos del vehículo, que se encuentran por defecto en un formato no asociado a su cuenta o VIN, se almacenan en un formato no descifrable por Tesla, o permanecen inaccesibles hasta que se produce un evento específico: 1. Si su vehículo puede requerir o usted solicita un servicio o una reparación. 2. Si se produce un evento de seguridad (como una colisión del vehículo, el despliegue del airbag o una frenada de emergencia). 3. Si su vehículo requiere servicios de seguridad, como respuesta de emergencia o asistencia en carretera.4. Si se produce un problema de hardware o software en su vehículo que pueda inspeccionarse y solucionarse con futuras actualizaciones de software u otro tipo de resoluciones. 4. Si usted da su consentimiento, o se aplica otra base legal"

En el supuesto de que los datos del EDR hayan sido incorporados como medio de prueba dentro de un procedimiento judicial, un tercero ajeno al proceso, como podría ser el fabricante del vehículo, podría solicitar su acceso si acredita un interés legítimo y directo. Esta petición está condicionada a la previa valoración por parte del órgano judicial competente y deberá garantizar la disociación de cualquier dato personal, conforme a lo previsto en el art. 235 LOPJ [722].

Anteriormente, las marcas solían mostrar cierta resistencia a proporcionar información del EDR cuando los agentes de la policía judicial de tráfico se dirigían al fabricante del vehículo siniestrado en el marco de una investigación de un siniestro vial con posible responsabilidad penal, para extraer y analizar los datos del EDR. Sin embargo, desde el 6 de julio de 2022, fecha en que entró en vigor el Reglamento 2019/2144, se ha facilitado considerablemente la labor policial de investigación.

Hay que tener en cuenta un aspecto relevante para la labor de investigación: conforme al Reglamento núm. 160 de las Naciones Unidas, los EDR deben registrar al menos los últimos cinco segundos previos al siniestro. La norma, sin embargo, no impone un límite máximo de duración, por lo que algunos fabricantes podrían haber configurado sus sistemas para conservar un intervalo temporal mayor —por ejemplo, 15 o 20 segundos—, lo que en determinados supuestos resultaría de gran utilidad para el análisis técnico del accidente.

---

722 Art. 235 LOPJ: "El acceso a las resoluciones judiciales, o a determinados extremos de las mismas, o a otras actuaciones procesales, por quienes no son parte en el procedimiento y acrediten un interés legítimo y directo, podrá llevarse a cabo previa disociación, anonimización u otra medida de protección de los datos de carácter personal que las mismas contuvieren y con pleno respeto al derecho a la intimidad, a los derechos de las personas que requieran un especial deber de tutela o a la garantía del anonimato de las víctimas o perjudicados, cuando proceda".

No obstante, la disponibilidad de esa información varía entre marcas y modelos, y la opacidad de los fabricantes impide conocer con certeza el margen temporal real que abarca cada dispositivo. Esta situación plantea un dilema cuando la policía judicial de tráfico solicita al fabricante datos adicionales a los obtenibles con el CDR: aunque algunas marcas manifiestan su disposición a que los vehículos sean inspeccionados por los técnicos competentes, pueden negarse a realizar por sí mismas la extracción de información, alegando que no les corresponde asumir funciones periciales o investigadoras, especialmente si los datos contienen información sensible sobre los algoritmos de seguridad o el funcionamiento de sistemas propietarios.

En estos supuestos, incluso ante una solicitud formal de colaboración por parte de la autoridad, resultaría discutible la aplicación del delito de desobediencia del art. 556 CP, ya que no existe una norma que defina con claridad qué datos mínimos deben registrar los EDR ni impone al fabricante la obligación de facilitarlos directamente a la autoridad o a un tercero con interés legítimo. Esta interpretación se refuerza si se atiende al contenido del Reglamento (UE) 2019/2144 y del Reglamento Delegado (UE) 2022/545, que exigen que los vehículos estén equipados con registradores accesibles y que los datos estén disponibles para las autoridades competentes, pero en ningún caso imponen al fabricante un deber expreso de colaborar activamente en la extracción técnica de los datos. La norma establece el derecho de acceso a los datos, pero no configura un mandato operativo dirigido al fabricante en cuanto a su asistencia en la obtención o descarga de los mismos.

Otro aspecto importante a tener en cuenta para la validez de la prueba es consabida cadena de custodia. Como decíamos en apartados anteriores, la doctrina del TS sobre la cadena de custodia "es conjunto de actos que tienen por objeto la recogida, el traslado y la conservación de los indicios o vestigios obtenidos en el curso de una investigación criminal, actos que deben cumplimentar una serie de requisitos con el fin de asegurar la autenticidad, inalterabilidad e indemnidad de las fuentes de prueba" (STS 147/2015, de 17 de marzo). Por tanto, es de interés capital garantizar esa cadena de custodia dejando al menos una huella digital y constancia escrita del tránsito y personal que ha intervenido y tenido acceso a la prueba en cada momento y, no solo eso, sino que también será trascendental garantizar que los datos que se expondrán ante la autoridad judicial son exactamente los íntegros y originales del EDR del vehículo.

Es fundamental garantizar que el informe de datos extraídos del EDR sea auténtico y no haya sido alterado. Podemos identificar dos posibles tipos de personas que podrían acceder a estos datos: en primer lugar, un agente de la autoridad con formación especializada y profundos conocimientos en la reconstrucción de accidentes de tráfico, quien sería capaz de interpretar correctamente la información del informe del EDR y entender la dinámica del accidente. En segundo lugar, un perito especializado contratado por una de las partes involucradas.

El hecho de que el perito de parte pueda acceder y extraer los datos del registrador de un vehículo siniestrado u objeto de una investigación criminal en el que no esté intervenido el vehículo conforme a los art. 282 y 770 LECrim, sin autorización o conocimiento previo de la autoridad puede suponer una debilidad en la cadena de custodia en lo referente a la fiabilidad, integridad y tratamiento de los extraídos, ya que el acceso y extracción de datos no dejan huella electrónica verificable, ni registro automatizado alguno en el sistema del vehículo. Al no haber un registro de los accesos el perito de parte puede aportarlos o no, según convenga, al procedimiento, distorsionando la resolución efectiva del caso en cuestión.

El acceso o un acceso continuado a través de un puerto OBDII no deja ninguna muestra o vestigio de ello, sin embargo, si se ha hecho mediante el módulo del ABS puede haber dejado algún rastro o indicio de acceso, pero no porque deje algún registro electrónico, sino porque se encuentren forzado o serrados los tornillos de sujeción de la centralita. No obstante, eso no significaría la evidencia de alteración de los datos extraídos, sino simplemente el acceso a los mismos por parte de alguien que no contaba con las herramientas adecuadas.

La custodia física de la pieza de convicción, que asegura la cadena de custodia de la centralita EDR, presenta un desafío considerable. La dificultad radica en el considerable esfuerzo necesario para asegurarla sin obtener compensación procesal por dicho esfuerzo. Este obstáculo podría mitigarse en parte mediante garantías de procedimiento y fiabilidad si se documenta adecuadamente el acceso realizado. A modo de ejemplo y como práctica que podría solucionar el inconveniente probatorio de fiabilidad y autenticidad de los datos extraídos del EDR, es el que tiene que ver con los tacógrafos o aparatos de control[723] instalados en determinados vehículos.

Los tacógrafos poseen unos sistemas criptográficos instalados en las unidades de los vehículos y en las tarjetas de tacógra-

---

723 De acuerdo con Reglamento (UE) Nº 165/2014 del Parlamento Europeo y del Consejo, de 4 de febrero de 2014 relativo a los tacógrafos en el transporte por carretera, por el que se deroga el Reglamento (CEE) no 3821/85 del Consejo relativo al aparato de control en el sector de los transportes por carretera y se modifica el Reglamento (CE) no 561/2006 del Parlamento Europeo y del Consejo relativo a la armonización de determinadas disposiciones en materia social en el sector de los transportes por carretera, el art. 2.2 Definiciones, tacógrafo o aparato de control es: "el aparato destinado a ser instalado en vehículos de carretera para visualizar, registrar, imprimir, almacenar y enviar automática o semiautomáticamente datos acerca de la marcha, incluida la velocidad, de dichos vehículos, de conformidad con el art. 4, apartado 3, así como determinados períodos de actividad de sus conductores".

fo[724]; por un lado, un sistema criptográfico RSA (Rivest, Shamir y Adleman) clásico de clave pública que proporciona seguridad mediante la "autenticación entre unidades instaladas en los vehículos y tarjetas", "transporte de claves de sesión triple DES entre las unidades instaladas en los vehículos y las tarjetas de tacógrafo", "firma digital de los datos transferidos desde unidades instaladas en los vehículos o tarjetas de tacógrafo a medios externos"; y por otro lado, utilizando un sistema criptográfico simétrico triple DES (Data Encryption Standard) para proporcionar un sistema que asegure la integridad de los datos durante las transferencias de información del usuario entre las unidades instaladas en los vehículos y las tarjetas de tacógrafo, y en algunos casos, garantizar la confidencialidad durante dichas transferencias.

Asimismo, de acuerdo con el art. 22.2 del precitado Reglamento (UE) Nº 165/2014, los tacógrafos serán precintados por los instaladores, talleres o fabricantes de vehículos autorizados, según las especificaciones descritas en el art. 15 del mismo reglamento, después de comprobar su correcto funcionamiento, especialmente garantizando que los datos registrados no puedan ser modificados o alterados mediante algún dispositivo.

Además, cada vez que se extraen los datos del tacógrafo se utiliza una clave para "la autenticación mutua y la mensajería segura entre unidades instaladas en los vehículos y tarjetas de tacógrafo, así como entre unidades instaladas en los vehículos y dispositivos GNSS externos", de tal forma que los datos extraídos son firmados digitalmente por la VU (Unidad Intrave-

---

724 Reglamento de ejecución (UE) 2016/799 de la Comisión de 18 de marzo de 2016 por el que se ejecuta el Reglamento (UE) nº 165/2014 del Parlamento Europeo y del Consejo, que establece los requisitos para la construcción, ensayo, instalación, funcionamiento y reparación de los tacógrafos y de sus componentes. Apéndice 11, Pág. 343.

hicular), siendo el certificado con el que se firma parte de ese archivo generado, permitiendo seguir la trazabilidad y autenticidad hasta la autoridad de certificación europea que es la que valida las claves de los estados miembros y estos la de los fabricantes. La clave privada será utilizada solamente por la unidad instalada en el vehículo.

A modo de resumen, podemos decir que partiendo de que un tacógrafo está precintado, cuando se accede a él y se extraen los datos generados, se descarga un archivo firmado digitalmente (extensión TGD o DDD) que le da integridad y autenticidad a esos datos y cualquier manipulación sobre ese archivo puede ser detectada, ya que no pasaría el control de firma. No obstante, el dilema persiste: mientras que el tacógrafo está diseñado específicamente como herramienta de control legal sobre la actividad del conductor y la gestión empresarial, el EDR —al menos en su estado actual— responde a una lógica puramente técnica, orientada al análisis funcional del vehículo tras un accidente

El informe extraído del EDR no debe valorarse como una prueba aislada o concluyente, sino como un elemento complementario dentro del conjunto probatorio del procedimiento, ya sea mediante declaraciones testificales, informe de cálculos analíticos, etc, los cuales darán soporte y ampararán o no el informe del registrador de datos. Recordemos lo que decía la SAP de Barcelona 560/2021, de 19 de noviembre al respecto y toma en consideración de la "concurrencia de múltiples pruebas practicadas en el acto de juicio oral"[725].

Si los datos del EDR se interpretan sin un análisis técnico complementario o sin contrastarlos con otras evidencias del caso, pueden ofrecer una imagen incompleta o incluso

---

[725] Mismo criterio interpretativo en SAP de Zaragoza 67/2020, de 26 de febrero.

equívoca de lo ocurrido. Comenta PRELLEZO VILA[726] que no debemos descartar el hecho de que algunos fabricantes hayan admitido que los datos carecen de validez científica y que además, diversos estudios han identificado márgenes de error significativos, especialmente en lo que respecta al Delta-V, un factor crucial para determinar la fuerza de la colisión y ampliamente utilizado por las aseguradoras para refutar reclamaciones de lesiones.

El mismo autor nos pone el siguiente ejemplo de ello: Es posible que un vehículo tenga una velocidad registrada de 0 km/h incluso cuando aún está en movimiento. Por ejemplo, si un conductor bloquea los frenos en una superficie de hielo, las ruedas pueden detenerse mientras el vehículo continúa deslizándose sobre el hielo. Esto ocurre porque los sensores de velocidad miden la velocidad de las ruedas, no la velocidad de avance del vehículo. Si se utilizó un informe CDR sin realizar un adecuado estudio de investigación y análisis, se podría argumentar que el informe es totalmente inexacto.

El trabajo de los reconstructores de accidentes y los analistas de datos de registro del vehículo (CDR) es fundamental para determinar lo que ocurrió en un accidente. Utilizan tanto la prueba recopilada en la escena del accidente como el informe de datos del vehículo para responder a esta pregunta de manera precisa y exhaustiva. Los reconstructores de accidentes examinan minuciosamente la escena del accidente, recolectando información sobre la disposición de los vehículos, los daños sufridos, las marcas en la carretera y otros elementos relevantes. Esta información es crucial para entender la secuencia de eventos y las posibles causas del accidente.

---

726 PRELLEZO VILA, L. (marzo de 2021). *Consult Reclamaciones.* Obtenido de La caja negra de los coches: el inspector sin experiencia: https://consult.es/noticias-26.php. Fecha última consulta: 17 de noviembre de 2024.

Por otro lado, los analistas de CDR estudian los datos registrados por los sensores y sistemas electrónicos del vehículo durante el accidente, aunque estos pueden estar sujetos a limitaciones[727]. Entre ellas se incluyen la pérdida de alimentación durante el evento, la ausencia de ciertos sensores en el vehículo o el hecho de que algunas mediciones excedan el rango de detección de los sensores. Los datos disponibles también pueden depender del modelo del vehículo. Estos datos son fundamentales para entender el comportamiento del vehículo justo antes, durante y después del accidente. Al combinar la información de la escena con los datos del CDR, los expertos pueden elaborar una reconstrucción detallada del accidente y determinar las posibles causas y responsabilidades.

Finalmente, el autor nos indica otros factores que pueden afectar a la velocidad registrada en el EDR: 1) Las ruedas del vehículo están levantadas del suelo (en el aire). 2) Bandazo, que es la repentina desviación de la trayectoria. 3) El vehículo se encuentra en reversa o marcha atrás. 4) Tamaño de la llanta. Si los neumáticos del vehículo no son los recomendados por el fabricante, esto podría afectar la velocidad informada. Es posible que una llanta mucho más grande que la recomendada no sea detectada por el EDR. En estos casos, el módulo

---

727 BOSCH. (2022). *CDR File Information.* Obtenido de https://downloads.regulations.gov/NHTSA-2023-0012-2065/attachment_2.pdf. Fecha última consulta: 02 de febrero de 2025. En este documento se describen las "data limitations" del CDR de Bosch, las cuales están destinadas a ayudar en la interpretación de los datos de los eventos obtenidos de la Unidad de Control del Airbag (ACU) del vehículo. Resumidamente, estas limitaciones pueden deberse a diversos factores, como la pérdida de alimentación durante el evento, la ausencia de ciertos sensores en el vehículo o que algunas mediciones excedan el rango de detección de los sensores. Además, ciertos parámetros solo están disponibles en modelos específicos, lo que puede afectar la integridad y disponibilidad de la información almacenada.

del vehículo puede y debe ser reprogramado para reconocer el nuevo tamaño de la llanta y así registrar con mayor precisión la velocidad y otros parámetros relevantes durante un evento de registro de datos.

Alineado con esa posible inexactitud de la información obtenida, pese a ser datos técnicos objetivos, de acuerdo con el estudio "Evaluation of Event Data Recorder Based on Crash Tests" realizado en el 2010 y citado por OLMEDO LLERA[728] sobre la precisión de la información registrada donde se compararon los resultados de las pruebas de choche efectuadas en un ambiente controlado con los datos obtenidos a través del análisis del módulo ACP, concluyendo sistemáticamente: 1. Las velocidades previas al choque muy precisas y confiables. 2. Dependiendo del vehículo, en colisiones múltiples la reconstrucción del siniestro basada en los datos del EDR no era precisa. 3. Había una divergencia del Delta-V (valor esencial para determinar la intensidad de la colisión) con los valores reales recabados en la monitorización, llegando a haber diferencias del 10% e incluso del 20% en algún caso. La media las desigualdades fue en torno al 4% y la media cuadrática en el 11%.

En definitiva, aunque los datos extraídos del EDR, como la velocidad previa al impacto, pueden alcanzar un alto grado de precisión, su interpretación exige cautela técnica y apoyo pericial, especialmente en colisiones complejas, lo que demuestra que, aun tratándose de datos técnicos objetivos, su utilización como prueba requiere una interpretación prudente, contextualizada y necesariamente asistida por peritos cualificados.

---

728 OLMEDO LLERA, J. M. (2022). *Centralitas y registradores de eventos de vehículos. Uso en investigación*. [Trabajo Fin de Máster. Universidad Autónoma de Madrid]. Pág. 36.

8. EL TELÉFONO MÓVIL Y NUEVAS TECNOLOGÍAS COMO OBJETO DE INVESTIGACIÓN

8.1. Introducción

En la era digital actual, los teléfonos móviles han evolucionado de simples dispositivos de comunicación a cámaras de video compactas y omnipresentes. Esta transformación tecnológica ha tenido un impacto significativo en la forma en que, a veces y cada vez con más frecuencia, se abordan y documentan los delitos contra la seguridad vial. En particular, la capacidad de grabar videos de alta calidad ha convertido a los teléfonos móviles en testigos visuales fundamentales en la investigación de estos delitos.

Los videos capturados por teléfonos móviles, que van desde comportamientos temerarios en la carretera hasta accidentes graves, proporcionan una representación directa de los eventos relacionados con la seguridad vial. Estas grabaciones no solo documentan acciones imprudentes de conductores, sino que también registran incidentes graves como conducciones temerarias en sentido contrario, carreras ilegales, atropellos o fugas del lugar del accidente.

La relevancia de estos videos reside en su utilidad como prueba gráfica objetiva y detallada de los hechos acontecidos durante la comisión de un delito contra la seguridad vial. Su visionado facilita una reconstrucción precisa, lo que permite a las autoridades delimitar responsabilidades y adoptar las medidas legales correspondientes.

Además de las grabaciones, los datos de localización del teléfono móvil constituyen una fuente de información relevante en determinadas investigaciones por delitos contra la seguridad vial. Estos registros pueden ofrecer información relevante sobre la posición y los desplazamientos de un vehículo en el momento de los hechos, lo que permite reconstruir su secuencia y delimitar responsabilidades.

Las primeras referencias expresas a la protección del derecho al secreto de las comunicaciones se encuentran en el art. 12 de la Declaración Universal de Derechos Humanos, aprobada por la Resolución 217 (III) de 10 de diciembre de 1948; en el art. 17.1 del Pacto Internacional de Derechos Civiles y Políticos, aprobado por la Resolución 2200 (XXI) de 16 de diciembre de 1966; y, de forma especialmente relevante, en el art. 8 del Convenio Europeo para la Protección de los Derechos Humanos y de las Libertades Fundamentales, firmado en Roma el 4 de noviembre de 1950[729].

En el ámbito de la investigación de delitos contra la seguridad vial, la incautación del teléfono móvil puede constituir una diligencia relevante. Esta medida permite el acceso al contenido del dispositivo —grabaciones de video, mensajes, historial de llamadas o datos de localización— que, en determinados casos, resultan esenciales para el esclarecimiento de los hechos y la eventual acción penal. La STC 115/2013, de 9 de mayo, examinó el acceso al registro de llamadas entrantes y salientes, así como a la agenda del dispositivo telefónico.

Además de los videos grabados por testigos directos, la investigación de delitos contra la seguridad vial también puede incluir la recopilación de videos subidos a redes sociales. En la actualidad, muchas personas comparten sus experiencias en la carretera a través de plataformas como Facebook, Instagram o YouTube. Los videos grabados por teléfonos móviles, junto con los datos de localización y la incautación del dispositivo, son componentes que pueden ser de gran ayuda en la investigación y la persecución de delitos contra la seguridad vial. Su

---

729 RODRÍGUEZ LAÍNZ, J. L. (2010). Incautación policial de teléfonos móviles y secreto de las comunicaciones. *Diario La Ley*(7536). Pág. 9.

capacidad para proporcionar prueba objetiva y detallada, así como para rastrear los movimientos de los involucrados, los convierte en herramientas adecuadas de investigación.

Reducir la protección del contenido de un dispositivo móvil al solo amparo de uno de los derechos del art. 18 CE supone una lectura insuficiente desde el punto de vista constitucional. La jurisprudencia del TS (SSTS 342/2013, de 17 de abril y 587/2014, de 18 de julio), señala la existencia de un derecho al "propio entorno virtual". Este derecho comprende toda la información generada por un ciudadano en formato electrónico, sin que esto signifique que se pierda la individualidad de cada uno de los derechos constitucionales[730].

Por lo tanto, el acceso a estos dispositivos debe estar rigurosamente controlado, asegurando que exista una base legal adecuada y que cualquier intervención se lleve a cabo de manera proporcional, respetando escrupulosamente los principios legales que garanticen el derecho al honor, la intimidad personal, la propia imagen y la protección de datos personales.

8.2. Marco normativo de aplicación

El uso del teléfono móvil durante la conducción provoca distracciones que están en el origen de numerosos siniestros viales, ya sea por llamadas, mensajes o aplicaciones, y resulta incompatible con una conducción prudente. Sin entrar en la cuestión de la imprudencia penal, que no forma parte del objeto de análisis, debe destacarse que el uso del teléfono móvil y la distracción que conlleva pueden constituir una forma especial-

---

[730] MARCOS AYJÓN, M. (2020). *La protección de datos de carácter personal en la justicia penal.* J.M. Bosch Editor. Pág. 426.

mente grave de imprudencia[731]. No obstante, en delitos como la conducción temeraria o el abandono del lugar del accidente —recogidos en los artículos 380, 381 y 382 bis del Código Penal—, la investigación sobre los terminales telefónicos puede ofrecer datos relevantes para el esclarecimiento de los hechos.

Como regla general, cualquier intervención sobre un dispositivo móvil exige la adopción de garantías legales estrictas, dado que, según la naturaleza de las actuaciones realizadas, puede verse comprometido el derecho al secreto de las comunicaciones, protegido por el art.18.3 CE. Dicha injerencia requiere, en todo caso, autorización judicial previa. Este derecho se configura como una de las salvaguardas constitucionales más relevantes en el ámbito de la libertad individual. Este derecho constituye una garantía esencial de la libertad individual, entendiéndose por "comunicación", según la segunda acepción del Diccionario de la RAE, "transmisión de señales mediante un código común al emisor y al receptor"

MARTÍNEZ VAL[732] define las telecomunicaciones como "comunicaciones entre dos personas o dos entornos por medio de un equipo que elimina las barreras que existen entre estos", mientras que la LGT, en el apartado 79 del Anexo II, las describe como "toda transmisión, emisión o recepción de signos, señales, escritos, imágenes, sonidos o informaciones de cualquier naturaleza por hilo, radioelectricidad, medios ópticos u otros sistemas electromagnéticos".

Desde el plano constitucional, el TC las define como el "proceso de transmisión de expresiones de sentido a través de cual-

---

731 Oficio del Fiscal de Sala Coordinador de Seguridad Vial, de 10 de abril de 2019. Pág. 3.

732 MARTÍNEZ VAL, J. M. (2001). *Diccionario Enciclopédico de Tecnología.* Síntesis., citado en CASABIACA ZULETA, P. (2015). *Las intervenciones telefónicas en el sistema penal.* [Tesis doctoral. Universidad de Salamanca]. Pág. 118.

quier conjunto de sonidos, señales o signos" (STC 281/2006, de 9 de octubre). Aunque la CE no alude de forma expresa al modo en que puede restringirse el derecho al secreto de las comunicaciones, la STS 216/1990, de 26 de enero, ya utilizaba expresiones como "escuchas telefónicas" o "intervención telefónica".

La LO 13/2015, de 5 de octubre, que modificó la LECrim para reforzar las garantías procesales y regular las medidas de investigación tecnológica, sustituyó esa terminología por la de "interceptación de las comunicaciones telefónicas y telemáticas". En relación con este concepto, el TC precisó en la STC 114/1984, de 29 de noviembre, que el término "interceptación" puede interpretarse, en sentido estricto, como la aprehensión física de la comunicación, y en un sentido más amplio, como la captación de cualquier otro aspecto del proceso comunicativo[733].

Por su parte, la STEDH 1998/31, de 30 de julio (asunto Valenzuela Contreras contra España), define la intervención telefónica como una medida de investigación, ordenada por el Juez de Instrucción mediante resolución motivada, que permite a la policía judicial interceptar llamadas o grabar conversaciones durante el tiempo necesario para recabar pruebas. En

---

733 STC 114/1984, de 29 de noviembre: ""Rectamente entendido, el derecho fundamental consagra la libertad de las comunicaciones, implícitamente, y de modo expreso, su secreto, estableciendo en este último sentido la interdicción de la interceptación o del conocimiento antijurídicos de las comunicaciones ajenas. El bien constitucionalmente protegido es así,–a través de la imposición a todos del `secreto´- la libertad de las comunicaciones, siendo cierto que el derecho puede conculcarse tanto por la interceptación en el sentido estricto (que suponga aprehensión física del soporte del mensaje —con conocimiento o no del mismo— o captación, de otra forma, del proceso de comunicación) como por el simple conocimiento antijurídico de lo comunicado (apertura de la correspondencia ajena guardada por su destinatario, por ejemplo)"

dicho fallo se denunciaba la inexistencia de una regulación adecuada del derecho al secreto de las comunicaciones consagrado en el art. 18.3 CE.

Aunque se intentó colmar esa carencia con la aprobación de la LO 4/1988, de 25 de mayo, el TEDH concluyó que no se cumplían los requisitos exigidos (STEDH de 18 de febrero de 2003, caso Prado Bugallo contra España). Ante ello, fueron los propios tribunales nacionales quienes, a través de una línea jurisprudencial consolidada, fijaron los criterios mínimos exigibles para garantizar la legalidad de las intervenciones telefónicas. Esta evolución fue finalmente avalada por el TEDH en resoluciones como la decisión de inadmisión de 25 de septiembre de 2006 en el caso Abdulkadir Coban contra España.

Según CASANOVA MARTÍ[734], la intervención telefónica constituye "unas diligencias de investigación de la fase de instrucción en un proceso penal, por el cual un juez limita el derecho al secreto de las comunicaciones de la persona que está sometida a la medida". En términos similares, GIMENO SENDRA[735] la concibe como "todo acto de investigación, limitativo del derecho fundamental al secreto de las comunicaciones, por el que el Juez de Instrucción, en relación con un hecho punible de especial gravedad y en el curso de un procedimiento penal, decide que se proceda al registro de llamadas y/o a efectuar la grabación de las conversaciones telefónicas del imputa-

734 CASANOVA MARTÍ, R. (2015). Valoración crítica de las intervenciones telefónicas en el borrador del Código Procesal Penal. En V. M. MORENO CATENA (Dtor.), *Reflexiones sobre el nuevo proceso penal. Jornadas sobre el borrador del nuevo Código Procesal Penal.* Tirant lo Blanch. Pág. 545.

735 GIMENO SENDRA, J. V. (2011). La intervención de las comunicaciones telefónicas y electrónicas. *El notario del siglo XXI: revista del Colegio Notarial de Madrid.*

do durante el tiempo imprescindible para poder preconstituir la prueba del hecho punible y la participación de su autor".

El derecho protegido constitucionalmente es la libertad de comunicación, que puede verse vulnerada no solo por la interceptación directa, sino también por el conocimiento ilícito de lo comunicado. El término "secreto" del art. 18.3 CE no se limita exclusivamente al contenido de la comunicación, sino que puede extenderse a elementos como la identidad de los interlocutores (STC 114/1984, de 29 de noviembre) [736].

En esta misma línea, resultó paradigmática la sentencia 8691/79, de 2 de agosto de 1984 del TEDH, dictada en el caso Malone contra Reino Unido, donde se afirmó que "los números marcados son parte de las comunicaciones telefónicas y ponerlos en conocimiento de la policía, sin el consentimiento del abonado, se opone también al derecho confirmado por el artículo 8" (punto 84), concluyendo que "se violó, por consiguiente, el artículo 8 del Convenio Europeo para la Protección de los Derechos Humanos, tanto en lo que se refiere a la interceptación de las comunicaciones como en la entrega a la policía del recuento registrado" (punto 89). Así, la protección del artículo 18.3 CE no recae únicamente sobre el contenido del mensaje, sino sobre el acto mismo de comunicarse. La comunicación, como fenómeno en circunstancias determinadas, es el núcleo protegido por este derecho fundamental[737].

La LEY 25/2007, de 18 de octubre, de conservación de datos relativos a las comunicaciones electrónicas y a las redes pú-

---

736 Esta sentencia del TC es la primigenia, la cual ha sido reproducida posteriormente por muchas otras más actuales como la STS 184/2022, de 24 de febrero, STSJ Madrid 418/2021, de 30 de abril, SAN, 18 de diciembre de 2020 (ECLI: ES:AN:2020:4078), SAP Madrid 393/2016, 11 de julio, etc

737 RIVERO SÁNCHEZ-COVISA, F. J. (2017). *Revisión del concepto constitucional del secreto de las comunicaciones.* Dykinson. Pág. 13

blicas de comunicaciones —modificada por la Disposición Final Cuarta de la misma— establece en su art. 1 la obligación de los operadores de conservar los datos generados o tratados en el marco de la prestación de estos servicios, así como su cesión a los agentes facultados, previa autorización judicial, con fines de detección, investigación y enjuiciamiento de "delitos graves contemplados en el CP o en las leyes penales especiales" [738]. La aplicación de la ley se limita a los datos de tráfico, localización e identificación del abonado o usuario registrado, excluyéndose expresamente "el contenido de las comunicaciones electrónicas, incluida la información consultada utilizando una red de comunicaciones electrónicas".

Esta exigencia de gravedad penal dificultaba el uso de tales datos como medio de prueba en delitos como la distribución de pornografía infantil (art. 189 CP), el acoso sexual de menores por internet (art. 183 CP) o, en el ámbito de la seguridad vial, en la mayoría de los supuestos salvo los tipificados en los arts. 380 y 381 CP, o en el art. 382 CP, cuando concurría un re-

---

738 El art. 13.1 CP dispone: "1. Son delitos graves las infracciones que la Ley castiga con pena grave". Entonces, para saber cuáles son las penas graves nos dirigimos al art. 33.2 CP: "2. Son penas graves: a) La prisión permanente revisable. b) La prisión superior a cinco años. c) La inhabilitación absoluta. d) Las inhabilitaciones especiales por tiempo superior a cinco años. e) La suspensión de empleo o cargo público por tiempo superior a cinco años. f) La privación del derecho a conducir vehículos a motor y ciclomotores por tiempo superior a ocho años. g) La privación del derecho a la tenencia y porte de armas por tiempo superior a ocho años. h) La privación del derecho a residir en determinados lugares o acudir a ellos, por tiempo superior a cinco años. i) La prohibición de aproximarse a la víctima o a aquellos de sus familiares u otras personas que determine el juez o tribunal, por tiempo superior a cinco años. j) La prohibición de comunicarse con la víctima o con aquellos de sus familiares u otras personas que determine el juez o tribunal, por tiempo superior a cinco años. k) La privación de la patria potestad.

sultado lesivo. El criterio restrictivo adoptado por los juzgados y tribunales con base en esta exigencia normativa llevó, en la práctica, a la denegación de solicitudes de cesión de datos en delitos cuyas penas no alcanzaban los umbrales previstos.

No obstante, la FGE, en su Circular 1/2013[739], advirtió esta "confusión" interpretativa, y algunas AAPP comenzaron a modular el concepto de "delito grave" previsto en la Ley 25/2007, de 18 de octubre. Entre ellas, la AAP de Madrid 131/2015, de 25 de febrero, sostuvo que "tal limitación, a que conduce la interpretación que el Juez a quo realiza y de la que discrepamos, sería la única de nuestra legislación que utiliza dicho parámetro de valoración como elemento inamovible del juicio de proporcionalidad en la limitación de derechos fundamentales". Añadía, además, que la propia Ley 25/2007 excluye de su ámbito el núcleo esencial del derecho al secreto de las comunicaciones —esto es, el "contenido" de las comunicaciones electrónicas—, "para cuya interceptación, hemos de recordar, no se establece expresa limitación legal en función de la gravedad penológica del delito, como resulta del art. 39 de la Ley

---

739 Circular 1/2013, de 11 de enero, Sobre pautas en relación con la diligencia de intervención de las comunicaciones telefónicas. Pág. 51 que dice: "Por otra parte, la Ley 25/2007 introduce confusión al restringir la posibilidad de cesión a la averiguación de delitos graves. Una interpretación *ad pedem litterae,* conforme al concepto de delito grave contenido en el art. 33 CP podría dejar impunes múltiples delitos cometidos por Internet o telefonía.
Una interpretación teleológica ha de llevar al entendimiento de que la gravedad debe definirse en atención a las circunstancias concretas del hecho, teniendo en cuenta el bien jurídico protegido y la relevancia social de la actividad, de conformidad con la jurisprudencia recaída en relación con los delitos susceptibles de ser investigados mediante intervenciones telefónicas (vid. epígrafe 14.-)
Una interpretación sistemática conduce a la misma conclusión: ningún sentido tendría imponer mayores restricciones a la cesión de datos externos que al acceso al contenido de lo comunicado".

9/2014, de 9 de mayo, General de Telecomunicaciones, y de lo dispuesto en el art. 579 LECrim"[740].

En esta línea, ORTIZ PRADILLO[741], refiriéndose específicamente a las medidas tecnológicas de investigación, señala que "la amplitud y heterogeneidad de los criterios judicialmente utilizados para definir qué se entiende por "delito grave" ha desbordado por completo la noción de delito grave establecida en el CP".

Así las cosas, la LO 13/2015, de 5 de octubre, que modificó la LECrim para reforzar las garantías procesales y regular las medidas de investigación tecnológica, introdujo en el Título VIII del Libro II los nuevos capítulos IV y V. Como observa ZARAGOZA TEJADA[742], el art. 588 ter LECrim no establece de forma expresa los criterios para autorizar judicialmente la intervención, pero al estar sistemáticamente integrado en la sección dedicada a la interceptación de comunicaciones te-

---

740 El auto continúa señalando que, si bien la jurisprudencia constitucional ha considerado la gravedad del delito como elemento del juicio de proporcionalidad, nunca ha establecido el marco penológico como único criterio de valoración, atendiendo también a factores como la relevancia del bien jurídico, el impacto social del delito o su comisión por organizaciones criminales. Añade que debe ponderarse si existen medios menos lesivos para los derechos fundamentales en litigio, citando en apoyo las SSTC 54/1996, de 28 de marzo, FJ 8, y 166/1999, de 27 de septiembre, FJ 3 a)
En el mismo sentido la SAP de Cáceres 13/2014, de 16 de enero; y el AAP de Valencia 379/2011, de 7 de junio.

741 ORTIZ PRADILLO, J. C. (2013). *La investigación del delito en la era digital. Los derechos fundamentales frente a las nuevas medidas tecnológicas de investigación*. Fundación Alternativas. Pág. 49.

742 ZARAGOZA TEJADA, J. I. (2017). La investigación de la dirección IP tras la Reforma operada por Ley 13/2015. *Aranzadi Doctrinal*(2). Págs. 8 y 9.

lefónicas y telemáticas, se entiende sujeto a las reglas generales previstas en los arts. 588 ter a) y ss.

El mismo autor destaca que esta regulación permite requerir a los proveedores de servicios datos vinculados a procesos de comunicación, sin necesidad de aplicar criterios penológicos específicos, siempre que se trate de delitos cometidos mediante nuevas tecnologías. No obstante, advierte que, conforme al art. 588 bis a) LECrim, el acceso a esos datos debe valorar los principios de especialidad, idoneidad, excepcionalidad, necesidad y proporcionalidad, atendiendo a los derechos e intereses en juego.

En desarrollo de lo previsto en la Ley 25/2007, de 18 de octubre, el art. 6 establece que la cesión de datos solo podrá efectuarse "de acuerdo con lo dispuesto en ella para los fines que se determinan y previa autorización judicial", debiendo realizarse en formato electrónico[743] y únicamente a los agentes facultados. Entre ellos se encuentran: los miembros de las FCS en funciones de policía judicial, el personal de la Dirección Adjunta de Vigilancia Aduanera y del CNI, dentro del ejercicio de sus respectivas competencias.

Por su parte, el art. 2 vincula esta obligación a los operadores definidos por la Ley 32/2003, de 3 de noviembre, General de Telecomunicaciones[744]. El art. 3 detalla los tipos de datos cuya conservación es obligatoria, incluyendo información sobre el origen, destino, fecha, duración, tipo, equipo y localización de las comunicaciones.

---

743 Se regula mediante la Orden PRE/199/2013, de 29 de enero, por la que se define el formato de entrega de los datos conservados por los operadores de servicios de comunicaciones electrónicas o de redes públicas de comunicaciones a los agentes facultados. BOE núm. 40, de 15/02/2013.

744 Actualmente, la ley en vigor es la Ley 11/2022, de 28 de junio, General de Telecomunicaciones. BOE núm. 155, de 29/06/2022.

En cuanto al plazo, el art. 5 establece una duración general de doce meses desde la fecha de la comunicación, con posibilidad de ampliación hasta dos años o reducción a seis meses, en función del tipo de dato, el coste de conservación y su relevancia "para los fines de investigación, detección y enjuiciamiento de un delito grave, previa consulta a los operadores".

De acuerdo con el art. 32 LPDPGDD, en relación con el art. 5 de la Ley 25/2007, de 18 de octubre, los datos que deban ser rectificados o suprimidos pueden quedar bloqueados conforme a la normativa de protección de datos. En tal caso, el responsable del tratamiento debe reservarlos e impedir su tratamiento o visualización, salvo que se pongan a disposición de jueces y tribunales, el Ministerio Fiscal o las Administraciones Públicas competentes.

La Ley 11/2022, de 28 de junio, General de Telecomunicaciones (LGT), dispone en su art. 58 que los operadores deberán garantizar el secreto de las comunicaciones conforme a los arts. 18.3 y 55.2 CE, y realizar las interceptaciones autorizadas judicialmente conforme a la LECrim. Según la ley, "la interceptación puede llevarse a cabo en un terminal conocido y con datos de ubicación temporal para comunicaciones desde locales públicos". Además, "en situaciones donde no haya una conexión fija entre la persona bajo vigilancia y el terminal utilizado, dicho terminal puede ser identificado dinámicamente cuando la persona bajo vigilancia lo active para la comunicación a través de un código de identificación personal".

Continúa la norma indicando que los sujetos obligados deben facilitar al agente facultado información como: "a) identidad o identidades del sujeto objeto de la medida de la interceptación; b) identidad o identidades de las otras partes involucradas en la comunicación electrónica; c) servicios básicos utilizados; d) servicios suplementarios utilizados; e) dirección de la comunicación; f) indicación de respuesta; g) causa de finalización; h) marcas temporales; i) información de localización; j) información intercambiada a través del canal de control o señalización".

Cuando se trate de servicios móviles, deberá facilitarse la localización más precisa posible del punto de comunicación, así como la identificación, localización y tipo de estación base utilizada. Antes de ejecutar la orden judicial, los sujetos obligados deberán proporcionar información sobre los servicios y características del sistema de telecomunicaciones utilizados, incluyendo, si están disponibles, los datos identificativos de los titulares del servicio, ya sean personas físicas o jurídicas.

Por último, el art. 588 ter a) LECrim establece que la autorización para la interceptación de comunicaciones "solo podrá ser concedida cuando la investigación tenga por objeto alguno de los delitos a que se refiere el art. 579.1 de esta ley o delitos cometidos a través de instrumentos informáticos..."[745]. El acceso al contenido de las comunicaciones, conforme a los arts. 588 ter a) y 588 ter d) LECrim[746], " quedará circunscrita, en lo que atañe a los delitos contra la seguridad vial, al delito de conduc-

---

745 Art. 579.1 LECrim: "1. El juez podrá acordar la detención de la correspondencia privada, postal y telegráfica, incluidos faxes, burofaxes y giros, que el investigado remita o reciba, así como su apertura o examen, si hubiera indicios de obtener por estos medios el descubrimiento o la comprobación del algún hecho o circunstancia relevante para la causa, siempre que la investigación tenga por objeto alguno de los siguientes delitos:
1.º Delitos dolosos castigados con pena con límite máximo de, al menos, tres años de prisión." (...)

746 Art. 588 ter d) LECrim: "2. Para determinar la extensión de la medida, la solicitud de autorización judicial podrá tener por objeto alguno de los siguientes extremos:
a) El registro y la grabación del contenido de la comunicación, con indicación de la forma o tipo de comunicaciones a las que afecta.
b) El conocimiento de su origen o destino, en el momento en el que la comunicación se realiza.
c) La localización geográfica del origen o destino de la comunicación.

ción temeraria previsto en el art. 381.1 CP, con o sin resultado de homicidio"[747].

Estas medidas deben cumplir los principios de especialidad, idoneidad, excepcionalidad, necesidad y proporcionalidad, cuya infracción puede invalidar la prueba, incluso con autorización judicial, como ha afirmado la STS 141/2020, de 13 de mayo. En la misma línea, la SAP de Madrid 278/2024, de 9 de mayo, considera ilegítima una intervención telefónica sin base objetiva suficiente, afirmando que "esa base objetiva, que también se aporta, era insuficiente para estimar que la medida fuera proporcionada", y apreciando además la "conexión de antijuricidad" con diligencias posteriores.

El acceso a los datos de tráfico y otros vinculados al proceso de comunicación —protegidos por el secreto de las comunicaciones del art. 18.3 CE— requiere autorización judicial motivada. Esta debe justificar "la naturaleza de los datos requeridos y las razones que respaldan la necesidad de compartirlos", conforme a los arts. 588 ter j) y 588 ter b) LECrim[748]. Conforme al

---

d) El conocimiento de otros datos de tráfico asociados o no asociados, pero de valor añadido a la comunicación. En este caso, la solicitud especificará los datos concretos que han de ser obtenidos".

747 El oficio del Fiscal de Sala Coordinador de Seguridad Vial, de 10 de abril de 2019, principalmente va dirigido a la averiguación de los siniestros viales en los que la utilización del teléfono móvil puede ser la causa de una distracción constitutiva de imprudencia grave, y que de la investigación pueda revelarse que han existido actos de comunicación simultáneos o inmediatamente anteriores al siniestro determinantes para su causación, abarcando tanto delitos contra la seguridad vial, homicidio o lesiones.

748 Es importante señalar que respecto al conocimiento de la titularidad de un número de teléfono u otro medio de comunicación, tanto por parte del Ministerio Fiscal como de la Policía Judicial, no se requiere autorización judicial, sino que bastará "dirigirse directamente a los prestadores de servicios de telecomunicaciones, de ac-

Dictamen 2/2016 del Fiscal de Sala Coordinador de Seguridad Vial, de 14 de julio, la motivación de la solicitud debe justificar expresamente la gravedad de la imprudencia, "en función de la maniobra realizada, riesgos generados, resultados lesivos o infracciones cometidas", y acreditar que solo mediante los datos de tráfico específicos y asociados puede determinarse con precisión la causa del accidente.

RIVERO SÁNCHEZ-COVISA[749] puntualiza que estos datos —incluidos los de localización— forman parte del secreto de las comunicaciones, aunque algunos no se clasifiquen técnicamente como datos de tráfico. Advierte que si solo quedaran amparados por el art. 18.4 CE, podrían ser requeridos por el Ministerio Fiscal o los cuerpos policiales conforme a la normativa sobre protección de datos personales. En definitiva, el acceso a los datos vinculados a las comunicaciones electrónicas debe sujetarse a un control judicial estricto, como garantía indispensable para su validez como medio de prueba en el proceso penal por delitos contra la seguridad vial.

8.3. Actuaciones de investigación sobre el teléfono móvil

En el marco de una investigación policial surgida como consecuencia de la consumación de un delito contra la seguridad vial, como puede ser el caso de un delito de conducción temeraria previsto en el art. 381.1 CP, existe la posibilidad de utilizar técnicas o medios de investigación tecnológicos que pueden ayudar al descubrimiento del autor y esclarecimiento de los

---

ceso a una red de telecomunicaciones o de servicios de la sociedad de la información, quienes estarán obligados a cumplir el requerimiento, bajo apercibimiento de incurrir en el delito de desobediencia" (Art. 588 ter m) LECrim).

749 RIVERO SÁNCHEZ-COVISA, F. J. (2017). *Revisión del concepto constitucional del secreto de las comunicaciones.* Dykinson. Págs. 171-172.

hechos. Los datos almacenados en un teléfono móvil pueden constituir una fuente de prueba relevante en una investigación, siendo el dispositivo el soporte físico de dicha información, la cual puede resultar determinante para comprobar y esclarecer los hechos delictivos

Pongamos un supuesto concreto: el caso de un conductor de un vehículo que con temerario desprecio por la vida de los demás, con temeridad manifiesta y poniendo en concreto peligro la vida o la integridad de las personas, no se detiene en un control policial establecido a 5 kilómetros de la población más cercana, iniciando una huida a gran velocidad sin respetar señales de dirección prohibida, no respetando la prioridad de paso en intersecciones reguladas por semáforo, adentrándose en una zona peatonal mientras es seguido por los agentes de la autoridad y, como consecuencia de ello, atropella a varias personas, causándole la muerte a una de ellas y lesiones graves a otras dos personas más. A pesar de ser perseguido por los agentes de la autoridad, al vehículo no se le puede dar alcance y huye, por lo que ni el vehículo ni el conductor han podido ser identificados plenamente, aunque uno de los agentes del control policial ha podido ver la cara del conductor y afirma que se trata de un vecino de la localidad conocido por su amplio historial delictivo y al que le constan antecedentes penales por delitos contra la salud pública y por carecer de permiso de conducción.

Ante este supuesto apócrifo, los agentes de la autoridad inician una investigación para el descubrimiento del autor a través de los datos de geolocalización que ofrece el teléfono móvil. Tal y como advierte el Grupo de Trabajo sobre Protección de Datos establecido por el art. 29 de la Directiva 95/46/CE en el Dictamen 13/2011 sobre los servicios de geolocalización en los dispositivos móviles inteligentes "Los dispositivos móviles inteligentes están inextricablemente ligados a las personas físicas. Generalmente, la posibilidad de identificación es directa e indirecta", además, el identificador único que cada dispositivo inteligente tiene concede hacer "seguimiento de un usuario de un dispositivo específico y, por tanto, permite individualizar al usuario, incluso si su verdadero nombre no es conocido"[750].

Sin embargo, como dice el TS, hay que explorar otras posibilidades de investigación antes de recurrir a la intervención de las comunicaciones, pues de lo contrario puede estimarse "el carácter netamente prospectivo de las intervenciones telefónicas". En conclusión, la intervención telefónica resulta innecesaria y prescindible si la información que se busca se puede obtener mediante otros métodos menos intrusivos al derecho al secreto de las comunicaciones e igualmente, o más, efectivos para aclarar los hechos (STS 699/2021, de 16 de septiembre).

Previamente a la solicitud de intervención telefónica, cuando no se conoce el número del presunto autor, el art. 588 ter m) LECrim permite a la policía judicial requerir directamente a los prestadores de servicios de telecomunicaciones la identificación del titular, sin necesidad de autorización judicial. Esta actuación, respaldada por la jurisprudencia del TJUE, no se considera una injerencia grave en la privacidad, ni exige que se limite exclusivamente a la persecución de delitos graves, siempre que se respete el principio de proporcionalidad[751]. No

---

750 Grupo de trabajo sobre protección de datos establecido por el art. 29 de la Directiva 95/46/CE. Dictamen 13/2011, adoptado el 16 de mayo de 2011, sobre los servicios de geolocalización en los dispositivos móviles inteligentes. 881/11/ES WP 185. Págs. 10-11.

751 STJUE de 2 de marzo de 2021 (asunto C-746/18), y STJUE de 6 de octubre de 2020 (asuntos acumulados C-511/18, C-512/18 y C-520/18), donde se sostiene que el acceso a datos de identificación civil por parte de autoridades nacionales puede considerarse proporcionado, incluso fuera del marco de delitos graves, al no constituir, por sí solo, una injerencia grave en la vida privada conforme al art. 15.1 de la Directiva 2002/58.
Previamente, en la misma línea interpretativa la STJUE de fecha 2/10/2018 en el Asunto C-207/16.

importa si se trata de un terminal y operador extranjero, pues se requieren repetidores de la red nacional de los operadores españoles para poder funcionar.

Este supuesto es lo suficientemente grave como para que dé lugar la intervención telefónica del supuesto autor de los hechos. Entonces será preceptivo un mandamiento judicial dictado por Juez de Instrucción del partido en que el delito se hubiere cometido[752] que se dirija a la compañía operadora para que facilite los datos de localización del terminal telefónico, salvo consentimiento válidamente prestado del interesado, el cual puede ser revocado en cualquier momento (STC 196/2006, de 3 de julio). La diligencia de obtención de datos de localización, dice RIVES SEVA[753], se puede interpretar como un proceso de aseguramiento de las fuentes de prueba, con el propósito de facilitar la posterior evaluación por parte de la autoridad judicial de la información obtenida por ese medio.

Puede ocurrir que el autor tenga varias líneas de teléfono a su nombre, incluso de diferente compañía operadora, por lo que el mandamiento deberá dirigirse a todas ellas. Este mandamiento puede ser hacerse de oficio por la autoridad judicial, o instarse por el Ministerio Fiscal o la Policía Judicial debiendo contener la petición, en caso de ser solicitada por los dos últimos, todos los datos requeridos por la ley (Art. 588 bis b)

---

752 Conforme al art. 14 LECrim: "Fuera de los casos que expresa y limitadamente atribuyen la Constitución y las leyes a Jueces y Tribunales determinados, serán competentes: 2) Para la instrucción de las causas, el Juez de Instrucción del partido en que el delito se hubiere cometido, o el Juez de Violencia sobre la Mujer, o el Juez Central de Instrucción respecto de los delitos que la Ley determine".

753 RIVES SEVA, A. P. (2010). *La intervención de las comunicaciones en el proceso penal. Análisis doctrinal, legislación y jurisprudencia.* Bosch. Pág. 115.

LECrim)[754]. Recibida la solicitud y oído el Ministerio Fiscal, el juez de instrucción resolverá en menos de 24 horas dictando auto motivado concretando los extremos expuestos en el art. 588 bis c) LECrim[755], sustanciándose en pieza separada y secreta sin acuerdo expreso (Art. 588 bis d) LECrim).

En el caso analizado, al tratarse de la obtención de datos de geolocalización relativos a una situación pasada —sin que se pretenda el acceso a los que puedan generarse en el futuro—,

---

754 Art. 588 bis b) LECrim: "1.º La descripción del hecho objeto de investigación y la identidad del investigado o de cualquier otro afectado por la medida, siempre que tales datos resulten conocidos. 2.º La exposición detallada de las razones que justifiquen la necesidad de la medida de acuerdo a los principios rectores establecidos en el art. 588 bis a, así como los indicios de criminalidad que se hayan puesto de manifiesto durante la investigación previa a la solicitud de autorización del acto de injerencia. 3.º Los datos de identificación del investigado o encausado y, en su caso, de los medios de comunicación empleados que permitan la ejecución de la medida. 4.º La extensión de la medida con especificación de su contenido. 5.º La unidad investigadora de la Policía Judicial que se hará cargo de la intervención. 6.º La forma de ejecución de la medida. 7.º La duración de la medida que se solicita. 8.º El sujeto obligado que llevará a cabo la medida, en caso de conocerse".

755 Art. 588 bis c) LECrim: "a) El hecho punible objeto de investigación y su calificación jurídica, con expresión de los indicios racionales en los que funde la medida. b) La identidad de los investigados y de cualquier otro afectado por la medida, de ser conocido. c) La extensión de la medida de injerencia, especificando su alcance, así como la motivación relativa al cumplimiento de los principios rectores establecidos en el art. 588 bis a. d) La unidad investigadora de Policía Judicial que se hará cargo de la intervención. e) La duración de la medida. f) La forma y la periodicidad con la que el solicitante informará al juez sobre los resultados de la medida. g) La finalidad perseguida con la medida. h) El sujeto obligado que llevará a cabo la medida, en caso de conocerse, con expresa mención del deber de colaboración y de guardar secreto, cuando proceda, bajo apercibimiento de incurrir en un delito de desobediencia".

no resultan aplicables las disposiciones de la LECrim en materia de duración, prórroga, cese y control de la medida. Una vez recabados los datos de localización del terminal telefónico —que pueden coincidir o no con el itinerario seguido por el vehículo dado a la fuga en el supuesto planteado—, podrá valorarse este elemento como un indicio probatorio, ya sea en sentido inculpatorio o exculpatorio, respecto de los hechos atribuidos a su conductor.

En otro orden de ideas, la intervención o incautación física del teléfono móvil puede constituir una actuación relevante cuando las circunstancias lo requieran, con el fin de servir como medio de prueba en la comisión de distintos delitos contra la seguridad vial. Tal sería el caso de la existencia de imágenes o vídeos captados por el propio dispositivo que pudieran reflejar una conducción temeraria conforme a los arts. 380 y 381 CP —como circular en sentido contrario por una autovía o participar en carreras ilegales—, la negativa a someterse a las pruebas de detección de alcohol o drogas, la conducción sin permiso habilitante (art. 384 CP), la colocación de obstáculos en la vía (art. 385 CP), así como supuestos de exceso de velocidad penalmente relevante u otras formas de conducción peligrosa.

Un ejemplo de lo anterior es el caso de un conductor que, mientras conduce en sentido contrario por una autopista, graba con su teléfono o es grabado por alguno de los ocupantes del vehículo. Las imágenes pueden revelar que el conductor no tiene permiso para conducir, o que atropella a varios peatones debido a una conducción temeraria con desprecio por la vida de los demás. También podría tratarse de una conducción a una velocidad excesiva, registrada cuando la cámara del teléfono enfoca el velocímetro del vehículo, entre otros escenarios similares. Estas imágenes o videos pueden ser capturados tanto por el conductor y los ocupantes del vehículo, como por testigos de esa conducción delictiva, y pueden ser subidos a internet o a alguna red social. Este tema será abordado en el siguiente apartado sobre “redes sociales”.

La incautación física de teléfonos móviles se regula en el art. 282 LECrim, en conexión con el art. 11.1 de la LO 2/1986 y el art. 14 de la LO 4/2015. La evolución tecnológica de estos dispositivos —cuyo contenido puede incluir llamadas, imágenes o vídeos— ha obligado a adaptar los criterios jurisprudenciales. Tanto el TC como el TS han reconocido su valor probatorio en delitos como los cometidos contra la seguridad vial.

La STC 115/2013, de 9 de mayo, analizó el acceso a la agenda telefónica y al registro de llamadas. Nosotros nos centraremos en la parte referente a la agenda, ya que, aunque no incide directamente sobre el acceso a la agenda de un terminal, por analogía puede equipararse a otros tipos de datos almacenados en el teléfono que sí son relevantes en el ámbito de los delitos contra la seguridad vial, como los archivos fotográficos o videográficos. La sentencia aborda la afectación de derechos fundamentales, destacando el secreto de las comunicaciones (art. 18.3 CE) y los derechos a la intimidad, al honor y a la propia imagen (art. 18.1 CE), así como el derecho a la protección de datos personales (art. 18.4 CE). GUDÍN RODRÍGUEZ-MAGARIÑOS[756] subraya que no se debe priorizar un derecho sobre otro, sino evaluar el impacto sobre la dignidad humana.

En la misma línea, el TS en la STS 489/2018, de 23 de octubre, menciona el derecho al espacio virtual, que se ve comprometido por el acceso no autorizado a los dispositivos de almacenamiento masivo, independientemente de la naturaleza de la información contenida. MARTÍN RÍOS[757] sostiene que este derecho al entorno virtual se ve afectado por el simple acceso

---

756 GUNDÍN RODRÍGUEZ-MAGARIÑOS, F. (2014). Réquiem por el derecho a la intimidad en los *smartphone*: análisis de la última Jurisprudencia del TC contrastada con la del TEDH. *Revista Aranzadi*(9/2014). Págs. 21-22.

757 MARTÍN RÍOS, P. (2020). El alcance del derecho al propio entorno virtual en la valoración de la evidencia digital. En V. GIMENO SEN-

a los dispositivos, sin importar si la información es íntima o no, y sin la debida autorización judicial o consentimiento del afectado. El TS reitera que, según el art. 18.3 CE, el acceso a las comunicaciones telefónicas requiere autorización judicial, salvo que exista consentimiento del afectado. En este sentido, la STS 173/2011, de 7 de noviembre, establece que el consentimiento eficaz del sujeto puede permitir la invasión de su intimidad, pues cada persona tiene derecho a definir el ámbito de su privacidad[758].

Según FERNÁNDEZ-GALLARDO FERNÁNDEZ-GALLARDO[759] aunque la LECrim no establece las condiciones para la prestación del consentimiento ni exige la asistencia legal como requisito para su validez, es crucial que el consentimiento esté libre de cualquier circunstancia que pueda afectar al conocimiento preciso de lo que se está haciendo y a la libertad de hacerlo.

El derecho al secreto de las comunicaciones protege tanto la interceptación de las comunicaciones como el conocimiento antijurídico de las comunicaciones ajenas. Esto significa que el derecho puede ser vulnerado no solo por la interceptación en el sentido estricto que implica la aprehensión física del mensaje o la captación del proceso de comunicación, sino también por el conocimiento indebido de lo comunicado. Este conocimiento indebido puede ocurrir, por ejemplo, cuando se abre

---

DRA, *Derecho probatorio y otros estudios procesales (Liber Amicorum Vicente Gimeno Sendra)* (págs. 1259-1270). Castillo de Luna. Ediciones Jurídicas.

758 STS 786/2015, de 4 de diciembre: "En suma, la concurrencia del consentimiento de la titular del ordenador excluyó la vulneración de alcance constitucional que reivindica la defensa del recurrente"

759 FERNÁNDEZ-GALLARDO FERNÁNDEZ-GALLARDO, J. Á. (2017). El consentimiento del detenido al acceso a sus redes sociales y dispositivos de almacenamiento masivo de información. *La ley penal*. (126). Págs. 1-22

la correspondencia de otra persona guardada por su destinatario, o cuando se accede a un mensaje enviado por correo electrónico o a través de telefonía móvil sin autorización legal.

Asimismo, también se protegen otros aspectos de la comunicación como la identidad subjetiva de los interlocutores, por lo que queda afectado por este derecho tanto la entrega de los listados de llamadas telefónicas por las compañías telefónicas como el acceso al registro de llamadas entrantes y salientes grabadas en un teléfono móvil (STC 142/2012, de 2 de julio)[760]. Por lo tanto, cuando los agentes de la autoridad accedan a las funciones de un teléfono móvil que puedan revelar procesos de comunicación se requeriría el consentimiento del individuo afectado o una autorización judicial.

Por contra, el art. 18.1 CE no proporciona una garantía explícita para el derecho a la intimidad en el mismo grado que lo hace para el derecho al secreto de las comunicaciones. Sin embargo, se ha reconocido constitucionalmente la legitimidad de que la policía lleve a cabo ciertas prácticas que implican una injerencia leve en la intimidad de las personas, siempre y cuando exista una habilitación legal suficiente y precisa[761]. El

---

760 Sin embargo, en TEJERINA RODRÍGUEZ, O. (2014). *Seguridad del Estado y Privacidad.* Reus. Pág. 190, la autora afirma que cuando no hay una comunicación en curso, ya sea porque aún no ha comenzado o porque ha finalizado, no se puede hablar de intervención en comunicaciones. En este caso, la protección del contenido o los datos externos de la comunicación ya no estaría respaldada por el art. 18.3 CE, sino que seguiría garantizada por el art. 18.1 CE, que establece el derecho a la intimidad, o por el art. 18.4 CE, que se refiere al derecho a la protección de datos personales, o incluso por ambas disposiciones.

761 En ORTIZ PRADILLO, J. C. (2013). *La investigación del delito en la era digital. Los derechos fundamentales frente a las nuevas medidas tecnológicas de investigación.* Fundación Alternativas. Pág. 47, el autor considera que: "El acceso a esa extraordinaria cantidad y diversidad de

TC sostiene que esta habilitación legal debe cumplir con las exigencias del principio de proporcionalidad y puede permitir que la policía realice tales prácticas sin autorización judicial previa ni consentimiento del afectado (STS 173/2011, de 7 de noviembre, STC 142/2012, de 2 de julio).

El acceso a la agenda de un teléfono o a cualquier otra función del teléfono como pueden ser los archivos multimedia, no son datos que estén vinculados a una comunicación presente o consumada, ni proporcionan detalles sobre eventos de comunicación pasados o futuros, por lo que se pueden equiparar a una agenda de teléfonos en soporte papel o álbum de fotos en soporte papel respectivamente (STS 493/2010, de 25 de abril), no siendo determinante ni el soporte físico o electrónico, ni el lugar de ubicación de esa agenda, en este caso en un terminal telefónico, sino que lo importante es "el carácter de la información a la que se accede" (STC 142/2012, de 2 de julio)[762].

Defiende ENCINAR DEL POZO[763] la equiparación de los datos e información contenida en un teléfono, como pueden

---

información almacenable en los actuales dispositivos electrónicos que una persona puede llevar consigo (por ej., en la memoria de su *smartphone* o en un dispositivo USB) no puede ser considerado como una injerencia "leve" en la esfera de la privacidad de las personas, equiparable al examen de cartas, papeles, agendas o mochilas".

762 En GARCÍA-COMENDADOR ALONSO, L. (2013). La consulta de la agenda de los teléfonos móviles por la fuerza policial. *Actualidad Jurídica Aranzadi*(869/2013), Pág. 2: "A la hora de deslindar entre el derecho al secreto de las comunicaciones y el derecho a la intimidad, lo básico es el carácter de la información a la que se accede y no el soporte".

763 ENCINAR DEL POZO (Dtor.), M. Á., VILLEGAS GARCÍA, M. Á., ÁGUEDA HOLGUERAS, C., MORENO SANTAMARÍA, A., NEVADO HOLGADO, A. B., & RAIMUNDO RODRÍGUEZ, M. J. (2017). *Ley de Enjuiciamiento Criminal con jurisprudencia sistematizada. Edición especial para el ICAM.* Tirant lo Blanch. Pág. 919.

ser fotografías o videos, con la que contiene una agenda electrónica y, por ende, se encuentran dentro del ámbito constitucionalmente protegido en el marco del derecho a la intimidad, pues la observación de éstos por los demás puede revelar aspectos "de la esfera más íntima del ser humano". Comparte la misma opinión RODRÍGUEZ LAÍNZ[764] al argumentar que este tipo de datos claramente no están protegidos por el derecho al secreto de las comunicaciones. En su lugar, sugiere que la protección de la intimidad del poseedor del teléfono dependerá de la necesidad y proporcionalidad de la medida adoptada.

Amplía MARCOS AYJÓN[765] la catalogación de los dispositivos de almacenamiento masivo de la información a la que se refiere el art. 588 sexies a) LECrim y no la limita solo a "CDs, DVDs, memorias digitales, pendrives, USBs, discos duros externos, etc", sino que la extiende a otro tipo de dispositivos de los que se puedan extraer pruebas de un delito, como son los "teléfonos móviles, tablets, ordenadores, routers, GPS, etc"[766]. Los datos pueden almacenarse no solo en dispositivos físicos tangibles, sino también en la nube, donde se alojan en servidores ubicados en lugares remotos del usuario, utilizando tecnologías de computación en la nube o *cloud computing*, lo esencial

---

764 RODRÍGUEZ LAÍNZ, J. L. (2010). Incautación policial de teléfonos móviles y secreto de las comunicaciones. *Diario La Ley*(7536). Págs. 14-15.

765 MARCOS AYJÓN, M. (2020). *La protección de datos de carácter personal en la justicia penal.* J.M. Bosch Editor. Pág. 426.

766 Hay que decir que también, además de los expuestos, puede ser extendido a otros dispositivos que también contienen datos personales como un GPS, incluso de los calificados sensibles contenidos en un *smartwacht* que puede registrar datos de salud (SSTS 429/2019, de 27 de septiembre, 686/2023, de 21 de septiembre, 395/2021, de 6 de mayo, 661/2017, de 10 de octubre).

radica en la información contenida en los archivos del dispositivo no en el dispositivo en sí[767].

El hecho de acceder a estas funciones o datos no constituye un acto de comunicación[768], sino que lo que supone es tener acceso a una información que es parte de la esfera privada de su titular, pues el art. 18.1 CE garantiza a las personas un espectro reservado de su vida "vedando que terceros, sean particulares o poderes públicos, decidan cuales sean los lindes de nuestra vida privada, pudiendo cada persona reservarse un espacio resguardado de la curiosidad ajena, sea cual sea lo contenido en ese espacio" (STC 127/2003, de 30 de junio). De todas maneras, es doctrina consolidada del TC que ningún derecho fundamental es absoluto, pudiendo ceder ante intereses de relevancia constitucional siempre que el límite impuesto sea para alcanzar un objetivo constitucional legítimo y sea proporcionado (por todas, STC 115/2013 de 9 de mayo).

Como se ha mencionado anteriormente, incluso una leve injerencia policial en la intimidad de las personas requiere de requisitos constitucionalmente justificados. La STC 115/2013, de 9

767 DE JORGE MESAS, L. F. (2007). *La incorporación de las nuevas tecnologías informáticas y de telecomunicaciones al proceso penal (...más sobre las tecnologías). La incorporación al proceso de los archivos informáticos.* Cuadernos de derecho judicial CGPJ. Pág. 359.

768 STS 130/2007, de 19 de febrero. Voto particular de los magistrados Excmos. Sres. D. Andrés Martínez Arrieta y D. José Manuel Maza Martín: "Los números identificativos con los que operan los terminales no pueden constituir, por sí mismos, materia amparada por el secreto de las comunicaciones, pues afirmar lo contrario supondría, a nuestro juicio, confundirlos medios que posibilitan la comunicación con la comunicación misma. (...) la comunicación, por definición, requiere, al menos, dos comunicantes y, por tanto, la actuación sobre un solo individuo y los objetos de su pertenencia nunca puede constituir injerencia en sus comunicaciones ni, menos aún, en las de un tercero".

de mayo, sistematiza tales exigencias en los siguientes términos: "a) la existencia de un fin constitucionalmente legítimo, considerando como tal el interés público propio de la prevención e investigación del delito, y, más en concreto, la determinación de hechos relevantes para el proceso penal; b) que la medida limitativa del derecho a la intimidad esté prevista en la ley (principio de legalidad); c) que, en caso de no contar con autorización judicial (o consentimiento del afectado), la actuación policial se atenga a la habilitación legal, teniendo en cuenta que la ley puede autorizar a la policía la práctica de inspecciones, reconocimientos e incluso intervenciones corporales leves, siempre y cuando se respete el principio de proporcionalidad, concretado en tres exigencias o condiciones: idoneidad de la medida, necesidad de la misma y juicio de proporcionalidad en sentido estricto (por todas, STC 173/2011, FJ 2, y la jurisprudencia allí citada)".

Asimismo, la doctrina del TC y TS (STC 70/2002, de 3 de abril, STS 87/2020, de 3 de marzo) afirma que deben concurrir razones de "urgencia, necesidad y proporcionalidad" que legitimen constitucionalmente la intervención policial. Cuando existan esas razones de urgencia y se aprecie un interés constitucional legítimo, los agentes de la autoridad podrán incautar un teléfono y acceder al contenido multimedia haciendo un examen directo del mismo, comunicándolo de manera inmediata y, en todo caso, dentro de un plazo máximo de veinticuatro horas, mediante escrito motivado dirigido al juez competente. Este escrito debe incluir las razones que justificaron la adopción de la medida, describir la acción realizada, cómo se llevó a cabo y su resultado. A su vez, el juez competente, también de manera motivada, deberá revisar y decidir sobre la actuación dentro de un plazo máximo de 72 horas desde que se ordenó la medida, revocándola o confirmando su validez (Art. 588 sexies 4. c) LECrim)[769].

---

769 Se estaría actuando en base a un objetivo constitucionalmente legítimo digno de protección, como es el interés público relacionado

En este sentido, la STS 204/2016, de 10 de marzo, distingue entre un aspecto procedimental —el cumplimiento del plazo de veinticuatro horas— y otro sustancial, referido a la concurrencia de un supuesto de urgencia e interés constitucional legítimo que justifique la medida. Tal urgencia se entendería avalada, por ejemplo, en un caso de flagrancia delictiva (STC 115/2013, de 9 de mayo), como podría ser la grabación mediante un teléfono móvil de una carrera ilegal o una conducción en sentido contrario por una autovía. Asimismo, la incautación del dispositivo puede quedar justificada por la necesidad de evitar la "destrucción de archivos y comprobar la posible existencia de otros partícipes, teniendo en cuenta la gravedad de los hechos"[770]

LÓPEZ-BARAJAS PEREA[771] sostiene que la evaluación de la urgencia y necesidad de la intervención policial debe realizarse antes de la acción, y luego puede ser revisada por un tribunal. Este órgano deberá analizar si la amplitud de la excepción legal es coherente con el grado de interferencia en los derechos fundamentales afectados. Los arts. 282 y 777 LECrim, en conexión con el art. 11.1 de la LO 2/1986, de 13 de

con la investigación de un delito y la identificación de los responsables (SSTC 25/2005, de 14 de febrero; 206/2007, de 24 de septiembre, y 173/2011, de 7 de noviembre).

770 En la STC 173/2011, de 7 de noviembre, se determina la actuación legítima de la policía ante un caso de en el que un técnico que repara ordenadores encuentra en la carpeta "Mis imágenes" de un ordenador que estaba reparando, fotos de contenido pedófilo, avisando inmediatamente a la policía, acudiendo éstos rápidamente a comprobar el disco duro sin autorización judicial.

771 LÓPEZ-BARAJAS PEREA, I. (2018). El derecho a la protección del entorno virtual y sus límites: el registro de los sistemas informáticos. En M. DÍAZ MARTÍNEZ, & I. LÓPEZ-BARAJAS PEREA (Dirs), *La nueva reforma procesal penal. Derechos fundamentales e innovaciones tecnológicas.* (págs. 135-168). Tirant lo Blanch. Pág. 143

marzo, y el art. 14 de la LO 4/2015, de 30 de marzo, atribuyen a los agentes de la autoridad la facultad de recoger efectos, instrumentos y pruebas relacionados con el delito, con el fin de ponerlos a disposición de la autoridad judicial y practicar las diligencias necesarias para su esclarecimiento y la identificación del responsable. Esta actuación debe ajustarse, en todo caso, al principio de proporcionalidad, conforme a la doctrina establecida por la STC 70/2002, de 3 de abril.

En cuanto a la proporcionalidad de la medida, puede considerarse que una injerencia mínima en la intimidad personal —sin afectar a datos de comunicación— resulta "ponderada o equilibrada" cuando los beneficios para el interés general superan los perjuicios sobre otros derechos en conflicto (STC 115/2013, de 9 de mayo). En esta línea, RODRÍGUEZ LAÍNZ[772] subraya que la policía judicial únicamente podría revelar información protegida por el derecho a la intimidad en situaciones de urgencia justificadas, cuando dicha necesidad prevalezca sobre la obtención previa de una resolución judicial.

Si no se cumplen los supuestos de urgencia, se debe seguir lo dispuesto en el art. 588 sexies b) y c) LECrim. Los agentes deberán informar al juez sobre la incautación de dispositivos, y si el juez considera necesario acceder a la información contenida en ellos, otorgará la autorización correspondiente, debidamente razonada en forma de auto (art. 588 bis c) LECrim). Es importante destacar que la simple incautación de un terminal telefónico no autoriza el acceso a su contenido, aunque este acceso puede ser posteriormente autorizado por el juez competente (art. 588 sexies a) LECrim).

Cabe señalar una medida procesal que se encuentra a mitad de camino entre la incautación y acceso al contenido

---

772 RODRÍGUEZ LAÍNZ, J. L. (2010). Incautación policial de teléfonos móviles y secreto de las comunicaciones. *Diario La Ley*(7536). Pág. 17.

multimedia, y "solo" la incautación del terminal telefónico; se trata de lo que dispone el art. 588 octies LECrim sobre la orden de conservación de datos que el Ministerio Fiscal o la Policía Judicial pueden dar a cualquier persona: "El Ministerio Fiscal o la Policía Judicial podrán requerir a cualquier persona física o jurídica la conservación y protección de datos o informaciones concretas incluidas en un sistema informático de almacenamiento que se encuentren a su disposición hasta que se obtenga la autorización judicial correspondiente para su cesión con arreglo a lo dispuesto en los artículos precedentes. Los datos se conservarán durante un periodo máximo de noventa días, prorrogable una sola vez hasta que se autorice la cesión o se cumplan ciento ochenta días. El requerido vendrá obligado a prestar su colaboración y a guardar secreto del desarrollo de esta diligencia, quedando sujeto a la responsabilidad descrita en el apartado·3 del art. 588 ter e". Su aplicación resulta especialmente pertinente en investigaciones complejas o de larga duración.

Los ordenadores y dispositivos similares, como los *smartphones*, "son algo más que una pieza de convicción que, una vez aprehendida, queda expuesta en su integridad al control de los investigadores" (STS 342/2013, de 17 de abril). En atención a su capacidad para almacenar información personal sensible, su acceso requiere autorización judicial previa, salvo consentimiento del titular. En ellos se concentran datos que pueden afectar al derecho al secreto de las comunicaciones (art. 18.3 CE), a la intimidad personal (art. 18.1 CE), como "contactos, fotografías, archivos personales", y a la protección de datos personales, incluyendo "datos personales y de geolocalización" (art. 18.4 CE), conforme a las SSTS 462/2019, de 14 de octubre, y 489/2018, de 23 de octubre.

En estos supuestos, una protección segmentada de los distintos derechos recogidos en el art. 18 CE resultaría ineficaz. Permitir a los agentes de la autoridad acceder a información vinculada a la intimidad personal —como agenda, fotografías o vídeos—, pero restringir el acceso a elementos relativos a las comunicaciones —como el registro de llamadas— carecería de sentido práctico, lo que justifica el tratamiento unitario adoptado por el legislador.

En el supuesto de que el teléfono incautado cuente con medidas de seguridad de acceso —como contraseña, patrón, identificación dactilar o facial[773]—, las autoridades y agentes encargados de la investigación están facultados para requerir a cualquier persona que disponga de conocimientos sobre el funcionamiento del sistema informático o sobre las medidas de protección de los datos contenidos en él que proporcione la información necesaria. Este deber de colaboración deriva del art. 19.4 del Convenio de Budapest[774], si bien la solicitud no debe suponer una carga desproporcionada para el sujeto requerido. El incumplimiento injustificado puede constituir un delito de desobediencia. Esta disposición no será aplicable al investigado o encausado, a las personas exentas de declarar por razón de pa-

---

773 La STC 115/2013, de 9 de mayo, señala que, en el caso enjuiciado, la Policía Judicial accedió a la agenda telefónica "sin necesidad de introducir contraseña o clave de identificación personal alguna, al hallarse encendidos los teléfonos móviles". Esta descripción sugiere que el Tribunal quiso destacar la ausencia de manipulación forzada o acceso coactivo a los datos, incluso en una situación de urgencia. De haberse requerido el uso de contraseña o patrón, la diligencia habría dejado de considerarse urgente, exigiendo autorización judicial previa.

774 Consejo de Europa. (2001). Convenio sobre la ciberdelincuencia. Budapest. Art. 19.4: "4. Cada parte adoptará las medidas legislativas y de otro tipo que resulten necesarias para facultar a las autoridades competentes a ordenar a toda persona que conozca el funcionamiento de un sistema informático o las medidas aplicadas para proteger los datos informáticos que contiene, que proporcione toda la información necesaria, dentro de lo razonable, para permitir la aplicación de las medidas previstas en los párrafos 1 y 2".

rentesco y a aquellas que, conforme al art. 416.2 LECrim, estén protegidas por el secreto profesional (art. 588 sexies c LECrim).

FERNÁNDEZ RODRÍGUEZ[775] subraya que una interpretación literal del precepto incluiría tanto la facilitación de claves de acceso como el asesoramiento técnico, aunque "podría dejar fuera la posibilidad de imponer a estos terceros la obligación de facilitar herramientas específicamente destinadas para el *crackeo* de dispositivos informáticos".

Corresponde al juez de instrucción establecer los términos y la extensión del registro, pudiendo autorizar la realización de copias de los datos informáticos. Asimismo, determinará las condiciones necesarias para garantizar la integridad de los datos y su adecuada preservación, lo que podrá incluir, en su caso, la práctica de un dictamen pericial.

Este diseño normativo responde a la doctrina establecida por el TS en resoluciones como las SSTS 342/2013, de 17 de abril; 587/2014, de 24 de febrero; y 587/2014, de 18 de julio, en las que se aboga por un tratamiento unitario y con igual grado de protección de todos los derechos recogidos en el art. 18 CE, ya sea en relación con los datos almacenados en un ordenador o en un teléfono móvil. A partir de esta jurisprudencia, el legislador reconoce un derecho de nueva generación: el derecho al entorno digital, vinculado a la protección integral del espacio de privacidad tecnológica del individuo.

En relación con las copias o volcado de la información contenida en el teléfono móvil, y alineándonos con lo dispuesto en la Circular 5/2019, de 6 de marzo, de la FGE sobre el registro de dispositivos y equipos informáticos, el primer apartado del art. 588 sexies c) LECrim señala que la decisión judicial puede

---

775 FERNÁNDEZ RODRÍGUEZ, Á. P. (2019). Algunas consideraciones a partir de la regulación del registro de dispositivos de almacenamiento masivo de la información. *Diario La Ley*(9433).

autorizar la realización de copias de los datos informáticos. Sin embargo, esto parece contradecir lo indicado en el segundo apartado del mismo artículo, que establece que la copia de los datos es una práctica habitual, evitando la confiscación de los medios de almacenamiento.

La realización de copias de los dispositivos resulta crucial para asegurar la integridad de la prueba. De hecho, SANCHÍS CRESPO[776] argumenta que el art. 588 sexies c) LECrim hace referencia no solo a simples copias, sino a la creación de clones, ya que estas réplicas exactas de los dispositivos son las que pueden garantizar la integridad de la cadena de custodia. La fiscalía, en la mencionada circular, explica que realizar copias implica una intrusión más profunda en el entorno virtual del individuo afectado que simplemente visualizar los datos. A su vez, distingue dos formas de realizar esta copia: el clonado o volcado, que replica la información original mediante una copia espejo o bit a bit; y la copia lógica, que selecciona carpetas o archivos específicos. En el primer caso, la imagen obtenida será idéntica a la original, incluidos los archivos eliminados, y debe ser autenticada digitalmente con una función "hash"[777] para garantizar la integridad de los datos. En cuanto a las copias lógicas, aunque también pueden ser firmadas digitalmente mediante una función "hash", la fiscalía recomienda realizarlas en presencia de un Letrado de la Administración

---

776 VELASCO NÚÑEZ, E., & SANCHÍS CRESPO, C. (2019). *Delincuencia informática. Tipos delictivos e investigación con jurisprudencia tras la reforma procesal penal de 2015.* Tirant lo Blach. Pág. 401.

777 En CILLERUELO, C. (2022). *Keepcoding. Tech School.* Obtenido de ¿Qué es una función hash?: https://keepcoding.io/blog/que-es-una-funcion-hash/: "Las funciones hash o funciones resumen son una herramienta muy utilizada en el campo de la ciberseguridad. Te permiten identificar la autenticidad de un bloque de datos fácilmente y se utilizan para encriptar archivos".

de Justicia para asegurar una adecuada selección de los archivos a copiar[778].

No obstante, esta recomendación de la fiscalía sobre la presencia del Letrado de la Administración de Justicia no es compartida por toda la doctrina. MARCHENA GÓMEZ y GONZÁLEZ-CUELLAR SERRANO[779], citando la STS 342/2013, de 17 de abril, sostienen que esta presencia no es un requisito esencial para validar las operaciones de volcado de un ordenador o cualquier dispositivo de almacenamiento. LÓPEZ-BARAJAS PEREA[780] también afirma que la jurisprudencia ha señalado que la presencia del fedatario judicial en las operaciones de volcado no es un requisito esencial para su validez, dado que el proceso es extremadamente técnico, involucrando el análisis e interpretación de los datos almacenados en un sistema informático.

Según esta doctrina, la presencia del Letrado de la Administración de Justicia no añadiría ninguna garantía, ya que no se puede esperar que esté inmóvil durante la extracción y organización de los datos, y su presencia sería inútil e innecesaria, dado que no es experto en la técnica (STS 256/2008, de 14 de mayo). No obstante, lo esencial será asegurar una adecuada

---

778 En sintonía con la misma perspectiva sobre la potencial objeción al contenido del archivo que incluye la información sin la certificación del Letrado de la Administración de Justicia está GONZÁLEZ LÓPEZ, J. J. (2007). Los datos de tráfico de las comunicaciones electrónicas en el proceso penal. *La Ley*. Págs. 483-486

779 MARCHENA GÓMEZ, M., & GONZÁLEZ-CUELLAR SERRANO, N. (2015). *La reforma de la Ley de Enjuiciamiento Criminal EN 2015*. Ediciones Jurídicas Castillo de Luna. Págs. 375-377

780 LÓPEZ-BARAJAS PEREA, I. (2018). El derecho a la protección del entorno virtual y sus límites: el registro de los sistemas informáticos. En M. DÍAZ MARTÍNEZ, & I. LÓPEZ-BARAJAS PEREA (Dirs), *La nueva reforma procesal penal. Derechos fundamentales e innovaciones tecnológicas*. Tirant lo Blanch. Pág.160

cadena de custodia que garantice que los datos presentados ante el tribunal sean los mismos que fueron incautados o confiscados en su origen, dado que esta es una de las principales dificultades de la prueba electrónica.

En opinión de MARCOS AYJÓN[781], las copias originales deben ser resguardadas en las instalaciones judiciales, siempre y cuando se haya garantizado adecuadamente la cadena de custodia. Sin embargo, no existen restricciones para que las copias sean almacenadas y manejadas en las instalaciones policiales, dado que su autenticidad se asegura mediante el correspondiente "hash". En cuanto a la cadena de custodia, RUBIO ALAMILLO[782] opina que no se ha establecido una normativa legal específica para garantizar su preservación en el caso de los dispositivos informáticos intervenidos, lo que deja a la discreción del juez y los agentes de la Policía Judicial la forma en que se asegurará la cadena de custodia en cada caso concreto.

En definitiva, tanto la obtención de datos de localización como el acceso a contenidos protegidos por el derecho al secreto de las comunicaciones o a la intimidad requieren una intervención legítima y ajustada a los requisitos constitucionales. Una intromisión ilegítima en cualquiera de estas esferas —ya sea en la fase de adopción de la medida (por ausencia de resolución judicial o por falta de motivación suficiente), durante su ejecución (por un exceso en la actuación policial respecto al alcance autorizado), o en su supervisión (por omisión de controles judiciales periódicos)— supondría

781 MARCOS AYJÓN, M. (2020). *La protección de datos de carácter personal en la justicia penal.* J.M. Bosch Editor. Pág. 443.

782 RUBIO ALAMILLO, J. (2015). La informática en la reforma de la Ley de Enjuiciamiento Criminal. *Diario La Ley*(8662). Págs. 6-7.

una vulneración de derechos fundamentales y determinaría la ilicitud de la prueba obtenida[783].

El art. 11.1 LOPJ establece que no surtirán efecto las pruebas obtenidas vulnerando derechos fundamentales, a diferencia de los procesos civil, laboral y contencioso-administrativo, que cuentan con disposiciones específicas al respecto. En el ámbito penal, en cambio, no existe una regulación concreta sobre la prueba ilícita. Según CARRILLO DEL TESO[784], dicha previsión actúa como directriz para jueces y tribunales, sin distinguir si la infracción del derecho procede de una autoridad pública o de un particular. En este sentido, la denominada "doctrina Falciani", acogida por la STS 116/2017, de 23 de febrero, persigue un efecto disuasorio frente a conductas abusivas por parte de agentes públicos, sin extenderse a actuaciones de particulares, salvo que actúen como instrumentos encubiertos del Estado. Para determinar la admisibilidad de pruebas obtenidas por particulares con vulneración de derechos fundamentales, se han propuesto dos criterios: (I) que no exista intención inicial de obtener prueba para su uso procesal, y (II) que se valore la gravedad de la infracción, el derecho afectado y el bien jurídico comprometido.

La nulidad por ilicitud puede declararse en diversas fases del procedimiento penal, según ASENCIO MELLADO[785]: en la instrucción, mediante decisión de oficio del juez (art. 240

---

783 CABELLO GIL, L. M. (2017). *Datos de geolocalización como medida de investigación. Avances en el sistema jurídico procesal penal.* [Tesis doctoral. Universidad Nacional Educación a Distancia. Facultad de Derecho]. Págs. 317-320.

784 CARRILLO DEL TESO, A. E. (2022). La prueba ilícita aportada por particulares: ¿admisión o exclusión? Fundamentos y soluciones jurisprudenciales. *La Ley Penal*(159). Pág. 10.

785 ASENCIO MELLADO, J. M. (2013). La exclusión de la prueba ilícita en la fase de instrucción como expresión de garantía de los derechos fundamentales. *Diario La Ley*. Pág. 17.

LOPJ); en la fase intermedia, cuando la única prueba disponible es ilícita o deriva de otra que lo es; y en el juicio oral, a instancia de parte. La exclusión de pruebas ilícitas forma parte del derecho a un proceso con todas las garantías (art. 24.2 CE), pues su admisión supondría una quiebra del principio de igualdad procesal (STC 261/2005, de 24 de octubre, STS 71/2017, de 8 de febrero) [786].

Finalmente, la doctrina de los "frutos del árbol envenenado", introducida en España por la STS 114/1984, de 29 de noviembre[787], impide incorporar al proceso pruebas derivadas de una vulneración inicial de derechos fundamentales, en línea con la STC 25/1981, de 14 de julio[788]. Se configura así una garantía

---

786 En ALBORNOZ, I. (2023). Doctrina del fruto del árbol envenenado. La operación "puf". *Revista Pensamiento Penal*(466). Págs. 1-2. Esta doctrina conocida como "los frutos del árbol envenenado", procede de la primigenia sentencia de la jurisprudencia de Estados Unidos del caso "Silverthorne Lumber Co., Inc. v. United States, 251 U.S. 385 (1920)" donde la Corte Suprema dictó que el gobierno no podía obligar a alguien a proporcionar documentación si esta había sido encontrada por la policía mediante un registro ilegal. Aunque no sería hasta el caso "Nardone v. United States, 308 U.S. 338 (1939)" cuando se utilizó por primera vez la expresión "fruto del árbol venenoso" o "fruit of the poisonous tree" al determinar que no solo debían excluirse como pruebas las obtenidas sin orden judicial, sino también cualquier otra prueba derivada de la información obtenida ilegalmente.
En MIRANDA ESTRAMPES, M. (2019). *Prueba ilícita y regla de exclusión en el sistema estadounidense. Crónica de una muerte anunciada.* Marcial Pons. Pág. 21, se fija el inicio de la doctrina constitucional de la *exclusionary rule* en el caso "Weeks v. United States, 232 U.S. 383 (1914)"

787 Sentencia sobre un asunto laboral por despido de un empleado en el que este argüía la ilicitud por vulneración de derechos fundamentales de una grabación telefónica, sin su conocimiento, con su jefe.

788 La STC 97/2019, de 16 de julio, también parece estar en sintonía con este argumento, al declarar que: "La interdicción constitucio-

objetiva del orden constitucional de libertades, articulado en torno a los derechos fundamentales.

8.4. Redes sociales

En la era digital, las redes sociales han revolucionado la forma de compartir información y experiencias, generando un volumen masivo de material audiovisual que abarca desde situaciones cotidianas hasta hechos delictivos. Se estima que cada minuto se suben más de 500 horas de vídeo a YouTube, se producen más de 5.000 descargas en TikTok y se comparten cerca de 700.000 *stories* en Instagram[789]. Esta situación plantea relevantes implicaciones jurídicas, especialmente cuando se difunden vídeos que documentan delitos contra la seguridad vial. En los últimos años, ha proliferado la publicación de grabaciones —realizadas por los propios conductores, acompañantes o testigos— en las que se reflejan conductas como carreras ilegales, circulación temeraria o conducción bajo la influencia de sustancias.

Plataformas como Facebook, Instagram, TikTok o YouTube se han consolidado como espacios en los que se comparten estos contenidos, facilitando en muchos casos la identificación de los infractores y la prevención de comportamientos de riesgo. La labor investigadora de las autoridades, a través del análi-

---

nal de la valoración judicial de la prueba ilícitamente obtenida constituye una garantía objetiva de nuestro sistema de derechos fundamentales, vinculada a la idea de un proceso justo (art. 24.2 CE)".

789 Informe de internet de CISCO (2018-2023), sobre datos de 2022, obtenido de https://www.cisco.com/c/en/us/solutions/collateral/executive-perspectives/annual-internet-report/white-paper-c11-741490.html. Fecha última consulta: 17 de noviembre de 2024. Y estudio de Lori Lewis vía AllAccess, publicado en https://es.statista.com/grafico/17539/datos-creados-online-en-un-minuto/. Fecha última consulta: 17 de noviembre de 2024.

sis de estas grabaciones, resulta esencial para la recopilación de pruebas, la aplicación de la ley penal y su remisión al órgano judicial competente.

La distinción entre fuentes abiertas y cerradas es determinante. Un vídeo publicado en una plataforma de acceso público puede ser utilizado como fuente probatoria sin mayores restricciones. En cambio, si el contenido se encuentra alojado en cuentas privadas o requiere acceso restringido, su utilización en el proceso penal exigirá autorización judicial, en aras de la protección de los derechos fundamentales implicados.

Para ello, CANDIOTTO y ARGIBAY MOLINA[790] realizaron una aportación útil para determinar el carácter de la fuente de información, clasificándola en tres niveles: "fuentes de información de acceso libre", donde no existen restricciones de entrada; "fuentes de naturaleza semipública y gratuita", que requieren registro previo; y "fuentes semipúblicas y de pago", que exigen registro y contraprestación económica. Los autores advierten que, en cualquiera de estas categorías, pueden encontrarse datos tanto públicos como privados, lo que puede generar confusión. En este sentido, MONTE y SÁNCHEZ[791] añaden que el tipo de fuente es un criterio necesario, pero no suficiente para determinar si la información alojada en la red es pública o privada.

Partiendo de la técnica conocida como OSINT (Open Source INTelligence), se plantea un método de obtención de infor-

---

[790] CANDIOTTO, M., & ARGIBAY MOLINA, J. F. (2019). Investigación con fuentes abiertas de información en el proceso penal (OSINT). En M. A. RIQUERT, *Sistema penal e informática: ciberdelitos: evidencia digital.* Hammurabi. Pág. 158-159

[791] MONTE, M., & SÁNCHEZ, S. I. (2020). *Tensiones constitucionales entre el derecho a la intimidad y el ciberpatrullaje en la investigación criminal. Análisis del Protocolo General para la Prevención Policial del Delito con Uso de Fuentes Digitales Abiertas.* Academia. Pág. 9.

mación mediante el análisis de redes sociales abiertas. Aunque no existe una definición única, el Departamento de Defensa de los Estados Unidos la describe como: "una inteligencia que se produce partiendo de información pública disponible y es obtenida, utilizada y difundida a tiempo a una audiencia adecuada con la finalidad de responder a una petición específica de inteligencia" [792]. Estas técnicas permiten investigar conductas delictivas a través del análisis de contenido compartido mediante videos en redes sociales[793].

Para BUENO DE MATA[794], desde una perspectiva técnico-jurídica, es más apropiado referirse a este tipo de fuentes como "accesibles" o "potencialmente accesibles", y no como "fuentes abiertas", reservando esta última expresión para un uso más general o coloquial. Entre las fuentes accesibles se incluirían medios como la televisión, radio, prensa escrita, boletines oficiales o monografías; mientras que las "no accesibles" serían aquellas que contienen información clasificada o confidencial. En el ámbito de la ciberinvestigación, y concretamente en redes sociales, la información puede presentarse en múltiples formatos: texto, imágenes, vídeos, audio o datos geoespaciales[795].

---

792 En LINARES RODRÍGUEZ, V., & MORENO, A. (2023). OSINT y análisis forense para combatir bulos. En L. M. FERNÁNDEZ MARTÍNEZ, & R. SUÁREZ ÁLVAREZ, *Vulnerabilidad digital: Desafíos y amenazas de la sociedad hiperconectada* (págs. 45-60). Dykinson. Pág. 49.

793 Ejemplos de diferentes herramientas que pueden ayudar a la investigación OSINT son: Social Links, Shodan, Google Dorks, Bing Dorks, Maltego, NexVision, Spyderfoot, Spyse, Mitaka, etc. Todas estas herramientas tienen un amplio y diferente espectro de actuación y pueden ser utilizadas por las empresas, FFCCSS y analistas de ciberseguridad.

794 BUENO DE MATA, F. (2023). *Investigación y prueba de delitos de odio en redes sociales: Técnicas OSINT e inteligencia policial.* Tirant lo Blanch. Pág. 85-86.

795 ORTEGA CANDEL, J. M. (2021). *Herramientas OSINT para auditorías de seguridad y ciberamenazas: Obteniendo inteligencia a partir de fuentes abiertas.* Independiente. Pág. 3.

Tal y como expusieron CANDIOTTO y ARGIBAY MOLINA, y desarrolla BUENO DE MATA en sintonía con ellos, las fuentes pueden clasificarse en tres niveles:

En primer lugar, la web de superficie, la parte más conocida y utilizada de internet, que incluye los sitios indexados por buscadores como Google o Yahoo. En este nivel se encontraría la mayoría del contenido disponible en redes sociales, incluidas grabaciones de delitos contra la seguridad vial. El acceso a esta información no requiere autorización judicial.

En segundo lugar, la *deep web* o web profunda, que contiene información no indexada por buscadores habituales. Aunque es accesible mediante contraseñas o software específico, el acceso puede suponer una mayor afectación a derechos fundamentales, por lo que, en caso de investigación penal, se recomienda judicializar la actuación.

Finalmente, la *dark web* o web oscura, cuyo rasgo principal es el anonimato extremo, minimizando toda huella digital. No suele utilizarse para delitos contra la seguridad vial, sino para actividades delictivas de mayor gravedad como terrorismo, tráfico de armas o pornografía infantil. En este caso, por el alto grado de injerencia en derechos fundamentales, se requiere obligatoriamente autorización judicial.

Como dice la STS 287/2017, de 19 de abril al respecto de compartir un dispositivo que, por ende y con mayor razón, sería válido para el supuesto de compartir una foto o video en una red social que es susceptible de visualizarse por mucha más gente: "quien incorpora fotografías o documentos digitales a un dispositivo de almacenamiento masivo compartido por varios es consciente de que la frontera que define los límites entre lo íntimo y lo susceptible de conocimiento por terceros, se difumina de forma inevitable".

Como se ha señalado, es en el primer nivel de accesibilidad —la web de superficie— donde habitualmente se difunden conductas delictivas contra la seguridad vial, a través de plataformas como YouTube, Facebook o TikTok. En estos casos, el usuario publica voluntariamente el contenido desde una cuenta personal, lo que puede dar lugar a su viralización. Al tratarse de fuentes abiertas, no se requiere autorización judicial para su consulta.

La investigación en redes sociales de acceso público permite rastrear la dirección IP y los metadatos del dispositivo desde el que se realizó la publicación, facilitando así la identificación del terminal y, en su caso, de la persona responsable, previa determinación del número de abonado asociado a dicha IP en la fecha y hora concreta de conexión.

Esta línea de investigación puede completarse con el análisis del propio contenido del vídeo, mediante una observación detallada del entorno visible —paneles informativos, señalización vial, elementos del paisaje— que permita ubicar el lugar de los hechos. Igualmente, pueden resultar relevantes ciertos rasgos identificativos del vehículo, como desperfectos visibles, accesorios distintivos (por ejemplo, un objeto colgante, una palanca personalizada o elementos decorativos exclusivos del interior), que podrían facilitar su individualización.

Por último, esta labor debe coordinarse con otras herramientas probatorias ya mencionadas, como el uso de cámaras de videovigilancia, sistemas OCR de lectura de matrículas, datos de geolocalización del teléfono móvil, entre otras, conformando un conjunto de indicios que pueden resultar determinantes para el esclarecimiento del delito.

En suma, el análisis de contenidos publicados en redes sociales abiertas constituye una herramienta eficaz en la investigación de delitos contra la seguridad vial, siempre que se respeten los principios de legalidad, necesidad y proporcionalidad. La correcta identificación del nivel de acceso a la información, unida al uso controlado de técnicas OSINT y otros medios tecnológicos, permite compatibilizar la eficacia en la persecución del delito con el pleno respeto a los derechos fundamentales.

Bibliografía

ABEL LLUCH, X. (2011). Las nuevas tecnologías y acceso al proceso, dentro de la obra La Prueba judicial. En X. ABEL LLUCH, J. PICÓ I JUNOY, M. RICHARD GONZÁLEZ, & (Dtores), *Desafíos en las jurisdicciones civil, penal, laboral y contencioso administrativa.* (págs. 345-366). La Ley.

ABEL LLUCH, X. (2019). La impugnación de la prueba electrónica. *Justicia*, 217-266.

AIGE MUT, M. B. (2011). Apunte sobre la valoración del documento electrónico ¿prueba libre o tasada? *Revista General de Derecho Procesal*(24), 1-10.

ALBERTO FERRARI, L. (2008). Análisis toxicológico de etanol y su interpretación forense. Cálculos retrospectivos, pérdida o generación en tejidos humanos e indicadores biológicos de ingesta. Breve revisión. *Ciencia Forense Latinoamericana, 2*(1-2).

ALBORNOZ, I. (2023). Doctrina del fruto del árbol envenenado. La operación "puf". *Revista Pensamiento Penal*(466). Obtenido de https://www.pensamientopenal.com.ar/system/files/gdgdfg.pdf#:~:text=La%20doctrina%20del%20%E2%80%9Cfruto%20del%20%C3%A1rbol%20envenenado%E2%80%9D%20tiene,la%20polic%C3%ADa%20a%20trav%C3%A9s%20de%20un%2-0allanamiento%20ilegal.

ALCÁCER GUIRAO, R. (2004). Embriaguez, temeridad y peligro para la seguridad del tráfico. *La Ley Digital*(10), 4.

ALFARO BASSÓ, D. (2016). Factores humanos en los accidentes de tránsito. *Diagnóstico, 55*, 75.

ALVARADO VELLOSO, A. (2006). *La prueba judicial. Reflexiones críticas sobre la confirmación procesal.* Tirant Lo Blanch.

ÁLVAREZ BUJÁN, M. V. (2023). *Cuestiones jurídico-prácticas sobre la regulación, práctica y valoración de la prueba en el proceso civil y penal.* Tirant lo Blanch.

ÁLVAREZ, J. (Septiembre de 2019). Alcohol: el enemigo nº 1. (D. G. Tráfico, Ed.) *Tráfico y Seguridad Vial.*, 62-63.

AMADEO GADEA, S. (2015). *Código Penal. Doctrina jurisprudencial* (1ª ed.). Factum Libri Ediciones.

ARRABAL PLATERO, P. (2020). *La prueba tecnológica: aportación , práctica y valoración*. Tirant lo Blanch.

ARRABAL PLATERO, P. (2020). Validez de la grabación policial al conductor a efectos de prueba en el delito de conducción bajo la influencia de las drogas del artículo 379.2 CP. *La Ley*(4343).

ARRABAL PLATERO, P. (2021). Licitud y práctica de la prueba tecnológica. *Aranzadi Doctrinal*.

ARZOZ SANTIESTEBAN, X. (2011). *Videovigilancia : ámbito de aplicación y derechos fundamentales afectados, en particular la protección de los datos personales*. Tirant lo Blanch.

ASENCIO MELLADO, J. M. (2013). La exclusión de la prueba ilícita en la fase de instrucción como expresión de garantía de los derechos fundamentales. *Diario La Ley*.

ASENCIO MELLADO, J. M. (2019). *Derecho Procesal Penal*. Tirant lo Blanch.

AZORÍN ORTEGA, F., & BROTONS ALBERT, H. (2021). Comentarios a las infracciones por presencia de drogas en carretera y argumentos para establecer tasas mínimas de detección en sangre. *Revista Española de Drogodependencias.*, *46*, 90-103.

BACIGALUPO ZAPATER, E. (1999). *Derecho Penal. Parte General*. (2ª ed.). Editorial Hammurabi SRL.

BAGES SANTACANA, J. (2017). *La tentativa en los delitos de peligro abstracto*. [Tesis doctoral. Universidad de Barcelona. Facultad de Derecho].

BARQUÍN SANZ, J., & LUNA DEL CASTILLO, J. D. (2005). Ingesta moderada de alcohol y prueba del etilómetro. *Revista Electrónica de Ciencia Penal y Criminología*(7).

BELTRÁN BALLESTER, E. (1975). *Las obstaculizaciones al tráfico. Examen del art.340 bis b) del Código Penal Español*. Colección de Estudios. Instituto de Criminología y Departamento de Derecho Penal.

BENÍTEZ ORTÚZAR, I. F. (2018). Primeras reflexiones a vuelapluma acerca del delito de abandono del lugar del accidente del artículo 382 bis CP. El nuevo delito "de fuga". *R.E.D.S.*(13), 61.

BERNAL MARTÍN, L. F. (2008). Comentario del artículo 384 del Código Penal. *Actualidad Jurídica Aranzadi*(755/2008).

BOIX REIG, J., ORTS BERENGUER, E., & VIVES ANTÓN, T. S. (1989). *La reforma penal de 1989*. Tirant lo Blanch.

BORREL VIVES, J., ALGABA GARCÍA, P., & MARTÍNEZ RAPOSO PIEDRAFITA, J. B. (1991). *La Investigación de accidentes de tráfico.* Ministerio de Interior. Dirección General de Tráfico.

BRAITHWAITE, R. A., JARVIE, D. R., SB, M. P., & SIMPSON, D. W. (1995). *Screening for Drugs of Abuse. I: Opiates, Amphetamines and Cocaine.* Ann Clin Biochem. doi:10.1177/000456329503200203

BUENO DE MATA, F. (2018). Prueba electrónica: problemas del presente y retos del futuro. En L.-M. BUJOSA VADELL (Dtor), & F. BUENO DE MATA (Coord), *La prueba en el proceso. Perspectivas nacionales* (págs. 573-580). Tirant lo Blanch.

BUENO DE MATA, F. (2019). *Las diligencias de investigación penal en la cuarta revolución industrial.* Aranzadi.

BUENO DE MATA, F. (2023). *Investigación y prueba de delitos de odio en redes sociales: Técnicas OSINT e inteligencia policial.* Tirant lo Blanch.

BUSTOS RUBIO, M. (2019). Aproximación crítica al nuevo delito de abandono del lugar del accidente (art. 382 bis del Código Penal). *La Ley Penal*(138), 10.

CABELLO GIL, L. M. (2017). *Datos de geolocalización como medida de investigación. Avances en el sistema jurídico procesal penal.* [Tesis doctoral. Universidad Nacional Educación a Distancia. Facultad de Derecho].

CACERES RUIZ, L. (2013). *La responsabilidad por imprudencia en los accidentes de tráfico.* Tirant lo Blanch.

CÁCERES RUIZ, L. (2017). El delito de conducción sin permiso o licencia. *Boletín Digital Penal AJFV.*(16).

CADENA SERRANO, F. Á. (2020). Heteropuesta en peligro consentida. *Diario La Ley*(13829/2020).

CALAZA LÓPEZ, S. (2021). La prueba anticipada y preconstituida. Los principios inspiradores de la actividad probatoria. En V. GIMENO SENDRA, M. DÍAZ MARTÍNEZ, & S. CALAZA LÓPEZ, *Derecho Procesal Penal* (págs. 327-347). Tirant lo Blach.

CÁMARA ARROYO, S. (2021). *Jurisprudencia del Tribunal Supremo* (Vol. VXXIV). Anuario de Derecho Penal y Ciencias Penales.

CÁMARA ARROYO, S., & TEIJÓN ALCALÁ, S. (2022). *La negativa a someterse a las pruebas de alcohol y drogas. un análisis de las cuestiones más controvertidas.* (Vol. 75). Anuario de derecho penal y ciencias penales.

CAMARGO HERNÁNDEZ, C. (1962). *La Ley de 9 de mayo de 1950 sobre uso y circulación de vehículos de motor y algunos de sus principales problemas.* Anuario de Derecho Penal y Ciencias Penales.

CAMPÓN DOMÍNGUEZ, J. A., SAN ROMÁN GARCÍA, J. L., RODRÍGUEZ LUQUE, P. A., DÍAZ LÓPEZ, V., COCAÑA ROSCO, J. F., GARCÍA-POZUELO RAMOS, D., . . . VIDAL BARRIENTOS, J. L. (2020). *Manual de reconstrucción de siniestros viales.* Centro Universitario Guardia Civil. Instituto de Seguridad de los Vehículos Automóviles.

CANALES MARTÍNEZ, C. A. (2020). *Determinación de la variación de la concentración de alcohol etílico en el tiempo en varones vivos en eldistrito de Lima Metropolitana utilizando el método de cromatografía de gases.* Lima. doi:https://orcid.org/0000-0002-9813-0449

CANDIOTTO, M., & ARGIBAY MOLINA, J. F. (2019). Investigación con fuentes abiertas de información en el proceso penal (OSINT). En M. A. RIQUERT, *Sistema penal e informática : ciberdelitos : evidencia digital* (págs. 154-177). Hammurabi.

CARBONELL MATEU, J. C. (2008). La ley orgánica de reforma del código penal en materia de seguridad vial: Un comentario de urgencia. En I. F. BENÍTEZ ORTÚZAR (Coord.), *Reforma del Código Penal. Respuestas para una sociedad del siglo XXI* (págs. 179-200). Dykinson.

CARDENAL MONTRAVETA, S. (2015). Capítulo IV De los delitos contra la Seguridad Vial. En M. CORCOY BIDASOLO (Dtra.), S. MIR PUIG (Dtor.), & J. S. VERA SÁNCHEZ (Coord.), *Comentarios al Código Penal. Reforma LO 1/2015 y LO 2/2015.* (2ª ed., págs. 1285-1312). Tirant lo Blanch.

CARDENAL MONTRAVETA, S. (2019). Delitos contra la seguridad. En M. CORCOY BIDASOLO (Dtra), & J. C. HORTAL IBARRA (Coord), *Manual de Derecho Penal. Parte Especial* (Vol. 1, págs. 587-623). Tirant lo Blanch.

CARPIO BRIZ, D. (2008). Creación de grave riesgo para la seguridad en el tráfico (Art. 385 CP). En S. MIR PUIG, & M. CORCOY BIDASOLO (Dtores.), *Seguridad Vial y Derecho Penal* (págs. 204-247). Tirant lo Blanch.

CARRILLO DEL TESO, A. E. (2022). La prueba ilícita aportada por particulares: ¿admisión o exclusión? Fundamentos y soluciones jurisprudenciales. *La Ley Penal*(159).

CASABIACA ZULETA, P. (2015). *Las intervenciones telefónicas en el sistema penal.* [Tesis doctoral. Universidad de Salamanca]. .

CASABÓ RUIZ, J. R. (1975). El delito de conducción sin habilitación legal. En M. COBO DEL ROSAL (Dtor.), *Delitos contra la seguridad del tráfico y su prevención.* Artes Gráficas Soler.

CASANOVA MARTÍ, R. (2015). Valoración crítica de las intervenciones telefónicas en el borrador del Código Procesal Penal. En V. M. MORENO CATENA (Dtor.), *Reflexiones sobre el nuevo proceso penal. Jornadas sobre el borrador del nuevo Código Procesal Penal* (págs. 543-556). Tirant lo Blanch.

CASTELO CORDERO, E. (2024). Programas informáticos de apoyo a la investigación y reconstrucción de siniestros viales. *Quorum*(31), 23-27.

CASTRO MORENO, A. (2019). Comentario crítico a la LO 2/2019, de 1 de marzo, de reforma del Código Penal, en materia de imprudencia en la conducción de vehículos a motor y ciclomotores: nuevo delito de abandono del lugar del accidente. *La Ley Digital*(8174), 24.

CEBRIÁN BELTRÁN, S. (2022). Nuevos desafíos en el ámbito de la videovigilancia por las Fuerzas y Cuerpos de Seguridad desde la persperctiva de la Ley Orgánica 7/2021. El dificil equilibrio entre la seguridad y la protección de datos. *Revista de Derecho Público. Estudios de Deusto.* doi:https://doi.org/10.18543/ed.2501

CEREZO MIR, J. (2002). Los delitos de peligro abstracto en el ámbito del Derecho Penal de riesgo. *Revista de Derecho Penal y Criminología.* (10), 47-72.

CILLERUELO, C. (2022). *Keepcoding. Tech School.* Obtenido de ¿Qué es una función hash?: https://keepcoding.io/blog/que-es-una-funcion-hash/

CISNEROS LÓPEZ, Ó. (2023). Lectura telemática de EDR para la investigación de accidentes. *Revista Técnica del Centro Zaragoza*(97), 36-40.

COBO DEL ROSAL, M. (1975). Significación general del penúltimo párrafo del artículo 340 bis. a) del Código Penal para los "Delitos contra la seguridad del tráfico". En M. COBO DEL ROSAL (dir.), *Delitos contra la seguridad del tráfico y su prevención* (pág. 173). Valencia: Tirant lo Blach.

COBOS GÓMEZ DE LINARES, M. Á. (1999). *Derecho Penal. Parte Especial III.* Servicio de Publicaciones de la Facultad de Derecho de la Universidad Complutense de Madrid.

COCAÑA ROSCO, J. F. (2020). *La imprudencia con resultado de muerte y lesiones en los sinestros viales: Aproximación jurídico-penal y criminalística.*

CONDE PUMPIDO, P. (2020). *Captación y grabación de comunicaciones orales mediante la utilización de dispositivos electrónicos.* Obtenido de https://docplayer.es/30240711-Captacion-y-grabacion-de-comunicaciones-orales-mediante-la-utilizacion-de-dispositivos-electronicos-paloma-conde-pumpido-fiscalia-especial-antidroga.html

CONDE-PUMPIDO FERREIRO, C. (1963). *La nueva ordenación de las responsabilidades penal y civil en la circulación (ley de 24 de diciembre de 1962).* Instituto Editorial Reus.

CONDE-PUMPIDO FERREIRO, C. (1966). El ámbito objetivo y territorial de la ley de 24 de diciembre de 1962. *Revista Derecho de la Circulación.*

CONDE-PUMPIDO FERREIRO, C. (septiembre-octubre de 1968). La nueva estructura del delito de omisión del deber de socorro a las víctimas de accidentes de la circulación. *Revista de Derecho de la Circulación*, 426.

CONDE-PUMPIDO FERREIRO, C. (1979). El tratamiento penal de la conducción peligrosa en la legalidad vigente. *Revista de Derecho de la Circulación*(1), 3 Y 4.

CONDE-PUMPIDO FERREIRO, C. (2004). *Contestaciones de Derecho Penal al programa de judicatura. Parte Especial.* Constitución y Leyes (Colex).

COPPOLA, F. (1911). Prova (materia civile). En *Il Digesto Italiano* (Vol. XIX). Utet.

CORCOY BIDASOLO (Dtra.), M. (2004). *Manual práctico de Derecho Penal Parte Especial* (2ª ed.). Tirant lo Blanch.

CORCOY BIDASOLO, M. (1999). *Delitos de peligro y protección de bienes jurídico-penales supraindividuales.* Tirant lo Blanch.

CÓRDOBA RODA, J. (1978). *Comentarios al Código Penal* (Vol. III). Ariel.

CORNEL UNIVERSITY, ITHACA, NEW YORK. (1995). *Handbook of Indigenous Fermented Foods.* New York: Keith H. Steinkraus.

COUTURE, E. J. (1993). *Fundamentos del Derecho procesal civil.* Depalma.

CUELLO CALÓN, E. (1950). *La ley Penal del Automóvil.* Barcelona.

CUELLO CALÓN, E. (1955). La delincuencia automovilística y su represión. *Anuario de Derecho Penal y Ciencias Penales.*, 281.

CUESTA PASTOR, P. J. (2001). Comentario a la sentencia del Tribunal Supremo 3/1999 de 10 de diciembre, acerca de la criminalización de la negativa a someterse al test de alcoholemia. Repercusiones en cuanto al principio de seguridad jurídica. *La Ley*(22364).

DE JORGE MESAS, L. F. (2007). *La incorporación de las nuevas tecnologías informáticas y de telecomunicaciones al proceso penal (...más sobre las tecnologías). La incorporación al proceso de los archivos informáticos.* Cuadernos de derecho judicial CGPJ.

DE MIGUEL ASENSIO, P. A. (2024). El nuevo Reglamento (UE) 2023/2854 de Datos. *La Ley. Unión Europea*(121), 1.

DE PRADA PÉREZ DE AZPEITIA, F. I., & MARTÍNEZ PONS, J. A. (2003). Alcohol y etilómetros. Historia, fundamentos científicos y aplicación didáctica. *Anales de la Real Sociedad Española de Química. Segunda Época.*, 53-61.

DE URBANO CASTRILLO, E. (2007). La conducción a velocidad excesiva. *La Ley Penal*(39).

DE URBANO CASTRILLO, E. (2009). *La valoración de la prueba electrónica.* Tirant lo Blanch.

DE VICENTE MARTÍNEZ, R. (2009). Seguridad vial y Derecho penal: los nuevos pronunciamientos jurisprudenciales sobre los viejos delitos contra la seguridad vial y los primeros pronunciamientos jurisprudenciales sobre los últimos delitos contra la seguridad vial. *Cuadernos Digitales de Formación CGPJ*(34).

DE VICENTE MARTÍNEZ, R. (2012). *El delito a someterse a las pruebas de alcoholemia o de detección de drogas.* Bosch.

DE VICENTE MARTÍNEZ, R. (2018). *Alcohol, drogas y delitos contra la seguridad vial.* Reus.

DEL CASTILLO CODES, E. (Enero de 2008). La conducción temeraria: cuestiones de "lege lata" y "lege feranda". *Revista de Derecho Penal*(Núm. 23), 74.

DEL RÍO MONTESDEOCA, L. (2023). *Dictamen 1/2023 sobre la reforma operada por la ley orgánica 11/2022, de 13 de septiembre, de modificación del CP en materia de imprudencia en la conducción de vehículos a motor o ciclomotor.*

DEL RÍO MONTESDEOCA, L. (2024). Necesidad de una fiscalía especializada en seguridad vial. *Revista Logos. Guardia Civil*(2), 13-50.

DELGADO MARTÍN, J. (2016). Investigación del entorno virtual: el registro de dispositivos digitales tras la reforma por LO 13/2015. *Diario La Ley*(8693).

DELGADO MARTIN, J. (2017). La prueba digital. Concepto, clases y aportación al proceso. *Diario La Ley*(6).

DELGADO MARTÍN, J. (2019). ¿Cómo afrontar la complejidad de la prueba digital?. Una visión práctica para los profesionales del derecho. *Derecho Digital e Innovación.*(2).

DELGADO SANCHO, C. D. (marzo de 2021). Doctrina legal de los delitos contra la seguridad vial. *Tráfico y Seguridad Vial*(259), 2.

DÍAZ SASTRE, C. (2010). Tratamiento jurídico-penal de las conductas atentatorias contra la seguridad vial. *Actualidad Jurídica Aranzadi*(792).

DOBOWSKI, K. (1963). Alcohol Determination SomePhysiological and Metabolic Considerations. *Alcohol and Trafic Safety.*

DOLARN, K., ROUEN, D., & KIMBER, J. (2004). *An overview of the use of urine, hair, sweat and saliva to detect drug use.* Drug Alcohol Rev. doi:10. 1080/09595230410001704208

DUBOWSKI, K. M. (1995). Absorption, distribution and elimination of alcohol: Highway safety aspects. *S. Stud. Alcohol. suppl*(10), 98-108.

DURÁN ALONSO, S., & ARANDA SERNA, J. F. (2021). Videovigilancia en lugares públicos: su utilización como prueba en el proceso penal español. *Estudios en Seguridad y Defensa*(16), 115-135.

DURÁN SILVA, C. M. (2018). *La videovigilancia en el proceso penal: tratamiento procesal y eficacia probatoria.* Tirant lo Blanch.

DURÁN SILVA, C. M. (2019). *La videovigilancia en el proceso penal: tratamiento procesal y eficacia probatoria.* Tirant lo Blanch.

ELÍAS SEGURA, R. (2015). La prueba circunstancial. Limitaciones y alcances. En H. FIX FIERRO, & J. CÁRDENAS GRACIA (Coords), *La prueba y la argumentación de los hechos.* (págs. 129-148). Tirant lo Blanch.

ENCINAR DEL POZO (Dtor.), M. Á., VILLEGAS GARCÍA, M. Á., ÁGUEDA HOLGUERAS, C., MORENO SANTAMARÍA, A., NEVADO HOLGADO, A. B., & RAIMUNDO RODRÍGUEZ, M. J. (2017). *Ley de Enjuiciamiento Criminal con jurisprudencia sistematizada. Edición especial para el ICAM.* Tirant lo Blanch.

ESCRIVÁ GREGORI, J. M. (1974). Acerca del art. 340 bis A, nº 2 y la norma concursal del penúltimo párrafo del mismo. *Revista jurídica de Cataluña, 73*(3), 671-682.

ESCRIVA GREGORI, J. M. (1976). *La puesta en peligro de bienes jurídicos en Derecho penal.* Bosch.

ESCUDERO GARCÍA-CALDERÓN, B. (2019). El nuevo delito de abandono del lugar del accidente en el espejo del delito de fuga alemán. *La Ley Digital*(10491).

ESCUDERO GARCÍA-CALDERÓN, B. (2020). La reforma operada por LO2/2019, de 1 de marzo, en materia de seguridad vial: una involuntaria protección penal de la indemnización civil. En E. ORTEGA BURGOS (Dtor), *Derecho Penal 2020* (1ª ed., pág. 790). Tirant lo Blanch.

ETXEBERRÍA GURIDI, J. F. (2011). ETXEBERRÍA GURIDI, JOSÉ FRANCISCO;. En J. F. ETXEBERRÍA GURIDI, & I. ORDEÑANA GEZURAGA (Coords), *Videovigilancia. Ámbito de aplicación y derechos fundamentales afectados. En particular la protección de los datos personales* (págs. 187-267). Tirant lo Blanch.

FEIJOO SÁNCHEZ, B. (1999). Seguridad del tráfico y resultado de peligro concreto. *La Ley*, 3.

FEIJOO SÁNCHEZ, B. J. (mayo-agosto de 2000). Cuestiones básicas de los delitos de peligro abstracto y concreto en relación con el tránsito. *Revista Ibero-Americana de Ciencias Penais*(0), 171.

FERIA RAMOS, E., & GINER ALEGRÍA, C. A. (2022). Deficiencias en la regulación normativa en materia de seguridad vial por consumo de drogas: un ensayo aplicado sobre formación a los cuerpos y fuerzas de seguridad. *Educación y Derecho, Vol. 25*, 1-24.

FERNÁNDEZ BAUTISTA, S. (2007). El delito de negativa a la realización de las pruebas de alcoholemia (art. 383 CP). *Diario La Ley*(6543).

FERNÁNDEZ BERMEJO, D. (2016). *Algunas cuestiones relativas al delito de negativa a someterse a las pruebas.* Anuario Facultad de Derecho–Universidad de Alcalá IX.

FERNÁNDEZ BERMEJO, D. (2018). *Sobre el delito del artículo 384 del Código Penal. De la sanción administrativa a la sanción penal.* Anuario de Derecho Penal y Ciencias Penales.

FERNÁNDEZ LAGO, B. (2015). Delito de conducción sin haber obtenido nunca el permiso o licencia. Formas de participación en los delitos contra la seguridad vial. *Diario La Ley*(4288/2015).

FERNÁNDEZ RODRÍGUEZ, Á. P. (2019). Algunas consideraciones a partir de la regulación del registro de dispositivos de almacenamiento masivo de la información. *Diario La Ley*(9433).

FERNÁNDEZ SÁNCHEZ, P. (2019). *El uso policial de las bodycam y su propuesta de mejora.* Reus.

FERNÁNDEZ TOJO, R. (2015). Los conflictos entre el derecho al honor, la intimidad personal y la propia imagen y las libertades de expresión e información ¿son derechos fundamentales irreconciliables? *La Ley*(4411/2015).

FERNÁNDEZ-GALLARDO FERNÁNDEZ-GALLARDO, J. Á. (2017). El consentimiento del detenido al acceso a sus redes sociales y dispositivos de almacenamiento masivo de información. *La ley penal.* (126).

FERRANDIS CIPRIÁN, D. (2011). Artículo 379.2. En E. ORTS BERENGER (Coord.), *Prevención y control de la siniestralidad vial. Un análisis jurídico y criminológico.* (pág. 267). Valencia: Tirant lo Blanch.

FRÍAS MARTÍNEZ, E. (2019). Novedades en el Código Penal, Ley Orgánica 2/19 de 1 de marzo. Imprudencia en la conducción de vehículos a motor o ciclomotores y sanción del abandono del lugar del accidente. *Diario La Ley*(4209), 12.

FUENTES SORIANO, O. (2016). La intervención de las comunicaciones tecnológicas tras la reforma de 2015. En J. A. CUEVILLAS SAYROL, *El nuevo proceso penal tras las reformas de 2015* (págs. 264-268). Atelier.

GALLEGO SOLER, J. I. (2008). El nuevo delito de conducción bajo los efectos del alcohol y las drogas (Art. 379.2). . En S. MIR PUIG, M. CORCOY BIDASOLO, & S. CARDENAL MONTRAVETA, *Seguridad vial y derecho penal: análisis de la LO 15/2007, que modifica el Código penal en materia de seguridad vial.* Tirant lo Blanch.

GARCÍA ALBERO, R. (2007). La nueva política criminal de la seguridad vial. Reflexiones a propósito de la LO 15/2007, de 30 de noviembre, y del Proyecto de Reforma del Código Penal. *Revista Electrónica de Ciencia Penal y Criminología*(09-11), 11.

GARCÍA AMEZ, J. (2021). Algunas consideraciones sobre el delito de abandono del lugar del accidente. En A. ABADÍAS SELMA, & P. SIMÓN CASTELLANO, *Cuestiones penales a debate* (págs. 343-354). J.M. Bosch Editor.

GARCÍA DEL BLANCO, V. (2010). La conducción sin permiso o licencia administrativos como delito. *Tráfico y Seguridad Vial*(141).

GARCÍA MARCOS, J. (2021). Cesión de datos e investigación de infracciones penales: la Ley Orgánica 7/2021 de 26 de mayo. *La Ley Digital.*

GARCÍA PAREDES, A. (2005). La prueba en juicio: ¿y si es electrónica? *Revista de Contratación Electrónica, 62.*

GARCÍA PAZ, D. (2014). La prueba indiciaria en el proceso penal. *La Ley*(8374).

GARCÍA RIVAS, N. (1998). *Delito ecológico. Estructura y aplicación judicial.* Praxis.

GARCÍA RODRÍGUEZ, A. (2013). *Influencia de los enjuagues bucales en las pruebas de detección de alcohol en aire espirado, incluyendo una prueba empírica tras el uso de "Listerine".*

GARCÍA RODRÍGUEZ, A. (2019). *Manual sobre alcohol y otras drogas para integrantes de la policía judicial de tráfico.* Eolas.

GARCÍA RODRÍGUEZ, A. (2021). *El análisis del registrador de datos de eventos de los vehículos como herramienta en la reconstrucción de siniestros viales por los integrantes de la policía judicial de tráfico.*

GARCÍA RUEDA, M. I. (s.f.). *Primeros vehículos matriulados en España.* Obtenido de Dirección General de Tráfico: https://www.google.es/url?sa=t&rct=j&q=&esrc=s&source=web&cd=&cad=rja&uactFwww.dgt.es%2Fimages%2FPrimeros-Vehiculos-matriculados-en-Espana-1900-1964-Biblioteca-DGT-1008562.pdf&usg=AOvVaw

GARCÍA SAN MARTÍN, J. (21 de septiembre de 2015). Una aproximación a la impunidad del autoencubrimiento. *La Ley Digital*(8609), 9.

GARCÍA-ALFONSO GONZÁLEZ, J. M. (2020). *Legalidad de la recopilación, uso y cesión de datos que llevan a cabo los automóviles inteligentes.*

GARCÍA-COMENDADOR ALONSO, L. (2013). La consulta de la agenda de los teléfonos móviles por la fuerza policial. *Actualidad Jurídica Aranzadi*(869/2013).

GARCÍA-REPETTO, R., PÉREZ TORRES, Á., & SORIA SÁNCHEZ, M. L. (2012). Conducción bajo los efectos de sustancias psicoactivas: correlación de las concentraciones en fluido oral y sangre . *Revista Española de Medicina, 38*(3), 91-99. doi: 10.1016/j.reml.2012.05.002

GARRIDO CARRILLO, F. J. (2014). Las nuevas tecnologías como prueba en los procesos civiles y penales. *Actas I Congreso Internacional de la Sociedad Digital: Oportunidades y riesgos para menores y jóvenes.* . Comares.

GARZENMULLER ROIG, C., ESCUDERO MORATALLA, J. F., & FRIGOLA VALLINA, J. (1997). Delitos contra la seguridad del tráfico. En especial, otras infracciones relacionadas con vehículos o con conducción o circulación. *Actualidad Penal*(43), 24-30.

GATELY, I. (2009). *Drink: A Cultural History of Alcohol.* Avery.

GIFFRD, H., & TURKEL, H. (1956). Diffusion of alcohol though stomach wall after death. *J. Am Med Assoc.*(161), 866-868.

GIMÉNEZ GARCÍA, J. (2006). La prueba indiciaria en el proceso penal. *Jueces para la Democracia,* 75-86.

GIMENO SENDRA, J. V. (2011). La intervención de las comunicaciones telefónicas y electrónicas. *El notario del siglo XXI: revista del Colegio Notarial de Madrid.*

GJERDE HALLVARD, C., BRENNHOVD, G., ANDREASSEN, E., & FURUHAUGEN, H. (2018). Evaluation of Dräger DrugTest 5000 in a Naturalistic Setting. *Journal of Analytical Toxicology, 42*(4), 248-254.

GÓMEZ COLOMER, J. L. (2021). *El indicio de cargo y la presunción judicial de culpabilidad en el proceso penal.* Tirant lo Blanch.

GÓMEZ COLOMER, J. L. (2021). *El indicio de cargo y la presunción judicial de culpabilidad en el proceso penal.* Tirant lo Blanch.

GÓMEZ PAVÓN, P. (1998). *El delito de conducción bajo la influencia de bebidas alcohólicas, drogas tóxicas o estupefacientes* (3ª ed.). Barcelona: Bosch.

GÓMEZ PAVÓN, P. (2011). Delitos contra la seguridad del tráfico. En F. J. ÁLVAREZ GARCÍA (Dtor.), A. MANJÓN-CABEZA OLMEDA (Coord.), & A. VENTURA PÜSCHEL (Coord..), *Derecho Penal Español. Parte Especial (II).* (págs. 1378-1442). Tirant lo Blanch.

GÓMEZ PAVÓN, P. (2019). La reforma de los delitos contra la seguridad vial. *Revista Jurídica de la Universidad Autónoma de Madrid.*(40).

GONZÁLEZ BARRIOS, I. (2021). Delitos contra la Seguridad Vial. En J. A. BADILLO ARIAS (Dtor.), *GPS Derecho de la Circulación* (5ª ed., págs. 909-961). Tirant lo Blanch.

GONZÁLEZ CANO, M. I., & ROMERO PRADAS, M. I. (2017). *La Prueba. La prueba en el proceso penal.* (Vol. II). Tirant lo Blanch.

GONZÁLEZ LÓPEZ, J. J. (2007). Los datos de tráfico de las comunicaciones electrónicas en el proceso penal. *La Ley.*

GONZÁLEZ REYES, J. M. (2021). La prueba pericial digital y la cadena de custodia. *Anales de la Facultad de Derecho. Universidad de la Laguna.* (Núm. 38), 43-79. doi:https://doi.org/10.25145/j.anfade.2021.38.03

GORDILLO ALVAREZ-VALDÉS, I. (2021). De los delitos contra la seguridad vial. En C. LAMARCA PÉREZ, *Derecho Penal Parte Especial.* Dykinson.

GRIMA LIZANDRA, V. (2011). Los delitos contra la seguridad vial. Lectura desde los principios penales. En E. ORTS BERENGUER (Coord.), *Prevención y control de la siniestralidad vial. Un análisis jurídico y criminológico.* (págs. 125-136). Tirant lo Blanch.

GUANES NICOLI, M. (2012). *El delito de conducción temeraria. Análisis de la situación jurisprudencial.* Editorial Universitaria Ramón Areces.

GULLBERG, R., & JONES, A. W. (1994). Guidelines for estimating the amount of alcohol consumed from a single measurement of blood alcohol concentration: re-evaluation of Widmark's equation. *Forensic Sci. Int*(69), 119-130.

GUNDÍN RODRÍGUEZ-MAGARIÑOS, F. (2014). Requiem por el derecho a la intimidad en los smartphone: análisis de la última Jurisprudencia del TC contrastada con la del TEDH. *Revista Aranzadi*(9/2014).

GUTIERREZ RODRÍGUEZ(Coord.), M., GARCÍA DEL BLANCO, V., MARTÍN LORENZO, M., & SANZ-DÍEZ DE ULZURRUM LLUCH, M. (2013). *Protección penal de la seguridad vial.* (2ª ed.). Tirant lo Blanch.

GUTIÉRREZ RODRÍGUEZ, M. (2009). Creación de un peligro grave para la circulación. En M. GUTIÉRREZ RODRÍGUEZ (Coord.), *Protección Penal para la Seguridad Vial* (págs. 525-559). Tirant lo Blanch.

GUTIÉRREZ RODRÍGUEZ, M. (2013). Excesos de velocidad e intoxicaciones punibles. En M. GUTIÉRREZ RODRIGUEZ (Coord), *Protección Penal de la Seguridad Vial* (2ª ed., pág. 59). Valencia: Tirant lo Blanch.

GUTIÉRREZ ZARZA, Á. (2012). *Nuevas tecnologías, protección de datos personales y proceso penal.* La Ley.

GUTIERREZ ZARZA, M. Á. (2010). La protección de datos personales como derecho fundamental del imputado, ¿también en el ámbito del proceso penal? *La Ley Penal*(71), 5-12.

HAMM, R. (2006). Presente y futuro de la protección penal de los datos de carácter personal. En C. M. ROMEO CASABONA (Coord), *El cibercrimen: nuevos retos jurídico-penales, nuevas respuestas político-criminales.* (págs. 191-205). Comares.

HERNÁNDEZ GIL, F. (1993). La prueba preconstituida. En N. GONZÁLEZ-CUELLAR SERRANO, *La prueba en el proceso penal.* Ministerio de Justicia.

HUNT, N. (20 de mayo de 2021). *This Is The Story Of The World's First Speeding Ticket.* Obtenido de Hot Cars: https://www.hotcars.com/this-is-the-story-of-the-worlds-first-speeding-ticket/

IBERLEY. (2019). *La asistencia letrada al detenido como derecho fundamental.* Obtenido de https://www.iberley.es/temas/asistencia-letrada-detenido-63107

IGUARTÚA SALAVERRÍA, J. (2007). Prueba científica y decisión judicial. Unas anotaciones propedéuticas. *Diario La Ley.*

INSA MÉRIDA, F. (julio-agosto de 2006). Pruebas electrónicas ante los tribunales. *Iuris*(106).

INSA, F., & LÁZARO, C. (8 de mayo de 2007). La admisibilidad de las pruebas electrónicas en los tribunales (A.P.E.T.): Luchando contra los delitos tecnológicos. *Diario La Ley*(6708/2007), 1-22.

JIJENA LEIVA, R. J. (1998). Naturaleza jurídica y valor probatorio del documento electrónico. *Diario La Ley, 4.*

JONES, A. W. (2008). Biochemical and Physiological Research on the Disposition and Fate of Ethanol in the Body. En *Garriott's Medicolegal Aspects of Alcohol* (págs. 47-155). James Garriott PhD Lawyers & Judges Publishing Co.

LAGUNAS CLARET, T. (s.f.). *1896, primera multa de tráfico y primer fallecimiento por accidente.* Obtenido de Real Automóvil Club de Cataluña (RACC): http://blog.racc.es/coche/1896-primera-multa-de-trafico-y-primer-fallecimiento-por-accidente/

LAMARCA PÉREZ, C. (2011). Delitos contra la seguridad vial. En C. LAMARCA PÉREZ (Coord), *Derecho Penal Parte Especial.* Dykinson.

LANGEL, K., GJERDE, H., FAVRETTO, D., LILLSUNDE, P., & LEERE, E. (2014). *Comparison of drug concentrations between whole blood and oral fluid.* Drugs test Anal. doi:10.1002/dta.1532

LANZAROTE MARTÍNEZ, P. (15 de febrero de 2019). El nuevo delito de abandono del lugar del accidente y otras importantes novedades de la inminente reforma del Código Penal en materia de imprudencia. *Diario La Ley*(9359).

LANZAROTE MARTÍNEZ, P. (2019). La conducción tras la ingesta de drogas: la urgente e inaplazable necesidad de su reforma. *La Ley*(868).

LINARES RODRÍGUEZ, V., & MORENO, A. (2023). OSINT y análisis forense para combatir bulos. En L. M. FERNÁNDEZ MARTÍNEZ, & R. SUÁREZ ÁLVAREZ, *Vulnerabilidad digital: Desafíos y amenazas de la sociedad hiperconectada* (págs. 45-60). Dykinson.

LONDOÑO MUÑOZ, C., MONTOYA ARAMBURO, E., OCHOA BETANCUR, N., & SERNA ARBOLEDA, L. (2006). *Generación de un proyecto empresarial a partir del desarrollo de un alcoholímetro para las campañas de consumo de alcohol.*

LÓPEZ BETANCOURT, E. (2011). *Drogas: Entre el Derecho y el drama.* Editorial Universitaria Ramón Areces.

LÓPEZ PICO, R. (2019). La prueba electrónica en el proceso penal: el correo electrónico y el whatsapp. *La Ley Penal*(140).

LÓPEZ RIERA, I. (2020). *Las nuevas tecnologías en la investigación de accidentes de tráfico: la reconstrucción de accidentes a través del Event Data Recorder (Las denominadas "cajas negras") del vehículo.* Curso aspectos penales de la delincuencia vial, con especial tratamiento de la reforma de la LO 2/2019 en materia de imprudencia vial y abandono del lugar del accidente.

LÓPEZ VALERA, M. (2020). *La cadena de custodia de las pruebas de ADN.* Dykinson.

LÓPEZ-BARAJAS PEREA, I. (2018). El derecho a la protección del entorno virtual y sus límites: el registro de los sistemas informáticos. En M. DÍAZ MARTÍNEZ, & I. LÓPEZ-BARAJAS PEREA (Dirs), *La nueva reforma procesal penal. Derechos fundamentales e innovaciones tecnológicas.* (págs. 135-168). Tirant lo Blanch.

LOPEZ-RIVADULLA LAMAS, M. (2025). *Presente y futuro de la detección de drogas en los conductores.* [Ponencia] Máster Universitario de Tráfico y Seguridad Vial UC3M.

LOWDON, N. (14 de enero de 2025). Análisis forense de sistemas de vehículos en 2025. *EVU Spain*, 2.

LOZANO GAGO, M. D. (agosto de 2013). La prueba virtual: Su admisibilidad en el orden jurisdiccional penal. *Revista de Derecho vLex*(113/2013), 1-20.

LUZÓN PEÑA, D. M. (1990). *Derecho penal de la circulación* (2ª ed.). PPU.

LUZÓN PEÑA, D. M. (2016). Exculpación por inexigibilidad penal individual. *Revista Justiça e Sistema Criminal*(14), 14 y 15.

LUZÓN PEÑA, D. M. (2016). *Lecciones de Derecho Penal. Parte General.* (3ª ed.). Tirant lo Blanch.

MAGALDI PATERNOSTRO, M. J. (2004). En J. (Dtores.)CÓRDOBA RODA, & M. GARCÍA ARÁN, *Comentarios al Código Penal. Parte Especial.* Marcial Pons.

MAGRO SERVERT, V. (28 de enero de 2019). El nuevo delito de fuga del art. 382 bis CP en la siniestralidad vial. *La Ley Digital*(9346), 2.

MAGRO SERVET, V. (2001). La destrucción de la presunción de inocencia por la aplicación de la prueba indiciaria en el proceso penal. *Revista Aranzadi*(BIB 2001/746).

MAGRO SERVET, V. (2018). Sobre el valor probatorio de las cámaras de vigilancia en el proceso penal. *Diario La Ley*(9114).

MAGRO SERVET, V. (Abril de 2019). ¿Es siempre delito del art. 384 CP conducir sin puntos o se precisa una notificación personal de la sanción? *La Ley*(5089/2019).

MAGRO SERVET, V. (2020). Valoración de la prueba en la comisión del delito de conducción en estado de embriaguez (art. 379.2 CP) con índice inferior al 0,60 pero con signos externos de alcoholemia. *La Ley*(14837).

MAGRO SERVET, V. (7 de abril de 2021). ¿Cómo aportar la prueba digital en el proceso penal? *Diario La Ley*(9824), 1-11.

MAGRO SERVET, V. (2023). Afectación del derecho a la intimidad personal por captación de imágenes en el interior de un garaje privado sin autorización judicial. (Análisis de la STC 92/2023 de 11 Sep. 2023). *Diario La Ley*(Núm. 10381).

MAGRO SERVET, V. (2024). Praxis del delito de fuga del lugar del accidente art. 382 bis CP (LO 2/2019, de 1 de marzo y LO 11/2022, de 13 de septiembre). *Revista Logos. Guardia Civil.*, 51-70.

MAQUEDA ABREU, M. L. (1994). La Idea de Peligro en el Derecho Penal Moderno. *Actualidad Penal.*

MARCHENA GÓMEZ, M., & GONZÁLEZ-CUELLAR SERRANO, N. (2015). *La reforma de la Ley de Enjuiciamiento Criminal EN 2015.* Ediciones Jurídicas Castillo de Luna.

MARCOS AYJÓN, M. (2020). *La protección de datos de carácter personal en la justicia penal.* J.M. Bosch Editor.

MARÍN DE ESPINOSA CEBALLOS, E. (diciembre de 2019). El delito de abandono del lugar del accidente (Art. 382 Bis): Una reforma inadecuada e innecesaria. *Cuadernos de Política Criminal*(129).

MARÍN ESPINOSA CEBALLOS, E. B. (2018). Delitos contra la Seguridad Vial. En E. B. MARÍN ESPINOSA CEBALLOS (Dtra), & P. ESQUINAS VALVERDE (Coodra), *Lecciones de Derecho Penal Parte Especial.* (págs. 341-350). Tirant lo Blanch.

MARÍN MORALES, R. (2004). El derecho a la intimidad: grabaciones con videocámaras y microfonía oculta. *Diario La Ley*(6074).

MARQUEZ CISNEROS, S. (2008). La prueba indiciaria en el nuevo código procesal penal. *Revista de Derecho,* 51-63.

MARTÍN LORENZO, M. (2010). El delito de negativa a someterse a las pruebas de alcoholemia como delito contra la seguridad vial. Consecuencias para su aplicación (1). *Diario La Ley*(7451).

MARTÍN LORENZO, M. (2013). Negativa a someterse a las pruebas de medición de alcohol o de detección de drogas. En M. GUTIÉRREZ RODRÍGUEZ (Coord.), *Protección penal de la seguridad vial.* (2ª ed., págs. 283-430). Tirant lo Blanch.

MARTÍN RÍOS, P. (2020). El alcance del derecho al propio entorno virtual en la valoración de la evidencia digital. En V. GIMENO SENDRA, *Derecho probatorio y otros estudios procesales (Liber Amicorum Vicente Gimeno Sendra)* (págs. 1259-1270). Castillo de Luna. Ediciones Jurídicas.

MARTÍN, A. (2 de septiembre de 2019). *Hipertextual.* Obtenido de https://hipertextual.com/2019/09/asi-funciona-alcoholimetro

MARTÍNEZ ASENSIO, G. (2010). El delito de conducción temeraria. Un análisis de la jurisprudencia reciente. En M. OLMEDO CARDENETE, & C. ARÁNGUEZ SÁNCHEZ (Coords), *Protección penal de la seguridad vial.* (pág. 79). Editorial Alea Blanca.

MARTÍNEZ GALINDO, G. (2022). Problemática jurídica de la prueba digital y sus implicaciones en los principios penales. *Revista Electrónica de Ciencia Penal y Criminología*(24-23).

MARTÍNEZ VAL, J. M. (2001). *Diccionario Enciclopédico de Tecnología.* Síntesis.

MCGOVERN, P. E., ZHANG, J., TANG, J., ZHIQING, Z., HALL, G., & NÚÑEZ, A. (2004). Fermented beverages of pre- and proto-historic China. *PNAS, 101*(51), 17593–17598. doi:https://doi.org/10.1073/pnas.0407921102

MENÉNDEZ ANDALUZ, J. M. (2018). Drogas: Tenemos un problema. *Tráfico y Seguridad Vial*(247), 24-27.

MIR PUIG, S. (2004). *Derecho Penal. Parte General* (7ª ed.). Reppertor.

MIRANDA ESTRAMPES, M. (1997). *La mínima actividad probatoria en el proceso penal.* Bosch.

MIRANDA ESTRAMPES, M. (2019). *Prueba ilícita y regla de exclusión en el sistema estadounidense. Crónica de una muerte anunciada.* Marcial Pons.

MIRANDA VÁZQUEZ, C. (2018). Indicios y su relevancia probatoria. España. En L. M. BUJOSA VADELL (Dtor), & F. BUENO DE MATA (Coord), *La prueba en el Proceso. Perspectivas nacionales.* (págs. 545-553). Tirant lo Blanch.

MOLINA FERNÁNDEZ, F. (1998). En M. BAJO FERNÁNDEZ (Dtor), *Compendio de Derecho penal: Parte especial.* Centro de Estudios Ramón Areces.

MOLINA FERNÁNDEZ, F. (2010). Delitos contra la seguridad colectiva. En F. MOLINA FERNÁNDEZ (Coord.), *Memento Práctico Penal* (pág. 1355). Ediciones Francis Lefebvre.

MONTANER FENÁNDEZ, R. (2009). El nuevo delito de conducción sin permiso: ¿delito de peligro o mera desobediencia? *Diario La Ley*(7170).

MONTANER FERNÁNDEZ, R. (2009). El nuevo Derecho penal de la seguridad vial. *Revista Derecho Penal y Criminología*(2), 217-228.

MONTE, M., & SÁNCHEZ, S. I. (2020). *Tensiones constitucionales entre el derecho a la intimidad y el ciberpatrullaje en la investigación criminal. Análisis del Protocolo General para la Prevención Policial del Delito con Uso de Fuentes Digitales Abiertas.* Academia.

MONTERO AROCA, J. (2007). *La prueba en el proceso civil.* Civitas.

MORELL ALDANA, C. (2019). Estudio del delito contra la seguridad vial, en su modalidad de conducción a velocidad superior de la permitida (art. 379.1 CP). *La Ley*(13259/2019).

MORELL ALDANA, L. C. (2019). Estudio del delito contra la seguridad vial, en su modalidad de conducción bajo la influencia de bebidas alcohólicas y drogas tóxicas (art. 379.2 CP). *La Ley.*

MORELL ALDANA, L. C. (2020). El delito de fuga: un «viejo» conocido de la dogmática penal. Visión doctrinal tras su reintroducción por la LO 2/2019. *Diario La Ley Digital*(9687).

MORELL ALDANA, L. C. (2022). Ley Orgánica 11/2022: el enésimo retoque a los delitos contra la seguridad vial. *La Ley*(11179/2022).

MORENO ALCÁZAR, M. Á. (2003). *Los delitos de conducción temeraria.* Tirant lo Blanch.

MORENO ALCÁZAR, M. Á. (2003). *Los delitos de conducción temeraria (Criterios para la coordinación de los artículos 381 y 384 del Código penal).* Valencia: Tirant lo Blanch.

MORENO CATENA, V., & CORTÉS DOMÍNGUEZ, V. (2021). *Derecho procesal penal* (10ª ed.). Tirant lo Blanch.

MORILLAS CUEVA (Coord.), L. (2007). *Delincuencia en materia de tráfico y seguridad vial.* Dykinson.

MORILLAS CUEVA, L. (2010). *Derecho Penal. Parte General. Fundamentos conceptuales y metodológicos.* Ley Penal.

MORILLAS CUEVA, L., & SUÁREZ LÓPEZ, J. M. (2007). Tratamiento penal de la conducción temeraria. En L. MORILLAS CUEVA (Coord), *Delincuencia en materia de tráfico y seguridad vial: aspectos penales, civiles y procesales* (pág. 308). Dykinson.

MORILLAS FERNÁNDEZ, D. L. (s.f.). *La Influencia Directa del Alcohol como Elemento Integrante del Artículo 379 del Código Penal.*

MUÑOZ CONDE, F. (2004). *Derecho Penal, Parte Especial.* (15ª ed.). Valencia: Tirant lo Blanch.

MUÑOZ CONDE, F. (2009). *Derecho Penal. Parte Especial* (17 ed.). Tirant lo Blach.

MUÑOZ CONDE, F. (2017). *Derecho Penal. Parte Especial* (21ª ed.). España: Tirant lo Blanch.

MUÑOZ CONDE, F. (2019). *Derecho Penal. Parte Especial.* (22ª ed.). Tirant lo Blanch.

MUÑOZ CUESTA , F. J. (2009). Delito de negativa a someterse a las pruebas de alcoholemia y detección de drogas: problemas que suscita la interpretación del art. 383 CP. *Aranzadi Doctrinal*(2/2009).

MUÑOZ CUESTA, F. J. (2008). Interpretación del art. 384 CP, introducido por LO15/2007, relativo a la conducción sin permiso o licencia. *Repertorio de Jurisprudencia Aranzadi.*(9/2008).

MUÑOZ CUESTA, F. J. (2011). Conducción de vehículo motor o ciclomotor con privación total de puntos: aspectos prácticos. *Aranzadi Doctrinal.*

MUÑOZ CUESTA, J. (2019). Modificación de la imprudencia en la circulación viaria y el abandono del lugar del accidente introducidos por LO 2/2019. *Revista Aranzadi Doctrinal*(6).

MUÑOZ RUIZ, J. (2013). *El delito de conducción temeraria: análisis dogmático y jurisprudencial.* Dykinson.

MUÑOZ TABERNERO, Ó. A. (2016). Análisis jurídico penal y reflexión sobre la validez de la prueba preconstituida del cinemómetro en los delitos de exceso de velocidad. *Tráfico y Seguridad Vial*(208), 1-21.

NAVACERRADA SANTIAGO, J. F. (2023). Integración de los sensores OCR para la prevención e investigación de la delincuencia. *Revista Científica del Centro Universitario de la Guardia Civil*, 347-370.

NAVARRO BOTELLA, J., SÁNCHEZ PARDO, L., & VALDERRAMA ZURIÁN, J. C. (2004). *Estudio internacional sobre género, alcohol y cultura.* Sociedad Española de Toxicomanías.

NIEVA FENOLL, J. (2022). El tránsito de la fe a la tecnología en el proceso penal. *Diario La Ley*(9986).

OCTAVIO DE TOLEDO Y UBIETO, E. (1981). *Sobre el concepto del Derecho Penal.* Madrid: Universidad de Madrid, Facultad de Derecho.

OLAIZOLA NOGALES, I. (2011). La relación entre los delitos de peligro y la graduación de la imprudencia en los delitos contra la seguridad vial. *La Ley Digital*, 7.

OLMEDO LLERA, J. M. (2022). *Centralitas y registradores de eventos de vehículos. Uso en investigación.* [Trabajo Fin de Máster. Universidad Autónoma de Madrid].

ORTEGA CANDEL, J. M. (2021). *Herramientas OSINT para auditorías de seguridad y ciberamenazas: Obteniendo inteligencia a partir de fuentes abiertas.* Independiente.

ORTELLS RAMOS, M. (2004). *Derecho Procesal Civil* . Aranzadi.

ORTIZ PRADILLO, J. C. (2013). *La investigación del delito en la era digital. Los derechos fundamentales frente a las nuevas medidas tecnológicas de investigación.* Fundación Alternativas.

ORTS BERENGUER, E. (2019). Delitos contra la seguridad colectiva (y III): Delitos contra la seguridad vial. En J. L. GONZÁLEZ CUSSAC, *Derecho Penal Especial* (6ª ed., pág. 634). Tirant lo Blanch.

ORTS BERENGUER, E., & FERRANDIS CIPRIAN, D. (2010). Obstaculizaciones al tráfico en el Código Penal español. *Revista europea de Tráfico, Transporte y Seguridad Vial*(85/2010), 85-108. doi:10.1007/s12615-011-9031-y

ORTS BERENGUER, E., & ROIG TORRES, M. (2011). Artículo 381. En E. ORTS BERENGUER (Coord.), *Prevención y control de la siniestralidad vial: un análisis jurídico y criminológico.* (pág. 328). Tirant lo Blanch.

ORTS BERENGUER, E., & VIVES ANTÓN (Coord). (1996). *Comentarios al Código Penal.* Tirant lo Blanch.

ORTS BERENGUER, E., GONZÁLEZ CUSSAC, J. A., MATALLÍN EVANGELIO, Á., & ROIG TORRES, M. (2010). *Esquemas de Derecho Penal. Parte Especial.* (2 ed.). Valencia: Tirant lo Blanch.

PAJARES MONTOLÍO, E. (2006). Videovigilancia y Constitución. *Cuadernos de Derecho Público,* 173-216.

PAJUELO MACÍAS, A. (2000). La protección jurídica de los fabricantes de bases de datos en el Derecho comunitario y en el Derecho español. *Revista Española de Documentación Científica*(23), 54-62.

PAZ RUBIO, J. M. (1999). *La prueba en el proceso penal. Su práctica ante los Tribunales.* Colex.

PEÑA I NOFUENTES, D. (2014). La teoría de la prueba de indicios: de la certeza subjetiva a la convicción judicial. *La Ley*(111), 1-11.

PÉREZ ABAD, M. T., & RODRIGÁÑEZ GARCÍA, M. E. (2015). La problemática que plantea la probabilidad del falso positivo en el art. 379 CP. *La Ley*(615).

PÉREZ ESTRADA, M. J. (2010). *La investigación del delito a través de las nuevas tecnologías. Nuevos medios de investigación en el proceso penal.* Aranzadi.

PINTO PALACIOS, F., & PUJOL CAPILLA, P. (2017). *La prueba en la era digital.* Wolters Kluwer.

PIÑOL RODRÍGUEZ, J. R. (2005). *Manual de Derecho Penal. Tomo II. Parte Especial.* Civitas.

PLUECKHAHN, V., PATH, M., & BALLARD, B. (1967). Diffusion of stomach alcohol and hearth alcohol concentration at autopsy. *J. Forensic Sci.*(12), 463-470.

PRELLEZO VILA, L. (marzo de 2021). *Consult Reclamaciones.* Obtenido de La caja negra de los coches: el inspector sin experiencia: https://consult.es/noticias-26.php

QUERALT JIMÉNEZ, J. J. (2007). *Derecho Penal Español. Parte Especial.* (5ª ed.). Barcelona: S.A. Atelier Libros.

QUERALT JIMÉNEZ, J. J. (2010). *Derecho penal español Parte especial* (6ª ed.). Tirant lo Blanch.

QUERALT JIMÉNEZ, J. J. (2015). *Derecho Penal Español. Parte Especial.* (1ª ed.). Valencia: Tirant lo Blanch.

QUERALT JIMÉNEZ, J. J. (2015). *Derecho Penal Español. Parte Especial.* (7ª ed.). Tirant lo Blanch.

QUINTANO RIPOLLÉS, A. (1967). Tratado de la Parte Especial del Derecho Penal. *Revista de Derecho Privado, 4.*

QUINTERO OLIVARES, G. (2011). En G. QUINTERO OLIVARES (Dtor.), & F. MORALES PRATS (Coord.), *Comentarios a la Parte Especial del Derecho Penal* (9ª ed., pág. 2161). Aranzadi,.

RAYO GARCÍA, M. (2018). *Asistencia legal al detenido. Intervención en sede policial.* [TFM]. Universidad de Alcalá. Obtenido de https://ebuah.uah.es/dspace/handle/10017/33280

REN, M., TANG, Z., WU, X., SPENGLER, R., JIANG, H., YANG, Y., & BOIVIN, N. (junio de 2019). The origins of cannabis smoking: Chemical residue evidence from the first millennium BCE in the Pamirs. *Science Advances, 5*(6).

REPETTO JIMÉNEZ, M. (1995). *Toxicología Avanzada.* Díaz de Santos.

REQUEJO CONDE, C. (2013). *El delito de conducir sin permiso. Análisis jurisprudencial.* J.M. Bosch Editor.

RICHARD GONZÁLEZ, M. (2017). *Investigación y prueba mediante medidas de intervención de las comunicaciones, dispositivos electrónicos y grabación de imagen y sonido,.* Wolters Kluwer.

RIVERA MORALES, R. (2009). *Las pruebas en el derecho venezolano.* Librería J. Rincón G.

RIVERA MORALES, R. A. (2011). *La prueba: Un análisis racional y práctico.* Marcial Pons.

RIVERO SÁNCHEZ-COVISA, F. J. (2017). *Revisión del concepto constitucional del secreto de las comunicaciones.* Dykinson.

RIVES SEVA, A. P. (2010). *La intervención de las comunicaciones en el proceso penal. Análisis doctrinal,legislación y jurisprudencia.* Bosch.

ROCA I TRIAS, E. (1992). Comentario al art. 4 del Código Civil. En M. ALBADALEJO GARCÍA (Coord), *Comentarios al Código civil y compilaciones forales* (págs. 583-622). Edersa.

RODRÍGUEZ FERNÁNDEZ, I. (2006). *La conducción bajo la influencia de bebidas alcohólicas, drogas tóxicas, estupefacientes y sustancias psicotrópicas.* Granada: Comares.

RODRÍGUEZ FERNÁNDEZ, I. (2006). *La conducción bajo la influencia de bebidas alcohólicas, drogas tóxicas, estupefacientes y sustancias psicotrópicas,.* Granada: Comares.

RODRÍGUEZ LAÍNZ, J. L. (2010). Incautación policial de teléfonos móviles y secreto de las comunicaciones. *Diario La Ley*(7536).

RODRÍGUEZ LAINZ, J. L. (2012). Las grabaciones de videocámaras de seguridad como fuente probatoria en el proceso penal. *Diario La Ley*(7921).

RODRÍGUEZ LAINZ, J. L. (2024). Límites al uso de nuevas tecnologías en la investigación de delitos relacionados con la seguridad vial. *La Ley Penal*(167).

RODRÍGUEZ LEÓN, L. C. (2013). *Delito de conducción bajo los efectos de las drogas. Jornadas de Fiscales Delegados de Seguridad Vial.* Centro de Estudios Judiciales.

RODRÍGUEZ MONSERRAT, M. (2020). La validez de la prueba indiciaria: Análisis de los requisitos para su amparo constitucional a la luz de la Sentencia 532/2019 de 4 de noviembre de 2019. *Diario La Ley*(9674).

RODRÍGUEZ MONTAÑÉS, T. (1994). *Delitos de peligro, dolo e imprudencia.* Rubinzal-Culzoni.

RODRÍGUEZ MORO, L. (2020). La última figura delictiva en materia de seguridad vial incorporada en el Código Penal por la Lay 2/2019, de 1 de marzo: aplicabilidad y valoración crítica del delito de abandono del lugar del accidente tras causarlo del art. 382 bis CP. *Revista Electrónica de Estudios Penales y de la Seguridad*(7), 20.

RODRÍGUEZ MOURULLO, G. (1973). El delito de omisión de auxilio a la víctima y el pensamiento de la injerencia. *Anuario de Derecho Penal y Ciencias Penales.*, 518.

ROMEO CASABONA, C. M. (2001). Aportaciones del principio de precaución al derecho penal. En *Modernas tendencias en la ciencia del derecho penal y en la criminología.* (págs. 77-106). Universidad Nacional Educación a Distancia.

RUBIO ALAMILLO, J. (2015). La informática en la reforma de la Ley de Enjuiciamiento Criminal. *Diario La Ley*(8662).

SALVADOR CONCEPCIÓN, R. (2013). Cuestiones relevantes de la prueba de alcoholemia en el proceso penal. *Revista de Derecho UNED*(13), 391-436.

SÁNCHEZ FERNÁNDEZ, B. (2020). Cuestiones controvertidas en la jurisprudencia menor derivadas de la utilización de elementos automáticos en materia de sanciones de tráfico. *Revista Aranzadi Doctrinal*(2/2020), 1-24.

SÁNCHEZ FERNÁNDEZ, C. J., & SANDONÍS CONSUEGRA, V. (2015). *Reconocimiento Óptico de Caracteres (OCR).* Universidad Carlos III.

SÁNCHEZ RUBIO, A. (2019). *La prueba científica en la justicia penal.* Tirant lo Blanch.

SÁNCHEZ, T. (2019). *¿Cuáles son las principales novedades de la nueva Ley de Protección de Datos?* (U. d. Barcelona, Ed.) Obtenido de https://www.il3.ub.edu/blog/novedades-nueva-ley-proteccion-datos/

SANCHÍS CRESPO, C. (2012). La prueba en soporte electrónico. En E. GAMERO CASADO, J. VALERO TORRIJOS, & (Coord), *Las Tecnologías de la Información y de la Comunicación en la Administración de Justicia. Análisis sistemático de la Ley 18/2011, de 5 de julio* (pág. 713). Thomson Reuters Aranzadi.

SANZ-DIEZ DE ULZURRUM LLUCH, M. (2013). Conducción manifiestamente temeraria. En M. GUTIERREZ RODRÍGUEZ, *Protección penal de la seguridad vial* (2ª ed.). Tirant lo Blanch.

SARRATO MARTÍNEZ, L. (2009). La negativa a someterse a las pruebas de alcoholemia: al límite entre la infracción penal y la infracción administrativa . *Diario La Ley.*

SEMPERE SAMANIEGO, J. (2021). Las resoluciones sancionadoras más destacables en 2020. *La Ley Digital*(952/2021), 5.

SERRA DOMINGUEZ, M. (1991). De la prueba de las obligaciones. En M. ALBADALEJO GARCÍA (Coord), *Comentarios al Código civil y compilaciones forales* (XVI ed., Vol. 2). Editorial Revista de Derecho Privado.

SERRA URIBE, C. E. (2006). *Derecho a la intimidad y videovigilancia policial.* Del Laberinto, Ediciones.

SERRANO GÓMEZ, A., & SERRANO MAÍLLO, A. (2008). La reforma de los delitos contra la seguridad vial. *Revista de Derecho UNED*(3), 43-70.

SERRANO GÓMEZ, A., & SERRANO MAÍLLO, A. (2011). *Derecho Penal Parte Especial.*

SERRANO OLIVARES, R. (2001). El derecho a la intimidad como el derecho a la intimidad en el ámbito laboral. *Revista Española de Derecho del Trabajo*, 103-105.

SIERRA MANZANARES, J. M. (2021). *¿Toma de declaración en calidad de "conductor" o "implicado"?"*. Obtenido de http://www.ijespol.es/ : https://www.ijespol.es/toma-de-declaracion-en-calidad-de-conductor-o-implicado/

SILVA SÁNCHEZ, J. M. (1993). *Derecho Penal.*

SILVA SÁNCHEZ, J. M. (2001). *La expansión del Derecho penal. Aspectos de la política criminal en las sociedades postindustriales.* Madrid: Dykinson.

SIMPSON, G. (1992). Medico legal alcohol determination: Implication and consequences of irregularities in blood alcohol concentration VS time curves. *J. Anal. Toxicol*(16), 270-271.

SOLA RECHE, E. (2008). Los viejos problemas de los nuevos delitos contra la seguridad vial. *Revista General de Derecho Penal*(10), 24.

SOSPEDRA NAVAS, F. J. (2012). La investigación policial en los delitos contra la seguridad vial. *La Ley Penal. Tráfico y Seguridad Vial*(162).

SPÍNOLA TÁRTALO, B. (1998). Conductas no consistentes en circular con vehículo de motor o ciclomotor creadoras de grave riesgo para la seguridad del tráfico: el artículo 382 del Código penal. *CPC*(66).

SUÁREZ-MIRA RODRÍGUEZ, C., JUDEL PRIETO, Á., & PIÑOL RODRÍGUEZ, J. R. (2018). *Manual de Derecho Penal. Tomo II. Parte Especial.* (7ª ed.). Aranzadi.

SUÁREZ-QUIÑONES Y FERNÁNDEZ, J. C. (2006). *Las video-grabaciones como prueba en el proceso penal.* Boletín del Ministerio de Justicia.

SUBIJANA ZUNZUNEGUI, I. J. (2011). La prueba videográfica en el proceso penal. En J. F. ETXEBERRÍA GURIDI, & I. ORDEÑANA GEZURAGA (Coords), *Videovigilancia. Ámbito de aplicación y derechos fundamentales afectados. En particular la protección de los datos personales.* Tirant lo Blanch.

TAMARIT SUMALLA, J. M. (2001). Delitos contra la seguridad en el tráfico. . En G. QUINTERO OLIVARES, *Comentarios al nuevo Código Penal.* (2ª ed., pág. 1761). Aranzadi.

TARUFFO, M. (2005). Conocimiento científico y estándares de prueba judicial. *Boletín Mexicano de Derecho Comparado*(114), 1285-1312.

TEIJÓN ALCALÁ, M. (2023). Los delitos de peligro en el derecho penal contemporáneo. *Revista Electrónica de Ciencia Penal y Criminología*(25-29), 1-39. Obtenido de http://criminet.ugr.es/recpc/25/recpc25-29.pdf

TEJERINA RODRÍGUEZ, O. (2014). *Seguridad del Estado y Privacidad.* Reus.

TESÓN VIVAS, I. (2016). *Cuestiones de actualidad en el ámbito de la propiedad intelectual.* Dykinson.

TORÍO LÓPEZ, Á. (1967). Aspectos de la omisión especial de socorro (Art. 7, Ley 122-62). *Anuario de Derecho Penal y Ciencias Penales,* 581 y ss.

TRAPERO BARREALES, M. A. (11 de julio de 2019). Comentario urgente sobre la reforma penal vial y otros aspectos controvertidos. *Revista Electrónica de Ciencia Penal y Criminología*(21), 43. Obtenido de http://criminet.ugr.es/recpc/21/recpc21-11.pdf

VALDECANTOS FLORES, M. (2018). El derecho a la prueba y la prueba electrónica en el proceso civil. *Revista de Derecho Procesal Civil y Mercantil,*(130).

VAN DEN BERGHE, W., & PELSSERS, B. (2020). *Snelheid en te snel rijden.* Vias institute – Kenniscentrum Verkeersveiligheid.

VAN DEN BROEK, T., OOMS, M., FRIEDEWALD, M., VAN LIESHOUT, M., & RUNG, S. (2017). Privacy and security: Citizens' desires for an equal footing. En M. FRIEDEWALD, J. P. BURGESS, J. CAS, W. PEISSL, & R. BELLANOVA, *Surveillance, Privacy and Security: Citizens' Perspectives* (págs. 15-35). Taylor & Francis.

VARGAS CABRERA, B. (18 de Julio de 2019). Oficio del Fiscal de Sala Coordinador a las Policías Judiciales de tráfico con instrucciones para la elaboración de atestados por delitos de conducción bajo la influencia de drogas tóxicas, estupefacientes y sustancias psicotrópicas del artículo 379.2 CP.

VARONA GÓMEZ, D. (2000). El delito de negativa a las pruebas de alcoholemia tras las sentencias 161/1997 y 243/1997 del TC y la sentencia del Tribunal Supremo de 9 de diciembre de 1999. *La Ley,* 1585-1598.

VELASCO NÚÑEZ, E. (4 de noviembre de 2013). Investigación procesal penal de redes, terminales, dispositivos informáticos, imágenes, GPS, balizas, etc.: la prueba tecnológica. *Diario La Ley*(8183/2013), 1-23.

VELASCO NÚÑEZ, E., & SANCHÍS CRESPO, C. (2019). *Delincuencia informática. Tipos delictivos e investigación con jurisprudencia tras la reforma procesal penal de 2015.* Tirant lo Blach.

VERVAELE, J. A. (2012). Medidas de investigación de carácter proactivo y uso de información de inteligencia en el Proceso Penal. En J. PÉREZ GIL (Coord.), *El proceso penal en la sociedad de la información: las nuevas tecnologías para investigar probar el delito* (págs. 27-86). La Ley.

VILLAMAR AGUIRRE, I. D. (2008). *Estudio y Análisis de los Sistemas de Diagnóstico en los automóviles modernos, Sistemas OBD.* Ecuador.

VON HIRSCH, A., & WOHLERS, W. (2007). Teoría del bien jurídico y estructura del delito. Sobre los criterios de una imputación justa. En R. HEFENDEHL (Coord.), *La Teoría del bien jurídico: ¿fundamento de legitimación del Derecho penal o juego de abalorios dogmático?* (págs. 288-290). Marcial Pons.

WINEK, T., WINED, C. L., & WAHBA, W. W. (1996). The effect of storage at various temperatures on blood alcohol concentration. *Forensic Science International,* 179-185.

YEBRA ROVIRA, D. (2021). La investigación de los delitos contra la seguridad vial difundidos a través de las redes sociales: Problemática en la investigación. *Curso sobre nuevas tecnologías en materia de seguridad vial y reconstrucción de accidentes.*

YEBRA ROVIRA, D. (2022). Medios de investigación alternativos al cinemómetro en el delito de velocidad 379.1 CP (prueba indiciaria). (E. J. Suárez Cobos, Entrevistador)

ZARAGOZA TEJADA, J. I. (2017). La investigación de la dirección IP tras la Reforma operada por Ley 13/2015. *Aranzadi Doctrinal*(2).